献给

Inge Kaup 和 *Ludger Kaup*

以及

Ursula Schmid–Richmond

Original edition published in German under the title:
"Einleitungsartikel des ZGB und Personenrecht, 2. Auflage"
by Prof. Dr. Bettina Hürlimann-Kaup/ Prof. Dr. Jörg Schmid

© Schulthess Juristische Medien AG, Zurich-Basel-Geneva 2010
www.schulthess.com
All rights reserved

版权登记号：图字01-2015-3097 号

比较私法译丛·瑞士私法系列

瑞士民法：
基本原则与人法
第二版

EINLEITUNGSARTIKEL DES
ZGB UND PERSONENRECHT

［瑞］贝蒂娜·许莉蔓−高朴
PROF. DR. BETTINA HÜRLIMANN-KAUP
［瑞］耶尔格·施密特 ◎著
PROF. DR. JÖRG SCHMID

纪海龙 ◎译

中国政法大学出版社
2015·北京

声　　明　　1. 版权所有，侵权必究。

　　　　　　2. 如有缺页、倒装问题，由出版社负责退换。

图书在版编目（CIP）数据

瑞士民法：基本原则与人法/（瑞士）许莉蔓-高朴，（瑞士）施密特著；纪海龙译.—北京：中国政法大学出版社，2015.4
　ISBN 978-7-5620-6011-6

Ⅰ.①瑞… Ⅱ.①许… ②施…③纪… Ⅲ.①民法－研究－瑞士 Ⅳ.①D952.23

中国版本图书馆CIP数据核字(2015)第079877号

出　版　者	中国政法大学出版社
地　　　址	北京市海淀区西土城路25号
邮寄地址	北京100088 信箱8034分箱　邮编100088
网　　　址	http://www.cuplpress.com（网络实名：中国政法大学出版社）
电　　　话	010-58908285（总编室）58908334（邮购部）
承　　　印	保定市中画美凯印刷有限公司
开　　　本	720mm×960mm　1/16
印　　　张	33.75
字　　　数	480千字
版　　　次	2015年6月第1版
印　　　次	2015年6月第1次印刷
定　　　价	69.00元

比较私法译丛编委会

主　编　金可可

编委会（按姓名拼音排序）

常鹏翱	方新军	葛云松	刘家瑞	申卫星
孙维飞	唐晓晴	王洪亮	王　轶	解　亘
谢鸿飞	许德风	徐涤宇	薛　军	杨代雄
叶金强	于　飞	张　谷	张家勇	张双根
周江洪	朱广新	朱庆育	朱　岩	

比较私法译丛·总序

今日之民法学者，首要当知旧与新、中与西之关系。古罗马以来，民法学历经两千余年之生发，多少高人志士，皓首穷经、呕心沥血，毕生浸淫徘徊于其中，精思妙想层出不穷，方有今日博大精深之体系。故今日治民法学者，须注重把握传统之学说脉络，力戒全盘推翻、立异求新，当知毁其成易，传承却难，当知彼之旧者，多有于我为新者！且我国现代法制之肇始，系为社会之革新，变祖宗之成法，而借镜于法制发达国家，即至今日，仍须空虚怀抱，取其精密、先进之法技术，切不可以国情、本土资源为由而闭目塞听。因法律之技术与思维方法，实非中西之别，但有粗精之分也；明其理后而弃之，为超越之智者；不得其法即拒之，乃自囿之愚人。是为序！

比较私法译丛编委会　谨识
二零一五年五月二十日

比较私法译丛·瑞士私法系列·序

瑞士民法对中国法之影响,最早或可溯至《大清民律草案》之编纂。清末立法者以"注重世界最普遍之法则"及"原本后出最精确之法理"为秉持之理念,着力于取法欧亚诸国之先进。《瑞士民法典》(下称"瑞民",《瑞士债法典》下称"瑞债")系欧陆当时"后出"之重要民法典,遂成立法者主要借镜之一。故《大清民律草案》不乏取诸"瑞民"之条文,如其开篇设"法例",首条规定"民事,本律所未规定者,依习惯法;无习惯法者,依法理";第二、三条分别规定诚实信用原则及善意推定原则,即从"瑞民"第一、二、三条移植而来;又其《总则》第二章"人"之第五节"人格保护",亦直接仿自"瑞民"第二十七条以下。唯《大清民律草案》未及颁布,便因清王朝灭亡而束之高阁。

北洋政府之《民国民律草案》,体系上参照《德国民法典》(下称"德民")之框架者更多,虽未于开篇设"法例",但仍不乏采自"瑞民"之内容。如该草案第十六条以下,仍保留"瑞民"上述人格保护之一般规定。

及至《中华民国民法典》,虽仍以"德民"为基本框架,但采瑞士立法例者反有增加。诸如于开篇设"法例",于第十六条以下对人格权保护作一般规定,第一六五条"悬赏广告之撤销"(仿"瑞债"第八条第二款),第二九五条第二款"未支付之利息,推定其随同原本移转于受让人"(仿"瑞债"第一七〇条第三款)等等,不一而足。故梅仲协先生言:"现行民法,采德国立法例者,十之六七,瑞士立法例者,十之三四,而法日苏联之成规,亦尝撷取一二。"

改革开放后,我国法学界,对瑞士民法均未予充分关注。三十余年来,有关瑞士民法之著作与文章,似不多见,瑞士民法之经典体系教科书被译为中文者,至今仍未见于学界;瑞民之最新译本,仍系依瑞士联邦委员会1996年公布版本而译,此后之重大修正、发展,诸如瑞民对于"监护制度"之彻底变革，鲜有译介者。然此种状况，与瑞士民法在大陆法系民法中之地位，难谓相称。

立法上，"瑞民"与"瑞债"语言简洁、通俗易懂，技术上为了避免繁复及过于细致僵硬，常以一般条款赋予法官较多自由裁量权，屡为欧洲学界所称道；如茨威格特、克茨于《比较法总论》一书中甚至断言，若"欧洲民法典"未来真能制订，当非瑞式立法风格莫属。又如其损害赔偿法上，一反德国法上过错责任"全有或全无"原则，允许法官斟酌案件之具体情形与过错大小（"瑞债"第四十三条第一款）及行为人是否纯出于利他目的（"瑞债"第九十九条第二款）等因素，灵活确定损害赔偿额，颇为独到。其于立法风格与技术上，可为我国民法典借镜之处，着实颇多。

瑞士之民事判决及其说理，技术水平颇高。瑞士联邦法院对于立法中某些抽象概念，以系列判决将之具体化、类型化，尤多匠心独具之处。

即学界而言，就同一问题，瑞士法上常有不同之解决方案，可资研究视角之扩展。瑞士民法学发展至今，亦已形成一套完善的理论体系，颇有自成一家之特色，自其百年学说传统中汲取营养，亦为我国民法学术发展之不可或缺。

鉴此，"比较私法译丛编委会"定于"译丛"中下设"瑞士私法系列"，以期推动瑞士民事立法、学说与司法实践之译介。"瑞士私法系列"之现行出版计划，暂包括：一、瑞士民法经典教科书选译。经瑞士弗里堡大学 Hubert Stöckli 教授推荐，编委会最终择定 Schulthess 出版社之民法教科书系列，包括《瑞士民法：基本原则与人法》、《瑞士物权法》、《瑞士债法总论》、《瑞士债法分论》与《瑞士侵权责任法》。Schulthess 是瑞士专营法学类文献之著名出版社，本套教材集瑞士多所大学教授合力而成，在瑞士使用广泛，多有反复再版者，堪以一窥瑞士民法之精粹。二、"瑞民"与"瑞债"之重译。瑞士民法二十年来修订频频，现行译本虽堪称精到，唯其内容已不能反映瑞士民法之新貌，编委会亦不揣力薄，寻访学界先进，拟予重译。

大道至简，进步与发展，必在点滴之间。若此系列，于民法学术之发展，有些许裨益，当足慰初心。

金可可　谨识

二零一五年五月二十五日佛诞日

中文版序

兹被译成中文的教科书《〈瑞士民法典〉序编条款与人法》，是两名在不同大学教学和研究的瑞士法学者多年合作的产物。我们撰写本书的目标是，向瑞士法学生和实务工作者以及一般性地向德语法律区的学者，批判性地阐释《瑞士民法典》的两个基础部分：序编条款与人法。序编条款（瑞民第1至9条）处理的是法律适用的基础问题（方法论）以及其他的根本性规则，如依诚实信用行事的要求、善意、联邦法和州法的关系以及举证责任。人法（瑞民第11至89c条）主要调整法律主体（自然人和法人）、其权利能力和行为能力以及对其人格的保护；这些规范也具有基础性意义，它们在其他法秩序中通常是属于民法典"总则"编所调整的内容。

我们怀着高兴和感激之情看到我们的教科书被译成中文。正是基于瑞士弗里堡大学和中国华东政法大学之间的合作，该翻译项目才得以实现。我们尤其要感谢译者纪海龙博士所付出的巨大努力。希望我们的这本书和纪海龙博士的翻译，可以为中国读者了解瑞士私法根本性问题中的规则做出贡献，进而可以使得学术性的比较法工作得以开展。我们希望本书中译本能够受到读者的欢迎！

贝蒂娜·许莉蔓－高朴（Bettina Hürlimann-Kaup）
耶尔格·施密特（Jörg Schmid）
2015年5月于瑞士希特兰地区弗里堡、卢塞恩

前　言

这本教科书讲授的是《瑞士民法典》序编条款（瑞民第1至9条）以及人法（瑞民第11至89^{bis}条）。除此之外，本书最开始也对《瑞士民法典》作了一个导论，并在附录中对瑞民尾编的基本内容（主要是瑞民尾编第1至4条）进行了概述。

本书第一版出版于2001年，在学生以及实务工作者中都获得了好评。此次二版对一版进行了补充、改进和更新。贝蒂娜·许莉蔓－高朴对人法部分重新进行了加工；而导论部分以及瑞民序编条款和尾编则由耶尔格·施密特处理。和在前版中一样，在本版中我们也力图展示瑞民第1至89^{bis}条基本的结构和问题，揭示其间的关联。在此，我们将重点稍许放在了方法论（瑞民第1条）和人格保护（瑞民第27条及以下）上。至于程序法，我们在本书终稿之时（2010年5月1日）以《瑞士民事程序法》（2011年1月1日）生效后的法律状态为前提，进行了处理。对于预计将在2013年生效的《成年人保护法》修正案，我们也在相关地方进行了提示。

对于学生们，我们建议始终将法律文本作为出发点，并在脑子里对重要的基本原则一直保持认识。我们认为，认识以及通过法律去解决法律问题的能力，比费尽心力去学习细节更加重要。本书中研讨的司法判例和学说能够阐明某些问题，从而对实务工作者也可能有所助益。

本书的写作得益于多方的协助。我们首先要对我们以前和现在的助理们表示谢意：在卢塞恩尤其要感谢法学硕士迪尔·塔特娅娜·施米特·迈耶（Diel Tatjana Schmid Meyer），律师、法学硕士帕斯卡·诺赛梯（Pascal Nosetti）以及律师、法学硕士约纳斯·吕科（Jonas Rüegg）；在弗里堡尤其要感谢

I

法学硕士戴维·韦伯（David Weber）、法学硕士本雅明·舍雷尔（Benjamin Schärer）、法学学士艾娃·莫利纳里（Eva Molinari）、法学学士戴安娜·奥斯瓦尔德（Diana Oswald）、法学学士劳拉·柴里希（Laura Tscherrig）、法学学士艾娃·吕科（Eva Rüegg）、法学学士丽贝卡·温尼格尔（Rebecca Wyniger）以及玛格丽特·佛利-赖米（Margrit Folly-Raemy）。本书的校对工作主要由乌苏拉·施密特·里士满（Ursula Schmid-Richmond）硕士完成。最后，许多学生对于本书上一版提出了批评性意见，我们对他们表示衷心的谢意。而且，与出版社的合作依旧非常融洽。

贝蒂娜·许莉蔓-高朴（Bettina Hürlimann-Kaup）
耶尔格·施密特（Jörg Schmid）
2010年6月于弗里堡和卢塞恩

目 录

比较私法译丛·总序 ... I
比较私法译丛·瑞士私法系列·序 ... II
中文版序 ... I
前　言 ... I
缩略语表 ... I

— 第一编　《瑞士民法典》导论 —

第一章　私法的统一 ... 3
第二章　私法法律渊源概述 ... 15
第三章　私法的基本原则和基本概念 ... 19
第四章　《瑞士民法典》的结构 ... 28

— 第二编　序编条款（瑞民第 1~9 条）—

第五章　引　言 ... 33
第六章　法律的适用和补充 ... 36
第七章　依诚实信用行事的要求和滥用权利的禁止（瑞民第 2 条） ... 94
第八章　对善意的保护（瑞民第 3 条） ... 123
第九章　联邦私法的统一（瑞民第 7 条） ... 134

第十章　联邦私法和州法的关系（瑞民第5条和第6条）　　139

第十一章　联邦法和民事诉讼法（瑞民第8～9条）　　157

第十二章　附章：瑞民尾编中的一些规定　　179

– 第三编　人法（瑞民第11至89^{bis}条）–

第十三章　绪　论　　193

第一分编　自然人

第十四章　权利能力　　200

第十五章　行为能力　　205

第十六章　法共同体中的自然人　　227

第十七章　保护人格免受过度约束（瑞民第27条）　　277

第十八章　保护人格不受第三人侵犯（瑞民第28条及以下）　　288

第二分编　法人

第十九章　法人概述　　368

第二十章　社　团　　392

第二十一章　基金会　　424

参考文献　　458

法律条文索引　　465

关键词索引　　478

译后记　　511

缩略语表

a	alt; frühere Fassung des betreffenden Gesetzes oder Artikels	旧/修订前：相关法律或条文之前的版本
a. a. O.	am angeführten Ort	（引文出处）同上
ABGB	Allgemeines Bürgerliches Gesetzbuch für Österreich vom 1. Juni 1811	1811年6月1日《奥地利普通民法典》
Abs.	Absatz	款
aBV	Bundesverfassung der Schweizerischen Eidgenossenschaft vom 29. Juni 1874（nicht mehr in Kraft）	1874年6月29日《联邦宪法》（已失效）
AcP	Archiv für die civilistische Praxis（Tübingen）	《民法实务档案》（图宾根）
a. F.	alte Fassung	旧版
AGB	Allgemeine Geschäftsedingungen	一般交易条款
AGVE	Aargauischen Gerichts – und Verwaltungsentscheide	阿尔高州法院判决和行政决定
AISUF	Arbeit aus dem iuristischen Seminar der Universität Freiburg	弗里堡大学法学院论文
AJP	Aktuelle Juristische Praxis（Lachen）	《当今司法实务》（拉亨）
Allg.	Allgemeine	一般性的/总体性的/概括性的
a. M.	anderer Meinung	其他观点
Amtl. Bull.	Amtliches Bulletin der Bundesversammlung（früher Sten. Bull.）	联邦议会官方公告（之前为"速记公告"）
Anm.	Anmerkung（en）	说明

I

Anwaltsrevue	Das Praxismagazin des schweizerischen Anwaltsverbandes (Basel)	《瑞士律师协会实务杂志》（巴塞尔）
aOR	BG über das Obligationsrecht vom 14. Juni 1881 (nicht mehr in Kraft)	1881年6月14日《联邦债务法》（已失效）
Art.	Artikel (eines Erlasses)	条（法律文件中）
art.	article	条文
AS	Amtliche Sammlung des Bundesrechts (Bern; bis 1987: Sammlung der eidgenössischen Gesetze; bis 1948: Eidgenössische Gesetzessammlung)	《联邦法官方汇编》（伯尔尼；至1987年：《汇编——瑞士联邦法律》；至1948年：《瑞士联邦法律汇编》）
ASA	Archiv für Schweizerisches Abgaberecht (Bern)	《瑞士税法档案》（伯尔尼）
ASR	Abhandlung zum schweizerischem Recht	《瑞士法研究文集》
Asyl	Schweizerische Zeitschrift für Asylrecht und -praxis (Zürich)	《瑞士避难法与实务杂志》（苏黎世）
AT	Allgemeiner Teil	总则/总论
ATSG	BG über den Allgemeinen Teil des Sozialversicherungsrechts vom 6. Oktober 2000 (SR 830.1)	2000年10月6日《瑞士联邦社会保险法总则》（联邦法体系汇编第830.1号）
AuG	BG über die Ausländerinnen und Ausländer vom 16. Dezember 2005 (SR 142.20)	2005年12月16日《联邦外国人法》（联邦法体系汇编第142.20号）
AVIG	BG über die obligatorische Arbeitslosenversicherung und die Insolvenzentschädigung (Arbeitslosenversicherungsgesetz) vom 25. Juni 1982 (SR 837.0)	1982年6月25日《瑞士联邦法定失业保险和破产赔偿法》（《失业保险法》；联邦法体系汇编第837.0号）
BaKomm	Basler Kommentar zum schweizerischen Privatrecht (Basel)	《瑞士私法巴塞尔评注》（巴塞尔）
BankG	BG über die Banken und Sparkassen (Bankengesetz) vom 8. November 1934 (SR 952.0)	1934年11月8日《瑞士联邦银行和储蓄所法》（《银行法》；联邦法体系汇编第952.0号）
BB	Bundesbeschuss	《联邦决议》
BBl	Bundesblatt	《联邦公报》

BEG	BG über Bucheffekten (Bucheffektengesetz, BEG) vom 3. Oktober 2008 (SR 957.1)	2008年10月3日《瑞士联邦票据法》(《票据法》;联邦法体系汇编第957.1号)
BeKomm	Berner Kommentar zum schweizerischen Privatrecht (Bern)	《瑞士私法伯尔尼评注》(伯尔尼)
Bem.	Bemerkungen	评注
BewG	BG über den Erwerb von Grundstücken durch Personen im Ausland (BewG) vom 16. Dezember 1983 (SR 211.412.41)	1983年12月16日《有关在外国之人取得土地的联邦法》(联邦法体系汇编第211.412.41号)
BewV	V über den Erwerb von Grundstücken durch Personen im Ausland (BewV) vom 1. Oktober 1984 (SR 211.412.411)	1984年10月1日《有关在外国之人取得土地的条例》(联邦法体系汇编第211.412.411号)
BG	Bundesgesetz (mit Datum der Annahme durch die Bundesversammlung)	联邦法(附有联邦议会通过的日期)
BGB	Bürgerliches Gesetzbuch für das Deutsche Reich vom 18. August 1896 (in der Fassung der Bekanntmachung vom 2. Januar 2002)	1896年8月18日《德国民法典》(2002年1月2日公布的版本)
BGBB	BG über das bäuerliche Bodenrecht (BGBB) vom 4. Oktober 1991 (SR 211.412.11)	1991年10月4日《联邦农用土地法》(简称《农地法》;联邦法体系汇编第211.412.11号)
BGE	Entscheidungen des Schweizerischen Bundesgerichts (Amtliche Sammlung)	《瑞士联邦法院判例集》(官方汇编)
BGer	Schwezerisches Bundesgericht	瑞士联邦法院
BGG	BG über das Bundesgericht (Bundesgerichtsgesetz, BGG) vom 17. Juni 2005 (SR 173.110)	2005年6月17日《有关联邦法院的联邦法》(简称《联邦法院法》;联邦法体系汇编第173.110号)
BGH	Deutsches Bundesgericht	德国联邦最高法院
GBGHZ	Entscheidungen des (deutschen) Bundesgerichtshofes	《德国联邦最高法院判例集》
BJM	Basler Juristische Mitteilungen (Basel)	《巴塞尔法律通讯》(巴塞尔)
BlSchK	Blätter für Schuldbereibung und Konkurs (Wädenswil)	《强制执行与破产法期刊》(韦登斯维尔)

BN	Der bernische Notar (Langenthal)	《伯尔尼公证人》（朗根塔尔）
BöB	BG über das öffentliche Beschaffungswesen vom 16. Dezember 1994 (SR 172.056.1)	1994年12月16日《联邦公共采购法》（联邦法体系汇编第172.056.1号）
Botschaft	siehe Literaturverzeichnis (Materialienverzeichnis)	参见文献索引（材料索引）
BR/DC	Baurecht/Droit de la Construction, Mitteilung zum privaten und öffentlichen Baurecht (Freiburg)	《建筑法——建筑私法与公法通讯》（弗里堡）
BS	Bereinigte Sammlung der Bundesgesetze und Verordnungen 1848 – 1947	对1848年至1947年间联邦立法与条例的清理汇编
BüG	BG über den Erwerb und Verlust des Schweizer Bürgerrechs (Bürgerrechtsgesetz) vom 29. November 1952 (SR 141.0)	1952年11月29日《联邦取得与丧失瑞士公民权法》（《公民权法》；联邦法体系汇编第141.0号）
BV	Bundesverfssung der schweizerischen Eidgenossenschaft vom 18. April 1999 (SR 101)	1999年4月18日《联邦宪法》（联邦法体系汇编第101号）
BVerfGE	Entscheidungen des (deutschen) Bundesverfassungsgerichts (Tübingen)	《德国联邦宪法法院判例集》（图宾根）
BVG	BG über die berufliche Alters –, Hinterlassenen – und Invalidenvorsorge vom 25. Juni 1982 (SR 831.40)	1982年6月25日《联邦职业养老、遗属和残疾人保障法》（联邦法体系汇编第831.40号）
BVR	Bernische Verwaltungsrechtsprechung – Entscheide und Abhandlungen zum bernischen Verwaltungsrecht (Bern)	《伯尔尼行政法判例——有关伯尔尼行政法的判决与论文》（伯尔尼）
BVV 1	V über die Beaufsichtigung und die Registrierung der Vorsorgeeinrichtungen vom 29. Juni 1983 (SR 831.435.1)	1983年6月29日《关于照管机构注册和监管的条例》（联邦法体系汇编第831.435.1号）
BVV 2	V über die berufliche Alters –, Hinterlassenen – und Invalidenvorsorge (SR 831.441.1)	《老人、遗孀和残疾人的职业照管条例》（联邦法体系汇编第831.441.1号）
bzgl.	bezüglich	与……有关/在……方面

bzw.	Beziehungsweise	或者/确切地说
CC	Code civil suisse（= ZGB）	《瑞士民法典》（法文简称；德文简称为 ZGB）
CCfr.	Code civil français vom 21. März 1804	1804 年 3 月 21 日《法国民法典》
Ccit.	Dodice civile itliano vom 16 März 1942	1942 年 3 月 16 日《意大利民法典》
CEDIDAC	Publications du Centre de l'entreprise（droit industriel, droit d'auteur, droit commercial; Lausanne）	企业中心出版物（企业法、著作权法、商法；洛桑）
CO	Code des obligations（= OR）	《瑞士债务法》（法文简称；德文简称 OR）
Cst.	Constitution fédérale de la Confédération Suisse（= BV）	《联邦宪法》（法文简称；德文简称为 BV）
d. h.	das heisst	亦即
Diss.	Dissertation	博士论文
DJZ	Deutsche Juristenzeitung（Tübingen）	德国《法学家报》（图宾根）
DSG	BG über den Datenschutz vom 19. Juni 1992（SR 235.1）	1992 年 6 月 19 日《联邦数据保护法》（联邦法体系汇编第 235.1 号）
E.	Erwägung（en）	判决理由/法院考量
EAZW	Eidgenössisches Amt für das Zivilstandswesen	瑞士联邦民政事务局
EDV	Elektronische Datenverarbeitung	电子数据处理
EG	Einführungsgesetz（regelmässig: kantonales EG zum ZGB）; auch: Europäische Gemeinschaft	施行法（通常系各州对《瑞士民法典》的施行法）；也有可能是"欧洲共同体"的缩写
EGMR	Europäischer Gerichtshof für Menschenrechte	欧洲人权法院
EG ZGB	（Kantonales）Einführungsgesetz zum ZGB	（各州）对《瑞士民法典》的施行法
Eidg./eidg.	Eidgenössische（s）/eidgenössisch	瑞士联邦（的）

V

EJPD	Eidgenössisches Justiz – und Polizeidepartement	联邦司法与警察部
EMRK	Konvention zum Schutze der Menschenrechte und Grundfreiheiten vom 4. November 1950（Europäische Menschenrechtskonvention；SR 0.101）	1950年11月4日《保护人权和基本自由公约》（《欧洲人权公约》；联邦法体系汇编第0.101号）
EntG	Bundesgesetz über die Enteignung（EntG）vom 20. Juni 1930（SR 711）	1930年有关征收的联邦法（简称《征收法》；联邦法体系汇编第711号）
EU	Europäische Union	欧盟
EuGRZ	Europäische Grundrechte – Zeitschrift（Strassburg/Kehl am Rheim）	《欧洲基本权利杂志》（莱茵河畔斯特拉斯堡/凯尔）
EWR	Europäischer Wirtschaftsraum	欧洲经济区
f.（ff.）	und nächstfolgende Seite（n）bzw. nächstfolgende（r）Artikel	以下一页或数页/以下一条或数条
Famkomm	Reihe „Kommentare zum Familienrecht"（Bern）	《家庭法评注》系列（伯尔尼）
FamPra.ch	Die Praxis des Familienrechts（Bern）	《家庭法实务》（伯尔尼）
FG	Festgabe	纪念出版物
FMedG	BG über die medizinisch unterstützte Fortpflanzung（Fortpflanzungsmedizingesetz）vom 18. Dezember 1998（SR 810.11）	1998年12月18日《联邦医学支持的生殖法》（《生殖医学法》；联邦法体系汇编第810.11号）
FMG	Fernmeldegesetz（FMG）vom 30. April 1997（SR 784.10）	1997年4月30日《通讯法》（联邦法体系汇编第784.10号）
Fn.	Fussnote	脚注
FS	Festschrift	纪念文集

FusG	BG über Fusion, Spaltung, Umwandlung und Vermögensübertragung (Fusionsgesetz, FusG) vom 3. Oktober 2003 (SR 221.301)	2003年10月3日《有关企业合并、分立、重组和资产移转的联邦法》(《合并法》；联邦法体系汇编第221.301号)
FZR	Freiburger Zeitschrift für Rechtsprechung (=RFJ) (Freiburg)	《弗里堡州判例杂志》(此为德文版，法文版简称RFJ) (弗里堡)
GBV	Grundbuchverordnung (GBV) vom 23. September 2011 (SR 211.432.1)	2011年9月23日《不动产登记条例》(联邦法体系汇编第211.432.1号)
GestG	BG über den Gerichtsstand in Zivilsachen (Gerichtsstandsgesetz, GestG) vom 24. März 2000 (nicht mehr in Kraft)	2000年3月24日《有关民事案件法院管辖的联邦法》(简称《法院管辖法》，已失效)
GlG	BG über die Gleichstellung von Frau und Mann (Gleichstellungsgesetz) vom 24 März 1995 (SR 151.1)	1995年3月24日《关于男女平等的联邦法》(《男女平等法》；联邦法体系汇编第151.1号)
GVG	BG über den Geschäftsverkehr der Bundesversammlung sowie über die Form, die Bekanntmachung und das Inkrafttreten ihrer Erlasse (Geschäftsverkehrsgesetz) vom 23. März 1961 (nicht mehr in Kraft)	1961年3月23日《关于联邦议会业务往来以及其立法的形式、公布和生效的联邦法》(《业务往来法》；已失效)
GVP SG	Sankt Gallische Gerichts- und Verwaltungspraxis (St. Gallen)	《圣加仑法院与行政实务》(圣加仑)
Habil.	Habilitationsschrift	教授资格论文
HandKomm	Handkommentar	《评注手册》
HMG	BG über Arzneimittel und Medizinprodukte (Heilmittelgesetz) vom 15. Dezember 2000 (SR 812.21)	2000年12月15日《关于药品和医疗产品的联邦法》(联邦法体系汇编第812.21号)
HregV	Handelsregisterverordnung vom 17. Oktober 2007 (SR 221.411)	2007年10月17日《商事登记簿条例》(联邦法体系汇编第221.411号)
Hrsg./hrsg.	Herausgeber/herausgegeben	编者/由……编著
i.e.S.	im engeren Sinn	狭义的

Inkl.	Inklusive	包括
IPR	Internationales Privatrecht	国际私法
IPRG	BG über das Internationales Privatrecht vom 18. Dezember 1987 (SR 291)	1987年12月18日《联邦国际私法典》(联邦法体系汇编第291号)
i. S. v.	Im Sinn von	在……的意义上
i. V. m.	in Verbindung mit	与……相结合
i. w. S.	im weiteren Sinn	广义的
JdT	Journal des Tribunaux (Lausanne)	《法院时报》(洛桑)
KAG	BG über die kollektiven Kapitalanlagen (Kollektivanlagengesetz) vom 23. Juni 2006 (SR 951.31)	2006年6月23日《联邦集合资本投资法》(《集合投资法》; 联邦法体系汇编第951.31号)
KG	BG über Kartelle und andere Wettbewerbsbeschränkungen (Kartellgesetz) vom 6. Oktober 1995 (SR 251)	1995年10月6日《关于卡特尔以及其他限制竞争的联邦法》(《卡特尔法》; 联邦法体系汇编第251号)
KGTG	BG über den internationalen Kulturgütertranfer (Kulturgütertransfergesetz, KGTG) vom 20. Juni 2003 (SR 444.1)	2003年6月20日《有关国际文物流转的联邦法》(《文物流转法》; 联邦法体系汇编第444.1号)
KKG	BG über den Konsumkredit vom 8. Oktober 1993 (SR 221.214.1)	1993年10月8日《联邦消费信贷法》(联邦法体系汇编第221.214.1号)
Komm.	Kommentar	(法律)评注
LBR	Luzerner Beiträge zur Rechtswissenschaft	《卢塞恩法学文丛》
LDFR	Loifédérale sur le droit foncier rura (= BGBB)	《联邦农用土地法》(法文简称; 德文简称为 BGBB)
LGVE	Luzerner Gerichts – und Verwaltungsentscheide (Luzern; bis 1973: Entscheidungen des Obergerichtes des Kantons Luzern und der Anwaltskammer [Maximen])	《卢塞恩州法院判决和行政决定》(卢塞恩州; 至1973年:《卢塞恩州高等法院判决和律师协会决议[准则]》)
lit.	litera (Buchstabe)	字母

LugÜ	Übereinkommen über die gerichtliche Zuständigkeit und die Vollstreckung gerichtlicher Eintscheidungen im Zivil – und Handelssachen (Lugano – Übereinkommen) vom 16. September 1988 (SR 0.275.11)	1988年9月16日《关于民商事案件裁判管辖权和法院判决执行的公约》(《卢加诺公约》；联邦法体系汇编第0.275.11号)
Max.	Entscheidungen des Obergerichtes des Kantons Luzern und der Anwaltskammer: Maximen (Luzern; seit 1974: LGVE)	《卢塞恩州高等法院判决和律师协会决议：准则》(卢塞恩州；自1974年更名为：《卢塞恩州法院判决和行政决定》)
Medialex	Zeitschrift für Kommunikationsrecht (Bern)	《通讯法杂志》(伯尔尼)
MSchG	BG über den Schutz von Marken und Herkunftsangaben (Markenschutzgesetz, MSchG) vom 28. August 1992 (SR 232.11)	1992年8月28日《有关标志和产地信息保护的联邦法》(《标志保护法》；联邦法体系汇编地232.11号)
MStG	Militärstrafgesetz vom 13. Juni 1927 (SR 321.0)	1927年6月13日《军事刑法》(联邦法律汇编第321.0号)
N	Note, Randnote	批注，页边批注
NBW	Niederländisches Bürgerliches Gesetzbuch (Burgerlijk Wetboek)	《荷兰民法典》
NF	Neue Folge	新的顺序/后果
NJW	Neue juristische Wochenschrift (München/Frankfurt a. M.)	《新法学周刊》(慕尼黑/美茵河畔法兰克福)
NR	Nationalrat	国民院
Nr.	Nummer	(边)码
NZZ	Neue Züricher Zeitung (Zürich)	《新苏黎世人报》(苏黎世)
OG	BG über die Organisation der Bundesrechtspflege (Bundesrechtspflegegesetz [OG]) vom 16. Dezember 1943	1943年12月16日《有关联邦司法组织的联邦法》(简称《联邦司法组织法》)
OGH	(Österreichischer) Oberster Gerichtshof	(奥地利)最高法院
OLG	Oberlandesgericht	州高等法院

OR	BG betreffend die Ergänzung des Schweizerischen Zivilgesetzbuches（Fünfter Teil：Obligationenrecht）vom 30. März 1911（SR 220）	1911年3月30日《有关补充瑞士民法典（增加第五编：债法）的联邦法》（联邦法体系汇编第220号；本书中译本中简称"瑞债"）
p.	Page（s）	页
ParlG	BG über die Bundesversammlung（Parlamentsgesetz）vom 13. Dezember 2002（SR 171. 10）	2002年12月13日《关于联邦议会的联邦法》（《议会法》；联邦法体系汇编第171.10号）
PartG	BG über die eingetragene Partnerschaft gleichgeschlechtlicher Paare（Partnerschaftsgesetz，PartG）vom 18. Juni 2004（SR 211. 231）	2004年6月18日《有关已登记同性伴侣关系的联邦法》（《同性伴侣法》；联邦法体系汇编第211.231号）
PatG	BG über die Erfindungspatente（Patentgesetz）vom 25. Juni 1954（SR 232. 14）	1954年6月25日《关于发明专利的联邦法》（《专利法》；联邦法体系汇编第232.14号）
PGB	Privatrechtliches Gesetzbuch für den Kanton Zürich（1855 – 1856）	《苏黎世州私法典》（1855 – 1856）
PfG	Pfandbriefgesetz（PfG）1 vom 25. Juni 1930（SR 211. 423. 4）	1930年6月25日《抵押证券法》（联邦法体系汇编第211.423.4号）
PKG	Die Praxis des Kantonsgerichts von Graubünden（Chur）	《格劳宾登州法院实务》（库尔）
Pra	Die Praxis des Bundesgerichts（Basel）	《联邦法院实务》（巴塞尔）
PublG	BG über die Sammlungen des Bundesrechts und das Bundesblatt（Publikationsgesetz）vom 18. Juni 2004（SR 170. 512）	2004年6月18日《联邦法汇编和联邦公布法》（《公布法》；联邦法体系汇编第170.512号）
PublV	V über die Sammlungen des Bundesrechts und das Bundesblatt（Publikationsverordnung）vom 17. November 2004（SR 170. 512. 1）	2004年11月17日《联邦法汇编和联邦公报条例》（《公布条例》；联邦法体系汇编第170.512.1号）
RabelsZ	Rabels Zeitschrift für ausländisches und internationales Privatrecht（Berlin bzw. Tübingen）	《拉贝尔外国私法与国际私法杂志》（柏林/图宾根）

RBOG	Rechenschaftsbericht des Obergerichts des Kantons Thurgau (Frauenfeld)	《图尔高州高等法院工作总结报告》(弗劳恩菲尔德)
recht	recht – Zeitschrift für juristische Ausbildung und Praxis (Bern)	《法——法律教育与实务杂志》(伯尔尼)
Rep	Repertorio di Giurisprudenza patria (Bellinzona)	《州判决汇编》(贝林佐纳)
rev.	revidiert: zukünftie Fassung des betreffenden Gesetzes	修正的：相关法律的未来版本
RFJ	Revue Fribourgeoise de Jurisprudence (= FZR) (Freiburg)	《弗里堡州判例杂志》(此为法文简称，德文简称为 FZR) (弗里堡)
RHG	BG über die Harmonisierung der Einwohnerregister und anderer amtlicher Personenregister (Registerharmonisierungsgesetz) vom 23. Juni 2006 (SR 431.02)	2006 年 6 月 23 日《关于居民登记簿和其他官方人事登记簿协调的联邦法》(《登记簿协调法》；联邦法体系汇编第 431.02 号)
RJJ	Revue Jurassienne de Jurisprudence (Porrentruy)	《汝拉州判例杂志》(波朗特吕)
RJN	Recueil de Jurisprudence Neuchâteloise (Neuchâtel)	《纳沙泰尔州司法判例集》(纳沙泰尔)
RPG	BG über die Raumplanung (Raumplanungsgesetz, RPG) vom 22. Juni 1979 (SR 700)	1979 年 6 月 22 日《有关空间规划的联邦法》(简称《空间规划法》，联邦法体系汇编第 700 号)
RVJ	Revue valaisanne de jurisprudence (= ZWR) (Sion)	《瓦莱州判例杂志》(此为法文简称，德文版简简称为 ZWR) (锡永市)
Rz.	Randziffer	边码
S.	Seite	页
SAG	Schweizerische Aktiengesellschaft (Zürich; seit 1900: SZW)	《瑞士股份有限公司》(苏黎世；自 1900 年更名为《瑞士经济法杂志》)
SchKG	BG über Schuldbetreibung und Konkurs (SchKG) vom 11. April 1889 (SR 281.1)	1889 年 4 月 11 日《有关强制执行与破产的联邦法》(《体系法律汇编》第 281.1 号)

SchlT ZGB	Schlusstitel des ZGB (Anwendungs- und Einführungsbestimmungen)	《瑞士民法典》终章（适用和施行性规定）
Semjud	Semaine judiciaire (Genf)	《司法周刊》（日内瓦）
SIA	Schweizerische Ingenieur - und Architektenverein	瑞士工程师与建筑师协会
SIA - Norm 118	Allgemeine Bedingungen für Bauarbeiten, herausgegeben vom SIA (Ausgabe 1977)	《建筑施工一般条件》，由瑞士工程师与建筑师协会发布（1977 年发布）
sic!	Zeitschrift für Immaterialgüter -, Informations - und Wettbewerbsrecht (Zürich)	《知识产权、信息和竞争法杂志》（苏黎世）
SICAF	Investmentgesellschaft mit festem Kapital	固定资本投资公司
SICAV	Investmentgesellschaft mit variablem Kapital	可变资本投资公司
SJK	Schweizerische Juristische Kartothek (Genf)	《瑞士法学卡片索引》（日内瓦）
SJZ	Schweizerische Juristen - Zeitung (Zürich)	《瑞士法学家报》（苏黎世）
SOG	Solothurnische Gerichtspraxis (Solothurn)	《索洛图恩法院实践》（索洛图恩）
sog.	sogenannt (e)	所谓的
SpG	BG über die Landessprachen und die Verständigung zwischen den Sprachgemeinschaften (Sprachgesetz) vom 5. Oktober 2007 (SR 441.1)	2007 年 10 月 5 日《关于方言和语言群体间理解的联邦法》（《语言法》；联邦法体系汇编第 441.1 号）
SPR	Schweizerisches Privatrecht (Basel und Stuttgart)	《瑞士私法》（巴塞尔和斯图加特）
SR	Systematische Sammlung des Bundesrechts (Systematische Rechtssammlung)	《联邦法体系汇编》（《体系法律汇编》）
SRL	Systematische Rechtssammlung des Kantons Luzern	《卢塞恩州法律体系汇编》
SSG	BG über die Seeschifffahrt unter der Schweizer Flagge (Seeschifffahrtsgesetz) vom 23. September 1953 (SR 747.30)	1953 年 9 月 23 日《有关悬挂瑞士国旗的海船航行的联邦法》（《海船航行法》；联邦法体系汇编第 747.30 号）

ST	Der Schweizer Treuhänder (Zürich)	《瑞士受托人》（苏黎世）
Sten. Bull	Amtlichesstenographisches Bulletin der Bundessammlung (bis 1966; seither: Amtliches Bulletin der Bundesversammlung)	联邦议会官方速记公告（至 1966 年；之后为：联邦议会官方公告）
StFG	BG über die Forschung am embryonalen Stammzellen (Stammzellenforschungsgesetz) vom 19. Dezember 2003 (SR 810.31)	2003 年 12 月 19 日《关于胚胎干细胞研究的联邦法》（《干细胞研究法》；联邦法体系汇编第 810.31 号）
StGB	Schweizerisches Strafgesetzbuch vom 21. Dezember 1937 (SR 311.0)	1937 年 12 月 21 日《瑞士刑法典》（联邦法体系汇编第 311.0 号）
StHandkomm	Stämpflis Handkommentar (Bern)	《施代姆普里斯评注手册》
StR	Ständerat	联邦院
successio	Zeitschrift für Erbrecht (Zürich)	《继承法杂志》（苏黎世）
SVG	Strassenverkehrsgesetz (SVG) vom 19. Dezember 1958 (SR 741.01)	1958 年 12 月 19 日《道路交通法》（联邦法体系汇编第 741.01 号）
System. Teil	Systematischer Teil	体系部分
SZIER	Schweizerische Zeitschrift für internationales und europäisches Recht (Zürich)	《瑞士国际法与欧洲法杂志》（苏黎世）
SZS	Schweizerische Zeitschrift für Sozialversicherung und berufliche Vorsorge (Bern)	《瑞士社会保险和职业保障杂志》（伯尔尼）
SZW	Schweizerische Zeitschrift für Wirtschaftsrecht (seit 1900; bis 1989: SAG)	《瑞士经济法杂志》（自 1900 年；1989 年以前的刊名为《瑞士股份有限公司》）
TDP	Traité de droit privé suisse (Basel)	《瑞士私法专论》（巴塞尔）
u. a.	unter anderem/anderen; und andere	此外；以及其他
URG	BG über das Urheberrecht und verwandte Schutzrechte (Urheberrechtsgesetz, URG) vom 9. Oktober 1992 (SR 231.1)	1992 年 10 月 9 日《关于著作权和相关保护权的联邦法》（《著作权法》；联邦法体系汇编第 211.43.21 号）

URP	Umweltrecht in der Praxis (Zürich)	《环境法实务》（苏黎世）
UWG	BG gegen den unlauteren Wettbewerb vom 19. Dezember 1986 (SR 241)	1986年12月19日《联邦反不正当竞争法》（联邦法体系汇编第241号）
USG	BG über den Umweltschutz (Umweltschutzgesetz, USG) vom 7. Oktober 1983 (SR 814.01)	1983年10月7日《有关环境保护的联邦法》（《环境保护法》；联邦法体系汇编第814.01号）
usw.	und so weiter	等等
V	Verordnung	条例
VBB	V über das bäuerliche Bodenrecht (VBB) vom 4. Oktober 1993 (SR 211.412.110)	1993年10月4日《有关农业用地的条例》（《农业用地条例》；联邦法体系汇编第211.412.110号）
VDSG	V zum BG über den Datenschutz vom 14. Juni 1993 (SR 235.11)	1993年6月14日《联邦数据保护法》（联邦法体系汇编第235.11号）
VGG	BG über das Bundesverwaltungsgericht (Verwaltungsgerichtsgesetz) vom 17. Juni 2005 (SR 173.32)	2005年6月17日《关于联邦行政法院的联邦法》（《行政法院法》；联邦法体系汇编第173.32号）
vgl.	vergleiche	参见
vol.	Volume	卷
Vorbem.	Vorbemerkung	预告登记
VPB	Verwaltungspraxis der Bundesbehörden (Bern; früher: VEB)	《联邦政府行政实务》（伯尔尼；之前为《联邦政府行政决定》）
VVG	BG über den Versicherungsvertrag (Versicherungsvertragsgesetz, VVG) vom 2. April 1908 (SR 221.229.1)	1908年4月2日《有关保险合同的联邦法》（《保险合同法》；联邦法体系汇编第221.229.1号）
VZG	V des Bundesgerichts über die Zwangsverwertung von Grundstücken (VZG) vom 23. April 1920 (SR 281.42)	1920年4月23日《联邦法院有关不动产强制拍卖的条例》（《不动产强制拍卖条例》；联邦法体系汇编第281.42号）

WKR	Übereinkommen der Vereinten Nationen über Verträge über den internationalen Warenkauf (Wiener Kaufrecht) vom 11. April 1980 (SR 0.221.211.1)	1980年4月11日《联合国国际货物买卖合同公约》(《维也纳买卖法》;联邦法体系汇编第0.221.211.1号)
z. B.	zum Beispiel	例如
ZBGR	Schweizerische Zeitschrift für Beurkundungs – und Grundbuchrecht (Wädenswil)	《瑞士公证法与不动产登记法杂志》(韦尔登斯维尔)
ZBJV	Zeitschrift des Bernischen Juristenvereins (Bern)	《伯尔尼法律人协会杂志》(伯尔尼)
ZBl	Schweizerisches Zentralblatt für Staats – und Verwaltungsrecht (Zürich; bis 1988; Schweizerisches Zentralblatt für Staats – und Gemeindeverwaltung)	《瑞士国家法与行政法核心杂志》(苏黎世;1988年之前为《瑞士国家与地区行政核心杂志》)
ZEuP	Zeitschrift für Europäisches Privatrecht (München)	《欧洲私法杂志》(慕尼黑)
ZGB	Schweizerisches Zivilgesetzbuch vom 10. Dezember 1907 (SR 210)	1907年12月10日《瑞士民法典》(联邦法体系汇编第210号;本书中译本中简称"瑞民")
ZGRG	Zeitschrift für Gesetzgebung und Rechtsprechung in Graubünden (Chur)	《格劳宾登州立法与判决杂志》(库尔)
ZH ZPO	Züricher Zivilprozessordnung (ZPO) vom 13. Juni 1976 (Ordnungsnummer 271; nicht mehr in Kraft)	1976年6月13日《苏黎世民事程序法》(法令编号271;已失效)
Ziff.	Ziffer	数字
ZPO	Schweizerische Zivilprozessordnung (Zivilprozessordnung, ZPO) vom 19. Dezember 2008 (SR 272)	2008年12月19日《瑞士民事程序法》(《民事程序法》;联邦法体系汇编第272号)
ZR	Blätter für zürcherische Rechtsprechung (Zürich)	《苏黎世判决公报》(苏黎世)
ZSR NF	Zeitschrift für Schweizerisches Recht, Neue Folge (Basel)	《瑞士法杂志(新序列)》(巴塞尔)

ZStGV	V über die Gebühren im Zivilstandswesen vom 27. Oktober 1999（SR 172.042.110）	1999年10月27日《民事状态费用条例》（联邦法体系汇编第172.042.110号）
ZStV	Zivilstandsverordnung vom 28. April 2004（SR 211.112.2）	2004年4月28日《民事状态条例》（联邦法体系汇编第211.112.2号）
ZüKomm	Zürcher Kommentar zum Schweizerischen Zivilgesetzbuch（Zürich）	《瑞士民法典苏黎世评注》（苏黎世）
ZVglRWiss	Zeitschrift für vergleichende Rechtswissenschaft（Stuttgart）	《比较法学杂志》（斯图加特）
ZVW	Zeitschrift für Vormundschaftswesen（Zürich）	《监护事务杂志》（苏黎世）
ZWR	Zeitschrift für Walliser Rechtsprechung（=RVJ）(Sitten)	《瓦莱州判例杂志》（此为德文版，法文版简称RVJ）（锡永市）
ZZW	Zeitschrift für Zivilstandswesen（Bern）	《民政事务杂志》（伯尔尼）

第一编
《瑞士民法典》导论

和本书余下部分相比，本书第一编的内容在更大程度上是一个导论：它将有助于初步了解实质内容，也就是它传递的是基础原理和基本概念，尤其是基本理念。为此目的，此编的论述必然要简单明了。案例和其他举例是为了起到说明作用。本编中重点强调读者要了解基本概念及其之间的相互关系，而非费劲地去把握细节。本部分的很多——虽然并非是全部——内容都需要嗣后对之进行细化和深化。

本编至少也要部分地涉及法律的基本问题。对于这些问题，"法律导论"的教学材料也会探讨。从而，对于那些初学法律（或私法）的人而言，本书作者尤其建议他们在学习本书的同时，也学习"法律导论"的相关教学材料〔如在文献目录中列出的佛斯特摩泽尔和福格特（Forstmoser 和 Vogt）的著作以及赛乐尔（Seiler）的著作〕。

第一章

私法的统一

一、私法

作为对基础原理的阐释，在此首先在（一）中对私法及其特征进行概述；然后在（二）中对私法中的各种权利进行阐述；接下来在（三）中探讨由构成要件和法律后果构成的典型（私）法规范；最后在（四）中展示私法条文可具有任意性或强行性属性。

（一）私法概述

1. 法律规范调整共同体中表现在外的人类行为。就特定的、对于社会交往尤其重要的情形，法秩序以命令和禁止的方式**指引法律主体（人）的行为**。这些行为指引同时也是法院的裁判指引。

法律规范和法秩序统称为**客观意义上的法权**（客观法），例如对人格侵犯加以规制以保护人格权的瑞民第 28 条及以下各条。从法律规范中所引出之各个法律主体所享有的具体权利，被称之为**主观意义上的法权**（主观权利），例如基于瑞民第 28a 条第 1 款第 2 项特定人在特定情形下享有的消除人格侵犯的权利。[1]

不同法律主体之间具体的法律上的关系——作为受法律规则规制之生活事实的片段——被称为**法律关系**。[2]

4　　2. "私法"是如下所有法律规范的总称：这些法律规范的调整对象是双方或多方**法律主体**之间的（非具有主权性质的）**私的行为**，并且这些法律规范也部署出法律主体间此种关系中的**私法上的法律后果**。如下因素是将某种法律关系归类为"私法上之关系"的决定性因素：

5　　— 法律关系的**参与者**是**两个或多个私的法律主体**，也即原则上并非是作为公法上主体的国家。

6　　— 参与进来的法律主体的行为**不具有主权性质**，而是平等关系中的行为。亦即，任何一方参与人的地位并不居于他方参与人之下（而在公法中原则上便是一方地位居于他方之下）。

7　　— 对相应案件中适用的**法律后果**具有**私法意义上的内容**（而非具有刑法或行政法意义）。例如，针对侵犯权利的一个典型私法上的惩罚是按照瑞债第 41 条第 1 款进行损害赔偿。对于私法上的法律后果以及由此产生的私法权利，下文将详细论述（边码 10 及以下）。

就此应马上予以说明的是：①在例外情形下，国家也可能参与一个私法调整的法律关系，也即是，当国家如私法主体一样，而非行使国家权力时，例如为一个学校购买电脑；②进而，在某些例外情况下，在私法中可能只是出现一个单一的（私）法主体，例如瑞民第 81 条规定的基金会行为；③另外，在私法中法律主体之间并非总是具有平等地位；其中也可能存在上位和下位关系，例如家庭法

---

[1] 就此的全面论述见 Forstmoser/Vogt, § 4 N 119ff.; Seiler, S. 16 ff.
[2] 相似说法见 Medicus, Nr. 54ff.; Larenz/Wolf, § 13 N 1 ff.; Seiler, S. 178ff.

中针对子女的亲权,见瑞民第 296 条及以下诸条;④最后,某个特定案件事实(例如由于交通事故造成的人身伤害)不仅会导致私法上的惩罚(例如损害赔偿),也可能导致刑法和行政法上的法律后果(例如追究刑事责任、吊销驾照);⑤就如何区别私法和公法的详细讨论见下文边码 404 及以下。

3. 被如此理解的私法其典型特征是,私法规定并非基于职权而被贯彻执行。这些规定是否(通过请求法院对争讼案件进行判决)被适用以及是否(通过进入国家执行机构)被执行,由相关参与人来决定。

与此相反,公法上的规范原则上基于职权而被执行。其原因在于,就执行这些规定通常存在重要的公共利益。

4. 就主题而言,在传统意义上,人法、家庭法、继承法、物权法、债法(合同法、法定责任法以及不当得利法)以及商法属于私法。

属于(广义的)商法的,还有竞争法以及无形财产法(例如著作权法、专利法和商标法)。

(二)私法上的具体权利

按照上文所述(边码7),私法的典型特征在于它规定**具有私法内容的法律后果**,而非刑法或行政法上的惩罚。下文第 1 点将通过举例对此进行说明。进而下文第 2 点将深入探讨绝对(私)权与相对(私)权之间的区别。

为避免混淆而应予以说明的是:在此处的概述中,只是对私法上的权利进行举例性的初步说明。某人在具体案件中是否以及在多大程度上有效享有某(主观)权利,取决于相应规范的构成要件是否得到满足以及一些具体的情形(例如损害赔偿的减少事由)。

1. 私权举例。

私法中存在着如下的主观权利,这些权利可以针对一个或多个私法主体提出,并且在讼争案件中可以通过法院执行:

(1)人法和家庭法中的权利:

－ 向某其他私法主体请求不进行违法侵犯人格之行为的权利(瑞民第 28 条及第 28a 条);

－ 在离婚条件满足的情况下,向配偶请求离婚的权利(瑞民

第 11 条及以下诸条）；

如果法院判决离婚，那么从离婚这个结果中将引出进一步的权利，如财产分割权（瑞民第 120 条、第 124 条及以下诸条以及第 236 条及以下诸条）、针对职业年金份额的权利（瑞民第 122 条及以下诸条）、离婚后的抚养权（瑞民第 125 条及以下诸条）以及针对亲权和父母义务的权利（瑞民第 133 条及以下诸条）。

— 通过法院确认子女关系的权利（瑞民第 261 条及以下诸条）；
— 针对父母和未成年子女间进行个人交往的权利（瑞民第 273 条及以下诸条）；
— 子女要求父母抚养的权利（瑞民第 276 条及以下诸条）；
— 请求亲属进行支持的权利（瑞民第 328 条）；

(2) 继承法中的权利：
— 继承人请求交出遗产或特定遗物的权利（瑞民第 598 条及以下诸条）；
— 共同继承人请求分割遗产的权利（瑞民第 604 条）；

(3) 物权法中的权利：
— 所有权人请求返还被不法扣留之物的权利以及排除不当影响的权利（瑞民第 641 条第 2 款）；
— 请求相邻土地所有人不排放过量侵入物（不可量物）或请求相邻土地所有人不得逾越其所有权权限的权利（瑞民第 679 条及第 684 条）；
— 作为役权人（例如道路通行权的权利人）请求供役地人不得阻止或妨碍役权行使的权利（瑞民第 737 条第 3 款）；
— 在受担保物权担保的请求权未得清偿的情况下，质权人请求拍卖担保物以及从拍卖所得中获偿的权利（瑞民第 816 条第 1 款以及第 891 条第 1 款）；
— 物的占有人以"暴力"反抗非法侵夺的权利，以及物的占有人针对违法妨害以诉讼方式请求妨害人不作为的权利（瑞民第 926 条及以下诸条）；

(4) 债法中的权利：

－ 向合同相对人请求合同履行的权利（按照通说，该请求实际履行的权利被隐含规定在瑞债第 97 条中）；

例如：①在**买卖合同**中，买方享有向卖方请求交付买卖客体并取得买卖客体所有权的权利，而卖方有权向卖方请求支付买卖价款（瑞债第 184 条第 1 款）。②在**租赁合同**中，承租人享有向出租人请求交付租赁物以在合同期内使用该物的权利；与此相对，出租人有权向承租人请求支付租金（瑞债第 253 条）。

－ 在发生不法侵害时（瑞债第 41 条第 1 款），或在发生过错违约时（瑞债第 97 条第 1 款），请求损害赔偿或精神损害赔偿（Genugtuung）的权利（瑞债第 47 条和 49 条）。

－ 在加工承揽合同中，在工作成果有瑕疵时，定作人向承揽人请求解除合同、减少承揽报酬、免费修理工作成果的权利，以及在承揽人存在过错的情况下请求损害赔偿的权利（瑞债第 368 条）；

－ 请求返还不当得利的权利（瑞债第 62 条）；

－ 在约定违约金的情况下，向合同相对人请求支付违约金的权利（瑞债第 160 条第 1 款）。

2. 绝对权和相对权。

私法上的权利，依照某权利是针对何人发生效力以及在发生争议时可向谁行使该权利，可以分为绝对权和相对权：[1]

（1）可针对任何人发生效力（"erga omnes"）的（私）权利，也即是，任何其他人都应尊重该权利，被称为绝对权。属于绝对权的有**人格权**、**物权**（所有权、役权以及担保物权）以及**无形产权**（例如著作权、专利权和商标权）。

例如：①瑞民第 28 条第 1 款规定，人格权受到不法侵犯之人，有权"针对任何实施侵犯的人"，向法院提起诉讼。

---

〔1〕 BGE 114 Ⅱ 91 ff. (97), E. 4a/aa; Gauch/Schluep/Schmid, Nr. 60 ff.; Schmid/Hürlimann - Kaup, Sachenrecht, Nr. 15 ff.

②瑞民第641条第2款赋予物的所有权人以"针对任何不法扣留该物的人"请求返还该物以及"排除任何不当影响"的权利。③根据《瑞士著作权法》第9条第1款,著作权人享有"对其作品的排他权以及要求承认其著作权人身份的权利"。

18

(2) 与此相反,**相对权**〔亦称对人权或债性的权利(obligatoris-che Rechte)〕是只能针对某个或某些特定的人主张的权利。典型属于相对权的是**债权**(债;参见边码76及以下):该权利针对的是且只能是债务人,而非其他人。[1]

某甲(买方甲)从某艺术品商处购买一幅画,那么甲只针对该艺术品商(卖方)享有交付该画以及取得该画所有权的权利(瑞债第184条第1款)。如果在与买方甲签订合同后,该艺术品商又将同一幅画出卖并交付给某第三人(买方乙),那么此时的局面是,买方甲只是针对他的合同对手(也即是针对该艺术品商)享有权利(此处为基于瑞债第97条的损害赔偿权)。甲尤其无权直接向乙请求返还该画。换句话说,基于债权合同,原则上只是合同当事人本人(也就是债权人和债务人)在他们的相对关系中享有权利、承担义务;债权人针对债务人也许享有请求给付的权利(边码77),但无权直接支配给付的标的。[2]

19

(3) 以上所述可总结为下图:

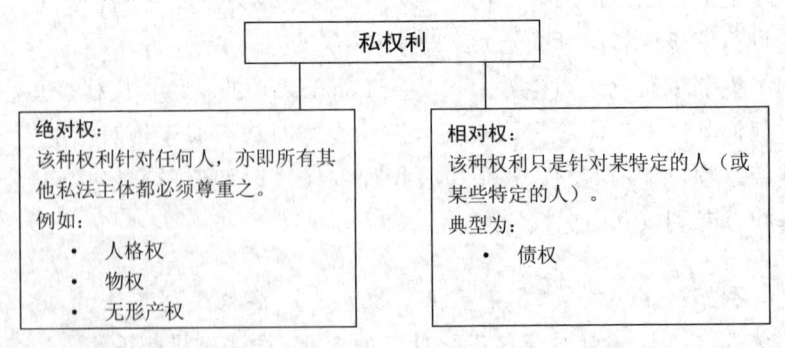

私权利	
绝对权: 该种权利针对任何人,亦即所有其他私法主体都必须尊重之。 例如: • 人格权 • 物权 • 无形产权	**相对权:** 该种权利只是针对某特定的人(或某些特定的人)。 典型为: • 债权

---

〔1〕 BGE 131 Ⅲ 217 ff. (221), E. 4.2("协议的相对性原则");123 Ⅲ 204 ff. (211), E. 2f("合同的相对性原理");114 Ⅱ 91 ff. (97), E. 4a/aa; Gauch/Schluep/Schmid, Nr. 64.

〔2〕 Larenz, S. 6 ff. und 16 f.

（三）典型的（私）法规范：构成要件与法律后果

在思维上，一般而言可把私法规范——亦如所有法律规范——分解为构成要件和法律后果。[1]

1. 构成要件是（被一般地抽象表达出来的）各种条件的总和，在这些条件满足时，法律赋予某种法律后果。

例如瑞债第41条第1款规定："基于故意或过失不法致他人损害者……"这里，**构成要件**为不法致损害，且基于故意或者过失（这经常被总结为下列公式：损害、因果联系、不法、过错）。**在某个具体案件中只有这些因素得到满足**，法律规定的法律后果才得以适用；也就是，此时法院才能在系争案件中判决损害赔偿。

2. 法律后果是由法律确定的私人间的惩戒；然而，法律后果的贯彻执行却取决于享有权利之法律主体对此的启动（边码8）。

例如瑞债第41条第1款规定："……有义务赔偿其损失"。这里，法律把（原则上的）损害人向受损害人负有的损害赔偿义务规定为**法律后果**。而按照上文的说法，受损害人是否有效主张该损害赔偿及是否以诉讼方式执行之，则由受损害人自己决定。

3. 从方法角度看，在分析构成要件和法律后果时，一般说来采取从"后果"开始的方法会更简单。也就是建议首先追问法律规定的法律后果。确定了法律后果，第二步便是追问**在何种条件下才能产生该法律后果**（也就是追问相应的构成要件）。

（四）任意法与强行法

1. 绝大多数的私法规范具有任意性：只有在相关当事人（通常为合同当事人）没有进行不同的约定时，这些规范才适用。换句话说，当事人——作为私法自治的后果（边码53及以下）——原则上

───────

[1] 例如参见 Seiler, S. 198ff.

能够自己决定他们之间的关系（尤其参见瑞债第19条第1款）；只是在当事人自己没有形成相关规则时，任意性私法规范才适用。

例如：①社团法中关于组织以及成员身份的规定（瑞民第64条及以下诸条）原则上是任意法：根据瑞民第63条第1款，只有在社团章程对这些问题没有进行规定时，上述规定才得以适用。也就是说，原则上社团可以自己自由地在章程中就其组织和成员身份进行规制（社团自治；但这受瑞民第63条第2款的限制，此款保留了法定强行性的社团规定）。②关于债的履行地的法律规定（瑞债第74条第2款与第3款）具有任意规范的属性；法律明确规定了当事人间关于履行地之约定的优先效力（瑞债第74条第1款与第2款）。③买卖合同法中关于卖方瑕疵责任的法律规定原则上为任意法（瑞债第199条，然而一个重要的例外是卖方向买方进行恶意隐瞒）。

25

2. 与此相反，一些私法规范具有强行性。这种规范始终应被适用，即便当事人（如通过合同或社团章程）进行了相反规定或安排。立法者通过这种方式对私人自治（边码53及以下）进行了限制；因为某些**重要的价值观念**，即便其违背参与人的不同规定或安排，立法者也意图贯彻之。当事人不符合强行法的约定或安排无效，这些约定或安排被强行法所取代（亦可参见瑞债第19条第2款）。

例如：①针对社团章程中的不同规定，瑞民第63条第2款保留了那些"依照法律必须适用"的法律规定。依此，这些规定（例如瑞民第64条第3款、第65条第3款以及第68条）属于强行性规定。②在离婚程序中，针对未成年子女之亲权的分配以及个人交往的规则，法院不受父母间达成的约定的约束。虽然应顾及父母的共同申请（以及可能情况下子女的意见），但根据瑞民第133条第1至3款以及第301条这些强行性的规定，在此子女福祉为决定性的标准。③在租赁法（例如瑞债第256条第2款、第265条、第266k条以及第267条第2款）、劳动合同法（瑞债第361条及以下）以及保证法（瑞债第492条第4款）中，基于社会政治原因存在大量的强行性规定（基于保护通常情况下之弱势合同当事人的理念）。

3. 关于强行法，应进行如下补充：

— 一部分强行性规范确定了其一般性的不可更改性（"**绝对强行性规范**"；在劳动法中，例如瑞债第361条）。此种规范既不能因更改规范对某方当事人有利，也不能因更改规范对某方当事人不利而被更改。

其他的强行性规范规定，该规范的更改不得不利于通常情况下经济或社会上弱势的当事人，而如果对该规范的修正有利于这些当事人，那么此修正便被允许（"**相对强行性规范**"；在租赁法中例如瑞债第256条第2款，在劳动法中例如瑞债第362条）。

— 并非总是能从法律文本中得知某规范是否具有强行性。通常必须对该规范进行**解释**（关于法律规范的解释详见边码117及以下），才能获知某规定具有强行性还是任意性。就此种解释的结果，可能会存在观点上的不同。

例如：按照联邦法院的实践，瑞债第404条的规定（委托中的随时解除权）具有强行性，从而该解除权即不得被排除，也不得被限制。[1]而相当数量的学说批判此种解释，[2]认为该规定为任意性规范（或其强行性只限于特定的委托类型）。

— 由于如上所述（边码8），私法不得由国家机关径直执行之，从而**强行性私法的实现**也取决于相关权利人的确行使其权利，以及必要情况下诉诸法院执行之。

在极其例外的情况下，强行（亦即通过当事人约定"不得更改"的）法亦会被**弱化**：根据1995年6月23日《关于框架租赁合同及其普遍拘束力声明的联邦法》[3]第3条，瑞

---

[1] BGE 115 Ⅱ 464 ff.
[2] 例如 Gauch Peter, Der Werkvertrag, 4. Auflage, Zürich 1996, Nr. 64 中的提示。
[3] SR 221.213.15.

士联邦委员会可准许框架租赁协议的当事人，在一定（严格的）条件下偏离租赁法的强制性规定。除其他条件，此准许尤其需要满足如下条件：框架租赁合同"针对滥用性的租金、其他滥用性的债权以及合同提前终止，向承租人提供至少同等级别的保护"（上述法律第3条第1款b项）。

[30] 4. 以上所述可总结为下图：

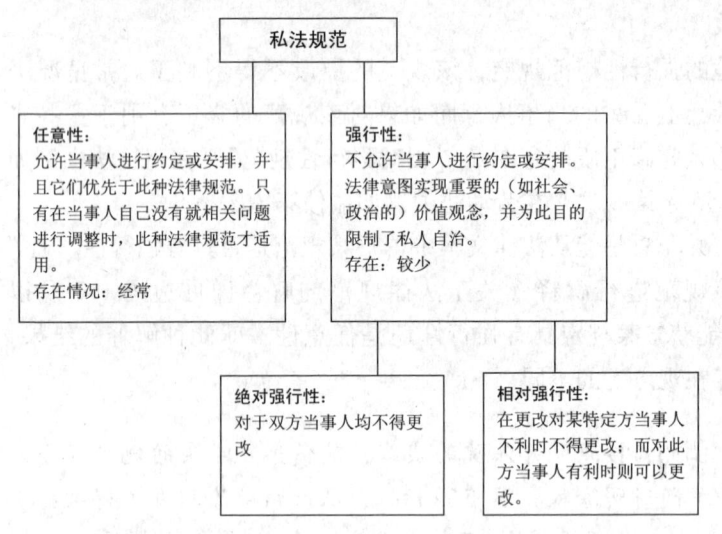

```
                    ┌─────────────┐
                    │  私法规范    │
                    └──────┬──────┘
              ┌────────────┴────────────┐
              │                         │
    ┌─────────────────────┐   ┌─────────────────────┐
    │ 任意性：             │   │ 强行性：             │
    │ 允许当事人进行约定或   │   │ 不允许当事人进行约定   │
    │ 安排，并且它们优先于   │   │ 或安排。法律意图实现   │
    │ 此种法律规范。只有在   │   │ 重要的（如社会、政治   │
    │ 当事人自己没有就相关   │   │ 的）价值观念，并为此   │
    │ 问题进行调整时，此种   │   │ 目的限制了私人自治。   │
    │ 法律规范才适用。      │   │                     │
    │ 存在情况：经常        │   │ 存在：较少           │
    └─────────────────────┘   └──────────┬──────────┘
                                ┌────────┴────────┐
                                │                 │
                    ┌───────────────────┐ ┌───────────────────┐
                    │ 绝对强行性：        │ │ 相对强行性：        │
                    │ 对于双方当事人均    │ │ 在更改对某特定方当  │
                    │ 不得更改。         │ │ 事人不利时不得更改； │
                    │                   │ │ 而对此方当事人有利  │
                    │                   │ │ 时则可以更改。      │
                    └───────────────────┘ └───────────────────┘
```

二、联邦层面的统一

[31] **参考文献（选列）：**

- Caroni, S. 10 ff.
- Guillod Olivier, Cent ans de sollicitude: un code civil soucieux de la personne humaine, ZSR 126/2007 Ⅱ, S. 51 ff.
- Kramer Ernst A., Der Stil der schweyerischen Privatrechtskodifikation – ein Modell für Europa? RabelsZ 72/2008, S. 773 ff.
- Derselbe, Der Stil eines zukünftigen europäischen Vertragsgesetzes die schweizerische Privatrechtskodifikation als Vorbild?, ZBJV 144/2008, S. 901 ff.

– Liver, Berner Kommentar, Einleitung zu Art. 1~10 ZGB, N 6 ff.

– Schnyder, Züricher Kommentar, Allg. Einleitung zu Art. 1~10 ZGB, N 6 ff.

– Sutter Thomas, Auf dem Weg zur Rechtseinheit im Schweizerischen Zivilprozessrecht…, Freiburger Habil., Zürich 1998, Nr. 1 ff.

– Tuor/Schnyder, § 1 N 8 ff.

首先，在一个联邦制的国家，如瑞士，存在一个基本问题，也就是联邦与州之间职权的划分：这里涉及的问题是，哪些法律问题应在联邦层面上调整，哪些问题应在州层面上规制。关于这个基本问题，由作为"基本法"的宪法来给出答案，同时联邦的历史发展对此也发挥影响：

– 在19世纪，**各个州**颁布了它们的民法典，**那时的私法为州法**。即便在瑞士联邦产生（1848年）后，基于宪法规则亦是如此；按照宪法规则，所有法律领域的立法权都由各州享有，那时的宪法并没有明文把立法权向联邦分配。

– 基于1874年《**联邦宪法**》第64条第1款（现已失效），联邦获得了在私法特定领域中的立法权，尤其是针对"人的行为能力"以及"所有与商业和物品流通有关的法律关系（债法，以及全部商法和汇票法）"的立法权。

> 正是以此为基础，1874年《关于对婚姻状况和婚姻之确认和证明的联邦法》以及1881年《关于债法的联邦法》（1883年后生效）被颁布。今天这两个法典均不再具有效力，而是被新颁布的法律所取代。

– 在1898年，1874年《联邦宪法》增补了一个新条文，即第64条第2款；该款规定，（全部）私法开始为联邦之事，而非由各州所司。此种联邦宪法上的职权划分亦为现行的1999年4月18日《联邦宪法》所保留（《联邦宪法》第122条）；从而今天，私法中的全部立法（自1898年始）即已归属于联邦的职权。

³⁶ 其次，以旧《联邦宪法》（1898年）第64条第2款为基础，1907年12月10日《瑞士民法典》颁布，（按照瑞民调整过的）1911年3月30日《瑞士债法》颁布。这两个法律均于1912年1月1日生效。

由此，自1912年始（对于债法则自1883年始），**私法的法律规则原则上已是联邦法**而不再是州法。从而，瑞民尾编第51条规定："除联邦法律另有规定外，各州的民法自本法生效时起废除。"对此详见边码369及以下与边码537及以下。

> 对《瑞士民法典》中私法统一的准备以及该法典草案，绝大部分出自于一人之手，即欧根·胡贝尔（Eugen Huber）。[1]

³⁷ 最后，瑞民对外国法也产生了重大的影响。它被很多国家的私法立法所继受，或被全面继受（例如土耳其），或某些点被继受（例如希腊）。[2]

---

[1] 具体参见 Schnyder, ZüKomm, Allg. Einleitung zu Art. 1~10 ZGB, N 18 ff.
[2] 对于《瑞士民法典》的继受，参见 Schnyder, ZüKomm, Allg. Einleitung zu Art. 1~10 ZGB, N 130 ff.; Tercier Pierre, L'anniversaire de la réception du droit civil suisse en Turquie, ZSR NF 116/1997 I, S. 3 ff.; Derselbe, Le rayonnement international du droit suisse, ZSR NF 118/1999 I, S. 1 ff.

第二章

私法法律渊源概述

一、联邦法中的法律渊源

参考文献（选列）

— Gauch/Schluep/Schmid, Nr. 7 ff.

— Schnyder, Züricher Kommentar, Allg. Einleitung zu Art. 1 ~ 10 ZGB, N 239 ff.

— Tuor/Schnyder, § 4 N 2 ff.

38

瑞民与瑞债一直以来都是瑞士私法最主要的法律渊源。它们被一系列条例所补充，这些条例中包含着个别领域的具体规则。

39

例如：2004 年 4 月 28 日的《民事状态条例》（ZStV）[1]；1910 年 2 月 22 日的《土地登记簿条例》（GBV）[2]；2007 年 10 月 17 日的《商事登记簿条例》（HregV 或 HRV）[3]。

瑞民和瑞债并非只是单行法，而是共同构成了瑞士私法的法典化。法典化应被理解为，一个法典在思想和技术上尽可能全面地统一涵盖某个法律领域（这里即是私法）的法律规则[4]（就此参见下文边码369 及以下）。

40

---

[1] Verordnung vom 1. Juni 1953 über das Zivilstandswesen, SR 211. 112. 2.

[2] Verordnung vom 22. Februar 1910 betreffend das Grundbuch, SR 211. 432. 1.

[3] Verordnung vom 7. Juni 1937 über das Handelsregister, SR 221. 411.

[4] Liver, BeKomm, Einleitung (vor Art. 1 ~ 10 ZGB), N 2.

瑞民和瑞债被划分为**各个条文**，同时还有**页边标题**。这些页边标题也具有法律效力，从而在解释法律规定时能够发挥重要的作用[1]（见下文边码134）。

41 同时，瑞民和瑞债（加上各种从属性的条例；边码39）被各种所谓的联邦层面私法的附属立法所补充。这些附属立法是没有被包含在瑞民、瑞债以及各种从属性条例中的那些联邦层面私法规范的总和。（例外地）包含在联邦宪法中的私法规范也属于这些附属立法。

例如：1991年10月4日《联邦农用地法》（BGBB）[2]；1958年12月19日《关于道路交通的联邦法》（《道路交通法》，SVG）[3]；1954年6月25日《关于发明专利的联邦法》（《专利法》，PatG）[4]；1992年6月19日《联邦数据保护法》（DSG）[5]；《联邦宪法》第3条第3句（"对于等值工作，男人和女人具有请求同等报酬的权利"）。

上述的联邦法（"附属法律"）很多不仅包含私法规范，也包含公法规范（如《联邦农用地法》、《道路交通法》）。这些附属法律也会被条例所补充。例如：1993年10月4日《关于涉及建筑之土地法的条例》（VBB）[6]；1993年6月14日《关于数据保护的联邦法的条例》（VDSG）[7]。

42 就此，最后还存在瑞士签署并批准的、包含私法问题的国家间合同（国际条约）。

例如：1980年4月11日《联合国国际货物买卖合同公约》

---

[1] Tuor/Schnyder, §3 N 14.
[2] SR 211.412.11.
[3] SR 741.01.
[4] SR 232.14.
[5] SR 235.1.
[6] SR 211.412.110.
[7] SR 235.11.

(《维也纳买卖法》，WKR)。[1]

二、瑞民和瑞债之间的关系

文献（选列）

- Friedrich, Berner Kommentar, N 1 ff. zu Art. 7 ZGB.
- Gauch/Schluep/Schmid, Nr. 13 ff.
- Lieber, Züricher Kommentar, N 1 ff. zu Art. 7 ZGB.
- Tuor/Schnyder, § 4 N 5 ff.

首先，从形式上看，瑞民和瑞债分别被颁布，有各自的体例和条文顺序。

这样的分拆形式在大量国外的私法法典中都不存在（例如参见《德国民法典》）。瑞士的这种局面有其历史的原因。旧《瑞士债法》于1881年颁布，其颁布早于瑞民，因为在旧《瑞士债法》颁布时联邦层面尚不具有全面的私法立法权（边码34及以下）。

其次，从实质上看，瑞债却构成了瑞民的第五编（最后一编）。瑞债详细的官方名称为"补充瑞士民法典的联邦法（第五编：债法）"。它们的一般性规范在各自领域（进而在整个私法）中都能得到适用，于此范围内，这两个法律构成一个内部整体。关于瑞债中一般性规定的效力，瑞民第7条予以了明文规定（对此参见边码352及以下）。另一方面得到承认的是，瑞民中的一般性规定也能适用到瑞债中。

从而，瑞民和瑞债共同构成瑞士私法的法典化，尽管这两个法律并不构成涵括私法领域的所有规则，而是除它们外还存在联邦层面的私法附属立法，以及——如下所述——还存在各州的具体私法规范（边码49、50以及边码377及以下）。

最后，就调整的内容而言，瑞民和瑞债分别调整如下领域：

- 瑞民中，在序编之后，分别为人法、家庭法、继承法和物权法（参见边码87及以下）。最后为尾编，尾编中除一些其他内容外，主要调整法的时间上效力（参见边码494及以下）。

---

[1] SR 0.221.211.1. 该条约于1991年3月1日在瑞士生效。

— 与此相对，瑞债主要包含债法（重点是合同法）以及商法。

三、州法中的法律渊源

47 **参考文献（选列）**

— Liver, Berner Kommentar, Einleitungstitel, N 1 ff. Zu Art. 5 ZGB.

— Marti, Zürcher Kommentar, Einleitungstitel, Vorbem. zu Art. 5 und 6 ZGB, N 1 ff., sowie N 1 ff. zu Art. 5 ZGB.

— Tuor/Schnyder, § 4 N 29.

48 如上所述（边码 36），原则上私法为联邦法。随着瑞民的生效，除联邦法律另有规定外，所有州法中的私法规定都被废止（瑞民尾编第 51 条）。

49 然而在例外情况下也存在各州的私法，即在联邦法授权各州制定或废除民法规定之时（所谓的**真正保留**；瑞民第 5 条第 1 款；也可再次参见瑞民尾编第 51 条的表述）。然而，这的确只属于例外情况。

各州享有私法立法权的例子，**如**按照瑞民第 686 条第 1 款与第 2 款对挖掘和建筑时应顾及的间距，以及其他（私法上的）建筑的规定。相应的规范一般都在各州的《民法施行法》（EG ZGB）中规定。关于真正保留，具体参见下文边码 377 及以下。

四、图示

50 对于私法的法律渊源，可总结为下图：

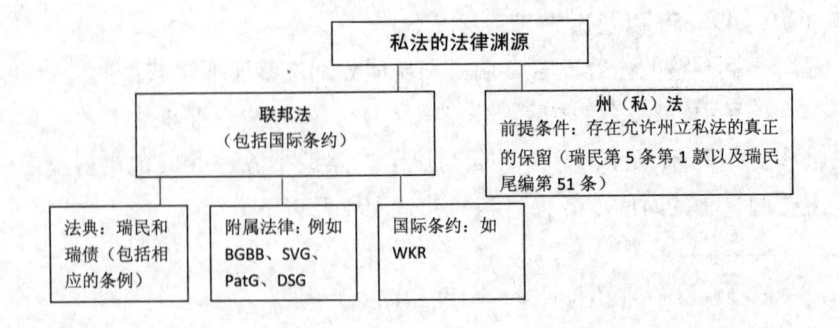

```
                    私法的法律渊源
                   ┌──────┴──────┐
              联邦法                州（私）法
           （包括国际条约）        前提条件：存在允许州立私法的真正
                                    的保留（瑞民第 5 条第 1 款以及瑞民
                                    尾编第 51 条）
    ┌──────┬──────┐
 法典：瑞民和  附属法律：例如   国际条约：如
 瑞债（包括相   BGBB、SVG、      WKR
 应的条例）    PatG、DSG
```

第三章

私法的基本原则和基本概念

下文将对私法的基本原则和基本概念进行阐述，这些基本原则和基本概念对整个私法都具有意义。这里对它们只是进行简要描述和体系性的归类；对之详细的研究将在探讨瑞民各编以及瑞债（尤其是合同法）时进行。

一、基本原则选论

下文只限于论述私人自治原则和对人之保护和尊重原则。其他的重要原则，如按照诚实信用行事的要求（瑞民第2条），将在论述瑞民序编条文时处理。

（一）私人自治

1. 瑞士私法的一个基础性原则是，私法主体有权（通过允许的行为）自我规制其法律关系。私法主体享有**行为和形成**（Gestaltung）**自由**（自治），从而也就在很高程度上要自我负责（边码65及以下）。在法秩序中，私法自治在各种不同的情形下被进一步具体化：

— 合同法中贯彻**合同自由**。合同自由不仅仅指选择合同伙伴的自由以及订约自由，也包括合同内容自由（瑞债第19条第1款）。合同当事人有权——在法律的限制内——任意地形成其法律关系的内容。

— 对于死因处分行为（遗嘱和继承合同），按照瑞民第470条及以下诸条存在**处分自由**。立遗嘱人有权——同样在法律的限制内——任意地通过遗嘱对他的遗产进行处分。

56 - 类似原理亦适用于基金会的设立（瑞民第 80 条及以下诸条）：基金会设立人可以为了任意的目的而设立基金会（**基金会自由**）。

57 - 社团享受**社团自由**（社团自治；瑞民第 63 条第 1 款）：社团有权在其章程中自己规定它的各项事务——尤其是针对组织机构和成员资格问题。

58 - 关于物的所有权，瑞民第 641 条第 1 款规定，所有权人有权在法律秩序的框架内任意地处分属于他的物（**所有权自由**）。

59   2. 即便在一个自由的法治国，对这些自由也并非毫无限制。甚至可以说，任何自由的边界都内在于该自由。上述形式的当事人私人自治被私法中的强行性（不可排除的）规则（例如参见瑞债第 19 条第 2 款及上文边码 25 及以下）以及公法规定所限制。

  例如：①根据瑞债第 20 条第 1 款，内容不能、违法或悖俗的合同无效，从而此种合同无法实现当事人所意图追求的效果。②如果被继承人在遗嘱中超越了处分自由的界限（譬如他没有照顾到特定继承人的特留份；参见瑞民第 470 及以下），那么受侵犯的继承人有权通过扣减之诉，请求将遗嘱中的处分减少至可被允许的范围（瑞民第 522 条及以下）。③社团法某些特定的规定属于"法定的（von Gesetzes wegen）"规定；按照瑞民第 63 条第 2 款，章程不能对它们进行修改，亦即它们具有强行性（边码 1238 与 1262 及以下）。

（二）对人的尊重和保护

60   1. 上文简述的私人自治——其赋予各个权利主体实质性的行动自由和形成自由——可被看作是一个更加普遍的基础原则的具体表现。这个更加普遍和基础的原则就是：对人的尊重和保护。[1]

61   在宪法上，此即所谓的人的尊严的保护（《联邦宪法》第 7 条）。

---

［1］亦可参见 Guillod（边码 31 中的著作），S. 104ff.

在《联邦宪法》的基本权利一章中，这个基本规则由诸多具体的保护性规定所补充。例如禁止歧视（《联邦宪法》第8条第2至4款），生命权以及个人自由权（《联邦宪法》第10条），通过请求不被侵害和请求支持发展的权利来保护青少年和儿童（《联邦宪法》第11条第1款），在困难状态请求援助的权利（《联邦宪法》第12条），对私领域的保护（《联邦宪法》第13条）。以及其他诸种重要的自由权（《联邦宪法》第14条及以下）。

按照传统的（"经典的"）观点，基本权利只是在具体个人与国家之间的关系中有效，因为基本权利的目标是保护个体不受国家的侵犯（服从关系中的"**垂直效力**"）。然而，《联邦宪法》第35条第1款规定，各种基本权利必须在整个法秩序中具有效力。根据《联邦宪法》第35条第3款，国家机关应负责使基本权利——在其适当的情况下——在私人之间也具有效力。基本权利在多大范围内具有此种"**水平效力**"（**对第三人效力**），是一个被激烈讨论的话题。[1]不存在争议而可在私法主体间直接应用的是《联邦宪法》第8条第3款第3句（男女享有要求同工同酬的请求权）。[2]

2. 对（自然）人的尊重的一个根本性——即便从当代视角看也属不言而喻的——贯彻实施在于，每个人都具有权利能力（瑞民第11条第1款；对此参见边码566及以下），以及对权利能力的分配遵循平等原则（瑞民第11条第2款，对此参见边码第575及以下）。

由是，"私法承认了所有人在形式上的平等，以及创设了将人承认为法律中独立自主之人格的条件"。[3]

此外还有上文所述（边码53及以下）的私人自治。私人自治使个人原则上有权自主地塑造与他人之间的法律关系。[4]

---

〔1〕 Marti, ZüKomm, Vorbem. Zu Art. 5 und 6 ZGB, N 187 ff.；SELLER, S. 127 ff.；对于合同法，参见例如 Gauch/Schluep/Schmid, Nr. 676a ff.

〔2〕 Gauch/Schluep/Schmid, Nr. 680.

〔3〕 Larenz/Wolf, § 2 N 11.

〔4〕 Larenz/Wolf, § 2 N 14 ff.

3. 在私法中特别进行调整的是对人格的保护（瑞民第 27 条及以下）。这些规定不仅适用于自然人（瑞民第 11 条及以下），也适用于法人（瑞民第 52 条及以下，尤其要注意第 53 条）。尤其是，这些保护性规范也包含通过法院加以实现的针对不法侵犯人格的抵抗措施。

对此还存在**特别的保护措施**。值得提及的**例如**，针对周期性出版的媒体中的事实性陈述要求进行反对陈述的权利（瑞民第 28g 条及以下），姓名权及姓名保护权（瑞民第 29 条及以下），父母和子女间进行个人来往的权利（瑞民第 273 条及以下），子女年满 16 岁后自主决定自己宗教信仰的权利（瑞民第 303 条第 3 款），防止个人数据被不当加工的权利（《数据保护法》第 1 条及以下、第 12 条及以下）。

4. 然而，与对人的尊重和保护相关的是**从共同体角度出发**的其他核心价值判断视角。对此举例如下：

- 对各个法主体（及其行为自由）的尊重，被顾及他人高阶利益的义务所补充。个人**顾及相互团结的义务**，也会导致对个人自由的限制。[1]

私人自治并非无界限，这已在上文中有所论述（边码 59）。而且，**诚实信用原则（瑞民第 2 条）**从根本上塑造了主体相互间照顾的义务，对此下文将论及（边码第 254 及以下）。

- 进而，对于人、人的尊严以及其行为自由的承认也包含了人应面对自己的自主决定，为自己的自主决定承担责任。[2]

这不仅涉及（有行为能力）人受其所订立的合同的约束（瑞民第 12 条；边码 590 和 646），也涉及（有判断能力）人

---

[1] Larenz/Wolf, § 2 N 20.

[2] Larenz/Wolf, § 2 N 23ff.

因其不法行为而承担损害赔偿的义务（瑞民第 19 条第 3 款、瑞债第 41 条及以下；边码 621）。

二、基本概念

（一）人

1. 此处理解的人（法人格）是任何权利和义务的承担者，也即是权利主体。

2. "人"的概念在瑞民中没有被定义，但在人法中（瑞民第 11 至 89bis 条）却多处使用了这个概念。除了"人"或"权利主体"，民法典中也经常出现"人格"这个概念（例如瑞民第 11 条和第 52 条）。使用此概念是用来替换权利能力，即法律赋予人享有权利和承担义务的能力（边码 562 及以下）。

3. 瑞民区分两种人：
   - 一种是**自然人**，也就是人类（瑞民第 11 条及以下）；
   - 另一种是**法人**（"团体人"；瑞民第 52 条及以下以及瑞债中的各种规定）。

4. 在人法中（边码 549 及以下）会对人进行详细阐述。

（二）物

1. "物"这个术语是物权法的基本概念。与人（权利主体）的概念不同，这里涉及的是权利**客体**，被理解为法律交往的对象。类似地，瑞民在多个地方（例如瑞民第 642 条第 1 款）使用了物这个概念，但却没有对它进行定义。

2. 按照学说和司法实践，物是非人的、有体的、本身存在（有边界）的、可被人类控制的对象。[1]

> 例如：一本书、一辆汽车、一瓶红酒、一块电池、一片土地。

3. 物也可被划分为许多种类。法律中最重要的划分标准为物的

---

〔1〕 Schmid/Hürlimann - Kaup, Sachenrecht, Nr. 4 ff.

可移动性和不可移动性。

— **动产**（法语版法律文本为："可从此地移到彼地的东西"）构成动产所有权（瑞民第 713 至 729 条）规则和动产担保物权规则的调整对象。

— **不动产**（地产、土地）是不动产所有权相关规定（瑞民第 655 至 712t 条）以及不动产担保物权规则（瑞民第 793 至 883 条）的对象。

关于役权和土地负担（瑞民第 730 至 792 条）的规定基本上也只涉及土地。只有一种役权，也就是用益权（Nutzniessung），可在动产上设立（瑞民第 745 条）。

75　　4. 在物权法中会对物进行详细阐述。[1]

（三）债权

76　　1. **债权**（Forderung）是得诉请给付的权利——债权人针对债务人的权利。[2]

从债务人的角度看，它涉及的是**债务**（Schuld），也就是可被诉求的给付义务。从第三人的角度观察，债权人和债务人之间的法律关系可被称为**债**（Obligation）。[3]

77　　2. 债权（债）总会指向给付，即**为他人好处而为的耗费**（Aufwand）。此种耗费可以是一种作为（如给付金钱或劳务），但也可以是不作为或容忍。[4]

债权（债务、债）的**主要发生途径**是签订（债权）合同。例如基于买卖合同，出卖人有义务向买受人交付买卖标的和转移所有权；买受人有义务向出卖人支付买卖价款（瑞

---

[1] Schmid/Hürlimann‑Kaup, Sachenrecht, Nr. 1 ff.

[2] Gauch/Schuep/Schmid, Nr. 29ff.

[3] Gauch/Schuep/Schmid, Nr. 24ff.

[4] 具体见 Gauch/Schuep/Schmid, Nr. 35ff.

债第184条第1款)。基于租赁合同,出租人有义务让承租人使用某物,承租人为此应向出租人支付租金(瑞债第253条)。但债也可基于其他原因产生,例如基于不法行为(瑞债第41条及以下),或基于不当得利(瑞债第62条及以下)。[1]

3. 债权的内容包含多个方面:[2]

— 一旦债权到期,债权人(不经过诉讼)便可向债务人**请求**给付(瑞债第75条)。

— 此外,债权人也享有**诉权**:要求判决债务人进行给付,并要求采取法律为执行债权所规定的所有强制措施的权利(瑞债第97条第2款)。

— 最后,在债务人不履行时,债权人有针对债务人财产的**攫取权**(Zugriffsrecht)。该**攫取权**只适用于金钱给付,并且通过强制执行程序实现。

4. 在债法中会对债权进行详细阐述。[3]

(四)意思表示和法律行为

1.(私的)意思表示对于私人自治的实现起到关键作用:意思表示即是对设立、变更、终止权利或法律关系的意思的传达。[4]从而,意思表示也是**合同订立的重要元素**。(瑞债第1条第1款)。

意思表示一方面可以是订立合同的要约(例如瑞债第3条及以下),另一方面也可以是承诺表示。意思表示也存在于租赁合同当事人单方解除租赁合同的情形(瑞债第266a条及以下),或某人设立基金会的情形(瑞民第80条及以下),或某人订立遗嘱的情形(瑞民第481条及以下、第498条及以下)。

2. 意思表示是法律行为的基本构成要件。一个私的(非主权的)意思表示,其——单独或和其他构成要件一起——产生符合于表示

---

[1] 全面论述见 Gauch/Schuep/Schmid, Nr. 33 ff. und 271 ff.
[2] 参见 Gauch/Schuep/Schmid, Nr. 42 ff.
[3] Gauch/Schuep/Schmid, Nr. 23 ff.
[4] Gauch/Schuep/Schmid, Nr. 168.

出来之意思的法律后果，便被称为法律行为。[1]

最重要的法律行为存在于**合同**实践中：合同是相互一致意思表示的交换（瑞债第1条第1款）。但也存在单方法律行为，例如设立基金会行为（瑞民第80条及以下），或者通过遗嘱的处分行为（瑞民第481条及以下与第498条及以下）。

82　　3. 在债法中会对意思表示和法律行为进行详细阐述。[2]

（五）合同

83　　1. 被理解为法律行为（过程）的合同是相互一致的意思表示的交换（瑞债第1条第1款规定的要件）。这个过程指向的是实现与表示出来的相互一致的意思相符合的法律后果。[3]

例如，意欲订立租赁合同之人相互表示他们订立合同的意思：出租人要约为一定的租金而出租某房屋（作为要约的、时间上的第一个意思表示），承租人就此及时表示他的同意（作为承诺的、与要约相符合的、时间上的第二个意思表示）。

84　　2. **作为法律关系（上述过程的结果）**，合同则被理解为"合同关系"，也就是合同订立的法律后果，该后果作为**法律状态**持续存在。特别是合同的形成效力和拘束效力属于作为法律状态的合同关系。[4]

例如：租赁合同订立的后果是**租赁关系**的产生。按照该租赁关系，当事人（出租人和承租人）相互负有进行约定之给付的义务（瑞债第253条）：为获得报酬而赋予房屋的使用（形成效力）。此外，当事人也受合同的拘束（拘束效力）。

85　　3. 合同可被区分为如下**类型**：

－ 债权合同使一个或多个债产生。就此，人们可以区分单方或多方负担义务的债权合同。

---

[1] Gauch/Schuep/Schmid, Nr. 119.
[2] Gauch/Schuep/Schmid, Nr. 59 und 118 ff.
[3] Gauch/Schuep/Schmid, Nr. 224 ff.
[4] Gauch/Schuep/Schmid, Nr. 234.

在债权合同中，通常都是**双方负担义务**，例如在买卖合同、租赁合同和承揽合同中，双方当事人相互负担给付义务（例如物对钱、赋予使用对租金、工作生产对报酬）。在例外情况下，债权合同也可以是单方负担义务，例如在赠予合同中，赠予人承诺（并有义务）向受赠人进行赠予，却不获得对待给付（瑞债第239条及以下）。

— **处分合同**（Verfügungsvertrag）使权利（例如物权）直接移转（例如：通过转移占有而移转动产，在土地上设立担保物权，让与一项债权）。

— **团体设立合同**（Statusvertrag）设立（或变更或终止）某个持续性的共同体关系（例如：结婚）。

4. **债法**中会对——其实是实践中最重要之合同类型的——债权合同进行详细阐述。[1]

---

[1] Gauch/Schuep/Schmid, Nr. 222 ff. und 236 ff.

第四章

《瑞士民法典》的结构

87　　瑞民划分为序编（瑞民第 1 至 9 条〔1〕)、四大编（瑞民第 11 至 977 条）以及尾编（瑞民尾编第 1 至 61 条）。具体内容如下：

88　　第一，瑞民第 1 至 9 条的序编包含针对私法问题的基本规范，尤其是法律适用规范（瑞民第 1 条与第 4 条），按照诚实信用行事的基本法律原则（瑞民第 2 条），联邦法和各州之间的关系（瑞民第 5 条与第 6 条）以及证据（瑞民第 8 条及第 9 条）。

　　这些规则对整个私法，在一定程度上甚至对整个法秩序都具有根本性的意义。例如瑞民第 1 条包含了法律优先这个基本的信条（瑞民第 1 条第 1 款；边码 110 及以下），瑞民第 2 条第 2 款确定了对权利滥用的禁止（边码 268 及以下）。这些问题，在瑞士法的任何领域（包括私法以外的领域）中都具有中心意义。

89　　第二，紧接序编的是瑞民**第一编**，人法（瑞民第 11 至 89bis 条）。人法调整的是人在法律上的基本能力（权利能力、行为能力），既涉及自然人（瑞民第 11 至 49 条），又涉及法人（瑞民第 52 至 89bis 条）。人法的另一个核心部分是人格保护的规则（对于自然人是瑞民第 27 至 30 条，对于法人是瑞民第 53 条）。

　　在法人中，瑞民专门调整了社团（瑞民第 60 至 79 条）和基金会（瑞民第 80 至 89bis 条）。其他的法人在瑞债中调整（例如：瑞债第 620 至 763 条关于股份公司的规定）。

---

〔1〕 自 2011 年 1 月 1 日随着《瑞士民事程序法》的生效，《瑞士民法典》第 10 条被废止（AS 2010, S. 1838）。

第三，瑞民**第二编**的对象是家庭法。这里专门调整的是婚姻法（最重要的方面是结婚和离婚）、亲属法（尤其是亲子关系）和监护法。[1]

第四，瑞民**第三编**调整的是继承法（瑞民第 457 至 640 条）。民法典将整个继承法的内容分为两个部分："继承人"（瑞民第 457 至 536 条）与"继承"（瑞民第 537 至 640 条）。

第五，瑞民**第四编**规范的是物权法（瑞民第 641 至 977 条）。这里所调整的是所有权（瑞民第 641 至 729 条）、限定物权（例如用益权和担保物权；瑞民第 730 至 915 条）以及占有和不动产登记簿（瑞民第 919 至 977 条）。

第六，尾编的调整对象是适用与施行规定（瑞民尾编第至 61 条）。尾编中的部分条文涉及 1912 年《瑞士民法典》的生效，今天这些条文的意义很小。其他规定尚具有根本性的意义，例如尾编第 1 至 4 条包含关于所谓法的时际效力的规则，亦即涉及法律修改时的法律适用（对此见下文边码 494 及以下）。

第七，债法（合同法、不法行为法和不当得利法）并非瑞民的对象：债法在瑞债中调整。

如上所述（边码 31 及以下与边码 351），债法和民法典分别规制是出于历史原因：第一部瑞债（瑞士旧债法）源自 1881 年，从而早于瑞民。无论如何，瑞民第 7 条规定，瑞债中关于合同产生、履行和终止的一般规定，也适用于其他民法关系（亦即瑞民所调整的问题）（边码 352 及以下）。

第八，瑞民可如下图所示：

		序编		
		瑞民第 1~9 条		
人法	家庭法		继承法	物权法
瑞民第 11~89bis 条	瑞民第 90~455 条		瑞民第 457~460 条	瑞民第 641~977 条
		尾编		
		瑞民尾编第 1~61 条		

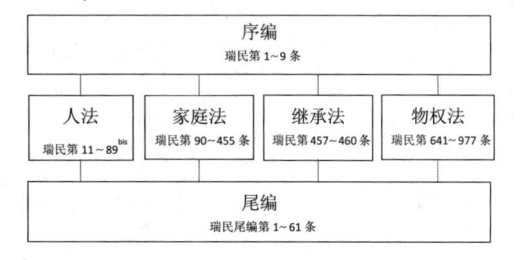

[1] 随着 2008 年 12 月 19 日《瑞士民法典修正案》（成年人保护、人法和子女法）的生效，民法典中不再使用"监护"用语，取而代之的是"成年人保护"（BBl 2009, S. 11 ff.；全民公决草案）。

第二编

序编条款(瑞民第1~9条)

第二编 序编条款（瑞民第 1~9 条）

第五章
引　言

参考文献（针对全部序编）：

- Caroni, S. 1 ff.
- Deschenaux, SPR II, S. 1 ff.
- Hausheer/Jaun, Nr. 1.01 ff.
- Dieselben, StHandkomm, Vordem. zu Art. 1~10ZGB, N 1 ff.
- Huber, Erläuterungen I, S. 31 ff.
- Meier-Hayoz/Ruoss, S. 1 ff.
- Riemer, Einleitungsartikel, S. 20 ff.
- Steinauer, TDP II/1, Nr. 1 ff. und 12 ff.
- Tuor/Schnyder/Schmid, §§5 ff.

值得注意的还有各个评注：如 Berner Kommentar（Liver/Meier-Hayoz/Merz/Jäggi/Huber/Friedrich/Kummer），Zürcher Kommentar（Egger, Schnyder/Baumann/Dürr/Lieber/Marti），以及 Basler Kommentar（Honsell 等）。

瑞民在人法、家庭法、继承法和物权法这四编之前，设置了一个**序编**。序编由 **9 条**序编条文（瑞民第 1~9 条）组成。

在 2010 年 12 月 31 日前总计有 **10 条**序编条文（瑞民第 1~10 条）。瑞民第 10 条因《民事程序法》的生效而被废止（边码第 491）。[1]

与按照罗马数字排序的各编相应，德语中也经常使用"**序编条**

---

[1] AS 2010, S. 1838.

款"（Einleitungstitel）这个总称。首先予以说明的是：

98 第一，瑞民第1至9条对私法——以及对于其他法律领域——具有非常重大的意义。这里调整的是法律渊源的基本问题及法律渊源的顺序（瑞民第1条）、奠基性的法律基本原则（尤其是瑞民第2条）、瑞民与州法和瑞债的关系（瑞民第5至7条）以及证据法各种问题（瑞民第8至9条）。

99 然而这些条文与《德国民法典》所谓的总则编不具有可比性。[1]联邦立法者——从各州的法典出发——**有意地放弃了**德国模式中的**总则**编。

按照传统的理解，私法法典的"总则编"一般包括关于权利主体、权利客体、权利的产生、内容和消灭的一般性规则[2]（例如对于德国法，参见《德国民法典》第1至240条）。欧根·胡贝尔认为，放弃这样的总则编会有利于法典的实用性和通俗性。[3]事实上，瑞民的表述的确没有像《德国民法典》那样抽象，从而也就比《德国民法典》更易于理解。

100 第二，与此相应，九条序编条文规定的是（一定程度上的）基本性问题。对于其他基础问题，序编条文并未予以规定：

– 上述序编条文并没有对时际法（**时际冲突法**）进行规定。这被规定在瑞民尾编（瑞民尾编第1条及以下）中。

由于时际法律规范也具有基础性意义，本书将以附论形式对其进行简单介绍（边码494及以下）。

– 同样在瑞民第1~9条中没有调整的是**国际私法**（亦即区**际冲突法**）。这在《国际私法典》和各个国际条约（例如卢加诺公

---

[1] 参见 Friedrich, BeKomm, N 6 ff. zu Art. 7 ZGB; Deschenaux, SPR II, S. 5 ff.; Steinauer, TDP II/1, Nr. 13 und 125ff.

[2] 另见 Friedrich, BeKomm, N 10 ff. zu Art. 7 ZGB.

[3] Huber, Sten. Bull. NR 16/1906, S. 1036; Derselbe, Erläuterungen I, S. 22 ff.; Friedrich, BeKomm, N 23 ff. zu Art. 7 ZGB.

约）中调整。

根据《国际私法典》第1条第1款，该法典（除其他问题外主要）是调整国际关系（也就是具有涉外因素）中，瑞士法院或政府机构的管辖权、适用的法律以及承认和执行国外判决的前提条件。另外，该法典对国际公约（国家条约）进行了明文的保留（《国际私法典》第1条第2款）。

第六章
法律的适用和补充

¹⁰¹　　**教科书文献**

– Caroni, S. 83 ff.

– Forstmoser/Vogt, Vorberm. vor § 13 N 1 ff. （法律渊源）und § 19 N 1 ff. （对法律规范的解释）.

– Häfelin/Haller/Keller, Nr. 75 ff. （对公法的解释）.

– Hausheer/Jaun, Nr. 2. 01 ff.

– Le Roy Yves/Schönenberger Marie – Bernadette, Introduction générale au droit suisse, 2. Auflage, Genf/Zürich/Basel 2008, S. 409 ff.

– Meier – Hayoz/Ruoss, S. 8 ff.

– Riemer, Einleitungsartikel, S. 37 ff.

– Seiler, Einführung, S. 107 ff. （法律渊源）und 216 ff. （解释）.

– Tuor/Schnyder/Schmid, § 5 N 1 ff.

¹⁰²　　**特别文献**（选列；亦参见边码253）

– Canaris Claus – Wilhelm, Die Feststellung von Lücken im Gesetz – Eine methodologische Studie über Voraussetzungen und Grenzen der richterlichen Rechtsfortbildung praeter legem, 2. Auflage, Berlin 1983.

– Dürr David, Zürcher Kommentar, Vorbem. zu Art. 1 und 4 ZGB, N 1 ff., sowie N 1 ff. zu Art. 1 ZGB.

– Hausheer/Jaun, StHandkomm, N 1 ff. zu Art. 1 ZGB sowie N 1 ff. zu Art. 4 ZGB.

第二编　序编条款（瑞民第 1~9 条）

— Jaun Manuel, Die teleologische Reduktion im schweizerischen Recht; konzeptionelle Erfassung, Voraussetzungen und Schranken der Rechtsfindung contra verba legis, Diss. Bern 2000（ASR, Heft 645; zitiert: Jaun, Die teleologische Reduktion）.

— Derselbe, Die teleologische Reduktion – ein trojanisches Pferd in der schweizerischen Methodenlehre, ZBJV 137/2001, S. 21 ff.（zitiert: Jaun, ZBJV 2001）.

— Kramer Ernst A., Juristische Methodenlehre, 3. Auflage, Bern 2010（zitiert: Kramer, Juristische Methodenlehre）.

— Derselbe, Teleologische Reduktion – Plädoyer für einen Akt methodentheoretischer Rezeption, in: Rechtsanwendung in Theorie und Praxis, Symposium zum 70. Geburtstag von Arthur Meier–Hayoz, Basel 1993, S. 65 ff.（Beiheft zur ZSR, Heft 15; zitier: Kramer, Teleologische Reduktion）.

— Larenz Karl/Canaris Claus–Wilhelm, Methodenlehre der Rechtswissenschaft, 2. Auflage, Berlin 1995.

— Honsell, Basler Kommentar, N 1 ff. zu Art. 1 ZGB.

— Meier–Hayoz, Berner Kommentar, N 1 ff. zu Art. 1ZGB.

— Riemer Hans Michael, Zur sogenannten „teleologischen Reduktion", recht 1999, S. 176 ff.（zitiert: Riemer, recht 1999）.

— Walter Hans Peter, Der Methodenpluralismus des Bundesgerichtes bei derGesetzesauslegung, recht 1999, S. 157 ff.

法院判决

1. BGE 131 Ⅱ 13 ff.（31 ff.）, E. 7

按照文义、体系中位置、目的和产生历史来解释法律规范。对尚未生效之法律草案的前期准备工作予以考虑的前提条件。

2. BGE 123 Ⅲ 445 ff.（448）, E. 2b/aa

法律对法院的约束力。偏离法律的前提条件（在本案中，法院拒绝赋予旧离婚法下离婚后父母双方共同的父母控制权；对于离婚法修正后共同父母抚养，参见瑞民第 133 条第 3 款以及第 298a 条）。

3. BGE 121 Ⅲ 219 ff. (224 ff.), E. 1d/aa 原则上准许目的性限缩（以及目的性限缩的条件）。

4. BGE 133 Ⅲ 335 ff. (338), E. 2. 3 (vgl. auch BGE 125 Ⅲ 312 ff. [321], E. 7)

更改实践做法的条件（"重大实质理由"）。衡量。在本案中体现对既往实践的坚持。按照该既往实践，瑕疵物的买方除享有物的瑕疵担保权外（瑞债第 197 条及以下），还享有一般性合同损害赔偿请求权（瑞债第 97 条），在这两个案例中应予以适用的是瑕疵担保权下的瑕疵告知义务和时效规则（拒绝更改实践作法）。

一、瑞民第 1 条的调整对象

104　　首先，瑞民第 1 条的页边标题为**"法的适用"**。[1]对此应加以如下说明：按照该条文的内容，该条规定的是，法院应在何处（以及使用何种辅助工具）去寻找适用到具体案件中的法律规则。亦即，原则上此处调整的是所谓形式意义上的法律渊源以及其先后顺序。[2]瑞民第 1 条第 1 款指示法院，首先应在**法律**中寻找解决法律问题的答案（对此见边码 108 及以下）。

> 换言之，与页边标题所显示的表象不同，该条的调整对象不包括涵摄以及推论过程，该条中也不涉及对案件事实的探究问题。[3]

104a　　瑞民第 1 条就法律渊源的态度，使得任何基于宪法和法理念产生的价值评判视角（基于宪法的尤其是权利平等、禁止独裁以及遵守诚实信用）都不得被忽略。据此，法律适用和法律续造，特别是法院的活动，应——尤其应运用规则重复性（Regelhaftigkeit）这个工具——为**正义和法的安定性**而服务。[4]

---

[1] 法语：Application de la loi；意大利语：Applicazione del diritto。
[2] Deschenaux, SPR Ⅱ, S. 68 ff.；Dürr, ZüKomm, Vorbem. zu Art. 1 und 4 ZGB, N 20 ff.
[3] Meier-Hayoz, BeKomm, N 34 zu Art. 1 ZGB；Dürr, ZüKomm, N 53 ff. zu Art. 1 ZGB.
[4] 宪法的角度参见例如 Biaggini, Verfassung (zitiert in Nr. 253), S. 256 ff.

法院在 BGE 123 Ⅲ 292 ff.（297），E. 2e/aa 中纲领性地叙述道："法的发现是努力获取法的认识，这使规范性的设定得以被规则式地贯彻执行。规则式地适用不单单要求那种超越个案适用的可重复性，还要求价值评判体系中的无矛盾性。这里应实行的是原则的、体系的法的发现。此种法的发现，一方面按照基于一般法信念所产生之原则进行判决，从而来确保可重复性，进而确保了法的安定性；另一方面通过将判决融于既定体系中，来确保必需的贯融性……"[1]

因此，下文将经常论及规则重复性的思想，以及论及个案正义和法的安定性这两个目标，尤其是在讨论传统方法论的实际功用时（边码168），在讨论基于瑞民第4条的自由裁量决定时（边码209及以下），在讨论法官对法律的续造时（边码203及以下），在探讨遵循先例（stare decisis）原则以及法院改变实践做法的前提条件时（边码242及以下），在探讨法教义学的任务时（边码223及以下），以及在探讨"确证的学说和惯例（Bewährte Lehre und überlieferung）"的功用时（边码229及248）。

104b

其次，瑞民第1条之规定的直接适用领域在于联邦私法，也即是法典（瑞民与瑞债）、联邦私法附属立法（如《道路交通法》、《保险合同法》、《发明专利法》）以及国际私法。[2]对此须补充如下：

105

— 瑞民第1条可在联邦以及各州的公法以及各州的私法中得到类推适用；对此种类推的限制，可存在于行政法〔合法性原则（Legalitätsprinzip）〕及刑法（《瑞士刑法典》第1条禁止类推）中。[3]

106

例如：从瑞民第1条引出的一般性解释规则，在联邦税法[4]

---

[1] 对此亦可参见 Walter, ZBJV 145/2009, S. 857（zu BGE 134 Ⅲ 497 ff.）.

[2] Meier – Hayoz, BeKomm, N 45 ff. zu Art. 1 ZGB; Dürr, ZüKomm, Vorbem. zu Art. 1 und 4 ZGB, N 101 ff.

[3] Meier – Hayoz, BeKomm, N 48 ff. zu Art. 1 ZGB; Deschenaux, SPR Ⅱ, S. 71; Dürr, ZüKomm, Vorbem. zu Art. 1 und 4 ZGB, N 111 ff.

[4] BGE 125 Ⅱ 113 ff.（117），E. 3a. 对于对联邦宪法的解释一般性的可参见 Häfelin/Haller/Keller, Nr. 75 ff.

和程序法中原则上也具有可适用性。[1]

107 — 瑞民第1条于**国际法**并不合适,因为该条(主要)规定了制定法为法律渊源;而在国际法中,国家间条约、国际惯例、一般法律原则以及国际组织的决议(诸如欧盟指令和条例)作为法律渊源扮演中心角色。[2]

对于国家间条约的解释,参见1969年5月23日的《维也纳条约法公约》第31条及以下各条。[3]对于《维也纳买卖法》的解释,参见该公约第7条。[4]

二、法律

108 按照瑞民第1条第1款,"对于任何法律问题,凡是依照法律文义或解释存在相关规定的,法律均应予以适用"。

109 该条一方面规定了**法律的优先性**(优先于习惯法和法官法),另一方面也涉及**解释问题**("文义和解释")。具体如下。

(一)法律的优先性

110 1. 瑞民第1条(第1款与第2款)规定,法院应首先在法律中寻找具体案件的解决方法。这体现在,只有在法律没有提供解决方案时,习惯法和法官法才登上舞台。换句话说,瑞民第1条宣示了合法性原则(Legalitätsprinzip,即合法律性原则以及法院受法律约束),此原则从另一方面说是分权原则的体现。

通过规定法律的优先性,瑞民第1条第2款简直就是一条具有宪法意义的关于等级顺序的规范(参见《联邦宪法》

---

[1] BGE 122 I 253 ff. (254), E. 6a.

[2] 些许不同的观点参见 Meier‐Hayoz, BeKomm, N 66 ff. zu Art. 1 ZGB.

[3] SR 0.111;对此亦可参见 BGE 123 Ⅲ 414 ff. (421), E. 4(关于卢加诺公约);124 V 225 ff. (228 ff.), E. 3b(关于与列支敦士登的专利保护条约);亦可参见 Walter, Das rechtsvergleichende Element(参见边码253), S. 264 ff.

[4] 1980年4月11日《联合国国际货物销售合同公约》;SR 0.221.211.1.

第 5 条第 1 款）。[1] 然而，瑞民第 1 条只是（但毕竟至少）针对习惯法和法官法规定了法律的优先性；该条并没有就制定法和国际法（国际条约）之间的关系作出规定。国际条约在具体规定中会有所保留，但原则上国际条约优先于联邦法适用（对于国际私法见《国际私法典》第 1 条第 2 款）。

2. 本条中，"法律"指的是有权机关颁布的一般性抽象联邦规范（《联邦国会法》第 22 条第 4 款）。它们主要指的是一般性抽象联邦私法规范：宪法规范、联邦法律、有约束力的一般性联邦决议和联邦条例（《公布法》第 2 条）。[2]

按照本书的观点，关于劳资协议[3]和框架性租赁合同[4]的规范性规定——在涉及解释和漏洞补充时——也属于一般性抽象规范。

3. 瑞民第 1 条规定了法律的决定性和优先性，此处该条默认法律（确切地说，是被适用的具体法律规定）是有效存在的。[5] 这要求法律应通过规定的程序被有权立法机关正式颁布。具体而言：

- 立法程序由**公法**来规定，主要由《联邦宪法》、《联邦国会法》以及《公布法》来规定。[6]

为了使得法律针对每个个体发生效力，必须要将法律按规定**公布**，即定期在《联邦法官方汇编》中书面公开（《公布法》第 2 条、第 8 条及以下）。

---

[1] Meier – Hayoz/Ruoss, S. 8.

[2] Dürr, ZüKomm, N 11 zu Art. 1. ZGB. 关于在新《联邦宪法》中对有普遍拘束力的联邦决议这种形式的废止，参见 Häfelin/Haller/Keller, Nr. 10 und 1841 ff.

[3] BGer vom 23. November 2000, in: Pra 2001, Nr. 101, S. 601 ff.（602 ff.），E. 2a; BGE 127 Ⅲ 318 ff.（322），E. 2a; BGer 4A_ 348/2007, E. 3.2.1.

[4] Dürr, ZüKomm, N 12 zu Art. 1 ZGB.

[5] Meier – Hayoz, BeKomm, N 79 ff. zu Art. 1 ZGB; Deschenaux, SPR Ⅱ, S. 74 ff.; Dürr, ZüKomm, N 17 ff. zu Art. 1 ZGB.

[6] Vgl. Häfelin/Haller/Keller, Nr. 1805 ff.

对于联邦法律，原则上《联邦法官方汇编》中印刷的版本具有决定性（《公布法》第9条第1款）。除此之外，联邦法汇编（官方体系性汇编）也以电子形式公开（《公布法》第16条第1款）。对通过瑞士联邦国会最后表决之法律中错误的更正，规定在《议会法》第58条中（亦参见《公布法》第10条第2款以及第12条第3款、第7条以及第16条）。

114
- 对于任何规范，都可能会提出该规范**是否与上级法律渊源相符合**[1]的问题。然而根据《联邦宪法》第190条，联邦法律和国际法对联邦法院和其他法律适用机关具有约束力。联邦法律是否符合宪法这个问题，联邦法院无权审查。[2]

联邦法院有权审查条例中的规范是否符合宪法与法律。此处特殊的问题在于条例是否存在充分的法律基础（授权性规范等）。

115
- 在消极方面提出的要求是，相关的法律规定不得被嗣后的立法所**废止**。

116
法院应主动审查法律是否有效。但通常这不成问题。

关于时际冲突法参见边码500及以下。

（二）法律的"文义和解释"

1. 解释的概念。

117
（1）解释是指对法律或法律规定的意义（思想内容）的探查。[3]就瑞民第1条而言应说明如下：

118
- 瑞民第1条将**文义和解释**进行了并列规定。但按照当今的观点，对文义的考虑也属于解释。[4]

---

[1] Dürr, ZüKomm, N 34 ff. zu Art. 1 ZGB.

[2] BGE 133 Ⅲ 257 ff. (265), E. 2. 4.

[3] Meier - Hayoz, BeKomm, N 132 ff. zu Art. 1 ZGB; BGE 122 Ⅲ 469 ff. (474), E. 5a: «le juge recherchera la véritable portée de la norme».

[4] Riemer, Die Einleitungsartikel, § 4 N 29; Meier - Hayoz, BeKomm, N 135 ff. zu Art. 1ZGB; Deschenaux, SPR Ⅱ, S. 80; Dürr, ZüKomm, N 62 zu Art. 1 ZGB; Steinauer, TDP Ⅱ/1, Nr. 83 ff.

从而，联邦法院的如下措辞容易导致误解："应首先按照文义解释法律。如果法律的文本并非绝对清楚，因此具有多种解释的可能性，那么法官应探寻规范的真实含义。"[1]

— 在思想上，应区分**解释和漏洞补充**：在法律不包含可应用的规定时后者被用来寻找规则。然而在实践中，解释和漏洞补充的边界却很模糊；[2]一些学者直接认为这种区分已经过时。[3]

— 通常法律适用者的目标在于探寻法律的"理念"（规范目的、价值）并对之进行深入考察。通常无法明确地说明，这个过程是属于解释还是已经属于漏洞补充。无论如何都可以认定的是，任何司法判决的确定都或多或少是一种创造性的过程。[4]

学界也常用方法论这个说法来替代解释学说。这里提出的问题经常是：如何（运用何种方法）来探查法律规定的意义，以及在特定情况下规范如何被适用到待判决的个案中？[5]

（2）通过对解释进行概念上的描述，将一个极其复杂的过程——这个过程对法律适用具有超越其他的中心意义——浓缩到了看似简单的定义中。下文中将在各个不同层次上对此进行进一步探讨。

— 解释的目标（下文第2点）；
— 各个解释因素（下文第3点），以及
— 各个解释因素间的相互作用和解释的结果（下文第4点）。
— 最后，我们对传统解释过程的批判以及现代的一些观点有所论及，并对此提出自己的见解（下文第5、6点）。

在简单案件中，法律适用就是一个简单的法学三段论——

---

[1] BGE 122 Ⅲ 469 ff. (474), E. 5a.
[2] Meier‑Hayoz, BeKomm, N 137 ff. zu Art. 1 ZGB.
[3] Dürr, ZüKomm, N 405 ff. zu Art 1 ZGB.
[4] Meier‑Hayoz, Schlusswort (zitiert in Nr. 253), S. 90.
[5] 对法律方法论这个概念详尽而细化的讨论，参见 Kramer, Juristische Methodenlehre, S. 33 ff.；Larenz/Canaris, S. 63 ff.；另外亦可参见 Dürr, ZüKomm, Vorbem. zu Art. 1 und 4 ZGB, N 92 ff.

将具体事实（小前提）置于法律规范之下从而得出相应的逻辑上的结果（结论），从而是一个简单的形式逻辑涵摄过程。[1]然而在绝大多数案件中，法律适用都复杂得多。

¹²²（3）任何与法律发生关系的人，特别是每一个私法主体，都需要对法律规定进行解释。然而解释的结晶点却是**法院的**法律适用。因此，瑞民第1条第2款和第3款明确指向了法院，并指示法院如何进行解释（对于法院的权力参见边码161和167）。

另外，这里论述的法律解释也应和私法意思表示的解释（尤其是合同的解释）相区别，后者部分地适用不同的规则。[2]

2. 解释的目标。

¹²³（1）如上所述（边码117），解释指对法律或法律规定之意义（思想内容）的探求。[3]关于法律规定意义的详细说法（从而关于此处探讨的**解释方法**）却观点不一。至少取得一致的是，应探求**法律规定的客观意义**（客观的解释方法）。这对于立法者和法律适用对象间的关系而言，具有如下意义：

¹²⁴— 具有决定意义的是"理性而正确的法律适用对象在其可查知的境况下从立法表述中读出的意义"。[4]支持客观解释的理由主要是**信赖的观点**：起决定性的应是受法律约束者基于诚信而能够（和必须）从法律规定中引出的内容。支配整个法秩序的诚信原则（对此参见边码254及以下），也在立法者和法律适用对象之间关系上发生效力（亦参见《联邦宪法》第5条第3款和第9条）。[5]

¹²⁵— 从而所谓的主观－历史的解释方法应被**摒弃**。这种方法强调历史上立法者的意思，而不顾及法律适用对象的理解；但自由法

---

[1] 对于逻辑三段论参见 Meier – Hayoz/Ruoss, S. 4 ff.; Hausheer/Jaun, Nr. 1.04 ff.; Seiler, Einführung, S. 208 ff.; Larenz/Canaris, S. 91 ff.
[2] 对此参见 Gauch/Schluep/Schmid, Nr. 1195 ff.
[3] BGE 124 II 193 ff. (199), E. 5a:"解释的目标是探取规范的意义内容。"
[4] Meier – Hayoz, BeKomm, N 144 zu Art. 1 ZGB.
[5] Meier – Hayoz, BeKomm, N 146 und zu Art. 1 ZGB; Steinauer, TD II/1, Nr. 268.

方法及字面法学（wortjuristische）方法也应被排斥。[1]

（2）然而，客观解释方法也存在两个变种。[2]

— 按照**客观－历史的解释方法**（亦可称"客观－产生时代方法"），起决定作用的是**法律规范颁布之时**的法律适用对象对法律规范所能够和必须产生的理解。

此观点强调法的**稳定性和连续性**：法院应受法律约束（分权），并且必须坚持立法者在颁布法律时所确定的含义。[3]

— 按照**客观－发生效力时代的解释方法**（亦可称"客观－当代的方法"），起决定作用的是在**适用各个法律规范之时**（此时此地）法律适用对象对相关规定所能够和必须产生的理解。

此种观点强调法的**灵活性和动态性**；法院应更好地适应变迁的关系。

（3）对于此分歧，应采取如下观点：如迈尔·哈尧茨（Meier-Hayoz）[4]所主张的，法院首先应探查规范在其产生时代的（客观－历史的）意义。但如果存在客观理由（现实已改变、价值判断已变化、历史上当时的解决方法不公正、可证明立法者发生错误）要求摆脱这个意义，法院便应进行法的续造。通过此种方式，一方面立法者在颁布规范时的意思——作为民主意志的表达——成为起点；另一方面法律也成为一种动态的调控工具，基于此可以恰当地解决当代的法律问题。[5]

---

〔1〕 Meier-Hayoz, BeKomm, N 168 ff. zu Art. 1ZGB; Dürr, ZüKomm, N 130 ff. zu Art. 1 ZGB, 但该作者对传统的方法思想进行了相对化。

〔2〕 Meier-Hayoz, BeKomm, N 141 ff. und 151 ff. zu Art. 1 ZGB; Biaggini, Verfassung（边码253中引用的文献），S. 91 ff. und 130 ff.

〔3〕 近期持此观点的有力者如 Gelzer（边码253中引用的文献），S. 39 ff.；相反观点可参见 van Spyk（边码253中引用的文献），S. 213 ff.

〔4〕 Meier-Hayoz, BeKomm, N 151 ff. zu Art. 1 ZGB; 类似观点见 Steinauer, TDP II/1, Nr. 324 ff. und 350. 对法律产生时期之含义持批判态度的见 Dürr, ZüKomm, N 140 zu Art. 1 ZGB und passim.

〔5〕 Kramer 持折中的态度，但原则上秉持客观－发生效力时代的方法，见 Kramer, Juristische Methodenlehre, S. 133 ff., ein.

联邦法院在 BGE 121 Ⅲ 219 ff. (225), E.1d/aa 主张如下观点：[1]"法律解释尽管不是绝对历史导向的，但原则上还是要立足于立法者的调整意图，以及由此可查知的立法者的价值决定，因为法治国下（rechtsstaatlich）对规范进行理解的目的关涉性，不应仅建基于规范自身，而是应从立法者意图中引导出来……"上述表述看起来更倾向于客观－历史方法。[2]然而，在同一个判决[3]中，法院又补充道："法律解释所应遵从的思想是，并非规范文句，而是那基于案件事实而被理解和具体化的法律起作用。应该做的是，以基于规范目的得出满意结果为导向，作出规范网络中客观的正确决定。"[4]由是，该判决又着重强调了被解释法律规范的（被查知的发生效力时代的）目的。

3. 诸解释因素。

（1）传统上，从事（被理解为寻求法律规定的意义的）解释工作借助于特定的因素（视角）。通常这些因素都包含**评价**，尤其是任何"审查"通常都受到预想之结果的影响（具体参见边码 158 和 167）。

本书中所称的"因素"，[5]也被其他一些学者称为"方法"。本书理解的解释"方法"是指何种法律意义具有决定性：客观－历史的意义，抑或客观－发生效力时代的意义。[6]

（2）联邦法院主要运用四种解释因素，即语法的、体系的、目

---

[1] 相似的见 BGE 123 Ⅲ 24 ff. (26), E.2a; 134 Ⅳ 297 ff. (302), E.4.3.1.
[2] 相似的见 BGE 133 Ⅲ 257 ff. (265), E.2.4; 134 Ⅲ 273 ff. (277), E.4.
[3] BGE 121 Ⅲ 219 ff. (225), E.ld/aa.
[4] 完全相同的表述见 BGE 133 Ⅲ 175 ff. (178), E.3.3.1; 134 Ⅲ 16 ff. (21), E.3; 134 Ⅴ 131 ff. (134), E.5.1; 134 Ⅳ 297 ff. (302), E.4.3.1; 135 Ⅲ 112 ff. (116), E.3.3.2; 136 Ⅲ 23 ff. (37), E.6.6.2.1.
[5] 亦可见 BGE 124 Ⅲ 266 ff. (268), E.4.
[6] 采用相同术语的参见 Meier-Hayoz, BeKomm, N 140 ff. und 179 ff. zu Art. 1 ZGB, 以及 Tuor/Schnyder/Schmid, §5. N 7 ff.

的的和历史的因素。[1]然而在此，法院遵循的是"实用的方法多元主义，从而拒绝将具体的解释因素排列成等级性优先顺序"。[2]

这个"实用的方法多元主义"——按照通常的、本书中亦使用的术语本应称作"因素多元主义"——看起来似乎很有问题。它可能引起的顾虑是，司法会变得无法预测（"方法机会主义"），[3]从而会沦为任意。[4]然而，此种方法的"开放性"却使灵活的法律适用成为可能，这种法律适用在很大程度上允许法院进行价值判断。[5]在概念上更好的表述或许可以是"具有问题意识的、由规则引导的**方法实用主义**"（"因素实用主义"）。[6]

第一，语法因素。
语法因素意思是，在探求法律规定的意义时，应首先对被解释法律规范的文句给予特别的关注：

其一，权威的文句是被赋予实证法效力的官方法律汇编中公开的文句。在瑞士就是《联邦法官方汇编》的印刷版中公布的版本（《公布法》第9条），而并非《联邦法体系汇编》（《公布法》第11条），亦非1948年的《整理后的汇编（Bereinigte Sammlung）》。

如果《联邦法官方汇编》中公布的法律文句最初为"错误的"，而嗣后经过规定的程序被改正（《议会法》第58条；《公布法》第10条第2款；《公布法》第7条），那么应适用

---

[1] 在私法中见BGE 122 III 469 ff. (474), E. 5a; 133 III 257 ff. (265), E. 2. 4; 136 III 23 ff. (37), E. 6. 6. 2. 1; 在公法中见BGE 126 II 71 ff. (80 ff.), E. 6d; 131 II 13 ff. (31), E. 7. 1; 在刑法中见BGE 134 IV 297 ff. (302), E. 4. 3. 1.

[2] BGE 121 III 219 ff. (225), E. ld/aa; (在很多地方)使用相同或近似表述的见BGE 135 II 416 ff. (418), E. 2. 2; 135 III 112 ff. (116), E. 3. 3. 2; 136 III 23 ff. (37), E. 6. 6. 2. 1; 对于公法亦可参见 Häfelin/Haller/Keller, Nr. 127 ff.

[3] Kramer, Juristische Methodenlehre, S. 122 ff.

[4] 德国对此持激烈批判态度的见 Rüthers（边码253中引用的文献），S. 53 ff. （"方法杂糅主义"）。

[5] 亦可参见 Dürr, ZüKomm, N 145 ff. zu Art. 1 ZGB.

[6] Biaggini, Methodik（边码253中引用的文献），S. 44; 类似的见 Steinauer, TDP II/1, Nr. 320.

被改正的文句。[1]

其二，文句的所有组成部分都应被关注。包括：[2]
- 文句本身；
- 章、节的标题；
- 立法者附加的从而具有法律效力的页边标题（关于瑞民和瑞债参见边码40）；[3]
- 标点符号（逗号、分号、句号）以及语言连接词："和"（表累计），"或"（表择一）；
- 法律的其他语言逻辑内容。

例如：如果法律使用"特别是"或"尤其是"（瑞债第24条；瑞民第28a条第2款）等表述，意味着接下来的列举并非是排他性的全部列举，而只是举例说明。对于此种情况，人们称之为举例性列举或"例说性列举"。

其三，具有决定性的是用任何瑞士联邦官方语言表述的法律文句，按照《联邦宪法》第70条第1款第1句即为德语、法语和意大利语（亦参见《公布法》第14条和《语言法》第10条）。这三种官方语言版本具有同等效力。

一直以来的实践即为如此，此实践如今被《公布法》第14条第1款第2句所明确。该条规定："颁布法律时的三个语言版本（即官方语言德语、法语和意大利语）具有同等的拘束力。"[4]关于国际法条约和国际决议的权威文本，参见《公布法》第9条第2款。[5]

---

[1] Meier-Hayoz, BeKomm, N 94 und 116 ff. zu Art. 1 ZGB.
[2] Dürr, ZüKomm, N 65 zu Art. 1 ZGB.
[3] 另见 BGE 124 Ⅲ 266 ff. (269), E. 4b; Meier-Hayoz, BeKomm, N 97 zu Art. 1 ZGB.
[4] 对此亦可参见 Meier-Hayoz, BeKomm, N 98 ff. und 184 zu Art. 1 ZGB; Deschenaux, SPR Ⅱ, S. 76 ff.; Dürr, ZüKomm, N 66 zu Art. 1 ZGB; Steinauer, TDP Ⅱ/1, Nr. 263 ff.; BGE 123 Ⅲ 442 ff. (444), E. 2d; 125 Ⅲ 57 ff. (58), E. 2b.
[5] 亦可参见 BGE 122 V 381 ff. (383), E. 5a.

即便各个语言版本之间存在差异，但法律依旧还只是存在**一个意义**，该意义应通过解释和决定何者是"正确的"文本而探查之。[1]

其四，通常应采纳惯常性语言用法（日常语言）。[2] 此亦符合信赖思想。据此思想，应采纳的是法律适用对象基于诚信从立法者使用的词语中可以得出的法律意义（边码 124）。

例外时法律自身也确定法律术语的定义以决定特定概念如何使用（例如：瑞民第 655 条第 2 款中的土地概念，《联邦消费信贷法》第 1 条中的消费信贷合同概念）。

其五，在大量的司法判决中，司法实践赋予法律文句以解释法律时的独特重要性。在多个判决中法院都持有如下观点：原则上法院应受"明确而无异议的法律文句"的约束，[3] 只是在法律文本本身并不清楚[4]或者存在"充足理由"需要偏离法律文句[5]时，才可采用其他的解释因素（体系的、目的的和历史的因素）。

对此观点本书持有异议。理由是，尽管任何解释都应从法律文句开始，[6] 但**任何时候文句本身即需要解释**；"本身"清楚而明确的文句并不存在，通常都需要依赖其他解释因素，对乍一看便得出的文句意义进行审查。[7]

---

[1] Meier‐Hayoz, BeKomm, N 106 ff. zu Art. 1 ZGB; Deschenaux, SPR Ⅱ, S. 77; BGE 123 Ⅲ 442 ff.（444），E. 2d.

[2] Steinhauer, TDP Ⅱ/1, Nr. 268.

[3] BGE 125 Ⅲ 57 ff.（58），E. 2b; BGer vom 23. November 2000, in: Pra 2001, Nr. 101, S. 601 ff.（603），E. 2b.

[4] BGE 122 Ⅲ 469 ff.（474），E. 5a；类似地见 BGE 126 Ⅲ 49 ff.（54），E. 2d；127 Ⅳ 193 ff.（194 ff.），E. 5b/aa；135 Ⅱ 416 ff.（418），E. 2. 2.

[5] BGE 133 Ⅲ 257 ff.（265），E. 2. 4. 关于在德国法和比较法中法律文句的特殊重要性（"清楚无歧义规则"）详见 Vogenauer（边码 253 中引用的文献），S. 51 ff. und 159 ff.（德国），358 ff.（欧盟法），1003 ff.（英国，"文义规则"）und 1284 ff.（比较法）。

[6] 在此意义上正确的如 BGE 133 Ⅲ 257 ff.（265），E. 2. 4.

[7] 相似的批判见 Dürr, ZüKomm, N 364 zu Art. 1 ZGB. 对于德国尤其参见 Vogenauer（边码 253 中引用的文献），S. 162 ff.

显然，BGE 124 Ⅲ 229 ff.（235 ff.），E. 3c 中表述的观点恰当且值得注意："法律应首先从其自身——也就是法律文句、意义和目的以及作为其基础的价值判断和目标设置——进行解释；此时法律解释所应遵从的思想是，并非规范文句而是那基于案件事实而被理解和具体化的法律起作用。应该做的是，以基于规范目的得出满意结果为导向，作出规范网络中客观的正确决定。"[1]

第二，体系因素。

140　　其一，体系因素的基础是法秩序一体性的理念，[2]即法秩序自身不应相互矛盾，而应具有内部一致性和"逻辑性"，从而形成一个体系，并应在解释过程中被作为一个体系看待。

141　　其二，基于体系的视角，应将被解释的法律置于**其他规范的网络**中进行观察，也即是尝试基于联系（语境）去理解。[3]对此应注意：

142　　　　— **对象位置**（sedes materiae，对某个问题的处理主要或基于主题经常在法律中的那个位置）和**错放位置**的法律（leges fugitivae，特定的位置散落的法律）之间的相互作用；

143　　　　— **符合上级法**，尤其是宪法，[4]亦要符合国际法。存在多个可能含义时，原则上应采纳被认为符合宪法或国际条约的那个含义。[5]尽管联邦法院无权对联邦法律的合宪性进行审查（边码114），但联邦法院——在缺少清楚明确的反面依据时——应将立法者不愿颁布违宪方案而是遵守宪法作为出发点。[6]对于基本权利，此观点亦得到《联邦宪法》第 35 条第 3 款的支持。[7]

---

[1] 类似的见 BGE 128 I 34 ff. (41)，E. 3b；134 V 131 ff. (134)，E. 5.1.
[2] Kramer, Juristische Methodenlehre, S. 85 ff.
[3] BGE 120 Ⅱ 112 ff. (114)，E. 3b.
[4] BGE 126 V 103 ff. (106)，E. 3；130 Ⅱ 65 ff. (71)，E. 4.2；131 Ⅱ 697 ff. (703)，E. 4.1.
[5] 亦可参见 Häfelin/Haller/Keller, Nr. 148 ff.
[6] BGE 130 Ⅱ 65 ff. (71)，E. 4.2.
[7] Steinauer, TDP Ⅱ/1，Nr. 288 und 340.

在此尤其值得一提的是欧盟法。若瑞士批准了某国际条约（如《欧盟人权条约》），瑞士即受其约束，从而在解释联邦法或州法时即应顾及相关的国际规范（《联邦宪法》第190条）。[1]若瑞士没有批准某欧盟条约（因瑞士并非欧盟或欧洲经济共同体的成员），则在解释法律时形式上不存在顾及此条约的义务。然而，瑞士自主地将一部分欧盟法进行了转换（"自主实施"）时，基于欧盟规范和欧盟法院判决的体系因素，在解释瑞士法律时应在实质上顾及欧盟法，亦即在转换后形成的国内法存疑时，应依据合欧盟法这一因素去解释。[2]例如瑞士在颁布《消费信贷法》以及《全包旅游法》时有意地遵循了相关的欧盟指令。由于无法设想人们在适用法律时又脱离这些模范样板，欧盟法在解释《消费信贷法》和《全包旅游法》时应被顾及。[3]尤其值得强调的是《卢加诺公约》。该公约和欧盟法令密切相关，从而依据联邦法院的实践，此处存在"对相互协调的规范进行和谐解释的需要"。这导致，在解释《卢加诺公约》时，欧盟法院的司法实践原则上应得到遵循。只有在"当欧盟司法明确地服务于欧盟的目标，而瑞士又没有参与分享该目标"时，[4]解释时才可以偏离欧盟法院的司法实践。根据《卢加诺公约统一性解释第二份议定书》第1条，任何的缔约国法院在解释和适用《卢加诺公约》时，均应"适当考虑其他缔约国法院的权威性判决发展出来的基本原则"。

其三，在体系性因素的框架内，特定情况下也应顾及法律草案，

---

[1] 例如 BGE 125 Ⅲ 277 ff.（280 ff.），E. 2c～f；134 Ⅳ 297 ff.（305），E. 4. 3. 5.

[2] BGE 129 Ⅲ 335 ff.（350），E. 6, und 132 Ⅲ 32 ff.（37），E. 4. 1，这两个判决都针对瑞债第333条；亦可参见 Probst, Die Rechtsprechung des europäischen Gerichtshofes（边码253中引用的文献），S. 246 ff.；Walter, Das rechtsvergleichende Element（边码253中引用的文献），S. 268 ff.；Steinauer, TDP Ⅱ/1, Nr. 358 ff.

[3] BGE 124 Ⅱ 193 ff.（203 ff.），E. 6a.

[4] BGE 135 Ⅲ 185 ff.（189），E. 3. 2；类似的已见于 BGE 131 Ⅲ 227 ff.（230），E. 3. 1；另外可参见 BGE 134 Ⅲ 218 ff.（221 ff.），E. 3. 3；Walter, Das rechtsvergleichende Elment（边码253中引用的文献），S. 274.

即尚在制订过程中的文本。在此背景下，有时候——虽然从法律技术层面并不准确——甚至可以谈得上尚未生效法律的"提前效力"。[1]

司法也允许在解释规范时估计这些草案："特别是在草案原则上并没有修改现行法体系，而只是对现行法律状态进行了具体化，或填补了现行法的漏洞时，借助于制定中的法律草案进行解释，尤其有其理由。"[2]与此相对，当设想的法律修正"与现行法框架"不相协调，而是力图修改现行法时，此种考虑便应被摒弃。[3]

第三，目的因素。

145　其一，目的因素追问被解释规定的意义和目的（"telos"）。[4]通过该规定欲实现什么目标（"ratio legis"）？欲保护何种利益？以及该规定保护何种价值判断？[5]

尤其是，亦应考虑被解释规范所在的整个法律的目的（以及因此亦应考虑可能的纲领性条文）。

无论如何要注意，在任何法秩序中，都会存在背后诸目标和诸价值判断之间的不协调。[6]

146　其二，按照联邦法院的实践，目的因素——与语法和体系因素一起——具有最重要的意义。[7]

目的因素体现出与法律解释主要任务的直接联系，也就是探求法律规范的意义（边码117和123，），即探寻"法律目的（ratio legis）"。[8]

---

[1] ZR 100/2001, Nr. 12, S. 33 ff. (35), E. 2c/cc（苏黎世州高等法院）.
[2] BGE 124 Ⅱ 193 ff. (201), E. 5d; 亦可参见 BGE 125 Ⅲ 277 ff. (283), E. 3e in fine; 131 Ⅱ 13 ff. (31), E. 7.1; Meier‑Hayoz, BeKomm, N 395 zu Art. 1 ZGB; Dürr ZüKomm, N 253 zu Art. 1 ZGB.
[3] BGE 136 Ⅲ 6 ff. (13), E. 6.
[4] Kramer, Juristische Methodenlehre, S. 146 ff.
[5] BGE 130 Ⅲ 76 ff. (84), E. 4.2.
[6] Meier‑Hayoz, BeKomm, N 201 zu Art. 1 ZGB.
[7] 例如 BGE 125 Ⅱ 192 ff. (196), E. 3a（"在此尤其取决于规则目的、文本背后的价值判断以及规范所处的意义脉络"）.
[8] Dürr, ZüKomm, N 105 ff. und 162 zu Art. 1 ZGB.

第四，历史因素。

其一，历史因素考虑的是某个法律规范的产生历史，即起源或"法的发生（occasio legis）"。[1]在此询问的是：何种理由或"事件"给法律创制提供了诱因。

首要的是研究法律产生史的相关文件，即所谓的**材料**：[2]之前的草案、专家委员会的备忘录、征求意见程序的结果、联邦委员会的公告以及联邦委员会的咨询意见备忘录。然而，重要的并非是参与立法程序的人士或官员表达出的具体（个人）意见，而是从这个程序中得出的一般性倾向。正是从这些一般性倾向中才可能推断出"规范的真实意义内容"。[3]有时候，直接随着或紧跟着法律生效而出版的某些著作，也会被用作探求法律产生历史的辅助工具。

历史**因素**必须和（本书理解的）历史**方法**（见边码127）区分开，历史方法指的是把"当时的、法律规定产生时的意义"作为解释的目标。

其二，对历史因素的射程范围存有争议：个别时候联邦法院的判决中把历史因素看作是无关紧要的[4]——因为"法律一旦生效，其阐发的即是脱离立法者意志的独立存在"。[5]其他的判决却肯定法律产生历史的重要性，尤其是被解释法律不久前才被颁布或修改时。[6]

根据最新的实践，只是在满足如下**两个条件**时，才（但毕竟的确要）在解释法律时顾及法律制定的准备工作：[7]

- 一方面，法律制定的准备工作必须对模糊法律规定的意义

---

[1] Kramer, Juristische Methodenlehre, S. 116 ff.
[2] 对此参见 BGE 112 Ⅱ 1 ff. (3 ff.), E. 4a.
[3] BGE 124 Ⅱ 193 ff. (200), E. 5c; Steinauer, TDP Ⅱ/1, Nr. 300; Hausheer/Jaun, StHandkomm, N 145 zu Art. 1 ZGB.
[4] Hinweise bei Meier‑Hayoz, BeKomm, N 221 ff. zu Art. 1 ZGB.
[5] BGE 124 V 185 ff. (189 unten), E. 3a; 126 V 103 ff. (107), E. 3b.
[6] BGE 130 V 277 ff. (283), E. 3.3.
[7] BGE 122 Ⅲ 469 ff. (474), E. 5a; 类似的见 BGE 124 Ⅱ 193 ff. (200), E. 5c; 124 V 185 ff. (189 ff.), E. 3a; 130 V 277 ff. (283), E. 3.3. 亦可参见 Hausheer/Jaun, StHandkomm, N 147 ff. zu Art. 1 ZGB.

提供了明确回答；[1]

— 另一方面，法律准备工作必须在法律文本自身中有所体现。

对于参与法律准备工作的个人或官员的具体意见，只有在可以认为他们的意见反映了规范的真实意义内容时，这些意见才算数。[2]

151　第五，其他因素。还存在其他一些因素值得考虑，但对此不存在统一的术语：

152　其一，现实或社会因素从事实关系（现实：自然科学、技术、社会、经济）中推研规范的含义。[3]现实或社会因素特别在法律指向交易习惯或商业习惯时具有意义。

根据某些判决，尤其在解释那些"古老的"，亦即很久之前颁布的规定时，法律现实应发挥作用。[4]新兴的解释学走得更远：解释学对现实因素赋予极其特殊的权重，因为法"'内在地'与其作用的对象交织在一起"；即便具有自己主观价值判断和前理解（对此参见边码167）的法官自身，作为司法权力的承担者，也是"国家社会学意义上的一种现实"，从而是"现实的一部分"。[5]

153　其二，基于可行性视角，规范（及对其的解释）不应过于复杂，而应易于操控，并且因而最终应有利于减少诉讼。[6]这要求放弃那

---

[1] 在众多判例中只需参见 BGE 134 IV 297 ff.（302），E.4.3.1；135 Ⅲ 112 ff.（116），E.3.3.2；136 Ⅲ 23 ff.（37），E.6.6.2.1.

[2] BGE 124 Ⅱ 193 ff.（200），E.5c；对此持保留的亦可见 BGE 124 V 185 ff.（189 ff.），E.3a，即便对于无争议的表达亦同。

[3] Meier - Hayoz, BeKomm, N 210 ff. zu Art. 1 ZGB; Kramer, Juristische Methodenlehre, S. 167 ff.（该作者将"现实的"解释因素理解为"目的的"解释因素）；Röhl/Röhl（边码253中引用的文献），S. 639 ff. 亦可参见 BGE 131 Ⅱ 13 ff.（31），E.7.1："应探求的是实际有效的法，不涉及现实因素无法理解之"。

[4] BGE 127 Ⅲ 337 ff.（339），E.2a（关于基金会的法律现实）。

[5] Dürr, ZüKomm, N 112 und 116 ff. zu Art. 1 ZGB.

[6] BGE 120 Ⅱ 112 ff.（117），E.3c.

些过于细微的区分。为统一且更好地适用法律而损失一些个案正义，（在一定程度上）应被允许。

联邦法院多次坚持，在适用法律时应注意，"自古以来，简单而实用的法律观点便在瑞士居于主导地位"。[1]迈尔·哈尧茨将可行性因素作为现实因素的上位概念。[2]

其三，根据法比较的思想，解释规范时应考虑相邻国家的规则，当被解释规定导源于同一个法族时尤应如此。[3]对于瑞士，在瑞民和瑞债的领域，因共同的起源原因，尤其有意义的是德国、奥地利、法国和意大利法。（法解释及漏洞补充时）法比较的要求适用于各个法律领域，尤其是在跨国界的法律交往时更应如此。[4]

一些学者并不把法比较作为独立的解释因素，而是把它作为体系因素的一部分，[5]或作为与确证的学说和惯例并行的解释工具。[6]

其四，按照本书观点，逻辑并非独立的解释因素，逻辑在采用所有（其他）解释因素时都应被运用。在运用逻辑时，首先重要的是隐藏在各个解释因素中的价值判断；（不涉及价值判断的）逻辑原则本身，并不能体现出内容来。[7]可能的逻辑推理有：

- **当然**（*a fortiori*）：当某者有效，则他者当然有效；
- **反推**（*e contrario*）：当某者有效，则他者当然无效。
- **举重明轻**（*in maiore minus*）：大者中包含了小者。例如，

---

[1] BGE 127 Ⅲ 73 ff. (80), E. 5f. mit Hinweis auf 67 Ⅱ 70 ff. (74), E. 2.

[2] Meier‑Hayoz, BeKomm, N 213 zu Art. 1 ZGB.

[3] Zur Auslegungsfunktion der Rechtsvergleichung vgl. auch Dürr, ZüKomm, Vorbem. zu Art. 1 und 4 ZGB, N 254 ff., sowie N 247 ff. zu Art. 1 ZGB.

[4] BGE 126 Ⅲ 129 ff. (138), E. 4. für das Patentrecht.

[5] Steinauer, TDP Ⅱ/1, Nr. 296.

[6] Meier‑Hayoz, BeKomm, N 225 und 355 ff. zu. Art. 1 ZGB; ähnlich Dechenaux, SPR Ⅱ, S. 116 ff.; zurückhaltend Röhl (zitiert in Nr. 253), S. 625 ff.

[7] Meier‑Hayoz, BeKomm, N 191 zu Art. 1 ZGB.

此处可建三层高的楼，则仅两层高的楼也可被建造。

— **类推**（*per analogiam*）：此种推理以法律中现存的类似规则作为依据，并从中获取特定的**价值判断结果**。但这种推理只是在存在类似事实时，才得适用。[1] 对于类推亦可参见边码 188 及以下。

— **存疑时支持自由**（*in dubio pro libertate*）：据此原则，例外规定在存疑时，应进行限缩解释。

4. 各解释因素间的相互作用和解释的结果。

156　首先，解释的结果取决于解释要达到的目标：重要的是［法律规定的］何种意义具有决定性。按照本书的观点，客观-发生效力时代的意义具有决定性（边码 129）。另外——除了法院应以寻求公正解决方案为导向适用规范这个一般说法——下述一般性的考虑亦为可能：

157　(1) 各种解释因素应结合使用。

如上所述，联邦法院明确主张"实用的方法多元主义"（更恰当的概念应为"因素多元主义"，见边码 131）；联邦法律尤其拒绝对各个解释因素进行排序。然而，此与实践并不一致，实践做法是相对其他解释因素法律文句具有优先性，只有在法律文句并非"绝对明确"时，体系、目的和历史的因素才得以适用[2]（对此的批判见边码 139）。

158　(2) 在结合使用各种因素时，他们之间可能会相互矛盾。此时便应对它们进行衡量（评价），而并非简单地进行计数。

159　(3) 即便所有上述的解释因素都应顾及，但对于联邦法院，两个因素处于显著位置：一个是语法因素，另一个是目的因素。

在此，法律文句不仅只是作为出发点，而且一般而言也是解释的边界。只有在例外情况下才允许做出与法律文句不同的解释。

---

［1］ Larenz/Wolf, § 4 N 80; zum Ganzen auch Dürr, ZüKomm, N 230 ff. zu Art. 1 ZGB.
［2］ BGE 122 Ⅲ 469 ff. (474), E. 5a; 127 Ⅲ 193 ff. (194 ff.), E. 5b/aa.

（4）解释的结果可能是，法律对问题并没有提供答案。那么按照传统理解，解释过程便在此终止；转而，依据瑞民第 1 条第 2 款寻找习惯法或进行法官续造（漏洞补充）于此开始。对此待下文详论（边码 200 及以下）。

（5）根据瑞民第 1 条第 3 款，法院在进行法律解释时（如在其任何活动时），应遵循确证的学说和惯例（边码 218 及以下）。

上文之所述，尤其是提供公正解决方案的目标，清楚地体现了法律解释强烈地依赖于**价值判断**，[1]以及**法院**由此所享有的巨大权力。正是法院确定何种解释方法具有决定性，对诸解释因素进行衡量，以及最终审查法律是否为待决案件提供了解决方案（抑或法律存在漏洞）。

5. 批判以及现代的观点。

特别文献：

— Amstutz Marc, Der Text des Gesetzes – Genealogie und Evolution von Art. 1 ZGB, ZSR 126/2007 Ⅱ, S. 237 ff.

— Baudenbacher Carl, Wirtschafts –, schuld – und verfahrensrechtliche Grundprobleme der allgemeinen Geschäftsbedingungen, Habil. Zürich 1983, S. 106 ff.

— Diederichsen Uwe, Topisches und systematisches Denken in der Jurisprudenz, NJW 9/1966, S. 697 ff.

— Dürr David, Zürcher Kommentar, Vorbem. zu Art. 1 und 4 ZGB, N 148 ff. (und passim).

— Esser Josef, Vorverständnis und Methodenwahl in der Rechtsfindung – Rationalitätsgarantie in der richterlichen Entscheidungspraxis, Frankfurt am Main 1970 (Studien und Texte zur Theorie und Methodologie des Rechts, Band 7).

— Höhn, Praktische Methode, S. 107 ff. und passim.

---

[1] 例如 Dürr, ZüKomm, N 188 ff. und 534 zu Art. 1 ZGB.

— Horn Norbert, Zur Bedeutung der Topiklehre Theodor Viehwegs für eine einheitliche Theorie des juristischen Denkens, NJW 20/1967, S. 601 ff.

— Kramer Ernst A., Topik und Rechtsvergleichung, RabelsZ 33/1969, S. 1 ff.

— Oswald Wilhelm, Topisches und systematisches Denken in der Jurisprudenz, FG Wilhelm Schönenberger, Freiburg 1968, S. 3 ff.

— Viehweg Theodor, Topik und Jurisprudenz, Ein Beitrag zur rechtswissenschaftlichen Grundlagenforschung, 5. Auflage, München 1974.

— Zippelius Reinhold, Problemjurisprudenz und Topik, NJW 20/1967, S. 2229 ff.

— Zum Ganzen vgl. auch: Beiträge zur Methode des Rechts, St. Galler Festgabe zum schweizerischen Juristentag 1981, Bern und Stuttgart 1981.

163　（1）近四十年来，有学者对上述的传统解释学说（方法论）进行了批判。多种现代学说参与其中，但在此只能对其进行简短的介绍：

164　— 按照**前理解的理念**［亦称之为**解释学观点**；伽达默尔，埃塞尔（Esser）］，法官判决并非主要以方法论的思维方式为依据，而是以规范适用者的前理解，亦即其全部经验、价值观念以及人性观作为依据。[1] 通常，法院确立判决是基于结果导向的判断以及基于获取"正确"结果的欲求，而经常是这些判断和欲求影响着解释方法的选择。按照此种批判观点，传统学界的方法论起到的作用，只是将已经通过法感情获取的、感觉上认为公正的结果，通过"法律技艺"加以论证；按照所希冀结果的不同，对这个或那个解释因素赋予更高的权重。鉴于既存的价值多元主义，获取"客观正确"的解释结果断无可能。[2]

---

［1］ 基础性的如 Esser（边码162 中引用的文献），S. 133 ff.；Larenz/Canaris, S. 27 ff.；类似的参见 Dürr, ZüKomm, Vorbem. zu Art. 1 und 4 ZGB, N 152 ff.；亦可参见 Kramer, Juristische Methodenlehre, S. 306 ff. 的指引。

［2］ 类似的见 Forstmoser/Vogt, §19 N 147 ff.

但无论如何，法院的自由是受到限制的：在各个不同解释因素都导向相同的结果时，法院不能偏离这个结果，即便法官的法感情倾向于其他的结果。

— **论题学的进路**［菲韦格（Viehweg）］主张（与概念-体系性的体系不同的）所谓开放的体系。按照此观点，法律思维的方式是，对所有于解决问题有意义的视角观点，均应将其列队讨论之。[1]

165

— **规则怀疑主义**[2]者对借助传统解释工具可获取文本意义和目的的可能性，表达了质疑。有人持有的观点是，"所有与文本的相遇都是一种一次性的体验，再次重复相同者绝无可能"。[3]

165a

（2）解释学观点（前理解）与论题学观点——本书对这两种观点将略加探讨——就法律适用的正确性保证和控制标准提出了要求：在法律获取的过程中，应进行问题导向的商谈，在此商谈过程中，商谈参与者必须对支配判决结果的价值判断予以公开。只有基于价值判断的透明性，学者以及（当判决在媒体上发布时）公众才有可能对法律适用机关加以控制。[4]

166

6. 对批判的评价。

（1）一方面，上文简述的批判性观点在很多方面都值得同意。诸如解释（甚至法律适用过程）并非是机械的逻辑操作，而是复杂的过程，在此过程中法院的价值判断——以及甚或法律适用者的前理解——都起着重大的作用。[5]在绝大多数案件中，也不存在法律问题的唯一正解；而由于对不同价值观点的评价不同，各种不同结果都可能有相当道理，多种论证都可能具有合理性。

167

---

[1] 例如 Larenz/Wolf, §4 N 87 ff.

[2] 对于此种通常源于维特根斯坦和 Kripke 的思维方式，例如参见 Röhl/Röhl（边码 253 中的文献），S. 46 ff. und 608；Kramer, Juristische Methodenlehre, S. 301 ff.

[3] Amstutz（边码 162 中引用的文献），S. 275. 进一步的线索见 Kramer, Juristishe Methodenlehre, S. 301 ff.，该作者拒绝了此种思路。

[4] 例如参见 Baudenbacher（边码 162 中引用的文献），S. 107 ff.；Gächter, Rechtsmissbrauch（边码 315 中引用的文献），S. 229 und 235.

[5] 对于"评价法学"参见 Larenz/Wolf, §4 N 12 ff.；Dürr, ZüKomm, N 189 zu Art. 1 ZGB.

法官们遵从哪些价值评判？法院的前理解如何形成？哪些群体动力学效果在集体性法院中发挥作用？鉴于价值评判的巨大作用，在瑞士对于上述问题几无研究实在让人惊讶。

168　（2）然而另一方面，对于认为解释和法律适用全然基于随意和纯粹任性这种印象，必须加以反对。法律适用者个人的价值评判绝非等同于非理性；除了多多少少"值得主张的"解释外，尚存在更多客观上毫不值得主张，从而在法律上应加以摒弃的解释领域。[1]从而在很多案件中，法官相异的个性并不会导致实质上不同的案件结果。"传统的"方法论的确能够——尤其在人们清楚它们的界限时——在很大程度上有助于解释的客观化，从而可作为有益的操作工具。[2]法律适用（以及法解释）被打上理性和规则重复性的烙印，这也符合法治国的一般要求。[3]

这同时也意味着，按照本书中的观点，传统方法论也赋予了法院有效的工具：一方面，传统方法论造就了——尤其当人们意识到方法论对价值评价的依赖性时——可达致公正结果的巨大自由空间；另一方面其也在相当程度上保障了判决的规律性与可重复性，而这当然在某种程度上保证了法治国中那不可或缺的法的安定性。那种认为"每次和（法律）文本的相遇"都是一种一次性经历（边码165a）的偏激批判性观点，并不值得赞同。[4]

（三）法律的有漏洞性
1. 瑞民第1条第2款对法律漏洞的承认。
（1）瑞民第1条第2款对法院做出了指示，指示法院在"法律

---

〔1〕 Kramer, Juristische Methodenlehre, S. 313 ff. und 316 ff.
〔2〕 相同观点例如见于 Biaggini, Methodik（边码253中引用的文献），S. 46.
〔3〕 Kramer, Juristische Methodenlehre, S. 318; Gächter, Rechtsmissbrauch（边码315中引用的文献），S. 233 ff. und 237.
〔4〕 对"规则怀疑主义"的拒绝又见 Kramer, Juristische Methodenlehre, S. 301 ff.，带有进一步的指引；亦可参见 Hotz（边码253中引用的文献），S. 54 ff. mit Fussnote 77; Piaget（边码253中引用的文献），S. 306 ff.

中得不出相应规定"时应如何行动。[1] 换句话说，法律自己承认其会有漏洞。按照瑞民第 1 条第 2 款，此时法院应按照如下进行判决：

— 首先应依据习惯法（对此参见边码 190 及以下）；

— 其次，在不存在习惯法时，应按照"如自己作为立法者时会设置的规则"，换句话说，按照法院创制的规则（对此参见边码 203 及以下）。

（2）于此，法律和法（法秩序）不应等同视之：法律可以有漏洞，但这不意味着对于待解决的法律问题法秩序也不提供答案，只是意味着这个答案通过其他的认识来源（即习惯法或法官法）而非通过法律获得。

在存在原告的权利保护利益（Rechtsschutzinteresse）（《民事程序法》第 59 条第 2 款第 a 项）时，法院**必须**对如何解决争议做出决定，法院不得以法律对争讼问题并未表态为由拒绝裁判。由是，瑞民第 1 条暗含着对拒绝裁判的禁止。[2]《法国民法典》第 4 条明确规定："法官借口法律无规定、规定不明确或不完备而拒绝审判者，得以拒绝审判罪追诉之。"

2. 阐明：漏洞的种类；目的性限缩与目的性扩张。

如上所述，适用习惯法或法官法的前提条件是法律存在漏洞，具体而言：存在**真正的**漏洞。此种漏洞（边码 178 及以下）应与其他现象加以区分。

首先应指出的是，本书虽然基于**事实上和教学上**的理由使用"漏洞"这个概念，并对之进行详细阐述，但此概念在学说中存有争议。[3] 争议一方面涉及法内漏洞和法外漏洞（对此见边码 172 及以下）的界定，另一方面对于真正漏洞和

---

[1] 法语："A défaut d'une disposition légale applicable"；意大利语："Nei casi non previsti dalla legge"。

[2] Meier-Hayoz, BeKomm, N 314 zu Art. 1 ZGB；Dürr, ZüKomm, Vorbem, zu Art. 1 und 4 ZGB, N 41 ff., sowie N 485 zu Art. 1 ZGB；Canaris（边码 102 中引用的文献），S. 59 ff.；Honsell, Ba-Komm, N 26 zu Art. 1 ZGB。

[3] 例如参见 Dürr, ZüKomm, N 298 ff. zu Art. 1 ZGB。

不真正漏洞的区分也不（再）存在统一意见。尤其是晚近文献使用目的性限缩这个概念，而这个概念至少部分地排挤了不真正漏洞的概念（对此参见边码177及以下和边码185及以下）。

（1）法内漏洞（法内的法律获取）。

172　　第一，很多法律规定中包含的规则，它们虽然对解决某讼争问题有所助益，但从中却不能直接得出问题的答案。从而这时，适用法律要首先进行进一步的澄清、价值评判和具体化。[1]由于此时法律并没有提供直接可适用的答案，人们可以将此种漏洞称之为"内部漏洞"，或称之为法内漏洞（Lücke intra legem）。

从立法者方面看，立法者**意识到并且意图**设置这种漏洞：立法者知道由它所创制的规则并不完整（规则自身并不能对具体争讼案件提供答案），而是指示法院在具体案件中将规范完整化。就此而言，创设内部漏洞是一种**立法技术**。[2]

173　　第二，按照传统观点，法律内部漏洞出现在如下情形中：[3]

－ 在**一般条款或空白规范中**（特别需要价值填充的概念）；

例如："过度约束"（瑞民第27条的页边标题）；在存在"重要理由"时准许更改姓名（瑞民第30条第1款及瑞民第4条）；"基于严重理由"导致婚姻的存续"不合适"（瑞民第115条）；"善良风俗"（瑞债第20条第1款）；"极度过高"的违约金（瑞债第163条第3款）。

－ **法律中的准用**；

例如：瑞民第7条（一般性地准用瑞债；对此参见边码352及以下）；瑞债第99条第3款（就违约行为的责任范围

---

[1] Meier–Hayoz/Ruoss, S. 49 ff.; Riemer, Einleitungsartikel, §4 N 92.
[2] Deschenaux, SPR II, S. 97.
[3] Meier–Hayoz/Ruoss, S. 49 ff.; Riemer, Die Einleitungsartikel, §4 N 93 ff.

准用不法行为的规则）；瑞债第 119 条第 2 款（就嗣后给付不能准用不当得利的规则）。

— 在存在**认识漏洞**场合，亦即尽管立法者意图完整地调整某问题，但由于法律本身的模糊性，从而无法通过解释获得清楚明确（从而可直接适用）的解决方案。[1]不过此种开放性在很多私法规范中都典型存在。除此之外，[对于认识漏洞]也会产生其与一般条款和空白规范的交界问题和界定问题。

例如：瑞民第 125 条（离婚后抚养的条件）；瑞民第 679 条（土地所有人越权行使其所有权）；瑞民第 684 条第 1 款（过度影响）。

在大量内部漏洞的案件中，法院被指示，按照个案正义去做出裁决（瑞民第 4 条："依据公正与公平"），尤其在法律指示法院自由裁量或基于特定情况或重大理由时（对此参见边码 209）。

174

第三，法内漏洞这个传统概念受到了批判。确实，人们应该追问，将上述情形称之为"漏洞"（进而进行漏洞补充）是否具有意义，因为在此并不存在瑞民第 1 条第 2 款意义上的"漏洞补充"（对此参见边码 190）。毋宁说，探求表述模糊规范的确切内涵，实为**解释**（**瑞民第 1 条第 1 款及第 4 条**）之职事。[2]

175

基于此理由，有人尤其建议废除漏洞的说法而代之以**法内的法律获取**，尤其是因为此处涉及的是（尽管也许不明确或不完整但）存在法律规定的领域。而**法外**（praeter legem）**的法律获取**涉及的领域则是，"法律获取的因素在法律中的根本缺失"。[3]

176

（2）法外漏洞（法外的法律获取）。

与法内漏洞不同，法外（praeter legem）漏洞并非立法者**所意图**：

177

---

[1] Meier–Hayoz/Ruoss, S. 49.

[2] 对此恰当的观点见 Deschenaux, SPR Ⅱ, S. 98（不过只是针对部分的法内漏洞）；法内漏洞和法外漏洞之间的区分持激烈批判态度的参见 Dürr, ZüKomm, N 306 ff. zu Art. 1 ZGB.

[3] Dürr, ZüKomm, N 307 zu Art. 1 ZGB.

立法者并没有预见到这种漏洞;[1]对此,法院无法从法律规则中着手进行法律获取。[2]传统上,应区分两种漏洞:

第一,**真正漏洞**。

178　其一,当立法者本应调整某事宜,但却对此没有做出调整时,即无论按照法律文句还是基于法律解释都不能从法律中得出相关规定时,便存在真正漏洞("une lacune authentique")。[3]有时候,这又被称作法律"**违反计划的不完整**"。

179　然而,尽管存在法律规则的缺失,但如果立法者在所谓"**有意义的沉默**(qualifiziertes Schweigen)"的意义上,故意不对相关问题进行调整,那么便不存在真正的漏洞。此时,法院不得进行漏洞补充。[4]

例如:瑞士私法不包含如下法律规则(也并非立法者有意义的沉默):①罢工权问题(除《联邦宪法》第28条外);[5]②对于高利贷合同是否只是被认定为部分无效的问题("尽量有效的限缩");[6]③对于附解除条件的租赁关系是否可以通过法院延长期限的问题;[7]④在瑞民第679条中,进行建筑的某土地所有人,即便他已经采取了所有可能的侵扰防范措施,是否还负担损害赔偿责任以及该责任的要件为何。[8]

180　其二,在存在真正漏洞的场合,法院应按照瑞民第1条第2款通过习惯法,或在不存在习惯法时,通过法官自身的法律获取,去填补漏洞[9](对此详见边码190及以下)。

---

[1] Deschenaux, SPR Ⅱ, S. 98.

[2] Dürr, ZüKomm, N 307 zu Art. 1 ZGB.

[3] BGE 121 Ⅲ 219 ff.(225 unten), E. 1d/aa; 124 V 271 ff.(275), E. 2a; 127 V 439 ff.(442), E. 2b.

[4] BGE 127 V 439 ff.(442 ff.), E. 2b; 132 Ⅲ 470 ff.(478), E. 5. 1; 134 V 131 ff.(134 ff.), E. 5. 1; 134 V 182 ff.(185), E. 4. 1; Meier – Hayoz, BeKomm, N 225 ff. zu Art. 1 ZGB.

[5] BGE 125 Ⅲ 277 ff.(279), E. 2a.

[6] BGE 123 Ⅲ 292 ff.(295), E. 2b.

[7] BGE 121 Ⅲ 260 ff.(263 ff.), E. 5a.

[8] BGE 125 Ⅱ 230 ff.(对于是存在真正漏洞还是不真正漏洞并未表态).

[9] BGE 124 V 271 ff.(275), E. 2a; 125 V 8 ff.(11 unten), E, 3.

第二，**不真正漏洞**。

其一，所谓不真正漏洞［法政策上的漏洞；价值评价漏洞；"不恰当认识的漏洞（une lacune improprement dite）"］，是指尽管按照法律文句，法律规定了特定的法律问题，但**该规定在实际上无法让人满意，亦即不合理或根本不公正**。[1]

在此，说法律有漏洞，是就法律提供的规则违反公正的信条从而违背法理念而言的。立足于法律必须以公正作为指导思想这个假设，人们不得认为立法者故意对某法律问题提供了不公正的答案。从而，就此而言，立法确立的答案即被认为是"非意欲的"或"欠考虑的"

通常在此种情况下，**法律文句**都会被确认为是**过宽或过窄**：法律文句不恰当地涵括了某些如正确规定便根本不会涵括的情形，或没有涵括某些如正确规定便应当涵括的情形。法律给待决法律问题提供的答案，从公平正义的视角看，无论如何都不能让人满意，尤其是因为"法律适用过程中，明确的法律文句要求对某案件事实所进行的涵摄，从目的论角度看站不住脚"。[2]

其二，法院对不真正漏洞（法政策上的漏洞）进行改正（即偏离法律文句来避免无法让人满意的结果），"按照传统观点这原则上是被禁止的，除非适用相关的规范文义已经构成权利滥用"。[3]

换句话说："法院并非立法者。……只有当适用法律所规定的规范已明显构成权利滥用时，法院才可以偏离该法律规定。在瑞民第2条规定的框架外进行漏洞补充，原则上不被允许"[4]（关于权利滥

---

〔1〕 BGE 124 V 271 ff. (275), E. 2a："虽然法律的确给出了一个答案，但该答案无法让人满意"；125 V 8 ff. (12 oben), E. 3; 127 V 38 ff. (41), E. 4b/cc; 127 V 439 ff. (443), E. 2b.

〔2〕 BGE 121 Ⅲ 219 ff. (226 oben), E. 1d/aa; ebenso BGE 132 Ⅲ 707 ff. (711), E. 2.

〔3〕 BGE 121 Ⅲ 219 ff. (226), E. 1d/aa（引文中的格式改变为本书作者所加）；另外在众多判决中只需参见 BGE 131 Ⅱ 562 ff. (568), E. 3.5; 132 Ⅲ 707 ff. (711), E. 2; 133 Ⅲ 257 (265 ff.), E. 2.4; Meier-Hayoz, BeKomm, N 295 ff. und 302 ff. zu Art. 1 ZGB. 另一种思路是将《联邦宪法》第9条的禁止肆意作为修正法律的依据，参见 Gächter, Rechtsmissbrauch（边码315中引用的文献）, S. 353 ff., besonders S. 367 ff.; Derselbe, Verständnis und Wandel（边码315中引用的文献）, S. 103 ff.

〔4〕 BGE 120 Ⅲ 131 ff. (134 unten), E. 3b, 援引了 Meier-Hayoz, BeKomm, N 302 ff. zu Art. 1 ZGB.

用以及瑞民第 2 条第 2 款,参见边码 286 及以下)。

BGE 123 Ⅲ 445 ff. (448), E. 2b/aa 做出了类似且清晰的表达:"只有当立法者明显就某项事实发生了错误或在法律颁布后相关关系已经变迁,从而导致相关规定从立法政策角度看已不再让人满意,并且导致适用该规定构成规范滥用,即当存在严重缺陷时,法官才可以偏离法律。"[1]从而,瑞民第 2 条第 2 款"与法官适用法律具有密切的内部联系。若某种形式法秩序的结果明显违背基本伦理要求,则瑞民第 2 条第 2 款不得允许此种结果出现"。[2]

(3) 目的性限缩。

第一,部分学说不采用不真正漏洞,而是采用**目的性限缩**这个术语〔拉伦茨(Larenz)、卡纳里斯(Canaris),在瑞士如克拉默(Kramer)〕:法律文句本身虽很明确,但与法律规范的目的相比,法律文句表述过宽而没有"做进一步区分",此时应将该法律文句的适用范围限缩至符合法律目的的程度;就此,漏洞可"通过添加合理必要的限制"得以填补。[3]从而,目的性限缩与"将规则的适用范围引回至被规则目的所要求和正当化的范围"[4]并无不同。

185

"……即便**不同之事不同处理**这个训令,也要求对法律进行补充,从而可被用作确认法律漏洞的尺度。在任何时候,当实证法没有做出'价值评价所要求的区分',即将某要件表述得过宽而没有进行必要的限制时,便存在法律漏洞。"[5]

---

〔1〕 基本相同的表述见 BGE 125 Ⅲ 57 ff. (61), E. 2g;类似的见 BGE 133 Ⅲ 257 ff. (265 ff.), E. 2. 4.

〔2〕 BGE 128 Ⅲ 201 ff. (206), E. 1c.

〔3〕 Kramer, Juristische Methodenlehre, S. 213 ff.; Derselbe, Teleologische Reduktion, S. 71 ff.; Canaris (边码 102 中引用的文献), S. 82 ff. und 88 ff.

〔4〕 Larenz/Wolf, §4 N 81.

〔5〕 Canaris (边码 102 中引用的文献), S. 82 (强调为原文所加,注释在本书引用时被去掉)。

第二，新近的联邦法院司法承认这个术语，并确认目的性限缩"按照合乎时代的方法论理解，是一种被允许的法官造法，而并非属于不被允许的对立法者法政策权能的侵入"。[1]若"对过于宽泛的法律文句做出了基于合目的性解释的限制性解读"，那么此为被允许的法官解释法律活动。[2]

在其他一些判例中，联邦法院对是否进行目的性限缩进行了衡量（从而再次确认了这种术语的可运用性），但在这些判例中，法院在衡量后拒绝了目的性限缩。[3]另外，在 BGE 121 Ⅲ 219 ff. 以后，联邦法院也谈及不真正漏洞，也就是说不真正漏洞这个概念也被保留（边码181及以下）。

第三，大部分学说都承认（尽管有些学说对此稍加限制）目的性限缩这个法律构造。[4]此实兹赞同。这种赞同态度在个别时候会遭遇反对。反对意见认为，目的性限缩很容易导致法律规定的结果被法官的意图所排挤。[5]并且认为，该方法活跃于"（尚）被允许的背离文本的解释和原则上不被允许的规范修改之间"，因此只有当背离法律文句的法律目的得到足够肯定的证实时，才可运用目的性限缩，且在运用它时应公布决定性的判决理由。[6]

---

[1] BGE 121 Ⅲ 219 ff.（225 ff.），E. 1d/aa；128 Ⅰ 34 ff.（41. ff），E. 3b；此观点（虽然并未进行方法论上的详细表态）已见于 BGer vom 23. August 1994, in: ZBGR 78/1997, S. 281 ff.（285），E. 2c in fine；亦可参见 Meier – Hayoz, Schlusswort（边码253中引用的文献），S. 91, Ziff. 1.

[2] BGE 128 Ⅰ 34 ff.（42），E. 3b；类似的见 BGE 128 Ⅲ 113 ff.（114），E. 2a；以默示的方式加以确认的有 BGE 131 Ⅲ 97 ff.（103），E. 3. 1；131 V 242 ff.（247），E. 5. 2.

[3] 例如 BGE 126 V 283 ff.（287），E. 3b；126 Ⅲ 49 ff.（54），E. 2d/bb；123 Ⅲ 213 ff.（218 oben），E. 5b.

[4] 除了 Kramer, 还有如 Huwiler, Privatrecht und Methode, S. 17 ff.；Dürr, ZüKomm, N 104 und 371 ff. zu Art. 1 ZGB；Honsell, BaKomm, N 16 ff. zu Art. 1 ZGB；Steinauer, TDP Ⅱ/1, Nr. 384 f. und 389 ff.；Feller（边码253中引用的文献），S. 23 ff.

[5] Mayer – Maly, BaKomm（1. Auflage, 1996），N 32 in fine zu Art. 1 ZGB. 保守的态度亦见于 Jaun, Die teleologische Reduktion（边码102中引用的文献），S. 204 ff.；Hausheer/Jaun, StHandkomm, N 264 ff. zu Art. 1 ZGB；Gächter, Rechtsmissbrauch（边码315中引用的文献），S. 88 ff.（insbesondere S. 96 ff.）und 357 ff.，该作者认为在瑞士现存的方法论工具已经足够细化了。

[6] Hausheer/Jaun, Die teleologische Reduktion und ihre Grenzen: zu BGE 123 Ⅲ 445 ff. […], in: ZBJV 134/1998, S. 501 ff.（510 ff.）；类似的见于 dieselben, Die Einleitungsartikel, Nr. 2. 188 ff.

187a 　　第四，下面论及对于目的性限缩和漏洞补充之间的关系为何（以及漏洞的概念）：

187b 　　——只有在通过法律解释（包括运用目的性限缩）无法得出积极结果时，才可以认定存在**真正漏洞**（并且按照瑞民第1条第2款应通过法院的法律获取进行漏洞填补）。

　　　　换句话说，"只有在对文句意义进行目的性限缩得出的结果是，实证法秩序缺少某项规则，从而得以发现隐藏的——但真正的——漏洞，进而需要通过法官的法创造活动进行填补时"，真正漏洞概念才凸显出来。[1]

187c 　　——存在争议的是，既然承认目的性限缩这个法律构造，是否便可以放弃**不真正漏洞**概念（从而放弃按照瑞民第2条第2款对其进行处理）。联邦法院一如既往地使用这两个法律术语，也就是继续承认存在不真正漏洞（边码181及以下和边码186）。多数说也认为，在运用目的性限缩之余，不真正漏洞亦存在适用空间。[2]对此本书赞同之。少数说意图完全放弃不真正漏洞这个概念。[3]

　　（4）目的性扩张（及类推）。

188 　　第一，与对过宽泛的法律文句依照其规范目的进行限制（目的性限缩，边码185及以下）相似，对过窄的法律文句也可依照规定目的进行扩张。此种操作——尤其在德国学界——被称作目的性扩

---

〔1〕 BGE 128 I 34 ff.（42），E. 3b.

〔2〕 Schnyder Bernhard, ZBJV 132/1996, S. 213 ff.（und ZBJV 133/1997, S. 31 ff.），该作者意图用此概念涵盖那些法律存在瑕疵但法院例外地可以改正该瑕疵的情形；亦可参见 Kramer, Juristische Methodenlehre, S. 222 ff.；进一步可参见 derselbe, Teleogische Reduktion, S. 76；Jaun, Die teleologische Reduktion（边码102中引用的文献），S. 239 ff.；Gächter, Rechtsmissbrauch（边码315中引用的文献），S. 96 ff.，该作者主张传统的方法论工具对于目的性限缩具有优先性。

〔3〕 力倡者如 Meier‑Hayoz, Schlusswort（边码253中引用的文献），S. 90："希望告别这个不幸的现象，完全而彻底地告别"；Honsell, Teleologische Reduktion（边码253中引用的文献），S. 378 ff.（其观点在 S. 385 有所弱化，但只是适用于极端情形）；derselbe, BaKomm, N 17〔auf Seite 14, Mitte〕zu Art. 1 ZGB；Huwiler, Privatrecht und Methode, S. 20.

张，[1]而其他一些学者则将此过程算作一种**类推**。[2]

联邦法院在 BGE 127 Ⅳ 198 ff. 中即走了这条道路，具体而言是运用了类推推理和改正性解释（而非目的性扩张）的名义：尽管《瑞士刑法典》第 189 条第 1 款原文只是规定了强迫"容忍"某性行为，但联邦法院认为，依照本条规定的目的，本条规定也包括强迫"从事"此种行为，尤其是因为此处明显存在一个立法者的疏忽。[3]

第二，的确，目的性扩张和类推很类似，但在概念上应对两者进行区分：类推是指因某规范中调整的问题与当前问题有相似性，所以该规范被延伸；而目的性扩张涉及的则是相关规范得以实现它的目的。[4]然而，在这两个概念之间的确存在广阔的结合处。

"在这两者，都是某个按照其严格文义本不应适用的规则适用于一个事实情况。在这两者，都涉及法律规则目的的实现以及都是为了避免不合理的评价矛盾。从而，在禁止类推之时，亦应禁止目的性扩张。"[5]

对于类推这种方法，欧根·胡贝尔在其对瑞民草案的说明中便已论及，他表示：根据瑞民第 1 条第 1 款，"不只是在制定法按照其文义直接可适用时，也包括通过某种解释或基于类推而被考虑时"，[6]制定法均应被适用。

第三，无论人们对此种情况称之为目的性扩张抑或（遵循欧根·胡贝尔）将其称为类推，这都无关紧要。重要的是，依照法律规定

189

189a

189b

---

[1] Larenz/Canaris, S. 216 ff.；Canaris（边码 102 中引用的文献），S. 89 ff.；在瑞士见 Dürr, ZüKomm, N 104 und 370 zu Art. 1 ZGB.

[2] Kramer, Juristische Methodenlehre, S. 196, Fussnote 597；Honsell, BaKomm, N 12 ff. zu Art. 1 ZGB；亦可参见马上引用的 BGE 127 IV 198 ff.

[3] BGE 127 Ⅳ 198 ff. (201), E. 3b/aa；同意者见于 Jenny Guido, ZBJV 140/2004, S. 17 ff. 对于刑法中的类推以及其界限又可参见 BGE 134 Ⅳ 297 ff. (302), E. 4.3.1.

[4] Canaris（边码 102 中引用的文献），S. 90.

[5] Larenz/Canaris, S. 218. 不过 BGE 127 Ⅳ 198 ff. (200), E. 3b 中的态度弱化一些。

[6] Huber, Erläuterungen I, S. 36.

的目的对过窄的法律文句进行扩张，这在瑞士学界毫无争议。[1]

三、习惯法

190　　"若无法从法律中得出相应规定，法院便应依照习惯法……裁判"（瑞民第 1 条第 2 款）。换句话说，习惯法亦被认可为形式法律渊源，不过应满足非常特定的前提条件。具体如下：

（一）习惯法的概念

191　　1. 习惯法的概念既未在瑞民第 1 条第 2 款中，也未在任何其他私法规范中得到规定。法律默认此概念众所周知。根据学说，习惯法是**持续较长时间的、不间断的、立足在法确信上的习惯**。[2]如下两个因素为实质因素：[3]

192　　— 一方面，应存在**长期的习惯**。对此指的一般应是长期持续的且直至现在还依旧被证实存在的习惯。某特定的（法律）问题一直被如此而非别样的解决。

　　　　原则上习惯应不得间断；但这并不排除在具体情况下间断的习惯。进而，习惯应存在于全瑞士，这曾作为认可（瑞士）法律渊源的条件，被明文规定于瑞民第 1 条的草案中。[4]

193　　— 另一方面，要求存在认可此习惯具有**法律约束力的确信**。换句话说，要求适用法律的机关和受法律约束之人确信，该被实践的习惯**具有法的属性**（合法及具有法律约束力）。

　　　　如此理解的习惯法应**区别于长期持续的法院习惯**（法院实

---

[1] Meier‐Hayoz, Richter als Gesetzgeber（边码 253 中引用的文献）, S. 72 ff.；Kramer, Juristische Methodenlehre, S. 196, Fussnote 597；Dürr ZüKomm, N 230 ff. zu Art. 1 ZGB；Hausheer/Jaun, StHandkomm, N 202 zu Art. 1 ZGB；Jaun, Die teleologische Reduktion（边码 102 中引用的文献）, S. 58 ff.

[2] Meier‐Hayoz, BeKomm, N 233 zu Art. 1 ZGB；Riemer, Die Einleitungsartikel, §4 N 124，引用了 BGE 105 Ia 2 ff. (5), E. 2a；相似的德国观点见 Larenz/Canaris, S. 176（"习惯法……是长期以来被大多数人带有满足法律要求的意识在事实上所遵循的人际间行为规则"）。

[3] 例如 BGE 105 Ia 80 ff. (84), E. 5b.

[4] Meier‐Hayoz, BeKomm, N 237 ff. zu Art. 1 ZGB.

践）。不过，如果法院一直做相同的裁判并且在法伙伴（Rechtsgenossen）中已经产生了此种确信，那么法院习惯可成为习惯法。此时法院一直遵循的规则即成为客观法[1]（亦可参见边码392及以下）。

2. 在寻找和适用习惯法时，根据瑞民第1条第3款，法院亦应遵循确证的学说和惯例（边码218及以下）。

（二）适用习惯法的条件

1. 瑞民第1条第2款适用的情况是，"无法从法律中得出相应规定"，[2]换句话说，在法律存在真正漏洞（边码178）时，也即是对于所提出的问题没能提供答案时。

> 在法院实践中，偶尔也会补充说，必须"存在成文法的漏洞并且存在不可避免的理由要填补它"。[3]

2. 这同时也说明，习惯法不得以违反成文法的方式存在和予以适用。换句话说，按照本书的观点，瑞民第1条第2款包含着禁止存在破坏法律的习惯法的命令。[4]

亦即，虽然从法律中"得出的事物秩序并不总具有合目的性，但这于事无改"，且这一点自身不能使得法院去偏离法律。[5]

3. 另外，瑞民第1条第2款（前半句）要求，对于争议的法律问题的确存在习惯法上的规则。此导致了习惯法的如下实际意义。

（三）实际意义

1. 在联邦私法中，习惯法具有的意义非常有限。[6]制定法和法

---

[1] Meier-Hayoz, BeKomm, N 248 ff, zu Art. 1 ZGB; Meier-Hayoz/Ruoss, S. 55.

[2] 法语："A défaut d'une disposition légale applicable"；意大利语："Nei casi non previsti dalla legge"。

[3] BGE 105 Ia 80 ff. (84), E. 5b; 105 Ia 2 ff. (5), E. 2a; 104 Ia 305 ff. (313), E. 4a.

[4] 相同观点亦见于 BGE 119 Ia 59 ff. (64), E. 4b; 104 Ia 305 ff. (313), E. 4a; 94 I 305 ff. (308 ff.), E. 2; Meier-Hayoz, BeKomm, N 247 zu Art. 1 ZGB; Dürr, ZüKomm, N 417 zu Art. 1 ZGB; 弱化的观点见 Deschenaux, SPR Ⅱ, S. 105 ff.; BGE 115 Ⅱ 401 ff. (411), E. 2c 对此问题并未表态。

[5] BGE 94 I 305 ff. (309), E. 2.

[6] Meier-Hayoz, BeKomm, N 242 zu Art. 1 ZGB; Kramer, Juristische Methodenlehre, S. 212; Dürr, ZüKomm, N 466 zu Art. 1 ZGB; Larenz/Canaris, S. 177.

官法是常态，而习惯法只构成很少发生的例外。

按照迈尔·哈尧茨的观点："背离传统上被赋予很多期待的习惯法，对此不必感到遗憾。在成文法未作出调整的领域，对判例和一般性法原则进行评价的精细方法，更适合作为解决法律获取问题的主宰。"[1]与此相反，在国际法中习惯法作为法渊源确具有重大意义。[2]

2. 举例：[3]

- 习惯法上**对联合姓名的允许**：丈夫的姓可以附加到妻子的姓上[4]（亦可参见边码703）。

- 习惯法上允许贵族家庭成员书面或口头使用其姓时，将贵族称号去掉。[5]

- 在瑞民生效前设立的**家族世袭财产**（Familien – Fideikommisse）（瑞民第335条第2款）[6]适用习惯法。

- 在**买卖合同法**中有争议的是，联邦法院的实践是否构成买卖物有瑕疵时买方享有之法律救济（具体而言：物的瑕疵担保救济和意思瑕疵之间的并存）的习惯法。

> 根据实践，被给付瑕疵物的买方，既可以主张适用卖方瑕疵担保责任的条文（瑞债第197及以下：所谓的瑕疵担保），也可以主张适用基础错误的规则（瑞债第24条第1款第4项）。在BGE 98 Ⅱ 15 ff.（20 ff.），E 3中，联邦法院认为，在数十年间同时主张物的瑕疵担保和基础错误经常被允许，"以致这种做法今天已构成习惯法规范"。这种［瑕疵担保救济和意思瑕疵并存］观点过去以及现在都并非毫无争议，而是被部分学说所激烈批判。在BGE 114 Ⅱ 131 ff.（139），

---

[1] Meier – Hayoz, BeKomm, N 242 zu Art. 1 ZGB.
[2] 例如参见BGE 115 Ib 496 ff.（499），E. 5b；124 Ⅱ 293 ff.（331），E. 18c.
[3] 亦参见Béguelin（边码253中引用的文献），S. 114 ff.
[4] BGE 108 Ⅱ 161 ff.（163），E. 2.
[5] BGE 67 Ⅱ 191 ff.（194），但对此有限制。
[6] ZBGR 12/1931，S. 12，Nr. 5 = SJZ 27/1930 ~ 31，S. 61（卢塞恩高等法院）。

E. 1d 中，联邦法院对此进行了表态。联邦法院基于法安定性的理由，坚持了其准许选择适用错误规则和物的瑕疵担保责任的做法；但该法院补充认为，尽管这个持久的实践"基于对此持续不断的批判，可能不应被认可具有习惯法的效力了"，其还是坚持此做法。

四、法官法（法院法）

如果从法律中得不出规定且又不存在习惯法，那么按照瑞民第 1 条第 2 款，法院应"按照其若是立法者便会确立的规则裁判"。[1] 由此，瑞民第 1 条将法官法（法院法）确定为第三种形式法律渊源。由于只有在法律和习惯法都不提供答案时，法官法才登上舞台，其又被称为**法官（法院）的漏洞补充或法官的法律续造**。具体如下：

200

（一）前提条件

1. 按照瑞民第 1 条第 2 款，对于待回答的问题，只有在一方面缺失法律规定的答案，另一方面习惯法也不能提供答案时，法官法（法院法）才上场。从而，法院的法律获取只位于"第三序列"。

201

从而这也间接体现了法官的一个义务，即在存在法律规定或习惯法时，要运用这些法律渊源，而对自己通过法律续造发现答案应予以克制（**法官对法律和习惯法的遵从**）。[2]

然而，由于在私法中基本不存在习惯法（边码 198），在法律存在漏洞时，实际上只是法官法具有现实意义。

2. 不过，对于是否存在漏洞这个问题，法院只有通过价值评价进行审查：探查**真正漏洞**便已强烈取决于价值评价。抑或如果法院确认，虽然（形式上）存在法律或习惯法规则，但此规则对涉案事实（实质上）却不合适，从而适用此规则会导致不公正或权利滥用（所谓带来不公正结果的**不真正漏洞**），[3] 那么法院也有权进行自我

202

---

[1] 法语："…le juge prononce…selon des règles qu'il établirait s'il avait à faire acte de législateur"；意大利语："…il giudice decide secondo…la regola che egli adotterebbe come legislatore"。

[2] Etwa Meier – Hayoz, BeKomm, N 302 ff. zu Art. 1 ZGB.

[3] Vgl. dazu Meier – Hayoz, BeKomm, N 295 ff. zu Art. 1 ZGB；Deschenaux, SPR II, S. 99 ff.；Riemer, Die Einleitungsartikel, § 4 N 139 ff.

的法律获取。不过这——主要由于分权原则——只有在极端案件中才被允许（边码183及以下）。

（二）法院在漏洞补充时的做法（法续造）

1. 构造规则的义务。

203　　（1）瑞民第1条第2款（结尾）对法院进行漏洞补充进行了进一步的指示：法院应按照其若是立法者便会确立的规则裁判。[1] 换句话说，法院被委托创制一般性的规则，而不是采取一种纯粹案例决疑式的做法（**构造规则的义务**；"**似立法者**"**的进路**）。对此首先应作出如下说明：

204　　－上述规定的目标是，建立一定程度上法院做法的"规则重复性"（可普遍化性），从而避免"就事论事"的漏洞补充。

依此，法院找到之答案的可普遍性，原则上要优先于具体案件最可能的公正处理；也即是，规则重复性要优先于公平裁判。

205　　－然而，**在瑞民第 4 条被适用时**（边码209及以下），依据瑞民第1条第2款结尾构造规则的义务，便遭遇重大**保留**；换句话说，瑞民第1条第2款规定的构造规则义务只适用于真正漏洞（边码178及以下）的情形。

对于法内漏洞（边码172及以下），瑞民第1条第2款则不适用。[2] 在内部漏洞情形，法院一般应依照个案正义（瑞民第4条）进行裁判（边码209及以下）。

206　　（2）致力于"**规则获取**"的方法论进路，与立法活动很类似。对此作如下阐述：[3]

---

[1] 法语："…selon les règles qu'il ［＝le juge］ étalirait s'il avait à faire acte de législateur"；意大利语："…secondo…la regola che egli ［＝il giudice］ adotterebbe come legislatore"。

[2] Meier－Hayoz, BeKomm, N 316 zu Art. 1 ZGB.

[3] Meier－Hayoz, BeKomm, N 316 ff. zu Art. 1 ZGB; Deschenaux, SPR Ⅱ, S. 107 ff.; BGE 126 Ⅲ 129 ff. (138), E. 4.

— 第一步，探求一般性的抽象利益状态：[1]法院——与立法者类似——应首先对利益状态进行探查，即应重视生活的现实。在此，不应只关注于争议当事人在具体一次性事件中的个体利益冲突，而应针对被一般化的事实创设规范。[2]换句话说，法院必须探求与其面前案件类似的此类冲突的典型利益状态。[3]

— 第二步，利益评价（利益衡量）：[4]法院应对考虑到的利益进行相互权衡。此价值评价应依照可理解的（理性）视角进行，并以正义、法安定性和实用性的指导原则作为导向。[5]比较法也属于此种利益衡量的重要因素[6]（对于比较法在解释中的作用参见边码154）。

— 第三步，**对发现的规则进行检查**：法院的方案应与现行法无矛盾地契合，[7]尤其是应具有合宪性。[8]

在整个过程中，类推这个工具具有极其重要的意义。[9]依此应通过法律类推来寻找**价值评价的结果**：已经在法律中存在的价值评价，应被转而用在法律虽未规制但在实质关系上相同或类似的事实上。[10]

207

> 对此 BGE 125 Ⅲ 154 ff.（156），E. 3a 体现得很清楚："当前的法律漏洞应由法官以立法者的方式按照一般法律原则（瑞民第1条第2、3款）进行补充。由于待找到的规范具有一般有效规则的性质，且应与成文法无缝对接，所以此时应

---

[1] Meier – Hayoz, BeKomm, N 319 ff. zu Art. 1 ZGB.
[2] Meier – Hayoz, BeKomm/Ruoss, S. 58 ff.
[3] BGE 126 Ⅲ 129 ff.（138），E. 4：" 普遍抽象的利益状态"。
[4] Meier – Hayoz, BeKomm, N 322 ff. zu Art. 1 ZGB.
[5] 类似的见 BGE 126 Ⅲ 129 ff.（138），E. 4.
[6] BGE 126 Ⅲ 129 ff.（138），E. 4.
[7] Meier – Hayoz, BeKomm, N 345 zu Art. 1 ZGB; Deschenaux, SPR Ⅱ, S. 111 ff.; BGE 126 Ⅲ 129 ff.（138），E. 4.
[8] Steinauer, TDP Ⅱ/1, Nr. 288 in fine und 407.
[9] Meier – Hayoz, BeKomm, N 346 zu Art. 1 ZGB; Deschenaux, SPR Ⅱ, S. 111 ff.; BGE 126 Ⅲ 129 ff.（138），E. 4.
[10] Meier – Hayoz, BeKomm/Ruoss, S. 65.

以类推的方式从法律已经调整的事实出发（……）。"

如上文所述（边码188及以下），按照瑞民第1条第1款，类推在法律解释时也具有意义，即在寻找（法律中过窄的表述背后的）法律目的时。换句话说，类推推理对不同的法官任务（解释与法续造）都颇有助益。[1]

208

（3）在进行法院漏洞补充（法续造）时，按照瑞民第1条第3款，法院也应遵循确证的学说和惯例[2]（边码218及以下）。

2. 基于瑞民第4条的例外。

209

特别文献

— Deschenaux, SPR Ⅱ, S. 130 ff.

— Diener Emil, Das Ermessen（Art. 4 ZGB），Ein Beitrag zur allgemeinen Rechtslehre, Zürcher Diss, Wald 1920.

— Dürr, Zürcher Kommentar, N（1 ff. und）50 ff. zu Art. 1 ZGB.

— Engler Leo, Die überprüfung von Ermessensentscheiden gemäss Art. 4 ZGB in der neueren bundesgerichtlichen Rechtsprechung, Darstellung und Würdigung, Diss. Freiburg/Schweiz 1974.

— Germann Oscar Adolf, Zur Problematik der Ermessensentscheide, in: Festgage Erwin Ruck, Basel 1952, S. 173 ff.

— Hausheer/Jaun, StHandkomm, N 1 ff. zu Art. 4 ZGB.

— Meier - Hayoz, Berner Kommentar, N（1 ff. und）16 ff. zu Art. 4 ZGB.

210

（1）对法安定性的追求以及对法治国和民主的考虑，导致"刚性"法即法律和法官的规则具有一般抽象性。而在法的特定领域，却强烈要求法院具有较大自由，即法院享有尽可能地公正处理具体案件相关情形——个体的具体利益状态——的权限。

---

[1] Meier - Hayoz, Richter als Gesetzgeber（边码235中引用的文献），S. 72 ff. mit Hinweisen; Hausheer/Jaun, StHandkomm, N 202（mit Anm. 201）zu Art. 1 ZGB（类推的"双重功能"）；Jaun, Die teleologische Reduktion（边码102中引用的文献），S. 58 ff.

[2] BGE 125 Ⅲ 277 ff.（279 ff.），E. 2a～c.

出于给法院留出个别操作空间的意图，立法者对大量的问题都故意未作出安排，特别是（但绝非完全局限于）在责任法中。法律明示或默示地指示法院进行**自由裁量**，**考虑具体情况**以及**顾及重大事由**。

例如：瑞债第 43 条第 1 款（考虑具体情况）；瑞债第 50 条第 2 款（裁量）；瑞民第 3 条第 2 款（考虑具体情况）；瑞民第 30 条第 1 款（顾及重大事由）；瑞民第 151 条第 1 款[1]和瑞债第 39 条第 2 款（提示应符合公平）。[2]

（2）在这些情况下，根据瑞民第 4 条，法院应依照公正和公平进行裁判。对此须补充如下：

— 基于自由裁量裁判（瑞民第 4 条页边标题）的前提条件是，对此**在制定法中存在相应的基础**。[3]

根据瑞民第 4 条，当法律对自由裁量、考虑具体情况或顾及重大理由作出指示时，法律便对此种基础作出了明文规定。但基于公平进行裁判也可通过其他（必然是需要解释的）法律表述体现出来。[4]经常，重要的是立法者是否对某法律问题的答案留出了足够的空隙，从而法院拥有了按照公平和正义进行裁判的空间。

诸如法律许可"适当的"金额作为赔偿（瑞债第 47 条），许可降低"过高的违约金"（瑞债第 163 条第 3 款），或结束租赁关系会对承租人或其家庭造成"无法基于出租人利益得以正当化的严重后果"（瑞债第 272 条第 1 款）。所有这些表述都许可（且要求）法院基于公平进行裁判。

— 法官"基于公正和公平"进行裁判与**个案正义的优先性**别无二致：法院应展示"公平的法"，即**按照公平进行裁判**；在此应顾及

---

[1] 自 2011 年 1 月 1 日起，瑞民第 151 条已被废止。——译者注
[2] Vgl. ferner Meier–Hayoz, BeKomm, N 56 ff. zu Art. 4 ZGB; Deschenaux, SPR Ⅱ S. 136 ff.
[3] Meier–Hayoz, BeKomm, N 42 zu Art. 4 ZGB.
[4] Meier–Hayoz, BeKomm, N 68 ff. zu Art. 4 ZGB.

待决个案的所有情事。[1]不言自明，此处也应尊重法秩序的一般原则，尤其是宪法规定。[2]按照最新的联邦法院实践，基于公平的裁决应被特别仔细地论证。[3]

瑞士民法典联邦委员会草案的表述是："他（法官）应遵循对当前关系基于公正和公平最为合适的规则进行裁判"。[4]最终形成法律条文的表述源自于民法典编辑委员会。

215　　— 与构建规则时相比，此种决疑式的（顾及待决个案个别具体情况的）操作导致法官裁判实质上**更少具有先例效果**。

即便在按照瑞民第4条进行自由裁量的情形，也经常能够发掘出基础性的价值评价和原则，[5]从而就此而言判决还是具有一定程度的先例作用。

216　　— 尽管瑞民第4条规定的是"法院的自由裁量"（页边标题），即说的是"法院"，但基于公平进行裁量的义务也适用于**其他法律适用机关**。[6]

例如：按照瑞民第30条第1款，"在存在重大事由时"，应允许更改姓名。此时并非（一审）法院，而是申请者住所地州政府应依据公正和公平进行裁决（瑞民第4条）。

216a　　（3）在民事抗告（Beschwerde）程序中，原则上联邦法院有权对裁量决定自由地进行审查；但由于事实审法院所审查的具体案件情形对裁量决定具有（而且的确应具有）极大影响，从而联邦法院

---

[1] Meier‑Hayoz, BeKomm, N 12 ff. zu Art. 4 ZGB; 关于具体的方法见 derselbe, BeKomm, N 46 ff. zu Art. 4 ZGB.

[2] Steinauer, TDP Ⅱ/1, Nr. 288 in fine und 430.

[3] BGE 131 Ⅲ 26 ff. (31), E. 12. 2. 2.

[4] BBl 1904 Ⅳ, S. 100; vgl. auch Meier‑Hayoz, BeKomm, N 2 zu Art. 4 ZGB.

[5] Meier‑Hayoz, BeKomm, N 19 ff. zu Art. 4 ZGB.

[6] Dürr, ZüKomm, Vorbem. zu Art. 1 und 4 ZGB, N 61 ff.

对裁量结果的审查较为节制；只是在下级法院无理由地偏离学说及司法判例所确立的原则时，或下级法院考虑的事实与该案中的裁量决定并无关联，或下级法院忽略了某些本应考虑的事实，或州级的判决明显不公平时，联邦法院才对裁量决定予以干涉。[1]

（4）瑞民第 4 条在体系中的位置，并不妨碍法院在进行裁量决定时应遵循确证的学说和惯例（瑞民第 1 条第 3 款；边码 218 及以下）。

五、确证的学说和惯例

（一）导论

1. 瑞民第 1 条第 3 款明确指示法院，在获取法律时应运用特定辅助手段："于此情形其（即法院）应遵循确证的学说和惯例。"[2]

此规定意图"预防法官由于不太谨慎或由于缺乏能力而不能获得正确的结果……"[3]

2. 对于法院应何时以及在多大范围内"遵循"此辅助手段，需要进一步的阐述。首先应强调的是：上述的辅助手段应在所有法官活动中被顾及，亦即在法律解释、法律适用、探求习惯法、法律续造以及作出自由裁量时。

换句话说，一方面瑞民第 1 条第 3 款指向该条前两款，另一方面其也指向瑞民第 4 条。[4]

（二）"确证的学说"

1. 学说及其任务。

（1）学说是指法科学。它可以被描述为"**法学家表达之观点的整体**"，[5]无论该观点的表达是在教科书、评注书、专著、论文、判决

---

[1] BGE 133 Ⅲ 257 ff.（272），E. 3.2；130 Ⅲ 28 ff.（32），E. 4.1. Vgl. auch BGE 131 Ⅲ 26 ff.（31），E. 12.2.2，按此判例，在前审法院的判决论证不充分时，联邦法院的审查得以扩大。

[2] 法语："Il [= le juge] s'inspire des solutions consacrées par la doctrine et la jurisprudence"；意大利语："Egli [= il giudice] si attiene alla dottrina ed alla giurisprudenza più autorevoli"。

[3] Meier – Hayoz, BeKomm, N 424 zu Art. 1 ZGB；类似的参见 Deschenaux, SPR Ⅱ, S. 119.

[4] Dürr, ZüKomm, N 543 ff. zu Art. 1 ZGB.

[5] Meier – Hayoz, BeKomm, N 428 zu Art. 1 ZGB.

评论抑或其他文献中。对此须说明如下：

221　　－ 毫无疑问，居显要地位的是**教义性法学**（法教义学），此被理解为研究现行（当下当前有效）法的科学。[1]

222　　－ 按照越来越有力的观点，就此随之而来的还有其他法学领域，特别是**比较法**（参见边码154）、**法哲学**、**法社会学**以及**法史学**，尤其是在这些学科对认识现行法有所帮助时。[2]

换句话说，将比较法考虑进来这种想法，在其涉及外国学说时，在瑞民第1条第3款中即可找到其基础。[3]在特定法律规定中，考虑比较法知识甚至被明文规定，诸如《关于挂瑞士国旗之船舶航行的联邦法》第7条；按照此条文，在不存在法律或国际条约规定时，法官应"遵循一般认可的海商法原则；在不存在此种原则时，应遵循法官若作为立法者会确立的规则，此时法官应顾及船舶航行国家的立法、习惯、学说以及司法实践"。

223　　（2）按照传统理解，在瑞民第1条第3款中居显要地位的教义法学（法教义学），首先具有如下**功能**：[4]

224　　－ 其应**对解决特定具体问题提供建议**：法教义学应解释现行法、对法院判决进行搜集整理并对其进行批判性分析，以及对法律存在漏洞时的问题提供答案。

225　　－ 其应**构造法的体系**：教义法学的任务之一是，从明确定义的概念出发，构造尽可能逻辑的、价值贯融的、本身封闭的体系。这尤其也适用于法官法：按照传统理解，为避免"坠入漫无边际的个案决疑术"的危险，也为避免伤害权利平等和法安定性，必须对大量的个别判决进行类型化、抽象化以及体系化。

就此，法教义学在可预见性的意义上尤其服务于法安定性：体系化有助于更容易地预测未来的案件如何裁决。体系更好

---

[1] Meier-Hayoz, BeKomm, N 428 zu Art. 1 ZGB.
[2] Meier-Hayoz, BeKomm, N 433 zu Art. 1 ZGB.
[3] Dürr, ZüKomm, N 549 zu Art. 1 ZGB.
[4] 基础性的见于 Meier-Hayoz, BeKomm, N 451ff. zu Art. 1 ZGB.

地保证了相同案件确实被相同裁决,从而这利于**权利平等**以及**公正**的实现。[1]

— 其应**发展出基础性原则**:在大量的领域,对法进行体系化,只有在"支柱性理念"以及我们法秩序的基础价值评价被塑造出来后,才有可能。

226

— 其应**对法适用的方法进行研究**:方法论(边码120)可以指示法院如何进行法律获取。

227

在特定时代居统治地位的法学方法——时间上滞后地——反映在法院的判决论证理由中。"时间滞后"的程度取决于某个特定时代教育出的法律人何时在法院中坐住位子。

2. "确证性"。

(1)根据瑞民第1条第3款的德语版,法院在其活动中应遵循"确证的学说(bewährterLehrer)"。意大利语原文是"权威学说(dottrina autorevole)",而法语版原文则为"学说提供的解决方案(solutions consacrées par la doctrine)"。总体而言,应从德语及意大利语规定的文句出发,即要求学说具有确证性。

228

(2)确证性指客观上的适当性以及其论据具有说服力:学说的论证需经受住从正义、法安定性和实用性方面的批判性检验。如果各个学说彼此不同(实际的确常如此),法院不得对观点进行简单计数,而必须批判性地探究、评判和考量("权衡")。

229

长期实践及与主流观点相符并不意味着确证性,但无论如何可作为确证性的初步迹象。[2]

3. 意义:法官的顾及义务。

(1)根据瑞民第1条第3款德语版本的文句,法官应"遵循"确证的学说(意大利文版亦类似)。法文版本只是规定了"顾及义务",按照本书观点,法文本中的顾及义务更加恰当合理。对此作出如下说明:

230

---

[1] Meier-Hayoz/Ruoss, S. 100.
[2] Meier-Hayoz, BeKomm, N 435 ff. zu Art. 1 ZGB; Deschenaux, SPR II, S. 121.

231　　　— 学说（即便其具有确证性）并非**法律渊源**，而只是**辅助手段**。[1]

与此不同的是瑞士民法典联邦委员会草案，其明文将确证的学说和惯例（随法律和习惯法之后）列举为法律渊源。[2]

232　　　— 在任何情况下，法院必须对学说**进行分析**。此分析应**批判性地**进行。法院不得径直默默地略过学说，但也不得未加详细评价而采纳之。[3]

根据迈尔·哈尧茨的观点，对于学说承担顾及义务，对于确证的学说承担遵循义务。[4]

233　　　（2）瑞民第1条第3款的规定属于"不完整法律（lex imperfecta）"，因为对此——除了上诉得以成功——并无惩罚。[5]

（三）"确证的惯例"

1. 对惯例的一般性论述。

234　　　惯例（überlieferung）——即基于法律适用所被流传者——具有多重所指：

235　　　（1）首先惯例尤其指司法（法院实践）的惯例。司法惯例是惯例的最重要部分——其应是联邦法或州法层面的法院实践，可公开亦可非公开。[6]对此后文详述。

236　　　（2）进而，其他国家机关的实践也属于惯例。例如登记机关（民政机关、土地登记簿及商事登记簿以及它们的监察机关）或基金会机关或监护机关（成人保护机关）。

---

[1] Meier–Hayoz, BeKomm, N 445 zu Art. 1 ZGB; Deschenaux, SPR Ⅱ, S. 121.

[2] BBl 1904 Ⅳ, S. 100.

[3] Meier–Hayoz, BeKomm, N 442 zu Art. 1 ZGB.

[4] Meier–Hayoz, BeKomm, N 440 ff. zu Art. 1 ZGB; 类似的参见 Dürr, ZüKomm, N 566 ff. zu Art. 1 ZGB.

[5] Meier–Hayoz, BeKomm, N 441 zu Art. 1 ZGB.

[6] Meier–Hayoz, BeKomm, N 471 zu Art. 1 ZGB.

就此而言，惯例是所有法律适用机关的法律适用情况。[1]

2. 司法（法院实践）专论。

（1）法院的任务概述。法院的任务（从广义上讲）是"言说"法律（Recht zu sprechen），意指权威性地解决具体个案。[2]由于权力分立，其他国家任务（立法、行政/政府）被分派给其他机关。从司法任务中，可引导出法院活动的多项原则（不过只是其中的一小部分在法律中被规定）：

237

（2）只在具体案件中对争议问题进行裁判的原则。

第一，法院的任务是对具体个案进行有约束力的裁判，但法院只限于对呈送至其面前的具体案例中的争议提出对法律的看法以及其判决式表达。所有未被争执或与裁判无关的问题，法院不应予决定。这一方面由于上述特定的司法任务，另一方面也出于程序经济的考虑。

238

经常在法院裁决中会出现特定（由当事人或法院自己提出的）问题"可不予决定"或"此处不必决定"的措辞。如此所表达的是，相关问题在本案中要么未被争执，要么与程序的进展无关（诸如因为该案已经根据其他理由作出了某种方式的裁决）。例如：汽车买方以被交付汽车具有严重瑕疵为由主张解除买卖合同（瑞债第205条第1款），但作为被告的卖方对买方及时地作出瑕疵通知（瑞债第201条）有异议，如果法院已经基于被告有效提出的时效理由（瑞债第142条）驳回了诉讼请求，那么是否及时作出瑕疵通知这个问题便可不予决定。

第二，然而，法院并非总是只限于对涉讼判决具有直接必要性的因素进行考量。在判决中，经常出现与裁决有关或无关的衡量。如

239

---

[1] 更深入的见 Meier‐Hayoz, BeKomm, N 446 zu Art. 1 ZGB, 该作者在 N 468 中也将习惯和交往习俗算在内；相同观点见 Steinauer, TDP Ⅱ/1, Nr. 448.

[2] 对于联邦法院的作用，尤其对于"法律续造功能"，参见 Biaggini, Verfassung（边码253中引用的文献），S. 215 ff., 243 ff. und 252 ff.

下两者必须加以区分：[1]

- "**裁判性理由**（ratio decidendi）"指的是与裁判相关的、必要的法院衡量；也就是所有对于法院判决具体案件所必要的考虑。此是那些——至少在理想状态下——法院须特别仔细研究的问题。[2]

就裁判性理由而言，法院判决**具有先例作用**；除了正被处理的案件外，裁判性理由也对未来相同的案件具有意义（边码242与251）。

- 相反，"**附带言及**（obiter dictum）"指的是法院的附带评论：是"偶然的衡量"，对具体案件的解决并非必要[3]，从而法院本可以对之忽略不管。

附带言及**不具有先例作用**。有时候联邦法院在分析自己的裁决时，也主动指出，某特定的表达"只属于附带言及"，作出此表达并非意图更改其他裁决或长期的实践。[4]

另一方面，某法院也可能在一个"附带言及"中暗示未来对某实践进行改变（参见边码247）。

(3) "遵循先例"原则。

第一，"遵循先例"（stare decisis）原则指的是，法院在裁判中坚持以前的裁判做法。如果法院在之前相似案例中做出了实质性（与裁判相关）的考虑（"裁判性理由"），那么原则上法院在嗣后事实关系上类似的案件中，不得偏离之。

此做法背后的思想是司法的"稳定性"，以及由之带来的**法的安定性**。法安定性又会导致**实质上相同案件的相同处理**（rechtsgleicher Behandlung），从而（至少在某种最低程度上）服务于正义。[5]受法律约束者可以信赖法院之前的做法不会轻易就被推翻，信赖法院在相似案件中会进行相同处理。这

---

[1] Vgl. auch Steinauer, TDP II 1, Nr. 450；细化的分析见 Biaggini, Verfassung（边码253中引用的文献），S. 372ff.

[2] Meier-Hayoz, BeKomm, N 531 ff. zu Art. 1 ZGB.

[3] Meier-Hayoz, BeKomm, N 537 ff. zu Art. 1 ZGB.

[4] 例如 BGE 106 II 134 ff. (137)，E. 2a："本句属于附带言及……"

[5] Biaggini, Verfassung（边码253中引用的文献），S. 361 ff.

种**可预见性及法律适用平等原则**具有一般性的意义，尤其在之前的判决被公开后更是如此。

在法律指示法院进行**公平性裁量**时（瑞民第4条，边码209及以下），"遵循先例"原则便只具有**相对的意义**。此时的裁判应顾及具体涉讼案件的特殊情事，从而该裁判只能被有限地推及一般。换句话说，判决此时只具有程度很低的先例作用，而偏离此判决的嗣后判决不得断然被认定为实践的改变。

243

第二，尽管存在"遵循先例"原则，法院也可能对实践进行改变（司法的改变）。但法院只在满足特别条件下才可为之：

244

— 首先要求**实质条件**的存在，即，应存在严肃客观的理由要求脱离之前的实践。[1]可能的理由尤其是：对法律目的的更好认识；现实或社会价值的改变；或者对之前做法实用性的重新判断。[2]

245

按照联邦法院的司法实践，基于法安定性的要求，"不再被认作正确的先前实践被遵循的时间越长"，改变之前实践支持新观点的理由就应"越具有分量"，[3]该种理由必须"比因实践改变导致的消极作用，特别是对法安定性的消极影响，整体上更有分量"。[4]

— 对于特定的程序，根据相关的程序法规定，要求存在**形式条件**：诸如其他法院部门或（对于联邦法院，参见《联邦法院法》第23条）整个法院的特别同意。

246

---

[1] 在私法中参见 BGE 136 Ⅲ 6 ff. (8), E.3; 133 Ⅲ 335 ff. (338), E.2.3; 125 Ⅲ 312 ff. (321), E.7. 在社会保险法中可参见 BGE 130 V 369 ff. (372), E.5.1; 127 V 268 ff. (273), E.4a. 宪法的视角参见 Biaggini, Verfassung（边码253中引用的文献），S. 362 ff.

[2] BGE 124 V 118 ff. (124), E.6a; 127 Ⅱ 289 ff. (292 ff.), E.3a; 132 Ⅲ 770 ff. (777), E.4; 135 Ⅲ 66 ff. (79), E.10; 类似的参见 Meier – Hayoz, BeKomm, N 505 ff. zu Art. 1 ZGB; Biaggini, Verfassung（边码253中引用的文献），S. 362 ff.

[3] BGE 133 Ⅲ 335 ff. (338), E.2.3; 127 Ⅰ 49 ff. (52), E.3c; 类似的参见 BGE 135 79 ff. (82), E.3; 135 Ⅲ 66 ff. (79), E.10; 136 Ⅲ 6 ff. (8), E.3.

[4] BGE 125 Ⅲ 312 ff. (321), E.7; 详见 Probst, Die Änderung der Rechtsprechung（边码253中引用的文献），S. 662 ff. und passim.

对此还应提及**教化的训令**（postulate der Lehre）：一方面当最高法院改变实践时，应制定法官的过渡方案，以此顾及当事人的信赖状态；[1]另一方面，对实践进行改变应通过官方途径公开；糟糕的做法是，法院在其官方集会上通过不公开的决定改变其观点，因为这将损害法的安定性（司法的可预测性）。[2]

247　第三，上述所言提出了一个问题，即何时可预期（联邦法院）司法会发生改变。在如下情形时实践改变可能会发生：

- 当联邦法院在某公开裁决的"附带言及"中暗示了可能的实践改变时；[3]

比如写道"此观点被重新审视后是否还应坚持，此处并不讨论……"[4]

- 当众多著名学者在学说中基于恰当理由要求改变实践时；

例如：BGE 123 Ⅲ 473 ff.（476 ff.），E. 3. 中，联邦法院（对瑞债第739条第2款）陈述道，目前学说对判例（BGE 91 I 438 ff.）进行了压倒性的批判，这种情况指向了"与当时做法不同的变迁了的法律观点和对所涉利益不同的评价，这可作为更改实践的因由"。

- 当州级法院基于恰当理由突然作出与联邦法院做法不同的裁决时。

---

〔1〕 详见 Probst, Die Änderung der Rechtsprechung（边码253中引用的文献），S. 670 ff. und 707 ff.；vgl. auch Biaggini, Verfassung（边码253中引用的文献），S. 365 ff.；Reich/Uttinger（边码253中引用的文献），S. 178 ff.

〔2〕 律师的注意义务，（原则上只是）限于知悉在官方汇编中公布的联邦法院判决；对此参见 BGE 134 Ⅲ 534 ff.（539），E. 3. 2. 3. 3.

〔3〕 BGE 125 Ⅲ 209 ff.（218），E. 6e；详见 Probst, Die Änderung der Rechtsprechung（边码253中引用的文献），S. 684 ff. und 693 ff.

〔4〕 Vgl. auch ZR 100/2001, Nr. 14, S. 38 ff.（苏黎世州最高法院），只是在编目（Regesten）中提示"既存实践未来可能会被改变"。

3. 惯例的"确证性"。

根据瑞民第 1 条第 3 款，法院遵循的应是**得到确证**的惯例（对于三种不同语言版本中的法律文本表述，参见边码 218 及 135）。起决定作用的还是，法院在之前案件中的论点（理由）在当前也经受得住正义、法安定性和实用性视角的审查。换句话说，必须对法院裁决进行价值评价而非盲目地追随。有意义的是论点的质量（说服力）。[1]

4. 意义：法官的有限遵循义务。

第一，与被确证的学说相比，被确证的惯例对法院的"约束力"（瑞民第 1 条第 3 款）更强一些。尤其当涉及本法院或上级法院的判决时更是如此：原则上法院必须遵循被确证的惯例。[2]此(有限的)遵循义务来自于上文论述的"遵循先例"原则（边码 242 及以下）。

> 自然，每个法院都会首要地依循本法院（至今）的实践和上级法院的司法。但被确证的惯例也可能来自下级法院，甚至州法院也可以得出联邦法院的当前实践并未得出的确证的结论。[3]

第二，按照上述所言，对于遵循义务，首先一定要求先例的**被确证性**（边码 248）。下面补充对遵循义务的其他限制：[4]

— 遵循义务只限于遵循实质的衡量，限于"**裁判性理由**"[5]（亦参见边码 242）。

— 当存在**重大理由**时遵循义务应**有所保留**：在裁决法院经过价值评价后，正义理念有可能会压倒法的安定性，从而会导致对先例

---

[1] 类似的见 Meier‑Hayoz, BeKomm, N 472 ff. zu Art. 1 ZGB; Deschenaux, SPR Ⅱ, S. 125 ff.; ZüKomm, N 595 ff. zu Art. 1 ZGB; 类似的见 ZR 100/2001, Nr. 12, S. 33 ff. (35 ff.), E. 2c/cc (Zürcher Kassationsgericht).

[2] ZR 100/2001, Nr. 12, S. 33 ff. (35 ff.), E. 2c/cc (苏黎世州高等法院); Dürr, ZüKomm, N 589 ff. zu Art. 1 ZGB; Biaggini, Verfassung（边码 253 中引用的文献）, S. 362.

[3] Dürr, ZüKomm, N 605 ff. zu Art. 1 ZGB.

[4] Meier‑Hayoz, BeKomm, N 474 ff. zu Art. 1 ZGB; Deschenaux, SPR Ⅱ, S. 126 ff.

[5] Meier‑Hayoz, BeKomm, N 531 ff. zu Art. 1 ZGB; Deschenaux, SPR Ⅱ, S. 129; Dürr, ZüKomm, N 613 zu Art. 1 ZGB.

的偏离。如上所述，这尤其发生在先例发生后的现实或社会价值已发生变迁之时（亦参见边码245）。

六、其他文献

253

— Béguelin Michel, Das Gewohnheitsrecht in der Praxis des Bundesgerichts, Diss. Bern 1968.

— Biaggini Giovanni, Verfassung und Richterrecht – Verfassungsrechtliche Grenzen der Rechtsfortbildung im Wege der bundesgerichtlichen Rechtsprechung, Diss. Basel 1991 (zitiert: Biaggini, Verfassung).

— Derselbe, Methodik in der Rechtsanwendung, in: Peters Anne/Schefer Markus (Hrsg.), Grundprobleme der Auslegung aus der Sicht des öffentlichen Rechts, Symposium für René Rhinow, Bern 2004, S. 27 ff. (zitiert: Biaggini, Methodik).

— Bitter Georg/Rauhut Tilman, Grundzüge zivilrechtlicher Methodik – Schlüssel zu einer gelungenen Fallbearbeitung, JuS 49/2009, S. 289 ff.

— Brandenburg Hans-Friedrich, Die teleologische Reduktion – Grundlagen und Erscheinungsformen der auslegungsunterschreitenden Gesetzeseinschränkung im Privatrecht, Diss. Göttingen 1983.

— Bucher Eugen, Rechtsüberlieferung und heutiges Recht, ZEuP 8/2000, S. 394 ff. (zitiert: Bucher, Rechtsüberlieferung).

— Canaris Claus-Wilhelm, Die verfassungskonforme Auslegung und Rechtsfortbildung im System der juristischen Methodenlehre, in: Honsell Heinrich et al. (Hrsg.), Privatrecht und Methode, FS Ernst A. Kramer, Basel/Genf/München 2004, S. 141 ff.

— Cramer Conradin, Der unhistorische Gesetzgeber – Anregungen für eine stärkere Berücksichtigung geltungszeitlicher Ansichten des Gesetzgebers und eine verbesserte Kommunikation zwischen Legislative und Judikative, AJP 2006, S. 515 ff.

第二编 序编条款（瑞民第 1~9 条）

- Dürr David, Einleitungsartikel Art. 1 und 4 ZGB – Wandel des Verständnisses der richterlichen Rechtsfindung, Gleichzeitig eine Note zum Fall Spring (BGE 126 II 145 ff.) , in: Gauch Peter/Schmid Jörg (Hrsg.) , Die Rechtsentwicklung an der Schwelle zum 21. Jahrhundert – Symposium zum Schweizer Privatrecht (…) , Zürich 2001, S. 3 ff.

- Feller Urs, Folgenerwägungen und Rechtsanwendung, Diss. Zürich 1998.

- Fleiner Thomas, Die verfassungsrechtliche Bedeutung von Art. 1 Abs. 2 ZGB, in: Gedächtnisschrift Peter Jäggi, Freiburg/Schweiz 1977, S. 315 ff.

- Gelzer Philipp, Plädoyer für ein objektiv – historisches Verständnis des Gesetzes, recht 2005, S. 37 ff.

- Germann Oscar Adolf, Neure Judikatur des schweizerischen Bundesgerichtes zur Frage der Gesetzesauslegung nach den Vorarbeiten – insbesondere nach dem darin geäusserten Willen des Gesetzgebers, ZSR NF 81/1962 I, S. 207 ff.

- Gmür Max, Die Anwendung des Rechts nach Art. 1 des schweizerischen Zivilgesetzbuches, Bern 1908 (ASR, Heft 26).

- Gygi Fritz, Vom Anfang und vom Ende der Rechtsfindung, Zur Tragweite des Wortlautes bei der Auslegung, recht 1983, S. 73 ff.

- ' Höhn Ernst, Wie legt man Rechtsnormen aus? – Praktische Anleitung für junge Juristen, recht 1987, S. 105 ff. (zitiert: Höhn, recht).

- Derselbe, Praktische Methodik der Gesetzesauslegung, Zürich 1993 (zitiert: Höhn, Methodik).

- Höltl Johanna, Die Lückenfüllung der klassisch – europäischen Kodifikationen – Zur Analogie im ALR, Code Civil und ABGB, Wien 2005.

- Höpfner Clemens/Rüthers Bernd, Grundlagen einer europäischen Methodenlehre, AcP 209/2009, S. 1 ff.

- Honsell Heinrich, Teleologische Reduktion versus Rechtsmissbrauch, in: FS TheoMayer – Maly, Wien 1996, S. 369 ff. (zitiert: Honsell, Teleologische Reduktion).

- Hotz Kaspar, Richterrecht zwischen methodischer Bindung und Beliebigkeit? Plädoyer für eine offene Anerkennung richterlicher Rechtsmitgestaltungspflicht und eine verstärkte öffentliche Begleitung richterlicher Rechtsgewinnung, Zürich/St. Gallen 2008.

- Huguenin Claire, Die Mehrsprachigkeit der schweizerischen Rechtskultur: Probleme und Chancen, RabelsZ 72/2008, S. 755 ff.

- Huwiler Bruno, Privatrecht und Methode, Bemerkungen aus Anlass des Buches von Ernst A. Kramer über Juristische Methodenlehre, recht, Studienheft 5, Bern 1999.

- Kaufmann Otto K. „oder"...oder...,„und"...?: Bemerkung zur Bedeutung des Rechtsgefühls in der bundesgerichtlichen Rechtsfindung, in: Mélanges Robert Patry, Lausanne 1998, S. 367 ff.

- Kley – Struller Andreas, Wittgenstein und die moderne juristische Methodik, recht 1996, S. 189 ff.

- Lanz Raphael, Von der wirtschaftlichen Betrachtungsweise im Privatrecht, ZBJV 137/2001, S. 1 ff.

- Lüchinger Adolf, Zur Schliessung einer Lücke im Rechtsmittelsystem: Die Zulassung eines Rechtsmittels der siegreichen Partei für den Fall, dass die andere Partei an das Bundesgericht gelangt, in: Rechtsschutz, Festschrift Guido von Castelberg, Zürich 1997, S. 187 ff.

- Manaï Dominique, Le juge entre loi et l'équité, Lausanne1985.

- Meier – Hayoz Arthur, Der Richter als Gesetzgeber, Habil. Zürich 1951 (zitiert: MeierHayoz, Richter als Gesetzgeber).

- Derselbe, Schlusswort, in: Rechtsanwendung in Theorie und Praxis, Symposium zum 70. (Geburtstag von Arthur Meier – Hayoz, Schlusswort).

- Derselbe, Privatrechtswissenschaft und Rechtsfortbildung, ZSR NF 78/1959, S. 90 ff.

- Derselbe, Strategische und taktische Aspekte der Fortbildung des Rechts, DJZ 36/1981, S. 417 ff.

- Morin Ariane, Les articles 2 et 4 CC: deux règles dans l'espirt du Code civil suisse, ZSR 126/2007 II, S. 203 ff.

— Müller Jörg Paul, Verfassung und Gesetz: Zur Aktualität von Art. 1 Abs. 2 ZGB, recht 2000, S. 119 ff.

— Derselbe, Kunst des juristischen Urteils: Impulse von Kant und Savigny, recht 2003, S. 125 ff.

— Niggli Marcel, Zur Problematik der Auslesgung im Zivil – und Strafrecht – Analogie, Subsumtion, Selbstreferenz und Wortlautgrenze, AJP 1993, S. 154 ff.

— Oftinger Karl, überblick über die Problematik und einige Hauptpunkte der Interpretation, SJZ 63/1967, S. 353 ff.

— Ogorek Regina, Der Wortlaut des Gesetzes – Auslegungsgrenze oder Freibrief? in: Rechtsanwendung in Theorie und Praxis, Symposium zum 70. Geburtstag von Arthur Meier – Hayoz, Basel 1993, S. 21 ff. (Beiheft zur ZSR, Heft 15).

— Ott Edward E., Gedanken zu Art. 1 ZGB und seiner Anwendung in der Bundesgerichtspraxis, SJZ 83/1987, S. 193 ff.

— Derselbe, Zur Frage der Rangordnung unter den Auslegungselementen, ZSR NF 92/1973 I, S. 247 ff.

— Derselbe, „Teleologische Reduktion" mit Beispielen aus dem Schuld – und Sachenrecht – Ist das Neuere immer das Gute? in: Honsell Heinrich et al. (Hrsg.), Aktuelle Aspekte des Schuld – und Sachenrechts, FS Heinz Rey, Zürich 2003, S. 563 ff.

— Piaget Emmanuel, Les exigences en matire d'interprétation et de rédaction de la loi – Recherche de régles communes au législateur et à l'interprète, ZSR NF 128/2009 I, S. 285 ff.

— Pichonnaz Pascal/Vogenauer Stefan, Le «pluralisme pragmatique» du Tribunal fédéral: une méthode sans méthode? ...AJP 1999, S. 417 ff.

— Probst Thomas, Die Änderung der Rechtsprechung – eine rechtsvergleichende methodologische Untersuchung zum Phänonmen der höchstrichterlichen Rechtsprechungsänderung in der Schweiz (civil law) und den Vereinigten Staaten (common law), St. Galler Diss., Basel/Frankfurt am Main 1993 (zitiert: Probst, Die Änderung der Rechtsprechung).

- Derselbe, Die Grenze des möglichen Wortsinns: methodologische Fiktion oder hermeneutische Realität? in: Honsell Heinrich et al. (Hrsg.), Privatrecht und Methode, FS Ernst A. Kramer, Basel/Genf/München 2004, S. 249 ff.

- Derselbe, Die Rechtsprechung des europäischen Gerichtshofes als neue Herausforderung für die Praxis und die Wissenschaft im schweizerischen Privatrecht, BJM 2004, S. 225 ff. (zitiert: Probst, Die Rechtsprechung des europäischen Gerichtshofes).

- Reich Markus/Uttinger Laurence, Praxisänderungen im Lichte der Rechtssicherheit und der Rechtsrichtigkeit, ZSR 129/2010 I, S. 163 ff.

- Röhl Klaus F./Röhl Hans Christian, Allgemeine Rechtslehre – Ein Lehrbuch, 3. Auflage, Köln/München 2008.

- Rüthers Bernd, Methodenrealismus in Jurisprudenz und Justiz, DJZ 61/2006, S. 53 ff.

- Schluep Walter, Einladung zur Rechtstheorie, Bern/Baden-Baden 2006.

- Schnyder Bernhard, „Entgegen dem Wortlaut..." in: Erhaltung und Entfaltung des Rechts in der Rechtsprechung des Schweizerischen Bundesgerichts, Festgabe der Rechtsfakultäten zur Hundertjahrfeier des Bundesgerichts, Basel 1975, S. 29 ff. (jetzt auch in: Schnyder Bernhard, „Das ZGB lehren", Gesammelte Schriften, Freiburg 2000, AISUF Band 200, S. 45 ff.)

- Derselbe, Die Dreisprachigkeit des ZGB: Last oder Hilfe? in: Bolle Pierre-Henri (Hrsg.), Mélanges en l'honneur de Henri-Robert Schüpbach, Basel/Genf/München 2000, S. 37 ff.

- Derselbe, Die Mehrsprachigkeit der schweizerischen Gesetzgebung im Allgemeinen, LeGes (Gesetzgebung&Evaluation) 12/2001, S. 33 ff.

- Schubarth Martin, Wie entsteht Urteil? – Zur Realität der Urteilsfindung, recht 1992, S. 122 ff..

- Derselbe, Die Bedeutung der Mehrsprachigkeit der schweizerischen Gesetze für die höchstrichterliche Rechtsprechung, LeGes (Gesetzgebung & Evaluation) 12/2001, S. 49 ff.

— Van Spyk Benedikt, Das objektiv – historische Verständnis des Gesetzes zwischen Wunschtraum und Albtraum, recht 2005, S. 213 ff.

— Vogenauer Stefan, Die Auslegung von Gesetzen in England und auf dem Konntinent – Eine rechtsvergleichende Untersuchung der Rechtsprechung und ihrer historischen Grundlagen, 2 Bände, Tübingen 2001.

— Walter Hans Peter, Zeitgemässe richterliche Rechtsfortbidung, recht 2003, S. 2 ff.

— Derselbe, Die Rechtsprechung des Bundesgerichts zum Einleitungstitel des ZGB in den Jahren 2000 bis 2006 – Veröffentlicht in den Bänden 127 bis 132, ZBJV 143/2007, S. 725 ff.

— Derselbe, Das rechtsvergleichende Element – Zur Auslegung vereinheitlichten, harmonisierten und rezipierten Rechts, ZSR 126/2007 I, S. 259 ff. (zitiert: Walter, Dasrechtsvergleichende Element).

— Derselbe, Die Rechtsprechung des Bundesgerichts zum Einleitungstitel des ZGB in den Jahren 2007 bis 2009 – Veröffentlicht in den Bänden 133 bis 135, ZBJV 146/2010 (im Erscheinen).

— Wank Rolf, Die Auslegung von Gesetzen, 4. Auflage, Köln/München 2008.

— Wiegand Wolfgang, Zur Anwendung von autonom nachvollzogenem EU – Privatrecht, in: Der Einfluss des europäischen Rechts auf die Schweiz, Festschrift Roger Zäch, Zürich 1999, S. 171 ff.

— Wiprächtiger Hans, Rechtsfindung im Spannungsfeld zwischen klassischen Auslegungsregeln und subjektiven Werturteilen, recht 1995, S. 143 ff.

— Zäch Roger, Tendenzen der juristischen Auslegungslehre, ZSR NF 96/1977 I, S. 313 ff.

— Zeller Ernst, Auslegung von Gesetz und Vertrag, Zürich 1989.

— Zweigert Konrad/Kötz Hein, Einführung in die Rechtsvergleichung – auf dem Gebiete des Privatrechts, 3. Auflage, Tübingen 1996.

第七章

依诚实信用行事的要求和滥用权利的禁止(瑞民第 2 条)

254　　　**教科书文献**
– Caroni, S. 189 ff.
– Deschenaux, SPR Ⅱ, S. 143 ff.
– Forstmoser/Vogt, §9 N 57 ff.
– Hausheer/Jaun, Nr. 3. 01 ff.
– Meier – Hayoz/Ruoss, S. 116 ff.
– Riemer, Die Einleitungsartikel, S. 109 ff.
– Steinauer, TDP Ⅱ/1, Nr. 461 ff.
– Tuor/Schnyder/Schmid, §6.

255　　　**特别文献**
– Baumann, Zürcher Kommentar, Vorbem. zu Art. 2 und 3 ZGB – sowie N 1 ff. zu Art. 2 ZGB.
– Hausheer/Jaun, StHandkomm, N 1 ff. zu Art. 2 ZGB.
– Honsell, Basler Kommentar, N 1 ff. zu Art. 2 ZGB.
– Merz, Berner Kommentar, N 1 ff. zu Art. 2 ZGB.

256　　　**法院判决:**
1. BGE 72 Ⅱ 39 ff.
瑞民第 2 条作为"所有权利行使的界限"。作为"实质正义"的标准。

2. BGE 105 Ⅱ 75 ff.
合同谈判。按照诚实信用进行谈判的义务。通过缔约过失责任惩处对此原则的违反。

3. BGE 120 Ⅱ 331 ff.（"瑞士航空案"；亦参见 BGE 121 Ⅲ 350 ff. "投环运动员案"）。

信赖责任。向子公司交易伙伴所作出的表示导致母公司的责任（因导致产生信赖且该信赖嗣后被打破）。

4. BGE 106 Ⅱ 320 ff.

因矛盾的行为或因迟延行使请求权的权利滥用（该问题在本案中被否定）。

5. BGE 112 Ⅱ 330 ff.

土地买卖合同被不正确地公证；（违反合目的性）主张形式瑕疵构成权利滥用。

6. BGE 129 Ⅲ 493 ff.（497 ff.），E. 5. 1（亦参见 Bger 4 A_ 66/2009，E. 1. 2，以及 BGE 135 Ⅲ 162 ff.［169］，E. 3. 3. 1）

主张适用劳动法中的强制性规定构成权利滥用（矛盾的行为）？该问题在本案中被否定。

一、瑞民第 2 条的调整对象

瑞民第 2 条至第 4 条的标题是："法律关系的内容"。瑞民第 2 条的**页边标题**是**"依诚信信用行为"**。瑞民第 2 条的两款规定在此共同标题下，调整相似却并非完全相同的情形。两款之间既存在共同点，又存在不同之处。在实践中，该规范具有极其重大的意义。

　　1976 年的 BGE 72 Ⅱ 39 ff. 的阐述："很久以来，司法实践已把瑞民第 2 条认定为'权利行使的界限'（BGE 47 Ⅱ 453）。这建立在如下认识的基础上，即对于人们共同生活中的所有争议，实证法不可能全都事无巨细进行事先调整。无论立法者如何尽力去制定无漏洞的法秩序，都会存在特定的案件，在其中僵化地应用法律原则会导致法官无法忍受的不正义。这尤其发生在违反诚实信用行使个体权利的情形。瑞民第 2 条第 2 款通过对明显滥用权利否定保护，构成了对第 1 款所规定的依照诚实信用行为之义务的必要补充。此规定的目的是，在法官基于实质正义的考虑认为必要时，限制或废除实证法规范形式上的效力。从而，瑞民第2款必须在整个瑞民以及瑞债范围内加以适用。这亦可从其在法律中的位置中得出，而且也符合对其普遍使用的称谓'一般恶意抗辩（exceptio doli generalis）'。"

（一）两款之间的共同点

首先要对两款之间的主要共同点加以明确：

258

259　1. 瑞民第2条第1款及第2款均是信赖保护的工具：其既设定了命令又设定了禁令，设定命令与禁令的目的是，将某人的权利地位固定在其（值得保护的）信赖上，并且对背信行为不提供保护。除了信赖保护思想外，该规范的这两款规定也清楚表明，法应以法理念（正义）以及社会伦理规则（善意、忠诚、正确）为导向。[1]

于此，瑞民第2条会直接决定相关权利的内容，而不只是对权利的行使作出限制；亦即，基于权利被行使的可能性，权利内容被直接决定。[2]

260　2. 瑞民第2条的两款规定作为一般条款，其一般化的程度很高，从而特别地需要具体化。[3]法学和司法的任务是，在对其具体化时提供帮助。

不合目的性（Zweckwidrigkeit）及对于权利行使不具有利益的思想，尤其可以作为法律应用的一般立足点；不过，对这些思想也要求进一步具体化的考量。[4]

261　3. 在某种意义上，瑞民第2条具有"辅助"属性，即，按照诚实信用行事以及禁止权利滥用的行为也会在特别法律规定中体现，

---

[1] Tuor/Schnyder/Schmid, §6 N 3; Steinauer, TDP II/1, Nr. 461 und 469.

[2] Merz, BeKomm, N 28 zu Art. 2 ZGB; Tuor/Schnyder/Schmid, §6 N 4.

[3] Merz, BeKomm, N 29 ff. zu Art. 2 ZGB; Deschenaux, SPR II, S. 149 ff.; Steinauer, TDP II/1, Nr. 463 ff.

[4] Merz, BeKomm, N 50 ff. zu Art. 2 ZGB.

例如瑞民第 667 条第 1 款以及瑞债第 25 条（其他例子见边码 311 及以下）。原则上，这些特别规范对于相应的事实构成的适用具有优先性。[1]

4. 瑞民第 2 条有时也被称作为"贯彻公共秩序和风俗的基础保护规范"。[2] 此处言及的公共秩序属性通过如下两方面来加以说明：

— 一方面，瑞民第 2 条**在时际适用性**上属于公共秩序，即作为瑞民尾编第 2 条意义上以公共秩序和风俗为目的而设置的规范（边码 524 及以下）。[3]

— 另一方面，**在国际私法上**权利滥用的禁止无论如何都属于瑞士法秩序中的积极公共秩序（《瑞士国际私法典》第 18 条），从而应由法院依职权而适用。[4]

（二）两款之间的区别

1. 尽管存在上述的共同点，按照主流观点，也应看到这两款间不能直接从文义中体现出来的重大区别：[5]

— **第 1 款**关涉（狭义上的）按照诚实信用行事的义务，法院在**解释和补充私法法律关系**时应加以适用。从而，第 1 款具有解释和补充的功能。

> 双方信赖的思想也会超越司法而被一般化，如适用于立法者和法律适用对象之间的关系（边码 124）。例如，《联邦宪法》第 5 条第 3 款和第 9 条明确规定，国家机关和私人之间应按照诚实信用来行事（参见边码 268）。

— **第 2 款**规定了权利滥用的禁止，从而其适用于在法律通过**改**

---

[1] Deschenaux, SPR Ⅱ, S. 153 ff.; Baumann, ZüKomm, N 27 zu Art. 2 ZGB.

[2] Baumann, ZüKomm, N 27 zu Art. 2 ZGB.

[3] BGE 40 Ⅱ 335 ff. (334), E. 2 in fine; 133 Ⅲ 105 ff. (109), E. 2.1.3; Merz, BeKomm, N 78 ff. zu Art. 2 ZGB; Baumann, ZüKomm, N 3 zu Art. 2 ZGB. 进一步的引证见边码 525。

[4] BGE 128 Ⅲ 201 ff. (206 ff.), E. 1c.

[5] Merz, BeKomm, N 17 ff. zu Art. 2 ZGB; Deschenaux, SPR Ⅱ, S. 145 ff.; Baumann, ZüKomm, N 21 zu Art. 2 ZGB; Hausheer/Jaun, StHandkomm, N 12 ff. zu Art. 2 ZGB; Steinauer, TDP Ⅱ/1, Nr. 482, 509 ff. und 570 ff.

正（纠正）的方式干涉某法律或合同规则时。换句话说，瑞民第 2 条第 2 款具有改正功能。[1]

在学理中所使用的"规范改正"[2]这个表述是个误解，因而此处不予使用。因为，通过瑞民第 2 条第 2 款规范并没有被改正，而只是确定了某规范不应被适用到特定案件中。[3]

266　2. 按照本书所持的观点，在很多案件中很难确定某事实明确归属于瑞民第 2 条的第 1 款还是第 2 款。[4]尽管如此，基于教学上的考虑，在本书中还是将该条的两款区分开来（边码 271 及以下）。

联邦法院经常将瑞民第 2 条的两款合在一起。如当某行为"违反诚实信用从而明显构成瑞民第 2 条第 2 款规定的权利滥用"时，将该行为（具体而言：基于形式瑕疵）认定为不被允许。[5]

（三）适用领域和实际意义

267　1. 在当今的法律现实中，瑞民第 2 条的适用领域非常广泛：该规定直接适用于整个联邦私法。除此之外，它也包含对于所有法律领域都具有意义的一般性法原则。[6]

268　2. 在如下情形中可发现在私法领域之外适用瑞民第 2 条所包含之基本思想的例子：

---

[1] Tuor/Schnyder/Schmid, § 6 N 5 in fine, 13 und 35 ff. sowie § 5 N 32. 对于较新的司法判例亦可见 BGE 128 Ⅲ 201 ff. (206), E. 1c; 134 Ⅲ 52 ff. (58), E. 2.1; 135 Ⅲ 162 ff. (169), E. 3.3.1（"允许法官改正法律的效果"）。

[2] Merz, BeKomm, N 23 ff. zu Art. 2 ZGB.

[3] Tuor/Schnyder/Schmid, § 6 N 13 sowie § 5 N 32; 关于从历史上立法者的角度出发进行的批判参见 Huwiler, Aequitas（边码 315 中引用的文献）, S. 79 ff.

[4] Vgl. auch Hausheer/Jaun, Nr. 3. 11 ff.

[5] BGE 104 Ⅱ 99 ff. (101), E. 3.

[6] 对于多个判例只需参见 BGE 104 Ⅳ 90 ff. (94), E. 3a; 128 Ⅲ 201 ff. (206), E. 1c; Merz, BeKomm, N 63 ff. zu Art. 2 ZGB; Deschenaux, SPR Ⅱ, S. 158 ff.; Baumann, ZüKomm, N 28 ff. zu Art. 2 ZGB; Steinauer, TDP Ⅱ/1, Nr. 570 ff.

— 在**刑法**中，可追问刑事诉讼的提起是否构成权利滥用。[1]
在**刑事诉讼法**中，犯罪嫌疑人主张的辩护权可能够成权利滥用。[2]

— 在**行政法**中，（以前从旧联邦宪法第4条中引出的）按照诚实信用行事的要求尤其意味着，在特定情形下管理者应受其所给出之信息的约束，即便该信息嗣后被证明为错误。现在，《**联邦宪法**》**第9条**明确规定，任何人都有权要求"被国家机关非肆意地、按照诚实信用对待"。

《联邦宪法》第5条第3款在"法治行动的基本原则"这个标题下规定："国家机关和私人按照诚实信用行事。"[3]

— 诚实信用原则和禁止权利滥用在**民事诉讼法**中也适用（参见《民事程序法》第52条）。[4]法院特别管辖的事实条件可能是被滥用地促成的。[5]法院的询问义务（《民事程序法》第56条）也同样建基于诚实信用原则之上。

— 在**强制执行法**中也会提出扣押申请是否属于权利滥用的问题。[6]

— 在**国际条约**中，诚实信用思想往往也被明确规定（参见例如《维也纳国际货物买卖合同条约》第7条第1款）。《欧洲人权公约》第17条也明确规定了权利滥用的禁止。

在比较法上，也能发现依照诚实信用行事以及权利滥用禁止存在于大量的法秩序中。[7]

参见例如《奥地利普通民法典》第914条（按照"善意

---

[1] BGE 104 Ⅳ 99 ff. (94 ff.), E. 3a~b.
[2] BGE 131 I 185 ff. (194 ff.), E. 3.4：相互矛盾的行为以及辩护权的异化，目的在于耽搁诉讼程序。
[3] Botschaft BBI 1997 I, S. 134（"将此算作具有基础性的法律原则"）；Häfelin/Haller/Keller, Nr. 818 ff.；Gächter, Rechtsmissbrauch（边码315中引用的文献），S. 113 ff.
[4] BGE 123 Ⅲ 220 ff. (228 unten), E. 4d；128 Ⅲ 50 ff. (57), E. 2c/aa.
[5] BGE 83 Ⅱ 345 ff.
[6] BGE 113 Ⅲ 2 ff. (3), E. 2a.
[7] Vgl. auch Merz, BeKomm, N 111 ff. zu Art. 2 ZGB；Steinauer, TDP Ⅱ/1, Nr. 490 ff.；另外还有Beatson/Friedmann以及Zimmermann/Whittaker的作品（均见于边码253中引用的文献）。

交往的实践"解释合同）以及《奥地利普通民法典》第1295条第2款（在滥用性地行使权利时的损害赔偿）；《法国民法典》第1134条第3款（依"善意"履行合同义务）；《意大利民法典》第1175条（债权人与债务人"依照诚实信用"行动的义务）以及《意大利民法典》第1375条（"依照诚信"履行合同）；《德国民法典》第157条（依照诚实信用解释合同），《德国民法典》第226条（禁止权利滥用）以及《德国民法典》第242条（按照诚实信用为给付的义务）；《荷兰民法典》第6:2条第2款（按照诚实信用的要求适用法律）；《美国法合同法重述（第二版）》第205条（"任何合同都对各方当事人施加了在合同履行和合同执行中善意和公平交易的责任"）以及《美国统一商法典》第1-203条（"本法中的任何合同或责任都施加了在履行和执行中善意的义务"）。民间的规范文本《欧洲共同框架参考草案》，参见该草案第一编第1:103条（"善意和公平交易"）。

270

3. 瑞民第2条不光具有广泛的适用范围，也具有重大的实践意义。尤其是，对于任何（私法或其他）权利的行使，都可能会提出权利滥用这个问题（对此参见边码286及以下）。

二、依照诚实信用行事的要求（瑞民第2条第1款）

（一）基本思想

271

1. 瑞民第2条第1款针对任何人规定，人们在行使权利及履行义务时按照诚实信用行事。对此，我们这里只探讨私法关系，主要是**法律行为领域**，尤其是合同交涉、合同订立以及合同的解释和补充（边码275及以下）。法律要求法律主体间要彼此顾及（**双方顾及的要求**）。换言之，法律要求法律主体在法律交往中要忠诚，亦即规矩和正确地行为（**公平的要求**）。[1]

---

[1] Vgl. Merz, BeKomm, N 17 ff. zu Art. 2 ZGB; Riemer, Die Einleitungsartikel, S. 110 ff. 司法判例参见 BGer 4C. 33/2006, E. 3. 1.

《美国商法典》第 1-201（19）表述得很明白："善意（good faith）"指相关行为或交易上事实上的诚实。

不要把瑞民第 2 条第 1 款意义上的按照诚实信用行事和瑞民第 3 条规定的所谓善意保护相混淆（对此见边码 316 及以下、边码 327）。在罗马语族的文本中，第 3 条的页边标题为"善意（Bonne foi）"或"善意的效果（Fffetti della buona fede）"。[1]

2. 为了决定哪些行为符合诚实信用要求，需要考虑个案的具体情况。于此，法院的裁量权扮演重要的角色。无论如何，**司法实践**已发展出了特定的**案例群**，并且由此表达出的原则也有助于解决将来的案件。

（二）诚实信用的要求在法律行为领域的影响

瑞民第 2 条第 1 款规定之要求在法律行为学说中的具体影响，将在债法部分进行讨论。就此，尤其是基于诚实信用原则（而由学说和司法发展出来）的**信赖原则**具有意义。[2] 这里只是简要列举如下几点：

1. 双方当事人之间是否达成（作为瑞债第 1 条第 1 款规定之合同基本要件的）合意，主要由双方当事人表达的意思是否达成一致来决定（所谓"事实或自然的合意"）。[3] 然而，如果不能确定当事人相互事实上正确地理解对方，**信赖原则**便会登场。据此，应探究表示的客观意义：一方当事人的表示要按照表示接受方**基于诚实信用**所能理解的内容去解释（所谓"规范的或法律上的合意"）。[4]

按照信赖原则进行解释会导致法院认定（规范的、法律上的）合意的存在，尽管某方当事人（主观上）根本没有发出订立合同之意思表示的意图。对此需要的条件只是，对方当事人（表示的接受方）可以且必须将"表示者"的行为诚信地理解为订立合同的意思表示。此法律后果的内在根据是信

---

[1] Vgl. auch Merz, BeKomm, N 82 ff. zu Art. 2 ZGB.
[2] 详见 Gauch/Schluep/Schmid, Nr. 206 ff.；Steinauer, TDP Ⅱ/1, Nr. 516 ff.
[3] Gauch/Schluep/Schmid, Nr. 310 ff. 中有相关提示。
[4] Gauch/Schluep/Schmid, Nr. 315 ff. 结合 Nr. 207 ff.

赖保护。[1]

276　2. 瑞民第 2 条第 1 款对法律行为的解释也具有意义。在此，信赖原则亦扮演重要角色。[2]

不过，对于那些照顾表示接受方之思想原则上不发生作用的法律行为的解释，依然适用所谓的意思原则（例如遗嘱、基金会行为）。[3]除此之外，如果能确认各当事人事实上正确地理解了对方且他们表示出的意思达成了一致，那么信赖原则对于合同解释也不发生作用；也就是当事人达成一致的真实意思具有决定性。[4]

277　3. 诚实信用的要求亦适用于法院补充有漏洞的法律行为。[5]对此具有决定性的是所谓**假定的当事人意思**，即按照如果当事人认识到合同漏洞，那么其基于整体利益状况自己达成的解决方案来补充合同。[6]

从诚实信用中亦引出（没有明示约定的）合同当事人的从义务。[7]

278　4. 在前合同领域，当事人亦应按照诚实信用行事：一旦合同交涉事实上开始，参与者便负担**更高的注意和照顾义务**。[8]在特定情

---

［1］ Gauch/Schluep/Schmid, Nr. 318, 但亦可参见 Nr. 322 ff. und 919 ff.

［2］ Gauch/Schluep/Schmid, Nr. 1224 ff. ; Merz, BeKomm, N 146 ff. zu Art. 2 ZGB; Deschenaux, SPR II, S. 167 ff. ; Tuor/Schnyder/Schmid, § 6 N 8.

［3］ Dazu Tuor/Schnyder/Schmid, § 6 N 10.

［4］ Gauch/Schluep/Schmid, Nr. 1200.

［5］ Merz, BeKomm, N 121 ff. zu Art. 2 ZGB; Deschenaux, SPR II, S. 171 ff.

［6］ Gauch/Schluep/Schmid, Nr. 1257 f.

［7］ BGer 4C. 33/2006, E. 3. 1; BGE 129 III 604 ff. (611ff.), E. 4. 2. 1; Merz, BeKomm, N 260 ff. zu Art. 2 ZGB; Deschenaux, SPR II, S. 175ff. ; Gauch/Schluep/Schmid, Nr. 1262a; Gauch/Schluep/Emmenegger, Nr. 2641; Hausheer/Jaun, StHandkomm, N 59 ff. zu Art. 2 ZGB; Steinauer, TDP II/1, Nr. 564 ff.

［8］ BGE 105 II 75 ff. (75 ff.), E. 2a; Gauch/Schluep/Schmid, Nr. 948 ff. ; Steinauer, TDP II/1, Nr. 549 ff.

况下，合同交涉时违反瑞民第 2 条第 1 款会导致作为信赖责任之适用情形的缔约过失责任（边码 281 及以下）。

从按照诚实信用行事的一般性义务中，也引出合同交涉当事人的具体义务，例如严肃交涉、照顾、不欺诈、采取特定保护措施以防范合同交涉过程中对方的权益被损害等义务。[1]对于违反这些义务的惩处参见边码 281 及以下。

5. 有时，情事不变规则（Clausula rebus sic stantibus）也被看作是瑞民第 2 条第 1 款的结果。[2]如果合同当事人作为出发点的境况，在合同订立后根本性地以不可预见的方式发生了改变，那么不必固守为合同订立时的合同样态。

按照较新的学说观点，此问题亦涉及合同的解释、补充和调整。[3]

6. 在大量案件中，法律在调整合同问题时明确援引诚实信用要求（例如参见瑞债第 25 条第 1 款、第 156 条、第 271 条第 1 款以及第 300 条第 1 款）——不过具体归属于瑞民第 2 条第 1 款还是第 2 款并非总能轻易查知。在其他一些规定中，法律规则默示地建基于信赖原则上（例如瑞民尾编第 1 条；边码 520），或基于善意顾及［别人］的要求（例如瑞民第 736 条与 737 条）。

（三）违反诚实信用的责任（信赖责任）

1. 既然人们将按照诚实信用行事的要求（瑞民第 2 条第 1 项）视为**实现信赖保护的工具**（边码第 259,），那么在违反该要求时，原则上存在两种惩处方式：

— 第一种方式是禁止受保护一方的对手行使某种权利或运用某

---

〔1〕 具体见 Gauch/Schluep/Schmid, Nr. 949 ff.
〔2〕 Merz, BeKomm, N 181 ff. zu Art. 2 ZGB; vgl. auch Deschenaux, SPR Ⅱ, S. 195 ff. 相反，认为应适用瑞民第 2 条第 2 款的观点参见 Hausheer/Jaun, StHandkomm, N 114 ff. zu Art. 2 ZGB; Steinauer, TDP Ⅱ/1, Nr. 603 ff.
〔3〕 Gauch/Schluep/Schmid, Nr. 1280 ff.

种救济,从而导致信赖被"真正地"保护。

例如:①法院拒绝对方背信地主张适用关于错误的规则(瑞债第 25 条第 1 款),从而合同被保持有效——这有利于受保护一方;②法院基于应受保护之承租人的请求,废除出租方背信地作出的提前终止合同的表示(瑞债第 271 条及第 271a 条),从而租赁合同继续有效(亦可参见边码第 296)。

283 — 第二种方式是法秩序允许(或必须允许)受保护一方的对方主张某种救济,但要求该对方承担损害赔偿义务。这样,落空的信赖(并非真正地而是)**通过金钱**——以损害赔偿的形式——得到了保护(参见边码 284 及以下)。

284 2. 在缺少其他基础时,作为损害赔偿义务的基础可以是信赖责任。此种责任在法律中没有(无论如何没有被全面地)规定,而是以法官续造法律的形式被联邦法院实践所承认。[1]其"前身"为缔约过失责任。[2]

285 当在两方当事人之间存在法律上的特别联系,并且一方引致了**值得保护的信赖**,而该信赖嗣后**由于过错和对诚实信用的违反**而落空时,信赖责任得以适用;从而该方应对对方的损害负责。[3]对此责任类型的具体论述在债法中进行。[4]

三、权利滥用的禁止(瑞民第 2 条第 2 款)

(一)概述

286 瑞民第 2 条第 2 款对明显的权利滥用进行了规制,该款规定权利滥用不受法律保护。这里,法律表达了一个"具有一般性的基本

---

[1] Grundlegend BGE 120 Ⅱ 331 ff.(335 ff.),E. 5("瑞士航空案");另见 BGE 121 Ⅲ 350 ff.(354 ff.),E. 6("投环运动员案""Ringer – Fall");BGer vom 7. Januar 1999, in:ZBGR 80/1999, S. 388 ff.(392 ff.),E. 4a("土地案");Gauch/Schluep/Schmid, Nr. 982c und 982m.

[2] Gauch/Schluep/Schmid, Nr. 962a ff.

[3] 关于信赖责任的要件以及具体形态详见 Gauch/Schluep/Schmid, Nr. 982a ff. 带有相关提示;Steinauer, TDP Ⅱ/1, Nr. 537 ff.

[4] Gauch/Schluep/Schmid, Nr. 982a ff.

原则",一个"任何权利行使的边界",一个"从伦理观察中产生的、与涉及具体法律关系的各种规范相结合的、补充此等规范、决定此等规范之适用的基本规则"。[1]

按照联邦委员会公告的观点,[2]瑞民第2条第2款应"在主张某项权利造成明显的不正义,以及真正的法应排除对此进行承认的任何方式时,提供一个紧急出口。"BGE 125 Ⅲ 257 ff. (259) 也形象地写道:"瑞民第2条第2款惩罚那些尽管符合相应法律规范或私法自治的合同规定,但客观上却构成了对诚实信用之善意标准的侵害,从而使法伙伴们对善意和适当之行为的信赖落空的那些行为……"从而瑞民第2条第2款"为形式的法秩序设置了伦理上的实质边界,使真正的法摆脱那些仅仅具有表象的法……"[3]

1. 瑞民第2条第2款适用的构成要件如下:
- 基于法律渊源本身存在一个有利于某人的主观权利。
- 然而在具体情形中,对该权利的行使将违背法理念(正义的思想)。不过,滥用必须是"明显的",在某种程度上是明摆着的。何时构成此种情况,只能具体情况具体分析。学说和司法发展出来的案件群(边码第293及以下)对此种判断能提供帮助。

在瑞民第2条第2款之法律后果(边码第307条及以下)的视角下整体地审视发现,被行使的"权利"只是第一眼看上去存在(只是"存在于纸面上");由于其被行使时的特定情形使其蜕变为仅仅属于表面上的权利,从而其实际为非权利(Nicht-Recht),为"不法(Unrecht)"。[4]

---

[1] BGE 83 Ⅱ 345 ff. (349), E. 2.
[2] BBl 1904 Ⅳ, S. 14.
[3] BGE 125 Ⅲ 257 ff. (261), E. 2c.
[4] Merz, BeKomm, N 21 zu Art. 2 ZGB; Tuor/Schnyder/Schmid, §6 N 18; BGE 125 Ⅲ 257 ff. (261), E. 2c.

290　— 在主观方面，对权利滥用的确认不要求恶意；（明显）滥用的客观要件已足以认定权利滥用。[1]

291　2. 作为法律后果，瑞民第 2 条第 2 款否定了对表面上有权利之人的法律保护。对此待后详论（边码第 307 及以下）。

根据传统观点，在瑞民第 2 条第 2 款条件满足时，法院可对"不真正的法律漏洞"（法政策上的漏洞）进行补充，以避免不良后果（边码第 183 条及以下）。[2]然而，在承认"目的性限缩"这个工具后，求之于权利滥用至少部分地失效了（边码第 185 及以下）。

292　无论如何应明确的是，由于瑞民第 2 条第 2 款严格的适用条件（"明显的滥用"），其不能作为改正任何法院认为存在问题的规范的工具。而是，法院受法律的约束（分权）原则上具有优先性（边码 110 和边码 183 及以下）。

（二）构成要件：明显权利滥用的案例群

293　如上所述，瑞民第 2 条第 2 款的适用，要求对某个（表面存在的）权利的明显滥用。此一般条款用正义理念对权利的行使加以测量，因此对之尤其需要具体化；对此也存在法官完全依据个案情况进行决定的伤害法安定性的风险。从而，学说和判例发展出了**案例群**，在这些案例群中，一般而言会认定明显权利滥用的存在。下文（1 至 5）对这些案例群进行选择性的介绍。[3]但即便如此，对个案情况的审查当然也必不可少——尤其是要对**法官的价值判断**多考虑一下。

因此，下文中所列的案例群，虽然可被认为是一种"指导原

---

〔1〕 BGE 89 Ⅱ 256 ff.（262 ff.），E.4；131 V 97 ff.（105），E.4.3.3 und 4.3.5；Merz, BeKomm, N 105 zu Art. 2 ZGB；Tuor/Schnyder/Schmid, §6 N 19.

〔2〕 在方法论上 Gächter 持不同意见，该作者在方法论上将对法律的改正建立在《联邦宪法》第 9 条的禁止肆意上；参见 Gächter, Rechtsmissbrauch（边码 315 中引用的文献），S. 353 ff.，尤其是 S. 367 ff.；derselbe, Verständnis und Wandel（边码 315 中引用的文献），S. 103 ff.

〔3〕 对于在晚近学说中所列之案例群的不同排列可能，参见 Gächter, Rechtsmissbrauch（边码 315 中引用的文献），S. 53 ff.

则",[1]但它们既非排他性的,它们中各个案例群相互间也不能总是被清楚区分开,交叉和重叠经常存在。另外,对于这些指导原则也并非不存在例外。

1. 无益的或违反目的的权利行使。

(1) 基于刁难、报复或恶毒心理以及类似之动机行使权利,亦即出于伤害他人的目的而为的、按照法律上的标准无用(或违反目的)的行为,属于明显滥用权利。[2]

> 例如1899年(即在瑞民颁布前)的案件 BGE 25 II 792 ff. (803 ff.) E.6:"本案的案情(某雇主被工会以所谓虐待员工的理由列上了'黑名单')表明工会是在行使权利,不需要对其进行进一步的正当化。权利本身就正当化了该权利,任何权利人均可出于某种理由或不出于某种理由去行使它。但当今的法学思想倾向于弱化'**权利的行使对任何人都无害**(suo jure utitur neminem laedit)'这个法律原则。作为社会秩序的第一要义,权利的行使不能被用来实现纯粹伤害他人的目的,也就是说,权利行使不能构成反社会的行为。不过,进行此种限制的要件是,应能通过某种方式确认,行为的唯一动机就是恶意和伤害。但在当前案件中,这并非事实。"
>
> 在德国法中,《德国民法典》第226条(禁止权利滥用)明确规定:"如果行使权利的目的只是给他人造成损害,那么此权利的行使不被允许。"法国最高法院(cour de cassation)在1857年6月8日的一个判决中表示:[3]"我们必须阻止和压制任何出于仇恨和恶意、对于行为人也无用处的行为。"

(2) 无用或违反目的行使权利的经典例子,是某土地所有权人建

---

[1] Merz, BeKomm, N 45 zu Art. 2 ZGB; Tuor/Schnyder/Schmid, §6 N 24 ff. Larenz/Wolf, §16 N 18 ff. 相关司法判例参见 BGE 135 III 162 ff. (169), E. 3. 3. 1.

[2] Merz, BeKomm, N 14 ff., 307 und 340 ff. zu Art. 2 ZGB; Deschenaux, SPR II, S. 179 ff.; Baumann, ZüKomm, N 295 ff., 323 ff. und 369 ff. zu Art. 2 ZGB.

[3] 转引自 Merz, BeKomm, N 345 zu Art. 2 ZGB.

造"嫉妒围墙（Neidmauer）"。[1] 从历史上看，物权法中亦存在禁止权利滥用的基础：该原则是基于对所有权人的各种权利及对其的限制进行描述而发展出来的。[2]

1900年11月15日的瑞士民法典草案第644条第2款（"所有权的内容"；当今瑞民第641条）的规定为："其（即所有权人）可对它（即所有物）进行任意地使用，只要其明显的唯一目的不是对他人产生伤害。"欧根·胡贝尔确认说："对所有权人之权利的描述也包括对所有权人负担之义务的确定。对'其他人产生伤害'，可纯粹基于任性、故意、恶意或嫉妒等。对于这些特定情形，法律不得允许之。对此，自身利益的排除加上伤害他人的目的即已足够，例如**建造如塔高墙，唯一目的就是遮挡邻居的阳光**。相邻关系法，即第684条，提供的保护在此处明显不够。相反，所有权人的一般性义务，提供了一个对抗对权利下之权力加以滥用的颇具价值的保障，权利下权力之滥用……在任何时候都不能被权利制度本身所正当化。如果不规定'只要其明显的唯一目的不是对他人产生伤害'，那么也可以正面规定'目的只是'（参见《德国民法典》第226条）。"[3]

₂₉₆

（3）除此以外还有其他例子。不过，对这些例子有时已经存在特别的法律规定：

— 如果提前终止租赁合同的唯一目的是为了诱使承租人受让租赁房屋，那么此提前终止即为滥用或违反目的（瑞债第271a条第1款第c项）。

类似的亦适用于租赁关系中的"报复性提前终止"（瑞债第271a条第1款第d、e项）。需要注意的是，按照联邦法院

---

[1] Tuor/Schnyder/Schmid, §6 N 25; Merz, BeKomm, N 14 ff., 307 und 344 zu Art. 2 ZGB; Deschenaux, SPR II, S. 179; Steinauer, TDP II/1, Nr. 488 und 573（"嫉妒围墙"）.

[2] BBl 1904 IV, S. 13 ff.; Merz, BeKomm, N 307 zu Art. 2 ZGB.

[3] Huber, Erläuterungen II, S. 59 f., 引文中的强调格式为本书作者所加。

的司法实践，瑞债的 271 条第 1 款作为特别规范，在如下意义上排除了瑞民第 2 条第 2 款的独立适用，即即便是明显权利滥用的提前终止场合，承租人也必须按照期限来行使撤销权。[1]

— 在意思表示错误的场合，当相对人已经表示，他愿意遵守按照错误人所理解之合同时，错误人还诉诸错误便构成违反目的（瑞债第 25 条第 2 款）。[2]

— 另外，当某有效行使的请求权根本不能满足请求权人的利益，例如原告将请求而来的给付要立即再返还时，这种权利的行使也构成违反目的。[3]

对于此种法律已经专门调整的情形，参见瑞民第 927 条第 2 款。

（4）与违反目的的权利行使有关的，是违反目的式地运用法律制度。[4]这偶尔也被称为**制度滥用**[5]。如果某人以使他人受不利益为目的而运用某法律制度（"滥用"），此运用明显与该制度的基本理念以及与该制度合理遵循的目的相违背，即为明显的权利滥用。[6]

296a

— 例如**法人这个法律外衣**，在具体情形下可出于规避法律或合同禁令而被滥用。如果违反目的的使用不能基于法解释这条路（法律规避、[7]类推、目的性限缩或扩张）而被纠正，[8]那么基于瑞民第 2 条第 2 款便会存在"刺破"——刺破法人这个面纱而直接指向背后的自然人——的可能（边码第 1219 及以下）。

— 如果当事人为了实现婚姻这个制度不保护的利益（例如入籍），那么对**婚姻法律制度**的使用就是违反目的，从而构成滥用。[9]

---

［1］ BGE 133 III 175 ff.（179 ff.），E. 3. 3. 4.
［2］ Merz, BeKomm, N 312 zu Art. 2 ZGB, 在此援引了瑞民第 2 条第 1 款。
［3］ BGE 123 III 220 ff.（230 oben），E. 4d; Merz, BeKomm, N 365 ff. zu Art. 2 ZGB; Deschenaux, SPR II, S. 180.
［4］ Hausheer/Jaun, StHandkomm, N 125 ff. zu Art. 2 ZGB.
［5］ Honsell, BaKomm, N 51 zu Art. 2 ZGB.
［6］ 类似的见 Hausheer/Jaun, StHandkomm, N 126 zu Art. 2 ZGB.
［7］ BGE 132 III 212 ff.（219 ff.），E. 4. 1.
［8］ Hausheer/Jaun, StHandkomm, N 125 zu Art. 2 ZGB.
［9］ BGE 128 II 97 ff.（101 ff.），E. 4.

如果通过提供实质错误信息或隐瞒实质重要事实的欺骗手段入籍，那么根据《公民权法》第41条，相关部门有权宣告入籍无效。根据《外国人法》第51条之规定，如果外国人基于权利滥用而行使家庭团聚的请求权，那么该请求权消灭。

297　　（5）但在司法中，也存在大量的反例，法院在这些例子中否定了权利行使的违反目的性。

例如在 BGE 93 Ⅱ 317 ff. 中，一个新建造的游泳池不具有承揽合同中所约定的长度即25米，而是比25米短了5.5到8厘米。定作人通知此瑕疵并主张承揽企业应进行无偿修理（瑞债第368条第2款）。该承揽合同的当事人订立合同时的约定是，对最长1厘米的误差进行"容忍"。因为定作人是体育教练并且是州体育检查员，而且使用该游泳池是为了体育竞技目的，或至少是为了游泳训练目的，从而联邦法院认为，定作人坚持适当的合同履行（补救），具有令人信服的理由。[1]

298　　2. 利益间极度不成比例。

（1）只在极少数的案件中，才存在权利行使完全无用处的情况（边码第294及以下）。不过可能发生的情况是，权利的行使对一方带来的利益，远远小于给另一方带来的不利益。如果利益对比的结果是冲突利益间极度的不成比例，那么在另一方存在重大利益与一方所固守的微小利益相对抗时，即在基于价值衡量的标准行使或执行某权利属于完全不成比例时，也存在对权利的滥用。[2]

299　　（2）这些例子，同样有些已经在法律中得到规制，而有些则只能诉诸司法。在合同关系中，关于债务人违约（可能只是很轻微的违约）时债权人的权利，经常会提出极度不成比例这个问题：

— 原则上，任何合同中的债权人都有权主张实际履行["自然

---

〔1〕 BGE 93 Ⅱ 317 ff. (324 ff.), E. 4.
〔2〕 Merz, BeKomm, N 371 ff. zu Art. 2 ZGB; Deschenaux, SPR Ⅱ, S. 180 ff.; Baumann, ZüKomm, N 302 ff. zu Art. 2 ZGB.

的（in natura）"履行]，而不是仅仅按照瑞债第 97 条主张损害赔偿。但在例外情形下，债权人固守（全部的）实际履行，可能会由于利益的极度不成比例而构成权利滥用。例如当债务人已经履行了绝大部分，而剩余的履行却要求债务人作出不合理的牺牲时，在对照债权人之利益后，依据公平的思想，债权人不得主张剩余履行的请求权。[1]

— 如果出卖人所交付的买卖物存有缺陷，按照瑞债第 205 条第 1 款，买受人原则上有权在解除（wandeln，亦即将合同溯及地取消掉）和减价（将买卖价款按照比例减少）之间选择。不过，如果按照案件情形解除并不恰当——解除对出卖人负担过重，那么法院就可只是允许减少买卖价款（瑞债第 205 条第 2 款；类似的利益衡量参见《联合国国际货物销售合同公约》第 49 条第 1 款第 a 项）。

— 如果在承揽合同中承揽人交付的工作成果有瑕疵，根据瑞债第 368 条第 2 款，只有在修理对于承揽人不会造成过度的成本时，定作人才有权主张修理权（即主张对工作成果进行无偿修理的权利）。

否定性的例子：雇主以雇员的犯罪前科为理由提前终止劳动合同，并没有被认定为权利滥用。[2]亦可参见边码 297 中所提及的案件。

3. 矛盾的行为。

（1）基于矛盾之行为（venire contra factum proprium）的权利滥用存在于如下情形，即"基于之前的行为使对方产生了值得受保护的信赖，该信赖导致该对方从事了某些行为，而由于新的情况该行为会对该对方导致损害"。[3]从而，对此的实质因素如下：

— 由于一方当事人的特定行为，使对方产生了值得保护的信赖；

---

[1] Becker, BeKomm, N 103 in fine zu Art. 97 OR; Merz, BeKomm, N 388 zu Art. 2 ZGB.
[2] BGE 111 Ⅱ 242 ff.（243 ff.），E. 2.
[3] BGE 110 Ⅱ 494 ff.（498），E. 4；类似的见 BGE 121 Ⅲ 350 ff.（353 Mitte），E. 5b；125 Ⅲ 257 ff.（259），E. 2a；127 Ⅲ 506 ff.（513），E. 4a；Merz, BeKomm, N 400 ff. zu Art. 2 ZGB; Deschenaux, SPR Ⅱ, S. 182 ff. ; Steinauer, TDP Ⅱ/1, Nr. 583 ff.

- 基于该信赖，对方采取了某些行动；他以某种（影响财产的）方式进行了"处分"；
- 嗣后上述一方改变了他的行为，从而导致了对方的损害。

以上是对禁止行为改变之特定要件的描述。然而（在私法中）并不存在受自己先前行为约束的一般性原则。"毋宁是，原则上任何人有权随着时间进展，基于更好的信息掌握情况，改变其行为和观点。"[1]尤其在只是临时性地（auf Zusehen hin）授予了使用许可的情况下，无论如何在合理的（分摊）期限已经经过时，该许可可被撤回。[2]

(2) 在下列例子中，可认定矛盾的行为（权利滥用行为）。
- 若某人通过不正当行为（例如通过有意欺骗）使权利享有人没有按照期限或适当的方式行使其权利，那么该人不能主张权利享有人的权利丧失。[3]这尤其适用于涉及时效或除斥期间的场合。[4]

对于故意欺诈，法律中存在大量的、有些调整得很深入的规范，例如瑞债第28条、第192条第3款、第199条、第203条、第210条第3款。

按照司法实践，对于时效已经过的抗辩权的行使，以不存在债务人的恶意行为为要件。如果债务人"展示出某种行为，该行为促使债权人在时效期间内并没有采取法律行动，且该行为使得在客观视角下该懈怠貌似合理"，[5]那么此时主张时效抗辩权构成权利滥用。

---

[1] BGE 106 Ⅱ 320 ff. (323 unten), E. 3a; Merz, BeKomm, N 401 zu Art. 2 ZGB.
[2] BGE 127 Ⅲ 506 ff. (513), E. 4a.
[3] Merz, BeKomm, N 407 ff. zu Art. 2 ZGB.
[4] BGE 113 264 ff. (269), E. 2e; 124 Ⅱ 543 ff. (558), E. 7.
[5] BGE 131 Ⅲ 430 ff. (437), E. 2；类似的见 BGer 5C. 226/2002, E. 2; BGer 4A_ 487/2007 sowie 4A_ 491/2007, E. 4,1; vgl. auch Honsell, BaKomm, N 44 und 47 zu Art. 2 ZGB；对此的比较法研究参见 Zimmermann/Whittaker（边码 315 中引用的文献），S. 493 ff. und 513 ff.

不过，现在联邦法院承认［权利人］放弃时效的有效性，[1]这压缩了基于滥用权利主张时效抗辩的适用情形。

— 债权人针对履行、损害赔偿的合同请求权以及尤其是合同解除权，只能在请求权到期后才能向债务人主张[2]（亦可参见瑞债第102 – 109条）。但对此存在一个建基于瑞债第2条第2款的重要例外，即所谓的"预期违约"：如果存在严重危害合同的债务人行为，那么即便在债务到期之前，债权人也可以放弃债务人的给付并主张解除合同。[3]如果债务人通过其行为明确地表示出了未来对履行的拒绝，那么债务人基于债务未到期而抗辩，便构成矛盾的行为和权利滥用。[4]

— 在离婚的情形，离婚一方享有按照瑞民第125条第1款和第2款规定之标准的婚后抚养权。即便该权利的要件得到满足，"在明显不公平的情况下"，相关数额也"可能被例外地否定或缩减"（瑞民第125条第3款举例性地列举了一些理由）。在对拒绝或减少抚养费进行决定时，权利滥用之禁止的因素可发挥作用，即当"抚养请求权的全额有效行使为不公平（自我矛盾）时"。[5]

在瑞民第125条第3款第2项中，尤其体现了不合理之权利取得的关键点（"……由于享有权利之人恶意地导致了其需求"）。

— 如果离婚时约定或法院判定了抚养义务，那么根据瑞民第130条第2款，在请求权人再婚时，该抚养费支付义务消灭。虽然该

---

[1] 此司法实践的改变见于 BGE 132 Ⅲ 226 ff. = Pra 2006, Nr. 146. S. 999 ff.；并于 BGer 4C. 421/2005, E. 4.1 中得到确认；此做法在 BGE 135 V 163 ff. (165 ff.), E. 4. 中被默示地确认。

[2] Gauch/Schluep/Schmid, Nr. 44 ff.；Gauch/Schluep/Emmenegger, Nr. 2156 ff.

[3] BGE 69 Ⅱ 243 ff. (244 ff.), E. 4；110 Ⅱ 141 ff. (143 ff.), E. 1b；Gauch/Schluep/Emmenegger, Nr. 2651, 2660, 2722, 2743 und 2870.

[4] Merz, BeKomm, N 448 zu Art. 2 ZGB.

[5] BGE 127 Ⅲ 65 ff. (66), E. 2a；Sutter/Freiburghaus（边码315中引用的文献），N 103 ff. zu Art. 125 ZGB.

人没有再婚，但其主张抚养定期金也可能属于权利滥用。按照联邦法院的实践，如下情形便是如此："当定期金权利人生活在一个固定的同居关系中，该关系使该人获得了与在婚姻中类似的好处，以致可以认定，该人的同居伙伴向该人提供了支援和帮助，就如同瑞民第 159 条第 3 款对夫妻伴侣所要求的那样。"[1]

相反，如果行为之矛盾性在于，某人在对某合意表示同意，但嗣后又基于违反强行法而主张该合意无效，鉴于强行法规范的保护目的，司法实践只是在额外特别情形存在时，才认定权利滥用，即当上述当事人出于自我利益并且明知行为遭禁止还自己建议该行为时。[2] 该问题也引出了进一步的问题，即主张形式违反导致的无效何时构成明显的权利滥用（边码 302 及以下）。

4. 不允许主张形式不符所导致之无效。

302 （1）如果法律规定某合同必须采取特定形式，那么欠缺此形式原则上会导致合同无效，即形式规定是效力性规定（瑞债第 11 条第 2 款）。[3] 尤其是当土地买卖没有或没有被正确地公证时，会导致土地买卖合同无效（瑞债第 216 条第 1 款），例如在对买卖价款没有进行正确的公证时，即导致无效的效果。[4]

按照联邦法院一直以来的司法实践，一个形式无效的（formungültig）合同属"**无效**"（nichtig）合同。这意味着：具有形式瑕疵的合同为绝对的、不可补正的无效；任何人均

---

[1] 在旧离婚法下的判决参见 BGE 118 Ⅱ 235 ff. （237），E. 3a；类似的见 BGE 118 Ⅱ 493 ff. （494），E. 2b；126 Ⅱ 394 ff. （396），E. 2c；在新离婚法下稍有不同的观点尤其见于 Sutter/Freiburghaus（边码 315 中引用的文献），N 24 ff. zu Art. 129 ZGB und N 17 in fine zu Art. 130 ZGB，该作者尤其强调了养老金的支付被中断的可能性。

[2] BGE 129 Ⅲ 493 ff. （497 ff.），E. 5.1；BGer 4A_ 66/2009, E. 1.2；vgl. auch BGE 112 Ⅲ 162 ff. （169），E. 3.3.1.

[3] Gauch/Schluep/Schmid, Nr. 546b ff.

[4] Gauch/Schluep/Schmid, Nr. 563 ff.

可以主张该无效,并且法院应依职权主动地考虑该等瑕疵。[1]已经完成的给付可被要求返还(瑞民第641条2款以及瑞债第62条及以下),特定情况下土地登记簿应被改正(瑞民第975条)。

(2)某人若基于形式瑕疵而主张合同无效,那么原则上该人只是在适用法秩序中的保护性规定(对形式的规定),从而他并没有滥用权利。[2]不过,对形式瑕疵(以及因形式瑕疵而合同无效)的主张,在特定情形下可为权利滥用,从而不被允许。[3]是否属于此等情形,法院"不应僵化地适用规则……而应顾及案件的具体情形"。[4]根据联邦法院的司法实践,在下列情形中,原则上构成权利滥用:

— 双方当事人自愿且无错误地(知悉形式瑕疵)履行了合同——或者全部履行,或者绝大部分已被履行。[5]

尽管联邦法院强调,是否构成权利滥用应顾及案件的整体情形而决定之,但在双方都自愿且无错误地履行了合同(尤其是土地买卖合同)的情形,基于基本完成的履行的确能初步断定,对形式瑕疵的主张为权利滥用,"除非在考虑案件的其他情况,尤其在考虑了当事人订立合同时或订立合同后的行为时,能够明确地得出相反的结论"。[6]

— 主张形式瑕疵的当事人恶意地导致了形式瑕疵。[7]

---

[1] BGE 116 Ⅱ 700 ff. (702), E. 3b; BGer vom 7. Januar 1999, in: ZBGR 80/1999, S. 338 ff. (390), E. 3a; 对此的批判见 Gauch/Schluep/Schmid, Nr. 548 ff. und 558 ff.; 轻微的自我批判参见 BGE 112 Ⅱ 330 ff. (334), E. 2b.

[2] BGE 88 Ⅱ 18 ff. (24), E. 5.

[3] 关于就此的众多材料只需参见: BGE 88 Ⅱ 18 ff. (24), E. 5; Merz, BeKomm, N 461 ff. zu Art. 2 ZGB; Deschenaux, SPR Ⅱ, S. 189 ff.; Baumann, ZüKomm, N 270 ff. zu Art. 2 ZGB; Steinauer, TDP Ⅱ/1, Nr. 593 ff.; Gauch/Schluep/Schmid, Nr. 550 ff. mit Hinweisen

[4] BGE 104 Ⅱ 99 ff. (101), E. 3; 类似的见 BGE 116 Ⅱ 700 ff. (702), E. 3b.

[5] BGE 104 Ⅱ 99 ff. (101 ff.), E. 3; 112 Ⅱ 330 ff. (333 ff.), E. 2a~b; 116 Ⅱ 700 ff. (702), E. 3b; BGer vom 7. Januar 1999, in: ZBGR 80/1999, S. 388 ff. (391), E. 3a.

[6] BGE 104 Ⅱ 99 ff. (101), E. 3; 类似的见 BGE 112 330 ff. (333 unten), E. 2a.

[7] BGE 88 Ⅱ 18 ff. (24), E. 5; 90 Ⅱ 21 ff. (27 ff.), E. 2c.

— 当事人主张形式瑕疵属于违反目的。[1]

在 BGE 112 Ⅱ 330 ff. 的案情中，在一个土地买卖场合，公证书错误地表述了卖方的代理关系，这原则上会导致合同因形式瑕疵而无效。买方在被登记为买卖建筑地块的所有权人两年后，（在取消合同的诉讼程序中）主张该形式瑕疵，其实是因为该土地的开发被迟延了。鉴于被违反之形式规定的保护目的，该主张属于违反目的。[2]

304　（3）如果基于案件的具体情形，对形式瑕疵的主张被认定为属于权利滥用从而不被允许，则按照联邦法院的司法实践，这意味着该形式瑕疵对于当事人关系不发生影响。[3]亦即，（本来具有瑕疵的）合同在法律上被视为有效。

5. 恶意的权利取得。

305　（1）从瑞民第 2 条第 2 款中亦得出，某人不能从其不正当行为中取得权利。尤其是自己的违约行为不得被不当利用。[4]

该案例群的有些情形也与其他的案例群存在交叉，例如与对矛盾之行为的禁止（边码 300 及以下）。

306　（2）该案例群的适用范围中，有些已被法律作出了特别规定，有些还没有：

— 受损之人不得基于不当得利（瑞债第 62 条及以下）主张返还其"以从事违法或悖俗之目的而给予"者（瑞债第 66 条）。

— 如果一方当事人悖于诚实信用地阻止某条件，按照瑞债第 156 条，该条件视为已成就。

— 若某人（"受领人"）阻碍了需受领之意思表示的到达，该

---

[1] BGE 112 Ⅱ 330 ff. (335 ff.), E. 3a~b.
[2] BGE 112 Ⅱ 330 ff. (335 ff.), E. 3.
[3] BGE 104 Ⅱ 99 ff. (101), E. 2b; BGer vom 7. Januar 1999, in: ZBGR 80/1999, S. 388 ff. (391), E. 3a.
[4] Merz, BeKomm, N 540 ff. zu Art. 2 ZGB; Deschenaux, SPR Ⅱ, S. 186 ff.; Baumann, ZüKomm, N 246 ff. zu Art. 2 ZGB.

人不得主张意思表示未（及时）到达。[1]

—— 根据《联邦宪法》第29条第3款第1句，任何人不具备相应的条件时，有权要求免费的法律服务，只要其法律主张并非毫无希望。[2]然而，当申请者恰恰是鉴于要进行的诉讼放弃了一个工作职位，也没有从事新职位，或其自愿地转移了其财产时，对免费法律服务的申请便属于权利滥用。[3]

（三）法律后果

1. 一般性的法律后果：不受法律保护。

（1）瑞民第2条第2款规定了明显权利滥用的一般性法律后果，即不受法律保护。[4]也就是说，法院应拒绝执行被滥用地主张的权利。换言之，法院"不应对明显违背基本伦理要求的、破坏形式法秩序的结果提供协助"。[5]

需进一步说明的是：权利滥用原则直接限制的是权利主体的请求权（而非权利的执行）。**滥用地被行使的"权利"并不存在**。拒绝执行该权利是出于**这个**理由（边码第289）。

而采取何种方式来对法律保护进行拒绝，则由法院在个案中决定。[6]通常是相关主体的主张（诉讼、抗辩、法律手段、主张合同瑕疵等等）被否定。无论如何对方都享有主张消除滥用性权利行使所导致之后果的请求权，例如拆除"嫉妒围墙"。[7]

最后，受损一方主张损害赔偿的请求权也属可能；[8]该请求权可基于瑞债第41条，在合同关系中可基于瑞债第97条，以及无论

---

[1] Merz, BeKomm, N 575 zu Art. 2 ZGB.

[2] 就基于新《联邦宪法》生效前司法实践产生的规则的类推，关于民事程序参见 BGE 104 Ia 31 ff. (32 ff.), E. 2.

[3] BGE 126 I 165 ff. (166), E. 3b; 104 Ia 31 ff. (34), E. 4; 99 Ia 437 ff. (442), E. 3c; ZWR 35/2001, S. 178 ff. (180), E. 2b（瓦莱州法院）.

[4] 法语："L'abus manifeste…n'est pas protégé par la loi"；意大利语："Il manifesto abuso…non è protetto dalla legge"。

[5] BGE 128 III 201 ff. (206), E. 1c; 并被确认于 BGE 131 V 97 ff. (102), E. 4.3.1.

[6] BGE 128 III 201 ff. (206), E. 1c; 并被确认于 BGE 131 V 97 ff. (102), E. 4.3.1.

[7] Tuor/Schnyder/Schmid, §6 N 36; Deschenaux, SPR II, S. 155; Baumann, ZüKomm, N 22 und 244 ff. zu Art. 2 ZGB; Hausheer/Jaun, StHandkomm, N 92 zu Art. 2 ZGB.

[8] Tuor/Schnyder/Schmid, §6 N 37; Baumann, ZüKomm, N 22 und 244 zu Art. 2 ZGB.

如何都可基于信赖责任原则（边码281及以下）。

309　　(2) 根据主流学说，瑞民第2条第2款只是限于"消极功能"。[1]

例如，该规定可以导致有形式瑕疵但已经履行的合同不被溯及地消灭，亦即合同的形式瑕疵在当事人之间应被忽略（边码304）。但按照传统观点，该规定不能导致从一个有瑕疵但未被履行的合同中产生履行请求权。[2]

310　　不过，部分的学说对此"消极"的理解提出了批判。这些作者颇有道理地主张任何与滥用行为相当的法律后果，无论其为"积极的"或"消极的"。[3]

2. 按照特别规定的法律后果。

311　　(1) 在具体规定中，法律也对悖于诚信的行为设定了特别的法律后果：

— 按照瑞债第25条第1款，在违背诚实信用的情况下，对（实质性）**错误**的主张得不到支持。

— 按照瑞债第156条，如果某**条件**的成就被一方当事人悖于诚实信用地阻止，该条件视为已成就。

— 根据出卖人瑕疵担保义务的规定（瑞债第192条第3款以及瑞债第199条），在出卖人就第三人权利或瑕疵向买受人故意地（恶意）隐瞒时，**关于瑕疵担保义务之取消或限制的约定（免责条款）**无效。

— 住房或营业用房租赁合同中，滥用性的租金和出租人其他的滥用性请求权，可被承租人按照瑞债第269条及以下条文之规定撤销（亦可参见边码296）。

— 在离婚的情形，在明显不公平的场合，**婚后抚养费**可按照瑞民第125条第3款被例外地取消或减少。基于相同理由，法院可根据瑞民第123条第2款之规定，全部或部分地拒绝**对职业养老退**

---

[1] Merz, BeKomm, N 485 ff. und 496 ff. zu Art. 2 ZGB.
[2] BGE 116 II 700 ff. (702.), E. 3b.
[3] 例如 Gauch/Schluep/Schmid, Nr. 557.

保所得之请求权的划分。

（2）进而也包括一些具体规定，根据这些规定，矛盾性的或其他不正当的行为会导致损害赔偿义务。这些责任情形如对缔约过失责任（信赖责任；参见边码281及以下）的具体化，以及存在合同关系时特定类型的合同责任。例如：

－根据瑞债第26条，发生错误的一方当事人在主张合同对其不适用时，如果他是基于自己的过失导致的错误，并且另一方当事人不知且不能知此错误，那么主张错误一方应向另一方承担损害赔偿。

－根据瑞民第411条第2款，如果被监护人导致对方错误地相信其有行为能力，那么该人应向对方承担损害赔偿责任。

在最新的《成年人保护法》第19条第2款中，也包含同样的规定。

－根据瑞债第336条第1款，劳动合同中的任何一方如果滥用性地提前终止了劳动合同，应向另一方支付赔偿。

3. 基于职权主动加以适用。

（1）如前所述（边码289及307），禁止权利滥用原则直接限制权利主体的请求权；滥用地主张的"权利"并不存在。这导致：

（2）任何当事人如果主张对方存在明显的权利滥用，都必须陈述对方权利滥用的事实并在争议中对之加以证明。[1]如果基于当事人的证明表明了明显权利滥用的行为，那么法院——遵循"法院通晓法律（iura novit curia）"这个原则——应依照职权主动适用瑞民第2条第2款，从而拒绝执行基于滥用权利而主张之请求权。[2]对此，不需要对方对此特别地提出抗辩或主张抗辩权。

在此情形，相关当事人的权利并非如其所主张的那样，从而其主张亦得不到保护，而无论对方是否就该滥用进行主张。不过，在

---

[1] 当事人的陈述义务参见 BGE 133 Ⅲ 61 ff. (76)，E. 4.1；135 Ⅲ 162 ff. (170)，E. 3.3.1.
[2] 对此的众多材料只需参见 BGE 104 Ⅱ 99 ff. (101)，E. 2b；128 Ⅲ 201 ff. (206)，E. 1c；Merz, BeKomm, N 99 ff. und 496 zu Art. 2 ZGB; Deschenaux, SPR Ⅱ, S. 154；Gauch/Schluep/Schmid, Nr. 551.

极特别的情况下,也存在主张权利滥用本身就是权利滥用。[1]

四、其他文献

315
— Abbet Stéphane, De l'exceptio doli à l'interdiction de l'abus de droit – Etude de droit romain et de droit suisse, Diss. Lausanne 2006.

— Baumann Max, Treu und Glauben – eine neue alte Verpflichtungsgrundlage, in: Gauch Peter/Schmid Jörg (Hrsg.), Die Rechtsentwicklung an der Schwelle zum 21. Jahrhundert – Symposium zum Schweizer Privatrecht (…), Zürich 2001, S. 11 ff.

— Beatson Jack/Friedmann Daniel (Hrsg.), Good Faith and Fault in Contract Law, Oxford 1995 (Reprint 2002).

— Chiariello Elisabeth, Treu und Glauben als Grundrecht nach Art. 9 der schweizerischen Bundesverfassung, Diss. Bern 2004.

— Delco Fabio, Die Bedeutung des Grundsatzes von Treu und Glauben beim Ersatzreiner Vermögensschäden, Diss. Zürich 2000 (Zürcher Studien zum Privatrecht, Band 157).

— Gächter Thomas, Rechtsmissbrauch im öffentlichen Recht – Unter besonderer Berücksichtigung des Bundessozialversicherungsrechts – Ein Beitrag zu Treu und Glauben, Methodik und Gesetzeskorrektur im öffentlichen Recht, Habil. Zürich 2005 (zitiert: Gächter, Rechtsmissbrauch).

— Derselbe, Verständnis und Wandel des subjektiven Privatrechts und des Rechtsmissbrauchsverbots, in: Girsberger Daniel/Luminati Michele (Hrsg.), ZGB gestern – heute – morgen, FG zum Schweizerischen Juristentag 2007, Zürich 2007 (LBR Band 20), S. 81 ff. (zitiert: Gächter, Verständnis und Wandel).

— Huber Carl, über den Rechtsmissbrauch, Diss. Bern 1910.

— Huwiler Bruno, Adequitas und bona fides als Faktoren der Re-

---

[1] 因此 Gauch/Schluep/Schmid, Nr. 566 ff. 对 BGE 104 II 99 ff. 进行了批判。

chtsverwirklichung: zur Gesetzgebungsgeschichte des Rechtsmissbrauchsverbotes (Art. 2 Abs. 2 ZGB), in: Schmidlin Bruno (Hrsg.), Vers un droit privé européen commun? - Skizzen zum gemeineuropäischen Privatrecht, Beiheft zur ZSR, Helf 16, Basel 1994, S. 57 ff. (zitiert: Huwiler, Aequitas)

- Derselbe, La génèse de l'abus de droit (art. 2 al. 2 CC), in: Widmer Pierre/Cottier Bertil (Hrsg.), Abus de droit et bonne foi, Freiburg 1994, S. 35 ff. (Huwiler, La génèse).

- Loser Peter, Konkretisierung der Vertrauenshaftung, recht 1999, S. 73 ff.

- Derselbe, Die Vertrauenshaftung im schweizerischen Schuldrecht – Grundlagen, Erscheinungsformenund Ausgestaltung im geltenden Recht vor dem Hintergrund europäischer Rechtsentwicklung, Basler Habil., Bern 2006.

- Mader Peter, Neuere Judikatur zum Rechtsmissbrauch, JBl 120/1998, S. 677 ff. (für das Österreichische Recht).

- Morin Ariane, Les articles 2 et 4 CC: deux règles dans l'esprit du Code civil suisse, ZSR 126/2007 II, S. 203 ff.

- Piotet Paul, La bonne foi et sa protection en droit privé suisse, SJZ 64/1968, S. 81 ff. und 109 ff.

- Rey Heinz, Rechtsmissbrauch und Richterrecht, SJZ 80/1984, S. 1 ff.

- Riemer Hans Michael, Prozessführung „in guten Treuen"... - zwischen „Treu und Glauben" (Art. 2 ZGB) und „gutem Glauben" (Art. 3 ZGB), in: Festschrift 125 Jahre Kassationsgericht des Kantons Zürich 2000, S. 279 ff.

- Rüttimann Felix Matthias, Rechtsmissbrauch im Aktienrecht, Diss. Zürich 1994.

- Sturm Fritz, Der Rechtsmissbrauch im Schweizer Recht – Ein überblick über die neuere Judikatur des Bundesgerichts, SJZ 89/1993,

S. 373 ff.

- Sutter Thomas/Freiburghaus Dieter, Kommentar zum neuen Scheidungsrecht, Zürich 1999.

- Trüeb Hans, Der Rechtsmissbrauch (Schikane) im modernen Recht – unter besonderer Berücksichtigung von Art. 2 Abs. 2 des schweizerischen Zilvilgesetzbuches, Diss. Bern 1909.

- Walter Hans Peter, Vertrauenshaftung im Umfeld des Vertrages, ZBJV 132/1996, S. 273 ff.

- Derselbe, Die Vertrauenshaftung: Unkraut oder Blume im Garten des Rechts? ZSR NF 120/2001 I, S. 79 ff.

- Zeller Ernst, Treu und Glauben und Rechtsmissbrauchsverbot, Diss. Zürich 1981.

- Zimmermann Reinhard/Whittaker Simon (Hrsg.), Good Faith in European Contract Law, Cambridge 2004.

第八章
对善意的保护（瑞民第 3 条）

文献
- Caroni, S. 215 ff.
- Dechenaux, SPR Ⅱ, S. 207 ff.
- Hausheer/Jaun, Nr. 8.01 ff.；Dieselben, Stämpflis Handkommentar, N 1 ff. zu Art. 3 ZGB.
- Meier – Hayoz/Ruoss, S. 143 ff.
- Riemer, Die Einleitungsartikel, §6 N 1 ff.
- Steinauer, TDP Ⅱ/1, Nr. 754 ff.
- Tuor/Schnyder/Schmid, §7 N 15 ff.

特别文献（选列）
- Baumann, Zürcher Kommentar, Vorbem. zu Art. 2 und 3 ZGB sowie N 1 ff. zu Art. 3 ZGB.
- Jäggi, Berner Kommentar, N 1 ff. zu Art. 3 ZGB.
- Koller Alfred, Der gute und der böse Glaube im allgemeinen Schuldrecht, Habil. Freiburg/Schweiz 1985.
- Honsell, Basler Kommentar, N 1 ff. zu Art. 3 ZGB.

法院判决
1. BGE 131 Ⅲ 418 ff. ["马哈斯（Muhurs）币/古老印度钱币"]
在接受古老钱币作为质物时，要求银行应尽到"必须的注意"（瑞民第 884 条第 2 款）。

2. BGE 122 Ⅲ 1 ff. （"古兵器收集"）
在进行古董交易时，按照瑞民第 3 条第 2 款，要求收受方尽到

"必须的注意"（瑞民第 933 条及以下结合第 714 条第 2 款）。

3. BGE 119 Ⅱ 23ff.（"卡文思·牧文匹克公司"案）（亦可参见 BGE 131 Ⅲ 511ff.［519ff.］，E. 3. 2. 2 以及 3. 2. 3.）

当为另一方当事人行事的代理人滥用其代理权时，按照瑞民第 3 条第 2 款，要求一方当事人尽到"必须的注意"。

一、瑞民第 3 条的调整对象

319　　瑞民第 3 条包含关于善意的规定。不过，究竟何为"善意"，以及在何种情况下法律应保护善意，该条并未作出规定（对此见边码 320 及以下和边码 328 及以下）。但瑞民第 3 条对另外两个问题表明了态度：

－ 在第 1 款中：何时可以推定具有善意？对此参见边码 331 及以下。

－ 在第 2 款中：在何种条件下某人无权主张其善意？对此参见边码 336 及以下。

二、善意的概念

320　　首先，对于善意这个概念，法律并没有给出定义。法律只是在具体规定中列出了存在或缺少善意的特定法律后果（例如瑞民第 933 条），以及对特定情形规定了瑞民第 3 条第 1 款中的某人存在善意的推定。

321　　但对于法律在特定情况下基于善意之存在的**法律后果**，也能给出一个初步说法：这些法律后果一般在于，特定客观存在的**权利缺陷被补正**（边码 329）。

322　　其次，与此认识相关，**学说和司法实践**将善意定义为在特定外部（客观）境况中的特定内部（主观的、心理的）意识状态：[1]

323　　－ **对于外部（客观）境况**：当且仅当从客观上看存在权利缺陷时，善意概念才登上舞台。（广义上理解的）权利缺陷存在于如下

---

［1］ Vgl. Jäggi, BeKomm, N 31 ff. zu Art. 3 ZGB；类似的见 Honsell, BaKomm, N 10 zu Art. 3 ZGB. Vgl. auch BGer 5C. 122/2006, E. 2. 2. 2 = ZBGR 88/2007, S. 474 ff.："无过错地忽视了缺陷"。

场合，即作为某法律后果之要件的某因素缺少时。因此客观上，出现某特定法律后果的条件并没有得到满足。权利缺陷的情形各异：

> **例如**：某合同无效（例如由于形式瑕疵），某代理权缺失，某处分权不存在。

如果不存在权利缺陷（例如某物在任何关系上都是被无缺陷地让与的），那么探询处分人或受让人是否善意，便是无意义的。[1]在此情形，只是由于相应的构成要件已经得到了满足，相关法律后果便已经存在。换句话说，如果相关境况在客观上"无缺陷"，那么善意——其功能应是在特定境况下补正权利缺陷——无用武之地。

324

— **对于内部（主观）意识状态**：善意（恶意亦同）指涉的是当事人和相关客观缺陷之间的**内部关系**：善意是尽管存在权利缺陷但却不存在不法意识（Unrechtsbewusstsein）。[2]

325

此意识状态原则上以具有判断能力为要件（边码601及以下）。[3]该意识状态必须——根据不同的善意规定——要么在特定时点、要么在一段时间内存在。[4]

除了这个源于彼得·叶集（Peter Jäggi）的善意定义外，司法实践（在法律行为交往之外）以及学说偶尔也使用**其他但类似的表述**。[5]例如在一些判决中，在相关当事人"诚信地"行为后，"当非正当的、道德上应谴责的行为被排除时"，联邦法院确认了善意的存在。[6]

---

[1] Jäggi, BeKomm, N 31 zu Art. 3 ZGB，援引了 BGE 75 II 43 ff.

[2] BGE 99 II 131 ff.（147），E. 6d；Jäggi, BeKomm, N 30 zu Art. 3 ZGB；持批判态度的见 Koller（边码317中引用的文献），S. 16 ff.，该作者不认为存在统一的善意概念（S. 22 ff.）。

[3] Jäggi, BeKomm, N 134 zu Art. 3 ZGB，但有所弱化；Deschenaux, SPR II, S. 221; Steinauer, TDP II/1, Nr. 767 ff.

[4] Jäggi, BeKomm, N 131 ff. zu Art. 3 ZGB; Deschenaux, SPR II, S. 223; Koller（边码317中引用的文献），S. 52.

[5] 对于晚近的学说参见 Steinauer, TDP II/1, Nr. 796.

[6] BGE 99 II 131 ff.（146 ff.），E. 6d（涉及瑞民第671条及以下），明文援引了 Jäggi, BeKomm, N 16 ff. zu Art. 3 ZGB; BGer 5C. 50/2003, E. 3.2（涉及瑞民第884条第2款）。

326　　再次，与善意相对的概念是恶意：指客观上不正确行动之人所具有的不法意识，即对权利缺陷的认识。[1]

偶尔在语言使用中，即便某当事人善意，但如果由于他未尽到瑞民第3条第2款意义上的注意从而其不能主张善意，此时也将该人称为恶意。[2]而法律上的术语使用则是另外一回事（边码337及以下）。

327　　最后，在概念上，不可将善意与瑞民第2条（第1款）规定之按照诚实信用行事的要求混淆。不过，法语和意大利语法律文本却使用同样的表述（"bonne foi"，"buona fede"，对此参见上文边码272）。[3]

三、（只是）基于特别规定的善意保护

328　　首先，瑞士（私）法并未对善意提供全面的保护。[4]基本的原则毋宁是，权利缺陷会导致法律规定的制裁，**缺陷不能被补正**。特别是瑞民第3条并没有建立一般性的善意保护。

　　例如：①如果合同当事人在订立合同时无判断力，那么无论对方是否善意，都不能产生有效的合同（瑞民第18条）。②在合同存在形式瑕疵时，原则上合同无效（瑞债第11条），不管一方或双方在订立合同时对形式瑕疵是否知悉。

329　　其次，法律中包含有特别规定，这些特别规定赋予**特定情形下**的善意以特别保护（**善意保护**），该保护可以表现为某缺陷被补正。不过，法律是依据具体情况而设置了善意保护的法律后果，从而这些法律后果相互间也并不相同。[5]善意保护的例子如下：[6]

---

[1] Jäggi, BeKomm, N 44 ff. zu Art. 3 ZGB; Deschenaux, SPR Ⅱ, S. 213; Koller（边码317中引用的文献），S. 35 ff.

[2] Jäggi, BeKomm, N 46 und 107 zu Art. 3 ZGB.

[3] Vgl. auch Jäggi, BeKomm, N 49 ff. zu Art. 3 ZGB.

[4] Jäggi, BeKomm, N 11 ff. zu Art. 3 ZGB; Steinauer, TDP Ⅲ/1, Nr. 758.

[5] 详见 Jäggi, BeKomm, N 63 und 74 ff. zu Art. 3 ZGB; Koller（边码317中引用的文献），S. 31 ff. und 53 ff.；Baumann, ZüKomm, N 93 ff. zu Art. 3 ZGB.

[6] 详见 Steinauer, TDP Ⅱ/1, Nr. 762.

— 瑞民第 600 条关于遗产回复诉讼的时效；

— 瑞民第 661 条关于土地的通常取得时效；

— 瑞民第 671 条及以下关于建造的后果；

— 瑞民第 728 条关于动产的取得时效；

— 瑞民第 738 条第 2 款关于役权内容的决定；

— 瑞民第 933 至 936 条（结合瑞民第 714 条第 2 款）关于从无权利人处取得动产；

— 瑞民第 938 条及以下关于无权占有人的责任；

— 瑞债第 33 条第 3 款、第 34 条第 3 款以及第 36 条第 2 款关于代理权；

— 瑞债第 64 条（以及瑞民第 411 条第 1 款）关于不当得利返还义务的范围。

最后，因为并不存在一般性的善意保护，所以各个善意保护的根据并非单纯在于相关当事人的善意。具有决定性的毋宁是，各个具体法律规范中规定的**特别事实情况**，以及与此相关的立法者对于相关当事人是否值得保护、对于公共利益尤其是法安定性（交易保护）的价值判断。当事人并非是一般性地，而是在法律描述的相关情形下才受到保护。

例如法律认为，与善意人相比，相对的利益相关人基于其行为更加不值得保护（如瑞民第 728 条），或者法律基于在此存在的公共利益而使某种法律后果发生（瑞民第 935 条）。[1]

四、瑞民的 3 条第 1 款中的推定

首先，瑞民第 3 条第 1 款所涉及的是（且仅是）特定的情形：**在法律规定某法律效果取决于当事人善意的情形中**。因此，该规定指向了其他法律规定，从而在一定意义上构成了那些其他法律规定的

---

〔1〕 Vgl. dazu Jäggi, BeKomm, N 56 ff. zu Art. 3 ZGB; Deschenaux, SPR Ⅱ, S. 219 ff.; Honsell, Ba-Komm, N 2 zu Art. 3 ZGB; 类似的，见 Baumann, ZüKomm, N 8 ff. zu Art. 3 ZGB（但该作者更加强调了交易保护）。

"总则"。[1]

反过来也可以说，在法律规定某法律效果取决于当事人的善意的任何情形时，从另一方面看，这也满足了瑞民第3条第1款的（需要由特别规定进行具体化的）构成要件。

332   其次，**在这些情形中**，便发生瑞民第3条第1款的法律后果：推定善意的存在。由是，法律把相关当事人不知悉权利缺陷以及因此缺少不法意识，作为出发点。[2]该法律后果具有**证据法上的性质**：任何诉诸善意的当事人，可利用法律规定的这个推定，从而无须证明自己的善意。[3]需要指出的是：

333   — 此推定构成瑞民第8条规定之**一般的举证规则的例外**。当善意或恶意被确认时，无论是基于举证还是基于承认，举证负担便都不具有意义了。[4]

334   — 推定只是**限于针对善意**，而不针对构成善意之附加因素的基础构成要件；换句话说，对于这些基础构成要件适用通常的举证规则。[5]有争议的是，该推定是否也涵盖对善意人尽到了瑞民第3条第2款意义上之充分注意的认定。[6]

335   — 该推定**可被推翻**。号称诉讼相对人可以提供证据，证明号称善意之人知悉权利缺陷，或他没有尽到瑞民第3条第2款意义上的充分注意[7]（对于后一规定参见边码336及以下）。

— 州法院对特定当事人存在或不存在善意的确定属于**事实问**

---

[1] Jäggi, BeKomm, N 11 zu Art. 3 ZGB.
[2] Jäggi, BeKomm, N 86 zu Art. 3 ZGB.
[3] 类似的见 Jäggi, BeKomm, N 113 zu Art. 3 ZGB；在构造上稍许不同的参见 BGE 119 Ⅱ 23 ff. (25), E. 3a；该案例将瑞民第3条第1款仅仅称为证明规则（BGE 131 Ⅲ 511 ff. [519 ff.], E. 3.2. 似乎亦是如此）；同样的见 Kummer, BeKomm, N 354 zu Art. 8 ZGB.
[4] Jäggi, BeKomm, N 92 ff. zu Art. 3 ZGB.
[5] Jäggi, BeKomm, N 96 ff. zu Art. 3 ZGB.
[6] 肯定说见 Jäggi, BeKomm, N 87, 117 und 124 zu Art. 3 ZGB；否定说见 Koller（边码317 中引用的文献），S. 51（Nr. 180）；Honsell, BaKomm, N 29 zu Art. 3 ZGB；持批判态度的亦见 Deschenaux, SPR Ⅱ, S. 229, Anm. 39；而 BGE 113 Ⅱ 397 ff. (399), E. 2b 对此未表态。
[7] BGE 131 Ⅲ 511 ff. (519 ff.), E. 3.2；119 Ⅱ 23 ff. (25), E. 3a；Jäggi, BeKomm, N 100 ff. zu Art. 3 ZGB；Deschenaux, SPR Ⅱ, S. 217 ff.

题，从而联邦法院只能对此有限地进行审查。[1]

五、瑞民第3条第2款所规定的限制

基于上述法律特别规定，对当事人的善意的推定和保护一直是以其他当事人受损为代价的（通常性地适用法律规则本来是对该其他当事人无害的）。然而，在当事人只是由于其未尽充分注意而没有知悉权利缺陷时，该保护便丧失了正当性。[2]对于未尽到充分注意的情形，瑞民第3条第2款排除了当事人对善意的主张。具体如下：

（一）要件

1. 瑞民第3条第2款的要件是："对于依照具体情形要求其应尽的注意不存在善意。"[3]用较复杂的语言表述，这所指的情形是，当事人（只是）出于未尽到注意而善意。具体而言：

— 当事人是**善意的**：他并不具有针对某（客观存在之）权利缺陷的不法意识。

— 该善意（不法意识的缺失）只是由于他**没有尽到应尽的注意**。换句话说：如果相关当事人尽到了必须的注意，那么他就能意识到权利缺陷。

　　为了产生瑞民第3条第2款规定的法律后果，未尽到要求的注意和不知悉权利缺陷之间，必须具有因果关系。[4]

2. 对于应尽之注意的标准，瑞民第3条第2款规定的是基于（具体个案的）**情形**。换句话说，由法院通过公平合理地裁量来决定

336

337

338

339

340

---

[1] BGE 131 Ⅲ 418 ff. (421), E. 2. 3. 1; BGer 5A_ 412/2009, E. 5. 1.

[2] Jäggi, BeKomm, N 108 zu Art. 3 ZGB; Meier - Hayoz/Rouss, S. 148; Deschenaux, SPR Ⅱ, S. 226 ff.

[3] 法语："…si elle [= sa bonne foi] est incompatible avec l'attention que les circonstances permettaient d'exiger de lui"; 意大利语： "…quando questa [= la propria buona fede] sia incompatibile con l'attenzione che le circostanze permettevano di esigere da lui".

[4] BGE 122 Ⅲ 1 ff. (3), E. 2a; Jäggi, BeKomm, N 104 zu Art. 3 ZGB.

（瑞民第 4 条）。[1]注意的程度应根据"客观的"标准来决定，也就是按照理性人在给定情形下所能尽到之注意的平均水平来决定；在此，交易习惯同样具有重要意义。[2]司法实践对此发展出了下述基本原则：[3]

341
- 在物的让与情形——这是善意规定在实践中极其重要的适用情形（瑞民第 933 条及以下结合第 714 条第 2 款）——受让人原则上可以从出让人有权让与这一点出发。换句话说，买方不负担针对卖方之处分权的一般性调查义务；只有在特定情形下存在具体的怀疑理由时，才应对进一步的情况加以澄清。[4]

342
- 当在特定情形"存有猜疑的理由"时，例如因为按照生活现实更加可能进行猜疑，[5]或者因为被给出的要约不合常规或特别地优惠时，便应尽到更高的注意义务（特别的调查义务，例如对所有权保留登记簿进行查验的义务）。[6]

在 BGE 122 Ⅲ 1 ff.（3ff.）中，联邦法院明确要求，在进行各种二手货交易时，受让人应尽到更高要求的注意，无论该受让人是否将物品再行出售。更高的注意"一般指向那些更容易发生可疑来源之物品出售的行业，因为在此等行业中，存在物品具有权利缺陷的更高风险"。[7]

342a
- 在土地登记簿不正确的情形，如果存在该登记不正确的重大嫌疑，那么相关当事人不得主张其为善意（瑞民第 973 条第 1 款）。[8]如

---

[1] BGE 122 Ⅲ 1 ff.（3），E. 2a/aa；Jäggi, BeKomm, N 115 und 119 ff. zu Art. 3 ZGB; Deschenaux, SPR Ⅱ，S. 229 ff.

[2] BGE 131 Ⅲ 418 ff.（422），E. 2. 3. 2；113 Ⅱ 397 ff.（399），E. 2b；119 Ⅱ 23 ff.（27），E. 3c/aa；Jäggi, BeKomm, N 122 ff. zu Art. 3 ZGB.

[3] 详细的判例见 Steinauer, TDP Ⅱ/1, Nr. 838 ff.

[4] BGE 122 Ⅲ 1 ff.（3），E. 2a/aa；对此加以确认的见 BGE 131 Ⅲ 418 ff.（422），E. 2. 3. 2.

[5] BGE 113 Ⅱ 397 ff.（399），E. 2b（对于营业性地交易事故车辆）；BGE 122 Ⅲ 1 ff.（3 ff.），E. 2（对于古董交易）. Vgl. auch BGE 131 Ⅲ 418 ff.（422），E. 2. 3. 2.

[6] BGE 119 Ⅱ 23 ff.（27），E. 3c/aa.

[7] BGE 122 Ⅲ 1 ff.（4），E. 2b/aa.

[8] BGE 109 Ⅱ 102 ff.（104），E. 2b，援引了 BGE 82 Ⅱ 103 ff.（112），E. 5.

下情形即属此类：当基于证据和事实情况（例如在土地之上存在建筑时）可立即认定被登记的通行权并不（再）存在时。[1]

3. 法律亦对不同的特别情形进行了保留：

— 在特定情况下，法律通过**拟制**而排除了对某种情形的不知悉，如瑞民第 375 条与 970 条第 3 款、瑞债第 933 条第 1 款。[2]

在这些特别情形中，不仅没有推定善意存在，法律甚至不允许当事人举证来证明他在相关情形下的确不知悉权利缺陷。

— 在**受让文物**时存在特别规则。此时要注意遵守 2003 年 6 月 23 日的《文物流转法》[3]，尤其是该法第 16 条规定，参与艺术品交易和拍卖的人，应尽到特别的注意义务。

司法实践也可能对善意进行特别的描述。在劳动合同法中，联邦法院所持的观点是，作为特别规定的**瑞债第 320 条第 3 款**优先于作为一般规定的瑞民第 3 条第 2 款。联邦法院对瑞债第 320 条第 3 款作出如下的解释：只有积极地证明了雇员并不知悉劳动合同无法律约束力，该雇员才不得诉诸该条规定。[4]

（二）法律后果

1. 如果应尽到的注意没有被尽到，按照瑞民第 3 条第 2 款，相关当事人无权诉诸自己的善意。

这种表述表明，相关当事人本来是善意的；换句话说，他并不具有针对权利缺陷的不法意识（边码 315）。只是他无权诉诸——本来存在的——善意。需强调的是，这与另外一种学术观点不同，该观点将符合瑞民第 3 条第 2 款之当事人

---

[1] BGE 127 Ⅲ 440 ff.（443），E. 2c.

[2] Jäggi, BeKomm, N 144 ff. zu Art. 3 ZGB; Deschenaux, SPR II, S. 232; Baumann, ZüKomm, N 68 ff. zu Art. 3 ZGB; Steinauer, TDP II/1, Nr. 841 ff.

[3] SR 444.1, 2005 年 6 月 1 日生效；亦可参见 2005 年 4 月 13 日配合此法的规定（SR 444.11）。Vgl. Schmid/Hürlimann – Kaup, Sachenrecht, Nr. 1139a ff.，带有进一步的指引。

[4] BGE 132 Ⅲ 242 ff.（248），E. 4.2.5.

一般性地认为构成恶意。

³⁴⁵ 2. 瑞民第 3 条第 2 款体现了一个**价值判断**[1]，即本来善意之人基于特别情事而被剥夺了善意保护：本来可被适用之善意规定的法律效果没有出现；因此，善意之人，如果他没有尽到足够的注意，**便在结果上与恶意之人等同对待**。[2]

瑞民第 3 条第 2 款的规定符合（与瑞民第 2 条第 2 款相联系的）一个基本原则，即人们不得从自己的疏忽或不注意中获得好处。

^{345a} 3. 按照联邦法院的观点，关于瑞民第 3 条第 2 款之适用的争议——只要其不是涉及对情事的探寻，而是涉及评价——属于法律问题，在民事上诉审中可对之进行审查。[3]

然而，因为这实际上涉及的是裁量性的决定（边码 340），从而联邦法院在上诉程序中对此也保持一定的克制（一般性的见边码 216a）。[4]

六、其他文献

³⁴⁶ — Berger – Rothlisberger Regula, Die Gutgläubigkeit der Bank bei der Entgegen – nahme eines Kulturgutes als Sicherheit（BGE 131 Ⅲ 418），recht 2007, S. 204 ff.

— Piotet Paul, La bonne foi et sa protection en droit privé suisse, SJZ 64/1968, S. 81 ff. und 100 ff.

— Riemer Hans Michael, Prozessführung „in guten Teuen"… – zwischen „Treu und Glauben"（Art. 2 ZGB）und „gutem Glauben"（Art. 3

---

[1] Jäggi, BeKomm, N 113 zu Art. 3 ZGB.

[2] BGE 122 Ⅲ 1 ff. (3), E. 2a; 121 Ⅲ 345 ff. (348), E. 2b; Jäggi, BeKomm, N 106 zu Art. 3 ZGB; Steinauer, TDP Ⅱ/1, Nr. 848.

[3] BGer 5A_ 412/2009, E. 5.1; BGE 131 Ⅲ 418 ff. (421), E. 2.3.1（《联邦司法组织法》生效后《联邦法院法》生效前的上诉程序）; BGer 5C. 50/2003, E. 3.4.1.

[4] BGer 4C. 28/2003, E. 3.2.2 = Pra 2004, Nr. 160, S. 908 ff.; BGer 4C. 287/2002, E. 6.

ZGB), in: Festschrift 125 Jahre Kassationsgericht des Kantons Zürich 2000, S. 279 ff.

— Schmid Wieland, Zum Begriff des guten Glaubens im schweizerischen Recht, SJZ 63/1967, S. 305 ff.

— Schnyder Bernhard, Der gute Glaube im Immobiliarsachenrecht, ZBGR 66/1985, S. 65 ff. (jetzt auch in: SCHNYDER BERNHARD, „Das ZGB Lehren", Gesammelte Schriften, Freiburg 2000, AISUF Band 200, S. 579 ff.)。

第九章

联邦私法的统一（瑞民第 7 条）

347 **教科书文献：**
- Caroni, S. 240 ff.
- Deschenaux, SPR II, S. 50 ff.
- Hausheer/Jaun, Nr. 4.01 ff.
- Meier – Hayoz/Ruoss, S. 150 ff.
- RIEMER, Die Einleitungsartikel, § 7 N 1 ff.
- Steinauer, TDP II/1, Nr. 119 ff.
- Tuor/Schnyder, § 4 N 2 ff.

348 **特别文献（选列）**
- Friedrich, Berner Kommentar, N 1 ff. und 32 ff. zu Art. 7 ZGB.
- Giesker – Zeller Heinrich, Die Auslegung von Artikel 7 des Schweizerischen Zivilgesetzbuches, ZSR NF 30/1911, S. 153 ff.
- Hausheer/Jaun, StHandkomm, N 1 ff. zu Art. 7 ZGB.
- Lieber, Zürcher Kommentar, N 1 ff. zu Art. 7 ZGB.
- Riemer Hans Michael, Die Verträge des ZGB, insbesondere jene des Sachenrechts, aus der Sicht des OR, in: Honsell Heinrich et al. (Hrsg.), Aktuelle Aspektedes Schuld – und Sachenrechts, Festschrift für Heinz Rey, Zürich 2003, S. 83 ff. (zitiert: Riemer, Die Verträge des ZGB).
- Schmid, Basler Kommentar, N 1 ff. Zu Art. 7 ZGB.
- Steinauer Paul – Henrl, L'unité du droit privé, in: Gauch Peter/Werro Franz/Pichonnaz Pascal (Hrsg.), Mélanges en l'honneur de Pierre Tercier, Zürich 2008, S. 103 ff. (zitiert: Steinauer, L'unité).

法院判决

1. BGE 123 Ⅲ 161 ff.（164），E. 4c

对于某个自愿抚养孩子之人针对（负有抚养义务之）孩子父母的求偿权，适用无因管理的规则（瑞债第419条及以下）。

亦可参见 BGE 129 Ⅲ 646 ff.，涉及登记上的父亲（Registervater）针对孩子生身父亲主张已经履行之抚养的不当得利请求权（瑞债第62条及以下）。

2. BGE 124 Ⅲ 370 ff.

对于定期履行的著作权报酬请求权适用瑞债第128条第1项规定之时效。

3. BGE 114 Ⅱ 159 ff.

对于"永久的"合同（在本案中为啤酒供应合同）适用瑞民第27条规定的人格保护。

4. BGE 131 Ⅲ 601ff.（604），E. 3.1

将瑞债第20条第2款中的部分无效规则类推适用到如下遗嘱上，该遗嘱部分地由被继承人、部分地由第三人所撰写，从而存在形式瑕疵（瑞民第505条第1款以及第520条）。当被继承人所撰写部分本身毫无意义，或如果不额外地加上第三人撰写部分，那么被继承人便不会做出自己撰写的那部分遗嘱时，便可认定遗嘱全部无效（在本案中全部无效被认可）。

5. BGE 130 Ⅲ 302 ff.

将瑞债第98条第1款（代履行）适用到用益权人上，该用益权人在用益期间没有采取根据瑞民第764条及以下其应当采取的措施。

一、瑞民和瑞债之间的一般性关系

如在导论部分中所述（边码39及以下），瑞民和瑞债在实质上——即客观内容上——构成一个整体。两者共同构成了**瑞士的私法法典**（亦可参见边码369及以下）。[1]

---

[1] Deschenaux, SPR Ⅱ, S. 51.

这从名称上也能体现出来：1911年3月30日的瑞债的全称是"（作为第五编：债法）补充瑞士民法典的联邦法"。

351　　只是**出于历史上的原因**，瑞民和瑞债才没有在形式上融为一体。881年的旧瑞债很好地被适用到了二十世纪初，立法者只是想把延续下来的带有自己条文编号的债法典继续保留。[1]不过当时在颁布瑞民时，的确也应把——当时和现在都不言自明的——实质上的整体明确表达出来。[2]瑞民第7条就是服务于此目的。[3]具体见下：

二、瑞民第7条中的转引

352　　瑞民第7条的页边标题为债法的一般规定。这些"关于合同的发生、履行以及消灭的"债法规定"对于其他民事法律关系亦适用"。[4]

353　　换句话说，法律将一般性债法规则的适用予以"普遍化"。在瑞民被颁布时，瑞民第7条"替代"了这部法典中所缺少的"总则篇"；它提供了**一般性的转引**，解决了一个**立法技术问题**。[5]不过，按照今天的观点，这个条文在很多方面都**不太清楚**：

354　　首先，瑞民第7条过于狭窄。因为，具有私法上一般意义（从而原则上对民法典中的关系也适用）的不仅仅是债法总则中"关于合同的发生、履行以及消灭的"规定，而是**债法总则中的所有规定**。[6]对于这个转引，正确的做法应是进行更全面的表述。瑞民第7条应"理解为它单纯地转引债法的一般性规定"。[7]

在该一般性转引之外，瑞民中也存在一些规定，明确地转引瑞债中

---

[1] Meier–Hayoz/Ruoss, S. 150.

[2] 公告见于：BBl 1904 Ⅳ, S. 9; Friedrich, BeKomm, N 5 und 33 ff. zu Art. 7 ZGB; Deschenaux, SPR Ⅱ, S. 51 und 53; Lieber, ZüKomm, N 3 ff. zu Art. 7 ZGB.

[3] 形象的说明见 Steinauer, L'unité（边码348中引用的文献），S. 108 ff.; Derselbe, TDP Ⅱ/1, Nr. 120 ff.

[4] 此处原文引用了瑞民第7条的法语和意大利语文本。为避免重复，这里省略不译。——译者

[5] Friedrich, BeKomm, N 6 ff. zu Art. 7 ZGB; Deschenaux, SPR Ⅱ, S. 51 ff.; Lieber, ZüKomm, N 7ff. und 28 zu Art. 7 ZGB.

[6] BGE 129 Ⅲ 646 ff.（648），E. 2. 2; 124 Ⅲ 370 ff.（371），E. 3a; BGer vom 6. Oktober 2000, in: Semjud 123/2001 I, S. 361 ff.（363），E. 3a/bb, 关于瑞债第127条及以下的时效规定; Friedrich, BeKomm, N 35 ff. und 72 ff. zu Art. 7 ZGB; Lieber, ZüKomm, N 30, 86 und 97 ff. zu Art. 7 ZGB.

[7] Deschenaux, SPR Ⅱ, S. 53.

的规范,例如:瑞民第 28a 条第 3 款、瑞民的 726 至 728 条这三条的第 3 款。[1]

至于本条的法律后果,该转引涉及的是一般的"**民事法律**"关系,也就是不只限于瑞民中的问题。[2]因此,瑞债的一般性规定也适用于**附属立法**,例如著作权法。[3]这同样适用于那些除了私法规范亦包含行政法和刑法规范之法律(如《道路交通法》、《反不正当竞争法》和《数据保护法》)中的私法问题。[4]

355

其次,另一方面,瑞民第 7 条对瑞债的转引又过于宽泛,因为这个转引不可能毫无例外:只有当瑞民中规范的法律制度没有因其特殊性而包含特别规定时,瑞债的规定才**类推适用**到其他民事法律关系上。[5]

356

联邦委员会的草案明确地规定,瑞债中的一般性规定应被"相应地适用"。[6]然而立法者去掉"相应地"这个词,并非是意欲对此作出实质性的改变。[7]

在涉及瑞债的规范时,法院尤其要审查如下几点:[8]

357

- 是否的确存在一个"**民事法律关系**";

    即便是在公法关系中,瑞债中的一般规定偶尔也会被类推适用。不过这并不是基于瑞民第 7 条,而是一般性法律原则的体现。[9]

---

[1] Vgl. dazu Friedrich, BeKomm, N 66 ff. zu Art. 7 ZGB.

[2] Friedrich, beikommen, N 43 ff. zu Art. 7 ZGB; Deschenaux, SPR Ⅱ, S. 55 ff.; Lieber, ZüKomm, N 107 ff. zu Art. 7 ZGB.

[3] BGE 124 Ⅲ 370 ff. (371 unten), E. 3a:将瑞债中的规定适用到著作权报酬请求权的时效问题上。

[4] Steinauer, L'unité(边码 348 中引用的文献), S. 107.

[5] BGE 129 Ⅲ 646 ff. (648), E. 2.2; Friedrich, BeKomm, N 50 ff. zu Art. 7 ZGB; Deschenaux, SPR Ⅱ, S. 51 und 61 ff.; Lieber, ZüKomm, N 32 ff. zu Art. 7 ZGB.

[6] 草案第 9 条;BBl 1904 Ⅳ S. 9 und 102.

[7] Giesker-Zeller, S. 153 ff.; Deschenaux, SPR Ⅱ, S. 58; Steinauer, L'unité(zitiert in Nr. 348), S. 105; Derselbe. TDP Ⅱ/1, Nr. 133 und 146 ff.

[8] Meier-Hayoz/Ruoss, S. 153 ff.; Friedrich, BeKomm, N 64 zu Art. 7 ZGB; Deschenaux, SPR Ⅱ, S. 61 ff.; Lieber, ZüKomm, N 36 zu Art. 7 ZGB.

[9] BGE 122 Ⅰ 328 ff. (340 ff.), E. 7b; 105 Ia 207 ff. (211 ff.), E. 2c; BGer vom 20. Juli 1981, In:ZBl 83/1982, S. 72 ff. (73), E. 2; Lieber, ZüKomm, N 118 ff. zu Art. 7 ZGB; Hausheer/Jaun, StHandkomm, N 60 zu Art. 7 ZGB.

— 特定的瑞债规定是否符合争议中的关系，还是它和瑞民中的规范相抵触；

例如：①当瑞民规定了特定的请求权不罹于时效时（如瑞民第807条对不动产担保物权所担保之债进行的规定），那么瑞债中关于时效的规定就不能被（类推）适用。[1]而且，即便对于特定民法制度法律并没有明确规定其不罹于时效，也可基于其"性质"得出这一点，例如所有权上的所有物返还请求权（瑞民第641条第2款）以及不动产登记簿改正诉讼（瑞民第975条）。[2]②在瑞民中的相关规范已经就社团或建筑物区分所有权人大会的公告决议规定了书面形式时（瑞民第66条第2款结合第712m条第2款），瑞债中的形式自由原则（瑞债第11条第1款）便不得适用。[3]

— 瑞债中的规则对瑞民中要解决的问题是否**实质上合适**（sachlich angemessen）。

最后，瑞民第7条中的转引规则，按其字面只是单方面的，从而并不全面：不仅相关瑞债规范对于瑞民很重要；相反，**大量的瑞民规范对于瑞债也具有重要意义**，[4]尤其是瑞民中的序编条款，而且瑞民中其他的基本规则和原则也适用于瑞债。不管怎样，瑞债在形式上与瑞民的第五编并无不同。[5]

例如：瑞民第27条[6]和第28条及以下条文中的人格保护、关于自然人和法人的权利能力和行为能力的规则以及关于共同所有权的规定。[7]

---

[1] BGE 129 Ⅲ 646 ff. (648), E. 2.2; Friedrich, BeKomm, N 60 zu Art. 7 ZGB; Deschenaux, SPR Ⅱ, S. 60.

[2] Deschenaux, SPR Ⅱ, S. 60 ff.; Lieber, ZüKomm, N 48 und 82 zu Art. 7 ZGB.

[3] BGE 127 Ⅲ 506 ff. (510), E. 3b.

[4] Deschenaux, SPR Ⅱ, S. 63 ff.; Gauch/Schluep/Schmid, Nr. 17; Lieber, ZüKomm, N 99 ff. zu Art. 7 ZGB.

[5] Friedrich, BeKomm, N 70 ff. zu Art. 7 ZGB; Deschenaux, SPR Ⅱ, S. 63; Lieber, ZüKomm, N 100 zu Art. 7 ZGB.

[6] 22BGE 114 Ⅱ 159 ff.

[7] Deschenaux, SPR Ⅱ, S. 63 ff.; Lieber, ZüKomm, N 104 zu Art. 7 ZGB.

第十章

联邦私法和州法的关系(瑞民第5条和第6条)

一、引言

联邦私法和州法之间的关系需从两个角度加以阐明:

— 一方面需要说明**各州私法**具有何种意义(边码365及以下);瑞民第5条处理这个问题。

— 另一方面必须要对联邦私法与各州公法之间的关系加以阐释(边码400及以下);对此具有决定意义的是瑞民第6条。

由此,瑞民第5条和第6条以具有基础意义的**公法、私法二元划分**为前提。[1]对于此种划分的标准下文再述(边码404、405)。

处理上述问题的瑞民第5条和第6条可被称为(瑞民的)"**联邦的冲突法**"。[2]除此之外,它们也体现了"**适度的法律统一**"。[3]

下文所述以三个宪法上的基本决定为出发点:

— 根据《联邦宪法》第49条第1款,存在着**联邦法的破坏力原则**,即"联邦法击破州法"(对此见边码371)。

— 根据《联邦宪法》第122条第1款,在民法(私法)领域的立法属于联邦之职事。换句话说,**对于私法,联邦享有全面的立法**

---

[1] Marti, ZüKomm, N 1 zu Art. ZGB.
[2] Marti, ZüKomm, Vorbem. zu Art. 5 und 6 ZGB, N 8.
[3] Marti, ZüKomm, Vorbem. zu Art. 5 und 6 ZGB, N 14 ff.

权限（边码370）。

364 — 与此相反，**对于公法不存在一般性的联邦权限**。尽管联邦宪法在具体领域上（散落地）赋予了联邦的立法权限（《联邦宪法》第54条及以下），但按照《联邦宪法》第3条，在所有其他领域内各州具有立法权限（边码415）。

二、联邦私法与州私法

365 **教科书文献：**

- Caroni, S. 221 ff.
- Deschenaux, SPR Ⅱ, S. 11 ff. und 38 ff.
- Hausheer/Jaun, Nr. 5.01 ff.
- Meier–Hayoz/Ruoss, S. 156 ff.
- Riemer, Die Einleitungsartikel, § 8 N 1 ff.
- Steinauer, TDP Ⅱ/1, Nr. 165 ff.
- Tuor/Schnyder, § 4 N 29 ff.

366 **评注和特别文献（选列）：**

- Hausheer/Jaun, StHandkomm, N 1 ff. zu Art. 5 ZGB.
- Liver, Berner Kommentar, N 1 ff. zu Art. 5 ZGB.
- Marti, Handkomm, N 1 ff. zu Art. 5 ZGB.
- Derselbe, Zürcher Kommentar, Vorbem. zu Art. 5 und 6 ZGB, N 1 ff., sowie N 1 ff. zu Art. 5 ZGB.
- Schmid, Basler Kommentar, N 1 ff. zu Art. 5 ZGB.

367 **法院判决：**

1. BGE 122 Ⅲ 101 ff.（104），E. 2a/bb

基于瑞民第688条中的（真正）保留，各州有权规定所有权人种植时所必须保持的土地间距，以及对违反此间距规定的惩罚。

2. BGE 117 Ia 328ff.（331 ff.），E. 2~3

瑞债第270条第2款包含一个针对住房瑕疵的、有利于各州私法的真正保留。1990年《日内法瑞士民法典施行法》第94B条将形式强制扩张到营业房产租赁合同的签订，从而违反了联邦法的破坏力原则。

对于各州私法的意义，首先（边码369及以下）应从如下原则出发：（联邦层面）整体法典化原则和联邦法的破坏力原则。紧接着（边码377及以下）论述瑞民第5条第1款意义上的真正保留。最后（边码392及以下）对**瑞民第5条第2款中的习俗和当地惯例**加以阐述，这些习俗和当地惯例构成了（被保留之）各州私法的体现。

（一）基本原则

1. 整体法典化原则。

（1）法典化是指在一个法典中对一整个法律领域进行总体的、尽可能全面的以及思想和技术上统一的规制（边码40）。[1]法典化基于的实质思想是**法律统一**。

如果私法的所有部分都被制定成了法典，便可以谈得上私法的**总体法典化**。[2]

（2）在颁布瑞民和瑞债时，联邦立法者追求的便是这种私法的总体法典化：立法者意图实现在联邦层面的整体和排他的私法秩序——不过在保留私法附属立法的前提下。这体现在**瑞民第5条第1款以及瑞民尾编第51条中**。[3]

私法领域内联邦的（总体）立法权在宪法上的基础体现在《联邦宪法》第122条第1款（1874年旧《联邦宪法》第64条第1款和第2款）。

整体法典化的思想和宪法上的联邦法破坏力原则（即"联邦法击破州法原则"）有关。[4]

这个原则被包含在《联邦宪法》第49条第1款中。[5]这一般

---

[1] Liver, BeKomm, N 5 zu Art. 5 ZGB; Derselbe, BeKomm, Allg. Einleitung zu Art. 1~10 ZGB, N 2.

[2] Liver, BeKomm, N 5 zu Art. 5 ZGB; Marti, ZüKomm, Vorbem. zu Art. 5 und 6 ZGB, N 92, sowieN 2 und 17 zu Art. 5 ZGB.

[3] Liver, BeKomm, N 8 zu Art. 5 ZGB; Deschenaux, SPR Ⅱ, S. 38 ff.; Marti, ZüKomm, N 17 ff. zu Art. 5 ZGB.

[4] BGE 117 Ia 328 ff. (331ff.), E. 2~3.

[5] 关于1874年《联邦宪法》中的相同表述已见于Huber, BeKomm, N 15 ff. zu Art. 6 ZGB; Deschenaux, SPR Ⅱ, S. 24 und 38.

性地（不仅在私法领域内）意味着，在由联邦立法完全调整的领域，各州无权进行立法。[1]

372　（3）整体法典化的施行，再加上联邦法的优先性，导致私法这个领域原则上**由联邦法进行调整**。

就法律渊源而言，在联邦层面上实现了统一。从而在此实行的原则是"私法是联邦法"。[2]即便联邦法律存在漏洞，亦是如此（关于瑞民第1条第2款参见边码169及以下）。

373　在此"体系"中，根据瑞民第5条第1款（结合瑞民尾编第51条），**各州私法**便取决于"联邦法对州法的效力作出了保留"（所谓的真正保留，参见边码375），换句话说，取决于对各州立法存在**联邦法上的授权**。[3]也就是说，各州的民法规定，只有在联邦立法者自己将部分立法权"返还"给各州时，才被允许。

2. 真正的保留和不真正的保留。

374　应对如下两种保留作出区分：[4]

375　（1）**真正的**保留（如其在瑞民第5条第1款中表达出来的那样）授权各州在相关领域立法，而如果不存在此保留各州对此则**无权立法**。

真正的保留涉及的是各州**在私法中**的立法权限（对此见边码377及以下）。这个保留是**真正的**（构成性的），因为如上所述，如果不存在此保留，那么各州在相关领域无权颁布民法规范——例子见边码382及以下。

376　（2）与此相对的是不真正的保留，瑞债第6条调整的便是此种保留。该种保留只是体现了本来按照宪法中联邦和州之间的权限划分就有效的东西。[5]从而，不真正保留不具有规范性的效力，而只具有说明性的效力。

---

[1] BGE 123 I 221 ff. (238), E. 3d; 124 I 107 ff. (109), E. 2a; 详见 Häfelin/Haller/Keller, Nr. 1173 ff.

[2] 关于债法参见 Gauch/Schluep/Schmid, Nr. 1.

[3] Marti, ZüKomm, N 2 und 19 zu Art. 5 ZGB.

[4] Deschenaux, SPR II, S. 39 unten; Marti, ZüKomm, N 22 ff. zu Art. 5 ZGB.

[5] Liver, BeKomm, N 13 zu Art. 5 ZGB.

不真正的保留涉及的是**公法**内的立法（对此边码414及以下）。此种保留是"不真正的"（只是说明性的），因为按照宪法中的权限划分（《联邦宪法》第3条），在此法律领域内的立法权本来就属于各州。[1]虽然瑞民把对公法问题的规制"保留给了"各州，但在该规定中，只是重复了宪法上的权限划分。——**例子**：瑞民第59条第1款、第644条[2]以及第702条及以下；瑞债第73条第2款。

（二）有利于各州私法的保留（瑞民第5条第1款）

根据如上所述的原则（边码369及以下），针对何时允许各州私法，瑞民第5条第1款作出了一般性的表示：各州在（**且仅在**）联邦法对各州法律的效力作出保留的时候，才有权制定或废止民法规定。换句话说，真正保留的存在是相关各州法律规范有效的必要条件。在此，各州私法不得超越联邦为各州所保留的领域。[3]

如上所述（边码375），这之所以是**真正的**保留，是因为各州获得了根据联邦宪法上的权限划分它本不具有的权力。

这些保留**有悖于在联邦层面私法统一的思想**。下文将简述联邦立法者出于何种理由作出了真正保留（边码379及以下），存在何种类型的真正保留（边码382及以下），以及在哪里去寻找各州私法（边码390及以下）。

1. 保留的理由。

主要出于如下两个理由，瑞士联邦立法者放弃了对私法进行完全的规制：[4]

（1）一方面，在颁布民法典时，由于对于特定具体问题各州法典之间的分歧极其严重，导致不可能在此领域实现对法律制度的完全统一。

---

[1] BGE 134 I 23 ff. (33), E. 6.2.3 in fine（"原本就属于各州的权限"）. 对此详见 Häfelin/Haller/Keller, Nr. 1049 ff.

[2] Liver, BeKomm, N 15 zu Art. 5 ZGB.

[3] BGE 117 Ia 328 ff. (331 ff.), E. 2 ~ 3; Liver, BeKomm, N 44 ff. zu Art. 5 ZGB; Marit, ZüKomm, N 29 ff. und 134 ff. zu Art. 5 ZGB; Meier – Hayoz/Ruoss, S. 158.

[4] Marti, ZüKomm, N 20 zu Art. 5 ZGB; Steinauer, TDP Ⅱ/1, Nr. 171.

例如：现在不再有效的瑞民第472条，赋予各州以权限，各州可将（联邦法上）兄弟姐妹们的义务份额请求权取消，或者将该请求权扩张到兄弟姐妹的后代。[1]

381　（2）另一方面，对特定的法律制度进行完全的统一也不恰当，因为这样就无法照顾到各地的特殊性了。例如：瑞民第59条第3款。

2. 类型和实际的意义。

382　（1）传统上，学说区分（至少；对此参见边码386及以下）三种（主要）类型的真正保留：[2]

383　——**授权性的**（"可选的"）保留只是赋予各州立法者在特定问题上制定州法的权限，而没有对其施加义务。如果某州对此不立法，便适用联邦的规定（瑞民尾编第53条第2款）。例如：瑞民第795条第2款和第843条；瑞债第270条第2款。[3]

384　——**分配性的**（"义务的"）保留不仅对各州立法进行了授权，而且也对此施加了义务。基于此保留，联邦在相关的事项领域将立法主权分配给了各州。如果各州对此没有进行规制，在州法中就存在漏洞。[4]例如：瑞民第59条第3款、第688条[5]、第697条以及第740条。

385　——**过渡性法律的**保留并没有赋予各州颁布新规定的权利，而只是允许之前的各州规定继续有效。[6]例如：瑞民第22条及以下、第46条以及尾编第48条。

386　上述的区分主要具有类型化上的意义。具有实际意义的当然是对如下问题的回答，即各州在为其保留的事项领域内是**必须**立法还

---

[1] Vgl. Dazu Tuor/Schnyder/Rumo‐Jungo，§ 68 N 7 指向了第十版第440页；Liver, BeKomm, N 9 und 22 zu Art. 5 ZGB.

[2] 详见Liver, BeKomm, N 17 ff. zu Art. 5 ZGB; Deschenaux, SPR Ⅱ, S. 40 ff.; Marti, ZüKomm, N 75 ff. zu Art. 5 ZGB; Steinauer, TDP Ⅱ/1, Nr. 178 ff. （无过渡性法律的保留）。

[3] BGE 117 Ia 328 ff. (331), E. 2b; 120 Ⅱ 341 ff. (343), E. 2b.

[4] 详见Liver, BeKomm, N 23 ff. und 30 ff. zu Art. 5 ZGB; Marti, ZüKomm, N 80 ff. zu Art. 5 ZGB.

[5] BGE 122 I 81 ff. (84), E. 2a 带有进一步的指引。

[6] 对将之归类为真正保留的批判态度见Marti, ZüKomm, N 53 ff. zu Art. 5 ZGB.

是**有权**立法。出于完整性的考虑应补充的是，在司法和学说中还存在保留的其他类型：

— **负担性的**保留（尤其是瑞民第 52 条第 1 款以及尾编第 54 条）对各州施加了义务，要求各州为了联邦民法的实现颁布必要的规定。这主要涉及联邦法规定的国家机构的组织和职权。 387

因为这里主要涉及各州的组织法和程序法，也即是主要涉及**公法**，从而将之划分到真正保留之下不无问题。[1]

— 最后，根据司法和学说，还存在有利于各州**公法规则的**、针对联邦私法的**授权性**（可选的）保留。[2] 388

由于这不涉及各州私法，从而对其也无法在瑞民第 5 条下予以处理。[3]

（2）由于私法的法源原则上存在于联邦法内，真正的保留自然只是例外；从而这并未危及联邦的法律统一性。[4]各州私法在实践上的重大意义，主要存在于**物权法的相邻权规则上**（基础性的见瑞民第 686 及以下）。[5] 389

3. 被保留之各州私法的法律渊源。

（1）各州私法首先存在于各州的法律中，尤其是在各自的《瑞士民法典施行法》中，部分也存在于特别法（《建筑法》、《耕地法》或类似法律）中。[6]例如：2000 年 11 月 20 日的《卢塞恩瑞士民法典施行法》。[7] 390

（2）相关各州私法的基础还可能在于习惯法，在分配性保留的场合则肯定是如此。[8] 391

---

[1] 正确的观点见 Liver, BeKomm, N 11 und 17 zu Art. 5 ZGB; Marti, ZüKomm, N 49 ff. und 85 ff. zu Art. 5 ZGB.

[2] 例如按照 BGE 122 III 101 ff. (104), E. 2a/bb 瑞债第 61 条第 1 款; Huber, BeKomm, N 103 zu Art. 6 ZGB.

[3] Vgl. Auch Marti, ZüKomm, N 45 ff. zu Art. 5 ZGB.

[4] Marti, ZüKomm, N 11 ff. zu Art. 5 ZGB.

[5] Vgl. dazu BGE 129 III 161 ff. (163 ff.), E. 2.4; 122 III 101 ff. (104), E. 2a/bb; Schmid/Hürlimann – Kaup, Sachenrecht, Nr. 966 ff.

[6] Liver, BeKomm, N 37 ff. zu Art. 5 ZGB; 详见 Marti, ZüKomm, N 98 ff. zu Art. 5 ZGB.

[7] Gesetzessammlung des Kantons Luzern 2001, S. 1 ff. (SRL Nr. 200).

[8] Liver, BeKomm, N 39 ff. zu Art. 5 ZGB.

(三) 习惯和当地习俗 (瑞民第 5 条第 2 款)

392　法律并没有对"习惯"和"当地习俗"概念进行定义,而是认为它们已经为人所知(边码第 393 及以下)。不过,对法律在指向习惯和当地习俗概念时,何者可以被推定为它们,瑞民第 5 条第 2 款表明了态度。

1. 概念和意义。

393　(1) 习惯和当地习俗——可简称为交往习惯、交往习俗或惯例——在这里被统一地理解为在业务交往(Geschäftsverkehr)中惯常的行为方式,即那种在相关关系中一般可被观察到的行为。[1]

394　(2) 交往习惯尤其具有如下两个方面的意义:[2]

— 一方面,当法律明确指向它们时(瑞民第 611 条第 2 款以及第 684 条第 2 款;瑞债第 112 条第 2 款和第 394 条第 3 款)。[3]

— 另一方面——即便不存在法律的指向——对于法律行为的解释,尤其是对于合同解释。[4]

但交往习惯本身(在不存在法律或合同的指向时)并不构成法律渊源;习惯本身不构成习惯法。[5]但在满足一定条件时,从长期的习惯中可能会产生习惯法(边码 192)。[6]

2. 对交往习惯的探寻。

395　(1) 在法律(或者合同)指向习惯或当地惯例的所有场合,都会存在如何探寻交往习惯这个问题。如果习惯并非显而易见,为了确定习惯,法院首先要从官方机构或专家处获取信息;在法律上的转引指向关于法律问题的习惯时,尤其如此。[7]

---

[1] Meier-Hayoz/Ruoss, S. 164;类似的参见 Liver, BeKomm, N 67 und 89 ff. zu Art. 5 ZGB; Marti, ZüKomm, N 209 zu Art. 5 ZGB.

[2] Liver, BeKomm, N 69 ff. zu Art. 5 ZGB.

[3] 详见 Liver, BeKomm, N 85 ff. zu Art. 5 ZGB; Marti, ZüKomm, N 237 ff. zu Art. 5 ZGB.

[4] Gauch/Schluep/Schmid, Nr. 1217 ff.

[5] BGE 86 Ⅱ 256 ff. (257); Liver, BeKomm, N 73 zu Art. 5 ZGB; Gauch/Schluep/Schmid, Nr. 1219.

[6] Vgl. auch Liver, BeKomm, N 109 ff. zu Art. 5 ZGB.

[7] Liver, BeKomm, N 102 ff. zu Art. 5 ZGB; Deschenaux, SPR Ⅱ, S. 48;细化的讨论参见 Marti, ZüKomm, N 269 zu Art. 5 ZGB.

针对交往习惯的探求（以及针对法律指向习惯的任何时候），瑞民第5条第2款规定了一个推定：除非有相反的习惯被证实，否则以前的州法作为习惯和当地惯例。[1]这使得法律适用变得容易一些。

"以前的州法"指的是1912年1月1日之前在各州有效的规则。这些规范——尽管今天不再有效——体现了何者在相关州内是惯常的。从而，此种体现被推定为正确。[2]

不过需要补充的是，这些以前的州法在今天并不容易发现，或已经由于世事变迁而过时。从而，瑞民第5条第2款中的推定已在很大程度上**丧失了它最初的意义**。[3]

（2）除此之外，按照主流学说，各州可以通过立法的途径——比如在瑞士民法典施行法中——确定何者在本州内是惯常的。[4]

不过，这并不属于严格意义上的造法，而是属于对事实的描述；由此而造就的法律上的推定，可以通过证据推翻，即证明实际上不存在此种交往习惯或是其实存在别样的习惯。[5]

（四）其他文献

- Jagmetti Marco, Vorbehaltenes kantonales Privatrecht, SPR I, S. 239 ff.

- Kley – Struller Andreas, Kantonales Privatrecht, Eine systematische Darstellung der kantonalen Einführungsgesetzgebung zum Bundesprivatrecht am Beispiel des Kantons st. Gallen und weiterer Kantone, St. Gallen 1992（Veröffentlichungen des Schweizerischen Instituts für Verwaltungskurse an der Hochschule St. Gallen, Neue Reihe, Band 37）.

- Marti Arnold, Perspektiven für das Zusammenspiel von Privatrecht und öffentlichem Recht in der Schweiz des 21. Jahrhunderts

---

[1] Liver, BeKomm, N 91 ff. zu Art. 5 ZGB.
[2] Liver, BeKomm, N 92 zu Art. 5 ZGB; Marti, ZüKomm, N 263 zu Art. 5 ZGB.
[3] Mariti, ZüKomm, N 16 und 264 zu Art. 5 ZGB.
[4] 细化的讨论见 Liver, BeKomm, N 94 ff. zu Art. 5 ZGB, u. a.（N 99），援引了1908年6月24日的联邦司法与警察部的请求书；Marti, ZüKomm, N 5, 16 und 265 ff. zu Art. 5 ZGB; Deschenaux, SPR II, S. 48 ff. 对此未表态。
[5] Marti, ZüKomm, N 5, 16 und 265 ff. zu Art. 5 ZGB.

(Art. 5 und 6 ZGB), in: Gauch Peter/Schmid Jörg (Hrsg.), Die Rechtsentwicklung an der Schwelle zum 21. Jahrhundert – Symposium zum Schweizer Privatrecht (...), Zürich 2001, S. 21 ff.

— Pahud de Mortanges Réné/Siffert Rino, Das Zivilgesetzbuch für den Kanton Freiburg und seine Bedeutung für die heutige Rechtsprechung, FZR 1998, S. 247 ff.

— Piotet Denis, Le droit privé vaudois de la propriété foncière (delimité par la législation fédérale et comparéà d'autres droits cantonaux), Lausanne 1991.

— Derselbe, Droit cantonal complémentaire, in: Traité de droit privé suisse, Volume I: Histoire et champ d'application, Tome II, Basel/Frankfurt am Main 1998.

三、联邦私法和各州公法

教科书文献

— Caroni, S. 229 ff.

— Deschenaux, SPR II, S. 11 ff.

— Forstmoser/Vogt, § 4 N 44 ff.

— Hausheer/Jaun, Nr. 6.01 ff.

— Meier – Hayoz/Ruoss, S. 168 ff.

— Riemer, Die Einleitungsartikel, § 10 N 1 ff.

— Steinauer, TDP II/1, Nr. 206 ff.

— Tuor/Schnyder, § 4 N 25 ff.

评注和特别文献：

— Hausheer/Jaun, StHandkomm, N 1 ff. zu Art. 6 ZGB.

— Huber, Berner Kommentar, N 1 ff. zu Art. 6 ZGB.

— Marti, Handkomm, N 1 ff. zu Art. 6 ZGB.

— Marti, Zürcher Kommentar, Vorbem. zu Art. 5 und 6 ZGB, N 1 ff., sowie N 1 ff. zu Art. 6 ZGB.

— Schmid, Basler Kommentar, N 1 ff. zu Art. 6 ZGB.

— Steffen Gabrielle, Article 6 CC: un écheveau á démêler? Exemple de la carte santé, AJP 2003, S. 963 ff.

法院判决：

1. BGE 128 Ⅲ 250 ff.（253），E. 2a（亦可参见 BGE 101 Ⅱ 366 ff. [369]，E. 2b）

关于界定公法和私法的理论（"方法"）。屈从理论（Subjektionstheorie）的重点。在本案中为公法合同，而非私法合同。

2. BGE 96 I 97 ff.（102），E. 2f（亦可参见 BGE 106 Ib 47 ff. [48 ff.]，E. 4a；109 Ia 76 ff. [78]，E. 3b）

瑞民第 699 条作为双重规范，即，作为既具有私法属性又具有公法属性的法律规范。

3. BGE 122 I 351 ff.（亦可参见 1998 年 9 月 28 日瑞士联邦法院判决，载于 Pra 88/1999, Nr. 30, S. 179 ff. [182 ff.]，E. 2a～b = ZBGR 81/2000, S. 242 ff.）

瑞民第 836 条作为有利于各州公法的联邦法中的不真正保留。联邦法扩张力的界限。要求抵押土地应和被担保的税收请求权具有特别关系。

4. BGE 126 Ⅲ 370 ff.（373 ff.），E. 7b～d（亦可参见 122 Ⅲ 101 ff.）

各州公法的扩张力以及对其的限制。该州（在本案中是日内瓦）对公证人员（公证员）所有工作——部分工作属于其官方职能领域，部分工作属于私法上的服务——的责任设置了统一的规则，这并没有违反上述限制。不过条件是，这些责任制度的范围并不比联邦法中确立的范围更小。

5. BGE 131 I 333 ff.

各州公法的扩张力以及对其的限制。哪些住房保护措施是被允许的？

瑞民第 6 条涉及的是各州在公法上的权限。和瑞民第 5 条一样，第 6 条也以公法和私法的二元划分为前提。这里，首先（边码 404 及以下）对这两者之间的划分加以讨论；然后（边码 414 及以下）对瑞民第 6 条中的特别规定进行探讨。

（一）公法和私法之间的划分

404　　1. 对于当今的法律学说和实践，公法和私法之间的区别不可或缺，因为它有着如下的重大实践意义：[1]

405　　- 首先有区别的是**法律途径**：如果争议中的法律关系属于私法领域，那么原则上由民事法院对此进行裁决（诉讼途径）。相反，在公法关系中一般要由行政机关作出命令（再进一步的法律途径便肯定会是通过行政法院）。

406　　- 此外，在公法关系中，**宪法上的权利**（基本权利）具有重大意义，相关行政机关必须维护这些权利（《联邦宪法》第35条第2款）。在私法关系中，按照传统的观点，基本权利绝对不会发生直接的效力——除非法律对此明确进行了规定（例如在《联邦宪法》第8条第3款中）。

　　不过《联邦宪法》第35条第1款规定，基本权利在整个法秩序中都应具有效力。根据《联邦宪法》第35条第3款，行政机关应负责"基本权利在私人之间也发生效力，只要相关基本权利对此合适"。对于第三人效力问题，参见边码61。

407　　- 如上文所述（边码363），公法和私法在联邦国家中的**权能划分也不同**：根据《联邦宪法》第122条第1款，私法整体上归属于联邦的职权，而对于公法联邦则无此一般性的职权，从而原则上各州可对公法进行立法（《联邦宪法》第3条）。

408　　2. 对于公法和私法的划分，很多理论被发展了出来。[2]根据占优势的学说，下述两个理论或它们的结合占据主导地位：[3]

409　　- **主体说**的关键点在于参与法律关系的当事人：只是私人，抑或也有国家（或者说公权力的承担者）参与其中？

---

[1] 例如 Marti, ZüKomm, Vorbem. zu Art. 5 und 6 ZGB, N 31.
[2] 例如 Huber, BeKomm, N 119 ff. zu Art. 6 ZGB.
[3] 司法判例中相似观点见 BGE 101 Ⅱ 366 ff.（369），E. 2b. 稍有不同的观点见 BGE 128 Ⅲ 250 ff.（253），E. 2a, 此判例将附属说置于中心地位；BGE 126 Ⅲ 431 ff.（436 ff.），E. 2c/bb 则不置可否。

— **附属说**（屈从说）的关键点在于，参与法律关系的当事人之间是平等地位关系，抑或附属和上级地位。[1]

其他的理论有：利益说（被适用之法律规范的目的是保护私人利益，抑或公共利益？）；功能说（法律规范是否直接涉及公共职责的履行？）；强行法（Ius－cogens）说（法律规范是强行性的还是任意性的？）。[2]在针对新联邦宪法的公告中，[3]联邦委员会选择了一个其他标准。联邦委员会认为，"当某法律规范追求的是典型私法目标，并且传统上属于私法规范时，尤其是该规范实现或再造了有效私法交往的条件时"，这样的法律规范便为《联邦宪法》第122条第1款（旧《联邦宪法》第64条）所涵盖。

3. 如果人们采纳主体说和附属说的结合[4]——这在许多情况下都能导致恰当的结论——则应按照下列步骤讨论问题：

— 一方面需要询问，在某法律关系中只有私人参与其中，抑或也有国家参与其中（主体说）。在第一种情况下便为私法关系。

— 如果国家参与其中，便应继续询问，国家是以主权者身份，抑或在平等的关系中出现（附属说）。如果国家以主权者出现（也就是私人对于国家处于附属地位），那么该法律关系便应被认定为公法关系，否则为私法关系。

较新的联邦法院司法实践更加明显地倾向于附属说，但也指出，对于公法和私法纠纷之间的区别"在实践中应属于具体案件具体分析式的问题"。[5]在具体案例中应遵循"最适合于具体问题之解决"

---

[1] BGE 128 Ⅲ 250 ff.（253），E. 2a.

[2] 总体性的参见 BGE 128 Ⅲ 250 ff.（253），E. 2a；126 Ⅲ 431 ff.（436 ff.），E. zc/bb；101 Ⅱ 366 ff.（369），E. 2b；BBl 1997 I, S. 338 ff.（《联邦宪法》公告）；Häfelin/Müller－Uhlmann（边码424中的文献），Nr. 247 ff；Imboden/Rhinow（边码424中的文献），Nr. 1, S. 4 ff.；Huber, BeKomm, N 119 ff. zu Art. 6 ZGB；Deschenaux, SPR Ⅱ, S. 15 ff.；Marti, ZüKomm, Vorbem. zu Art. 5 und 6 ZGB, N 50 ff., sowie N 4 und 124 ff. zu Art. 6 ZGB；Medicus, Nr. 7 ff.；Larenz/Wolf, § 1 N 18 ff.

[3] BBl 1997 I, S. 338.

[4] Huber, BeKomm, N 130 zu Art. 6 ZGB.

[5] BGE 128 Ⅲ 250 ff.（253），E. 2a.

的区分标准；这里尤其重要的是"根据个案中的规制需要和法律后果，使公、私法的区分具有完全不同功能的"情事。[1]

413　　4. 不过，根据司法和学说，亦存在无法做出上述区分的情形。因为在法秩序中存在所谓的双重规范（混合式的规范），它们既具有公法属性也具有私法属性。私人权利享有者应通过民事途径去执行基于这些规范的请求权，而公共体则应通过行政法途径为之。[2]例如：瑞民第699条。[3]

（二）瑞民第6条的意义

414　　首先（边码415及以下）澄清的是，瑞民第6条构成不真正的保留。接下来（边码417及以下）对——同样包含在瑞民第6条中的——各州公法的"扩张力"进行探讨。

这里对瑞民第6条的两款一同处理，因为第2款只是第1款的一个具体适用情形而已。

1. 作为不真正保留的瑞民第6条。

415　　（1）瑞民第6条第1款——首先——构成**不真正的保留**。[4]也即是说，立法者在此只是表达了宪法上本来就已存在的联邦和各州之间的权限划分：各州负责在公法领域进行立法（亦参见边码364和376）。

> 基于调整联邦和各州之间职权划分的联邦宪法规则，这种划分是不言而喻的，从而瑞民其实不必再对之进行明文重复：在公法领域各州享有主权，只要其主权没有被联邦宪法（以及基于联邦宪法的联邦立法）所限制（《联邦宪法》第3条）。在此意义上，瑞民第6条只具有**说明性的意义**。[5]

416　　（2）瑞民第6条第2款构成该条第1款之应用的情形之一：各州

---

〔1〕　BGE 128 Ⅲ 250 ff.（253），E. 2a. 类似的见 BGer 4C. 326/2001, E. 2a. Vgl. auch Hausheer/Jaun, StHandkomm, N 35 zu Art. 6 ZGB.
〔2〕　BGE 96 I 97 ff.（102），E. 2f; Imboden/Rhinow（边码424中引用的文献），Nr. 3, S. 16 ff.；Marti, ZüKomm, Vorbem. zu Art. 5 und 6 ZGB, N 70.
〔3〕　BGE 96 I 97 ff.（102），E. 2f; 106 Ib 47 ff.（48 ff.），E. 4a; 109 Ia 76 ff.（78），E. 3b.
〔4〕　Huber, BeKomm, N 68 zu Art. 6 ZGB; Marti, ZüKomm, N 37 zu Art. 6 ZGB.
〔5〕　众多文献中只需参见 Marti, ZüKomm, N 23 ff. zu Art. 6 ZGB.

有权——基于其在公法领域内的立法权限——"限制或禁止某特定种类之物的交易或宣告关于此种物的法律行为无效"。[1]

但根据瑞民第 6 条第 2 款，这也得"在其管辖界限内"。**例如**：为保护古董、自然景观和艺术品的各种规范。[2]

2. 所谓各州公法的"扩张力"。

然而，瑞民第 6 条又不仅限于此不真正保留。立法者制定本规定是为了有意对所谓各州公法的"扩张力"予以承认。[3]这意味着：

417

（1）各州有权发挥其在公法中的立法自治。尽管各州相应的公法规定是为了加强或保护联邦民法，但其也可追求独立的，亦即警察式的（polizeilich）目的。[4]对此各州享有权限。即便是这些公法规范**切割**（破坏）了**联邦民法**，原则上亦可。

418

> 为实现警察式的目的，各州有权按照瑞民第 6 条第 2 款，限制或禁止某特定种类之物的交易或宣告关于此种物的法律行为无效（边码416）。

（2）但如此理解的各州公法的扩张力也有其界限。根据联邦司法实践，各州立法者尤其要注意如下的三个限制：[5]

419

— 在相关法律领域**不得存在联邦民法的完全性的规则**。换句话说，各州公法只有在联邦法没有提供全面的、以完全规制为意图的规则时，才有其空间。[6]

420

如果对某问题存在完全性联邦民法规制，而某州却对此问题颁布

---

[1] Huber, BeKomm, N 245 ff. zu Art. 6 ZGB; Deschenaux, SPR Ⅱ, S. 35 ff.; Marti, ZüKomm, N 391 ff. zu Art. 6 ZGB.

[2] Marti, ZüKomm, N 437 und 443 ff. zu Art. 6 ZGB.

[3] BGE 126 Ⅲ 370 ff. (373), E. 7c; Huber, BeKomm, N 70 ff. zu Art. 6 ZGB; Marti, ZüKomm, N 45 ff. zu Art. 6 ZGB.

[4] Meier – Hayoz/Rouss, S. 172.

[5] BGE 132 Ⅲ 6 ff. (8), E. 3. 2; 131 Ⅰ 333 ff. (336), E. 2. 1; BGer vom 28. September 1998, in: Pra 88/1999, Nr. 30, S. 179 ff. (183), E. 2a = ZBGR 81/ 2000, S. 242 ff.; BGE 124 Ⅰ 107 ff. (109), E. 2a; 122 Ⅰ 18 ff. (21), E. 2b/aa; 119 Ia 348 ff. (354), E. 2c; 详见 Huber, BeKomm, N 77 ff., 170 ff. und 209 ff. zu Art. 6 ZGB; Deschenaux, SPR Ⅱ, S. 26 ff.; Marti, ZüKomm, N 230 ff. zu Art. 6 ZGB.

[6] 总体性的参见 Marti, ZüKomm, N 248 ff. zu Art. 6 ZGB; Steinauer, TDP Ⅱ/1, Nr. 216 ff.

了公法规范，那么此公法规范无效，因为其违反了联邦法破坏力原则（边码371及以下）。

例子：①关于人格保护的联邦法规则，包括反对陈述权（Gegendarstellungsrecht）（瑞民第28～281条），即属于完全性的。关于此种请求权的州立法便被排除。不过，当媒体就主权权能的行使进行了错误报道时，在限制性解释的情况下，赋予特定条件下州或市级机关之纠正权的各州规范还是被允许。[1]②联邦私法中关于形式的规定也是完全性的，此种规定其实突破了形式自由原则（瑞债第11条第1款）。各州不得对某特定类型合同（例如不动产中介合同）规定特殊的形式。[2]③出租人和承租人之间的关系也被联邦法完全地调整。各州不得干涉此种关系，尤其不得颁布涉及租赁关系提前终止的规则。[3]

421

- 各州公法不得妨害**联邦民法的意义和精神**，亦不得与之相矛盾。也就是，不得使联邦法目标的实现成为不能之事。[4]

例子：基于各州在税法领域的立法主权，各州可引入涉税的不动产担保权，此不动产担保权的生效不以土地登记簿上的登记为要件（瑞民第836条）。但各州的担保权规则不得妨害联邦私法，亦不得违背联邦私法的意义和目的。从而，只是在被担保的是税收请求权，并且该税收请求权和被负担的土地之间存在特别关系时，例如其为担保不动产利得税，而不是为担保一般的财产税的担保权时，联邦法院才允许州法直接设置此种担保权。[5]相反，当州税法针对在未分居之

---

[1] BGE 112 Ia 398 ff. (401 ff.), E. 4.
[2] BGE 65 I 65 ff. (81), E. 5a.
[3] BGE 131 I 333 ff. (336), E. 2. 2; BGer vom 21. März 2000, in: Pra 2000, Nr. 128, S. 745 ff. (748), E. 2d; BGE 119 Ia 348 ff. (354), E. 2c.
[4] 详见 Marti, ZüKomm, N 330 ff. zu Art. 6 ZGB.
[5] BGE 122 I 351 ff. (355), E. 2a.

婚姻中生活的配偶就其全部税负承担共同责任，[1]当土地所有权由于州法关于保护稀有植物的规定而被干扰，[2]或当州要求对住房进行转换（Umwandlung）必须获得许可时，[3]联邦法院认为这些做法并没有对联邦民法造成妨碍。

— 各州的规定必须服务于**公共利益**。[4]根据通说，该公共利益不必一定要具有警察式的属性，即便是社会政治性的利益亦可。[5]

（3）除了上述的扩张力界限以外，学说从瑞民第6条第1款中（以及从法秩序之统一性和无矛盾性要求中）也得出联邦私法和州公法应相互协调的义务。这不仅适用于立法，也适用于法律适用场合。[6]

（三）其他文献

— Häfelin Ulrich/Müller Georg/Uhlmann Felix, AllgemeinesVerwalt-ungsrecht, 5. Auflage, Zürich 2006.

— Imboden Max/Rhinow RenéA., Schweizerische Verwaltungsrechtsprechung Die Rechtsgrundsätze der Verwaltungspraxis, erläutert an Entscheiden der Verwaltungsbehörden und Gerichte, Band I: Allgemeiner Teil, 6. Auflage, Basel/Frankfurt am Main 1986.

— Marti Arnold, Perspektiven für das Zusammenspiel von Privatrecht und öffentlichem Recht in der Schweiz des 21. Jahrhunderts（Art. 5 und 6 ZGB）, in: Gauch Peter/Schmid Jörg（Hrsg.）, Die Rechtsentwicklung an der Schwelle zum 21. Jahrhundert – Symposium zum

---

[1] BGE 122 I 139 ff.（145 ff.）, E. 4.
[2] BGE 132 Ⅲ 6 ff.（8 ff.）, E. 3. 2.
[3] BGE 131 I 333 ff.（336 ff.）, E. 2. 2，就各州为维护居住房屋提供的保护措施给出了进一步的指引。
[4] 详见 Marti, ZüKomm, N 298 ff. zu Art. 6 ZGB.
[5] BGE 125 I 417 ff.（422）, E. 4a；基础性的见 BGE 97 I 499 ff.（505 ff.）, E. 4c；Marti, ZüKomm, N 314 ff. zu Art. 6 ZGB；Haushee/Jaun, Nr. 6. 22；Schmid, BaKomm, N 13 ff. zu Art. 6 ZGB；旧学说与此不同，要求具有警察性的利益，对此参见 Huber, BeKomm, N 209 ff. zu Art. 6 ZGB；Meier-Hayoz/Ruoss, S. 174.
[6] BGE 129 Ⅲ 161 ff.（165 unten）, E. 2. 6；126 Ⅲ 223 ff.（226）, E. 3c；Huber, BeKomm, N 14, 85 und 155 zu Art. 6 ZGB；Marti, ZüKomm, N 25 und 52 ff. zu Art. 6 ZGB.

Schweizer Privatrecht (…), Zürich 2001, S. 21 ff.

— Richli Paul, Bundeszivilrecht vs. kantonales öffentliches Recht – Versuchung zur wechselseitigen Grenzüberschreitung, in: Girsberger Daniel/Luminati Michele (Hrsg.), ZGB gestern – heute – morgen, FG zum Schweizerischen Juristentag 2007, Zürich 2007 (LBR Band 20), S. 41 ff.

第十一章

联邦法和民事诉讼法(瑞民第8~9条)

教科书文献：

- Deschenaux, SPR II, S. 233 ff.
- Hausheer/Jaun, Nr. 7.01 ff.
- Meier – Hayoz/Ruoss, S. 179 ff.
- Riemer, Die Einleitungsartikel, S. 121 ff.
- Seiler, Einführung, S. 211 ff. (Beweisen) und 270 ff. (Zivilrechtspflege).
- Steinauer, TDP II/1, Nr. 632 ff.
- Tuor/Schnyder/Schmid, § 7.

特别文献（选列）：

- Hausheer/Jaun, StHandKomm, N 1 ff. zu Art. 8, 9 und 10 ZGB.
- Hohl Fabienne, Procédure civile, 2 Bände, Bern 2001 (Band I) und 2002 (Band II).
- Kummer, Berner Kommentar zu Art. 8 ~ 10 ZGB.
- Schmid, Basler Kommentar zu Art. 8 ~ 10 ZGB.
- Staehelin Adrian/Staehelin Daniel/Grolimund Pascal, Zivilprozessrecht nach dem Entwurf für eine Schweizerische Zivilprozessordnung und weiteren Erlassen, unter Einbezug des internationalen Rechts, Zürich 2008.
- Staehelin Adrian/Sutter Thomas, Zivilprozessrecht, nach den Gesetzen der Kantone Basel – Stadt und Basel – Landschaft unter Einbezug des Bundesrechts, Zürich 1992, S. 153 ff.

– Vogel Oscar/Spühler Karl, Grundriss des Zivilprozessrechts und des internationalen Zivilprozessrechts der Schweiz, 8. Auflage, Bern 2006.

– Walder – Richli Hans Ulrich/Grob – Andermacher Béatrice, Zivilprozessrecht nach den Gesetzen des Bundes und des Kantons Zürich unter Berücksichtigung weiterer kantonaler Zivilprozessordnungen und der Schweizerischen Zivilprozessordnung vom 19. Dezember 2008 sowie unter Einschluss internationaler Aspekte, 5. Auflage, Zürich 2009.

具有说明意义的还有2006年6月28日关于《瑞士民事程序法》的公告,参见BBI 2006, S.7221 ff.（尤其是S.7310 ff.）。

法院判决：

1. BGE 116 Ⅱ 215 ff.（218），E. 3

民事诉讼法的辅助功能。禁止各州制定那些使得联邦民法的实现变为不可能,或违背联邦民法意义和精神的程序性规定。

2. BGE 118 Ⅱ 235 ff.（238 ff.），E. 2c

证据的概念。对于事实主张的正确性要求法院的确信；禁止按照可能性进行裁决。证明度问题应被理解为瑞民第8条或至少作为不成文联邦宪法的一部分。

3. BGE 122 Ⅲ 219 ff.（232 ff.），E. 3c

瑞民第8条与证据法。允许预先的证据认定。

4. BGE 125 Ⅲ 78 ff.（79ff.），E. 3b = Pra 88/1999, Nr. 91, S. 506 ff.

劳动合同中雇员的薪金请求权。雇员对于劳动合同订立,以及对于约定的或通常的薪金负担举证责任。雇主对于劳动合同已消灭负担举证责任。

5. BGE 130 Ⅲ 321 ff.

瑞民第8条；涉及是否发生保险事故的举证责任、证明度以及反证。

瑞民第8条和第9条的页边标题为"举证规则"。证据问题涉及对（争议）事实的探求,在私法的脉络下,属于**民事程序法**。

因此下文所述首先始于民事程序法的基本问题（第一部分）。接下来在第二部分中探讨证据和举证责任问题；在此对瑞民第 8 条这个核心规定进行阐释。最后在第三部分处理瑞民第 9 条所规定的举证问题。

随着《民事程序法》的生效，瑞民第 10 条被废止。从而对该条只是简短涉及（边码 491 及以下）。

一、民事程序法概说

对民事程序法的阐述属于特定相关教科书的内容。[1] 在瑞民第 8 条与第 9 条的背景下，下面简短地在（一）中对民事程序法的概念和功能，在（二）中对权限划分和法律性质以及在（三）中对事实探查的核心问题进行讨论。

429

（一）民事程序法的概念和功能

首先应对实体私法和民事程序法（形式私法）进行区分：

430

1. **实体私法**（瑞民/瑞债，联邦的私法附属立法以及——在联邦保留给各州的前提下——各州的实体私法）决定着，特定法律主体是否**享有**特定权利。也就是，实体私法调整平等权利主体之间权利和法律关系的产生、变更和消灭（边码 4 及以下）。[2]

431

2. 相反，民事程序法（"形式私法"）调整这些已经产生之权利的贯彻执行，即程序和机构组织问题。**狭义的民事程序法**只包括判决程序，而不包括执行程序。对此应补充内容如下：

432

— 民事程序法服务于实体私法的贯彻执行。换句话说，在与实体法的关系上，程序法只是发挥支持性的、"**服务性的**"功能。[3]

433

— 不过，不可忽视**程序法对于实体法的实际意义**：如果缺少程序性工具对权利的贯彻执行，那些宝贵的主观权利对于权利人（人格权享有者、所有权人、限制物权人、债权人等）并无用处。从而，

434

---

[1] 参见边码 426 中列举的教科书和评注书。
[2] Vogel/Spühler, § 10 N 4.
[3] BGE 116 Ⅱ 215 ff.（218），E. 3；113 Ia 309 ff.（312），E. 3b；Huber, BeKomm, N 48 zu Art. 6 ZGB；Vogel/Spühler, § 2 N 14.

设置程序法对于整个私法来说具有基础性的意义。

（二）权限划分和归类

435　　1. 根据《联邦宪法》第 122 条第 1 款，瑞士联邦享有在实体私法领域的立法权限。此联邦立法权限是全方位的（umfassend）（边码 363 以及 370 及以下）。

436　　基于 2007 年 1 月 1 日生效的新《联邦宪法》第 122 条第 1 款，[1] 民事程序法的立法权限也归属于联邦。根据《联邦宪法》第 122 条第 2 款，对于民事领域的法院组织和司法，在法律没有其他规定的情况下，由各州负责（亦可参见《民事程序法》第 4 条第 1 款）。

在此之前，原则上由各州对此负责立法，但其实那时联邦就已通过不同方式干涉各州的立法权限了。[2]

437　　2. 民事程序法作为程序法，属于公法范畴。

在 2007 年 1 月 1 日之前有效的宪法权限划分下，当时存有争议的是，民事程序法是由瑞民第 6 条第 1 款所规定的（不真正的）保留所涵盖，还是其直接建基于旧《联邦宪法》第 122 条第 1 款。[3] 鉴于民事程序法的"辅助性功能"（以及联邦法的破坏力原则；边码 371），各州民事程序法不得违反联邦私法，从而不得使联邦私法之实现成为不可能。这在当时就毫无疑问。[4] 该争议问题在今天由于统一的做法而失去意义。

（三）作为民事程序法之一部分的事实探求

442　　1. 法院的判决一方面建立在探求事实，另一方面建立在法律适用的基础上：[5]

---

[1] AS 2002, S. 3148; AS 2006, S. 1059.
[2] 具体见本书上一版边码 438 及以下；Vogel/Spühler, § 10 N 11 ff.
[3] 否定的观点见 Huber, BeKomm, N 45 zu Art. 6 ZGB; 有区分地肯定的观点见 Marti, ZüKomm, N 160 ff. zu Art. 6 ZGB; 肯定的观点亦见 BGE 104 Ia 105 ff.（108），E. 4a.
[4] BGE 116 Ⅱ 215 ff.（218），E. 3; 104 Ia 105 ff.（108），E. 4a; Huber, BeKomm, N 46 ff. zu Art. 6 ZGB.
[5] Kummer, BeKomm, N 10 zu Art. 8 ZGB.

— **法律适用**，亦即将法律规范适用到被探求出的事实上，应由法院依照职权主动为之（"Iura novit curia"；《民事程序法》第57条）。

— 不过，在适用法律之前，法律上有意义（"相关"）的事实必须得到确定。换言之，法律的适用必然以**探求事实**为前提。为此目的如下内容应予适用：

争议的事实通常由当事人向法院来展示［辩论原则；"自治原则"（le principe d'autonomie）；《民事程序法》第55条第1款］。[1] 在此，当事人之间对事实的陈述（主张）常常不同；换句话说，发生了哪些事儿**通常来说是有争议的**。

在例外情况下，法律指示法官基于职权主动对事实予以澄清（《民事程序法》第55条第2款以及第153条第1款）。当对某不存在争议之事实的正确性存在重大疑问时，法院也可以依职权主动进行举证（《民事程序法》第153条第2款）。[2]

2. 因此，相关的事实，也即是一般性抽象描述的实体法律规范（"请求权规范"）的构成要件，对于法律适用具有核心意义。这些事实应首先由当事人来主张（主张阶段）。如果对方对此事实**存有争议**，便会存在举证以及举证责任问题。简短说来，证据法上的规则（从而也包括瑞民第8条和第9条）涉及的是存在事实争议时对事实的探求。对此，《民事程序法》第150条第1款规定："证明的对象是法律上相关的、有争议的事实。"

例如：只有当合同——即相互一致的、相对的意思表示（瑞债第1条）——的确存在时，合同的履行之诉才可能胜诉。谁若想赢得一个履行之诉（通常是原告），他就必须首先主张相应的合同已被订立。如果对方（被告）对此合同存有争议，证明问题便突显出来。

---

［1］ 关于旧法见 Vogel/Spühler, § 30 N 18 ff.
［2］ Botschaft zur ZPO, S. 7313.

446 　　《民事程序法》第 150 条第 2 款进而规定，习惯、地方习俗以及（在财产权争议中的）外国法也是证明的对象（对此参见《国际私法典》第 16 条第 1 款第 2 句）。

二、证明和举证责任

447 　　下文在（一）一般性的阐述中，首先在第 1 点中对证明和证明手段的概念进行探讨，接下来在第 2 点中处理证明的对象，在第 3 点中讨论作为举证失败后果之规则的举证责任，以及在第 4 点中探讨举证的权利。然后在（二）中讨论瑞民第 8 条中的规定。最后（三）中论述关于推定（第 1 点）和拟制（第 2 点）的特殊规则。

（一）一般性的阐述

1. 证明和证明手段的概念。

448 　　（1）证明一般的意思是，使法院对主张（即有争议）之事实的正确性（真实性）产生确信。原则上需要进行所谓的**完全证明**，也被称为"通常证明度（Regelbeweismass）"〔1〕。法院必须在客观的视角下确信事实主张的正确性（"对完全确信的通常证明度"）。〔2〕在法院对被主张的事实情况无合理怀疑时，便属于此情况。纯粹理论上的怀疑什么时候都会存在，从而纯粹理论上的怀疑不能排除法院的确信。

　　　　例如 BGE 118 Ⅱ 235 ff.（238 ff.），E. 3c："原则上，当法官对事实主张的正确性具有确信时，证明便算已完成……不可接受的是按照纯粹的可能性作出判决，在此并不存在法官的确信，从而事实最终还是存疑的……或者按照纯粹的主观相信，而不是凭借着被证明的事实主张……""**证明度**"作为法院测量其确信的肯定程度，在民事程序法统一之前就

---

〔1〕 例如 BGE 132 Ⅲ 715 ff.（719），E. 3.1；130 Ⅲ 321 ff.（324），E. 3.2；128 Ⅲ 271 ff.（275），E. 2b/aa.

〔2〕 BGE 132 Ⅲ 715 ff.（719ff.），E. 3.1；130 Ⅲ 321 ff.（324），E. 3.2；118 Ⅱ 235 ff.（238），E. 3c；Kummer, BeKomm, N 28 und 84 zu Art. 8 ZGB；Deschenaux, SPR Ⅱ, S. 247 ff.

受联邦法规制。[1]

换言之，对于相关有争议的事实主张，只有在法院对其正确性有确信时，法院才能将此作为依据。如果法院对未被证明的"一方的事实主张接受为正确，而不顾及另一方对该主张的争议，或者不让当事人就法律上相关的事实进行证明"，[2]法院便违反了瑞民第8条。

法律规定或司法实践也会降低在特定情形下的证明度。关于证明度的法律规定**例如**：瑞民第34条、第469条第3款、第510条第2款以及第511条第1款、瑞债第42条第2款。[3]对于一般而言具有举证困难的特定情况，司法将证明度调低到"优势的可能性（überwiegende Wahrscheinlichkeit）"，例如对于假设的因果关系，[4]或对于失窃保险下保险事故的发生。[5]按照联邦司法实践，"在客观视角下存在有分量的理由支持事实主张的正确性，以致其他可想见的可能性合理地不占有重要分量时"，[6]即存在优势的可能性。

（2）如此理解的证明，应当和纯粹的使人相信相区别：纯粹的使人相信指的是，法院认为被主张的事实具有优势的可能性。这里，对被主张之事实，不需要法院完全确信它种的情况被排除；此时**证明度**的要求被明显**降低**了。

按照联邦司法实践，"即便法院也认为存在相关事实没有

---

[1] BGE 118 Ⅱ 235 ff. (239), E. 3c; 124 Ⅲ 414 ff. (416 ff.), E. 3; 130 Ⅲ 321 ff. (323), E. 3. 1; Vgl. auch Deschenaux, SPR Ⅱ, S. 241 ff.; Hohl, Le degré de la preuve（边码493中引用的文献）, S. 146 ff.

[2] BGE 133 Ⅲ 295 ff. (299), E. 7. 1; 130 Ⅲ 591 ff. (601 ff.), E. 5. 4.

[3] Vgl. Auch Steinauer, TDP Ⅱ/1, Nr. 668 ff.

[4] BGE 132 Ⅲ 715 ff. (720ff.), E. 3. 2. 1~3. 2. 3; 128 Ⅲ 271 ff. (276), E. 2b/aa,其中有进一步的例子。

[5] BGE 130 Ⅲ 321 ff. (324ff.), E. 3. 2 und 3. 3. 其他例子见于Steinauer, TDP Ⅱ/1, Nr. 673.

[6] BGE 132 Ⅲ 715 ff. (720), E. 3. 1.

发生的可能性，但有特定因素能支持相关事实的存在时"，[1]即属于可使人相信的事实。

只有在**法律表示"使人相信"**这种（减轻的）证明要求是足够的时，它才可以支持私权利的有效性。实践中，"使人相信"主要是在预防性措施场合发挥作用（《民事程序法》第 261 条；瑞民第 961 条第 3 款），例外地在其他问题上亦可能发挥作用（例如《有关强制执行与破产的联邦法》第 82 条）。

特别情形：根据《男女平等法》第 6 条的举证责任减轻（参见边码 1119）。

451　　（3）各种各样的证明手段可被用于证明（或者"使人相信"），这被规定在《民事程序法》第 168 条及以下中。

《民事程序法》第 168 条第 1 款允许的证明手段：证人、证书、勘验、鉴定、书面证言、询问当事人以及当事人陈述。

2. 证明的对象。

452　　如上所述（边码 445），原则上需要证明的只是（但至少是）那些被主张的事实，并且该被主张的事实一方面对于判决具有相关性，另一方面对之又存有争议（《民事程序法》第 150 条第 1 款）。需补充的是：

453　　（1）瑞民第 8 条意义上的事实是外部世界中的具体情况（外部事实），或者人类的精神生活（内部事实）。[2]

454　　（2）只有关于"在程序中"突显的事实——即以程序上的充分形式被主张（陈述）的事实——的证据，才得被接收。在此意义上，是当事人来承担**主张责任**：其有义务将其意图由法院来注意和处理的事实提出来（在普通程序的诉讼中：《民事程序法》第 221 条第 1 款第 d 项）；如果当事人对此不作为，那么未被提出的事实不构成相

---

[1] BGE 132 Ⅲ 715 ff. (720), E. 3.1 in fine.
[2] 总体性的参见 Kummer, BeKomm, N 87 ff. zu Art. 8 ZGB; Vogel/Spühler, § 44 N 6 ff.

关程序的对象，从而法院对与此相关的证据不得接收。[1]"即没有被提出的事实等同于未被证明"。[2]

一般情况下，主张责任和举证责任（对此参见边码460及以下）由同一方当事人负担。例外情况下，这两个义务（负担）也可能分离。例如在瑞债第222条第1款规定的样品买卖场合，被交予样品的一方只是负责主张样品的同一性（"在法院前作出个人保证"）；对于样品同一性的不存在，则由对方证明。[3]

与**主张责任**相联系的是**具体化责任**（*Substanzierungslast*）：谁若想实现自己的权利，就必须将相关事实全面地（详细地、"具体地"）、清楚地进行陈述，从而可以使法院接收针对该事实的证据成为可能。[4]

455

与此正好相对的是**争执责任**。[5]被告需陈述，他具体承认或否认原告的哪些事实主张（对于答辩状，参见《民事程序法》第222条第2款）。"具体"这个法律表述，表明被告不可笼统地进行否认，而只能进行具体的否认。[6]

455a

（3）如上所述，只能就具有相关性的事实进行举证和接受证据（《民事程序法》第150条第1款；边码444、445）。具有相关性的事实是指属于实体法律规范构成要件的事实，基于此种事实能够得出经由程序来实现的请求权或法律观点。

456

（4）最后，只能就争议（被争执的）事实进行举证和接收证据（《民事程序法》第150条第1款；边码444及以下）。[7]这意味着：

457

---

[1] Meier – Hayoz/Ruoss, S. 180.
[2] Kummer, BeKomm, N 39 zu Art. 8 ZGB.
[3] Kummer, BeKomm, N 43 zu Art. 8 ZGB.
[4] BGer 4C. 82/2006, E. 4. 3; BGE 127 III 365 ff.（368），E. 2b；108 II 337 ff.（339），E. 2 ~ 3；Vogel/Spühler，§ 45 N 55 ff.
[5] Schmid, BaKomm, N 29 ff. zu Art. 8 ZGB.
[6] Botchaft zur ZPO, S. 7311 und 7399.
[7] Deschenaux, SPR II, S. 239.

458   — 如果双方对特定问题陈述了一致的事实，原则上不接收就此事实的证据。

    例外的是处分原则受限制的那些程序，在此法院不受当事人承认的约束（例如瑞民第 139 条第 1 款[1]）。《民事程序法》第 153 条第 2 款亦属于例外情形。

459   — 如果法院在接收部分被提供的证明手段后，基于对当前证据的评估确信，某事实已被证明或否决，则举证问题以及举证责任分担问题便无的放矢了。[2]

    除此之外，关于所谓的显然（对于法院显然）的事实，不得接收证据（《民事程序法》第 151 条）。[3]

3. 作为举证失败后果之规则的举证责任。

460   （1）举证程序的结果可能是，法院对此事实和彼事实都没有产生确信。换句话说，究竟是原告抑或被告的事实主张符合真实情况，法院对此保持开放。不过法院毕竟要作出判决。在此情形下，举证责任规则被派上用场。

461   （2）举证责任的规定调整举证失败的后果：法院应作出对未被证明之事实陈述承担举证责任之当事人不利的判决。[4]对于举证责任的分担具体参见边码 466 及以下。

462   如此理解的（"客观的"）举证责任，应和进行举证的负担（"主观的"举证责任）相区分。后者指的是一方针对其事实主张安排和进行证明的不真正义务（Obliegenheit）。[5]

    在法伦理（法政策）上，举证责任规则的任务是，"在两个可

---

[1] 随着瑞士《民事程序法》自 2011 年 1 月 1 日生效，瑞民第 139 条被废止。——译者

[2] BGE 132 Ⅲ 626 ff. (634), E. 3. 4; 131 Ⅲ 646 ff. (649), E. 2. 1; Kummer, BeKomm, N 23 zu Art. 8 ZGB.

[3] BGE 117 Ⅱ 321 ff. (323), E. 2; 130 Ⅲ 113 ff. (121), E. 3. 4; 135 Ⅲ 88 ff. (89 ff.), E. 4. 1: 欧元的换算汇率作为显然的事实。

[4] Kummer, BeKomm, N 20 und 32 zu Art. 8 ZGB.

[5] Kummer, BeKomm, N 31 zu Art. 8 ZGB; Vogel/Spühler, § 45 N 29 ff.; Staehelin/Sutter, S. 178 (§ 14, N 95).

能的恶（针对原告或者被告的'错误判决'）之中，选择较轻的那一个"。从而应这样分配举证责任，即"如果对相关的事实情况未成功证明，则判决应以如下的事实为基础：该事实如果和真实情况不符，对因此败诉一方造成之不利的不公正程度相对而言更轻"。[1]

（3）瑞民第8条在实证法上确定，关于举证责任的规则属于联邦私法。[2]需注意的是，此法律状态自1912年1月1日，也就是在民事程序法统一之前的很长时间内，即享有效力。《民事程序法》立法者将此规则保留在了瑞民的序编内。

举证责任规则属于联邦私法尤其意味着，瑞民第8条只是适用于基于联邦私法的权利和法律关系。[3]换句话说，各州可对其各自（州）私法上的举证规则进行规定。[4]

4. 举证的权利。

（1）瑞民第8条并不限于举证责任规则。按照司法和学说，该规定也意味着，陈述并就此提供证据的那方当事人，也基于联邦法被允许进行证明。[5]这便是（在民事程序法统一之前就是）**联邦法上的举证权**。同样从瑞民第8条中亦可得出，承担举证责任之诉讼对手也应被允许提供相反证据。[6]

《民事程序法》第152条第1款采纳了此规则，赋予当事人以权利，"法院应采纳该当事人合乎形式和期限提交的有用证明手段"。[7]

---

[1] Kummer, BeKomm, N 28, 114 und 124 zu Art. 8 ZGB, 原文中有部分斜体字。
[2] Kummer, BeKomm, N 48 zu Art. 8 ZGB.
[3] BGE 123 Ⅲ 35 ff.（45），E.2d; Kummer, BeKomm, N 49 zu Art. 8 ZGB; Deschenaux, SPR Ⅱ, S. 245.
[4] Kummer, BeKomm, N 56 zu Art. 8 ZGB; Deschenaux, SPR Ⅱ, S. 245; Steinauer, TDP Ⅱ/1, Nr. 635 in fine; Vgl. auch BGE 134 Ⅲ 224 ff.（231），E. 5. 1.
[5] BGer 4A_ 589/2008, E. 4. 2. 1; BGE 133 Ⅲ 295 ff.（299），E. 7. 1; 130 Ⅲ 591 ff.（601），E. 5. 4; Kummer, BeKomm, N 74 ff. zu Art. 8 ZGB; Deschenaux, SPR Ⅱ, S. 246 f.; Walter, Recht auf Beweis（边码493中的文献），S. 315 ff. und passim.
[6] BGE 126 Ⅲ 315 ff.（317），E. 4a.
[7] Die Botschaft zur ZPO（S. 7312）将此称为"证明请求权"。

对违法取得的证据存在限制（《民事程序法》第 152 条第 2 款）。

465　　　（2）基于瑞民第 8 条（以及《民事程序法》第 152 条第 1 款）的联邦法上的举证权，并不排除预先证据认定（"提前对证据进行的认定"）。[1]也就是，当"法院马上可以认为某证据无法证明被主张之事实"，或当"法院已经从其他证据中获得了确信，并从而可以认为进一步的澄清也不会改变证明结果时"，法院有权忽略被举出的证据。[2]

（二）瑞民第 8 条中的规则

466　　　1. 按照瑞民第 8 条，"在法律没有其他规定时，……能从相应事实中得出其权利的那个人，应负责对该被主张之事实的存在进行证明"。也即是，对于被主张事实的举证责任，原则上由从该事实中得出其权利的那一方来承担。[3]

为了清楚起见，库默尔（Kummer）建议如下的表述："如果某事实没有被成功证明，那么在法律没有特别规定时，应作出对从该事实之存在中得出权利的一方不利的判决。"[4]

467　　　2. 从该规则中可一般性地得出，"当事人应就对其有利之法律规范的构成要件进行证明"。[5]不过还是需要对瑞民第 8 条进行具体化。私法和主流学说采取如下的举证责任分配方式：[6]

468　　　－ 原则上应由原告（更一般性的说法：想实现其权利之人）就所有**权利产生的**事实进行主张。[7]

---

[1] Vgl. auch Botschaft zur ZPO, S. 7312.
[2] BGE 122 Ⅲ 219 ff.（223 ff.）, E. 3c；类似的见 BGE 131 Ⅲ 222 ff.（226）, E. 4.3；BGer vom 1. November 2000, in：Pra 2001, Nr. 67, S. 388 ff.（394）, E. 3；BGE 126 Ⅲ 315 ff.（317）, E. 4a.
[3] 法语："Chaque partie doit …prouver les faits qu'elle allègue pour en déduire son droit"；意大利语："…chi vuol dedurre il suo diritto da una circostanza di fatto da lui asserita, deve fornirne la prova".
[4] Kummer, BeKomm, N 34 zu Art. 8 ZGB.
[5] Kummer, BeKomm, N 132 zu Art. 8 ZGB.
[6] BGE 130 Ⅲ 321 ff.（323）, E. 3.1；128 Ⅲ 271 ff.（273）, E. 2a/aa；125 Ⅲ 78 ff.（79 ff.）, E. 3b = Pra 88/1999, Nr. 91, S. 506 ff.；Kummer, BeKomm, N 129 ff. Und 146 ff. zu Art. 8 ZGB；Deschenaux, SPR Ⅱ, S. 249 ff. und 253 ff.；Steinauer, TDP Ⅱ/1, Nr. 690 ff.；Schmid, BaKomm, N 42 ff. zu Art. 8 ZGB；Vogel/Spühler, § 45 N 34 ff.
[7] Kummer, BeKomm, N 146 ff. zu Art. 8 ZGB；Deschenaux, SPR Ⅱ, S. 254 ff.

第二编　序编条款（瑞民第 1~9 条）

　　例如：存在具有违法性的人格侵犯或存在此等危险（瑞民第 28a 条）；合同订立（瑞债第 1 条）；侵权行为（瑞债第 41 条及以下）或不当得利（瑞债第 62 条及以下）的存在。

— 相反，被告（更一般性的说法：对要求被实现的权利加以反对的人）应负责对所谓的**权利消灭**的事实进行证明。[1]   469

　　例如：某债权已通过支付被清偿（履行）（亦可参见瑞债第 88 条）[2]或已被抵销；某租赁合同关系已通过提前终止而消灭（瑞债第 266 条及以下）；或者上门交易合同被有效地撤回（瑞债第 40e 条）。

— 关于**阻碍权利**之事实的举证责任分担，导致了大量的争议问题。[3]此处涉及那些从一开始就阻抗权利产生的事实。对于它们，原则上由主张该事实的人承担举证责任。[4]   470

　　例如：由于相关人士的同意，从而人格侵犯不具有违法性的抗辩（瑞民第 28 条第 2 款）；占有时效期间内占有的中断（瑞民第 661 条及以下和第 728 条）；主张已订立的合同由于暴利或意思瑕疵而无效（瑞债第 21 条和第 23 条及以下）；[5]由于正当防卫而导致对他人的身体侵害的抗辩（瑞债第 52 条）；基于瑞债第 82 条之拒绝给付权的要件得到满足的情形。

在所有情形都应明确，举证责任与程序中的角色（原告或被告）无关。[6]这一点在根据《有关强制执行与破产的联邦法》第 83 条第 2 款的否认程序中，体现得尤其明显。在此，在临时性法律程序   471

---

〔1〕Kummer, BeKomm, N 160 ff. zu Art. 8 ZGB; Deschenaux, SPR Ⅱ, S. 255.
〔2〕Kummer, BeKomm, N 161 und 298 zu Art. 8 ZGB.
〔3〕Kummer, BeKomm, N 130, 137 ff. und 164 ff. zu Art. 8 ZGB; Deschenaux, SPR Ⅱ, S. 256 ff.
〔4〕BGE 130 Ⅲ 321 ff. (323), E. 3.1; 128 Ⅲ 271 ff. (273), E. 2a/aa; Kummer, BeKomm, N 165 zu Art. 8 ZGB.
〔5〕Kummer, BeKomm, N 292 ff. zu Art. 8 ZGB.
〔6〕Kummer, BeKomm, N 214 ff. zu Art. 8 ZGB; Deschenaux, SPR Ⅱ, S. 259.

开启后，被申请执行方（"债务人"）针对申请执行方（"债权人"）提起诉讼，诉请法院对争议债务之不存在进行确认。这里并非是原告负责证明债务不存在，而应是被告负责证明其事实上享有针对原告的债权〔正是为此债权获准了权利开启（Rechtsöffnung〔1〕）〕。

472   3. 另外，对于特别情形也存在由学说和判例发展出的补充规则。例如：

473   — （不确定的）**否定性事实**证明起来非常困难，从而对于它们适用的原则是，负有举证责任一方的诉讼对手基于诚实信用（瑞民第 2 条）应对相反的事实提出证据；如果诉讼对手对此没有提出证据或没有成功地证明，那么此时可以初步认为负有举证责任一方的主张具有正确性。〔2〕

> 例如：谁若诉请返还在债务不存在情况下而为的给付（瑞债第 63 条第 1 款、《有关强制执行与破产的联邦法》第 86 条），那么他对该债务不存在负有举证责任（《有关强制执行与破产的联邦法》第 86 条第 3 款）。根据司法实践，被告应对举证程序负担协助义务，尤其被告要对债务的存在提出证据。〔3〕

474   — 如果负担举证责任一方的诉讼对手通过其行为**挫败**了举证，便发生举证责任的转换。〔4〕

475   4. 按照瑞民第 8 条的明文规定，针对该一般性的规则存在法律特别规定的例外（"在法律没有特别规定时"）；对此的进一步讨论如下。

---

〔1〕 权利释放（Rechtsöffnung）是瑞士强制执行法中的一个术语，指被申请执行人对执行申请提出反对时，针对此反对，申请执行方向法院证明其权利存在，法院准许权利释放后，执行程序便继续进行。——译者

〔2〕 BGE 119 II 305 ff.（306），E. 1b/aa；106 II 29 ff.（31），E. 2；100 Ia 12 ff.（15 ff.），E. 4a；部分不同的观点见 Kummer, BeKomm, N 194 ff. zu Art. 8 ZGB；Vogel/Spühler，§ 45 N 41 ff.

〔3〕 BGE 119 II 305 ff.（306），E. 1b/aa.

〔4〕 Vogel/Spühler，§ 45 N 44.

(三) 特别规则

针对瑞民第 8 条的一般性规则还存在特别规范。这些特别规范确定了具体案件中的举证规则。[1] 属于瑞民第 8 条之例外的特别规定，首先是推定，其次是拟制，具体如下。

476

1. 推定。

（1）基于推定，可以通过思维操作从已知中推出未知。已知被称为推定的基础（前提），未知（被推定者）被称为推定的结果。[2]

477

法律上的推定或者是对事实的推定（例如：瑞民第 9 条第 1 款、第 32 条第 2 款；瑞债第 16 条第 1 款），或者是对法律的推定（例如：瑞民第 200 条第 2 款、第 255 条第 1 款以及第 930 条）。

（2）法律上的推定对按照一般规则的举证责任分配进行了改变：在法律上被推定者，无须去证明。存在有利于某人的推定，那么该人在证据法上的地位便被提高了。[3]

478

例如：某人被他人损害，根据瑞民第 8 条，原则上他（受损人）只有在证明——除了其他的请求权构成要件外——损害人的过错时，才可主张损害赔偿（瑞债第 41 条第 1 款）。也就是，这里证明结果不明确的风险（即法院没有对损害人的过错构成确信，从而驳回了损害赔偿之诉）由受损人承担。但如果该损害是发生在合同关系中，瑞债第 97 条第 1 款规定，"如果损害人不能证明其没有过错"，那么损害人就承担损害赔偿义务。换句话说，在合同关系中的损害情形，侵害人的过错被**推定**了。从而，与瑞债第 41 条第 1 款中的规则相比，瑞债第 97 条第 1 款的法律规则对受损人更有利：他并不承担损害人之过错不能被证明的风险；毋宁是损害人承担他

---

[1] Kummer, BeKomm, N 126 zu Art. 8 ZGB.
[2] Kummer, BeKomm, N 317 zu Art. 8 ZGB; Meier–Hayoz/Ruoss, S. 183.
[3] Kummer, BeKomm, N 333 ff. zu Art. 8 ZGB.

没能成功证明其无过错的风险（从而他会被判决承担损害赔偿，因为法院会从他具有过错出发）。

479　　不过仍需补充如下：举证责任的改变只是涉及推定之结果（Vermutungsfolge）。相反，**推定之基础**（Vermutungsbasis）——按照瑞民第 8 条——还是由意欲诉诸推定（推定结果）之人进行证明。这对于推翻推定问题具有意义：

480　　（3）（通常的）推定可被反驳。推翻推定的途径有多种：[1]

- 或者通过**反证**：这里，因推定而受不利一方反驳的是**推定之基础**；

　　例如：在父亲身份程序中，根据瑞民第 262 条第 1 款，当被告在孩子出生前的 300 至 180 天内和孩子母亲同房过，父亲身份即被推定。这里，推定基础是同房（即被告和孩子母亲之间的性关系）。如果被告向法院主张且证明了，在相关时期内他与孩子母亲并无性关系发生，这里便欠缺了推定基础，从而瑞民第 262 条第 1 款中的父亲身份推定便不复存在。

- 或者通过对**相反事实的证明**：如果能够确定推定之基础，那么受不利一方必须**针对推定之后果**进行举证。

　　例如：在上例中，如果存在性交从而推定之基础被确定，那么根据瑞民第 262 条第 1 款父亲身份即被推定（父亲身份＝推定的后果）。但这个推定也可被颠覆。根据瑞民第 262 条第 3 款，如果被告能够证明，排除其父亲身份或者至少该身份与另一第三人相比具有较小的可能性，那么该推定作废（对推定之后果的破坏）。

481　　（4）最后，应将下列现象与法律上的推定进行区分：

- **法院的推定**（自然的推定）。此种推定并不导致举证责任的

---

[1] Kummer, BeKomm, N 337 ff. zu Art. 8 ZGB.

倒置，而是导致在证据认定过程中（推测时）减轻负责举证方的工作。[1]

例如：对于"不可疑"且未显示作废或附带说明之收据的真实性，存在着自然的推定。[2]

- **拟制**（边码482）。

2. 拟制。

和（通常的）推定相区别的还有所谓的拟制（"praesumptiones iuris et de iure"）；有时它也被称为"不可推翻的推定"。当**对相反事实的证明**——也即是针对拟制后果的举证——**被法律排除**时，即存在拟制。[3]

一旦基于拟制而受益一方证明了拟制之基础，那么另一方就必须接受被法律所拟制之事实。**例如**：瑞民第970条第4款以及瑞债第156条。

三、举证

1912年的瑞民将举证规则在很大程度上留给了各州。[4]不过就此在瑞民序编中还是存在两个特别规定，下文将探讨之。在《民事程序法》生效后，举证法便受联邦法调整，旧瑞民第10条亦被废止（边码491）。

（一）公共登记簿和公证书的特殊证明力

特定的文件，即公共登记簿和公证书，基于联邦法被赋予更高的证明力（瑞民第9条第1款）。对此阐述如下：

1. 瑞民第9条第1款意义上的公共登记簿，是指联邦法自身规定的、**公众**按照法律规定可以查阅的那种登记簿。属于此等登记簿的特别是民事状态登记簿（瑞民第715条第1款）、所有权保留登记簿

---

[1] BGE 117 II 256 ff. (258), E. 2b; Kummer, N 142 und 362 ff. zu Art. 8 ZGB; Vogel/Spühler, § 45 N 50 ff.

[2] LGVE 1999 I Nr. 1, S. 1（卢塞恩高等法院）.

[3] Kummer, BeKomm, N 344 ff. zu Art. 8 ZGB.

[4] Vgl. auch Kummer, BeKomm, N 60 ff. zu Art. 8 ZGB.

（瑞民第39条及以下）、土地登记簿（瑞民第942条及以下）和商事登记簿（瑞债第927条及以下）。[1]

486　　瑞民第9条第1款意义上的公证书（Öffentliche Urkunde），是指由国家委任之人（公证人）通过国家规定的程序以规定的形式作出的那种文件。在绝大多数州这被称为**公证件**（notarielle Urkunde）。制作此种证书的程序主要由各州来规制（瑞民尾编第55条）。公证书的概念却是联邦法上的概念。[2]

属于公证书的还有抵押证书（Schuldbriefe），尤其是当其是根据瑞民第857条由土地登记簿管理人签发时。[3]

487　　2. 按照瑞民第9条第1款，相关内容被制作到公共登记簿或公证书中，便构成完全的证明，前提只是其不正确性不能被证明。换句话说，登记簿或公证书之内容的正确性被推定。[4]但根据司法实践，对于**公证书**存在如下限制：

488　　－首先，增强的证明力只限于公证书中那些联邦法规定了公证形式的交易内容。[5]

也即是，瑞民第9条第1款所涵盖的只是联邦民法中的证书（如根据瑞债第216条第1款的关于土地买卖的公证书），而不包括按照州法的公证（例如对签字的公证）或各州法下的代替宣誓声明（"affidavits"）。[6]

489　　－其次，增强的证明力只涉及公证人在证书中确认正确的内容——且只限于公证人根据事实情况凭借自我审查的确能够确认为

---

〔1〕进一步的例子见 Steinauer, TDP Ⅱ/1, Nr. 725.
〔2〕BGE 133 I 259 ff. (260), E. 2.1; BGer Nr. 2C_444/2007, E. 2.1.
〔3〕BGE 129 Ⅲ 12 ff. (13), E. 2.1.
〔4〕类似的见 Kummer, BeKomm, N 38 zu Art. 9 ZGB.
〔5〕BGE 124 Ⅲ 5 ff. (9), E.1c; 100 Ib 465 ff. (474), E. 5b; 96 Ⅱ 161 ff. (167), E. 3; Kummer, BeKomm, N 48 zu Art. 9 ZGB; Brückner（边码493中引用的文献）, Nr. 295 in fine.
〔6〕SJZ 96/2000, S. 194 ff. (194), E. 2b = ZBGR 81/2000, S. 389 ff. （巴塞尔市刑事法院）.

正确的内容。[1]总之，具有决定性的是那些公证人凭借自己的感觉和审查的确能够证明为正确的东西。

除此之外还存在作为例外的特别规定，例如瑞民第195a条第2款和第763条以及《有关在外国之人取得土地的条例》第2条。[2]

3. 被制作内容的增强证明力可被推翻。瑞民第9条明文允许对内容的不正确性进行证明。[3]也就是，可以证明证书中的内容是错误的。[4]根据瑞民第9条第2款，此证明不需要特别形式。从而，即便是非公证的其他形式，如证人、勘验以及专家意见，都被允许。

490

4. 自《民事程序法》生效后，瑞民第9条被《民事程序法》第179条所补充。该条规定，公共登记簿和公证书产生就被其确认之事实的完全证明，只要其内容的不正确性没有被证实。该规定（与瑞民第9条不同）并不只是涉及联邦私法中的公证书和公共登记簿，也涵盖州法中的公证书和公共登记簿。[5]

490a

正如联邦委员会公告所阐述的，该条在其他方面与瑞民第9条相符合。[6]《民事程序法》第179条涵括的公证书被增强的证明力，也只是针对公证人在证书中确认正确的内容——且只限于公证人根据事实情况凭借自我审查的确能够确认为正确的内容（边码489）。

（二）对各州程序法上形式规定的限制（旧瑞民第10条）

1. 旧瑞民第10条关于"证据规定"的规则，随着《民事程序

491

---

[1] BGE 110 II 1 ff. (2 ff.), E. 3a; 100 Ib 465 ff. (471), E. 3b; LGVE 1978 I Nr. 406, S. 463, und 1996 I Nr. 12, S. 21（卢塞恩高等法院）; Kummer, BeKomm, N 42 ff. zu Art. 9 ZGB; Schmid, Die öffentliche Beurkundung（边码493中引用的文献）, Nr. 142; Steinauer, TDP II/1, Nr. 746.

[2] Verordnung vom 1. Oktober 1984 über den Erwerb von Grundstücken durch Personen im Ausland, SR 211. 412. 411; vgl. dazu BGE 100 Ib 465 ff. (471 ff.), E. 3b.

[3] BGE 127 III 248 ff. (254), E. 3c; 126 III 257 ff. (260), E. 4b.

[4] Kummer, BeKomm, N 65 zu Art. 9 ZGB.

[5] Botschaft zur ZPO, S. 7323.

[6] Botschaft zur ZPO, S. 7323.

法》的生效而被废止。[1]在颁布民法典时，该条有其历史理由：在瑞民生效前，特定州的法律受《法国民法典》的影响，对特定权利（尤其在超过一定争议额时）的证明要求特定的形式，例如文字形式。

例如现在的《法国民法典》第1341条还规定："凡是超过法令确定之款额或价值之物，均应在公证人前作成证书，或者作成经各方签字的私证书，……对与证书内容不同或超出证书内容的事项，不得以证人证明，也不得对证书作成之前、之时或之后声明的诸事项，以证人证明之，即便涉及的款额或价值低于法律规定的数额或价值亦同。"这里并不是法律行为的效力取决于特定形式，但的确规定了在发生争议时只能以特定形式（即证书形式）来证明特定法律行为。

2. 基于此背景，旧瑞民第10条针对此种程序法上的规定作出了规制。[2]实体法上的形式自由（瑞债第11条第1款）不得被程序（证据法）上的形式规定限制。在证据法在联邦法层面统一后，旧瑞民第10条——其在2011年1月1日前就不再具有实际意义了[3]——不再必要。

四、其他文献

- Beglinger Michael, Beweislast und Beweisverteilung im Zivilprozess, ZSR 115/1996 I, S. 469 ff.
- Berger – Steiner Isabelle, Das Beweismass im Privatrecht ... Diss. Bern 2008（ASR Heft 745）.
- Brönnimann Jürgen, Die Behauptungs – und Substanziierungslast im schweizerischen Zivilprozessrecht, Diss. Bern 1989.
- Brücker Christian, Schweizerisches Beurkundungsrecht, Zürich 1993.

---

[1] AS 2010, S. 1838.
[2] BBl 1904 Ⅳ, S. 15; Kummer, BeKomm, N 3 ff. zu Art. 10 ZGB.
[3] Vgl. etwa BGE 102 Ⅱ 270 ff.（279 f.）, E. 3.

- Guggenbühl Markus, Die gesetzerisches Vermutungen des Privatrechts und ihre Wirkungen im Zivilprozess, Diss. Zürich 1990.
- Guldener Max, Beweiswürdigung und Beweislast nach schweizerischem Zivilprozessrecht, Zürich 1955.
- Habscheid Walther J. , Das Recht auf den Beweis und der Grundsatz der Effektivität des Rechtsschutzes, Juristische Entdeckungen unserer Zeit? SJZ 80/1984, S. 381 ff.
- Hohl Fabienne, Le degré de la preuve, in: Beiträge zum schweizerischen und internationalen Zivilprozessrecht, FS für Oscar Vogel, Freiburg Schweiz 1991, S. 125 ff.
- Dieselbe, L'avis des défauts de l'ouvrage: fardeau de la prevue et fardeau de l'allégation, FZR 1994, S. 235 ff.
- Huber Hans, Die öffentliche Beurkundung als Begriff des Bundesrechtes, ZRGR 69/1988, S. 228 ff.
- Huguenin - Dumittan Georges, Behauptungslast, Substantiierungspflicht und Beweislast, Diss. Zürich 1980.
- Kaufmann Martin, Bewiesen? - Gedanken zu Beweislast, Beweismass, Beweiswürdigung, AJP 2003, S. 1199 ff.
- Kaufmann Urs, Freie Beweiswürdigung im Bundesprivatrecht und in ausgewählten Zivilprozessordnungen, Diss. Zürich 1986.
- Kofmel Sabine, Das Recht auf Beweis im Zivilverfahren, Bern 1992 (ASR, Heft 538).
- Dieselbe, Art. 8 ZGB Aktuelles zu einer vertrauten Beweisregel in nationalen und internationalen Fällen, ZBJV 137/2001, S. 813 ff.
- Leuenberger Christoph (Hrsg.), Der Beweis im Zivilprozess - La preuve dans le procès civil, Bern 2000 (Schriften der Stiftung für die Weiterbildung schweizerischer Richterinnen und Richter, Band 1).
- Meier Isaak, Zum Problem der Beweislastverteilung im schweizerischen Recht, ZSR 106/1987 I, S. 705 ff.
- Derselbe, Beweiscrecht - ein Model Law, AJP 1998, S. 1155 ff.
- Orlando Danlo A. , Beweislast und Glaubhaftmachung im vorsor-

glichen Rechtschutz, Gedanken zu einem Entscheid des Bundesgerichung, SJZ 90/1994, S. 89 ff.

- Rumo - Jungo Alexandra, Entwicklungen zu Art. 8 ZGB, in: Gauch Peter/Schmid Jörg (Hrsg.), Die Rechtsentwicklung an der Schwelle zum 21. Jahrhundert - Symposium zum Schweizer Privatrecht (...), Zürich 2001, S. 39 ff.

- Schmid Jörg, Die öffentliche Beurkundung von Schuldverträgen - Ausgewählte bundesrechtliche Probleme, Diss. Freiburg 1988 (AISUF Band 83).

- Vogel Oscar, Das Recht auf den Beweis, recht 1991, S. 38 ff.

- Walter Gerhard, Das Recht auf Beweis im Lichte der europäischen Menschenrechtskonvention (EMRK) und der schweizerischen Bundesverfassung - Insbesondere zur Geltung des Rechts auf Beweis im Zivilverfahren, ZBJV 127/1991, S. 309 ff. (zitiert: Walter, Recht auf Beweis).

- Walter Hans Peter, Bundesprivatrecht und kantonales Zivilprozessrecht - Tendenzen der Rechtsprechung, BJM 1995, S. 281 ff.

- Wohlfahrt Corinne, Die Umkehr der Beweislast, St. Galler Diss. , Bamberg 1992.

第十二章

附章：瑞民尾编中的一些规定

教科书文献：

— Seiler, Einführung, S. 154 ff.

— Tuor/Schnyder/Schmid, § 119.

特别文献（选列）：

— Beck, Berner Kommentar zu Art. 51~61 SchlT ZGB.

— Broggini Gerardo, Intertemporales Privatrecht, SPR I, S. 353 ff. und 429 ff.

— Kley, Basler Kommentar zu Art. 51~54 SchlT ZGB.

— Mutzner, Berner Kommentar zu Art. 1~50 SchlT ZGB.

— Reicel, Zürcher Kommentar zu Art. 1~61 SchlT ZGB.

— Schnyder, Zürcher Kommentar, Allgemeine Einleitung zu Art. 1~10 ZGB, N 264 ff.

— Vischer, Basler Kommentar zu Art. 1~4 SchlT ZGB.

法院判决：

1. BGE 120 Ⅱ 118 ff.（120），E. 2

将瑞民尾编第1条及以下条文中包含的原则，也适用于债法和数据保护法（在此案中是关于雇员查看其人事档案）缺乏特别时际规则的情形。

2. BGE 124 Ⅲ 266 ff.（271ff.），E. 4e

不溯及既往原则。真正和不真正的溯及既往以及宪法上对其的处理。

3. BGE 133 Ⅲ 105 ff.（亦参见 BGE 100 Ⅱ 105 ff. [112]，E. 2,

以及 Bger 4A_ 6/2009, E. 2)

瑞民尾编第 1 至 4 条中的原则。新法中的规定何时具有瑞民尾编第 2 条意义上的公共秩序性质？瑞民尾编第 3 条的适用范围。

4. BGE 125 Ⅲ 131 ff. (134ff.), E. 5b

保证之表示的公证。州规则（瑞民尾编第 55 条第 1 款）与联邦法上的最低要求。

一、引言

497
在物权编的最后一个条文即瑞民第 977 条之后，紧接着是以"适用和引入规定"为标题的尾编。尾编分为两章：

498
— 第一章为瑞民尾编第 1 至 50 条。其标题为"之前的法和新法的适用"。

499
— 第二章为瑞民尾编第 51 至 61 条"引入和过渡规定"。

500
在实践中最有意义的是第一章的规定（瑞民尾编第 1 至 50 条）。这些规定包含着时际联邦私法。对此补充说明如下：

501
— 作为"时间上的冲突法"，时际法通常包含**转引规范**（冲突规范、法律适用规范[1]）；这些规定指出，多个时间上都可能适用的法中，哪个应予适用。

例如：瑞民尾编第 1 条第 1 款与第 2 款规定，对于特定的事实，应适用事实发生时有效的法律规范（对此详见边码 514 及以下）。此处仅仅是指向了某个特定规范群（即当时有效的法），而并没有在内容上对具体的实体法问题进行回答。

502
— 不过，有些尾编中的条文还是对于特定的过渡时期，就实体法亦即**实体规范**作出了规定。

例如：瑞民尾编第 8a 条授予按照之前法律结婚的女性，在一定期限内向民政事务局表示在其姓氏前面加上其婚前姓

---

[1] Broggini, SPR I, S. 416 ff.

的权利。该条直接授予了私法上的权限，而并非只是指向特定的规范群（旧法或新法）。

就时际规范的适用范围以及当今的意义，需明确如下几点： 503
- 首先，瑞民尾编第 1 至 50 条曾在 **1912 年 1 月 1 日瑞民生效时**，对于从（主要适用的）州法向联邦法过渡，发挥了重要的作用。 504
- 其次，这些规定也适用于瑞民**在那以后的修订**。[1] 505
- 最后，瑞民尾编第 1 至 50 条还具有一个深入的意义：根据主流学说，这些条文也**的确表达了联邦立法者关于时际法的观点**。从而，这些规定在联邦法中，在立法者没有颁布过渡法的特别规定时，在瑞民之外也发生效力。[2] 506

学说认为，这些规定对于联邦公法中的时际问题，也发生效力。[3]

二、时际法的原则

瑞民尾编第 1 至 4 条的页边标题是"一般规定"，这里规定了时际法的基本原则。接下来在瑞民尾编第 5 至 50 条中，是针对具体法律领域（人法、家庭法、继承法、物权法）以及针对时效和合同形式问题（瑞民尾编第 49 及 50 条）的特别时际规定。下文只涉及基本原则。 507

（一）典型问题

1. 时际问题涉及法律规范在时间上的冲突。典型的情形如下： 508
- 特定事实情况发生当时某法有效。这里涉及的是事实情况，亦即**事实**。 509
- 在该事实情况发生后，**法律发生了变更**。 510
- 在法律变更**之后**对上述事实情况（事实）进行判决。换句话说，**法律审判**发生时法律自身已经改变。 511

---

[1] BGE 107 Ⅱ 38 ff. (39), E. 3; 108 Ⅱ 177 ff. (177 ff.), E. 3.

[2] BGer 4A_6/2009, E. 2.5.1; BGE 133 Ⅲ 105 ff. (108), E. 2.1; 131 Ⅲ 327 ff. (332), E. 6; 126 Ⅲ 421 ff. (426 ff.), E. 3c/aa; Tuor/Schnyder/Schmid, § 119 N 6.

[3] Tuor/Schnyder/Schmid, § 119 N 6; Vischer, BaKomm, N 2 zu Art. 1 SchlT ZGB.

512 2. 在此情形下，典型的时际问题为：哪个法应适用于对上述事实的审理？

513 因此，时际法**包含表达法秩序之时间上效力的法律规范**。尽管如上所述（边码502），例外的情况下时际法中也会存在实体规范，但时际法一般涉及的是**转引规范（冲突规范）**。从而，通常提出的问题是：多个（从时间角度看）可能适用的法秩序中，到底应适用哪一个？适用旧法（即在事实情况发生时有效的法）？抑或适用新法（即今天也就是审理时有效的法）？如果用关键词形式简短地表述该问题即是：旧法抑或新法？

（二）溯及力问题

514 按照瑞民尾编第1条，瑞士的时际私法遵循无溯及力原则（参见其页边标题："无溯及力规则"）。[1]

对此瑞民尾编表述如下："在本法生效前发生之事实在法律上的效果，在本法生效后也根据在该事实发生时有效的联邦法或州法的规则审判。"然而，对该规定应从多个角度进行如下阐述：

515 1. 瑞民尾编第1条第1款意义上的"事实"，指的是任何可以引起法律效果（或者说导致法律关系产生、变更或消灭）的事态。

从而，事实一方面是不依赖于相关人之意志而发生的**自然性事件**（如出生、达到特定年龄、期限的经过、人的死亡），另一方面包括**人的行为**，可能是法律行为（尤其是合同）、侵权行为或其他法律上的有关行为。[2]

516 2. 瑞民尾编第1条第1款指涉的是对该事实在法律上的效果的评价。该条规定，法律上的评价应按照相关事实发生时有效的规则作出。从而这里的时际规则是："旧事实对应旧法。"在此体现了**不溯及既往**：在待评价之事实发生后生效的新**法律规则不溯及既往**。

从相关当事人的角度可以说，在旧法下取得的法律地位

---

[1] 相关的判例见 BGer 4A_ 6/2009, E. 2.5.2；BGE 133 Ⅲ 105 ff.（108），E. 2.1.1；126 Ⅲ 421 ff.（426f.），E. 3c/aa；124 Ⅲ 266 ff.（271），E. 4e.

[2] Mutzner, BeKomm, N 1 ff. zu Art. 1 SchlT ZGB；Tuor/Schnyder/Schmid, § 119 N 7.

("确定取得的权利"),并不受新法的影响。[1]即便与旧法相比,新的法律规则赋予相关当事人更少的权利,亦是如此。如此,立法者完成了一个在处理时际法问题时的实质任务:该任务是,尽可能地尊重在以前之法保护下获得的权利。[2]

3. 法律对不溯及既往阐明如下:

— 瑞民尾编第1条第2款规定,就新法生效前从事之行为的法律拘束力和法律后果,在未来亦受制于其被从事时有效的规定。这——以有些许变化的表述——确认了如下规则:"旧事实对应旧法"。[3]

例如:根据瑞民尾编第50条的特别规定,在该法生效前签订之合同,即便其形式不符合新法中的规定,也保持其效力。[4]这符合(法律上关于形式的规定)不溯及既往的原则:按照旧法以有效形式订立的合同,并不因为其与(在合同订立后生效的)新法中关于形式的法律规定相抵触,而丧失其效力。

— 瑞民尾编第1条第3款补充规定,在新法生效*之后*出现的事实,在法律没有例外规定的情况下,按照新法进行裁断。这里适用的(当然的)原则是:"新事实对应新法"。但就此也仍然存在例外性的特殊规定。[5]

4. 法律不溯及既往的原则符合一般性的正义和信赖律令:任何人都可以对特定时点有效的法律进行信赖;其也可信赖,其行为嗣后已按照该法律进行裁断,而并非是按照相关行为发生时尚不存在之法律。[6]但不溯及既往规则**并非不存在例外**。

---

[1] Tuor/Schnyder/Schmid, § 119 N 4.
[2] Mutzner, BeKomm, Anwendungs- und Einführungsbestimmungen (vor Art. 1 SchlT ZGB), N 9.
[3] Vgl. auch BGE 133 III 105 ff. (108), E. 2.1.1.
[4] BGer 4A_6/2009, E. 2.5.5 und 2.7.
[5] Vischer, BaKomm, N 11 zu Art. 1 SchlT ZGB.
[6] BGer 4A_6/2009, E. 2.5.2; BGE 133 III 105 ff. (108), E. 2.1.1; 126 III 421 ff. (428), E. 3c/cc; 124 III 266 ff. (271), E. 4e; 122 V 405 ff. (408), E. 3b/aa; Tuor/Schnyder/Schmid, § 119 N 9; Brog-Gini, SPR I, S. 359 ff.

(三) 例外

521　　在瑞民尾编第 2 条至第 4 条中，法律规定了特别的案例群：在这些案例群中，出于更重要的价值判断，悖于一般性的原则承认了溯及力。但首先应区别溯及既往的**两种类型**：

522　　－ 根据联邦法院判决，"根本的"或**真正的溯及力**指的是，新法适用于那些在新法生效前发生且在新法生效时已经完成的事实情况。[1]

对于此种真正的溯及力，正如其只是涉及瑞民尾编第 2 条所处理的规范，联邦法院鉴于正义和信赖原则（边码 520），在宪法意义上只是例外地承认之。[2]

523　　－ 相反，**不真正的溯及力**涉及的是在旧法支配下产生、但在新法生效时继续持续的那种关系。[3]

人们可以认为，瑞民尾编第 3 条及第 4 条涉及的就是此种不真正的溯及力。联邦法院表示，只要确定取得的权利（关于私法角度上确定取得的权利参见边码 535）并没有被侵害，[4]那么不真正的溯及力在宪法上一般是被允许的。

1. "公共秩序"规则（瑞民尾编第 2 条）。

524　　瑞民尾编第 2 条的页边标题是"公共秩序与善良风俗"。根据该条第 1 款，瑞民中的规定（指新法的规定），如果**其是鉴于公共秩序和善良风俗而制定**，只要该法没有作出例外规定，那么随着瑞民生效适用于所有事实。

525　　（1）瑞民尾编第 2 条涉及的是基于公共秩序和善良风俗而制定

---

[1] BGer 4A_ 6/2009, E. 2. 6; BGE 126 V 134 ff. (135), E. 4a; 124 Ⅲ 266 ff. (271), E. 4e; 122 V 405 ff. (408), E. 3b/aa.
[2] BGer 4A_ 6/2009, E. 2. 6; BGE 124 Ⅲ 266 ff. (271), E. 4e; 122 V 405 ff. (408), E. 3b/aa.
[3] BGer 4A_ 6/2009, E. 2. 6; BGE 126 V 134 ff. (135), E. 4a; 124 Ⅲ 266 ff. (271 ff.), E. 4e; 122 V 405 ff. (408), E. 3b/aa.
[4] BGer 4A_ 6/2009, E. 2. 6; BGE 126 V 134 ff. (135), E. 4a; 124 Ⅲ 266 ff. (272), E. 4e; 122 V 405 ff. (408), E. 3b/aa; 122 Ⅱ 113 ff. (124), E. 3b/dd.

的（新法的）法律规定。"公共秩序规则"（Regel des Ordre public）这个说法也进入到了德语语言用法中。"公共秩序规则"指的是新法中在价值上属于（变更后）新法秩序之基础支柱的强制性规定，也就是那种体现**基本的社会政治和伦理观念**的规则。[1]

对此，在具体案件中，需要在信赖保护和被违背之公共利益之间进行利益衡量。[2]根据实践做法，属于公共秩序规则的有，瑞民第2条、第27条以及第788条第1款第2项（亦可参见边码262）。[3]相反，司法否认了瑞民75a条具有公共秩序属性。[4]

这些基础的价值是否被侵犯，不能抽象地而只能具体地去判断：只有当按照旧法产生的法律效果**在具体案件中**（从新法的角度看）违背公共秩序和善良风俗时，旧法中的法律制度才可被看作是违背公共秩序的。[5]

公共利益的执行压倒了对取得之法律地位的信赖进行保护的利益时，新规范才可被适用。[6]

（2）根据瑞民尾编第2条第1款，如此认定的新法中的公共秩序规定具有**溯及力**：这些规定（在不存在法律规定的例外时）"适用于所有事实"，即也适用于"旧"事实，也就是在旧法下发生的事实。[7]

换言之：旧法中的规定，若其按照新法的观点违背了公共秩序和善良风俗，则此种规定在新法生效后不得再被适用（瑞民尾编第2条

---

[1] BGer 4A_ 6/2009, E. 2.5.3; BGE 133 Ⅲ 105 ff. (109), E. 2.1.3 ("……属于现存法律秩序的基本原则……包含着社会、政治和伦理的基本观念……"); 119 Ⅱ 46 ff. (48), E. 1a; 100 Ⅱ 105 ff. (112), E. 2.

[2] BEG 133 Ⅲ 105 ff. (109 ff.), E. 2.1.4; 119 Ⅱ 46 ff. (48), E. 1a; Tuor/Schnyder/Schmid, § 119 N 10; Vischer, BaKomm, N 3 zu Art. 2 SchlT ZGB.

[3] BEG 133 Ⅲ 105 ff. (109), E. 2.1.3; 131 Ⅰ 321 ff. (328 ff.), E. 5.4 und 5.5; 100 Ⅱ 105 ff. (112), E. 2; 97 Ⅱ 390 ff. (395), E. 3; Mutzner, BeKomm, N 21 ff. zu Art. 2 SchlT ZGB.

[4] BEG 133 Ⅲ 105 ff. (113), E. 2.3.3.

[5] BGE 100 Ⅱ 105 ff. (112), E. 2.

[6] BGer 4A_ 6/2009, E. 2.5.3; BGE 133 Ⅲ 105 ff. (109), E. 2.1.3.

[7] BEG 133 Ⅲ 105 ff. (109), E. 2.1.2.

第2款）。

按照瑞民尾编第2条第1款，新法适用的前提是不存在法律上的特别规定。属于法律上特别规定的有瑞民尾编第20条与第45条，根据学说还有瑞民尾编第50条。[1]

2. 关于法律关系之法定内容的规则（瑞民尾编第3条）。

529　（1）根据瑞民尾编第3条，新法亦适用于其内容不取决于当事人意志而是由法律予以确定的（所有包括旧的）法律关系。其条件有二：

530　－ 首先，这里涉及的是法律关系的**内容**（效果），而非法律关系的产生。

相反，就法律关系的**产生**而言，无溯及力的原则依旧适用：原则上，法律关系如果符合其产生时有效的法律，那么该法律关系便有效产生。

531　－ 其次，法律关系的内容须**不取决于当事人的意志而是由法律予以确定**。[2]换言之，瑞民尾编第3条并不适用于其内容按照当事人意志（即通过合同）自由决定的那些法律关系。[3]从而，此规定只是涉及法律关系的法定内容。此规定背后的考虑是，通过客观法秩序确定的关系应随着立法而变迁。

这里的"法律"既包括强行的，又包括任意的私法规范。[4]

532　（2）作为**例子**，瑞民（遵循瑞民尾编第3条中的原则）在其尾编中特别规定了如下情形：

－ 瑞民尾编第8条：就婚姻的一般性效力而言新婚姻法的

---

[1] Mutzner, BeKomm, N 44 zu Art. 2 SchlT ZGB und N 2 zu Art. 50 SchlT ZGB; Berti, BaKomm, N 1 zu Art. 50 SchlT ZGB.

[2] 法语："Les cas réglés par la loi indépendamment de la volonté des parties"；意大利语："regalato dalla legge indipendentemente dalla volontà delle parti".

[3] BEG 133 Ⅲ 105 ff.（114），E. 2.3.4；126 Ⅲ 421 ff.（429），E. 3c/cc；Tuor/Schnyder/Schmid, § 119 N 12.

[4] BEG 116 Ⅲ 120 ff.（126），E. 3d.

效力。

　　对于婚姻在财产法上的效力（其恰恰是取决于当事人在法律行为上的意志），原则上应尊重当事人之间签订的婚姻合同（瑞民尾编第10条及以下）。

－ 瑞民尾编第17条第2款：就所有权和定限物权的内容而言的新物权法的效力。

3. 对尚未取得之权利的处理。

（1）瑞民尾编第4条的页边标题是"尚未取得之权利"。这里涉及的是基于新法生效前发生的事实尚未产生受法律保护之权利。这样的事实，就其效果而言，在新法生效后应适用新法。

基于此，法律明确了对权利取得的纯粹期望和希望，如果从其中尚未产生出法律保护的权利，便不能被算作所谓的确定取得的权利。从而这种期望或希望在（可能）对之不承认的新法下无法幸存。[1]

　　司法实践尤其将时效的时际问题涵摄到瑞民尾编第4条下。不过，对于时效的时际问题，瑞民尾编第49条亦有例外规定。[2]

（2）与此相反，从瑞民尾编第4条中可得出，确定取得的权利（即在旧法下就已经特别地受保护的权利），获得不受［新法］溯及的保护。[3]

在此意义上，瑞民尾编第4条是对瑞民尾编第1条的确认而非其例外。

---

〔1〕 BEG 131 Ⅲ 327 ff.（333），E. 6；117 Ⅲ 52 ff.（56 ff.），E. 3c；Tuor/Schnyder/Schmid，§ 119 N 11；Mutzner, BeKomm, N 2 zu Art. 4 SchlT ZGB

〔2〕 BGE 111 Ⅱ 186 ff.（191），E. 6.

〔3〕 Tuor/Schnyder/Schmid, § 119 N 11；Vischer, BaKomm, N 5 zu Art. 4 SchlT ZGB；Mutzner, BeKomm, N 1 zu Art. 4 SchlT ZGB 似乎也持相同观点。

三、一些引入和过渡规定

536　　下文适当简短论述**瑞民尾编第 51 至 61 条**。

（一）各州民法的废止

537　　根据瑞民尾编第 51 条，"本法"生效后，除非联邦法另有规定，各州的民事规定被废止。本书在其他地方（边码 36 和 370 及以下）已经对此规定进行了阐述，从而这里只是对下述几点进行复习：

538　　1. 根据主流学说，瑞民尾编第 51 条对立法权限进行了明确，体现了所谓的（联邦层面的）法典化原则。对此适用的原则是，私法应全面地被联邦调整，在此领域各州的规定被排除。

539　　2. 不过，在联邦作出有利于州法的（真正的）保留时（参见瑞民第 5 条第 1 款；边码 377 及以下），还是存在各州私法规定的空间。

> 复习：瑞民尾编第 51 条不仅适用于 1912 年 1 月 1 日瑞民的最初生效，而且也适用于联邦私法嗣后的各次修订（边码 506）。在联邦立法者嗣后对各州私法立法权限进行限制时，也就是将（之前存在的）真正的保留废除时，尤其要对此点加以特别注意。

（二）各州的权限

540　　1. 瑞民尾编第 52 条及以下对州的各种权限进行了规定：[1]

541　　－ 根据瑞民尾编第 52 条第 1 款，各州应制定**对瑞民进行补充之规定**，尤其是涉及官方机构的职责、民政、监护和土地部门的设置时。[2]

542　　－ 根据瑞民尾编第 54 条，在瑞民中涉及"**相关官方机构**"时，各州应对到底哪个既存的或尚需建立的机构享有相关职权，作出规定（第 1 款）。另外，各州还应对程序进行规制（第 3 款）。在

---

[1] 具体参见 Schnyder, ZüKomm, Allgemeine Einleitung zu Art. 1～10 ZGB, N 267 ff.

[2] 关于各州瑞民施行法的清单参见 Schnyder, ZüKomm, Allgemeine Einleitung zu Art. 1～10 ZGB, N 284.

瑞民没有明确地规定是法院抑或是行政机关时，各州有权或者赋予法院，或者赋予行政机关以此等职权（第 2 款）。

不过，瑞民尾编第 54 条中规定之各州的自由被国际条约、宪法以及其他法律规范很大程度地弱化了。这里尤其需要注意《欧洲人权公约》的规定（如《欧洲人权公约》第 6 条第 1 款关于"民法上的权利和义务"）[1]以及联邦宪法（例如《联邦宪法》第 29 至 30 条），也要注意联邦法院法（如《联邦法院法》第 110 条）以及就民事程序而言《民事程序法》中的规则。

543

— 根据实践中具有重要意义的瑞民尾编第 55 条，各州决定在其领域内**公证**应以何种方式作出。在此存在很多联邦法上的最低要求，这些要求一方面基于瑞民尾编第 55 条第 2 款，另一方面基于不成文法。[2]

2. 对于这些各州的规定，尚需补充如下：

544

— 在此，"**权限**"并不只是意味着各州可以进行行动的权利，也意味着各州应该进行行动的义务（参见瑞民尾编第 52 条的页边标题以及该条第 2 款）。[3]

545

— 如果某州没有及时作出必要的规定，那么联邦委员会可代替该州作出临时性的必要规定，并应通知联邦议会（**州的替代规定**，瑞民尾编第 53 条第 1 款）。[4]

546

— 为了避免州的规定违反联邦法，特定的州规定需获得**联邦的批准**（瑞民尾编第 52 条第 3 款与第 4 款；瑞民第 49 条第 3 款）。[5] 批准前进行的审查只具有一般性的意义，该审查并不排除联邦

547

---

〔1〕 亦可参见 Brändli, HandKomm, N 2 zu Art. 54 SchlT ZGB.
〔2〕 BGE 133 I 259 ff. (260 ff.), E. 2; 125 III 131 ff. (134 ff.), E. 5b; Gauch/Schluep/Schmid, Nr. 524 ff.; Schmid（边码 493 中引用的文献）, Nr. 21 ff. und 148 ff.
〔3〕 Beck, BeKomm, N 4 zu Art. 52 SchlT ZGB.
〔4〕 Schnyder, ZüKomm, Allgemeine Einleitung zu Art. 1 ~ 10 ZGB, N 282 ff.
〔5〕 Schnyder, ZüKomm, Allgemeine Einleitung zu Art. 1 ~ 10 ZGB, N 277 ff.; VPB 63/1999, Nr. 63, S. 596 ff. (1 联邦司法局的鉴定书).

法院在具体案件中还是认定某州的规定违背联邦法。[1]

四、其他文献

— Giesker – Zeller Heinrich, Die Grundprinzipien des übergangs – rechts zum schweizerischen Zivilgesetzbuch, ZSR 34/1915, S. 1 ff.

— Guhl Theo, Die übergangsbestimmungen des Schweizerischen Zivilgesetzbuches unter Berücksichtigung des bernischen Rechts, ZBJV 46/1910, S. 529 ff. und 601 ff.

— Ostertag Fritz, Die allgemeinen Normen des übergangsrechts, SJZ 1911/1912, S. 380 ff.

— Vischer Markus, Die allgemeinen Bestimmungen des schweizerischen intertem – poralen Privatrechts, Diss. Zürich 1986.

---

[1] BGE 99 II 159 ff. (163), E. 3; Schmid (边码 493 中引用的文献), Nr. 158.

第三编
人法（瑞民第11至89^{bis}条）

第三编 人法（瑞民第 11 至 89bis 条）

第十三章
绪　论

一、人法概论

第一，在序编条款（瑞民第 1 至 10 条）之后，紧接着瑞民在其第一编（瑞民第 11 至 89bis 条）中对"人法"作出了调整。　　　549

具有中心意义的是"人"的概念。该概念是在法学的、技术的意义上被使用。"人"表示的是法主体，也就是**权利和义务的承担者**（参见上文边码 62）。首先应区分的是：　　　550

－ **自然人/个人**，即人类；

－ **法人/团体人**，及法律承认其法主体属性的特定的单位（社团、基金会、公司等）。

第二，如上文所述（边码 99），联邦立法者有意地放弃了《德国民法典》中的那种法典"总则编"，但人法中还是包含一系列具有一般性意义的规定。从而，在涉及其在一般方式上调整人（法主体）时，人法有时也被学说称为瑞民的"总则"，[1] 甚至作为"总则的核心"，不过除此之外当然还有序编条款。[2]　　　551

第三，瑞民的人法尤其处理如下问题：　　　552

－ 谁可以是**权利和义务的承担者**？这里涉及的是对法主体（权利主体）的规定以及其和权利客体的界分。属此内容的有人格的产生和结束（自然人和法人的情形；例如瑞民第 31 条及第 52、53

---

[1] Deschenaux/Steinauer, Nr. 1.

[2] Bucher, BeKomm, Einleitung (vor Art. 11 ZGB), N27 ff.

条)、人及其重要信息的公证（登记）（例如瑞民第39条及以下以及第52、61和81条）。

— 在何种条件下，一个人（自然人或法人）可**通过自己的行为创设权利和义务**？此问题涉及行为能力，意指对自己的——被许可或禁止的——行为承担私法上责任的能力。

— 如何能将一个**人在法律共同体中个体化**？此问题主要（但并不仅仅）存在于自然人场合，如姓名、住所、婚姻、血亲和姻亲关系。

— 法秩序在何种范围内对人（自然人或法人）进行**保护**？此种保护或是针对（对自己本人）过度的约束，或是针对第三人的违法侵扰。

特别的时际问题在人法中具有的实践意义很小（对此参见瑞民尾编第5至6c条以及边码494及以下）。

553　第四，在对这些问题的调整中，体现了人法（以及瑞民）重要的价值思想：人格（及其自治和对其的保护）以及共同体都扮演着重要的角色。[1]

例如参见约翰·卡斯帕·布伦奇利（J. C. Bluntschlis）的说法："无人即无法，法以人为核心，人使法之效力正当化；无法亦无人……"[2]

554　第五，从实体法角度看，瑞民第11至89^{bis}条部分地涉及狭义上的民法，部分地涉及商法（公司及合伙法）。

二、法律渊源

555　第一，首先主要是法律，尤其是瑞民第11至89^{bis}条。

---

[1] Egger, ZüKomm, Allg. Einleitung (vor Art. 1 ZGB), N 38；Liver, BeKomm, Einleitung (vor Art. 1 ZGB), N109 ff.；Bucher, BeKomm, Einleitung (vor Art. 11 ZGB), N 3.

[2] 转引自 Bucher, BeKomm, Einleitung (vor Art. 11 ZGB), N 3.

尤其要注意最新的修订：①2001年10月5日的修正（进行家庭状态登记簿的电子登记），自2004年6月1日起生效；[1]②《对〈联邦职业养老、遗属和残疾人保障法〉的修正》对瑞民第89^{bis}条第6款（员工保障基金会）的修正，2003年10月3日的修正按照其条款不同分别自2004年4月1日、2005年1月1日或2006年1月1日生效；[2]2004年6月18日的修正自2005年1月1日生效；[3]2006年12月20日的修正自2007年5月1日生效；[4]2006年6月23日的《对〈老人和遗孀保险的联邦法〉的修正》，自2007年5月1日生效；[5]③2004年12月17日的修正（对社团成员之出资义务的确定），自2005年6月1日生效；[6]④2004年10月8日的修正（基金会法），自2006年1月1日生效；[7]⑤基于2004年10月8日之《同性伴侣法（Partnerschaftsgesetz）》[8]的修正，自2007年1月1日生效；[9]⑥基于2006年6月23日之《登记簿协调法》[10]的修正，自2008年1月1日生效；[11]⑦2006年6月23日的修正（针对暴力、威胁或跟踪的人格保护），自2007年6月1日生效；[12]⑧2005年12月16日基于对瑞债之修订而对社团法和基金会法的修正，自2008年1月1日生效。[13]

---

[1] AS 2004, S. 2911 ff.；die Botschaft in：BBl 2001, S. 1639 ff.
[2] AS 2004, S. 1701 ff.；vgl. dazu die Botschaft in：BBl 2000, S. 2704 und 2726.
[3] AS 2004, S. 4639.
[4] AS 2004, S. 1805.
[5] AS 2004, S. 5264. 另外，联邦议会于2010年3月19日在《联邦职业养老、遗属和残疾人保障法》修正案（结构改革）中对瑞民第89^{bis}条进行了进一步的修改；Amtl. Bull. NR 2010, S. 575, Amtl. Bull. StR 2010, S. 361；全民公决草案in：BBl 2010, S. 2017 ff.（2028）.
[6] AS 2005, S. 2117 f.
[7] AS 2005, S. 4545 ff.；对此联邦委员会的意见见于BBl 2003, S. 8191 ff.
[8] SR 211.231.
[9] AS 2005, S. 5701 f.；该法的公告见于BBl 2003, S. 1354.
[10] SR 431.02.
[11] AS 2006, S. 4174.
[12] AS 2007, S. 137 ff.；对此联邦委员会的意见见于BBl 2005, S. 6897 ff.
[13] AS 2007, S. 4840 ff.；该法的公告见于BBl 2002, S. 3243 f., und BBl 2004, S. 4048 ff.

556　　　第二，2008年12月19日联邦议会发布了对瑞民的修正案（成年人保护、人法和儿童法），[1]该修正案预计将于2013年1月1日生效。[2]通过此修正案，立法者尤其意图用现代的成年人保护法替代目前有效的监护法。按照监护状态（Vormundschaft）、辅佐状态（Beistandschaft）和咨询状态（Beiratschaft）三分的监护措施，被认为过于僵化，从而被一个灵活的体系所取代。新法中只存在**辅佐状态**这个法律制度，该制度使政府部门可以根据相关人的需要提供量身定制的解决方案。[3]该修正案对行为能力法也进行了修改。新规定中对人法有意义者，将在下文相关地方探讨。

557　　　另外，进一步的修改亦在计划中。简短说来：

－ 2007年12月21日《修改债法的公告》[4]（股份法、会计法以及集体公司[5]法、两合公司法、有限责任公司法、合作社法、商事登记簿法和商号法中的相应调整），这也导致社团法和基金会法中规定的变更；

－《修改民法典的草案》（丈夫的名字）：如果婚姻双方选择女方的姓氏为共同的家庭姓氏，瑞民第160条第2款也应该赋予丈夫以将自己婚前姓氏放置婚后姓氏之前的权利（参见2004年4月8日《家庭状态法》第12条第1款）。[6]关于姓名权亦可参见边码711、712。

－ 对瑞民第89^{bis}条的修正，在该条中加入3a项（第6次残疾

---

〔1〕 全民公决草案见BBl 2009, S. 141 ff.；对于此修正的公告参见BBl 2006, S. 7001 ff.

〔2〕 成年人保护修正案已经自2013年1月1日生效。从而本书中介绍的该修正案的内容，现在已经转变为瑞士民法中的有效规则。该修正案尤其对瑞民第360条至456条作出了重大的修改。瑞民第360条至456条为瑞民第二编家庭法编的第三部分，2013年1月1日之前该部分标题为"监护"，之后该部分标题为"成年人保护"。凡本书中援引该部分中的某个条文的，如无特别说明，指向的都是修改前的条文。——译者

〔3〕 Botschaft zum Erwachsenenschutz, S. 7015 f.

〔4〕 BBl 2008, S. 1737 f. und 1812 f.

〔5〕 集体公司，德文为Kollektivgesellschaft，是瑞士商事组织形式的一种，参见瑞债第552条及以下。相当于我国的合伙企业或民商分立国家的无限公司。只不过集体公司的股东，只能为自然人（瑞债第552条）。——译者

〔6〕 BBl 2009, S. 7579. 对此亦可参见2009年8月27日国民院法律问题委员会的报告；BBl 2009, S. 7573 ff. 国民院接受了2009年12月10日的修正案；Amtl. Bull. NR 2009, S. 2285.

保险修正案）〔1〕以及 4a 项（离婚时的预防性补偿）〔2〕。

第三，除了瑞民中的规范，亦要注意其他的联邦法律，尤其是如下法律：

- 在涉及信息保护时，必须注意《联邦信息保护法》〔3〕（参见边码 1037 及以下）。
- 基于法条的转引，瑞债（商事登记簿法、公司法）对法人亦发生作用（例如瑞民第 52 条、第 58 条、第 59 条第 2 款、第 61 条、第 62 条、第 79 条、第 81 条第 2 款）。
- 《合并法》〔4〕中存在关于社团和基金会的各种规定（例如《合并法》第 4 条第 2 款以及第 78 条及以下）。
- 除此之外，还需注意《男女平等法》〔5〕（参见边码 1097 及以下）。
- 另外须提及的是《残疾人平等法》〔6〕涉及对残疾人的人格保护。
- 对于生育和人格保护中的一些特定问题，《生殖医学法》〔7〕亦具有意义。

除此之外，尤其下列**医疗法上的其他特别法**，对于自然人权利能力和行为能力（有些亦对于人格保护）发挥作用：①《干细胞研究法》；〔8〕②《人类基因研究法》〔9〕③《移

---

〔1〕 BBI 2010, S. 1913 f. （公告）und S. 1953（草案）.
〔2〕 对于征询意见程序的开启参见 BBI 2009, S. 9151.
〔3〕 BG über den Datenschutz vom 19. Juni 1992；SR 235. 1；1993 年 7 月 1 日生效。
〔4〕 BG über Fusion, Spaltung, Umwandlung und Vermögensübertragung vom 3. Oktober 2003；SR 221. 301；2004 年 7 月 1 日生效。
〔5〕 BG über die Gleichstellung von Frau und Mann vom 24. März 1995；SR 151；1996 年 7 月 1 日生效。
〔6〕 BG über die Gleichstellung von Benachteiligungen von Menschen mit Behinderungen vom 13. Dezember 2002；SR 151. 3；2004 年 1 月 1 日生效。
〔7〕 BG über die medizinisch unterstützte Fortpflanzung vom 18. Dezember 1998；SR 814. 90；2001 年 1 月 1 日。
〔8〕 BG vom 19. Dezember 2003 über die Forschung an embryonalen Stammzellen；SR 810. 31；2005 年 3 月 1 日生效。
〔9〕 BG vom 8. Oktober 2004 über genetische Untersuchungen beim Menschen；SR 810. 12；2007 年 4 月 1 日生效。

植法》;[1] ④《绝育法》。[2] **计划中**的还有《关于对人类进行研究的联邦法》。[3] 除此之外,受精卵着床前诊断目前被《生殖医学法》一般性地禁止,但在特定条件下也允许之。[4]

- 《同性伴侣法》[5] 尤其对于身份状态的公证具有意义。
- 最后,对于法院管辖地问题,还要注意 2008 年 12 月 19 日的《民事程序法》。[6] 关于人法的特殊管辖问题在《民事程序法》第 20 至 22 条中调整。

559   第四,另外还有条例法(Verordnungsrecht)。这里尤其要提到的是:

- 基于瑞民第 40 条、第 43a 条、第 44 条第 2 款、第 45a 条第 3 款、第 48 条、第 103 条、瑞民尾编第 6a 条第 1 款以及《同性伙伴法》第 8 条,联邦委员会于 2004 年 4 月 28 日颁布了**《民事状态条例》**。[7]
- 在《信息保护法》的基础上,还有**《信息保护条例》**(1993 年 6 月 14 日的关于《联邦信息保护法》的法令)。[8]
- 对于商法,要注意 2007 年 10 月 17 日的**《商事登记簿条例》**,[9] 例如《商事登记簿条例》第 90 条及以下。
- 在《生殖医学法》的基础上,有**《生殖医学条例》**(2000 年 12 月 4 日)[10] 以及《关于人类医学领域中**民族伦理委员会**的条

---

[1] BG vom 8. Oktober 2004 über die Transplantation von Organen, Geweben und Zellen; SR 810.21; 2007 年 7 月 1 日生效。
[2] BG vom 17. Dezember 2004 über Voraussetzungen und Verfahren bei Sterilisationen; SR 211.111.1; 2005 年 7 月 1 日生效。
[3] BBl 2009, S. 8045 ff. 草案见 S. 8163 ff.;对此必要的宪法基础(《联邦宪法》第 118b 条),基于 2009 年 9 月 25 日的联邦议会决议而产生(BBl 2009, S. 6649 f.;2010 年 3 月 7 日全民公决)。
[4] 对于征询意见程序的开启参见 BBl 2009, S. 1118,该程序持续至 2009 年 3 月 18 日。
[5] BG über die eingetragene Partnerschaft gleichgeschlechtlicher Paare vom 18. Juni 2004; SR 211.231;2007 年 1 月 1 日。
[6] AS 2010, S. 1739 ff.;SR 272;2011 年 1 月 1 日。
[7] SR 211.112.2.
[8] SR 235.11.
[9] SR 221.411.
[10] SR 810.112.2.

例》（2000年12月4日）。[1]

第五，另外还须注意各州的规定（例如参见瑞民第49条）。需要查看的还有各州的《瑞士民法典》施行法。

第六，最后，国际条约亦扮演一定的角色。尤其是1985年6月1日《关于适用于信托的法律以及对信托的承认的公约》。[2]该公约于2007年6月1日在瑞士生效。另外瑞士也就民事状态证书的取得、交换和公证签订了多个条约。[3]

---

[1] SR 810.113.
[2] SR 0.221.371. 对此的公告参见 BBI 2006, S. 551 ff.
[3] Vgl. SR 0.211.112. 又可参见 Deschenaux/Steinauer, Nr. 14 ff. 带有进一步的指引。

■ 第一分编 自然人

第十四章
权利能力

<u>562</u>　　**教科书文献：**
- Brückner, Personenrecht, Nr. 11 ff.
- Bucher A., Nr. 21 ff.
- DechenauxU/Steinauer, Nr. 29 ff.
- Hausheer/Aebi–Müller, S. 24 ff.
- Riemer, Personenrecht, Nr. 27 ff.
- Tuor/Schnyder/Schmid, § 9 N 3 ff.

<u>563</u>　　**特别文献（选列）：**
- Bigler–Eggenberger, Basler Kommentar zu Art. 11 ZGB.
- Bucher, Berner Kommentar zu Art. 11 ZGB.
- Häfliger Ruth, Die Parteifähigkeit im Zivilprozess, unter besonderer Berücksichtigung der Wechselbeziehung Zivilprozessrecht – Bundesprivatrecht, Diss. Zürich 1987（Zürcher Studien zum Verfahrensrecht, Band 76）.

<u>564</u>　　**法院判决：**
BGE 116 Ⅱ 351 ff.

录音带上记录之演讲的著作权。这些演讲据说是因天国神灵赋予演讲者灵气而作出的：天国存在物并非瑞士法中的主体，从而其亦不能表达发生法律效力的思想。因此，来自天国的灵感在法律上只能归属于其人类接收者，受著作权法保护的表达只能由此人形成。

一、权利能力的概念及其享有者

第一，权利能力在瑞民第11条第2款中被规定为"拥有权利和义务的能力"。

565

在罗马语系法律文本中，是"获取权利和义务的能力（aptitude...à devenir sujet de droits et d'obligations）"以及"拥有权利和义务的能力（capacità d'avere diritti ed obbligazioni）"。

换句话说，这里涉及的问题是：谁可以作为权利和义务的承担者？权利和义务"归属于"谁？[1]

第二，瑞民第11条第1款将权利能力授予了任何人：

566

- 首先，所有的**人类成员（自然人）**都可为权利和义务的承担者。权利能力的起始和终止由瑞民第31条及以下规定（具体见边码731及以下；关于胎儿的法律地位参见瑞民第31条第2款和边码735、736）。

567

某人被施以自由刑或破产并不导致其权利能力的丧失。

- 其次，**法人**也具有权利能力（瑞民第53条）：

568

一方面是**私法**中的法人：社团、基金会、股份公司、股份两合公司、有限责任公司、合作社，以及瑞民第59条第3款意义上的各州私法上的法人（参见边码1159及以下）。

另一方面是**公法**中的法人：例如瑞士联邦、各州以及各县。

- 最后，法律也赋予其他的**一些机构**以一定的权利能力，例如基于瑞民712l之规定的建筑物区分所有权人共同体。[2]

569

第三，相反，不具有权利能力的有：

570

- 单纯的合伙、继承人共同体、"家庭"等形式；

---

〔1〕 Bucher, BeKomm, N 11 zu Art. 11 ZGB; Deschenaux/Steinauer, Nr. 31.
〔2〕 具体见 Deschenaux/Steinauer, Nr. 35.

— 动物、环境、自然。

<u>571</u> 第四，上述之人享有哪些权利，却无法从瑞民第 11 条第 1 款中得出，而要基于和其他规范（例如家庭法或债法）的共同作用。在此意义上可以说，瑞民第 11 条第 1 款也具有瑞民"总则"的功能[1]（参见前文边码 551）。

尤其是，权利能力只是赋予了人以拥有权利和义务的**可能性**；它并不能保证权利亦在事实上能归属于某人。[2]

<u>572</u> 第五，尚需补充如下：

<u>573</u> — 权利能力对程序法亦发生影响：具有权利能力者，基于联邦法亦具有诉讼当事人能力（Parteifähigkeit），[3] 即作为当事人（原告或被告，甚或辅助参加人）在诉讼程序中出现的能力。换言之，不具有权利能力者原则上亦不能以当事人身份出现在民事程序中。不过，法律亦赋予一些不具有权利能力的机构，在特定情形下的当事人能力。[4] 对此参见《民事程序法》第 66 条："具有权利能力或基于联邦法可以诉讼当事人之身份出现者，具有诉讼当事人能力。"

根据联邦法院的司法，法秩序否定了死人的任何权利能力。从而死人不具有诉讼当事人能力。[5]

<u>574</u> — 在**国际法律关系**中，（在无国际条约的条件下）应注意《国际私法典》第 33 条及以下。根据《国际私法典》第 34 条第 1 款，权利能力的准据法为瑞士法。

二、权利能力平等：原则和例外

<u>575</u> 第一，作为基本原则，瑞民第 11 条第 2 款确定了人在权利能力

---

[1] Bucher, BeKomm, Einleitung (vor Art. 11 ZGB), N 29.

[2] Larenz/Wolf, §5 N 7.

[3] Bucher, BeKomm, N 31 f. und 79 zu Art. 11 ZGB; Deschenaux/Steinauer, Nr. 39; Guldener, S. 68 und 125; Frank/Sträuli/Messmer, N 1 und N 4 ff. zu §§ 27/28 ZH ZPO; 详见 Äfliger, S. 4 ff. Häfliger

[4] 例如参见 BGE 113 II 283 ff. (285), E. 2（债券债权情形债权人共同体的当事人能力和诉讼能力）；另见 Bucher, BeKomm, N 80 ff. zu Art. 11 ZGB; Guldener, S. 125 f.; Vogel/Spühler, §25 N 4ff.; Häfliger, S. 104 ff.

[5] BGE 129 I 302 ff. (306), E. 1.2.1 und (310), E. 1.2.4.

上的平等："拥有权利和义务的平等的权利"。亦即是，原则上权利能力不取决于年龄、性别、健康状况、宗教信仰、国籍。这体现了《联邦宪法》第 8 条中的一般的平等原则。[1]

　　曾经的例子如《苏黎世州私法法典》（1855 年）第 8 条："任何人一般而言对于所有的私权具有能力。不存在不得享有权利之人。"[2] 换言之，所有的人都享有相同的"权利上的起始状态"，不平等的对待只是基于明确的法律规范才会出现。[3]

　　第二，不过，上文所述条文规定的权利能力平等原则，亦只限于 **"在法秩序的界限内"**，从而对此存在例外。简单提及如下例子：[4]

　　－ 年龄：
十八岁方具有婚姻能力（Ehemündigkeit）（瑞民第 94 条第 1 款）；
三十五岁后方有权进行收养（瑞民第 264a 条）；
十六岁后方享有决定其宗教信仰的权利（瑞民第 303 条第 3 款）；
此规定经常被算作权利能力的规定，但实际涉及的是行为能力。

　　－ 性别（尽管存在《联邦宪法》第 8 条第 3 款）：
亲子关系的产生（瑞民第 252 条第 1 款与第 2 款）；
姓氏/公民权（瑞民第 160 条及第 161 条）。
关于消除在姓氏和公民权场合的性别上不平等的尝试，参见下文边码 708 及以下和边码 675。

　　－ 家庭中的地位：婚生或非婚生（例如瑞民第 270、271 条）。

　　－ 身体或精神上的健康状况：
不具有判断能力之人不具有婚姻能力（瑞民第 94 条第 1 款）；
父母的疾病作为剥夺父母抚养的理由（瑞民第 311 条第 1 款第 1 项）；
精神疾病或精神弱化作为被监护的理由（瑞民第 369 条）。

---

〔1〕 Deschenaux/Steinauer, Nr. 37.
〔2〕 Huber, Erläuterungen, Band I, S. 47.
〔3〕 Bucher, BeKomm, N 2 und 117 ff. zu Art. 11 ZGB.
〔4〕 Vgl. auch Deschenaux/Steinauer, Nr. 39 ff.

基于成年人保护修订案，此等概念被"精神上的障碍"和"心理上的妨碍"所取代，例如参见修正后瑞民第16条以及第390条第1款第1项。

不具有判断能力之人亦丧失涉及高度人身性权利（例如不得作为代理人，参见下文边码637）的权利能力。[1]

581　　— 国籍和住所：瑞民第11条第1款（"任何人"）原则上对外国人不进行特别规制。不过对此存在一些例外：

在外国之人取得土地（《在外国之人取得土地的联邦法》）；[2]

对股份公司（瑞债第718条第4款）或合作社（瑞债第898条第2款）的代理；股份公司的审计部门（瑞债第730条第4款）。

三、不可放弃性

582　　第一，根据瑞民第27条第1款，任何人不得全部或部分地放弃其权利能力（以及行为能力）。

对此，具体将在"内部的"人格保护部分（下文边码808及以下）处理。

583　　第二，需要补充的是：

584　　— 瑞民第11条为**强行法**。[3]

585　　— 在国际私法层面上，瑞民第11条属于**瑞士的公共秩序**（亦可参见《联邦国际私法法典》第34条第1款）。[4]

---

[1] BGE 117 Ⅱ 6 ff. (7), E. 1b; 127 Ⅳ 193 ff. (196), E. 5b/ee; Deschenaux/Steinauer, Nr. 46.

[2] 按照2007年7月4日联邦委员会的公告，《有关在外国之人取得土地的联邦法》应该被废止；BBI 2007, S. 5743 ff. 联邦议会将此草案退回了联邦委员会；vgl. Amtl. Bull. NR 2008, S. 259; Amtl. Bull. StR 2008, S. 511.

[3] Vgl. Bucher, BeKomm, N 2 zu Art. 133 ZGB, 该作者将此称为"当然如此"。

[4] Bucher, BeKomm, N 135 zu Art. 11 ZGB; Vischer, IPRG – Kommentar, 2. Auflage, Zürich 2004, N 1 zu Art. 34 IPRG.

第三编 人法（瑞民第 11 至 89bis 条）

第十五章
行为能力

教科书文献：

- Brückner, Personenrecht, Nr. 146 ff.
- Bucher A., Nr. 35 ff.
- Deschenaux/Stainauer, Nr. 51 ff.
- Hausheer/Aebi – Müller, Nr. 06. 01 ff.
- Larenz/Wolf, § 6 N 1 ff.
- Pedrazzini/Oberholzer, S. 56 ff.
- Riemer, Personenrecht, Nr. 45 ff.
- Tuor/Schnyder/Schmid, § 9 N 20 ff.

特别文献（选列）：

- Bigler – Eggenberger, Basler Kommentar zu Art. 12 ~ 19 ZGB.
- Bucher, Berner Kommentar zu Art. 12 ~ 19 ZGB.
- Dölitzsch Simone, Vom Kindesschutz zu Kindesrechten – ein Plädoyer für eine spezielle Handlungsfähigkeit in höchstpersönlichen Angelegenheiten aus rechtsvergleichender Sicht zum Schweizer Recht, Diss. Rostock 2003, Bielefeld 2005（Schriften zum deutschen, europäischen und vergleichenden Zivil –, Handels – und Prozessrecht, Band 230）.
- Gutzwiller – Peter Max, über die Substanz der Urteilsfähigkeit, AJP 2008, S. 1223 ff.
- Huber René, Handlungsfähigkeit Unmündiger aufgrund eigenen Arbeiserwerbes（Art. 323 ZGB）, Diss. Zürich 1988（Zürcher Studien zum

Privatrecht, Band 61).

— Kötz Hein, Europäisches Vertragsrecht, Band I: Abschluss, Gültigkeit und Inhalt des Vertrages; die Beteiligung Dritter am Vertrag, Tübingen 1996 (zur Geschäftsfähigkeit S. 148 ff.).

— Manäi Dominique, Pouvoir parental et droit médical, FamPra. ch 2002, S. 197 ff.

— Reetz Peter, Die Urteilsunfähigkeit, Eine Lotterie? in: Figures juridiques/Rechtsfiguren, Mélanges dissociés pour Pierre Tercier, Zürich/Basel/Genf 2003, S. 199 ff.

— Reimer – Hans Michael, Willensvertretung bei Betagten – Eine Schnittstelle zwischen Auftrags – , Personen – , Vormundschafts – , Erb – und Immobiliarsachenrecht, recht 1998, S. 21 ff.

— Derselbe, Die Vertretung bei der Ausübung von Rechten, die unmündigen oder unter einer vormundschaftlichen Massnahme stehenden Personen „um ihrer Persönlichkeit willen zustehen", ZVW 53/1998, S. 216 ff.

— Widmer Blum Carmen Ladina, Urteisunfähigkeit, Vertretung und Selbstbestimmung – insbesondere: Patientenverfügung und Vorsorgeauftrag, Luzerner Diss, Zürich/Basel/Genf 2010 (LBR Band 48).

— Werro Franz, La capacité de discernement et la faute dans le droit suisse de la responsabilité, Etude critique et comparative, Diss. Freiburg/Schweiz, 2. Auflage 1986 (AISUF Band 71).

法院判决：

1. BGE 116 Ⅱ 385 ff.

只是在离婚诉讼提出以后原告的判断能力才丧失，那么只要不存在迹象表明对离婚意愿的严肃的改变，诉讼便继续。未明确的问题是，法定代理人是否可以对离婚诉讼撤诉。

2. BGE 118 Ia 236 ff. ［亦参见 ZR 91 – 92/1992 – 3，Nr. 9，S. 16 ff.；以及 ZR 98/1999，Nr. 65，S. 311 ff. （苏黎世高等法院）］

某患有精神病的好讼者，在某领域的法律争议场合，因缺少判断能力从而缺少行为能力，进而缺少诉讼程序能力。但在关于其自己诉讼程序能力的诉讼程序中，其具有限制性的诉讼程序能力。

3. BGE 124 Ⅲ 5 ff.

某86岁的被继承人在其设立遗嘱时具有判断能力吗？

4. BGE 134 Ⅱ 235 ff.

某13岁少年反抗从医学角度看不必要的整骨疗法时的判断能力。

一、概念

根据瑞民第12条，行为能力是"通过其行为产生权利和义务的能力"。

589

> "行为能力法的客体，是决定在何种条件下人的行为可以导致法秩序通常赋予该行为的法律后果。"[1] 在历史上，早于瑞民中行为能力规则的有1881年6月22日《关于个人之行为能力的联邦法》。[2]

从而，行为能力[3]可被理解为对在私法上负担责任的肯定。其有两方面含义：

590

— 一方面作为**法律行为能力**（Geschäftsfähigkeit）：从事法律行为的能力（合同能力，即负担和处分能力；遗嘱能力等）；

591

> 法律行为能力也涵盖从事事实行为的能力，前提是该事实行为的确要求有行为能力。

— 另一方面是（民法上的）**不法行为能力**（Deliktsfähigkeit）：由于具有不法性之行为而承担民事责任的能力（就不法行为在私法上负责的义务）。

592

---

[1] Bucher, BeKomm, N 2 zu Art. 12 ZGB；强调格式存在于原文中。
[2] Dazu etwa Bucher, BeKomm, Vorben. Vor Art. 12~19 ZGB, N 41.
[3] 此处的行为能力，德语为 Handlungsfähigkeit，既包括传统民法上的法律行为能力（Geschäftsfähigkeit），亦包括不法行为能力（Deliktsfähigkeit），对此参见下文边码590至592。本书中译本将 Handlungsfähigkeit 译为行为能力，而将 Geschäftsfähigkeit 译为法律行为能力。——译者

593　　原则上，只有在具有行为能力时，才存在责任。不过，如从广义上理解，我们法秩序中的责任并非在任何情况下都以行为能力为条件。毋宁是，存在很多的事实情况，在此即便无行为能力亦能导致法律效果的产生，例如在下述领域中：结果责任、不当得利、无因管理、加工/混合等等。[1]

594　　行为能力在程序法中体现为诉讼程序能力（Prozessfähigkeit）[2]，即自己或通过自己选定的代理人进行民事程序的能力（亦可参见《民事程序法》第67条第1款）。[3]也就是，可通过自己行为产生权利和义务之人，也应能够向法院主张认可其权利。[4]

　　　　程序能力不一定只是包括自己（在无程序代理人的情况下）进行民事程序的权限，其也包括实体地决定进行何种程序上行为（进行诉讼、使用某种法律工具等）的权利。[5]对于执行能力（执行和被执行的能力）参见《有关强制执行与破产的联邦法》第68c条及以下。

595　　具有行为能力是原则，不具有行为能力是例外。法律生活上的需要，要求对行为能力予以假定。从而按照司法和学说，主张无行为能力的人，应对此承担举证责任。[6]

596　　就法律中的具体位置而言，关于（无）行为能力的规则被调整于**瑞民第12至19条**。

---

[1] Deschenaux/Steinauer, Nr. 60 ff.；Bucher, BeKomm, N 64 ff. zu Art. 17/18 ZGB.

[2] BGE 132 I 1 ff.（5），E. 3. 1；118 Ia 236 ff.（237 und 240），E. 2b und 3b；LGVE 1997 Ⅱ Nr. 47, S. 335 ff.（卢塞恩行政法院）；ZWR 32/1998, S. 204 f.（204），E. 2a（瓦莱州级法院）.

[3] Guldener, S. 68 und 127 f.；Vogel/Spühler, § 25 N 16；vgl. dazu auch Bucher, BeKomm, N 23 ff. zu Art. 12 ZGB；Frank/Sträuli/Messmer, N 1 und 20 ff. zu §§ 27/28 ZH ZPO.

[4] Deschenaux/Steinauer, Nr. 156.

[5] BGE 132 I 1 ff.（5），E. 3. 1, 援引了 Bucher, BeKomm, N 24 und 26 zu Art. 12 ZGB.

[6] BGE 45 Ⅱ 43 ff.（48），E. 3；ZR 96/1997, Nr. 102, S. 213 ff.（215），E. 4a（苏黎世高等法院；判决涉及的是某银行在其一般交易条款中规定了客户或客户代理人变为无行为能力时的责任排除）；Kummer, BeKomm, N 220 ff. zu Art. 8 ZGB；Bucher, BeKomm, N 125 ff. zu Art. 16 ZGB.

除此之外也要注意其他的规则,例如瑞民第 305 条、第 395 条、第 407 条及以下以及第 417 条,无论如何都要注意瑞民第 169 条、《同性伙伴法》第 14 条、瑞债第 494 条以及《关于农民土地权利的联邦法》第 40 条。

成年人保护修正案修改了行为能力法的很多方面。

二、前提条件

(在法律结果上)存在行为能力必须满足多个条件。对于自然人首先要注意如下两个规定:

— 根据**瑞民第 13 条**,"成年且具有判断能力者",具有行为能力。[1]

随着成年人保护修正案的施行,"成年(mündig)"这个概念被"成年(volljährig)"所取代,因为新法中禁治产(Entmündigkeit)这个概念不复存在。在此,内容上并没有发生变化。[2]

— 根据**瑞民第 17 条**,"不具有判断能力、未成年或未被禁治产人",不具有行为能力。[3]

随着成年人保护修正案的施行,修正后瑞民第 17 条的表述为:"不具有判断能力、未成年以及处于全面受辅佐状态之人,不具有行为能力。"修订后瑞民第 398 条中的全面受辅佐状态这个制度,对应着今天监护设立之后的行为能力去除。[4]因而,此处实际只是术语上的变更。[5]不过应当认为,与之前的监护相比,确定此全面的受辅佐状态应更加谨慎。根据修订后瑞民第 398 条第 1 款,当某人——尤其是因为其持续不

---

[1] 此处原文为该条文的法文和意大利文版,中译本中略去。——译者
[2] Botschaft zum Erwachsenenschutz, S. 7094. 此修正涉及的是瑞民第 13 条的德语版本。
[3] 此处原文为该条文的法文和意大利文版,中译本中略去。——译者
[4] Botschaft zum Erwachsenenschutz, S. 7048.
[5] Botschaft zum Erwachsenenschutz, S. 7095.

具有判断能力——而特别需要帮助时，才设置此种受辅佐状态。根据（成年人保护修正案的）公告，法律之所以用持续无判断能力作为例子，是"为了明确，全面的受辅佐状态的确只应作为最后的手段（ultima ratio）才被认定"。[1]

600　　换言之，立法者并没有授予任何人以行为能力。毋宁是，立法者使行为能力取决于某自然人是否成年（且非禁治产）以及是否具有判断能力。在此，本书与瑞民第13条所表述的顺序相反，先从判断能力开始：

（一）判断能力

601　　判断能力的前提条件被调整于瑞民第16条。从积极的方面说，当某人**能够理性地行为**时，他便具有判断能力。对此说明如下：

602　　1. 根据主流学说，理性的行为以如下两个因素为前提：[2]

603　　- 首先，**拥有理性**，也就是认识特定行为之意义、合目的性以及效果的能力（"知"；智力因素）；以及

604　　- 其次，**能够据此行动**，即基于理性认识按照其自由意志行动，以及以通常的方式抗拒外部对意志可能影响的能力（"欲"；"意志或品性因素"；自主因素）。

　　联邦法院亦是如此进行的表述："民法上的判断能力是理性行动的能力（瑞民第16条）。该规定包含两个因素：一个精神因素，即认识特定行为的方向、时点以及效果的能力，以及一个意志或性情因素，即基于其自由意志按照上述认识去行动的能力……"[3] 另一个判决中也有类似的表述："属于判断能力的，不仅有就相关行为的后果和机会形成理性判断的能力，也有根据理性看法进行行动，尤其是力图以通常方式抗拒对意志之影响的能力……"[4]

---

[1] Botschaft zum Erwachsenenschutz, S. 7048.
[2] 很好的例证见 BGE 124 III 5 ff.（7 f.），E. 1a；详见 Bucher, BeKomm, N 42 ff. zu Art. 16 ZGB.
[3] BGE 134 II 235 ff.（239），E. 4.3.2.
[4] BGE 77 II 97 ff.（99 f.），E. 2（对子女的承认）.

2. 一些特殊事由会阻却着合乎理性的行为，例如瑞民第 16 条（只是列举而非排他地）所列举的：年轻、精神疾病、精神衰弱、醉酒或者类似的状态。[1]对此补充如下：

— "精神疾病"是一个**法学上的**专业概念；（广义上的）精神病学上的概念对于瑞民第 16 条的适用不具有意义。从而，医学上对精神疾病的确认，并不必然导致无判断能力。[2]

— 上述妨害合乎理性从事行为之能力的状态，可是**持续性的**，亦可是**暂时的**。

在清醒的间歇（明白的中间状态）中，患有精神疾病之人也可能具有判断能力，从而具有行为能力。

随着成年人保护修正案的颁布，带有侮辱意味的"精神疾病"概念，被"精神上的障碍（geistige Behinderung）"所取代。[3]取代"精神衰弱"概念的是"心理上的妨碍（psychische Störung）"，而之前的"醉酒状态（Trunkenheit）"被重新表述为"醉（Rausch）"。

3. 是否存在判断能力，总是要就讨论中的具体行为来进行判断。在此意义上，判断能力是相对的（"判断能力的相对性"）。[4]

对此参见联邦法院的表述："判断能力是相对的：其不应被抽象地确定，而应就特定行为具体地确定，按照行为发生时该行为的性质和意义所要求之能力确定。"[5]

4. 根据联邦法院的实践，基于一般性的生活习惯，判断能力原则上被推定存在。[6]这里的推定似乎应是法院的推定（边码 481），

---

[1] 具体见 Deschenaux/Steinauer, Nr. 84 ff.
[2] Deschenaux/Steinauer, Nr. 87 f.
[3] Botschaft zum Erwachsenenschutz, S. 7094.
[4] Bucher, BeKomm, N 87 ff. zu Art. 16 ZGB; Deschenaux/Steinauer, Nr. 53.
[5] BGE 134 Ⅱ 235 ff.（239），E. 4.3.2；类似的见 BGE 118 Ia 236 ff.（238），E. 2b in fine；124 Ⅲ 5 ff.（8），E. Ia.
[6] BGE 118 Ia 236 ff.（238），E. 2b；124 Ⅲ 5 ff.（8），E. 1b；134 Ⅱ 235 ff.（240），E. 4.3.3.

在实际效果上却和举证责任倒置相同。[1]

针对争议中的判断能力，典型（而非唯一）的证明手段是医学专家意见。[2]

610 但生活经验也可能展示相反的推定，例如小孩或痴呆的情形，即在按照一般的看法通常情况下极可能不具有判断能力之人的情形；如果此点被证明，那么对方可以提供反证（边码480），以证明该人尽管原则上不具有判断能力，但在为行为时是在清醒的间歇中。[3]

虽然对于小孩可推定其无判断能力，对于接近成年的少年可推定其有判断能力，但对于这处于中间年龄的未成年人，便不能基于普遍生活经验而对其判断能力进行一般性地推定，因为相关未成年人是否具有判断能力取决于其成长状态。在此，基于瑞民第8条，从有判断能力或无判断能力中引导出其权利之人，对相关状态负有举证责任。[4]

（二）成年（以及非禁治产）

611　1. 成年可被描述为人们基于通常的外部征兆（一般是达到一定年龄）可期待某人所具有的特定成熟程度。根据瑞民第14条，满18岁者为成年。[5]

612　一般的成年和适婚年龄（瑞民第94条第1款）及适遗嘱年龄（瑞民第467条）相一致。同样的亦有政治上（公法上）的成年。但

---

[1] Deschenaux/Steinauer, Nr. 94 ff.；稍许不同的观点见 Bucher, BeKomm, N 125 ff. zu Art. 16 ZGB.

[2] BGE 118 Ia 236 ff.（238），E. 2b.

[3] BGE 134 Ⅱ 235 ff.（241 f.），E. 4.3.3；124 Ⅲ 5 ff.（8 f.），E. 1b；援引了 Bucher, BeKomm, N 127 zu Art. 16 ZGB；vgl. auch BGer 5C. 259/2002, E. 1. 3. Dies ist ein entscheidender Alter, wo man kann zögern, sofort die Vermutung für Erwachsene gelten.

[4] BGE 134 Ⅱ 235 ff.（241），E. 4.3.3；详细援引了 Bucher, BeKomm, N 133 zu Art. 16 ZGB. 联邦法院在本案中提出了一个（它并没有给出答案的）问题：一个13岁的小女孩是否可被推定具有判断能力（"13岁是一个关键年龄，对此人们会犹豫是否对其立即适用成年的推定"）。

[5] 成年是在18岁生日（子夜零点），还是在生日一天后，对此争议问题参见 Bucher, BeKomm, N 44 zu Art. 14 ZGB（该作者援引1996年将成年年龄减为18岁的法律，主张第一种观点）；（对于现行法）同样可见 Deschenaux/Steinauer, Nr. 96；Schwander Ivo, Die Herabsetzung des Mündigkeitsalters auf 18 Jahre und ihre Auswirkungen, AJP 1996, S. 9 ff.（11）.

对于决定宗教信仰的权限，存在特别规定（"宗教上的成年"见瑞民第 303 条第 3 款：更轻的年龄即 16 周岁）。根据《联邦宪法》第 11 条第 2 款，儿童和少年"在其判断能力的范围内"行使"其权利"。

另外，成年不仅是行为能力的前提条件（瑞民第 13 条）。作为一种"状态"的成年，和私法以及公法上的许多法律后果都相关联，例如亲权框架下之服从的结束（瑞民第 296 条第 1 款；在此亦应注意瑞民第 25 条第 1 款）、原则上针对父母之抚养权的结束（瑞民第 277 条第 1 款，但在该条第 2 款中存在重要的例外）以及取得作为监护人的可能性（瑞民第 379 条第 1 款）。[1]

基于成年人保护修正案，新的瑞民第 14 条表述如下："满 18 岁者为成年（volljährig）。"

2. 如瑞民第 17 条所显示，某人被禁治产便不具有行为能力（亦可参见瑞民第 407 条及以下）。

> 根据瑞民第 385 条第 2 款，禁治产程序甚至可发生在禁治产人未成年时。对于禁治产的理由参见瑞民第 369 条及以下。[2]

> 基于成年人保护修正案，瑞民第 17 条中规制的不再是禁治产人，而是处于被全面辅佐之人（前文边码 599）。根据修正后的瑞民第 398 条第 3 款，在此情形相关人的行为能力基于法律而丧失。

三、行为能力的"等级"

按照传统的看法，行为能力或者存在，或者不存在（"全有或全无原则"，"不是－就是原则"）。[3]在涉及判断具体法律行为效力时，此观点可资赞同。

---

[1] Vgl. dazu Deschenaux/Steinauer, Nr. 102 ff.

[2] Dazu Tuor/Schnyder, § 51 N 1 ff.; Deschenaux/Steinauer, Nr. 116 ff.; Riemer, Vormundschaftsrecht, S. 44 ff.

[3] Bucher, BeKomm, Vorbem. vor Art. 12~19 ZGB, N 23 f., sowie N 142 ff. zu Art. 12 ZGB; Deschenaux/Steinauer, Nr. 54 f. und 83 f.

某合同出于当事人的行为能力原因，只能要么有效要么无效："排中律（tertium non datur）"。与此相反，侵权或准侵权行为的法律后果通常存在量上的等级。[1]是否与此对应，在受限制的判断能力场合应认定消减的不法行为能力，其结果是惩罚在程度上的减轻，这在学说中有争议。[2]

616　不过就某人的**一般性法律地位**而言，行为能力可分为如下四个不同"等级"：①完全无行为能力；②限制无行为能力；③限制行为能力；④完全行为能力。

一般而言，只是针对出于特别理由而需要保护之人，才限制其行为能力。亦即，相应的法律规定致力于保护无法（或无法完全）自我负责之人免于特定的约束。[3]

（一）完全无行为能力

617　1. 无判断能力之人完全无行为能力。由于不具有判断能力，相关人士根据瑞民第18条，"在无法律规定之例外的条件下"，通过其行为"不能带来法律上的效果"。从而，无判断能力之人（例如小孩或痴呆人）所为之事，原则上在法律上不具有相关性。此行为绝对无效（"nihil actum est"）[4]

相对方的善意（对存在行为能力的信赖）在一般意义上并不受保护。[5]对此偶尔的保护参见边码328及以下。

618　2. 然而，瑞民第18条明文规定有法律上的**例外**。例如应注意如下：[6]

---

[1]　Bucher, BeKomm, N 394 f. zu Art. 19 ZGB.
[2]　Siehe dazu Deschenaux/Steinauer, Nr. 83a 带有进一步的线索。
[3]　类似的见 Hausheer/Aebi – Müller, Nr. 06. 04.
[4]　对此批判的态度见 Reetz（边码587中引用的文献），S. 203 ff.；针对合同无效原则的保留意见，亦见 Hausheer/Aebi – Müller, Nr. 07. 47.
[5]　对此批判的态度见 Bucher, BeKomm, Vorbem. vor Art. 12～19 ZGB, N 45 f.；vgl. auch denselben, BeKomm, N 126 ff. zu Art. 17/18 ZGB.
[6]　具体参见 Deschenaux/Steinauer, Nr. 284 ff.

— 根据瑞债第 54 条的公平责任；

— 根据瑞民第 105 条第 2 款和瑞民第 107 条第 1 款的婚姻无效（此无效只能基于诉讼而由法院判决；瑞民第 109 条第 1 款）；

— 根据瑞民第 467 条、第 519 条第 1 款第 1 项、第 521 条由于无遗嘱能力的遗嘱无效（此无效必须基于诉讼或抗辩通过法院确定）；

— 第三人根据瑞民第 973 条第 1 款或（在抵押证书的情形）根据瑞民第 865 条及第 872 条的善意取得。

随着预计于 2012 年 1 月 1 日生效之 2009 年 12 月 11 日对瑞士民法典的修正（登记簿－抵押证书以及物权法中的其他修改），[1]对于抵押证书的善意取得应适用的条文是修改后的瑞民第 848 条、第 849 条。

如上文（边码 593）已述，存在一整系列的情形，在其中即便无行为能力（也就是在无判断能力之人的情形）也能导致法律效果。[2]在最新的医疗法立法中，对无判断能力人之意愿的照顾有所增加。例如在《关于药品和医疗产品的联邦法》第 55 条第 1 款 d 项（对无判断能力之人的临床试验）以及《移植法》第 13 条第 2 款 h 项和第 3 款（从无判断能力之人中取出器官、组织或细胞）。相应的思想亦见于《就运用生物学与医学情形保护人权与人类尊严公约》（《关于人权与生物医学的公约》）第 6 条。[3]

（二）限制无行为能力

具有判断能力之未成年人或禁治产人，为限制无行为能力。瑞民第 19 条对此种人进行了规制：

— 根据瑞民第 19 条第 3 款，限制无行为能力人对不法行为承担

---

[1] 全民公决草案见 BBl 2009，S. 8779 ff.
[2] Deschenaux/Steinauer, Nr. 60 ff.；Bucher, BeKomm, N 64 ff. zu Art. 17/18 ZGB；Pedrazzini/Oberholzer, S. 82 ff.
[3] SR 0.810.2；在瑞士于 2008 年 11 月 1 日生效。

损害赔偿义务。亦即，其在民法上具有不法行为能力（过错能力）。

作为（以过错为要件的）责任基础例如：瑞债第41条及以下和第97条及以下；缔约过失责任（参见瑞民第411条第2款）；过错地违反婚姻上的义务；违反婚约。[1]不过其责任通常会基于瑞债第43条、第44条而被减轻（关于消减的责任能力参见边码615）。而且在无判断能力之被监护人责任场合，基于瑞民第333条也可能导致家长责任。

622 — 就限制无行为能力之人的法律行为能力，瑞民第19条第1款、第2款规定了基本原则：该基本原则结合不同的特别规则（尤其是瑞民第410条与第411条、第304条第3款以及第305条第1款），构成了对此主题的规制。现细述如下：

1. 原则：法律行为只有经过法定代理人同意。

623 （1）限制无行为能力人原则上不能（单独）基于法律行为负担义务，对此需要**法定代理人的同意**（瑞民第19条第1款）。此规定既指涉负担行为，也指涉处分行为（进一步参见瑞民第410条第1款）。[2]

624 亦即，具有判断能力但尚未成年之人（在无特别规定的条件下；关于特别规定参加边码629及以下）只能在父母同意的情况下，才可以从事负担性的合同（瑞民第304、305条）或放弃权利。具有判断能力的禁治产人从事这些行为，需要监护人的同意，并应顾及监护官厅的协助（瑞民第407条及以下和第421条、第422条）。

有些特定的行为，（即便得到法定代理人同意）限制无行为能力之人亦不得为之。例如保证、重大赠予行为、设立基金会（瑞民第408条和第304条第3款）以及法律要求特别要件（瑞民第467、468条）的遗嘱处分和继承契约。[3]

---

[1] Deschenaux/Steinauer, Nr. 234 f.
[2] Deschenaux/Steinauer, Nr. 243.
[3] Vgl. dazu Deschenaux/Steinauer, Nr. 246a f.

关于执行证书的送达参见《有关强制执行与破产的联邦法》第68c条第1款。

(2) 同意无须要式形式即为有效，即便相关法律行为（如土地买卖合同）要求要式形式。法定代理人可事前作出许可（授权），可在行为中协助，也可嗣后对法律行为追认（参见瑞民第410条第1款）。[1]

事前的授权尤其存在于子女零用钱的情形。不过，为使得未成年人所为的行为被授权所涵盖，该行为必须得与未成年人的年龄相符（买书或生活用品等）。[2]

(3) 同意尚不存在（不过却可能）之时，该法律行为对限制无行为能力人无约束力（"acte juridique imparfait"）。[3] 相反，有判断能力之未成年人或被禁治产之人的合同相对方则受其约束，直至法定代理人拒绝其同意之时，从而在此又可以称其为"**跛脚法律行为**"。[4] 对于追认，可设定一个期限（瑞民第410条第2款）。若追认被拒绝，则法律行为自始无效，已作出之给付应予返还；不过，限制无行为能力之人只在有利于自己而使用了（对方的）给付，或在（对方）请求返还之时尚存得利，或恶意将得利转让的范围内（瑞民第411条第1款），其才承担责任。[5]

根据瑞民第411条第2款，如果限制无行为能力之人诱使对方错误相信其行为能力，那么该无行为能力人承担损害赔偿责任。此为瑞民第19条第3款的具体适用情形。[6]

(4) 基于成年人保护修正案，修正后的瑞民第19~19c条适用于

---

[1] Deschenaux/Steinauer, Nr. 248 ff.
[2] Deschenaux/Steinauer, Nr. 261 f.
[3] Vgl. auch BGE 117 II 18 ff. (21 f.), E. 4c.
[4] Tuor/Schnyder/Schmid, §9 N 45; Vgl. auch BGE 117 II 18 ff. (22 f.), E. 5.
[5] 详细的讨论参见 Deschenaux/Steinauer, Nr. 258 ff.
[6] Vgl. auch BGE 79 II 356 ff. (360), E. 2d, 该判例将此认定为侵权责任；详见 Deschenaux/Steinauer, Nr. 258 ff.

此。这些规定的新页边标题是"具有判断能力之无行为能力人"。这是因为修正后瑞民第 398 条规定的全面受辅佐状态取代了监护,从而也就不能再用禁治产一词了。[1] 就成年人而言的适用范围,似乎更窄了,因为如上所述(边码 599)对全面受辅佐状态的认定应相当保守。

628

根据修正后的瑞民第 19 条第 1 款,具有判断能力之无行为能力人,只能在法定代理人同意的情况下,才可负担义务或放弃权利。关于法定代理人同意的规则,目前存在于监护法中,修正后的新法将之置于人法部分(修正后瑞民第 19a 条及 19b 条),因为其对所有的限制无行为能力人均适用。在内容上,新法和当前有效之法并无不同。

为了明确起见,对于被废止行为能力的有判断能力的成年人,修正后的瑞民第 407 条将其转引了人法编。该条(瑞民第 407 条)不具有独立的内容。[2] 针对子女的相应规范见修正后瑞民第 305 条第 1 款。[3]

2. 同意要件的例外。
(1) 扩大的行为能力。

629

第一,家庭法中的各种特别规定,赋予了子女和被监护人针对特定财产价值的自由行动空间。此种扩大的行为能力存在于如下几个方面:[4]

— **劳动所得**或子女**为从事其自己的职业或营业**而从父母处获得的**财产**,由子女管理并享有其收益(瑞民第 323 条第 1 款)。
— 被监护人在被允许**独立经营职业或营业**时,可以做出所有通常属于该经营的行为,并用其所有财产为此负责(瑞民第 412 条)。
— 被指派给子女或被监护人的**自由财产**,以及被监护人经监

---

[1] 监护一词的德文为 Vormundschaft,禁治产一词的德文为 Entmündigung,两词均有共同词根 mund;与监护 Vormundschaft 在成年人保护修正案中一词被废止相应,禁治产 Entmündigung 一词也被废止。——译者

[2] Botschaft zum Erwachsenenschutz, S. 7052.

[3] Botschaft zum Erwachsenenschutz, S. 7101.

[4] 关于扩大的行为能力具体参见 Deschenaux/Steinauer, Nr. 259 ff.

护人同意通过自己劳动所得的自由财产,由子女或被监护人管理并享有其收益(瑞民第321、322条以及第414条)。

关于在此情形发出执行证书,参见《有关强制执行与破产的联邦法》第68c条第2款。[1]

第二,成年人保护修正案中并不存在与瑞民第412条相对应的规定。现行瑞民第412条中的规定与新法的理念相违背。按照新法的理念,全面受辅佐状态(即对行为能力的废除)只是最后的手段时才会被认定(边码599);[2]如果相关当事人可以独立从事职业或营业,那么这意味着全面受辅佐状态的要件未被满足。然而,按照新法也可能产生已成年之人的自由财产,即当基于修正后瑞民第395条对于**财产管理的代理型辅佐状态**被认定时(后文边码645)。若政府机构同时也限制了相关当事人的行为能力(修正后瑞民第394条第2款),或剥夺其对具体财产价值的运用(修正后瑞民第395条第3款),则辅佐人应从相关当事人财产中拿出适当数额给相关当事人自由支配(修正后瑞民第409条)。[3]须注意的是,受此新规则调整之人,原则上具有行为能力(后文边码645)。

> 就执行证书可向谁作出这个问题,修正后的《有关强制执行与破产的联邦法》第68c条(未成年债务人)以及第68d条(隶于成年人保护措施之成年债务人)作出了规制。

(2)取得无偿的利益。

第一,限制无行为能力人在无法定代理人同意的情况下,可取得无偿的利益(瑞民第19条第2款)。如果与利益对应,不存在任何负担,那么便存在无偿性。无偿性指向的是其效力被判断的法律行为。因此,按照本书的观点,该法律行为给受利益人带来费用或支出(如税负或修理费用),并不能否定取得之无偿性。[4]对于无偿

---

〔1〕 Siehe dazu Riemer, Vormundschaftsrecht, S. 80 f.; Amonn/Walther, §8 N 18.
〔2〕 Vgl. auch Botschaft zum Erwachsenenschutz, S. 7056.
〔3〕 Vgl. auch Botschaft zum Erwachsenenschutz, S. 7053.
〔4〕 相同观点见 Deschenaux/Steinauer, Nr. 218; Bucher, BeKomm, N 159 zu Art. 19 ZGB; 不同观点见 Brückner, Personenrecht, Nr. 223.

的利益，学说认为应予以保守地认定，因为对此宽泛的解释不符合限制无行为能力人的利益〔亦参见瑞民第19条的法语文本："纯粹无偿地获得利益（acquérir à titre purement gratuit）。"〕。[1]

按照上述说法，买方以难以置信之低廉价格买入某物时（"便宜货"），不满足瑞民第19条第2款，因为此处缺少无偿性。[2]当被承诺的无偿利益须由法院予以执行时，由于程序风险（尤其由于相关费用），对此限制无行为能力人须得到法定代理人的同意。[3]

632 第二，从而例如，限制无行为能力人原则上可接受赠予。不过还要注意到瑞债第241条第2款，此规定赋予法定代理人以权利，否定赠予之接受或要求返还赠予。[4]除此之外，当赠予附带了条件（瑞债第245条第1款）或对被赠予人设置了任何行为义务时，便不存在无偿性。[5]

属于此类的还有：债权人的债务免除（瑞债第115条）；接受他人的保证；权利保全行为（催告、瑕疵告知、中断请求权时效的行为）；取得无主物；作为获得利益之人订立继承合同。[6]

633 第三，成年人保护修正案对瑞民第19条第2款进行了补充，即具有判断能力之无行为能力人在无法定代理人同意时，不仅可以取得无偿的利益，按照新法也可处理日常生活中的小事。此是照顾了实践中的需求。[7]

---

〔1〕 Bucher, BeKomm, N 160 zu Art. 19 ZGB.
〔2〕 Deschenaux/Steinauer, Nr. 218.
〔3〕 Hausheer/Aebi-Müller, Nr. 07.69.
〔4〕 Vgl. dazu Meier Philippe, Les dérogations apportées au droit de la tutelle et de la capacité civile par le droit de la donation, Etude des art. 240 al. 3 et art. 241 al. 2 CO (2eme partie), ZVW 50/1995, S. 121 ff.; BGer 5A_743/2009, E. 2.3.
〔5〕 Bucher, BeKomm, N 161 zu Art. 19 ZGB.
〔6〕 Deschenaux/Steinauer, Nr. 214 ff.
〔7〕 Botschaft zum Erwachsenenschutz, S. 7095.

(3) 行使高度个人化的权利。

第一，限制无行为能力人可行使其"基于其人格而享有"的权利（瑞民第 19 条第 2 款）。也就是，其有权行使高度个人化的权利。这里涉及的是与人之情感生活高度结合的权利，以及因其为人而被赋予的权利。[1]

> 例如，这适用于对侵入身体完整性（治疗行为）的同意或拒绝、基于人格保护的（非财产法上的）诉讼（包括精神损害赔偿诉讼）、根据《数据保护法》第 8 条行使询问权[2]（对此参见边码 1066 和边码 1069 及以下）、离婚或分居诉讼、父权诉讼。申请避难程序亦属于高度个人化的权利，因为此程序保护了人的基本权利。因此，一个未成年的避难寻求者，在其具有判断能力的前提下，可基于瑞民第 19 条第 2 款自己行使此权利；换句话说，这里不要求设定法定代理人。[3]而通过异议程序申请撤销对驾照的吊销原则上不具有高度个人化的属性；不过对例外情形应加以注意。[4]

第二，司法和学说就高度个人化的权利通常还作出如下区分：[5]

- **相对高度个人化的权利**是指允许代理的权利。换句话说，在此法定代理人可代理不具有判断能力之人从事行为。而如果相关当事人有判断能力，则由其自己行使该权利。

> 例如：某有判断能力的子女自己决定是否接受某治疗行为。在此情形，其父母的意志不发生作用。[6]

---

[1] Tuor/Schnyder/Schmid, §9 N 43.
[2] Deschenaux/Steinauer, Nr. 228a.
[3] VPB 61/1997, Nr. 15, S. 149 ff. (152 ff.), E. 2c（瑞士难民营救委员会）.
[4] LGVE 1997 II Nr. 47, S. 335 ff.（卢塞恩行政法院）.
[5] Vgl. etwa BGE 117 II 6 ff. (7), E. 1b; Tuor/Schnyder/Schmid, §9 N 44. 但对此的术语使用并不统一，例如参见 Bucher A., Nr. 145.
[6] BGE 134 II 235 ff. (238), E. 4.1; LGVE 2007 INr. 2, S. 2 ff.（卢塞恩高等法院）.

637　　　- **绝对高度个人化的权利**是指对其排除代理的权利。[1]换句话说，若不存在判断能力，则由于在此代理被排除，该权利压根就无法被行使。相反，如果权利人具有判断能力，则其可自己行使该权利。**例如**：订婚、结婚、设立遗嘱。

638　　　第三，不过还是存在法律特别规定中的例外，尤其是基于行为的意义而要求法定代理人同意。[2]这些规定优先于瑞民第 19 条第 2 款适用。**例如**：瑞民第 94 条第 2 款（对于某禁治产人结婚须经其法定代理人的同意）；瑞民第 260 条第 2 款（未成年人或禁治产人对非婚生子女的承认，须法定代理人的同意）。

639　　　第四，某限制无行为能力人为了行使高度个人化的权利，经常需要从事不被瑞民第19 条第2款所涵盖的法律行为，例如与律师或医生订立合同。在这些情形需审查的是，对于这些法律行为依旧固守瑞民第 19 条第 1 款规定的法定代理人同意，是否会使高度个人化权利的执行流于虚幻。[3]

　　　按照联邦法院的司法实践，限制无行为能力人可在涉及行使其高度个人化权利的司法程序中，独立自主地委托代理人，以及和该代理人订立调整基础关系的合同。[4]

640　　　第五，在成年人保护修正案生效后，高度个人化权利由修正后的瑞民第 19c 条规制（参见其页边标题）。与现行法相比，修正后的新规定在内容上并无变化。按照该规定第 1 款，具有判断能力之无行为能力人独立行使基于其人格而享有的权利；对此存在规定法定代理人同意的例外性规范。修正后瑞民第 19c 条第 2 款规定，只要相关权利并非绝对高度个人化的权利（"只要该权利并非与人格结合得如此紧密，以至于任何对此的代理都被排除"），那么便由法定代理人代理无判断能力人行动。

---

[1] BGE 127 IV 193 ff. (196), E. 5b/ee.
[2] Deschenaux/Steinauer, Nr. 231.
[3] Vgl. dazu Hausheer/Aebi – Müller, Nr. 07. 75.
[4] BGE 112 IV 9 ff. (10 f.), E. 1; BGer 5A_ 10/2007, E. 3. 2. 3.

(4) 作为第三人的代理人。

对于限制无行为能力人可否代理其他人，瑞民第 19 条并没有表态。多数学说允许具有判断能力之未成年人或禁治产人代理法律行为（瑞债第 32 条及以下）。[1] 在德国法中，《德国民法典》第 165 条对此作出了明文规定。

> 例如：某四十岁男人让其十岁侄子去某商店买中饭的材料。这个孩子通过其行为并没有给自己设定义务（这需要其法定代理人的同意才有效），而是给他叔叔设定了义务（参见瑞债第 32 条）。

(三) 限制行为能力

1. 根据瑞民第 395 条（对此参见该规定的页边标题"对行为能力的限制"），处于受咨询状态之人为限制行为能力，其原则上具有行为能力，但法律为保护受咨询之人的财产利益对该能力作出了限制。法律区分了两种受咨询状态：[2]

— **辅助型咨询**（瑞民第 395 条第 1 款）：对于那些法律中完全列举的法律行为，受咨询人只能在咨询人的辅助下，方可有效为之。不存在该咨询，那么瑞民第 410、411 条类推适用（上文边码 626）。咨询人并非受咨询人之法定代理人。换句话说，咨询人不得单独为此行为。[3] 例如：借出款项（瑞民第 395 条第 1 款第 5 项）；赠予（瑞民第 395 条第 1 款第 7 项）。

— **管理型咨询**（瑞民第 395 条第 2 款）：受咨询人对财产的管理被剥夺了，不过他还享有处分其财产所得或劳动所得的权利。就财产管理行为而言，咨询人成为受咨询人的法定代理人，即咨询人代理受咨询人为行为。[4] 对于处于受咨询状态之人的消极的执行能

---

[1] Deschenaux/Steinauer, Nr. 236; Hausheer/Aebi-Müller, Nr. 07.59 und 07.82; Brückner, Personenrecht, Nr. 231; Gauch/Schluep/Schmid, Nr. 1340; 不同观点见 Guhl/Koller, Das Schweizerische Obligationenrecht, 9. Auflage, Zürich 2000, § 18 N 13.

[2] 对于受咨询状态的条件和后果具体在监护法中讨论；对此参见 Tuor/Schnyder, § 53 N 15 ff; Deschenaux/Steinauer, Nr. 170 ff.; Riemer, Vormundschaftsrecht, S. 109 ff.

[3] Tuor/Schnyder, § 53 N 19 f.

[4] Tuor/Schnyder, § 53 N 23.

力，参见《有关强制执行与破产的联邦法》第 68c 条第 3 款。[1]

645　2. 成年人保护修正案在修正后的瑞民第 396 条中规定了**辅助型辅佐**，此与现行法中的辅助型咨询基本相符，但在一定程度上比现行法中的辅助型咨询更加灵活，因为它并非只是限于法律规定中列举的不可改变的行为目录，而是按照不同的保护需求而被确定。[2] 另外，新法规定了一种**代理型辅佐**（修正后瑞民第 394、395 条）的可能性。此种代理型辅佐发生于需要帮助之人不能处理某特定事务，从而需要被代理时（修正后瑞民第 394 条第 1 款）。代理型辅佐下的一种特殊类型为财产管理型辅佐（修正后瑞民第 395 条）。与现行法中的管理型咨询相比，财产管理型辅佐在覆盖范围上广一些，因为它不仅涵盖狭义上的财产，也涵盖收入；与现行法不同的是，它只限于特定财产部分的管理（例如限于工资）。[3] 不过要注意的是，在代理型辅佐场合，只有成年人保护机关明文确定后，相关当事人的行为能力才被限制（修正后瑞民第 394 条第 2 款）。

修正后瑞民第 19d 条在人法范围内提醒，行为能力可被成年人保护措施所限制。

（四）完全行为能力

646　1. 如上所述，完全行为能力人为具有判断能力之成年人（且未被禁治产）。按照瑞民第 12 条，他可以基于其行为设定权利和义务，尤其是订立合同以及有效从事其他法律行为（例如提前终止合同、婚约、死因处分）。

相关法律行为的有效性当然受制于其他效力前提，尤其是法定形式规定（例如瑞债第 216 条）、对合同内容的限制（瑞债第 19、20 条）以及关于意思瑕疵的规定（瑞债第 23 条及以下）和暴利行为。须注意的是，设定受辅佐状态（瑞民第 392 至 394 条）对相关当事人的行为能力不发生影响（瑞民第 417 条第 1 款）。《有关强制执行与破产的联邦法》第 68d

---

[1] Vgl. dazu Amonn/Walther, § 8 N 19 f.
[2] Botschaft zum Erwachsenenschutz, S. 7048.
[3] Botschaft zum Erwachsenenschutz, S. 7047.

条就被辅佐人之消极执行能力进行了特别规定：若对辅佐人的任命已被公开或就此已通知了执行机关，则辅佐人应总是一起被催讨。[1]

2. 即便是（本身）具有完全行为能力之人，也应注意对于**已婚人士**的例外：鉴于其婚姻和对婚姻的保护，已婚人士的行为能力遭受一定的限制（参见瑞民第 168 条）。同样限制亦适用于**登记之同性伴侣关系中的一方**。须注意以下规则： 647

－ 债法：瑞债第 494 条（保证）；
－ 婚姻法以及同性伴侣法：瑞民第 169 条以及《同性伴侣法》第 14 条（家庭住房）；

根据通说，这些规定限制的是行为能力，而并非仅仅是处分能力。[2]

－ 农民土地法：《农地法》第 40 条（共同经营之农业营业）。

根据《农地法》第 10a 条，关于配偶以及家庭住房的规定（从而包括该法第 40 条），类推适用于登记之同性伴侣关系。

3. 成年人保护修正案中的下述成年人保护措施对成年人之行为能力**不发生**影响： 648

－ 根据修正后瑞民第 393 条的**陪同型辅佐状态**，该辅佐状态被确定于当事人处理特定事务须陪同协助时。参见修正后瑞民第 393 条第 2 款："陪同辅佐不限制相关当事人的行为能力。" 649

－ 根据修正后瑞民第 394 条、第 395 条的**代理型辅佐**，前提是成年人保护机关并没有对行为能力作出明文限制（修正后瑞民第 394 条第 2 款；对此参见前文边码 645 条）。 650

---

[1] Siehe dazu Amonn/Walther, § 8 N 20 f.
[2] Tuor/Schnyder/Schmid, § 28 N 13 und 29; Deschenaux/Steinauer, Nr. 167; Wolf Stephan/Genna Gian Sandro, Zürcher Kommentar zum Partnerschaftsgesetz, Zürich/Basel/Genf 2007, N 5 zu Art. 14 PartG; Büchler Andrea/Vetterli Rolf, Famkomm, Eingetragene Partnerschaft, Bern 2007, N 5 zu Art. 14 PartG.

四、不可放弃性

651 　　根据瑞民第27条第1款，任何人不可全部或部分地放弃其行为能力。因此，此等放弃（例如通过加入教派、修道院等）在民法上不发生效力。根据该条第2款，此亦适用于任何的过度约束。

　　对此具体的论述将在"内部的"人格保护部分（后文边码808及以下）进行。[1] 不过，自己要求安排监护（瑞民第372条）或——在存在重大事由时——父母提出剥夺其亲权（瑞民第312条第1项）亦被允许。

652 　　因而，瑞民关于行为能力的规则构成强行法。[2] 至于国际案件，参见《国际私法典》第35、36条；此处的原则是，对于行为能力适用住所地法。

---

[1] Vgl. auch Deschenaux/Steinauer, Nr. 297 ff.
[2] Bucher, BeKomm, Vorbem. Vor Art. 12~19 ZGB, N 5.

第十六章

法共同体中的自然人

下文主要涉及法律主体（此处：自然人）与其"环境"之间在人法上的关系，即与如下所列"环境"的关系：

- 与其家庭（血亲关系）；
- 与其配偶的家庭或其登记之同性伙伴的家庭（姻亲关系）；
- 与其政治单位/组织（籍贯）；
- 与其地点（住所）。

这些使自然人个体化的关系，并没有体现出多少实质内容。只有通过与其他法律规范结合，这些关系才能获得意义，从而产生有意义的法律后果。因此此处人法中的规定也体现出其作为缺失之"瑞士民法典总则编"的替代（参见边码551）。

另外，在本节中，也处理姓名以及法人格的一般问题（产生和结束、个人状态的证明）。

653

654

一、血亲关系和姻亲关系

教科书文献：

655

- Brückner, Personenrecht, Nr. 277 ff.
- Bucher A., Nr. 238 ff.
- Deschenaux/Steinauer, Nr. 323 ff.
- Hausheer/Aebi-Müller, Nr. 08.01 ff.
- Pedrazzini/Oberholzer, S. 93 ff.
- Piemer, Personenrecht, Nr. 155 ff.

- Tuor/Schnyder/Schmid, § 10 N 2 ff.

特别文献（选列）：
- Bigler – Eggenberger, Basler Kommentar zu Art. 20 ~ 21 ZGB.
- Bucher, Berner Kommentar zu Art. 20 ~ 21 ZGB

法院判决：
BGE 116 Ia 477 ff.

瑞民第 21 条意义上的"姻亲"，只包括配偶的血亲，而不包括配偶的姻亲。从而，两个姐妹的配偶相互间并非姻亲。在各州选举法中，原则上允许州法对此概念作出不同界定。

法律主要在瑞民第 20 条和第 21 条中（主要是概念性地，即作为事实构成）调整血亲和姻亲关系。不过，这两个规范本身属于"**空白形式**"（"只是具有间接的规范内容的法律规范"）。[1]通常只有基于此事实构成和其他法律规范结合作用时，才会产生法律后果。

（一）血亲关系

1. 血亲关系是自然人和其家庭之间的关系。瑞民第 20 条非常间接地对血亲关系进行了定义。**学说**将血亲关系定义为建立在如下两个基础上的法律关系（自收养法修正案后）：
- 一方面基于血缘亲属（血缘共同体）。其基于自然血统，即通过生育产生。关于子女关系的产生参见瑞民第 252 条。
- 另一方面基于收养（收养子女）。其基于法律拟制而建立血亲关系（瑞民第 267 条第 1 款与第 2 款）。

2. 瑞民第 20 条建立在此种血亲定义基础上，并调整如下各种具体问题：
- 亲等（瑞民第 20 条第 1 款）：具有决定性的是促成血亲的出生次数；
- 直系和旁系（瑞民第 20 条第 2 款）：直接的血统或来自第三人处的血统。
- 例如：

父母 – 子女：直系，一等；

---

[1] Bucher, BeKomm, N 2 zu Art. 20/21 ZGB.

(外)祖父母-(外)孙子女:直系,二等;
兄弟姐妹:旁系,二等;

不存在旁系的一等亲属,因为旁系亲属总会存在至少两个出生个数。

叔伯舅姑姨-侄子(女)或外甥(女):旁系,三等;
堂(表)兄弟姐妹:旁系,四等;
叔(伯/舅)祖-侄孙(女)/外甥孙子(女):同样是旁系,四等。
同父异母或同母异父的兄弟姐妹(亦可参见瑞民第95条第1款)之间只存在一个共同的父或母。继父母和继子女之间不存在法律意义上的血属关系,[1]但他们之间存在姻亲关系。[2]

3. 基于此(血亲)事实构成和其他法律规范的结合作用,可产生法律后果,[3]例如:

- 瑞民第68条:社团中的回避义务;
- 瑞民第95条第1款、《同性伴侣法》第4条第1款:禁止结婚、禁止登记为同性伴侣;
- 瑞民第274a条:和血亲之间的个人往来;
- 瑞民第328条:对特定血亲的抚养义务;
- 瑞民第331条第2款:家长权;
- 瑞民第380条:血亲作为监护人;

成年人保护修正案对血亲的此种优先权并没有作出规定(参见修正后瑞民第400条)。

- 瑞民第503条:公开遗嘱中的协助人;
- 在程序法中,尤其会基于血亲关系而决定被选举资格、不适格以及回避义务(对于联邦法院:《联邦法院法》第8条第1款c项和第34条第1款d项)。

---

[1] Riemer, Personenrecht, Nr. 165.
[2] Deschenaux/Steinauer, Nr. 346; Bucher, BeKomm, N 41 und 54 zu Art. 20/21 ZGB.
[3] 详见 Bucher, Bekomm, N 56 ff. zu Art. 20/21 ZGB.

(二) 姻亲关系

662　　1. 姻亲关系是自然人和其配偶或登记同性伴侣之家庭间的关系（"婚姻/同性伴侣与血亲的结合"）。按照瑞民第21条第1款，姻亲的亲系和亲等取决于血亲关系。

　　姻亲关系只存在于和配偶之血亲的关系中，而不存在于和配偶的姻亲关系中：两个姐妹的丈夫在法律意义上**并非姻亲**。[1]

663　　2. 瑞民第22条第2款，即便在产生姻亲关系的婚姻或登记同性伴侣关系消灭后，姻亲关系仍然继续存在。

　　相反，在婚姻或登记之同性伴侣关系消灭后，便不能再基于此而产生新的姻亲关系了。这对于在婚姻或同性伴侣关系消灭后出生的曾经配偶或同性伴侣的血亲，具有重要意义。[2]

664　　3. 基于此（姻亲）事实构成**和其他法律规范的结合作用**，可产生法律后果，例如：

- 瑞民第331条第2款：家长权；
- 瑞民第503条：公开遗嘱中的协助人；
- 在程序法中，被选举资格、不适格以及回避义务，除基于其他因素外，也会基于特定亲等的姻亲关系而被决定（对于联邦法院：《联邦法院法》第8条第1款第d项和第34条第1款第d项）。

　　对继父母和继子女之间婚姻的禁止（旧瑞民第95条第1款第2项），被《同性伴侣法》[3]所废止，因为该禁止违反《欧洲人权公约》第12条。[4]

---

〔1〕BGE 116 I a 477 ff. (484), E. 2c; Deschenaux/Steinauer, Nr. 344.
〔2〕Tuor/Schnyder/Schmid, § 10 N 7.
〔3〕AS 2005, S. 5701; 2006年1月1日生效。
〔4〕亦可参见欧洲人权法院2005年9月13日对 B. und L. v. the United Kingdom（Nr. 36536/02）案的判决，此案涉及某公公和儿媳之间的结婚计划。但在 BGE 128 III 113 ff. 中，联邦法院不认为禁止与继子女结婚违反了《欧洲人权公约》第12条。

二、籍贯和住所

教科书文献：

- Brückner, Personenrecht, Nr. 294 ff. und 312 ff.

- Bucher A., Nr. 308 ff. und 322 ff.

- Deschenaux/Steinauer, Nr. 349 ff. und 362 ff.

- Häfelin Ulrich/Haller Walter/Keller Helen, Schweizerische Bundesstaatsrecht – Die neue Bundesverfassung, 7. Auflage, Zürich/Basel/Genf 2008, Nr. 1306 ff. （zum Schweizer Bürgerrecht）

- Hausheer/Aebi–Müller, Nr. 09.01 ff.

- Pedrazzini/Oberholzer, S. 100 ff.

- Piemer, Personenrecht, Nr. 170 ff. und 182 ff.

- Tuor/Schnyder/Schmid, § 10 N 8 ff.

特别文献（选列）：

- Bucher, Berner Kommentar zu Art. 22 ~ 26 ZGB.

- Deschenaux/Henri/Steinauer Paul – Henri/Baddeley Margareta, Les effets du mariage, 2. Auflage, Bern 2009, Nr. 131 ff.

- Staehelin, Basler Kommentar zu Art. 22 ~ 26 ZGB.

法院判决：

1. BGE 125 Ⅲ 209 ff.

瑞民中关于基于婚姻和生育取得公民权的规定（瑞民第 161 条与第 271 条），违反性别平等的原则，但对于管理机构以及法院还是具有决定意义。

2. BGE 115 Ⅱ 120 ff.

离婚诉讼的法院管辖权（瑞民旧第 144 条）：任何配偶都有权建立自己独立的住所。何处构成配偶双方的住所，完全按照瑞民第 23 条及以下判断，而并非按照婚姻住处的地点来判断。然而，一方配偶放弃婚姻共同住处及建立独立住所的意思，必须明确地表示出来。在有疑问时，仍将一直以来的婚姻住所继续看作起诉方配偶的住所。

3. BGE 125 Ⅲ 100 ff. (= Pra 88/1999, Nr. 136, S. 730 ff.)

债务执行地（《有关强制执行与破产的联邦法》第 46 条第 1 款）；按照瑞民第 23 条和《国际私法典》第 20 条债务人的住所地。

4. BGE 133 Ⅲ 305 ff.

在父母一方亲权之下的子女的住所（瑞民第 25 条第 1 款）。

5. BGE 135 Ⅲ 49 ff.

父母双方的照顾都被剥夺且父母并无共同住所（瑞民第 25 条第 1 款）时，子女的住所；当从父母双方或一方处得出的住所不再适用于子女时，若此时子女居住于某个机构（瑞民第 26 条），其住所之所在。

668　　瑞民第 22 至第 26 条调整籍贯和住所。其确定对某政治组织或某地点的归属性，从而使自然人个体化。[1]特别的法律后果还是只能结合其他（实体法或程序法中的）法律规范才能产生。

（一）籍贯

669　　1. "籍贯"表示的是某人对某政治组织的归属性：镇（籍贯镇）、州（籍贯州）、瑞士联邦（籍国）。根据瑞民第 22 条第 1 款，籍贯**在民法上的概念**按照某人的公民权确定，而公民权则由公法来确定（瑞民第 22 条第 2 款）。最重要的是《联邦宪法》和《公民权法》。[2]不过还要注意瑞民中的规范。例如瑞民第 161 条规定，妻子可同时获得丈夫所在州和镇的公民权，而不丧失其自己州和镇的公民权。瑞民第 271 条——按照父母的民事状态——规定了关于子女公民权的规范。若某未成年人被收养，则其之前州和镇的公民权被其养父母所在州和镇的公民权所取代（瑞民第 267a 条）。与结婚不同，登记为同性伴侣对州和镇公民权不发生影响。[3]

在《联邦宪法》中（第 37、38 条）已包含了公民权的基础。《公民权法》尤其在其第 1 条及以下调整了瑞士公民权的

---

〔1〕 Bucher, BeKomm, Vorbem. zu Art. 22~26 ZGB, N 2.

〔2〕 BG über den Erwerb und Verlust des Schweizer Bürgerrechts (BüG) vom 29. September 1952; SR 141.0.

〔3〕 Botschaft zum PartG, S. 1289 und 1314.

第三编　人法（瑞民第11至89^bis条）

法定取得（出生、拾得弃婴、收养），以及在第12条及以下调整基于入籍的公民权取得（普通入籍、再入籍、简化的入籍、共同规定）。简化入籍尤其适用于瑞士公民的外国配偶（《公民权法》第27条）；对于登记的外国同性伴侣，《公民权法》第15条第4款就其住所上的要求规定了一个特别期间。《公民权法》第36条为此目的规定了一个特别的住所概念。[1]为与2008年1月1日生效的《外国人法》相符合，《公民权法》应被全面地修正。对此的征求意见程序截止于2010年3月22日。[2]

如果某人的公民权和多个地点发生联系，瑞民第22条第3款就何种地点决定籍贯归属作出了规定（即何者作为具有决定意义的私法上的地点标准）。

670

不过这只是适用于一定要确定一个唯一地点的情形（例如瑞民第376条第2款）。与瑞民第22条第3款给人造成的印象不同，瑞士民法典中并不包含籍贯地的统一性原则。[3]

2. 在民法上，籍贯概念主要对国家机关的管辖发生法律效果（例如瑞民第260a条第1款和第376条第2款）。[4]

671

不过，瑞士整个法秩序中的籍贯原则，越来越为住所原则（在国际私法中：系于"通常居住地"的原则）所排挤。[5]

3. 需注意如下特别情形：[6]

672

- 无国籍人：由于其没有国籍（国家公民权），也就不具有籍贯归属性。对于国际法律关系，《国际私法典》第24条第3款，替代

673

---

[1] 总体性的参见 Häfelin/Haller/Keller, Nr. 1306 ff.
[2] Medienmitteilung des EJPD vom 17. Dezember 2009.
[3] Deschenaux/Steinauer, Nr. 359 ff.；Tuor/Schnyder/Schmid, § 10 N 9 Fn. 4.
[4] 详见 Bucher, BeKomm, Vorbem. zu Art. 22~26 ZGB, N 26.
[5] Pedrazzini/Oberholzer, S. 100 f.
[6] Vgl. auch Bucher, BeKomm, N 21 ff. zu Art. 22 ZGB.

国籍规定了住所的决定意义。按照学说,此亦适用于国内法律关系。[1]

674 — (《难民法》意义上的)难民:对此具有决定性的法律是(类推适用)《国际私法典》第 24 条第 3 款以及 1951 年 6 月 28 日的《日内瓦难民法律地位公约》第 12 条第 1 项。[2]按照此公约规定,难民的人身地位主要由住所国法、次要地由居住国法决定。[3]

675 4. 消除瑞民第 161 条和第 271 条中体现的性别不平等[4]的种种尝试,至今都归于失败。

对于国民院成员苏珊娜·洛伊特内格·欧伯侯策尔(Susanne Leutenegger Oberholzer)女士于 2003 年 6 月 9 日提交的《在姓名和公民权领域平等对待婚姻双方的国会动议》,国民院于 2004 年 10 月 7 日加以准许。[5]为此,法律事务委员会为国民院准备了《修改民法典中姓名和配偶、子女公民权规定的草案》。[6]联邦委员会于 2008 年 12 月 12 日对此草案发布了整体上肯定的意见。[7] 2009 年 3 月 11 日国民院将草案退回给了法律事务委员会,并要求该委员会只是就姓名权领域绝对必要的修改提出意见["博克哈茨(Burghartz)诉瑞士"案;对此参见边码 709]。[8]法律委员会回应了该要求,向国民院提交了一份不包括针对公民权修改的新草案。[9]少数派申请将此草案退回给法律事务委员会,并要求该委员会对此进行修正,尤其是要消除公民权领域内的配偶间不平等。[10]联邦委员会在 2009 年 10 月 14 日的意见中,只是援引了其

---

[1] Pedrazzini/Oberholzer, S. 103.
[2] SR 0.142.30.
[3] Pedrazzini/Oberholzer, S. 100; vgl. auch Brückner, Personenrecht, Nr. 367 ff.
[4] Dazu BGE 125 Ⅲ 209 ff. (214 ff.), E. 4~5; vgl. auch BGE 132 Ⅰ 68 ff. (78), E. 4.3.1
[5] Amtl. Bull. NR 2004, S. 1728 ff.
[6] BBl 2009, S. 403 ff. (报告) und 423 ff. (草案).
[7] BBl 2009, S. 429 ff.
[8] Amtl. Bull. NR 2009, S. 275 ff.
[9] BBl 2009, S. 7573 ff. (报告) und 7579 f. (草案).
[10] BBl 2009, S. 7577 f.

2008年12月12日的意见。[1]国民院于2009年12月10日驳回了少数派的退回申请。[2]国民院成员伽丁特（Gadient）女士也曾申请将瑞民第161条修改为每个配偶都保留其州和镇的公民权，此亦无果而终。[3]对此参见后文边码711。

（二）住所

1. 概念和种类。

（1）瑞民第23至26条将作为某自然人对特定地点之特别关系的住所，进行了规定。瑞士住所法的两个指导性基本原则为：[4] 676

— 第一，每个人都**必然要有一个住所**（"**住所的必要性原则**"）。瑞民第24条致力于一个"无漏洞的体系"：[5]一旦建立的住所会一直存在，直到新住所产生（第1款）。如果之前产生的住所无法被查明，或在国外的住所被放弃而在瑞士又没有建立新住所，那么居住地作为住所（第2款；后文边码689）。 677

— 第二，按照瑞民第23条第2款，无人可拥有多于（**唯一**）一个的住所（**单一性原则；住所的单一性或排他性原则**）。但此原则并不意味着，某人不能拥有多个营业的分支（瑞民第23条第3款；瑞债第935条）。[6] 678

（2）需要区分的是独立住所和非独立住所：[7] 679

— **独立住所**为某独立之人为自己选定的住所。只要不存在法定（"非独立"）住所的事由，独立住所便适用。对此的正面表述便是，"当瑞民第23条第1款和第24条中列出的构成要件，被向之归属住所之人自己满足时"，[8]便存在独立的住所。 680

---

[1] BBl 2009, S. 7581.

[2] Amtl. Bull. NR 2009, S. 2283 ff.

[3] Amtl. Bull. NR 2009, S. 2286.

[4] Bucher, BeKomm, Vorbem. zu Art. 23 ZGB, N 7a und 8, N 40 ff. zu Art. 23 ZGB und N 1 f. zu Art. 24 ZGB.

[5] BGE 87 Ⅱ 7 ff.（11），E. 2.

[6] Deschenaux/Steinauer, Nr. 381; Bucher, BeKomm, N 58 zu Art. 23 ZGB.

[7] 关于其他类型的住所参见 Deschenaux/Steinauer, Nr. 366; Bucher, BeKomm, Vorbem. zu Art. 23 ZGB, N 3 ff.; vgl. auch BGer 2C_ 478/2008, E. 3. 4.

[8] Pedrazzini/Oberholzer, S. 105.

[681] — **非独立住所**（亦被称为"传来"或"法定"住所）：这里起决定作用的并不是某人归属于特定地点，而是该人和他人或国家机关的法律关系。按照瑞民第25条，此种住所适用于如下人士：

首先，对于处于亲权下的子女（第1款），[1]其住所原则上为其父母的（共同）住所。这并不取决于父母是否具有照顾权。如果只是父母一方享有亲权，子女的住所便为该方父母的住所（此同样亦不取决于该方是否进行照顾）。[2]如果享有亲权的父母双方不具有共同住所，子女的住所便为照顾该子女之父母一方的住所。补充性地，居住地为住所。[3]

如果父母双方居于同一地方，但地址不同，则父母的共同住所亦存在。[4]

其次，对于被监护人（第2款），其住所为监护机关所在地。只有在监护机关同意时，被监护人的住所才可变更（瑞民第377条第1款）。

根据成年人保护修正案，法律区分"未成年人的住所"（修正后瑞民第25条）和"受全面辅佐之成年人的住所"（修正后瑞民第26条）。瑞民第25条第1款保持不变，但该条第2款的新规定为，被监护之儿童的住所在儿童保护机关所在地。按照修正后瑞民第26条，受全面辅佐之成年人的住所为成年人保护机关所在地。

2. 独立住所的决定性标准。

[682] （1）住所为某人有长久居住意图的居住地（瑞民第23条第1款）。具有决定性的是生活关系的重心（职业或非职业的关系；亦参

---

[1] Vgl. etwa BGE 135 I 153 ff. (157 f.), E. 2. 2. 3.
[2] BGE 133 III 305 ff. (307), E. 3. 3. 4; vgl. auch BGE 135 III 49 ff. (53 f.), E. 5. 3. 1.
[3] Vgl. dazu etwa BGE 135 III 49 ff. (53 f.), E. 5. 3. 1; ZVW 2009, S. 207 ff. （图尔高州司法和安全部）；关于就瑞民第24条第1款产生的争论，参见 Deschenaux/Steinauer, Nr. 389 ff.
[4] BGE 135 III 49 ff. (54 f.), E. 5. 3. 2 und 5. 3. 3.

见瑞民第 26 条）。对此应将如下两个因素结合起来：[1]

- 客观因素：在某特定地点的**居住**（事实上的居留，或许可更确切地说，对可居住之空间的利用[2]）；以及 ₆₈₃

- 主观因素：在此地方**长久居留的意图**。也就是，相关当事人的意图不得只是临时地在此地方居留。标准情形便是，某人自己决定不定期限地在某地生活（使用空间以过其私人生活）。[3] 从而，住所也可以被描述为某人基于其自己意志居留的地方——处于此地，并生活于此。[4] ₆₈₄

具有决定性的（并非是其内部意思而）是信赖原则：[5] 对于某人之住所在何处这个问题的判断，应按照客观的情势。换句话说，起决定性的是，该人是否将其居留之地点，以第三人可知的方式作为或意图作为其生活利益的中心。[6] 此中心一般位于"与其家庭利益和家庭联系最紧密结合的地点。"[7] 从而可作为初步特征的有：警察登记所在地、纳税地和政治权利行使地。[8] 如果某人居住在多个地点，那么住所为与其发生最密切联系的地点。[9] ₆₈₅

（2）只有具有判断能力之人（即具有能建立住所之长久居住的意 ₆₈₆

---

[1] BGE 125 I 458 ff. (467), E. 2a; 125 V 76 ff. (77 f.), E. 2a; 133 V 309 ff. (312), E. 3. 1; 134 V 236 ff. (239), E. 2. 1; Deschenaux/Steinauer, Nr. 371 ff.; Bucher, BeKomm, N 8 ff. zu Art. 23 ZGB.

[2] Riemer, Personenrecht, Nr. 183.

[3] Riemer, Personenrecht, Nr. 184; Brückner, Personenrecht, Nr. 319; 按照 BGE 120 III 7 ff. (8), E. 2a, 条件是"该人应将相关地点作为其个人和职业生活的中心"。

[4] Tuor/Schnyder/Schmid, § 10 N 13 有进一步的指引。

[5] Bucher, BeKomm, N 12 zu Art. 23 ZGB.

[6] BGE 97 II 3 f.; 类似的见 BGE 125 V 76 ff. (78), E. 2a; 125 I 54 ff. (56), E. 2a; 133 V 309 ff. (312), E. 3. 1; 134 V 236 ff. (239), E. 2. 1; FZR 1999, S. 309 ff. (313), E. 4 (弗里堡行政法院); ZVW 2009, S. 283 ff. (287 f.), E. 5 ~ 7.

[7] BGE 119 II 64 f. (65), E. 2b/bb; vgl. auch BGE 119 II 167 ff. (169), E. 2b; 120 III 7 ff. (8), E. 2b; 123 I 289 ff. (294), E. 2b; 125 III 100 ff. (102 oben), E. 3.

[8] BGE 125 I 458 ff. (467), E. 2a; 125 I 54 ff. (56), E. 2; 125 III 100 ff. (101 unten), E. 3; 123 I 289 ff. (293 f.), E. 2a; FZR 1999, S. 309 ff. (313 f.), E. 4 (弗里堡行政法院); Tuor/Schnyder/Schmid, § 10 N 13.

[9] 此适用于税法上的住所 BGE 132 I 29 ff. (36), E. 4. 2 带有进一步的指示。

图）才能为自己建立住所；相反对此不要求行为能力。[1]不应对于此判断能力提出过高的要求，例如即便患有精神疾病之人也可以建立住所，只要他能够形成相应的意思。[2]

687　　（3）按照司法实践和学说，瑞民第26条建立了一个（作为瑞民第23条第1款之具体化的）可推翻的推定，即为临时**特别目的**（教育、抚养、照顾、就医、刑事处罚）而居留并不意味着将生活中心迁至了相关地点。不过，并不排除能建立住所之生活中心的确有效地落在了此等地点：[3]尽管在第三人决定把某人送到某机构的情形，人们一般应排除将此机构所在地作为该人住所；但如果某有判断能力之成年人，基于其自由意志决定无限期地在某机构居留，情况便有所不同。若相关当事人在进入该机构时将其生活中心移至该机构，则其在此机构便形成新的住所。即便是进入某机构是由于"情势所逼"（例如照顾的需要、经济因素），亦可认定该进入是基于自由意志和自主决定。[4]

　　按照学说和司法实践，养老院并非瑞民第26条意义上的机构，因为进养老院的目的并非是临时的特别目的；毋宁是，养老院使相关当事人能够在一个特殊地点度过其余生。[5]
　　成年人保护修正案将瑞民第26条归入了修正后瑞民第23条，作为该条的第1款。新法中使用的表述如下："为教育、在学习或照管机构寄宿、医疗或刑罚目的的居留，本身并不能建立住所。"从实体上而言，这并没有造成对现行法的改变，表述上的变化只是为了明确，相关当事人在特定情形的

---

[1] Bucher, BeKomm, N 28 ff. zu Art. 23 ZGB; Deschenaux/Steinauer, Nr. 375.
[2] BGE 134 V 236 ff. (239), E. 2. 1, 援引了 Bucher, BeKomm, N 28 zu Art. 23 ZGB; vgl. auch BGE 127 V 237 ff. (240), E. 2c; ZVW 2009, S. 283 ff. (287), E. 5.
[3] Vgl. 只需参见 BGE 134 V 236 ff. (239), E. 2. 1; Bucher, BeKomm, N 3 zu Art. 26 ZGB.
[4] Vgl. etwa BGE 134 V 236 ff. (239), E. 2. 1; 133 V 309 ff. (312), E. 3. 1. 对于某个儿童的居住地作为住所的情形（边码689），其教育地点是否可被视为住所，参见 BGE 135 Ⅲ 49 ff. (57 f.), E. 6. 3 und 6. 4.
[5] BGE 127 V 237 ff. (239 f.), E. 2b; Riemer, Personenrecht, Nr. 202 in fine; Tuor/Schnyder/Schmid, § 10 N 13.

确可在机构所在地建立住所。[1]

（4）证明某人的住所在特定地点的举证责任，由能从其中导出权利者来承担（瑞民第8条）。[2]

在涉及法院或行政机关的管辖权时，有观点认为相关机关应依照职权主义对住所加以主动确定。[3]

3. 居住地作为补充的地点性归属。

（1）如果**住所无法证明**，或在国外建立的住所被放弃且在瑞士没有建立新的住所，那么交往安全要求一个其他（补充性）的地点归属（住所的必要性；边码677）。此时按照瑞民第24条第2款，居住地作为住所（拟制）。如果某人（即便无长久居留的意图）在特定时间内事实上停留于特定地点，那么此地点为居住地。

> 对此参见联邦法院的表述："居住地要求在一段时间内在某地点的居留，并且和该地点产生紧密的关系；一个临时或偶然的住处并非居留……但由此并不能得出，只有较长或永久的居留才构成居住地……若某人时而在此处时而在彼处住，那么和其结合最密切之地为居住地……"[4]亦可参见《民事程序法》第11条第2款："通常居住地为某人在较长时间内生活之地，即便其居住时间自开始就是有期限的。"

（2）《国际私法典》使用"通常居住地"这个概念。根据《国际私法典》第20条第1款b项，某人的"通常居住地处于其较长时间生活的国家，即便此时间自始就是有期限的"。[5]与住所相比，对

---

[1] Botschaft zum Erwachsenenschutz. S. 7096. Vgl. dazu auch BGE 135 Ⅲ 49ff.（56 f.），E. 6. 2.
[2] Deschenaux/Steinauer, Nr. 382；详见 Bucher, BeKomm, Vorbem. zu Art. 22～26 ZGB, N 75 ff.
[3] Bucher, BeKomm, Vorbem. zu Art. 22～26 ZGB, N 71 ff.
[4] BGE 87 Ⅱ 7 ff.（10），E. 2. 关于瑞民第24条第2款对其难民申请被驳回的难民申请者的适用性，参见 BGE 113 Ⅱ 5 ff.（8），E. 2 in fine.
[5] 《国际私法典》中的通常居住地概念与瑞民中的通常居住地概念不相一致；Keller Max/Kren Kostkiewicz Jolanta, Zürcher Kommentar zum IPRG, 2. Auflage, Zürich 2004, N 40 zu Art. 20 IPRG.

于通常居住地，外部表象起到更大的作用，而内部因素（长久居住的意图）则作用不彰。[1]通常居住地部分地发挥补充性的作用（《国际私法典》第112条第1款、第114条第1款b项、第117条以及第119条），有时它也和住所具有一样的地位（例如《国际私法典》第114条第1款第a项）或者单独具有意义（例如《国际私法典》第117条第2款和第120条）。

在家庭法领域，也出现了一些更多地使用"居住地"这个概念的倾向（例如瑞民第315条第2款和第3款以及第397b条第1款）。

4. 住所的效力。

住所可以被描述为某自然人"法律上的一般地址"：[2]

（1）某人的住所使特定地点的机关具有管辖权（例如瑞民第30条第1款、第98条第1款、第106条第1款、第376条和第538条第1款；亦可参见《联邦宪法》第30条第2款；《民事程序法》第10条第1款a项和第20条及以下）。

另外，某人的住所在下列法律领域中也具有意义：《有关强制执行与破产的联邦法》（尤其是该法第46条第1款："应在债务人住所地进行执行。"）；社会保险法（参见《联邦社会保险法总则》第13条第1款）；[3]税法。

（2）偶尔，住所亦发生实体法上的法律效果（瑞债第74条第2、3款）。[4]

---

[1] Botschaft zum IPRG, Separatausgabe, S. 57; BGE 129 Ⅲ 288 ff.（292），E. 4.1; vgl. auch BGE 112 V 164 ff.（165 ff.），E. 1.

[2] Piemer, Personenrecht, Nr. 188.

[3] BGE 133 V 309 ff.（312），E. 3.1.

[4] Vgl. auch Bucher, BeKomm, Vorbem. zu Art. 22～26 ZGB, N 34 ff.

三、姓名

教科书文献:
- Brückner, Personenrecht, Nr. 908 ff.
- Bucher A., Nr. 747 ff.
- Deschenaux/Steinauer, Nr. 403 ff.
- Hausheer/Aebi–Müller, Nr. 16.01 ff.
- Pedrazzini/Oberholzer, S. 181 ff.
- Riemer, Personenrecht, Nr. 205 ff.
- Tuor/Schnyder/Schmid, § 11 N 56 ff.

特别文献（选列）:
- Breitschmid Peter, Zulässigkeit «Schulischer Namensänderungen»? — Grenzen vorsorglicher Massnahmen bei Namensänderungen, ZZW 64/1996, S. 41 ff.
- Büchler, Andrea/Cottier Michelle, Transsexualität und Namensänderung, ZZW 74/2006, S. 2 ff.
- Bühler, Basler Kommentar zu Art. 29~30 ZGB.
- Deschenaux Henri/Steinauer Paul–Henry/Baddeley Margareta, Les effets du mariage, 2. Auflage, Bern 2009, Nr. 74 ff.
- Fassbind Patrick, Bestimmung des Familiennamens der Kinder verheirateter Eltern de lege ferenda, AJP 2008, S. 1021 ff.
- Häfliger Rolf, Die Namensänderung nach Art. 30 ZGB, Diss. Zürich 1996 (Zürcher Studien zum Privatrecht, Band 124).
- Touzé Sébastien, Observations générales sur la compétence des Etats en matière de nom de famille à la lumière de l'arrêt Burghartz contre Suisse, AJP 2003, S. 395 ff.

法院判决:

1. BGE 120 II 276 ff.

嗣后将小品词"von"加到姓氏前。在旧时候的相关登记簿中并没有登记此缀语，并且在引入联邦登记簿时依旧保持此形式，那么此添加在任何情况下都不被允许。从而，瑞民第 30 条第 1 款意义上的变更姓名之重大事由是否得到了阐述，无关紧要。

2. BGE 121 Ⅲ 145 ff.（亦参见 BGE 124 Ⅲ 401 ff.）

处于非婚同居中父母的子女变更姓名：鉴于近些年社会中就非婚生子女关系的意义变迁，作为亲权所有者的母亲和作为在其家中生活之子女血缘上父亲的同居伙伴之间的持续非婚同居关系，不再构成瑞民第 30 条第 1 款中的重大事由。毋宁是，子女必须在其申请中具体展示，其使用母亲姓氏（瑞民第 270 条第 2 款）在何种程度上对其造成了可作为变更姓名重大事由的社会性不良后果（对司法实践的变更）。

3. BGE 132 Ⅲ 497 ff.（亦可参见苏黎世州高等法院裁决，ZR 107/2008，Nr. 78，S. 307 ff.）

未婚父母之子女姓名的变更：在父亲作为亲权承担者下成长这个情由，构成瑞民第 30 条第 1 款意义上的重大事实，从而子女申请在未来使用父亲姓氏作为其姓氏，应被允许。

4. BGer 5A_ 532/2009

某索马里人变更姓名的申请。其申请将其姓名的书写方式变为适合瑞士语言发音规则，并且随着其居住地点的不同，或者使用现有姓名，或者使用申请的新姓名。缺乏明确的姓名改变意图。

5. BGer 5A_ 712/2009（规定应予公布）

某瑞士、斯里兰卡双重国籍女性在结婚后申请姓名变更：按照斯里兰卡习惯，丈夫的名作为妻子的姓。重大事由的存在被否决。瑞士姓名法和《欧洲人权公约》的关系。

6. BGE 129 Ⅲ 369 ff.

基于瑞民第 30 条第 3 款撤销姓名更改：对某稀有姓氏之保护的涵盖范围；利益衡量。

（一）引言

人的姓名具有双重意义：[1]

— 一方面姓名为人格的一部分〔从而属于**受保护的法益**，对此在

---

[1] Vgl. auch BGE 126 Ⅲ 1 ff. (2), E. 3a; 108 Ⅱ 161 ff. (162), E. 1.

人格保护部分（边码729及以下和边码811及以下）进行讨论］；

— 另一方面为个体化的特征（这在下文中予以论述）。姓名不只发挥有益于相关当事人的功能，也服务于公共利益，因为只有基于姓名，个人才可以被置于整个共同体中。[1]

699

某人的"官方"姓名由姓氏和名字（或者多个名字）组成。[2]

应将营业商号的名称（瑞债第944条及以下）和商标加以区分。[3]

（二）姓氏

1. 姓氏表明了对某特定家庭的归属。[4]在瑞士法中，姓氏构成姓名的实质部分；名字"仅仅"发挥在家庭内部进行进一步区分的功能。

700

"von"这个词可作为姓氏的一部分，名字中也可包含对地点的描述。[5]不过，贵族称号如"伯爵（夫人）"、"男爵（Freiherr）/男爵夫人（Freifrau）"、"男爵（Baron）/男爵夫人（Baronin）"则不许作为名字的一部分，因为按照瑞士法的观点，这些称号违背《联邦宪法》第8条（旧《联邦宪法》第4条）所规定的平等原则。[6]

2. 瑞士法中，如果某家庭建立于婚姻的基础上，则在该家庭内部存在姓名统一性原则（家庭统一性原则）：[7]统一的姓氏可表明对家庭的归属。[8]这被规定于瑞民第160条第1款和第270条第1款。对此补充如下：

701

— 按照现行法律，丈夫的姓氏具有一定的优先性（瑞民第160条第1款，但也可参见瑞民第30条第2款）。不过，瑞民第160条第

702

---

[1] Vgl. auch BGE 122 III 414 ff. (417), E. 3b/aa.
[2] BGE 120 III III 60 ff. (61), E. 2a.
[3] Vgl. dazu Deschenaux/Steinauer, Nr. 406 ff.
[4] BGE 126 III 1 ff. (2), E. 3a; 108 II 161 ff. (162), E. 1.
[5] BGE 67 II 191 ff. (194) («Segesser von Brunegg».
[6] BGE 102 I b 245 ff. (247), E. 2, 不过该判决只就是否可被登记进行了表态；类似的见 BGE 120 II 276 ff. (279), E. 3b.
[7] BGE 115 II 193 ff. (199 f.), E. 6c.
[8] BGE 122 III 414 ff. (417), E. 3b/aa; 108 II 161 ff. (163), E. 2 und passim; Pedrazzini/Oberholzer, S. 182.

2 款赋予新娘权利，向民政机关表示她意图将其之前的姓氏放置于其夫姓前（第 3 款对此有限制；另外可参见瑞民尾编第 8a 条）。关于"博克哈茨"案，参见边码 709。

703 　　— 在习惯法上，允许妻子将其姓（即夫姓）置于其以前姓氏之后；人们将此称为"联合姓"。[1]

704 　　— 在特定生活领域中，每个人都可使用一个假名（笔名）。[2]但在与国家机关交往时，必须使用官方姓名。[3]

705 　　— 若某商人女性在包含其姓氏之营业商号下经营自主业务，按照瑞债第 954 条，该商号在该女性结婚（从而改变姓氏）后可继续不加改变地使用。[4]

706 　　3. 对于姓氏的取得，（主要地）适用**家庭法中的相关规定**，即：
　　— 瑞民第 160 条和第 30 条第 2 款：结婚时的姓名（或者说新娘的特殊需求）；
　　— 瑞民第 259 条第 1 款：父母嗣后结婚；
　　— 瑞民第 267 条第 1 款：收养；
　　— 瑞民第 270 条：按照父母是否结婚，子女的姓名。[5]
　　— 弃婴基于官方行为获得姓名（姓氏和名）：《民事状态条例》第 38 条第 2 款。

707 　　不过，通过（官方许可的）**姓名变更**（后文边码 719、720）获得新姓氏是可能的。

708 　　4. 瑞民第 160 条第 2 款（尤其是在此规定结合瑞民第 30 条第 2 款时）带来独特的问题。众所周知，此规定违背《**联邦宪法**》第 8 条第 3 款中的平等对待原则。[6]

---

〔1〕 BGE 108 Ⅱ 161 ff.（163），E. 2. 关于联合姓的改变，参见 BGer 5A_ 576/2009，E. 3.1.3（规定要公布）；关于允许在强制执行证书和登记簿中用联合姓描述某债务人参见 BGE 120 Ⅲ 60 ff.

〔2〕 BGE 108 Ⅱ 161 ff.（163），E. 2；BGer 5A_ 190/2007，E. 4. 2.1；vgl. auch BGer 4C. 141/2002，E. 3（«DJBobo»）.

〔3〕 BGer 5A_ 190/2007，E. 4. 2. 2.

〔4〕 BGE 108 Ⅱ 161 ff.（163），E. 2.

〔5〕 关于瑞民第 270 条第 1 款是否符合《欧洲人权公约》第 8 条、第 14 条，参见 BGE 122 Ⅲ 414 ff.（415 ff.），E. 3.

〔6〕 BGE 126 Ⅰ 1 ff.（4），E. 2e；BGer 5A_ 712/2009，E. 3. 3（规定要公布）.

瑞民第30条第2款是为结婚这个特殊情形而量身定制的（在此，结婚无论如何都会迫使婚姻一方放弃其姓氏），从而不能适用于存续中的婚姻。按照联邦法院的观点，[1]这是立法者非常明确的意图。"尽管很明显，对平等对待原则一以贯之的执行，会要求对姓名法进行另外一种安排，但联邦法院认为，此不足以导致法院通过扩张解释来引入立法者明确摒弃的姓名规则（旧《联邦宪法》第113条第3款）。"除此之外，立法者在瑞民第160条第2款中，对于将本来姓氏置于现在家庭姓氏前面这个可能性，明文规定给了新娘（或者说妻子，参见瑞民尾编第8a条），而非新郎（丈夫）。而这不仅体现在法律文本中，也通过立法史以及该规定的意义和目的而被加强。[2]"既然立法者在采纳瑞民第160条第2款当前表述时，最终明确地决定了一个因性别而分别的方案，那么首先对（旧）《联邦宪法》第4条第2款的扩张解释便不予考虑。"[3]

— 值得注意的是**欧洲人权法院**（EGMR）于1994年2月22日在"博克哈茨（Burghartz）诉瑞士"一案中作出的判决。[4]按照此判决，禁止丈夫将其本来姓氏置于家庭姓氏（在本案中：妻子的姓氏）之前，构成了对丈夫的歧视（不平等对待），而对于此种歧视又缺乏客观的合理事由；因而，法院在本案中认定了对《**欧洲人权公约**》**第14条**（禁止性别歧视）以及第8条（保护家庭生活）的违反。[5]

709

— 于是，联邦委员会对《**民事状态条例**》作出了**修改**（1994年5月25日的修改）。在2004年4月28日对《民事状态条例》的

710

---

[1] BGE 115 II 193 ff. (196 f.), E. 3b.
[2] BGE 115 II 193 ff. (200 f.), E. 6c und d.
[3] BGE 115 II 193 ff. (201), E. 6d; vgl. auch BGE 126 I 1 ff. (5), E. 2f.
[4] 在 Pra 83/1994, Nr. 239, S. 788 ff. 被印出（原始文本为法语和英语，见 Publications de la Cour Européenne des Droits de l'Homme, Série A: Arrêts et décisions, Vol. 280, B: Affaire Burghartz c. Suisse, Strasbourg 1994, S. 22 ff.）。
[5] Vgl. dazu Deschenaux/Steinauer, Nr. 435; Hausheer Heinz, Der Fall Burghartz …, FS Schnyder, Freiburt/Schweiz 1995, S. 407 ff.

全面修改[1]后,现在该条例第 12 条第 1 款为具有决定意义的条文。如果新婚夫妇申请了在婚礼后将妻姓作为家庭姓氏,那么此条文赋予了新郎以将其本来姓氏置于家庭姓氏之前的可能性。此规则应被采纳进瑞民第 160 条第 2 款。相应的草案[2]已被国民院于 2009 年 12 与 10 日所接受(前文边码 557)。[3]

711 — 然而,即便是此修正也**并没有实现**婚姻双方在姓名事务方面的**平等对待**。因为如果婚姻双方想要使用妻子姓氏作为他们的家庭姓氏,按照瑞民第 30 条第 2 款(边码 725),他们必须提出申请。另外,如果双方对使用何方姓氏为家庭姓氏没有达成一致,妻子便会被迫接受丈夫的姓氏作为家庭姓氏。给夫妻规定了对此选择权的那个草案,于 2001 年 6 月 22 日最终表决时也被否决。[4]之后,国民会成员苏珊娜·洛伊特内格·欧伯侯策尔女士于 2003 年 6 月 9 日提交了《在姓名和公民权领域平等对待婚姻双方的国会动议》,国民会对此加以准许。[5]为此,法律事务委员会为国民院准备了一个草案。[6]

对于瑞民第 160 条的修改建议如下:"每个婚姻一方都保留其自己的姓氏。但婚姻双方可对民政官员表示,他们将新郎或新娘的姓氏作为他们共同的家庭姓氏。此表示也可在他们第一个共同孩子出生时作出。"该草案也在瑞民第 270 条和第 270a 条中就孩子的姓名作出了规定。对于整个修正存在少数派意见。

国民院于 2009 年 3 月 11 日将草案退回给了法律事务委员会,并要求该委员会只是就由于"博克哈茨"案导致的姓名权领域绝对必要的修改提出意见,因为在国民院中尤其就孩

---

[1] 自 2004 年 7 月 1 日生效。
[2] BBl 2009, S. 7579.
[3] Amtl. Bull. NR 2009, S. 2285.
[4] 详见 vgl. Nr. 687 f. Der Vorauflage.
[5] Amtl. Bull. NR 2004, S. 1728 ff.
[6] BBl 2009, S. 403 ff.(报告)und 423 ff.(草案)。对此参见联邦委员会 2008 年 12 月 12 日的意见;BBl 2009, S. 429 ff. 对此的批判态度见 Deschenaux/Steinauer/Baddeley(边码 695 中引用的文献), Nr. 128.

子的姓名存在异常分化的意见。[1]国民院委员会中的少数派申请将此事务再次退回,以消除未婚父母间的男女不平等,以及赋予婚姻双方以保留其自己本来姓氏的可能性。国民院于2009年12月10日驳回了少数派的该申请[2](对此亦可参见前文边码675)。

— 在此语境下,还应注意**欧洲人权法院**于2004年11月16日在"于纳·泰克欧(ünal Tekel)诉土耳其"案(Nr. 29865/96)中作出的判决。按照该判决,赋予妻子接受其丈夫姓氏之义务的法律规定,构成了对《欧洲人权公约》第14条(禁止性别歧视)以及第8条(保护家庭生活)的违反。即便存在妻子将其自己姓氏置于家庭姓氏前的可能性,亦于事无补。[3]修改姓名法的可能的新草案必须尤其顾及此司法判决。这迫使瑞士应尽快着手作出法律修正,以避免瑞士被判决为违反《欧洲人权公约》。[4]瑞士立法者是否没有将婚姻姓名法和《欧洲人权公约》相协调,从而导致联邦法律继续具有决定意义,[5]抑或——按照最新的司法[6]——《欧洲人权公约》具有优先性,因为否则就可能招致欧洲人权法院的反对判决,[7]联邦法院对此并没有表态。联邦院法律委员会于2010年5月决定,应重新启动对新姓名法的讨论。[8]

5. 登记为同性伴侣对法定姓名不发生影响,但伴侣双方有权在

712

713

---

[1] Amtl. Bull. NR 2009, S. 275 ff.

[2] Amtl. Bull. NR 2009, S. 2283 ff.

[3] 见该判决 § 66。该判决一出,BGer 5A.4/2005, E. 3. 3. 2.(此判决认为欧洲人权法院并不认为瑞民第160条第1款和第30条第2款中的姓名法规则在总体上会违反《欧洲人权公约》)便应视为已过时。现在亦可参见 BGer 5A_712/2009, E. 3.3.1(规定应公开),该判决明确认定了瑞士姓名法与《欧洲人权公约》不相符合。

[4] Vgl. auch Deschenaux/Steinauer/Baddeley(边码695中引用的文献), Nr. 127; Aemisegger Heinz, 对于《欧洲人权公约》在瑞士的转换, 参见 Jusletter 20. Juli 2009, Rz. 95; Levante Marco, Namensänderung in der Rechtsprechung des Bundesgerichts, ZZW 75/2007, S. 65 ff. (70).

[5] Vgl. BGE 99 I b 39 ff. (43 ff.), E. 3 und 4 [所谓舒伯特做法(Schubert-Praxis)].

[6] BGE 125 II 417 ff. (425), E. 4d.

[7] BGer 5A_712/2009, E. 3. 3. 4(规定应公开)。

[8] NZZ vom 6. Mai 2010, S. 12.

日常生活中使用一个联合姓名，以表示出他（她）们之间的结合。除此之外，一方伴侣也可将另一方的姓氏在"艺名"意义上使用，只要该姓名具有可辨识性。但由于此姓名并非官方姓名，从而它不能被登记在民事登记簿上；不过可被显示在护照中。[1]

联邦委员会在其《对于国民院法律事务委员会就姓名权修改之第一草案的意见》（前文边码711[2]）中提议，亦应规定双方生存之登记同性伴侣选择共同姓名的权利。[3]

（三）名字

1. 名字（称呼名、教名）使得在特定家庭中的某人个体化。[4]
2. 起名字遵循如下规则：

— 按照瑞民第301条第4款，父母为子女选定名字。起名字是亲权的延伸（瑞民第296条及以下）。《民事状态条例》第37条第1款对此规定进行了细化，即如果父母双方是婚姻伴侣，由父母共同选定子女的名字；如果并非如此，那么在父母没有共同行使亲权的情况下（参见瑞民第298a条第1款），由母亲决定子女的名字。

— 如果某儿童被收养，养父母可按照瑞民第276条第3款给该儿童定一个新的名字。

— 弃婴基于官方行为获得一个姓名（姓氏与名字，《民事状态条例》第38条第2款）。

在起名字这一点上，父母并非完全自由。如果所起的名字明显侵犯儿童的利益，民政官员可驳回父母所通知的名字（《民事状态条例》第37条第3款）。指导性的准则是儿童福祉（例如瑞民第301条第1款）。

按照联邦法院实践，"Skywalker"不被允许作为名字，[5]

---

[1] Botschaft zum PartG, S. 1315. Vgl. dazu auch Heussler Willi, Der Partnerschaftsname, ZZW 2007, S. 5 ff.
[2] 原文中为"见前文第771页"。但由于原书中并无第771页，应为边码771之误。——译者
[3] BBl 2009, S. 429 ff. (430 f.).
[4] BGE 108 Ⅱ 161 ff. (162), E. 1.
[5] Vgl. NZZ Nr. 55 vom 7. März 1994, S. 14.

同样不允许的还有"Wiesengrund"[1][2]和"Schmuki"[3][4]。所有这些决定都是基于(比现行《民事状态条例》第 37 条第 3 款更严格的)旧《民事状态条例》第 69 条第 2 款;不过在上述情形,即便是按照现行法亦应作出同样的决定。"阳光(Sunshine)"作为女孩的第二个名字,被登记在了登记簿中,[5](替代"Leeann"、"Lee Ann"或"Lee-Ann"的)"LeeAnn"这种写法,没有被允许,因为其不符合德语国家中一般认为有效的正字法规则。[6]

(四)姓名变更

1. 姓名只有保持不变,才能正确地发挥标识功能。因此在姓名法中适用姓名不可改变原则。对于此原则,存在如下**例外情形**可对姓名进行改变:

2. 特定的姓名改变基于法律发生,例如:
   - 瑞民第 160 条:结婚时(但请注意瑞民第 30 条第 2 款);[7]
   - 瑞民第 259 条第 1 款:父母嗣后结婚;
   - 特别情形:①瑞民第 119 条第 1 款:离婚的后果;②瑞民第 109 条第 2 款结合 119 条第 1 款:婚姻无效时的后果;③瑞民第 267 条:收养。

3. 除此之外,姓名变更可基于申请而发生;在此情形必须经过

---

[1] Wiesengrund 德文含义为被草覆盖的底地,同时是德语中一个非常少见的姓氏。据判决(BGE 107 Ⅱ 26)显示,用该词做名字,无法识别孩子的性别,且容易被同学嘲笑,从而该姓名被拒绝。——译者

[2] BGE 107 Ⅱ 26 ff.

[3] 在本案中,Schmuki 是父母通过将 Schmucki(德文中的一个姓氏)中的 c 去掉,造出来的一个字。法院认为 Schmuki 作为名字,会被混淆为姓氏,从而以此为主要理由拒绝了该名字。——译者

[4] BGE 118 Ⅱ 243 ff.

[5] Vgl. den Sachverhalt in ZZW 72/2004, S. 35(图尔高州民政事务与商事登记局).

[6] ZZW 72/2004, S. 35 f.(图尔高州民政事务与商事登记局);关于名字的写法,参见欧洲人权法院 2007 年 9 月 6 日"约翰森(Johannsson)诉芬兰"案(Nr. 10163/02):将"Axel"写成"Axl"(在本案中此种写法被得到允许)。

[7] 关于(非官方姓的)联合姓参见 BGE 120 Ⅲ 60 ff.(61 f.), E. 2a.

国家机关的决定。按照瑞民第27条第1款，在存在**重大事由**时，某人住所州政府可同意其姓名变更。[1]对此问题，存在大量的联邦法院判决：[2]

720
— 由于要求存在重大事由，从而政府机构应按照公平正义（瑞民第4条）对此作出决定（边码209及以下）。[3]利益衡量为必要之事：姓名承担人拥有一个新姓名的利益必须大于管理、不可放弃曾取得并已登记之姓名以及明确标识和区分个体的利益。[4]姓名变更的目的是，消除与之前姓名结合的重大不利；须考虑的主要是道德、精神和心理上的利益。[5]是否存在重大事由这个问题，应按照客观标准判定。按照联邦法院的司法实践，起决定作用的是客观事实上的视角。换句话说，纯粹主观事由（例如对姓名的消极感觉）不予考虑。[6]申请者必须阐明具体存在哪些重大不利；光是表明担心并不充分。[7]

按照司法和学说，某未婚父母之子女在父亲作为父权承担者之下成长，这个事实构成瑞民第30条第2款意义上的重大事由，从而在此情形不必再对具体的重大不利进行证明。[8]相反，未婚父母共同享有亲权，此事实本身并不构成姓名变更的重大事由。[9]对于某个小孩来说，其社会接触主要限于其近亲属，故而小孩姓名的标识功能要轻于成年人；从而，对小孩姓名变更要求得更宽松一些。[10]不过实践中，在

---

[1] 详见 Deschenaux/Steinauer, Nr. 427 ff.；Häfliger（边码695中引用的文献），S. 41 ff.

[2] Vgl. etwa Levante Marco, Namensänderung in der Rechtsprechung des Bundesgerichts, ZZW 75/2007, S. 65 ff.

[3] BGE 132 III 497 ff. (498), E. 2.

[4] BGE 105 II 247 ff. (249), E. 3; 120 II 276 ff. (277), E. 1; BGer vom 23. Januar 1998, in: ZZW 66/1998, S. 200 ff. (201), E. 2; 126 III 1 ff. (2 unten), E. 3a.

[5] BGE 124 III 401 ff. (402), E. 2b; LGVE 2000 I Nr. 1, S. 1 f.（卢塞恩高等法院）.

[6] Vgl. etwa BGer 5A_576/2009, E. 3.1.1 (zur Publikation vorgesehen); 5A_374/2007, E. 5.1; 5C. 163/2002, E. 2.1.

[7] Vgl. etwa BGer 5A_374/2007, E. 5.2.1; 5C. 163/2002, E. 3.2.

[8] BGE 132 III 497 ff. (499 ff.), E. 4 mit zahlreichen Hinweisen.

[9] BGer 5A_374/2007, E. 4.2.2.

[10] BGE 105 II 247 ff. (249), E. 3; BGer vom 23. Januar 1998, in: ZZW 66/1998, S. 200 ff. (201), E. 2.

第三编 人法（瑞民第11至89^bis 条）

离婚后并且未婚同居下生活的子女，若其想使用新的"社会"家庭的姓氏，对此的要求一般倾向于严格。[1]联邦法院对此的论证理由主要是，随着离婚数量增多和社会对此态度的变迁，即便孩子的家庭关系由于其姓名而被知悉，这样的孩子也不再会承受社会性的不利了。[2]变性人名字的变更，亦提出了问题。[3]

— 不过按照司法实践，瑞民第30条不得被用于规避基于婚姻取得姓名的强行性规定（瑞民第160条第1款）。[4]

使用丈夫姓氏的妻子，可基于瑞民第30条第1款被允许使用双姓氏。在此情形，姓氏的第二部分必须为夫姓；但姓氏的第一部分不必与妻子婚前姓氏一致。[5]在瑞士生活之双重国籍人，结婚后在瑞士被登记为与其在第二国籍国不同的另一个姓氏，单单此事实并不构成瑞民第30条第1款意义上的重大事由。[6]

721

— 需注意如下各点：

722

第一，程序法上存在按照《联邦法院法》第72条第2款b项向联邦法院启动**民事程序中抗告**（Beschwerde in Zivilsachen）的可能性。

723

---

[1] BGE 121 Ⅲ 145 ff.；BGer vom 23. Januar 1998, in: ZZW 66/1998, S. 200 ff.；BGE 124 Ⅲ 401 ff.；vgl. auch BGE 126 Ⅲ 1 ff. (2 ff.), E. 3 und 5. 另外可参见 Rüfenacht Michael, Praxis des Bundesgerichts zur Namensänderung beim Scheidungskind, recht 2005, S. 62 ff. 对于儿童名字的修正或改变，又可参见 ZWR 29/1995, S. 206 ff.（瓦莱州法院）。

[2] Vgl. etwa BGE 124 Ⅲ 401 ff. (403), E. 2b/bb.

[3] 参见某已婚变性人变性后改变姓名的申请［SJZ 93/1997, S. 442 ff.（圣加仑地方法院）］，以及在变性过程中的申请［FamPra. ch 2007, S. 336 ff.（瓦特州行政法院）］。

[4] BGE 108 Ⅱ 161 ff. (164), E. 3a in fine（旧法下）；弱化的态度见 BGE 115 Ⅱ 93 ff.（197 f.), E. 5. 现在亦可参见 BGer 5A_ 712/2009, E. 3.2.1（规定要公布）；5A_ 576/2009, E. 3.1.2（规定要公布）。

[5] BGer 5A_ 576/2009, E. 3.1.2（规定要公布）.

[6] BGer 5A_ 712/2009, E. 3.4（规定要公布）援引了 BGE 126 Ⅲ 1 ff. Vgl. aber BGE 115 Ⅱ 193 ff. (198), E. 5.

除此之外，在姓名变更这个话语下，还要注意听证程序。[1]例如，对于父母离异而在母亲亲权下的子女姓名变更，父亲有权要求法律上的听证。[2]同样，某未婚父亲的子女（出于国际私法上的理由）使用该父亲的姓氏，在该子女姓名变更程序中父亲享有要求法律听证的权利。[3]最后，在姓氏变更由配偶一方启动时，须听取另一方配偶的意见。[4]

724　　第二，如果某人由于姓名变更而受侵犯，他可在知悉此事后一年内**向法院申请撤销**之（瑞民第30条第3款）。此诉讼为瑞民第29条所调整之姓名保护（对此参见后文边码1025及以下）的适用情形。其目标为，取消通过政府机关基于瑞民第30条第1款所准许的姓名取得。取消的条件是，撤销申请者对此享有值得保护的利益。例如在第三人应当被阻碍使用某并非广泛分布之家族的姓氏时，对此便可认定。[5]法院对此基于公平正义而裁决（瑞民第4条；前文边码209及以下）。在此法院应审查，撤销相对人保留该姓名的利益，是否压倒了撤销人取消该姓名的利益。[6]关于法院管辖权，参见《民事程序法》第20条第c项。

725　　第三，瑞民第30条第2款中含有针对**新婚夫妇姓名改变请求**的特别规定：这里对于姓名的变更，"值得重视的理由"即已经足够。按照学说，此种理由在实践中总是存在，从而在结果上新婚夫妇享有自由的姓名选择权。[7]不过，如果他们决定使用新娘的姓氏作为共同的家庭姓氏，则必须经过官方程序进行（对此参见前文边码711）。[8]

---

[1] 就司法判决的概览参见 BGE 127 Ⅲ 193 ff.（194），E. 3a.

[2] BGE 105 I a 281 ff.（282），E. 2a；99 I a 561 ff.（562 f.），E. 1；LGVE 2000 I Nr. 1, S. 1 f.（卢塞恩高等法院）；ZGRG 1998, S. 67 f.（格劳宾登政府委员会）.

[3] BGE 124 Ⅲ 49 ff.（50 f.），E. 2b；127 Ⅲ 193 ff.（195），E. 3a.

[4] BGE 127 Ⅲ 193 ff.（194），E. 3a.

[5] BGE 129 Ⅲ 369 ff.（372 f.），E. 3.3 有进一步的线索.

[6] BGE 129 Ⅲ 369 ff.（371），E. 3.1；118 Ⅱ 1 ff.（10），E. 8.

[7] Vgl. etwa Bühler, BaKomm, N 18 zu Art. 30 ZGB 带有进一步的线索.

[8] 关于性别平等视角下的费用问题参见 BGE 126 I 1 ff.；ZZW 68/2000, S. 137 f.（联邦民政事务局的通知）sowie Anhang 1, Ziff. 11. 6 ZStGV（SR 172. 042. 110）.

四、人格的开始和终止

教科书文献:

- Brückner, Personenrecht, Nr. 42 ff. , 60 ff. Und 93 ff.
- Bucher A. , Nr. 192 ff.
- Deschenaux/Steinauer, Nr. 450 ff.
- Hausheer/Aebi – Müller, Nr. 03. 01 ff. , 04. 01 ff. Und 05. 01 ff.
- Pedrazzini/Oberholzer, S. 29 ff.
- Riemer, Personenrecht, Nr. 119 ff. , 127 ff. , 136 ff. Und 145 ff.
- Tuor/Schnyder/Schmid, § 12.

特别文献（选列）:

- Beretta, Basler Kommentar zu Art. 31 ZGB.
- Brugger Schmidt Caroline; Frühgeborene an der Grenze der Lebensfähigkeit, Unter besonderer Berücksichtigung der Ökonomisierungsdebatte in der Spitzenmedizin, in: Dörr Bianka S./Michel Margot (Hrsg.), Biomedizinrecht, Zürich 2007, S. 175 ff.
- Guggenbühl/Beretta, Basler Kommentar zu Art. 32 ~ 34 ZGB.
- Höfling Wolfram, Rechtsfragen der Transplantationsmedizin — Eine rechtsvergleichende Betrachtung, ZBJV 132/1996, S. 787 ff.
- Kohler – Vaudaux Maryam, Le début de la personnalité juridique et la situation juridique de l'enfant à naître, Etude de droit suisse, et apercu des droits francais et allemand, Lausanner Diss., Zürich 2006.
- ManaïDominique, Les droits du patient face à la biomédecine, Bern 2006.
- Mannsdorfer Thomas M. , Pränatale Schädigung — Ausservertragliche Ansprüche pränatal geschädigter Personen (…), Diss. Freiburg 2000 (AISUF Band 192).
- Nägeli, Basler Kommentar zu Art. 35 ~ 38 ZGB.
- Pally Hofmann Ursina, Die gesetzliche Regelung von medizinischen Eingriffen zugunsten des Nascitirus, AJP 2008, S. 855 ff.

- Sandoz Suzette, La reconnaissance du nasciturus ou reconnaissance prénatale, in: Mélanges édités à l'occasion de la 50èmeAssemblée générale de la commission international de l'état civil, Neuenburg 1997, S. 47 ff.

- Seelmann Kurt, Recht und Rechtsethik in der Fortpflanzungsmedizin, recht 1996, S. 240 ff.

法院判决：

1. BGE 98 Ia 508 ff.（亦参见 BGE 123 I 112 ff.［128 ff.］）立法者在瑞民第 31 条第 1 款中，有意放弃了在个案中设定具体确定某人死亡的明确规则；毋宁是，对此问题的回答应留诸医学发展的相应程度。某州规定对于死亡的确定应以瑞士医疗科学学院的指南为准，并不违反瑞民第 31 条第 1 款，因为该指南反映了当今的医学发展水平。

2. BGE 118 IV 319 ff.（322），E. 2（"Uwe Barschel"案）（原则上）随着某人死亡，其权利和义务亦终止。例外？

3. BGE 129 I 302 ff.（不过，对于瑞民第 268 条第 2 款的特别情形，参见 2007 年 6 月 20 日苏黎世州高等法院的裁决，Nr. AA060183）[1]

死人不具有诉讼能力，其既不能提起诉讼，也不能提起抗告。相应地，任何人无法作为死人的代理人进行诉讼。不存在对死人人格的保护。

4. BGE 75 I 328 ff.（335 f.），E. 4［亦可参见 SJZ 97/2001, S. 232 ff.，以及 ZBGR 88/2007, S. 86 ff.（两案都在卢塞恩州地方法院）］

某人死亡的确定迹象（瑞民第 34 条）或宣告失踪程序的必要性（瑞民第 35 条及以下）？

（一）引言

"人格（**Persönlichkeit**）"在瑞民中具有双重意义：

- 一方面：人格是指法主体（具有法人格，瑞民第 11 条）；
- 另一方面：人格为人格权的总称（瑞民第 27 条及以下）。

人格存在于时间的维度中：其有**开始**和**终止**。根据瑞民第 31 条第 1 款，人格始于完全出生后的生存，终于死亡。具体而言：

---

[1] 此判决可在如下网址下载：http://entscheide.gerichte-zh.ch（2010 年 3 月 26 日访问）。

(二) 出生和死亡

1. 出生。

(1) 概述。

第一，按照瑞民第 31 条第 1 款，人的人格（理解为完全的、无条件的法人格）始于"出生完毕后的生存"（"avec la naissance accomplie de l'enfant vivant"；"con la vita individua fuori dall'alvo materno"）。其由三个因素构成：

— **出生的完毕**：婴儿必须完全和母亲身体分离（参见意大利文本）；

— **婴儿的出生**（参见法文文本）：胎儿必须成熟，以至显示出在母体之外亦能发育的可能性。此标准取决于医学发展的相应程度。

如今即便只是重五百克或超过二十二周的妊娠时间，也存在（虽然不高的）存活机会（对此参见《民事状态条例》第 9 条第 2 款）。[1]

— **生存**：出生后婴儿必须生存，即便生存的时间很短亦可。生存征兆主要是呼吸和心跳。

如上所述，法律要求胎儿足够的成熟度，才能的确将其称为"婴儿"。相反，对于法人格的取得，并不要求（持续的）"生存能力"。[2]

也就是，要在活婴和——不具有权利能力之——死胎之间进行区分。关于对此的证明参见《民事状态条例》第 9 条第 1 款。

第二，如上所述，随着出生的完毕，（生存的）婴儿取得法人格。但（未出生的）胎儿已经具有**附条件的权利能力**：按照瑞民第 31 条第 2 款，未出生的胎儿以其出生后生存为条件，具有权利能力。其权利能力附的是解除条件，即该权利能力始自受孕，但最终并未成为

---

〔1〕 Kohler – Vaudaux（边码 727 中引用的文献），S. 174；Beretta, BaKomm, N 5 zu Art. 31 ZGB.

〔2〕 Vgl. dazu Deschenaux/Steinauer, Nr. 459；Kohler – Vaudaux（边码 727 中引用的文献），S. 168 und 173. 法国法与此不同，见《法国民法典》第 79–1 条、第 318 条、第 725 条 2 款以及第 906 条第 3 款；vgl. Tuor/Schnyder/Schmid, § 12 N 1；Deschenaux/Steinauer, Nr. 458.

活婴，则溯及既往地消灭。[1]

736　例如如下规定体现了婴儿在出生前便**享有权利**：

— 在离婚判决中就父母的权利和义务的法院判决（瑞民第133条）亦涉及胎儿。

— 瑞民第393条第3款：为保护出生前胎儿利益的辅佐状态（"胎儿的辅佐人"；亦参见瑞民第309条第1款）。

— 瑞民第544条第1款：自受孕时开始的继承能力，其条件是出生时生存（亦参见瑞民第605条关于继承划分的推迟）。

— 瑞债第45条第3款和第46条：抚养损失或者身体侵害的损害赔偿（事故、因药品的伤害）。

— 对未出生生命的刑法保护参见《瑞士刑法典》第118条及以下。

欧洲人权法院对于在何种范围内胎儿享受《欧洲人权公约》第2条（生命权）的保护，并没有表明态度。[2]

737　第三，在例外情况下，法律甚至对尚未受孕亦加以考虑，例如瑞民第311条第3款（剥夺亲权）、第480条第1款（剥夺支付不能者之继承权）或第545条第1款（指定后位继承人）。

（2）人工授精的特别问题。

738　人工授精（即医学支持的生育程序）会带来特殊问题，尤其是自何时起算做"受孕"或"授育"，或者说瑞民第31条第2款意义上（具有附条件权利能力的）的"胎儿"：

739　第一，可以考虑的受孕/授育的时点（主要）为：

— 一方面是**体外受精**的时间点，指精子和卵子在妇女体外的

---

[1] Vgl. etwa BGE 41 Ⅱ 648 ff.（650 f.），E. 2；Tuor/Schnyder/Schmid，§ 12 N 2；Deschenaux/Steinauer，Nr. 464，以及 Kohler – Vaudaux（边码727中引用的文献），S. 185 ff. 有详细的论证；本书上一版边码711尚主张停止条件；Piemer, Personenrecht, Nr. 123；Pedrazzini/Oberholzer, S. 31；在停止条件和解除条件之间折中的观点见 Hausheer/Aebi – Müller, Nr. 03. 14.

[2] 2004年7月8日"Vo诉法国（Vo gegen Frankreich）"案，发布于EuGRZ 2005, S. 568 ff. 对此亦可见 Lux – Wesener Christina, Die Frage nach dem Beginn des Lebens：EGMR umgeht eine Antwort, EuGRZ 2005, S. 558 ff.；Wichtermann Jürg, Le bébé de Madame Vo oder Wie künstlich sind natürliche Personen？Wann fängt der Mensch an, eine Person zu sein？Neue alte Diskussionen an der Schwelle vom menschlichen zum rechtlichen Leben, recht 2004, S. 235 ff.；Kohler – Vaudaux（边码727中引用的文献），S. 41 ff.

结合；

— 另一方面为将胚胎**移植**（植入）于未来母体（此等同于着床）的时间。

第二，对此应从相关的法律规定出发。应提到的是： 740

— 《**联邦宪法**》第 119 条（人类领域的生殖医学和基因技术）：此规定保护人类免受生殖医学和基因技术的滥用（第 1 款）。 741

《联邦宪法》第 119 条第 2 款第 c 项规定："……只在法律规定的条件下允许在妇女体外对人类卵子受精；在妇女体外将人类卵子发展为胚胎的数量，以能将其马上植入体内为限。"

— 《**生殖医学法**》[1]：该法的目的是保护人类尊严、人格以及家庭，并禁止对生物和基因技术的滥用（《生殖医学法》第 1 条第 2 款）。 742

《生殖医学法》第 15 条及以下对胚细胞进行了调整，允许在一定条件下保存胚细胞和受精卵。最多只可将三个受精卵发展成胚胎，并且禁止保存胚胎（《生殖医学法》第 17 条第 1 款和第 3 款以及第 42 条）。

第三，鉴于此法律规定，在瑞士并不存在冷冻的胚胎。根据联邦司法部 2007 年 10 月 15 日和 2008 年 1 月 22 日的鉴定书，合法产生的胚胎可为了繁殖目的而被冷藏起来（即通过冷冻保存），条件是例如由于相关女性生病不能按计划立即将该胚胎植入身体。[2]从而这里提出来此种胚胎的权利能力问题。[3]对此学说中存有争议。本书 743

---

[1] BG über die medizinisch unterstützte Fortpflanzung (FMedG) vom 18. Dezember 1998; SR 814. 90; 2001 年 1 月 1 日生效。

[2] VPB 2008, S. 201 ff. (212 ff.).

[3] 关于在国外用试管造出和保管的胚胎对瑞士的意义，参见 Beretta, BaKomm, N 16 zu Art. 31 ZGB. Zur Aufbewahrung überzähliger Embryonen zu Forschungszwecken vgl. das BG vom 19. Dezember 2003 über die Forschung an embryonalen Stammzellen (Stammzellenforschungsgesetz, StFG; SR 810. 31, 2005 年 3 月 1 日生效), insbesondere Art. 10（保管须经同意）。

的观点是：有理由类推适用瑞民第 31 条第 2 款，将尚未植入的胚胎原则上作为胎儿对待，从而对其提供一定的法律保护。[1]但对此应补充如下几点：

744　　— 如上所述只是适用于胚胎（即自细胞核融合开始；参见《生殖医学法》第 2 条第 i 项），而并不适用于细胞核融合前的受精卵[2]（对此概念参见《生殖医学法》第 2 条第 h 项）。

745　　— 瑞民第 31 条第 2 款原则上的可适用性并不意味着，此胚胎在植入身体前与胎儿在任何民法关系上都等同视之。尤其应考虑的因素是，自细胞核融合到出生之间可持续相当长的时间。[3]

这可导致对继承法上权利的否定，[4]尽管人格保护方面的权利（例如基于细胞核融合和植入之间发生损害而产生的权利）还是被赋予。[5]

746　　— 瑞民第 31 条第 2 款适用的条件是，孩子"在出生时生存"。基于此规定，胎儿并不享有主张生存的私法上的权利。[6]同样依照此视角，人工产生的胚胎也不享有要求植入的权利。[7]此种权利会与女性的人格权相悖，因为女性享有权利拒绝胚胎植入且无须就此给出任何理由。[8]《生殖医学法》对此规定了医生的义务（但却不能由此导出胚胎的主观权利）。

2. 死亡。

747　　(1) 根据瑞民第 31 条第 1 款，人格终于**死亡**，自此时点之后，人

---

[1] 相同观点见 Deschenaux/Steinauer, Nr. 468; Bucher A., Nr. 205; Hausheer/Aebi – Müller, Nr. 03. 25; Beretta, BaKomm, N 17 zu Art. 31 ZGB 引用了其他观点。
[2] Deschenaux/Steinauer, Nr. 469.
[3] Deschenaux/Steinauer, Nr. 468.
[4] Deschenaux/Steinauer, Nr. 468; 结果上类似的见 Brückner, Personenrecht, Nr. 57 f.
[5] 对此尤其参见 Mannsdorfer（边码 727 中引用的文献），Nr. 177 f.
[6] Deschenaux/Steinauer, Nr. 468.
[7] Hausheer/Aebi – Müller, Nr. 03. 25 似乎亦持有此观点。
[8] Brückner, Personenrecht, Nr. 59 in fine.

不再享有权利、承担义务。[1]因此,按照联邦法院的观点,任何人都不能作为死者的代理人,以死者名义提起侵犯人格权诉讼。[2]

在此语境中,联邦法院和通说[3]一致**否定了死后人格保护理论**,按照该理论,特定领域的人格权在权利人死后亦受到保护。[4]不过在特定场合,人格权的效果在死后也予以认可,例如涉及对某人之医疗档案进行保密的利益[5],或关于处分其身体的自我决定权,以及安葬的方式和地点。[6]除此之外,也可参见《移植法》第8条第5款,该条规定赋予死者在其尚生存时就取出器官、组织和细胞予以同意的意思,以压倒其近亲属意思的优先性。

748

在德国,特定情形下的人格在其权利人死后亦被保护。[7]在瑞士一些学者亦有此倾向。[8]《欧洲人权公约》并不含有对私人生活死后的保护。[9]对于刑法上对死者安息的保护参见《瑞士刑法典》第262条[10]以及联邦法院在"乌尔·巴舍尔

---

[1] BGE 118 Ⅳ 319 ff. (322), E. 2 ("Uwe Barschel"案); vgl. auch Deschenaux/Steinauer, Nr. 475; Manaï(边码727中引用的文献), S. 272 ff.

[2] BGE 129 I 302 ff. (306), E. 1.2.1 带有进一步的线索。

[3] Vgl. etwa Hausheer/Aebi-Müller, Nr. 02.22, 03.30 und 10.27; Deschenaux/Steinauer, Nr. 475 f.; Riemer, Personenrecht, Nr. 133 f.; Aebi-Müller (zitiert in Nr. 842), Nr. 327 ff.; Inderkum(边码910中引用的文献), Nr. 81 ff.

[4] BGE 129 I 302 ff. (306 ff.), E. 1.2 带有进一步的线索。

[5] BGer in: Pra 85/1996, Nr. 94, S. 289 ff. (294), E. 3a, 援引了 Tercier, Nr. 514.

[6] BGE 129 I 173 ff. (180), E. 4; 同样的亦见 BGer 1C_ 430/2009, E. 2.1.2.

[7] 对此可参见 BGH in: DJZ 2000, S. 1056 ff. (《Marlene Dietrich》); Larenz/Wolf, § 8 N 46 f.; Müller Knut, Postmortaler Rechtsschutz — überlegungen zur Rechtssubjektivität Verstorbener, Frankfurt am Main etc. 1996 (Europäische Hochschulschriften, Reihe Ⅱ, Rechtswissenschaft, Band 1942, gleichzeitig Diss. Passau 1995); Luther Christoph, Postmortaler Schutz nichtvermögenswerter Persönlichkeitsrechte, Diss. Potsdam 2008, Göttingen 2009 (Schriften zum deutschen und internationalen Persönlichkeits- und Immaterialgüterrecht, Band 21); Seifert Fedor, Postmortaler Schutz des Persönlichkeitsrechts und Schadensersatz … NJW 52/1999, S. 1889 ff.; Aebi-Müller (边码842中引用的文献), Nr. 457 ff.

[8] Kehl Robert, Die Rechte der Toten, Zürich 1991, S. 59 ff., 该作者特别主张对瑞民第31条第1款予以修正。亦可参见 Ott Walter/Grieder Thomas, Plädoyer für den postmortalen Persönlichkeitsschutz, AJP 2001, S. 627 ff.

[9] Entscheid des EGMR vom 13. Juli 2006 ["Jäggi (Jäggi gegen die Schweiz)"; Nr. 58757/00], § 42, 公布于 AJP 2007, S. 119 ff.

[10] Vgl, dazu etwa BGE 112 Ⅳ 34 ff.; 129 Ⅳ 172 ff.

（Uwe Barschel）"案中的刑法论述："不过应予承认的是……死亡在死后一段时间内为'禁忌领域'，在此领域内其纯粹个体的权利依旧存在……必须承认，直到下葬，原则上死者还享有一些人格权，以保护尸体及相关事宜不被违背风俗地处理。"[1]

749   （2）在此应进行如下多方面的补充：

750   — 法律对死亡并没有进行定义，而是将此留给**医学认识**。从而，瑞民第 31 条第 1 款亦被司法"理解为转引至相应被承认的医学发展程度"。[2]对死亡的确定由医生进行[3]（亦参见《民事状态条例》第 35 条第 5 款）。《移植法》在第 9 条第 1 款"死亡标准和对死亡的确定"这个页边标题下，作出了如下规定："当包括脑干的大脑其功能不可逆转地丧失后，人即为死亡。"[4]

2005 年 5 月 24 日瑞士医疗科学学院针对"就器官移植而确定死亡"的医学－伦理指南，[5]包含有医学上的详细规定。[6]亦可参见《移植条例》第 7 条，该条例将对死亡的确定转引至了该指南（附件 1 第 1 项）。早在 1972 年，联邦法院就从宪法角度将脑死亡（即大脑完全且不可逆转的功能丧失）认定为具有决定性。[7]

751   — 活着（曾活过）或死亡在多个方面都具有重大**法律上的意义**：第一，被继承人的死亡导致继承发生（瑞民第 560 条第 1 款）。第二，曾经活过尤其对于继承能力具有意义（瑞民第 539 条第 1 款和第 542 条）。

---

[1] BGE 118 Ⅳ319 ff.（323），E. 2.
[2] BGE 98 I a 508 ff.（513），E. 3a；123 I 112 ff.（128 f.），E. 7c/bb. Vgl. auch Manaï（边码 727 中引用的文献），S. 268 ff.
[3] Deschenaux/Steinauer, Nr. 473 f.
[4] 对于《移植法》第 9 条第 1 款是否具有一般性的适用范围参见 Steinauer, TDP Ⅱ, Nr. 141.
[5] 可下载于 http://www.samw.ch/de/Ethik/Richtlinien/Aktuell－gueltige－Richtlinien.html（2010 年 3 月 25 日访问）.
[6] Vgl. dazu auch Beretta, BaKomm, N 33 ff. zu Art. 31 ZGB.
[7] BGE 98 I a 508 ff.（515 f.），E. 4b.

第三，死亡是婚姻财产解散的原因（瑞民第 204 条第 1 款）。

第四，不得从濒死但尚未死亡之人中移出（对生命重要的）器官（《移植法》第 8 条第 1 款，按照此规定，器官、组织和细胞"可从其死亡之人中移出"）。

除此之外，《移植法》第 1 条还规定，只有经（死者、死者近亲属或死者委托之人的）同意才可进行移出。

(3) 即便随着死亡死者的人格消灭，在人格权法上死者近亲属的感情亦受到保护（**追思保护说**；参见边码 871）。

> 按照联邦法院的司法实践，"允许近亲属对死后的人格利益进行维护，条件是此建基于近亲属自己的人格权基础上，因为人格权至少在一定范围内也包括对其近亲属甚或朋友声誉的维护……"[1]不过，追思保护说并不能对死者提供全面的保护。尤其是，近亲属不采取任何行动，或恰恰是近亲属伤害了对死者的追思或压根就不存在近亲属时，也会发生对死者的侵害。[2]

(4) 就死者财产法上的权利和义务而言，其是否（随着死亡）而移转至继承人，这一般取决于具体的权利和义务：

— 通常而言，权利和义务可被移转。

> 尤其是所有权、可转让的役权（例如瑞民第 779 条第 2 款和第 780 条第 2 款）、担保物权（瑞民第 835 条和瑞债第 170 条第 1 款），以及债务随着被继承人的死亡被移转至继承人（瑞债第 560 条和第 656 条第 2 款）。

— 某些财产权也可例外地和权利人不可分割地结合，从而不可被继承。例如用益权和居住权（最迟）在权利人死亡时消灭（瑞

---

[1] BGE 129 I 302 ff. (307), E. 1. 2. 2; 104 II 225 ff. (236), E. 5b.
[2] BGE 129 I 302 ff. (311), E. 1. 2. 5. 对将死者市场化情形法律保护上的漏洞参见 Bücher Andrea, Die Kommerzialisierung Verstorbener, Ein Plädoyer für die Vererblichkeit vermögenswerter Persönlichkeitsrechtsaspekte, AJP 2003, S. 3 ff.

民第 749 条第 1 款和第 776 条第 2 款)。

754 (5) 过去数年，死亡辅助（安乐死）（尤其是由于外国欲死者"死亡旅行"的增加）引发了大量的国会动议。[1] 2004 年 11 月 25 日瑞士医疗科学学院针对患者生命结束时照管的医学－伦理指南[2]在其第 4 点中允许如下条件下对自杀的协助：基于疾病程度可以确认生命结束已经濒近。已经对患者阐释了其他种类协助的可能性，以及在患者希望的情况下，已经尝试了其他种类协助。患者具有判断能力，其意愿是经过周到考虑的，对此不存在外部压力，且意愿并非短暂，对以上诸点都可由独立的第三人审核。在任何时候，导致死亡之行动的最后行为必须由患者亲自做出。

基于成年人保护修正案，瑞民第 370 条第 1 款赋予具有判断能力之人，在其患者决定中确定，其在有判断能力情形下会同意或不同意何种医疗措施。原则上医生必须遵守此决定。但如果此种决定违反法律规定，医生可偏离之（修正后瑞民第 372 条第 2 款）。在患者直接要求积极的死亡辅助时，即属于此情形。[3]

755 2009 年 10 月 28 日，联邦委员会发布了一个法律草案的两种模式征求意见，此草案的目的是**对有组织的安乐死予以明文规制**（修改《刑法》和《军事刑法》）。[4]

联邦法院在一个较新判决中确认，在欲死者无法自己将其生命结束时，既不能从《联邦宪法》第 10 条第 2 款中，也不能从《欧洲人权公约》第 8 条第 1 款中，得出对自杀协助或对积极的死亡辅助的请求权。因此，国家无义务去安排欲

---

[1] http://www.ejpd.admin.ch/ejpd/de/home/themen/gesellschaft/ref_gesetzgebung/ref_sterbehilfe.html，关键词 "parlamentarische Vorstösse" 下（2010 年 3 月 25 日访问）。

[2] 该指令可下载于 http://samw.ch/de/Ethik/Richtlinien/Aktuel-gueltige-Richtlinien.html（2010 年 3 月 25 日访问）。

[3] Botschaft zum Erwachsenenschutz, S. 7033.

[4] 初步草案可下载于 http://www.ejpd.admin.ch/ejpd/de/home/themen/gesellschaft/ref_gesetzgebung/ref_sterbehilfe.html，关键词 "Vernehmlassungsverfahren"（2010 年 3 月 25 日访问），Vgl. dazu auch BGer 2C_9/2010, E. 2.4.

死者获得为其自杀而选定的特定危险材料（在本案中：戊巴比妥钠）或相应的工具。[1]

（三）生存或死亡的证明

1. 与瑞民第 8 条中的一般规则相应，瑞民第 32 条第 1 款调整了某人生存或死亡的举证责任（页边标题）。

对于特定问题（尤其在继承法中：例如瑞民第 542 条），多个死亡在时间上的顺序具有实质意义。瑞民第 32 条第 2 款对此规定，在无法确定各个死亡事件时，推定多个死者同时死亡（"同时死亡推定"）。此推定可被推翻。

瑞民第 32 条第 2 款中的推定导致，某人的继承人无法获得以另一个人先死亡为基础的权利。[2] 即便能够确定两个或多个人根本不是同时死亡，只是不能证明何者先死、何者后死时，亦是如此。[3]

2. 按照瑞民第 33 条，作为证明手段（页边标题）的有：
— 首要的是民事状态证书（第 1 款）；

对于与此相关的申报义务，参见瑞民第 40 条、第 34 条以及《民事状态条例》第 91 条。

— 其次是其他证明手段（第 2 款）；此规定与瑞民第 9 条相符。

作为其他证明手段的，例如医生或助产士的（证人）证言，[4] 还有如偃尸检验和鉴定。[5]

---

[1] BGE 133 I 58 ff. (67 ff.), E. 6. 2, 被确认于 BGer 2C_ 839/2008, E. 1. 2, und 2C_ 9/2010, E. 2. 1. 对此亦可参见欧洲人权法院 2002 年 4 月 29 日 "Pretty 诉大英联合王国"（Pretty gegen Vereinigtes Königreich）案的判决 § 40, 该判决的德语翻译见于 EuGRZ 2002, S. 234 ff.

[2] Hausheer/Aebi – Müller, Nr. 03. 36 und 03. 40.

[3] Pedrazzini/Oberholzer, S. 37.

[4] Pedrazzini/Oberholzer, S. 33.

[5] 关于对于二战时某个在国外的瑞士人在东普鲁士死亡的人证，参见 Riemer, Personenrecht, Nr. 137 in fine.

对于死亡登记，原则上要求要有人见过尸体（"发现"、"见过尸体"）。此点要求来源于对瑞民第34条的反对解释。[1]

759　　3. 瑞民第34条按照其页边标题调整的是死亡的标志。按照此规定，即便无人见到尸体，在特定条件下也可认为死亡被证实。对此说明如下：

760　　－ **前提条件**是，消失的情形使死亡"可被认定为确定无疑"。换句话说，按照生活经验**可确切认为死亡**发生。此时，亲属应免于失踪宣告的漫长程序（瑞民第35条及以下；边码762及以下）。

　　联邦法院对于确定死亡的证据，提出了非常高的要求。[只要不满足确定无疑这个要件]，即便是非常大的可能性，亦非足够。[2] 按照联邦法院的表述，死亡可确定无疑地"被认定，当按照消失的情形，与失踪时不同，对于某人的生存不仅发生重大的危险，而且应是该人可被证明遭遇了某个必定会导致其死亡的事件"。[3] 例如，某人因海啸而消失，其酒店恰恰在大多数客人都在吃早餐或还在房间里时被海浪侵袭，和其一同旅行的女朋友的尸体以及其受污非常严重的动产被发现，且在灾难后即便深入的搜寻工作也不能发现其生存迹象时，此情形便可被认定。[4]

761　　－ 对于**在登记簿中登记**，要求有法院的命令（按照瑞民第42条的形成之诉；后文边码798及以下）。[5] 官方对死亡的认定导致死亡的效果，例如亲属法、继承法以及其他基于法律而发生的效果，且此效果具有不可撤回性。[6]

---

〔1〕　BGE 56 I 546 ff. (549), E. 2a.
〔2〕　BGE 75 I 328 ff. (335), E. 4（坠机于安第斯山）.
〔3〕　BGE 56 I 546 ff. (550), E. 2b（在亚洲的船舶旅行）.
〔4〕　ZBGR 88/2007, S. 86 ff. (88), E. 4.2（卢塞恩郊区地方法院）；亦可参见1998年9月22日联邦民政事务局的通知，见于ZZW 66/1998, S. 292（瑞士航空的飞机坠入海中）.
〔5〕　Hausheer/Aebi–Müller, Nr. 04.31；Brückner, Personenrecht, Nr. 119；Reinhard（边码766中引用的文献），S. 71；SJZ 97/2001, S. 232 ff. (232), E. 3（卢塞恩郊区地方法院）；ZBGR 88/2007, S. 86 ff. (87), E. 3（卢塞恩郊区地方法院）.
〔6〕　Hausheer/Aebi–Müller, Nr. 04.26.

(四) 宣告失踪

1. 瑞民第 35 条至第 38 条调整了失踪宣告。失踪宣告适用于死亡并非"确定无疑"（瑞民第 34 条！），而只是"非常可能"的情形（瑞民第 35 条第 1 款）。法律上的规定由如下部分组成：

— 某人的死亡"为非常可能，因为他于遭遇死亡重大危险后消失或长期无音讯"（瑞民第 35 条第 1 款）。[1]

能够基于失踪人之死亡而享有权利之人，可在法院申请宣告失踪（瑞民第 35 条第 1 款）。对于此申请的提出，须注意相应的特定期限（瑞民第 36 条第 1 款）。

消失之人可知的最后住所地法院享有强制的管辖权（《民事程序法》第 21 条）。《民事程序法》第 249 条 a 项对此规定了简易程序。

— 失踪宣告只能在执行官方的公告程序之后由法院作出（瑞民第 36 条和第 37 条）。

2. 在实体和程序上的要件被满足后，"消失的人或无音讯的人被宣告为失踪；并且如同死亡被证实一样，因其死亡而发生的权利可被行使"（瑞民第 38 条第 1 款）。失踪人的死亡只是被推定（**死亡证明的发布**）。[2] 并不排除在此情形下该人再次出现。因此，失踪宣告虽然导致发生死亡的效力，但该后果原则上可被撤回。[3] 另外需要注意：[4]

— 瑞民第 38 条第 2 款关于时间上的效力；

— 按照瑞民第 38 条第 3 款，[5] 失踪宣告使婚姻消灭；

---

[1] SJZ 97/2001, S. 232 ff. (232), E. 3（卢塞恩郊区地方法院）。

[2] Tuor/Schnyder/Schmid, § 12 N 18.

[3] Vgl. auch Hausheer/Aebi‑Müller, Nr. 04. 27.

[4] Deschenaux/Steinauer, Nr. 505 ff.

[5] 自 2000 年 1 月 1 日生效。

如果失踪人再回来，婚姻也不恢复。双方可再次结婚。[1]

- 瑞民第546条及以下条文关于继承法上的规则；

  遗产只是在继承人提供保证的情形下，才交由继承人（瑞民第546条第1款）。如果失踪人重新出现，继承人应按照关于占有的规则（瑞民第938条及以下）将遗产返还给他（瑞民第547条第1款）。

- 在社会保险法中存在特别规则。

  尤其是，失踪宣告的废止并不导致失踪期间取得的寡妇养老金被返回。[2]

764　　3. 如果相关事实构成发生在国外（如某人在国外旅途中遭遇重大死亡风险而消失），那么《国际私法典》第41条予以适用。该条第1款和第2款规定，瑞士法院或相关政府部门对死亡宣告具有管辖权。按照该条第3款，失踪宣告的要件和效果都适用瑞士法。

五、对民事状态的证明（登记簿法）

提示：在利用文献和司法判例时必须注意，对于登记簿法存在分别于2000年1月1日、2004年6月1日以及2008年1月1日生效的对瑞民的修正，[3]以及于2004年4月28日颁布的新《民事状态条例》（随着新法而产生的修正于2004年6月1日生效）。从而一部分关于民事状态法的旧文献已经过时了。

765　**教科书文献**：

- Bucher A., Nr. 251 ff.
- Deschenaux/Steinauer, Nr. 764 ff.

---

〔1〕 Nägeli, BaKomm, N 14 zu Art. 38 ZGB; vgl. dazu auch Hegnauer Cyril, Verschollenerklärung und Wiederverheiratung, ZZW 67/1999, S. 205 ff.

〔2〕 Vgl. dazu BGE 110 V 248 ff. (250 ff.), E. 2.

〔3〕 Vgl. dazu Tuor/Schnyder/Schmid, § 13 N 2.

- Hausheer/Aebi – Müller, Nr. 04. 32 ff.
- Pedrazzini/Oberholzer, S. 43 ff.
- Riemer, Personenrecht, Nr. 263 ff.
- Tuor/Schnyder/Schmid, § 13.

特别文献（选列）：

- Jäger Martin, En route vers l'informatisation de l'état civil suisse, in: Mélanges édités à l'occasion de la 50ème Assemblée générale de la commission internationale de l'état civil, Neuenburg 1997, S. 225 ff.
- Göksu Tarkan, Die zivilstandsrechtliche Behandlung von Kindern papier – und wohnsitzloser Eltern, AJP 16/2007, S. 1252 ff.
- Heussler, Basler Kommentar zu Art. 39 ~ 49 ZGB.
- Reinhard Rolf, Neuerungen in der Beurkundung des Personenstandes und im Eheschliessungsverfahren, ZBJV 136/2000, S. 68 ff.
- Schüpbach Henri – Robert, SPR II/3, S. 1 ff. (Vorauflage: Götz, SPR II, S. 379 ff.).
- Derselbe, Erfassung des Zivilstandes und Identität, ZZW 63/1995, S. 215 ff.

法院判决：

1. BGE 135 III 389 ff.

对民事状态登记簿中登记的修正：允许民政事务中的上诉。积极适格（Aktivlegitimation）。对某人的登记被证明是错误时，即便民政官员是被误导的（难民申请者入境时给出错误的名字和生日），也应予以纠正。

2. BGE 131 III 201 ff.

在民事状态登记簿中对某个可按照性别变化的外国名字（Dzieglewska）进行登记和改写。

3. BGE 119 II 264 ff.

民事状态登记簿中登记信息为同性的两人在国外缔结的婚姻，违反瑞士的公共秩序从而不被承认。如果其中一人之前做过变性手术，那么在民事状态登记簿中就性别变更的登记，应通过**身份状态诉讼**由法院对新性别进行确认。

(一) 引言

768　　1. 人身状态（广义上的民事状态）涉及某人作为私法主体的权利和属性（亦参见瑞民第39条第2款）。传统上，对人身状态应作如下划分：[1]

769　　－ **个人状态**：包括与某人直接相关的民事状态事实，例如某存在（出生或死亡）、其姓名、年龄或性别；以及

770　　－ **家庭状态**：包括某人在家庭法上的地位，例如血亲关系、人的姻亲关系、父母身份（子女关系）以及未婚、结婚、离异或丧偶的状态。

771　　2. 在联邦层面和各州中都存在民事状态法的法律渊源。[2]另外还存在各种相关的国际条约。在（国家）联邦法层面，尤其要注意如下法律渊源：

－ **瑞民**（第39条至第49条）；

－ **《民事状态条例》**。[3]其法律基础在于瑞民第40条、第43a条、第44条第2款、45a条第3款、第48条、第103条和瑞民尾编第6a条第1款以及《同性伴侣法》第8条。

> 应记得：作为"单纯的条例（《民事状态条例》）"不能限制法律中规定的适用范围"。[4]在很多点上《民事状态条例》都应被修正了。[5]

－ **《民事状态收费条例》**。[6]

《民事状态收费条例》应被部分地修正，尤其因为民事状态事

---

[1] Deschenaux/Steinauer, Nr. 766; Egger, ZüKomm, N 5 zu Art. 39 ZGB.
[2] 详见 Schüpbach, SPR Ⅱ/3, S. 22 ff.
[3] Zivilstandsverordnung vom 28. April 2004; SR 211.112.2.
[4] BGE 75 Ⅰ 328 ff. (333), E. 3a.
[5] 参见联邦民政事务局2009年10月28日的草案，对此草案的评注和对听证的评估参见 http://www.bj.admin.ch/bj/de/home/themen/gesellschaft/zivilstand/rechtsgrundlagen.html（2010年3月26日访问）。
[6] Verordnung über die Gebühren im Zivilstandswesen vom 27. Oktober 1999; SR 172.042.110.

实的电子证明书可大大减少工作量。[1]

3. 人身状态信息对个体的法律地位具有基础性的意义（权利能力、行为能力、遗嘱能力以及继承能力；抚养义务、结婚障碍、继承权等），因此立法者决定将此引入电子登记簿（瑞民第 39 条第 1 款）。

为此目的，联邦为各州运营中心数据库"**Infostar**"（= Informatisiertes Standardregister 信息化标准登记簿；瑞民第 45a 条和《民事状态条例》第 76 条及以下）；[2]对此另外参见《关于协调居民登记簿和其他官方人身登记簿的联邦法》（《登记簿协调法》）[3]。按照该法第 2 条第 1 款第 a 项，该法亦适用于 Infostar。在人身状态登记簿中的登记不具有实体上的效力，而只具有说明性的效力，但认证登记簿（Anerkennungsregister）除外。[4]由于在此，国家是在非争议性事务中对设立、改变和消灭私法权利以及法律关系发挥了作用，从而民政事务可被认为属于**非讼事宜程序**的领域。

4. 按照其实体上的内容，人身状态法（民事状态法、登记簿法）部分属于私法，部分属于行政法（公法）。此处饶有兴趣的是与此相关的基本制度以及私法上的诉讼。

（二）制度

对于民政事务制度既应考虑联邦法也应考虑州法：

1. 联邦在瑞民第 39 条及以下和《民事状态条例》中，对基本问题作出了调整。特别是其中规定了：[5]

---

[1] 参见联邦民政事务局 2009 年 10 月 28 日的草案，对此草案的评注和对听证的评估参见 http://www.bj.admin.ch/bj/de/home/themen/gesellschaft/zivilstand/rechtsgrundlagen.html（2010 年 3 月 26 日访问）。

[2] Vgl. Siegenthaler Toni, Das neue Beurkundungssystem Infostar …ZZW 75/2007, S. 105 ff.

[3] SR 431.02；2006 年 11 月 1 日生效。

[4] BGE 135 III 389 ff. (395), E. 3.4.1.

[5] 具体细节见 Deschenaux/Steinauer, Nr. 770 ff.

776　　　　　　— 为人身状态证明的目的，应引入电子登记簿（瑞民第39条第1款）；

联邦委员会颁布了施行规定，对在民政事务中工作之人的教育与继续教育作出了最低要求，并确定了费用（瑞民第48条第3款和第4款；《民事状态条例》第4条第3款c项；《民事状态费用条例》第1条及以下）。按照瑞民第44条第2款，某瑞士驻外代表可被例外地委托处理民政事务（亦可参见《民事状态条例》第5条）。

777　　　　　　— 须建立的登记簿（瑞民第48条第2款第1项）；
778　　　　　　— 民政官员的审查义务（《民事状态条例》第16条和第66条）；
779　　　　　　— 登记簿的加强的证明力（瑞民第9条）；[1]

州监管部门指示在民事状态登记簿中对国外的离婚判决进行登记（《国际私法典》第32条），（该登记）只是导致对离婚的推定，而不导致实体上的法律效力。诉请消除或改变相关（原告认为不正确之）登记的身份状态诉讼，依旧为可能。[2]

780　　　　　　— 当进行充分的努力后还是无法或不可期待获得对于证明某事本来要求的证书，并且对相关信息不存在争议，那么存在通过在民政官员面前作出表示来进行证明的特别可能性（瑞民第41条第1款和《民事状态条例》第17条第1款）；[3]

民政官员向作出表示之人提醒其选择权，指出错误表示的刑事后果并对其签名进行公证（瑞民第41条第2款和《民事状态条例》第17条第2款）。

---

[1] Schüpbach, SPR II/3, S. 152 ff. Vgl. dazu auch BGE 135 III 389 ff. (391 f.), E. 3 und (393), E. 3. 3. 1.

[2] BGE 117 II 11 ff.

[3] Vgl. dazu Waespi Oliver, Identität — zwischen Urteil und Erklärung, Elemente zur Auslegung von Artikel 41 ZGB, ZZW 70/2002, S. 137 ff. Und 273 ff.

第三编 人法（瑞民第 11 至 89bis 条）

- 处理某人的信息时，对该人人格以及基本权利的保护，以及关于个人信息的公开（瑞民第 43a 条；《民事状态条例》第 44 条及以下以及第 33 条第 1 款）； 781

与瑞民中的其他登记簿不同，身份状态登记簿原则上不对公众开放。但各州可把特定的民事状态情形予以公开（《民事状态条例》第 57 条）。对于为研究目的公开民事状态数据，参见《民事状态条例》第 60 条。

- 政府部门以及私人的申报义务（瑞民第 40 条第 1 款和第 2 款；《民事状态条例》第 34 条及以下和第 91 条［申报义务］以及《民事状态条例》第 40 条及以下［官方的通知义务］）； 782

- 公职人员的保密义务（《民事状态条例》第 44 条）； 783

- 民政官员的可责性以及其监察部门（瑞民第 46 条；参见边码 791 及以下）； 784

- 关于监察的基础性规定（瑞民第 45 条和第 48 条第 2 款第 4 项；《民事状态条例》第 84 条及以下）包括抗告权（《民事状态条例》第 90 条）；对此应补充如下： 785

第一，法院诉讼（纠正之诉；身份状态诉讼；对此边码 798 及以下）或其他程序（名称变更申请）不开放的所有情形，都可进行抗告。［1］关于监察机关基于职权的介入，参见《民事状态条例》第 86 条。

第二，就抗告而言，最高机关为联邦法院（《民事状态条例》第 90 条第 3 款；在民事程序上的抗告应按照《联邦法院法》第 72 条第 2 款 b 项）。

第三，在对国外有关民事状态的判决和证书予以承认以及在瑞士民事状态登记簿上的登记，各州的监察部门承担重大职责（《国际私法典》第 32 条；《民事状态条例》第 16 条第 6 款和第 23 条；亦

---

［1］ Deschenaux/Steinauer, Nr. 817 ff. 对于登记名字的修正和改变之间的界分参见 ZWR 29/1995, S. 206 ff. （瓦莱州法院）。

可参见《民事状态条例》第 2 条第 2 款第 a 项）。[1]

第四，联邦司法和警察部门对瑞士民政机关行使最高的监察权（瑞民第 45 条第 3 款以及《民事状态条例》第 84 条第 1 款）。联邦民政机关被授权对特定事务自行进行处理（《民事状态条例》第 84 条第 3 款和第 4 款）。

786 — 原则上通过法院途径作出的对登记簿的纠正（登记、改正、消除）（瑞民第 42 条和《民事状态条例》第 30 条；边码 798 及以下）。例外情形下，通过民政机关消除明显的疏漏和错误（瑞民第 43 条和《民事状态条例》第 29 条；边码 805）。

787 — 费用（瑞民第 48 条第 4 款[2]）。

788 — 除此之外，就结婚的准备以及婚礼的进行，**瑞民第 97 至 103 条**规定了民政机关的管辖权（亦可参见《民事状态条例》第 62 条以下）。关于同性伴侣登记程序的规定，见**《同性伴侣法》第 5 条至第 8 条**（亦可参见《民事状态条例》第 75a 条及以下）。

基于国民院委员托尼·布鲁内（Toni Brunnei）的国会动议第 05.463 号（禁止假婚姻），联邦议会于 2009 年 6 月 12 日对瑞民作出了修正（对违法居留情形下婚姻的禁止）。此修正对瑞民作出了如下补充：按照修正后瑞民第 98 条第 4 款，非瑞士国籍的订婚者，在准备程序期间必须证明其在瑞士的合法居留。修正后的瑞民第 99 条第 4 款要求民政官员将不符合此要求的订婚者身份通知给相关机关；《同性伴侣法》第 5 条和第 6 条被相应地补充。[3] 相关规定于 2011 年 1 月 1 日生效。

789 2. 相反，各州调整如下事务（瑞民第 45 条和第 49 条；《民事状态条例》第 1 条及以下）：

---

[1] Vgl. Othenin - Girard Simon, La transcription des décisions et des actes étrangers à l'état civil (art. 32 LDIP et 137 OEC), ZZW 66/1998, S. 163 ff.

[2] Verordnung über die Gebühren im Zivilstandswesen vom 27. Oktober 1999; SR 172.042.110.

[3] BBl 2009, S. 4385 ff. Vgl. dazu Sandoz Suzette, Wie unsere Zivilstandsämter zu einer Stasi werden... NZZ am Sonntag vom 17. Januar 2010, S. 14.

—— 确定民政辖区（瑞民第 49 条第 1 款；《民事状态条例》第 1 条）；

—— 对民政官员的任命及其薪酬（瑞民第 49 条第 2 款和第 3 款；《民事状态条例》第 4 条）；

—— 对监察机关的任命（瑞民第 45 条第 1 款；《民事状态条例》第 84 条及以下）；

—— 某些时候对出生、死亡以及婚礼的公布（《民事状态条例》第 57 条）；

绝大多数州放弃了公布。在计划中的《民事状态条例》修正案（前文边码 771 条）中，第 57 条被废止了。[1]

—— 其他必要的"联邦法范围内的"施行规定（瑞民第 49 条第 2 款）。

对于联邦对各州规定的批准，参见瑞民第 49 条第 3 款。

(三) 私法上的诉讼

在私法层面上，法律规定了损害赔偿之诉（下文第 1 点）以及纠正之诉（下文第 2 点）。具体如下：

1. 损害赔偿之诉。

（作为民政机关民事上责任的典型的）损害赔偿之诉，其基础在于瑞民第 46 条。对此须指出如下各点：

(1) 按照瑞民第 46 条第 1 款，被民政机关中从事行为之人在执行其职务时不法侵害者，享有损害赔偿请求权。

—— **侵害人**为在民政机关中从事行为之人。属于此等人者，不仅有在民政机关工作之人，也包括监察机关的成员。无论如何，侵害应在其**行使职权时**造成。

—— 责任为**结果责任**；不要求侵害人具有过错。

790

791

792

793

794

---

[1] Vgl. den Kommentar zur Revision der Zivilstandsverordnung, S. 14, 可下载于 http://www.bj.admin.ch/bj/de/home/themen/gesellschaft/zivilstand/rechtsgrundlagen.html（2010 年 3 月 26 日访问）。

从而，民政事务中的责任，是以瑞民第429a条之规定（抚养上的剥夺自由）为蓝本的。[1]其也与土地登记中的责任（瑞民第955条）相符。[2]

795　　　— 在侵害达到一定程度的情况下，也存在受侵害人之**精神损害赔偿请求权**的可能（瑞民第46条第1款结尾）。

按照本书观点，对于此种损害赔偿请求权的时效适用瑞债第60条。[3]

796　　　（2）按照瑞民第46条第2款，承担责任的是州（而并非犯错的个人）。对于受侵害者，此国家责任不仅是首要的，也是唯一的；并不存在受侵害者直接针对犯错之个人的请求权。[4]不过，（承担责任的）州可向基于故意或重大过失而致害之人进行追偿（瑞民第46条第2款）。

797　　　（3）对于由联邦任命的人，按照瑞民第46条第3款应适用《关于联邦及其政府成员和官员责任的联邦法》。[5]

2. 纠正之诉。

798　　　（1）纠正之诉（Bereinigungsklage）的根据在于瑞民第42条第1款其涉及将关于人身状态的争议信息进行登记，以及对既存登记进行改正和消除。纠正之诉是基于人格权。[6]对此须补充如下：

799　　　— 现在，瑞民第42条第1款包含有一个适用于人身状态任何方面的**全方位的形成之诉**，对此法律并没有规定（如子女状态诉讼；

---

[1] BBl 1996 I, S. 55; dazu auch BGE 121 III 204 ff.
[2] Tuor/Schnyder/Schmid, § 13 N 10.
[3] Ebenso Deschenaux/Steinauer, Nr. 788.
[4] BBl 1996 I, S. 55; Deschenaux/Steinauer, Nr. 785.
[5] SR 170.32.
[6] BGE 135 III 389 ff. (394), E. 3.3.3.

边码806）特别的诉讼。[1]

例如：①按照瑞民第34条对死亡宣告进行登记（参见边码761）；②变性之后诉请改正人身状态登记；[2]③诉请对出生登记进行改正，该出生登记没有顾及对相关男孩的波兰姓氏进行变化的波兰语规则（本应是"Dzieglewski"，却被登记为"Dzieglewska"）；[3]④在民事状态登记簿中去除某收养。[4]

— 按照法律文义，此种诉讼的前提是被证实存在应受保护的个人利益。此可被界定为**积极适格**（Aktivlegitimation）。[5]

800

若登记簿中关于某人的信息被证明为错误，则此时作为更正登记之前提的应受保护的个人利益，不得因登记错误是由该人自己提供错误信息造成的，而被否定。[6]

州监察机关基于法律亦享有诉权（瑞民第42条第2款）。

— 如果登记簿中关于某人的信息被证明为错误，那么也存在**重要公共利益进行改正**，因为法秩序以人身状态登记簿就有关问题能够给出具有决定性的答案为前提。[7]

801

— 法院的判决只是具有**宣示性的效力**。因此，对错误姓名的改正，并不能使相关当事人获得一个实体上的新身份。[8]

802

— 对于**法院管辖权**，《民事程序法》第22条规定了作出或本应

803

---

[1] BGE 131 Ⅲ 201 ff.（203），E.1.2；BBI 1996 Ⅰ，S.52；Tuor/Schnyder/Schmid，§ 13 N 20；Deschenaux/Steinauer，Nr. 824. Vgl. dazu auch FamPra. ch 2006，S. 112 ff.（115 ff.），E. 8 und 9（伯尔尼州上诉法院）；ZR 109/2010，Nr. 2，S. 14 ff.（15 ff.），E. 4（苏黎世高等法院）. 相反的判决见 BGer 5A_519/2008，E. 3.1，此判决认为基于瑞民第42条的诉讼主旨与清理登记簿无异。

[2] 稍有不同的观点见 Deschenaux/Steinauer，Nr. 822a.

[3] BGE 131 Ⅲ 201 ff.

[4] BGer 5A_ 519/2008. Vgl. auch den Entscheid der Vorinstanz（Zürcher Obergericht），ZR 109/2010，Nr. 2，S. 14 ff.

[5] BGE 135 Ⅲ 389 ff.（392 ff.），E. 3.3.

[6] BGE 135 Ⅲ 389 ff.（393 f.），E. 3.3.2 und 3.3.3.

[7] BGE 135 Ⅲ 389 ff.（393 f.），E. 3.4.2.

[8] BGE 135 Ⅲ 389 ff.（395），E. 3.4.1.

作出须改正之个人状态信息登记的法院的强制管辖权（亦可参见《民事状态条例》第30条第2款）。

《民事程序法》第249条第a项第3小项规定了简易程序。必须经过相关州的监察部门的听证，并且亦应将判决送达该监察部门（瑞民第42条第1款第2项）。

804

805 (2) 纠正诉讼应区别于：

- 对**明显遗漏或错误的消除**，按照瑞民第43条，此可由民政部门基于其职权作出（《民事状态条例》第29条："行政上的纠正"）。

不过，通过行政途径（通过监察部门）进行的改正，"在任何一方可能提出异议时，或当登记内容符合民政官员处理的信息时，无论如何都不予考虑……"[1]不过，在此时可以经由法院途径进行改正（参见《民事状态条例》第30条）。

806 - 法律规定的特别的**身份状态之诉**（例如：按照瑞民第261条及以下的父亲身份诉讼）。[2]

当某登记所倚赖的判决（如失踪宣告或入籍决定）在实体上错误时，光是纠正诉讼就不够了。[3]

807 - 基于联邦法的可能的**确认之诉**，例如对事实上成功或失败的收养的确认之诉。[4]

---

[1] BGE 101 I b 9 ff. (12), E.2（针对旧法）.
[2] 对此亦可参见 BGer 5A_ 519/2008, E.3.1.
[3] BGE 135 III 389 ff. (392), E.3.2.
[4] BGer 5A_ 519/2008, E.3.1.

第十七章

保护人格免受过度约束（瑞民第 27 条）

教科书文献：

- Brückner, Personenrecht, Nr. 765 ff.
- Bucher A., Nr. 394 ff.
- Deschenaux/Steinauer, Nr. 294 ff.
- Hausheer/Aebi–Müller, Nr. 11.01 ff.
- Pedrazzini/Oberholzer, S. 118 ff.
- Riemer, Personenrecht, Nr. 309 ff.
- Tuor/Schnyder/Schmid, § 11 N 7 ff.

808

特别文献（选列）：

809

- Bucher, Berner Kommentar zu Art. 27 ZGB.
- Hofer Sibylle, Art. 27 ZGB — die späte Entdeckung einer vermeintlichen Lücke, recht 2008, S. 58 ff.
- Huguenin, Basler Kommentar zu Art. 27 ZGB.
- Thévenaz Alain, La protection contre soi–même, Etude de l'article 27 alinéa 2 CC, Lausanner Diss. 1996, Bern 1997 (ASR, Heft 598).
- OR – *Literatur zu Art.* 20 *OR*, insbesondere: Gauch/Schluep/Schmid (Nr. 658 ff.), Kramer (Berner Kommentar zu Art. 19～22 OR, Bern 1991) und Abegg Andreas, Die zwingenden Inhaltsnormen des Schuldvertragsrechts …, Freiburger Diss., Zürich 2004 (AISUF Band 225), besonders S. 176 ff. Und 324 ff.；ferner Zufferey – Werro Jean – Baptiste, Le contrat contraire aux bonnes moeurs …, Diss. Freiburg 1988 (AISUF Band 89).

810 **法院判决：**

1. BGE 114 Ⅱ 159 ff. （亦参见 BGer in Pra 86/1997，Nr. 54，S. 288 ff.）

期限为"永远"的啤酒供应合同的提前终止：合同期限不得为永远。此种合同关系何时可被提前终止，视个案的情况而定。对经济上行动自由的合同限制，当其将义务人交予别人意志之下，取消了义务人的经济自由，或限制的程度危及其经济上的存在基础时，此种限制便属于瑞民第 27 条意义上的过度限制。按照瑞债第 20 条第 2 款，时间上过度约束的法律后果为部分无效。

2. BGE 120 Ⅱ 35 ff.

某保证人就主债务人未来的任何债务（无论其法律基础为何）向某债权人负责的义务，违反瑞民第 27 条第 2 款，因为被保证债务的数额不确定，从而风险无法被评估。但如果保证的只是既存的债务，债务可通过解释而被特定化，那么被保证的债务便具有足够的确定性。

3. BGHZ 97/1986，S. 372 ff. （奥地利类似的案件：OGH in：JBl. 116/1994，S. 687 ff.）

在亲密生活领域内的约束：同居伴侣之间就采取避孕措施（"避孕药"）的约定。

4. BGE 128 Ⅲ 428 ff. （"Uriella"案）

由于根据瑞民第 27 条第 2 款的重大事由，提前终止某无息贷款（继续性的债的关系）。

5. BGE 129 Ⅲ 209 ff.

瑞民第 27 条第 2 款中过度约束的法律后果。

一、引言

811 首先，如上文所述（边码729），"人格"具有双重含义：

- 一方面指**法律主体**（权利和义务的承担者）（边码565 及以下）；
- 另一方面指与人之为人（一般而言：与人）相结合的、应受保护的属性。在此视角下所言的权利是"因为人格"的缘故而被归属于某人，从而可被称为"**人格权**"［瑞民第19条第2款；意大利文本："内在于人格中的权利（i diritti inerenti alla loro personalità）"］。此处讨论的即为人格权。

其次，人格权是绝对权。也即是，其针对任何人（"erga omnes"）发生作用，任何人都应为了权利人的利益而尊重此权利。

812

原则上，人格权**不可被放弃和转让**，从而其也被称为"高度个人化的"权利［瑞民第19条第2款的法文文本："严格个人化的权利（des droits strictement personnels）"］。按照是否允许通过代理行使某权利，可分为相对高度个人化的权利和绝对高度个人化的权利（对此参见前文边码636、637）。

813

再次，法律规定的对人格的保护（瑞民第27条及以下的页边标题）具有双重意义：

814

－ 一方面，法律提供了防范其本身的保护（所谓的"内部"人格保护）。此种保护"**对抗着过度约束**"，被规定于瑞民第27条中，下面（边码815及以下）即对此进行探讨。

－ 另一方面，法律提供了防范第三人的保护（所谓的"外部"人格保护）。此保护"**对抗着侵犯**"，尤其被调整于瑞民第28条及以下（参见边码841及以下）。

最后，本书此处处理的是瑞民第27条。在价值上，此规定构成瑞士私法秩序的一个**基柱**，它属于瑞士的公共秩序，无论在时际法上（瑞民尾编第2条；对此见边码524及以下）抑或在国际私法上（《国际私法典》第17条）都是如此。[1]

815

二、权利能力和行为能力的不可放弃性

首先，人的**自决权**为瑞士私法的基础性原则。基于我们法秩序的价值判断，人的自决权应予以保护。即便私人自治——此处被理解为准许具体个人约束其自我的法律上的形成自由（边码53及以下）——也不得导致**自决权被全部或过度地放弃**。[2] 瑞民第27条在

816

---

［1］ Bucher, BeKomm, N 26 ff. zu Art. 27 ZGB; Huguenin, BaKomm, N 34 zu Art. 27 ZGB.
［2］ 类似的见 Pedrazzini/Oberholzer, S. 119.

多个方面体现了此思想：

817　　　— 瑞民第 27 条第 1 款首先排除的是对权利能力的放弃，无论是全部还是部分放弃。放弃作为或保持为法律主体——从而将人"降格"为纯粹的法律客体[1]，对此法秩序无法允许。从而，任何人不得放弃如下权利：结婚、收养别人、作为合同当事人。[2]

818　　　— 按照同一规定，对行为能力的放弃亦被排除。任何人不得（面向未来）承担如下义务：不再订立合同；不再产生债务；不撤回某代理授权（亦可参见瑞债第 34 条第 2 款）；签订某继承契约[3]或设立某特定的遗嘱；在某争议中不向法院寻求法律保护。[4]

按照司法实践，瑞民第 27 条第 1 款特别不允许诉诸无法保证独立和不偏颇裁决的仲裁庭[5]（对此参见后文边码 1343）。亦可参见《民事程序法》第 35 条和第 361 条。

819　　　不过按照瑞民第 372 条规定的条件，自己可申请被禁治产（学说亦允许自己申请法律中没有规定的受咨询状态）；另外根据瑞民第 312 条第 1 项，父母可基于重大事由申请取消其亲权。[6]

基于成年人保护修正案，修正后瑞民第 390 条第 3 款规定受辅佐状态亦可基于当事人自己的申请被设立。关于亲权的取消，修正后瑞民第 312 条的新页边标题为"2. 基于父母的同意"。

820　　　其次，违反瑞民第 27 条第 1 款的法律后果是被承担之义务无效。[7]从而，相关义务既不可被请求实际履行，也不得因之而请求

---

〔1〕 Pedrazzini/Oberholzer, S. 120.
〔2〕 Deschenaux/Steinauer, Nr. 298.
〔3〕 BGE 108 Ⅱ 405 ff. (407 ff.), E. 2b und 3.
〔4〕 FZR 1998, S. 51 ff. (56), E. 1b/aa（萨奈区民事法院）; Deschenaux/Steinauer, Nr. 301; 此种条款的例子见 SJZ 95/1999, S. 392.
〔5〕 Deschenaux/Steinauer, Nr. 301a; 相同方向上的观点见 BGE 119 Ⅱ 271 ff. (275 f.), E. 3b; 129 Ⅲ 445 ff. (448 ff.), E. 3; BGer vom 26. Juli 1999, in: Semjud 122/2000 Ⅰ, S. 71 ff. (72f.), E. 4a.
〔6〕 Tuor/Schnyder/Schmid, § 11 N 9.
〔7〕 BGE 108 Ⅱ 405 ff. (407 ff.), E. 2b und 3; Deschenaux/Steinauer, Nr. 300 in fine; Tuor/Schnyder/Schmid, § 11 N 15; A. Bucher, Nr. 396 und 418; Riemer, Personenrecht, Nr. 309 i. V. m. 332.

不履行或不适当履行的损害赔偿。[1]

三、对自由之限制的界限

（一）瑞民第27条第2款作为一般性的限制

1. 私人自治的原则，尤其是合同自由原则（合同内容自由，瑞债第19条），允许**在法律的限制内**任意地确定合同的内容。在瑞债第20条之外，瑞民第27条第1款又设置了一个限制：法律确认了在特定情形中，某人今天的决定优先于其昨天的受约束表示。[2] 瑞债第19条第2款明确地体现了此思想，因为该款对偏离法律规定之约定"违反人格权"进行了规制。

基于瑞民第27条第2款和瑞债第19条第2款，（具体个案中）个人决定自由和合同自由之间的界分得以产生。[3]

2. 按照瑞民第27条第2款，任何人都不得抛弃其自由，或在运用自由中对自由进行违反法律或德行的限制。在此话语背景下，司法和学说一般区分两种案件群：瑞民第27条第2款排除了特定领域中的所有合同上的负担（下文第1点）。在这些特定领域之外，某法律行为上的约束，只有在其为过度时，方被禁止（下文第2点）。[4]

（1）基于约束对象而对约束的禁止。

第一，如果涉及**人格的核心领域**，那么对此任何合同上的负担都被排除。在此领域中，任何人不得在未来被约束，而是他必须拥有机会回到之前的决定。换句话说，对此存在绝对的约束排除。[5]

---

[1] Deschenaux/Steinauer, Nr. 300 in fine. 不同的观点见 Bucher, BeKomm, N 47 zu Art. 27 ZGB，该作者认为此种义务负担有效，从而认可了损害赔偿请求权；亦可参见 Hausheer/Aebi – Müller, Nr. 11.06.

[2] Deschenaux/Steinauer, Nr. 303.

[3] Pedrazzini/Oberholzer, S. 121.

[4] BGE 129 Ⅲ 209 ff. （213 f.）, E. 2.2; Bucher, BeKomm, N 114 zu Art. 27 ZGB; Huguenin, Ba-Komm, N 9 zu Art. 27 ZGB; A. Bucher, Nr. 402 ff.; Hausheer/Aebi – Müller, Nr. 11.14 ff.; Gauch/Schluep/Schmid, Nr. 660 ff.

[5] Bucher, BeKomm, N 114 zu Art. 27 ZGB; A. Bucher, Nr. 410 ff.; Hausheer/Aebi – Müller, Nr. 11.14 f.

第二，对此可举出如下例子：
- 加入某个宗教兄弟会（宣誓终其一生属于共同体并遵守其指示）或加入某个教派；[1]
- 终其一生属于某协会（瑞民第70条第2款；亦可参见瑞债第546条和第842条）；
- 负担从事某危及生命的行为（替身演员、试飞飞行员）；[2]
- 负担采取避孕措施；[3]
- 同意手术。[4]

如果患者并没有撤回其同意，并且手术已经进行完毕，那么该同意的法律效力问题便不归瑞民第27条第2款处理，因为此规定保护的是**指向未来**的决定自由。[5]

(2) 由于约束过度而对约束的禁止。

第一，如果不涉及人格的核心领域，那么基于合同的约束本身是被允许的。任何合同（与此相应任何合同的订立）都会限制当事人的决定自由。合同对手的行为可预见性甚至是我们社会和经济秩序的必要基础。因此原则上合同应被遵守（"pacta sunt vervanda"），违反合同会根据法律上的条件导致法律后果（例如瑞债第97条及以下）。不过，如果约束程度违反了法律或德行，从而构成过度约束，那么便不存在合同的有效性和可强制性。换言之：适当的自我限制（自我约束）是被允许的。[6]

第二，为判断约束是否为过度，须对全部的情况进行考虑，尤其是要考虑约束的持续期间、其内容（积极的作为抑或纯粹消极不

---

[1] Bucher, BeKomm, N 119 zu Art. 27 ZGB.
[2] Bucher, BeKomm, N 124bis zu Art. 27 ZGB.
[3] Vgl. für Deutschland BGHZ 97/1986, S. 372 ff.（379），E. II./2b/aa; für österreich vgl. auch OGH in: JBl. 116/1994, S. 687 ff.（689）.
[4] BGE 114 I a 350 ff.（359），E. 6.
[5] Bucher A., Nr. 415; Hausheer/Aebi–Müller, Nr. 11.10.
[6] Riemer, Personenrecht, Nr. 311.

作为/容忍？）以及可能的对待给付。[1]

第三，下述情形可作为过度约束的应用实例：[2]

- 保证人对任何债务人更换的同意；
- "管理"合同，基于此合同，一方当事人放弃了所有自主决定权限从而将自己完全交托给了别人；[3]
- 在没有被瑞民第 27 条第 1 款所涵盖的情况下，其他种类对他人意志的臣服（亦可参见瑞民第 303 条第 2 款）；
- "永久的"（继续性）合同（亦可参见瑞债第 334 条第 3 款）；

  即便只是长期的合同，在关系发生基础性变化时，如果没能对之进行调整，亦可被提前终止。[4]

- 某人所有未来请求权的概括让与（亦可参见瑞债第 325 条；后文边码 840）；
- 为担保所有未来权利的抵押合同；
- 不受限制的竞争禁止（劳动法中参见瑞债第 340a 条）。

第四，进而须注意的是，瑞民第 27 条第 2 款并不涵盖保护某人不受所有严重财务上的约束。对于生存最低限度的保障，毋宁是《有关强制执行与破产的联邦法》具有决定意义；债务人或许也可以诉诸瑞债第 20 条或第 21 条。[5]另外，在涉及经济活动的自由时，联邦法院对于认可违反瑞民第 27 条的约束甚为节制。只有在合同上的

---

[1] Bucher, BeKomm, N 274 ff. zu Art. 27 ZGB; Huguenin, BaKomm, N 10 zu Art. 27 ZGB. 参见例如 BGE 128 Ⅲ 428 ff.（432 ff.），E. 4（"Uriella"案）；130 Ⅲ 495 ff.（503 f.），E. 5；ZR 98/1999, Nr. 31, S. 111 ff.（114 ff.），E. Ⅳ./5.2（苏黎世商事法院）。

[2] Deschenaux/Steinauer, Nr. 311 ff.；该书边码 315a 处亦举出了相反案例；Brückner, Personenrecht, Nr. 780 ff.；Huguenin, BaKomm, N 14 ff. zu Art. 27 ZGB.

[3] BGE 104 Ⅱ 108 ff.（116 ff.），E. 5.

[4] BGer in: Pra 86/1997, Nr. 54, S. 288 ff.（292 f.），E. 3b; vgl. auch BGE 128 Ⅲ 428 ff.（431 f.），E. 3c（"Uriella"案）。关于情事不变规则与瑞民第 2 条、第 27 条第 2 款之间的关系，参见 BGE 122 Ⅲ 97 ff.；128 Ⅲ 428 ff.（431 f.），E. 3c；ZR 98/1999, Nr. 31, S. 111 ff.（118 f.），E. Ⅳ./5.3（苏黎世商事法院）；Bucher, BeKomm, N 197 zu Art. 27 ZGB.

[5] Deschenaux/Steinauer, Nr. 316.

限制"将义务人臣服于别人意志之下，取消了义务人的经济自由，或限制的程度危及其经济上的存在基础时"，法院才对此予以确认。[1]

（二）对自由过度限制的法律后果

829　　1. 按照本书中的观点，对于违反瑞民第 27 条第 2 款的法律后果，应适用瑞债第 20 条，因为对人格权的侵犯也构成此条中**违反风俗的子类型**。[2]从而，此时合同为无效。须补充的是：

830　　- 法律对无效这个概念并没有作出界定。一般而言，无效指的是合同（在整体上）"无法"导致法律后果，尤其是针对被过度约束的合同当事人不存在履行或损害赔偿请求权（全部无效）。

831　　但瑞债第 20 条必须得和瑞民第 27 条结合起来解释，从而只能基于对人格保护所追求之目的的考虑，而对无效后果作出决定。[3]这意味着：法院**不得**在任何案件中——而应只是为了受保护者的利益——**基于其职权**考虑无效，[4]相对方也不得违背受保护者的意志而主张无效。[5]如果受保护者（被过度约束者）愿意遵守合同，那么此合同即为有效。[6]

832　　- 除了（在上文所讨论之意义上的）全部无效外，按照瑞债第 20 条第 2 款亦存在部分无效的可能。[7]在此情形，可将过度的约束减少到允许的程度，[8]前提是假设的当事人意志可以导致此结

---

〔1〕　BGer in: Pra 86/1997, Nr. 54, S. 288 ff. （291）, E. 3a; BGE 123 Ⅲ 337 ff. （345 f.）, E. 5; 114 Ⅱ 159 ff. （162）, E. 2a.

〔2〕　Gauch/Schluep/Schmid, Nr. 658 und 685 ff.；另一种观点认为，对于瑞民第 27 条下事实构成不应适用瑞债第 20 条，对此参见 Bucher, OR AT, S. 265 ff., sowie Derselbe, BeKomm, N 162 ff. und 545 ff. zu Art. 27 ZGB.

〔3〕　Gauch/Schluep/Schmid, Nr. 687.

〔4〕　BGE 106 Ⅱ 369 ff. （379）, E. 4.

〔5〕　Gauch/Schluep/Schmid, Nr. 687; Kramer, BeKomm, N 372 au Art. 19－20 OR.

〔6〕　同样观点见 Deschenaux/Steinauer, Nr. 306. 关于只有在受保护者主张时才介入的观点尤其见 Bucher, OR AT, S. 265 ff., 但对此的批判意见参见 BGE 106 Ⅱ 369 ff. [379], E. 4; Derselbe, BeKomm, N 545 ff. zu Art. 27 ZGB; Brückner, Personenrecht, Nr. 905 ff. 关于弹性的无效这种理念，参见 Huguenin, BaKomm, N 18 ff. zu Art. 27 ZGB.

〔7〕　Gauch/Schluep/Schmid, Nr. 689 ff.；Huguenin, BaKomm, N 28 ff. zu Art. 27 ZGB.

〔8〕　BGE 106 Ⅱ 369 ff. （379）, E. 4: "转换成合适的方式"; Deschenaux/Steinauer, Nr. 310.

果。[1]

由于当事人（事前或嗣后）可以对可能无效的特定合同部分如何影响合同其余部分作出决定，从而在此意义上瑞债第 20 条第 2 款为任意性规范。[2]

2. 相反，在 BGE 129 Ⅲ 209 ff. 中，联邦法院对违反瑞民第 27 条第 2 款的法律后果进行了如下区分：

— 在**绝对的约束排除**领域，存在对善良风俗的违反，从而基于瑞债第 20 条，合同为（部分）无效。此无效应基于职权而被认定之，因为属于公共利益范畴的善良风俗应被维护。[3]

— 如果**约束**本身是被允许的，只是在具体案件中为**过度**，那么这并不违反善良风俗，而只是对人格权的侵犯。对于此情形，联邦法院只是适用瑞民第 27 条第 2 款决定法律后果：只有当受该规范保护之人自己想从合同中脱离时，过度的约束才导致合同不具有约束力。换句话说，相关当事人可自由决定在法律上有效地对过度约束的合同进行履行。[4]

针对过度约束的保护请求权具有高度的个人属性，从而此权利不能被继承。如果被继承人自己并没有主张过度约束，那么其继承人亦无法对此进行主张。[5]

3. 不过至少就过度约束的情形而言，上述两种解决方案在后果上相距不远，因为联邦法院会首先否定对瑞债第 20 条的适用，以防止合同相对方违背受保护之人的意志主张合同无效。[6]此后果按照上文所述（边码 831）亦可通过（在顾及瑞民第 27 条第 2 款的情况

---

[1] Gauch/Schluep/Schmid, Nr. 700 und 706; Kramer, BeKomm, N 354 ff. zu Art. 19~20 OR.

[2] Gauch/Schluep/Schmid, Nr. 695.

[3] BGE 129 Ⅲ 209 ff.（213 f.），E. 2.2 und 2.3；BGer 5C. 72/2004, E. 4.2.1. 对此予以确认。对于依职权而主动介入的要求，区别情况进行处理的参见 Hausheer/Aebi-Müller, Nr. 11.43 f.；Leu Daniel/Von Der Crone Hans Caspar, übermässige Bindung und die guten Sitten, Zum Verhältnis von Art. 27 ZGB und Art. 20 OR …, SZW 2003, S. 221 ff.（227）.

[4] BGE 129 Ⅲ 209 ff.（214），E. 2.2；BGer 5C. 72/2004, E. 4.2.1. 对此予以确认。

[5] BGE 129 Ⅲ 209 ff.（214），E. 2.2；BGer 5C. 72/2004, E. 4.2.1. 对此予以确认。

[6] Vgl. auch Gauch/Schluep/Schmid, Nr. 687.

下）解释瑞债第 20 条得出。

对于此争议，克拉默的观点很中肯："在新学说中经常提及的问题，即'偏离'是属于传统理解（且众所周知在法律中没有被定义）的瑞债第 20 条的无效后果……抑或属于对侵犯人格之合同的惩处……从而对此只应适用瑞民第 27 条第 2 款，对此——因为在实践中毫无分别——可搁置不议之。"〔1〕

（三）对于个人自由保护的特别规范

837　　1. 法律（除瑞民第 27 条以外）制定了大量的特别规定，以致力于对个人自由的保护。例如：〔2〕

838　　– **瑞民**：第 70 条第 2 款（从协会中退出）、第 90 条第 3 款（订婚时对缔结婚姻之可诉请求权的排除）、第 303 条第 2 款（对关于子女在宗教上教育之决定的父母权限的限制）、第 779l 条（建筑权的最长期限）、第 788 条第 1 款第 2 项（土地负担的可废止性）；

839　　– **瑞债**：第 34 条第 1 款与第 2 款（对代理委托的撤回）、第 216a 条（优先购买权、回购权和买受权的最高期限）、第 325 条（对工资请求权的让与和质押）、第 334 条第 3 款（十年后对约定更长期限的劳动关系的提前终止）〔3〕、第 340a 条（在个别劳动合同法中对竞业禁止的限制）、第 404 条（委托中的随时撤回或提前终止权，前提是按照联邦法院的司法实践将此规定视为强行性的）。

840　　2. 在概括让与（Globalzession）的情形，存在特殊问题：〔4〕某人（债权人）将从其业务经营中产生的全部请求权让与给另一人（例如：为贷款担保目的而让与所有未来的请求权）。按照学说和司法实践，让与不得对出让人的经济自由进而对其人格导致过度的限制，并且被让与的（既存和未来）请求权必须依据其内容、债务人

---

〔1〕 Kramer Ernst, Persönlichkeitsverletzung bei einem über Jahrzehnte immer wieder erneuerten Kaufsrecht mit einem heute wirtschaftlich obsoleten Preisansatz? (BGE 129 III 209 ff.), recht 2004, S. 27 ff. (31).

〔2〕 Vgl. auch Deschenaux/Steinauer, Nr. 317.

〔3〕 Vgl. dazu BGE 130 III 495 ff. (503 f.), E. 5.

〔4〕 Gauch/Schluep/Emmenegger, Nr. 3441 ff. und 3448 ff.

以及法律根据被充分确定或至少具有可被确定性。[1]按照联邦法院的司法实践,可被确定这个要求不必一定在作出形式上有效的让与声明时得到满足,在请求权产生或被行使的时候能够得以确定,即为足够。[2]对于工资的让与这个特殊情形,参见瑞债第325条。

在**保证**的情形,当保证人负担对主债务人的不确定债务负责的义务时,就可被确定性而言亦存在类似问题。[3]

---

[1] Vgl. etwa BGE 113 Ⅱ 163 ff. (165), E. 2a; 112 Ⅱ 433 ff. (434 f.), E. 2.
[2] BGE 113 Ⅱ 163 ff. (165 ff.), E. 2b und c; 135 V 2 ff. (9), E. 6.1.2.
[3] Vgl. dazu BGE 128 Ⅲ 434 ff. 对此判决参见 Wiegand Wolfgang, ZBJV 139/2003, S. 858 ff.

第十八章

保护人格不受第三人侵犯（瑞民第 28 条及以下）

841　　**教科书文献：**

- Brückner, Personenrecht, Nr. 371 ff.
- Bucher A. , Nr. 426 ff.
- Deschenaux/Steinauer, Nr. 509 ff.
- Hausheer/Aebi – Müller, Nr. 10. 01 ff. und 12. 01 ff.
- Larenz/Wolf, § 8 N 1 ff.
- Nobel Peter/Weber Rolf H. , Medienrecht, 3. Auflage, Bern 2007, S. 167 ff.
- Pedrazzini/Oberholzer, S. 129 ff.
- Riemer, Personenrecht, Nr. 335 ff.
- Tuor/Schnyder/Schmid, § 11 N 1 ff. , 16 ff. und 56 ff.

842　　**特别文献（选列）：**

- Aebi – Müller Regina E. , Personengezogene Informationen im System des zivilrechtlichen Persönlichkeitsschutzes, Unter besonderer Berücksichtigung der Rechtslage in der Schweiz und Deutschland, Habil. Bern 2005（ASR Heft 710）.
- Cherpillod Ivan, Information et protection des intérêts personnels: Les publications des médias, ZSR NF 118/1999 Ⅱ , S. 87 ff.
- Gauch Peter/Werro Franz/Zufferey Jean – Baptiste（Hrsg. ）, La protection de la personnalité — Bilan et perspectives d'un nouveau droit, Contributions en l'honneur de Pierre Tercier pour ses cinquante ans, Freiburg/Schweiz 1993.

— Geiser Thomas, Die Persönlichkeitsverletzung insbesondere durch Kunstwerke, Habil. Basel 1990.

— Göksu Tarkan, Rassendiskriminierung beim Vertragsabschluss als Persönlichkeitsverletzung, Diss. Freiburg 2003（AISUF Band 221）.

— Meili, Basler Kommentar zu Art. 28～28f ZGB.

— Riemer Hans Michael, Persönlichkeitsrechte und Persönlich-keitsschutz gemäss Art. 28 ff. ZGB im Verhältnis zum Datenschutz-, Immaterialgüter-und Wettbewerbsrecht, sic！1999, s. 103 ff.

— Riklin Franz, Schweizerisches Presserecht, Bern 1996, S. 193 ff.

— Schwaibold, Basler Kommentar zu Art. 28g～28l ZGB.

— Tercier Pierre, Le nouveau droit de la personnalité, Zürich 1984.

— Weber Rolf H., Information und Schutz Privater, ZSR NF 118/1999 Ⅱ, S. 1 ff.

— Wolfer Simon, Die elektronische überwachung des Arbeitnehmers im privatrechtlichen Arbeitsverhältnis, Luzerner Diss., Zürich/Basel/Genf 2008（LBR Band 38）.

立法材料：

Botschaft des Bundesrates über die Änderung des Schweizerischen Zivilgesetzbuches（persönlichkeitsschutz：Art. 28 ZGB und 49 OR）vom 5. Mai 1982, BBl 1982 Ⅱ, S. 636 ff.（下文中按照单独发行本 Nr. 82. 036 引用为：Botschaft zum Persönlichkeitsschutz）.

瑞民第28条涉及保护人格"不受侵犯"，即针对第三人的保护，"外部的"人格保护。[1]原则上此种保护针对的是具有违法性的侵犯。

不过，在请求反对陈述权的特殊情形中，根据瑞民第28g条第1款，亦不要求具有违法性的人格侵犯（参见边码997及以下）。

下文首先一般性地涉及被保护的人格权（第一部分）、违法性

---

〔1〕 对于瑞民28条及以下（基于1983年12月16日的联邦法）修正后条文的产生史，除了联邦委员会关于人格保护的公告外，尤其可参见Tercier, Nr. 35 ff.；Deschenaux/Steinauer, Nr. 511.

（第二部分）、诉讼（第三部分）以及程序（第四部分）。接下来特别论及反对陈述权（第五部分）、姓名保护（第六部分）、数据处理中的保护（第七部分）以及基于《男女平等法》的保护（第八部分）。

一、受保护的人格权

846

教科书文献：

- Brückner, Personenrecht, Nr. 371 ff. und 462 ff.
- Bucher A., Nr. 430 ff.
- Deschenaux/Steinauer, Nr. 515 ff. und 540 ff.
- Hausheer/Aebi – Müller, Nr. 10.01 ff. und 12.38 ff.
- Pedrazzini/Oberholzer, S. 132 ff.
- Piemer, Personenrecht, Nr. 337 ff.
- Tercier, Nr. 353 ff.
- Tuor/Schnyder/Schmid, § 11 N 1 ff. und 16 ff.

847

法院判决：

1. BGE 70 Ⅱ 127 ff.

对心理完整性的保护：寡妇抗拒不经她同意拍卖展现丈夫在临终床上的画作的权利[“侯德勒”（Hodler）案]。

2. BGE 134 Ⅲ 241 ff.

指向探究其自己出身的请求权，属于瑞民第28条赋予之对身份的保护。如果由于期限已经过，孩子不再能撤销婚生推定，那么在诉求确认丈夫并非孩子父亲的确认之诉中，法律上的父母有义务对查明血缘所必须且对其健康无损的检查予以配合（类推适用瑞民第254条第2款），前提是对父母人格进行保护的利益并没有压倒孩子知悉其血缘的人格权上的利益。

3. BGE 119 Ⅱ 97 ff.

某个媒体上的表述是否构成名誉侵权，应按照此表述在整体背景下的意义来判断。对职业上的名誉的侵害亦构成具有违法性的人格侵害。即便报纸将相关当事人的意见作为读者来信予以发表，该人依旧享有主张对报纸文章侵害其人格加以确认的请求权。

4. BGE 97 Ⅱ 97 ff.（100 f.），E. 3

主张尊重（某法人）私生活的权利。领域说。

5. BGE 127 Ⅲ 48 1 ff.（"Minelli"案）

出版关于某小有名气之人的带照片报道导致的人格侵犯，该人明确曾对出版作出了明确禁止。

6. BGer 5A_ 163/2009，E. 3（规定应予公布）

从瑞民第 28 条中得不出要求作证的程序上权利。因此，不得基于瑞民第 28 条要求某人在法院前作为证人。如果要求传唤证人的当事人由于证人拒绝作证而败诉，那么法院在嗣后的诉讼中不得认定拒绝作证为人格侵犯。

7. BGE 123 Ⅲ 193 ff.（亦可参见 BGE 131 Ⅲ 97 ff.［102 ff.］，E. 3）

在经济上发展的权利：作为职业群体或经济分支中决定性组织的某协会，不享有瑞民第 72 条第 2 款中的全面的开除自主权；从而，因其会员享有在经济上发展之人格权，该协会只能出于重大事由而开除之。

（一）引言

1. 对人及其人格的保护构成一个全面的国家任务，此任务在任何法律领域都具有现实性。在此处本书只涉及私法上的人格保护；其（主要）被规定于瑞民第 28 条及以下。**私法上的人格保护应区别于**：［1］

- 宪法（以及国际法上）的基本权利保护（例如对个人自由、婚姻、私生活、所有权的保护），此由《联邦宪法》以及《欧洲人权公约》规制；［2］
- 刑法上对法益的保护（例如刑法上的名誉保护）；
- 行政法上的保护（例如基于《关于征收的联邦法》的保护［3］）；

848

---
［1］ Vgl. Deschenaux/Steinauer, Nr. 525 ff.
［2］ Vgl. dazu auch BGE 134 I 229 ff.（233 ff.），E. 3.
［3］ BG vom 20. Juni 1930 über die Enteignung; SR 711.

- 程序法上的保护（例如拒绝作证权）。

849　至于国际私法关系，《国际私法典》第 33 条第 2 款将基于人格侵犯的请求权转致到侵权法（《国际私法典》第 129 及以下，尤其参见该法第 139 条）。

850　2. 在私法领域，首先应对如下重要概念进行说明：

851　- 瑞民第 28 条及以下意义上的"人格"的概念，包括某人仅仅基于其（作为人的）存在而享有的利益（价值）的总和：身体完整性、心理完整性、名誉、姓名、隐私领域等。[1]

在其他法律规定中，例如在瑞民第 11 条及以下条文的页边标题中和在瑞民第 31 条第 1 款中，"人格"意指权利和义务的承担者（权利能力的享有者，即法律主体）（对此参见边码 811）。

852　- 人格权指与相关人格利益相对应并保护此人格利益的那些权利：身体和心理完整权、名誉权、姓名权等。所有自然人（以及——根据瑞民第 53 条规定的条件——法人）都享有人格权。人格权具有如下特征：[2]

853　第一，人格权为**绝对权**，因为其针对任何人发生作用，[3]（无论如何）其都具有防御功能。参见瑞民第 28 条第 1 款："……针对任何参与实施侵害之人……"

个别情况下对于特定合同关系存在特殊规范，例如在个别劳动关系中（瑞债第 328 至 328b 条）或在《男女平等法》第 3 条及以下（边码 1097 及以下）。

854　第二，在单纯对财产权的损害本身并不能创设基于人格权的请

---

[1] BGE 134 Ⅲ 193 ff. (199 f.), E. 4. 5; Deschenaux/Steinauer, Nr. 515; Tercier, Nr. 314.
[2] Deschenaux/Steinauer, Nr. 529 ff.; Tercier, Nr. 323 ff.
[3] BGE 123 Ⅲ 354 ff. (357), E. 1c.

求权这个意义上，人格权为**非财产权**。[1]

不过对人格的侵犯本身可导致财产损失或导致（须补偿的）道德上的不适（参见瑞民第28a条第3款）。[2]基于人格权的诉讼并不作为财产权上的争议（参见《联邦法院法》第74条），即便有财产权上的利益与此诉讼相关。[3]

第三，人格权**不可让与**，即不可转让、不可继承、不罹于时效且无法失去。[4]但在具体情形中，权利人可对（其知悉的）侵害行为予以同意。[5]

不过与人格权结合的财产权具有可让与性，例如损害赔偿或精神损害赔偿请求权。[6]同样可以的是，姓名权人允许合同相对方使用姓名的债法上的许可合同（"授权合同"）。[7]按照联邦法院的司法实践，如果精神损害赔偿请求权的权利人自己已经主张了该权利，那么精神损害赔偿请求权可被继承。[8]按照上文说法，消除姓名侵害的请求权不罹于时效，而是在侵害持续期间都可主张之。[9]

---

[1] BGE 114 Ⅱ 91 ff. (105), E. 6; bestätigt in BGer 4C. 224/2005, E. 2. 2. 4.
[2] Tercier, Nr. 329.
[3] BGer 5A_ 205/2008, E. 2. 3, 指出了学说中对此定性所讨论的例外情形。
[4] Deschenaux/Steinauer, Nr. 534 ff.；BGE 134 Ⅱ 260 ff. (264), E. 6. 7; 118 Ⅱ 1 ff. (5), E. 5b；95 Ⅱ 481 ff. (503), E. 13; ZR 97/1998, Nr. 15, S. 45 ff. (48), E. Ⅲ. /2b/aa（苏黎世商事法院，"Anne Frank"案）；对此案亦可参见 BGer in: sic! 1997, S. 493 ff. (495), E. 3d/aa. 对于被告之宪法性权利的不可让与性和不可继承性，亦可参见 BGE 126 Ⅰ 43 ff. (45), E. 1a. 对于不可转让性也可参见 Büchler Andrea, Persönlichkeitsgüter als Vertragsgegenstand …, in: Honsell Heinrich et al. （Hrsg.）, Aktuelle Aspekte des Schuld – und Sachenrechts, Festschrift für Heinz Rey zum 60. Geburtstag, Zürich/Basel/Genf 2003, S. 177 ff.；Meyer Caroline B., Privatrechtliche Persönlichkeitsrechte im kommerziellen Rechtsverkehr …, Diss. Basel 2008, Nr. 769 ff.
[5] Tercier, Nr. 327 und 616 ff.
[6] BGE 95 Ⅱ 481 ff. (503), E. 13; Tercier, Nr. 2000 ff.
[7] AGVE 1997, Nr. 5, S. 36 ff. (38), E. 6b/bb（阿尔高商事法院）.
[8] BGE 118 Ⅱ 404 ff. (407), E. 3a.
[9] BGE 118 Ⅱ 1 ff. (5), E. 5b.

856　　第四，人格权基于其人格而归属于**瑞民第 19 条第 2 款**意义上的权利人，也就是可由具有判断能力的未成年人或禁治产人自己行使，而无须经过法定代理人的同意（边码 634）。

这尤其适用于防御之诉（瑞民第 28a 条第 1 款和第 2 款）以及精神损害赔偿诉讼：与此相反，损害赔偿诉讼和获利返还诉讼只在法定代理人同意的情况下（瑞民第 19 条第 1 款）方为可能。[1]在成年人保护修正案后，高度个人化的权利被规定于修正后瑞民第 19c 条（前文边码 640）。

857　　相反，人格权并不属于排除代理的绝对高度个人化权利。[2]尤其是，法定代理人可以无判断能力人（如小孩）的名义诉求精神损害赔偿。[3]

如果未成年人或禁治产人具有判断能力，那么法定代理人不得违背其意志主张其人格权[4]（前文边码 636）。

858　　3. 按照瑞民第 28 条第 1 款的一般条款以及按照特别规范，人格权享受法院保护而使其不受侵犯。"侵犯"这个概念可作不同理解，一方面可理解为侵犯行为，另一方面可理解为其"结果"。[5]

859　　在狭义上，人格侵犯可被界定为某人以某种方式减损他人人格利益（确切地说不尊重保护人格的他人权利）的任何行为。[6]此定义包含如下因素：
- 前提是存在**人的行为**（可归责于某人的积极或消极的行为）；
- 该行为反向作用于**他人的人格利益**；
- 该行为对保护上述利益的**人格权未予以尊重**。

---

[1] Deschenaux/Steinauer, Nr. 539a.
[2] Bucher, BeKomm, N 230 zu Art. 19 ZGB; Deschenaux/Steinauer, Nr. 539b.
[3] Bucher, BeKomm, N 230 zu Art. 19 ZGB.
[4] BGE 41 II 553 ff. (556), E. 1; Deschenaux/Steinauer, Nr. 539b; Tercier, Nr. 833.
[5] Tercier, Nr. 539 ff.
[6] 对此亦见 So Tercier, Nr. 550; BGE 120 II 369 ff. (371), E. 2; BGer 4A_ 313/2008, E. 4.2.1 遵循此观点；另见 Deschenaux/Steinauer, Nr. 579.

不过法律是从广义的侵害概念出发的，该概念不仅包括（现实的）侵害，也包括临近的行为（侵害的威胁）和已完成的行为（过去的侵害）。[1] 此尤其体现在瑞民第28a条第1款中。

4. 每个人可以保护那些基于其所以为人而享有的权利不受违法侵犯，确切地说是通过**诉诸法院的权利保护**。私法的保护体系包含如下核心要素：

— 实行法律保护的前提（原则上）是存在具有违法性的侵害（瑞民第28条第1款和第2款）。

— 另外存在防御诉讼以及（在满足其他条件时）赔偿诉讼（瑞民第28a条）。

对于防御诉讼并不要求存在行为人的过错（瑞民第28条第1款），但赔偿诉讼一般以此为条件（例如瑞债第41条第1款；边码946及以下）。

— 在［人格权的］部分方面存在构成要件和法律后果上的特别规则，如反对陈述（瑞民第28g条）、姓名保护（瑞民第29条和第30条第3款）、对劳动者的人格保护（瑞债第328条及以下）、数据保护（《数据保护法》）、针对性别歧视的保护（《联邦宪法》、《男女平等法》）、著作权和竞争权（特别立法）。

5. 法律（特别是瑞民第28条第1款）对受保护的人格利益并没有作出界定，而是将此留给司法和学说。瑞民第28条所涵盖的是"任何鉴于个人间关系依照道德将某人个体化的、值得保护的东西"。[2] 从而，对此的列举从来不可能是完整的。

不过，为**分类**的目的，还是可区分如下几种人格权：

— 针对物理上人格的权利（边码863及以下）；

— 针对情感（情绪）上人格的权利（边码869及以下）；

---

［1］ Deschenaux/Steinauer, Nr. 580, 援引了联邦委员会的公告。
［2］ BGE 70 II 127 ff. (130), E. 2.

- 针对社会性人格的权利（边码 873 及以下）。

（二）物理上的人格权

863　如下权利可被称为物理上的人格权参见[1]（对此宪法方面亦可《联邦宪法》第 10 条）：

864　— 生命权；

对此"基本的权利"的保护甚至可以正当化对他人法益的特定侵犯（瑞债第 52 条第 1 款；亦可参见《刑法典》第 15 条及以下）。

865　— 身体（物理或心理）完整性的权利；

对此权利的保护亦可正当化对他人法益的特定侵犯（瑞债第 52 条第 1 款和第 3 款；亦可参见《刑法典》第 15 条及以下）。就此，药物和运动员人格权之间的关系带来了特殊的问题。[2]对于器官移植参见边码 751 中的提示；对于成年人保护修正案规定的患者处分权的可能性，参见前文边码 754。

例如，对于法律上的限制：瑞民第 254 条第 2 项（对于查明孩子血缘之实验的协助义务）。[3]

866　— 行动自由权；

部分学说认为此权利亦涵盖从事体育运动的权利，在特定情形包括参加特定水平竞赛的权利。[4]

法律上限制的例子：瑞民第 397a 条及以下（出于照管而对自由的剥夺）。这些规定基于成年人保护修正案被修正后瑞民第 426 条及以下条文所取代（出于照管而安置）。

---

[1] Deschenaux/Steinauer, Nr. 541 ff.；Tercier, Nr. 353 ff.

[2] Vgl. dazu etwa Baddeley Margareta, La relation entre médecin et sportif, in: Zen – Ruffinen Piermarco (Hrsg.), Droit et sport …, Bern 1997, S. 37 ff.

[3] Vgl. dazu etwa BGE 134 Ⅲ 241 ff.（247），E. 5.4.3.

[4] Deschenaux/Steinauer, Nr. 546a；vgl. auch FZR 1998, S. 51 ff.（62），E. 3b/aa（萨奈区民事法院）。

— **性自由**的权利； 867

此包括针对性骚扰的保护；亦可参见瑞债第 328 条第 1 款以及《男女平等法》第 4 条（边码1107）。

— 关于**自己尸体**的决定权。[1] 868

原则上，相关当事人的处分权优先于其近亲属的决定权；只有当存在压倒性的利益正当化对其处分权的忽视时，才可通过相应的安排忽视之。[2]对于器官移植参见边码751 中的提示。

(三) 情感（情绪）上的人格权

属于情感上人格的有[3]（对此，宪法方面亦可参见《联邦宪法》第 13 条）： 869

— 针对近**亲属关系**的人格权（亦可参见瑞民第 273 条、第 274 条）； 870

在死亡情形，可能存在近亲属的精神损害赔偿请求权（瑞债第 47 条）。如果受害人由于侵害的继发后果而死亡，近亲属继承受害者之精神损害赔偿数额这个情形，与近亲属自己的请求权不相违背；但对死者之请求权的继承可在确定近亲属自己之精神损害赔偿时予以考虑。[4]离异父亲享有值得保护的利益，要求处于母亲亲权下的未成年子女不得使用不同于法定姓名的其他姓名；在没有遵循瑞民第 30 条第 1 项进行姓名变更时，父亲都享有此权利。[5]

— 对**近亲属**的追思权（虔敬感）； 871

---

[1] Vgl. etwa BGE 129 I 173 ff. (180), E. 4; 123 I 112 ff. (119), E. 4b.
[2] BGE 129 I 173 ff. (180 ff.), E. 4 und 5 mit Hinweisen; Deschenaux/Steinauer, Nr. 548a.
[3] Deschenaux/Steinauer, Nr. 549 ff.; Tercier, Nr. 413 ff.
[4] BGE 118 II 404 ff. (407 f.), E. 3a.
[5] BGer 5A_ 190/2007, E. 4.

尽管随着权利人的死亡其人格权原则上也消灭，但通过第三人对死者的侵害行为，近亲属自己的人格权也可能受到侵犯。[1]上述近亲属的追思权亦包括近亲属对死者尸体的决定权，只要死者自己对此没有作出安排。[2]对此"亲近"即已足够，血亲并非必须。在此，亲属是基于其自己的人格权而行动，而非作为死者权利的"代理人"。[3]属于亲属人格权的亦有亲属就取出死者器官的决定权，只要死者自己对此并没有作出相应处分。[4]细节见《移植法》第8条和《移植条例》第3条及以下条文。

872 — **尊重情感生活**的权利，例如要求尊重其配偶、未婚夫/妻、家庭的权利。[5]

（四）社会性人格权

1. 概览。

873 对于社会性人格权述及如下：[6]

874 — **姓名权**；

亦可参见瑞民第29条和第30条第3款（对此见边码1025及以下）。

875 — **自我肖像权和自我声音权**；

此权利经常被其他权利（例如私生活权）覆盖，但其当

---

[1] BGE 129 I 302 ff.（307），E. 1. 2. 2；109 II 353 ff.（359 f.），E. 4a；104 II 225 ff.（236 oben），E. 5b；ZR 97/1998，Nr. 15，S. 45 ff.（48），E. III. /2b/aa（苏黎世商事法院，"Anne Frank"案）。

[2] BGE 129 I 173 ff.（177），E. 2. 1；123 I 112 ff.（119 und 127），E. 4c und 7b；Deschenaux/Steinauer，Nr. 553。

[3] BGE 101 II 177 ff.（191 f.），E. 5a，涉及器官摘除问题；vgl. auch BGE 109 II 353 ff.（360），E. 4a. 就此类问题亦可参见 Hegnauer Cyril, Aussergerichtliche Abstammungsuntersuchung bezüglich eines verstorbenen Kindes（Art. 28 ZGB），ZVW 52/1997，S. 124 f.

[4] BGE 101 II 177 ff.（191 f.），E. 5a；A. Bucher，Nr. 451 mit Hinweisen.

[5] 对于破坏婚姻诉讼的可能性参见 Deschenaux/Steinauer，Nr. 554a f.（对 BGE 78 II 289 ff. 进行了批判）。

[6] Deschenaux/Steinauer，Nr. 556 ff.；Tercier，Nr. 440 ff.

然也可具有独立的意义。[1]例如经相关当事人同意而进行的拍摄，却未经其同意被用于广告。[2]对于自我肖像权，形成肖像或肖像载体的方式并不重要，除了摄影、绘画和电影、浮雕、雕塑或塑形艺术均可。[3]

— **名誉**权；

876

此亦包括社会的或职场上的名誉，[4]尤其是支付能力（信用）上的名声。在此，民法上的人格保护要比刑法上的保护宽泛，刑法只保护相关当事人作为值得尊敬和拥有良好声誉之人的名声。[5]

— **尊重私生活**权（参见下文"尊重私生活权专论"）；

877

对于私人领域的宪法保护参见《联邦宪法》第13条；[6]该条第2款明文确定，任何人都享有保护其个人数据不被滥用的权利。

— **著作人格**权；[7]

878

其纯粹财产性权利并非基于瑞民第28条，而是基于《著作权法》（以及有时基于瑞债）。[8]

---

[1] Tercier, Nr. 454；Meili, BaKomm, N 19 ff. zu Art. 28 ZGB；Bächli Marc, Das Recht am eigenen Bild ..., Diss. Basel 2002 (Basler Studien zur Rechtswissenschaft, Reihe A：Privatrecht, Band 60), S. 59 ff.
[2] BGE 129 Ⅲ 715 ff. (723 f.), E. 4. 1. Vgl. dazu auch Schiess Rüttimann Patricia M., Politische Werbung am Beispiel von Inseraten und Plakaten mit Fotografien von Politikerinnen und Politikern, ZSR NF 124/2005 I, S. 515 ff.
[3] BGer 5C. 26/2003, E. 2. 2.
[4] Vgl. etwa BGE 129 Ⅲ 715 ff. (722), E. 4. 1 mit Hinweisen.
[5] 对此的诸多判例只需参见 BGE 129 Ⅲ 715 ff. (722), E. 4. 1.
[6] 对此参见1996年11月20日联邦委员会关于新《联邦宪法》的公告，载于 BBl 1997 I, S. 1 ff. (152 ff.).
[7] Vgl. dazu Deschenaux/Steinauer, Nr. 566 f.
[8] BGE 129 Ⅲ 715 ff. (724 f.), E. 4. 2 und 4. 3.

879
- **在经济上行动与发展的自由权**。[1]

在满足特定条件时，此权利可限制瑞民第 72 条第 2 款所确定的协会开除成员的广泛自主权[2]（对此参见边码 1306）。在此，纯粹财产权上的请求权也并非由瑞民第 28 条，而是由《反不正当竞争法》（例如该法第 9 条及以下）和《卡特尔法》（例如该法第 12 条、第 13 条）所规制。

2. 尊重私生活权专论。

880
（1）在涉及尊重私生活权时，联邦法院遵循所谓的"领域说"。该说将人类生活范围分为三个领域："私密领域"、"个人领域"和"公共领域"。[3] 须注意的是，瑞民第 28 条提供的保护只是针对前两个领域。[4] 上述三个领域的区分细节如下：

881
- **私密领域或隐私领域**包括剥夺他人对其知悉权利的事实和生活过程，对于向其特别透露此事实的人存有例外。

例如：关于其健康状态的个人信息；[5] 关于某人隐私生活的信息；对某人的裸体拍摄。[6] 按照学说，亦包括关于其财务关系的秘密。[7] 另外，职业秘密也属于此领域。[8]

亦可参见根据《数据保护法》第 3 条第 c 项（以及该法第 12 条第 1 款第 c 项）的"特别值得受保护之个人信息"的类型。

882
- 私生活的其他领域属于**私人领域**，即某人与跟他相对紧密之有限人群共同分享的所有生活外观，如与亲属、朋友和熟人，但

---

[1] Vgl. dazu Deschenaux/Steinauer, Nr. 567 f.; Pedrazzini/Oberholzer, S. 141 f.
[2] BGE 123 Ⅲ 193 ff.
[3] 尤其参见 BGE 97 Ⅱ 97 ff.（100 f.），E. 3; siehe auch BGE 130 Ⅲ 28 ff.（33），E. 4. 2; 118 Ⅳ 41 ff.（45），E. 4; Deschenaux/steinauer, Nr. 560 ff.; Tercier, Nr. 466. Kritisch zum praktischen Nutzen der Sphärentheorie Aebi-Müller（边码 842 中引用的文献），Nr. 519 ff.; Hausheer/Aebi-Müller, Nr. 12. 121 f.
[4] BGE 97 Ⅱ 97 ff.（101），E. 3.
[5] BGE 119 Ⅱ 222 ff.（225），E. 2b/aa（某诊所的患者卡片）; ebenso BGer 4A_ 398/2007, E. 5.
[6] NJW 53/2000, S. 594 f.（美因河畔法兰克福高等法院，"Katharina Witt"案）.
[7] Deschenaux/Steinauer, Nr. 562a.
[8] BGer 5A_ 163/2009, E. 3. 2（规定应公布），援引了 BGE 91 Ⅰ 200 ff.（206），E. 3.

也只是与这些人。范围更广的公众对此无法获知，另外陌生人也不得闯入该领域。

例如：某私人协会的成员，该协会的目的限于维护人与人之间的关系，其并没有特别地显露于公共领域中；[1] 自我肖像权[2]或自我声音权；[3]禁止未经原作者同意而公开私信；[4]保护私生活不受往邮箱中投入广告册子、不希望的电话打入或传真广告的侵扰。[5]

在面试中询问与公布的职位无关的能显示人格特征的问题，如业余活动或其他私人生活，此侵犯了应聘者的私生活，从而不被允许。[6]

— **公共领域**（公共领域中的空间）包括任何人不费力便可认知，并且按照以前联邦法的判决（原则上）可被传播的事实，即原则上并不受瑞民第 28 条保护的事实。[7]不过，如果考虑到近些年愈发增长的对"普通市民"进行报道的媒体利益，尤其考虑到移动电话与监控摄像头再结合互联网而造成的各种可能性，存在不受到人格保护干扰的公共领域这个观点，颇值得反思。[8]

例如：某人的姓名、地址、电话号码，关于某人的性别和民事状态的信息；[9]在某公立医院担任主治医师。[10]亦

---

[1] BGE 97 Ⅱ 97 ff.（101），E. 3（"博爱社会联合会"协会成员总和）。

[2] BGE 129 Ⅲ 715 ff.（723），E. 4. 1；ZR 97/1998，Nr. 44，S. 132 ff.（132），E. 4（苏黎世高等法院）。

[3] Deschenaux/Steinauer, Nr. 564.

[4] BGE 127 Ⅲ 481 ff.（494），E. 4a（"Minelli"案）。

[5] Larenz/Wolf, § 8 N 31.

[6] BGE 122 Ⅴ 267 ff.（270），E. 4b.

[7] BGE 97 Ⅱ 97 ff.（101），E. 3.

[8] 对此详见 Aebi – Müller（边码 842 中引用的文献），Nr. 530 ff.；批判性的态度亦见 Hausheer/Aebi – Müller, Nr. 12. 122；Tercier, Nr. 466；Deschenaux/Steinauer, Nr. 565.

[9] Tercier, Nr. 468，在此该作者指出，当这些数据彼此或与其他信息相结合时，这些数据的"公共"属性便不复存在。

[10] BGE 132 Ⅲ 641 ff.（648），E. 6. 1.

可参见根据《数据保护法》第 3 条 d 项（以及该法第 12 条第 2 款第 c 项）的"人格资料"的类型。

884　　（2）各个不同领域间的界分，并非是按照抽象规则，而是取决于具体情事（尤其是相关当事人）。例如某"**公共生活中之人**"作为当代公众人物，只享有受限制的保护（亦可参见《数据保护法》第 13 条第 2 款第 f 项中的正当化事由）。一般地，司法和学说作出如下区分：

885　　 - **绝对的当代公众人物**，是基于其位置、功能或任务在公众视域中出现的人，对此种人以及其对公共生活的参与存在正当的信息权。这尤其适用于著名运动员、艺术家、学者、政治家或高官。[1]不过，对其私生活事实的公布设有（随人不同而或严或宽的）限制。原则上，必须与其职业或功能具有关联，此职业或功能使公众对该人产生兴趣，例如某著名职业运动员使用兴奋剂。[2]

886　　 - **相对的当代公众人物**，是那些基于特别时间而暂时地出现在公众视域中的人。诱因可能是一次犯罪、事故或竞赛。[3]只有某事实和该事件有密切联系时，才可以对该事实进行报道。[4]

　　　　不过，在绝对的当代公众人物和相对的当代公众人物之间不可能作出严格的区分。毋宁是存在着层级上的区分，例如在法律专业领域的某知名律师，经常在较广泛的公众面前作为时事评论人物出现。按照联邦法院的司法实践，对于此层级，人们只能通盘考虑个案的情事经过衡量加以确定。决定性的是，在报道上是否存在值得保护的利益，压倒相对知名人

---

〔1〕Vgl. etwa BGE 127 Ⅲ 481 ff.（489），E. 2c/aa（"Minelli"案）；Deschenaux/Steinauer, Nr. 561a.

〔2〕该例以及其他例子参见 Hausheer/Aebi-Müller, Nr. 12. 138. 对于因将 Caroline von Hannover 私生活中的照片公开而违反《欧洲人权法院》第 8 条（尊重私生活和家庭生活），参见欧洲人权法院 2004 年 6 月 24 的判决〔"von Hannover 诉德国"案（von Hannover gegen Deutschland）〕，Nr. 59320/00.

〔3〕Vgl. etwa BGE 127 Ⅲ 481 ff.（489），E. 2c/aa（"Minelli"案）；Deschenaux/Steinauer, Nr. 561a.

〔4〕Hausheer/Aebi-Müller, Nr. 12. 139；Teitler Mirjam, Der rechtskräftig verurteilte Straftäter und seine Persönlichkeitsrechte im Spannungsfeld zwischen öffentlichem Informationsinteresse, Persönlichkeitsschutz und Kommerz, Diss. Zürich 2008, S. 45 ff. Vgl. dazu auch BGE 126 Ⅲ 305 ff.（307），E. 4b/aa.

士的权利。[1]

二、违法性

教科书文献：

- Brückner, Personenrecht, Nr. 439 ff.
- Bucher A., Nr. 492 ff.
- Deschenaux/Steinauer, Nr. 583 ff.
- Hausheer/Aebi–Müller, Nr. 12. 12 ff.
- Pedrazzini/Oberholzer, S. 142 ff.
- Riemer, Personenrecht, Nr. 366 ff.
- Tercier, Nr. 581 ff.
- Tuor/Schnyder/Schmid, § 11 N 22.

特别文献（选列）：

- Baddeley Margareta, Le sportif, sujet ou objet? La protection de la personnalité du sportif, ZSR NF 115/1996 II, S. 135 ff. (besonders S. 202 ff.).

- Brückner Christian, Die Rechtfertigung des ärztlichen Eingriffs in die körperliche Integrität gemäss Art. 28 Abs. 2 ZGB, ZSR NF 118/1999 I, S. 451 ff.

- Haas Raphaël, Die Einwilligung in eine Persönlichkeitsverletzung nach Art. 28 Abs. 2 ZGB, Luzerner Diss., Zürich/Basel/Genf 2007 (LBR Band 18).

- Netzle Stephan, Der Sportler – Subjekt oder Objekt? ZSR NF 115/1996 II, S. 1 ff. (besonders S. 45 ff. Und 76 ff.).

- Riemer Hans Michael, Persönlichkeitsschutz und «qualifizierte» Medienäusserungen in der bundesgerichtlichen Praxis; Unsicherheitsfaktoren (Verdächtigungen, Andeutungen usw.), Zitate und andere Drittäusserungen, Satire, recht 2001, S. 34 ff.

---

[1] BGE 127 III 481 ff. (489 ff.), E. 2c/bb（"Minelli"案）；被确认于 BGer 5C. 31/2002. E. 3b/cc（报道致力护理老人之机构涉及公共利益）。

— Zeder Marianne, Haftungsbefreiung durch Einwilligung des Geschädigten – Eine rechtsvergleichende Betrachtung unter Einschluss des Handelns auf eigene Gefahr im Bereich des Sports, Basler Diss. Zürich 1999.

法院判决：

1. BGE 126 Ⅲ 209 ff.（212 und 216），E. 3a und 5（亦可参见 BGE 126 Ⅲ 305 ff.［306 f.］E. 4b）

由出版社造成的人格侵犯。违法性？压倒性公共利益的正当化事由（媒体的信息任务）？判决出版。

2. BGE 120 Ⅱ 225 ff.（亦可参见 BGF 135 Ⅲ 145 ff.）

如果不能证明某本书中侵犯人格的叙述符合事实，那么作者不得以其意图通过艺术手法描述事实，来主张对人格侵犯的正当化。应将一本书中公开的虚构故事塑造为普通读者不能把其中损害名誉的叙述和某个真实生存的人相联系。

3. ZR 97/1998，Nr. 44，S. 132 ff.（苏黎世州高等法院）

将他人以前对某（相对当代公众）人物拍摄的照片在某杂志中出版以及自我肖像权。媒体的信息任务作为正当化事由。

4. BGE 134 Ⅲ 193 ff.

对某赛马取消资格，由于该赛马在比赛前被医治绞痛从而被查出了违禁物质，尽管医治的兽医基于专业文献相信药物在比赛前可被完全排出。对赛马训练员的处罚，剥夺所有人的奖金以及对作出的惩处的公布。人格侵犯的正当化事由是打击体育运动中使用兴奋剂的压倒性公共利益。

5. 德国联邦最高法院 2009 年 5 月 26 日判决，VI ZR 191/08[1]

允许在故事片中叙述某个轰动性犯罪案件（"Kannibale von Rotenburg"）：当该电影在实质上恰当地展示了罪犯的生活环境及其行为，并且该罪犯自己让公众知悉此环境时，艺术和电影自由作为正当化压倒性的私人利益的事由。

根据瑞民第 28 条第 1 款，基于人格侵权的诉讼以违法性为前提。

---

[1] 判决可下载于 http://www.bundesgerichtshof.de（2010 年 4 月 28 日访问）。

原则上，任何人格侵权都具有违法性。不过，瑞民第 28 条第 2 款包含有排除违法性的例外。具体如下：

（一）原则：任何侵犯都具有违法性

1. 下文讨论的出发点是对人格的侵犯。联邦法院将人格侵犯（在一个或许较为狭义的意义上）定义为，某人以任何某种方式减损另一人人格利益的人类行为，且此减损的方式是不尊重保护人格的权利[1]（参见前文边码 858、859）。按照瑞民第 28 条第 1 款，法律中规定的诉讼并非是惩罚任何侵犯，而只是惩罚具有违法性的侵犯。

从而在此意义上谈得上为"双重的观察方式"：第一重为存在侵犯，第二重（在侵犯被认定后）为审查此侵犯的违法性。

2. 按照瑞民第 28 条第 2 款，（原则上首先）任何人格侵犯都具有违法性，因为按照一般的学说，违法性存在于**对绝对权（包括人格权）的侵犯**上。[2]也就是，一旦侵犯被确认，原则上就存在违法性。这意味着：

- （在证明存在侵犯后）违法性被推定存在；侵犯的做出者应对存在正当化事由承担举证责任。

　　也即是，号称其人格被侵犯者的任务是证明存在侵犯。一旦侵犯被证明存在（或对此不存在争议），侵犯者便负担对存在正当化事由提供证据。[3]

- 违法性也不会（无论如何不会自始）由于侵入——例如对身体完整性的侵入——的目的是治疗而被否定。因此，即便是医疗上的侵入也必须被正当化事由所覆盖，否则其便具有违法性。[4]

（二）例外：存在正当化事由

瑞民第 28 条第 2 款对正当化事由进行了列举：受害人同意、压倒

---

[1] BGE 120 Ⅱ 369 ff. (371), E. 2.
[2] BGE 134 Ⅲ 193 ff. (200 f.), E. 4. 6.
[3] Deschenaux/Steinauer, Nr. 585; Tercier, Nr. 599.
[4] Deschenaux/Steinauer, Nr. 585a; BGE 117 Ⅰ b 197 ff. (200 f.), E. 2a～c; 123 Ⅱ 577 ff. (583), E.

性的私人利益或公共利益、法律（《数据保护法》第 13 条参见边码 1083 及以下）。具体而言：

896　　1. 受害人同意。[1] 此处适用如下原则："自愿不生不法（voenti non fit iniuria）"。须补充的是：

897　　－ 同意为一个意思表示；按照瑞债第 11 条中的原则，其不需要特定形式。此意思表示可明示亦可默示作出。

898　　－ 有效意思表示之前提为受害人的判断能力。除此之外不要求其他条件，尤其在涉及高度个人化法益时（参见瑞民第 19 条第 2 款；边码 634）；从而，有判断能力的无行为能力人或禁治产人也能作出此同意。[2]

　　基于成年人保护修正案，按照修正后瑞民第 19c 条第 1 款，对于基于其人格而享有的权利，有判断能力之无行为能力人独立行使之。

899　　－ 就同意范围而言，在对同意进行解释时，应遵循一般的规则，尤其是信赖原则。[3]

900　　－ 只有在受害人"自由且明白"时作出的同意，才为有效的同意。[4] 这尤其适用于医疗上的侵害。[5]

　　在外科上的措施情形，对于计划中的侵害，患者必须充分地明白（aufgeklärt，又可译作"被说明"——译者）。就必要说明以及患者同意的举证责任，由医生来承担。[6] 如果患者是在去手术室的路上才对（数天前就已经交给他的）同意声明书进行签字，而且签字是在被注射镇静剂并且医生表示否则

---

[1] Deschenaux/Steinauer, Nr. 587 ff.；Tercier, Nr. 616 ff.
[2] Deschenaux/Steinauer, Nr. 588g；BGE 134 II 235 ff.（237 f.），E. 4. 1.
[3] 对此详见 Haas（边码 888 中引用的文献），Nr. 482 ff.
[4] 对此详见 Haas（边码 888 中引用的文献），Nr. 585 ff.
[5] Deschenaux/Steinauer, Nr. 588c und 588d；BGE 133 III 121 ff.（128），E. 4. 1. 1；134 II 235 ff.（237），E. 4. 1.
[6] BGE 117 I b 197 ff.（200 ff.），E. 2；133 III 121 ff.（129），E. 4. 1. 3.

手术就不做了的情况下作出的,那么此时对于医疗手术不存在有效的同意。[1]

如果某体育运动员表示受某体育联合会惩罚体系的管束,且该联合会占有垄断地位,则一般认为自愿性的要求没有得到满足;因为如果不作出对此人格侵犯(如通过停赛)的同意,那么运动员压根就无法参加某个有组织的体育赛事。[2]

— 此同意可在任何时候被撤回;其受制于瑞民第 27 条第 2 款以及瑞债第 20 条。[3]

901

— 只有同意在侵害**之前**被作出时,同意才消除不法性。某人嗣后放弃起诉,并不能消除侵害的不法性。[4] **例如**:对某手术的同意;同意某相片在某杂志上发表。

902

2. 压倒性的公共利益或私人利益。[5] 具体如下:

903

— 在侵害的目的是为了给特定人实现特定好处时,便存在**私人利益**。此特定人可以是受害人(例如:对某丧失判断能力之事故受害人做手术以救其命),也可以是侵害人(例如:进行意见表达的自由;艺术或学术自由;维护某卡特尔法律许可的应受保护利益)。只是在例外情况下,才会涉及第三人(例如:为保护第三人的身体完整性而进行侵害)。

904

— 在侵害给共同体或至少较多数人实现好处时,例如(一般被媒体用作正当化事由的)实现公众的信息利益、[6] 抗疾病的利益、反对兴奋剂的利益、[7] 研究利益或历史真实的利益或艺术利益等,便存在**公共利益**。[8]

905

---

[1] BGH in: NJW 1998, S. 1784 ff.(1785), E. II./1b.
[2] 对此又可参见 Fenners(边码 1226 中引用的文献), Nr. 289 mit Hinweisen.
[3] 对此详见 Haas(边码 888 中引用的文献), Nr. 537 ff. und 794 ff.
[4] Deschenaux/Steinauer, Nr. 588a, immerhin mit Sonderfällen in Nr. 588e.
[5] Deschenaux/Steinauer, Nr. 589 ff.;Tercier, Nr. 671 ff.
[6] Vgl. etwa BGE 127 III 481 ff.(487 ff.), E. 2b("Minelli"案).
[7] BGE 134 III 193 ff.(203), E. 4.6.3.2.2(赛马运动中的兴奋剂).
[8] Tercier, Nr. 686 ff.;Deschenaux/Steinauer, Nr. 591.

906 按照联邦法院司法实践,媒体的信息任务涵盖对真实事实的扩散,只要该事实并非属于私人领域或私密领域,以及相关人没有被不必要的侵害式的描述形式以不被允许的方式所贬损。相反,对非事实的公布本身即具有违法性。在此情形,即便媒体企业只是将被第三人告知的不真实事实照原样展示出来,亦于事无补。[1] 然而,并非任何报道上的不精确、缩减或一般化,都会导致整个报道被认定为不真实。某媒体表达"只是在当其在实质要点上不合事实,导致相关人士被错误地描述或被赋予了错误的形象,从而减损了该人士在周遭人群中的印象时",该媒体表达才被认定为"整体不真实与侵害人格"。[2]

按照司法实践,当存在事故受害人伪装身体伤害的怀疑时,原则上允许保险公司对受害人用摄像头和相机监控。监控导致的人格侵害被公共利益所正当化;此处的公共利益在于不应对不负担的义务进行给付,以保护被保险人共同体免受损失。[3]

907 — **法院的利益衡量**必不可少。问题在于:受害人保护其人格权益的利益,是否压倒了侵害人实现其目标的利益?[4] 按照司法实践和学说,只有当不仅侵害人追求的目标,而且其使用的手段也为适当且应受保护时,才可认定侵害人的利益具有压倒性。[5] 对此法院具有一定的自由裁量权,该自由裁量应遵照瑞民第 4 条(边码 209

---

[1] BGE 132 Ⅲ 641 ff. (645), E. 3. 2.

[2] BGE 129 Ⅲ 529 ff. (531), E. 3. 1 mit Hinweisen. 对于出版社的人格侵害参见 Hausheer Heinz/Aebi – Müller Regina, Persönlichkeitsschutz und Massenmedien …, recht 2004, S. 129 ff.

[3] BGE 135 Ⅰ 169 ff. (174), E. 5. 5; 132 Ⅴ 241 ff. (242), E. 2. 5. 1; 129 Ⅴ 323 ff. (324), E. 3. 3. 3; BGer 5C. 187/1997, E. 2, in: SJ 1998, S. 301ff.; 被确认于2001年6月28日欧洲人权法院在"Verlière 诉瑞士案"(Verlière gegen Schweiz)中的判决,载于:VPB 65/2001, Nr. 134, S. 1381 ff. Vgl. dazu auch Aebi – Müller Regina/Eicker Andreas/Verde Michel, Verfolgung von Versicherungsmissbrauch mittels Observation — Grenzen aus Sicht des Privat - , des öffentlichen und des Strafrechts, Jusletter vom 3. Mai 2010 (insbesondere Rz. 10 ff.).

[4] Deschenaux/Steinauer, Nr. 589 und 592; BGE 134 Ⅲ 193 ff. (201), E. 4. 6. 2; für die Presse BGE 126Ⅲ 209 ff. (212), E. 3a.

[5] BGE 126 Ⅲ 305 ff. (306), E. 4a; Pedrazzini/Oberholzer, S. 145 unten.

3. 法律。[2]在私法领域，例如参见瑞民第 254 条第 2 项、第 375 条和第 397a 条及以下条文、第 926 条和第 970 条；瑞债第 52 条；《数据保护法》中存在特殊规则（边码 1083 及以下）。刑法中参见刑法第 15 条及以下。关于债务执行中的信息义务参见《债务执行和破产法》第 8a 条。[3]

三、诉讼

教科书文献：

- Brückner, Personenrecht, Nr. 371 ff. Und 671 ff.
- Bucher A.；Nr. 554 ff.
- Deschenaux/Steinauer, Nr. 568 ff.
- Hausheer/Aebi–Müller, Nr. 14. 01 ff.
- Pedrazzini/Oberholzer, S. 154 ff.
- Riemer, Personenrecht, Nr. 385 ff.
- Tercier, Nr. 749 ff. Und 1758 ff.
- Tuor/Schnyder/Schmid, § 11 N 25 ff.

特别文献（选列）：

- Born Christoph, Wann haften Medienschaffende für die Wiedergabe widerrechtlicher Äusserungen Dritter? Medialex 2001, S. 13 ff.
- Geiser Thomas, Persönlichkeitsschutz：Pressezensur oder Schutz vor Medienmacht? SJZ 92/1996, S. 73 ff.
- Hrubesch–Millauer Stephanie/Vetterli Rolf, Häusliche Gewalt：die Bedeutung des Artikels 28b ZGB, FamPra. ch 2009, S. 535 ff.
- Inderkum Matthias, Schadenersatz, Genugtuung und Gewinnherausgabe aus Persönlichkeitsverletzung, Art. 28a Abs. 3 ZGB, Freiburger Diss., Zürich/Basel/Genf 2008（AISUF Band 274）.

---

[1] BGE 126 Ⅲ 209 ff.（212），E. 3a；126 Ⅲ 305 ff.（306），E. 4a.
[2] Deschenaux/Steinauer, Nr. 593 ff.；Tercier, Nr. 643 ff.
[3] Vgl. dazu auch BGE 135 Ⅲ 503 ff.

法院判决：

1. BGE 97 Ⅱ 92 ff.

不作为诉讼的作出必须要针对被精确描述之行为的禁止。不需要再次的实体判决，法院裁决的禁令即可被执行。法院应依照职权对此原则的违反加以纠正。

2. BGE 126 Ⅲ 161 ff.（165），E. 5a/aa（= Pra 2001, Nr. 80, S. 469 ff.）

某印刷厂对由其印刷之报纸上的人格侵害负责。

3. BGE 133 Ⅲ 153 ff.

瑞士报纸《星期展望》对网球运动员帕蒂·施耐德（Patty Schnyder）之父亲的人格侵害：获利返还请求权的要件；获利返还请求权和损害赔偿请求权之间的关系；类推适用瑞债第42条第2款以对收益进行估计。

（一）引言

概而言之，应对如下诉讼类型加以区分：

1. 防御之诉（消极性的救济；瑞民第28a条第1、2款以及第28b条）。防御之诉直接基于人格权，其指向的是对违法之侵害的禁止或消除。

从构成要件上讲，只要存在违法之侵害，对于防御之诉即已足够。尤其是防御之诉不要求侵害人对此具有过错。

2. 恢复之诉（修补性的救济；瑞民第28a条第3款中的保留，此具体由瑞债调整）：其基于责任法/债法，通过损害赔偿、精神损害赔偿或除去获利，将违法侵害的后果"以财产性的方式再恢复"。

对此，（至少一般而言）具有违法性的侵害本身并不够，尚需要满足其他条件。在瑞债第41条第1款的情形，尤其需要侵害人过错的存在。

3. 对此还存在特殊情形：瑞民第28g条及以下条文（反对陈述）、瑞民第29条和第30条第3款（姓名保护）、《数据保护法》第

15 条以及《男女平等法》第 5 条，另外还有《反不正当竞争法》和《卡特尔法》上的救济。

在这些情形也要注意特别要件。尤其是对于反对陈述，并不要求违法性的人格侵害，只要某人的人格被直接涉及，即已足够（边码 995 及以下）。

（二）防御之诉

如上所述（边码 860），对于防御之诉，（即便不存在侵害人的过错）存在违法性的人格侵害即已足够。随着瑞民第 28b 条的引入，[1] 法律区分一般性的防御之诉（见下文第 1 点）和针对暴力、胁迫或跟踪的特别防御之诉（见下文第 2 点）。

916

1. 一般性防御之诉。

这里在（1）中首先讨论适格问题，然后在（2）中讨论具体的防御之诉以及其要件。

917

（1）适格。

第一，积极适格（Aktivlegitimiert）者是其人格权被直接侵害或受到侵害威胁的人。瑞民第 28 条第 1 款明确规定了"谁若……"相反，只是间接被涉及者并不享有诉权；对此亦不存在民众诉讼（Polularklage）。[2]

918

有判断能力之无行为能力人可基于瑞民第 19 条第 2 款（或修正后瑞民第 19c 条第 1 款；边码 640）独立地提起防御之诉[3]（边码 634 和 856）。另外，此诉权不得转让[4]（边码 855）。已死亡之人不得通过代理人提起该诉讼[5]（边码 747）。

不过，可能存在**组织的诉权**（Klagerecht des Verbands）：在全瑞士或地区性地具有意义的协会或其他组织，可基于其章程对维护特定人群利益享有权限，从而可以自己名义针对相应人群成员被侵犯

919

---

[1] AS 2007. S. 137；2007 年 7 月 1 日生效。
[2] 总体性的参见 Deschenaux/Steinauer, Nr. 573 ff.
[3] Deschenaux/Steinauer, Nr. 574.
[4] Deschenaux/Steinauer, Nr. 574a.
[5] BGE 129 I 302 ff. (306), E. 1. 2. 1.

人格而提起诉讼（《民事程序法》第89条第1款）。组织的诉权并不取决于被侵害之具体人士的诉权；即便某组织——例如基金会——并不存在成员，亦可享有此诉权。[1]组织诉讼的客体只能是对侵害的停止、消除或确定（《民事程序法》第89条第2款）。换言之，组织不得基于相关具体人士而主张金钱上的给付。[2]对此存在法律特别规定上的例外［《民事程序法》第89条第3款，例如《反不正当竞争法》第10条第2款和《男女平等法》第7条（边码1117）］。

920

第二，消极适格（Passivlegitimiert）者，按照瑞民第28条第1款，为"参与侵害的"任何人。此定义应被广义地解释，应包括所有"参与、容许或促进侵害"[3]的人。此符合人格权作为绝对权的属性，并且也能从相关法益的应受保护性中找到根据。[4]

从而，在媒体违法地侵害人格的情形，被侵害人可选择针对谁（哪一个参与人）采取措施。[5]换句话说，某媒体机构不能以其只是将第三人的看法原封不动地再现出来为理由，主张对其报道不承担责任（前文边码906）。如果人格侵害被包含在某印刷机构印刷的报纸中，被侵害人也可针对该印刷机构采取措施。[6]另外，也可能存在诉的合并，即针对多个被告同时采取司法行动。[7]

(2) 具体的防御之诉。

921

瑞民第28条第1款规定了三种诉讼：[8]不作为之诉、消除之诉以及（特别的）确认之诉。另外还应注意其他的防御措施。[9]

第一，不作为之诉。

---

[1] Botschaft zur ZPO, S. 7289.
[2] Botschaft zur ZPO, S. 7289.
[3] Botschaft zur Persönlichkeitsschutz, S. 21 unten.
[4] 总体性的参见 Deschenaux/Steinauer, Nr. 575 ff.
[5] Botschaft zum Persönlichkeitsschutz, S. 22.
[6] BGE 126 Ⅲ 161 ff.（165），E. 5a/aa = Pra 2001, Nr. 80, S. 469 ff.
[7] BGE 126 Ⅲ 161 ff.（165），E. 5a/aa in fine; 131 Ⅲ 26 ff.（29），E. 12.1（涉及精神损害赔偿）.
[8] Deschenaux/Steinauer, Nr. 596 ff.
[9] 对于原告在诉讼程序中诉的变更，参见 Deschenaux/Steinauer, Nr. 597b; Tercier, Nr. 768 f.

不作为之诉（瑞民28a条第1款第1项）阻止处于潜在威胁中的侵害。具体而言：

其一，前提条件是，存在侵害的潜在威胁。换句话说，某个可被充分确定的人格侵害必须直接地即将来临，确切地说在判决作出时直接地即将来临。[1] **例如**：某人获悉某本侵犯其名誉的书即将出版。

其二，此诉讼必须诉请对该侵害进行禁止（即禁止某个被具体描述出的行为），且以合适的方式禁止：诉求在被法院判决准许后，必须对于阻止侵害具有适当性和合比例性。[2] 例如：诉求法院命令被告（不）从事某行为，且警告被告如违反此命令则会由于反抗法院命令（《刑法典》第292条）被转到刑事法庭。

第二，消除之诉。

消除之诉（瑞民第28a条第1款第2项）消除既存的侵害。具体而言：

其一，前提条件是，存在某具有违法性的人格侵害，也就是在判决作出时尚存在。[3] **例如**：被指控侵犯名誉的书籍尚在销售中。

其二，诉讼诉求的是消除既存的侵害，并且是以适当方式予以消除。[4]

例如：法院要求出版社将某书撤出流通（并附带根据《刑法典》第292条的刑法警示）；法院直接将书撤出。如果只是某知情人小圈子里才能发现侵权小说所指何人，那么禁止销售该侵犯人格之小说的整版（至少2500册），便不具有合比例性。[5]

第三，确认之诉。

确认之诉（瑞民第28a条第1款第3项）促使法院对某侵害的违法性进行确认，"只要此侵害仍然持续地发生侵扰作用"。具体而言：

---

〔1〕 Deschenaux/Steinauer, Nr. 598; Tercier, Nr. 917 f. Und 921. Vgl. dazu etwa BGer 5A_ 228/2009, E. 4.
〔2〕 Deschenaux/Steinayer, Nr. 600. 对于不作为之诉一般性的讨论见 BGE 131 III 70 ff. (73), E. 3.3.
〔3〕 Deschenaux/Steinauer, Nr. 602; Tercier, Nr. 924 f.
〔4〕 Deschenaux/Steinauer, Nr. 604.
〔5〕 BGE 135 III 145 ff. (152), E. 5. 2.

929　　其一，仍然持续地发生侵扰作用的侵害，尤其发生在如下两个情形：[1]

— **第一种情形**：第三人已知悉侵害，因此对受害人保有错误的或其他不利的印象。对于侵害尚持续地发生侵扰作用，表达以及表达载体的持续存在（例如在报纸档案中或在互联网中）即已足够。[2]

不过，如果侵犯人格的表达由于情况变化从而失去任何的现实性，或从普通读者的角度看不再具有意义，从而可排除该表达再次在公众中流传的可能性，那么受法律保护的利益便会丧失。[3]

— **第二种情形**：在当事人间——例如在对经济上行动自由的侵害（完成）后——对某一方当事人的行为是否合法不确定；从而"受害人"想要消除此不确定性。

930　　其二，该诉讼所指向的是将尚存的侵扰从世上除去，从而在此意义上其具有消除功能。[4]因此该诉讼亦被称为"披着确认之诉外衣的给付（消除）之诉"。[5]

因此，瑞民第28a条第2款在此尤其具有意义[6]（参见下文边码933）。

931　　其三，此诉讼是《民事程序法》第88条规定之一般确认之诉的特别法。适用于一般确认之诉的（相对于给付之诉的）确认之诉从属性原则，在此并不适用。[7]

第四，其他的防御措施。

932　　应注意如下的其他防御措施：

---

[1] Deschenaux/Steinauer, Nr. 606 f.；Tercier, Nr. 779 und 929.

[2] BGE 127 Ⅲ 481 ff.（483 ff.）. E. 1. 对于这个澄清性的判决之前，联邦法院民事一庭和民事二庭的不同司法判决，参见本书前版边码900及以下。

[3] BGE 127 Ⅲ 481 ff.（485），E. 1c/aa.

[4] BGE 127 Ⅲ 481 ff.（484），E. 1c/aa mit Hinweisen.

[5] BGE 127 Ⅲ 481 ff.（484），E. 1c/aa，援引了Vogel.

[6] Vgl. Botschaft zum Persönlichkeitsschutz, S. 27.

[7] Botschaft zur ZPO, S. 7288. 对此已见于Deschenaux/Steinauer, Nr. 607b；Pedrazzini/Oberholzer, S. 156.

其一，按照瑞民第28a条第2款，原告"尤其"可主张，将某项 ⁹³³
改正或某判决发表或向第三人通知。原告可在上述任何三种诉讼类
型中提出此举措。[1]

  将判决或判决摘要发表尤其发挥消除功能[2]，从而应
尽可能公布给那些知悉人格侵害的相同受众。在违法侵害人
格的报纸文章场合，发表的大小和位置应按照侵权文章本身
在媒体产品中的范围和位置而定。[3]在可识别某小说中的人
格侵犯指向何人的人群与发表判断报纸的读者群之间，不得
存在不合比例关系。[4]判决的发表在特定情形下也具有瑞债
第49条第2款意义上的精神抚慰功能；法院可判决在支付金
钱之外还进行发表，或以发表取代金钱数额。[5]

其二，《数据保护法》第15条对私人数据处理作出了补充。此条 ⁹³⁴
尤其规定了一些特别措施，如纠正、毁灭、阻断和加上存在争议标
识（以及执行询问权的诉讼）（边码1089）。

其三，另外还有诉请法院裁断反对陈述的诉讼。此取决于其他要 ⁹³⁵
件，下文对此详述之（边码985及以下，以及尤其是边码1012及以
下）。

2. 针对暴力、胁迫和跟踪之防御诉讼专论。

（1）概述。

首先，2007年7月1日生效的瑞民第28b条，是基于一项国会动 ⁹³⁶
议，[6]该条规定了反对暴力、胁迫和跟踪的措施，该规范的目的尤
其是反家庭暴力和反跟踪（关于婚姻中的保护措施，亦可参见瑞民
第172条第3款）。

---

[1] BGE 118 Ⅱ 369 ff. (373 unten), E. 4b; Deschenaux/Steinauer, Nr. 597c; Tercier, Nr. 1000.
[2] BGE 131 Ⅲ 26 ff. (30), E. 12. 2. 1.
[3] BGE 126 Ⅲ 209 ff. (216 f.), E. 5a.
[4] BGE 135 Ⅲ 145 ff. (152), E. 5. 2.
[5] BGE 131 Ⅲ 26 ff. (30), E. 12. 2. 1 in fine mit Hinweisen.
[6] 国民院女议员费默特－曼告特（Vermot－Mangold）《防止家庭范围和同性同居关系内的暴力》（Nr. 00. 419）。

近些年许多州通过的各种刑法和警察法中的规定加强了此种保护。[1]特定行为亦受《刑法典》规制(例如身体侵害、胁迫、强制、侵害名誉、滥用通信设施);不过,从刑法角度看,尤其存有问题的是跟踪,因为《刑法典》对此并没有专门规定要件,相关具体行为本身经常不会满足犯罪要件。[2]

937   其次,在体系角度上,此规定应结合瑞民第28条和第28a条。司法和学说为保护人格而发展出来的基本原则,亦适用于瑞民第28b条,[3]此规范针对暴力、胁迫或跟踪侵犯人格的特殊情形,对瑞民第28a条第1款进行了具体化。[4]

— **暴力**直接侵害人的物理、心理、性或社会的完整性。侵害需具有一定的强度,才能被称得上是暴力。换句话说,并非任何社会角度看不正确的行为都构成人格侵害。

— 在**胁迫**场合,是将受害人置于被侵害人格的预想中。被严肃对待的才可能构成胁迫,胁迫应使受害人就自己(或与其亲近之人的)的完整性发生恐惧。

— **跟踪**是指,某人强制性地被他人在较长一段时间内跟随与烦扰,并因此陷入强烈恐惧之中。[5]

938   再次,由于裁定准许保护受害人之措施会干扰侵害者基本法上受保护的权项,因此在此法院必须遵守比例原则(《联邦宪法》第5条第3款和第36条第3款)。法院裁定的措施只是既能充分有效保护受害者,又对侵害者的限制最小。[6]

939   最后,关于诉讼适格应适用如下:

---

[1] 关于瑞民第28b条与各州在瑞民规定生效前颁布的防止暴力规范的关系,参见Hausheer/Aebi-Müller, Nr. 14. 42d; Hrubesch-Millauer/Vetterli (zitiert in Nr. 910), S. 554 f.

[2] Vgl. dazu etwa Hrubesch-Millauer/Vetterli (边码910中引用的文献), S. 547 f.; Zingg (边码910中引用的文献), Rz. 30.

[3] 国民院法律问题委员会就《防止家庭范围和同性同居关系内的暴力》动议的报告,参见BBI 2005, S. 6871 ff. (6884).

[4] Hrubesch-Millauer/Vetterli (边码910中引用的文献), S. 548 f.

[5] Vgl. zum Ganzen BBI 2005, S. 6871 ff. (6884 f.).

[6] BBI 2005, S. 6871 ff. (6885 f.); Hausheer/Aebi-Müller, Nr. 14. 42g ff.; Zingg (边码910中引用的文献), Rz. 107 ff.

— **积极适格**者只是被侵害人。因为在特定情况下,被侵害人具有合理理由决定不对侵害人提起民事诉讼。这也是不把诉权赋予与被侵害人亲近之人的原因。[1]

— **消极适格**者为侵害行为的做出人,以及其他任何参与侵害的人。[2]

(2)具体的保护措施。

瑞民第28b条列举了各种相关当事人可向法院申请的具体保护措 940
施。此列举并非排他性的(该条中的"尤其"字样)。法院有权裁定其他措施或对被列举之措施加以改变或结合。[3]通常裁定的措施是对行为的指示(命令或禁止),附带警示《刑法典》第292条(反抗法院处分)中的刑罚。[4]法律规定了如下保护措施:

— **禁止接近**(瑞民第28b条第1款第1项):被告被禁止接近 941
原告或被禁止在原告住处外的特定范围停留。为使得判决可被执行,应在判决中将接近的至少距离限定到米。[5]

> 例如,对于某权利申请:"养父母被禁止在女儿学校或到学校的路上,以短于20米的距离接近女儿,否则便触犯《刑法典》第292条。"[6]

— **地点禁止**(瑞民第28b条第1款第2项):被告被禁止在某 942
特定地点(尤其是街、广场或某街区)逗留。比例原则(边码938)尤其要求,此中禁止只能针对受害人出于特别利益所停留的地点作出。[7]

— **联系禁止**(瑞民第28b条第1款第3项):被告被特别禁止 943
和原告通过电话、书信或电子通讯进行联系。此亦涵盖禁止对原告

---

[1] BBl 2005, S. 6871 ff. (6885).
[2] BBl 2005, S. 6871 ff. (6885).
[3] Hausheer/Aebi–Müller, Nr. 14.42k.
[4] 关于无过错能力的行为人,参见 Zingg(边码910中引用的文献), Rz. 163.
[5] Hausheer/Aebi–Müller, Nr. 14.42*l*.
[6] 参见 BGer 5A_112/2008 中的案件事实。
[7] Hausheer/Aebi–Müller, Nr. 14.42n.

"以其他方式进行烦扰",例如被告指示第三人跟踪被害人。[1]

944　　　－ **赶出住处**(瑞民第28b条第2款与第3款):如果原告和被告居住在一起,法院可指示侵害人在一定时间内离开共同住处。共同生活并不限于夫妻,也包括其他形式的居住(例如父母和子女以及合租形式,但不包括具有住家性质的机构组织)。[2]其期限可基于重大事由而被延长一次(瑞民第28b条第2款)。若情事所需,法院也可以要求原告为他得以单独使用共同住处而负责[向侵害人]支付适当补偿(瑞民第28b条第3款第1项),或在出租人同意时将租赁合同中的权利义务全部转移给原告(瑞民第28b条第3款第2项)。

945　　　－ **危急中的干涉机构**(瑞民第28b条第4款):由于到法院作出裁决毕竟要等一段时间,从而法律要求各州确定一个机构,其可在危急情形无论是否在上班时间抑或工作日对侵害人立即作出指示。大多是警察承担此项职责。不过各州可将此任务自由委任给其他机构;[3]另外,各州也负责决定对此的程序。

(三)恢复之诉

946　　1. 瑞民第28a条第3款中对恢复之诉作出了保留。[4]恢复之诉的目的在于间接的人格保护,即在于在财产上恢复侵害之前的状态。法律明确规定了:

947　　　－ **损害赔偿之诉**;

948　　　－ **精神损害赔偿之诉**;

949　　　－ 按照无因管理之规定的**获利返回之诉**。[5]

950　　2. 瑞民第28a条第3款只是对这些诉讼作出了"保留",从而就其要件而言,应适用其他法律规范(尤其是责任法,但也有合同法)。尤其须注意如下:

951　　　－ 对于损害赔偿请求:瑞债第41条及以下(包括第54至56

---

[1] BBI 2005, S. 6871 ff. (6885).
[2] BBI 2005, S. 6871 ff. (6887).
[3] BBI 2005, S. 6871 ff. (6889).
[4] Deschenaux/Steinauer, Nr. 609 ff.; Tercier, Nr. 1758 ff.
[5] Vgl. dazu BGE 133 III 153 ff.

条和第 58 条）以及第 97 条及以下；瑞民第 333 条和第 679 条；《道路交通法》第 58 条及以下；

按照瑞债第 49 条第 2 款，法院可发现精神赔偿的"其他方式"以替代金钱形式或与金钱形式并存。这尤其包括按照瑞民第 28a 条第 2 款裁决对判决予以发表。[1]

— 对于精神损害赔偿请求：瑞债第 49 条（和第 47 条）；瑞民第 29 条。

952

— 对于获利返还请求：瑞债第 423 条；此从瑞民第 28a 条第 3 款的明文规定中即可得出。

953

联邦法院在 BGE 133 Ⅲ 153 ff. 中，以奠基性的方式对获利返回请求权进行了分析。该案尤其确定，印刷媒体中的获利不仅在于印数的增加，也在于其能够在竞争激烈的瑞士媒体市场上保持其印数，且"当且仅当对相关报道的设置和排印适合保持印数从而有利于获利时"，在人格侵害和取得获利之间的因果关系才可被认定。[2] 按照当今通说和司法实践，根据瑞债第 423 条第 1 款的获利返回请求权以过错为要件。[3] 不过对于此是否亦适用于人格侵害的特殊情形，则存有争议。[4] 按照本书所持的观点，没有理由在此情形放弃过错的要求。

---

[1] BGE 131 Ⅲ 26 ff. (30), E. 12.2.1.

[2] BGE 133 Ⅲ 153 ff. (163 f.), E. 3.4.

[3] Vgl. dazu etwa Schmid, ZüKomm, N 21 ff. zu Art. 423 OR; Derselbe, Fragen zur eigennützigen Geschäftsführung ohne Auftrag, ZBJV 131/1995, S. 261 ff. (270 ff.); Hofstetter Josef, Der Auftrag und die Geschäftsführung ohne Auftrag, in: SPR Ⅶ/6, Basel 2000, S. 271 ff.; BGE 119 Ⅱ 40 ff. (43 und 45), E. 2b und 2d; 126 Ⅲ 69 ff. (72), E. 2a; 126 Ⅲ 382 ff. (384 f. Und 386 f.), E. 4b/aa und ee.

[4] 肯定的观点见 Schmid（边码 910 中引用的文献），Nr. 932. 否定的观点例如 Deschenaux/Steinauer, Nr. 634; Hausheer/Aebi-Müller, Nr. 14.72; Dieselben, ZBJV 143/2007, S. 347 ff.; Meili, BaKomm, N 18 zu Art. 28a ZGB; Bucher A., Nr. 592; Tercier, Nr. 2135; Inderkum (zitiert in Nr. 910), Nr. 428 f.; BGE 133 Ⅲ 153 ff. (161), E. 3.3 似乎亦持否定态度，该案列举了人格侵害情形获利返还的构成要件，在此却并没有提及过错。

四、程序问题

教科书文献：

- Brückner, Personenrecht, Nr. 754 ff.
- Bucher A., Nr. 595 ff.
- Deschenaux/Steinauer, Nr. 635 ff.
- Hausheer/Aebi – Müller, Nr. 14. 80 ff.
- Pedrazzini/Oberholzer, S. 171 ff.
- Riemer, Personenrecht, Nr. 394 ff.
- Tercier, Nr. 1035 ff. , 1671 ff. und 1790 ff.
- Tuor/Schnyder/Schmid, § 11 N 31 ff.

特别文献（选列）：

- Berti Stephen V. , Vorsorgliche Massnahmen im Schweizerischen Zivilprozess, ZSR NF 116/1997 Ⅱ, S. 171 ff.

- Breitschmid Peter, Persönlichkeitsschutz und Pressefreiheit aus der Sicht eines Gerichtsjuristen, Vorsorgliche Massnahmen (Art. 28c ff. ZGB) als «Maulkorb» für Medienschaffende? AJP 1995, S. 868 ff.

- Geiser Thomas, Persönlichkeitsschutz：Pressezensur oder Schutz vor Medienmacht? SJZ 92/1996, S. 73 ff. (insbesonders S. 81 ff.).

- Gutmann Christoph, Die Haftung des Gesuchstellers für ungerechtfertigte vorsorgliche Massnahmen, Diss. Basel 2006 (Basler Studien zur Rechtswissenschaft, Reihe A：Privatrecht, Band 82).

- Tercier Pierre, Les mesures provisionnelles en droit des médias (A propos de l'initiative Poncet), Medialex 1995, S. 28 ff.

法院判决：

2007 年 3 月 27 日卢塞恩州高等法院判决（Nr. 11_ 07_ 23）[1]

为了防止离婚后对子女行使亲权的母亲，在关于姓名变更之待决程序未获得法律上有效裁决之前，擅自使子女针对官方和第三人

---

[1] 该判决可下载于 http：//www. gerichte. lu. ch/index/rechtsprechung. htm.

使用基于其第二次婚姻获得的姓氏，裁定预防性措施：使人相信存在违法侵犯人格以及很难恢复的不利后果；措施的合比例性。

（一）引言

关于法院管辖和预防性措施的程序问题对于人格权具有重要意义，它们自 2011 年 1 月 1 日后由《民事程序法》规制。不过，自 1983 年瑞民的人格权保护修正案始，联邦法中就有从程序角度改善被侵犯人（或被胁迫人）法律保护的规定（关于法院管辖参见旧瑞民第 28b 条，该条被《法院管辖法》所废止；以及关于预防性措施参见旧瑞民第 28c 至 28f 条）。《民事程序法》基本无改变地吸收了《法院管辖法》中的规定，[1] 这尤其适用于对人格权具有意义的法院管辖。即便是《民事程序法》中关于预防性措施的规定，也在实质上借鉴了以前人格保护的规定。[2] 从而关于《法院管辖法》以及旧瑞民第 28c 条至第 28f 条的文献（在适当注意的前提下）可被继续使用。

957

（二）法院管辖

1. 按照《民事程序法》第 20 条第 a 项，**基于人格侵犯的诉讼**由一方当事人（原告或被告）住所地法院管辖。对此补充如下：

958

— 《民事程序法》**适用**的前提是，不存在国际性的关系（《民事程序法》第 2 条）。对于国际性的关系，应注意《卢加诺公约》以及《国际私法典》第 33 条第 2 款和第 129 条。

959

— "基于人格侵犯的诉讼"只是指瑞民第 28a 条第 1 款和第 2 款的**防御之诉**。[3]

960

从而，恢复之诉适用《民事程序法》中的一般规则。如果某侵权行为构成了损害赔偿请求、精神损害赔偿请求或获利返还请求的基础，[4] 那么《民事程序法》第 36 条应予适

---

[1] Botschaft zur ZPO, S. 7262.
[2] Botschaft zur ZPO, S. 7353.
[3] Deschenaux/Steinauer, Nr. 637.
[4] BGE 126 Ⅲ 382 ff.（386 f.），E. 4b/ee.

用。[1]对于基于事实联系的诉讼合并，参见《民事程序法》第15条第2款以及边码962。

961 — 《民事程序法》第20条第a项为**任意法**；允许对法院管辖进行其他的约定。

962 2. 如果原告在同一诉讼中不仅主张防御性的请求，也主张恢复性的请求（诉讼合并），那么按照《民事程序法》第15条第2款，"对某一个请求权享有管辖权的任何法院都享有管辖权"。例如，原告可在其住所地法院诉请消除人格侵害和返回获益（《民事程序法》第15条第2款和第20条第a项）。[2]

963 3. 该法院管辖规则也适用于：
— 主张法院裁定反对陈述（《民事程序法》第20条第b项）；
— 基于侵犯姓名权的诉讼，尤其是按照瑞民第30条第3款撤销某姓名变更（《民事程序法》第20条第c项）；
— 按照《数据保护法》第15条的诉讼和主张（《民事程序法》第20条第d项）。

（三）预防性措施

1. 法律基础。

964 自2011年1月1日以来，保护私法请求权的预防性措施完全一般性地由《民事程序法》第261条及以下条文所调整；针对人格保护特别设计的有《民事程序法》第266条针对媒体的措施（参见旧瑞民第28c条第3款）。下文中将从人格侵害的视角对预防性措施的体系进行阐述。

2. 要件。

965 （1）按照《民事程序法》第261条第1款，申请者必须使人相信多个方面，即：

966 — 存在或恐怕将很可能发生对其人格的违法性侵害（第a项）；

967 — 对他而言该侵害会导致很难恢复的不利后果（第b项）。

---

[1] 稍有不同的观点（尚针对《法院管辖法》）见于Deschenaux/Steinauer, Nr. 639.

[2] Deschenaux/Steinauer, Nr. 639.

"使人相信"比"证明"的要求要低。法院不必对申请者的陈述在严格意义上确信,但应认为其为(极有可能)真实[1](一般的参见前文边码450)。学说要求对于主要的请求应存在有利的征兆。[2] 申请人按照《民事程序法》第264条第2款(对此见边码983)的损害赔偿义务对此发挥着改正的作用。

当被申请人(按照《民事程序法》第253、265条原则上应听取其意见)使人相信具有正当性事由,从而按照瑞民第28条第2款排除违法性时,申请人的使人相信便归于失败。[3]

(2) 申请人必须提供担保,只要法院按照《民事程序法》第264条对此作出要求。关于担保的退还参见《民事程序法》第264条第3款。

(3) 除此之外还应注意:

- 申请针对**定期出版之媒体**侵权的预防性法院禁令或预防性消除措施,还应满足更严格的(额外)要件:只有当(额外地)人格侵害导致特别严重的不利后果,不存在正当性事由,并且措施也并非不合比例时,《民事程序法》才允许此种措施。[4]

例如:播出电视节目讨论新的离婚法,在——未经父母双方同意时——节目中包含对一对离异夫妇的十二岁女儿的访谈,指责父亲的性虐待。[5]

- 对于裁定预防性措施并**不要求**主诉讼的**诉讼系属**;毋宁是,申请人可在诉讼系属之前便就预防性措施提出申请(参见《民事程

---

[1] Tercier, Nr. 1118.
[2] Deschenaux/Steinauer, Nr. 642b.
[3] Deschenaux/Steinauer, Nr. 643 f.
[4] Die Bestimmung entspricht aArt. 28c Abs. 3 ZGB; Botschaft zur ZPO, S. 7357. Im Einzelnen Deschenaux/Steinauer, Nr. 677 ff.; Tercier, Nr. 1144 ff.
[5] Semjud 123/2001 I, S. 341 ff. (345 ff.), E. 3c (日内瓦法院).

序法》第 263 条和边码 982）。

- 如果被申请方提供了适当的担保，那么法院可不作出预防性措施（《民事程序法》第 261 条第 2 款）。此规定为**比例原则**的一个体现；比例原则在预防性法律保护领域亦应被遵守（对此亦可参见《民事程序法》第 262 条）。[1]

3. 内容。

(1) 预防性措施的内容应由法院按照申请的内容决定。所有在对未来主程序予以考虑后暂时能消除或阻止侵害的必要预防性措施，都被允许（《民事程序法》第 261 条第 1 款）；法律对此并没有规定类型强制（参见《民事程序法》第 262 条第 2 款）："预防性措施可以为任何适于制止处于威胁中之不利后果的法院命令……"

不过按照一般原则，相关措施必须具有合比例性，即在事实和时间层面上适当和必要。如果存在更缓和（且适当）的可选项，则应优先运用之。[2]

(2) 在《民事程序法》第 262 条列举的实例中，**预防性禁止**（《民事程序法》第 262 条 a 项）和**预防性消除**（《民事程序法》第 262 条第 b 项）对于人格保护具有特殊意义。此等措施等同于临时执行。[3]亦可参见《民事程序法》第 266 条及边码 971。**例如**：对某书籍在市场上出现进行预防性禁止；将某书籍从市场上移出的临时命令。

与瑞民第 28c 条第 2 款第 2 项不同，《民事程序法》第 262 条并没有对**证据保全**措施进行明文列举，取而代之的是在《民事程序法》第 158 条中对预防性的举证作出了规定。按照第 158 条第 1 款 b 项，法院在任何时候都可接受证据，只要申请方可使法院相信存在危害证据的情况或存在应受保护的利益。对此，关于预防性措施的规定应予适用（《民事程序法》第 158 条第 2 款）。[4]关于根据《数据保

---

[1] Botschaft zur ZPO, S. 7354.
[2] Botschaft zur ZPO, S. 7354.
[3] Tercier, Nr. 1135.
[4] 对于（在《数据保护法》范围外）证据保全措施意义上的查询权这个有争议的问题，参见 Deschenaux/Steinauer, Nr. 650a; Tercier, Nr. 1143（持肯定态度）；BBl 1995 Ⅲ, S. 92 ff.（95）.

护法》第 15 条第 2 款的预防性的存在争议标识，参见后文边码 1089。**例如**：对某照片的临时扣押。

4. 程序、执行、损害赔偿义务、变更或废止。

（1）简易程序可被适用（《民事程序法》第 248 条第 d 项）。需注意如下： 976

— 按照《民事程序法》第 13 条，**法院管辖地**强制性地或者为主程序的管辖地（参见《民事程序法》第 20 条和边码 958 及以下）或者为措施的执行地。 977

此法院管辖亦适用于按照《民事程序法》第 158 条（边码 975）的预防性举证。[1]

— 只要申请并非明显不会被允许或明显无理由（《民事程序法》第 253 条），那么原则上应赋予被申请人法定的**听审权**，即被申请人提出意见的机会。 978

在特别紧急的情形，《民事程序法》第 265 条第 1 款允许**超级临时措施**，即立即裁定预防性措施而不事前听取被申请人的意见。法院或者在裁定超级临时措施同时传唤双方当事人立即进行辩论，或者设定申请对方提出书面意见的时限；一旦申请对方进行了听审，法院应不迟延地对申请作出裁决（《民事程序法》第 265 条第 2 款）。法院可基于职权使得措施的实行取决于申请人事前提供的担保（《民事程序法》第 265 条第 3 款）。

— 如果存在申请对方由于预防性措施遭受损害的风险，那么法院可要求申请人**提供担保**（《民事程序法》第 264 条第 1 款；参见边码 969）。 979

（2）对于预防性措施的执行，应注意如下规则： 980

— 按照《民事程序法》第 267 条，裁定预防性措施的法院亦应决定必要的执行措施。换句话说，相关当事人不必对执行提出独 981

---

[1] Botschaft zur ZPO, S. 7263.

立的申请。[1]

- 在（主）诉讼的系属之前裁定的预防性措施，如果申请人没有在法院确定的时限内提起诉讼，则此预防性措施失效（《民事程序法》第263条）。

(3) 最后，《民事程序法》第264条第2款对于不当之预防性措施导致的损害，规定了赔偿义务。如果申请人能够证明其是基于诚实信用提出的申请，那么法院可对赔偿义务予以减少或完全免除。此规定实际确定了一个**弱化的结果责任**。[2]关于可能被设定之担保的返还，参见《民事程序法》第264条第3款。

(4)《民事程序法》第268条对于情况发生变化或措施嗣后被证明为不当的情形（第1款），规定了预防性措施的变更和废止。如果主程序的判决已生效，那么预防性措施依法失效；但法院可裁定措施继续有效，条件是此措施对执行有利或法律对此作出了规定（第2款）。

五、反对陈述专论

教科书文献：

- Brückner, Personenrecht, Nr. 713 ff.
- Bucher A., Nr. 658 ff.
- Deschenaux/Steinauer, Nr. 680 ff.
- Hausheer/Aebi – Müller, Nr. 15.01 ff.
- Pedrazzini/Oberholzer, S. 161 ff.
- Riemer, Personenrecht, Nr. 414 ff.
- Tercier, Nr. 1241 ff.
- Tuor/Schnyder/Schmid, § 11 N 38 ff.

特别文献（选列）：

- Bänninger Beatrice, Die Gegendarstellung in der Praxis – Unter besondererBerücksichtigung der bundesgerichtlichen und kantonalen Re –

---

[1] Botschaft zur ZPO, S. 7357.
[2] Botschaft zur ZPO, S. 7356.

chtsprechung, Diss. Zürich 1988 (Zürcher Studien zum Privatrecht, Band 138).

— Kocian Elmaleh Katerina, Gegendarstellungsrecht – Droit de réponse, Eine rechtsvergleichende Studie zum Medienrecht von Deutschland, Frankreich und der Schweiz, Zürcher Diss., Bern 1993 (Schriften zum Medien – und Immaterialgüterrecht, Heft 32).

— Masmejan Denis, Le droit de réponse vingt ans après, une fausse bonne idée? Medialex 2005, S. 27 ff.

— Piotet Denis, L'exécution du droit de réponse et de la rectification judiciaire face à la cessation de parution ou de diffusion de média à caractère périodique, sic! 2004, S. 479 ff.

— Riemer Hans Michael, Gegendarstellungsrecht (Art. 28g ~ 28*l* ZGB), insbesondere offene und kontroverseFragen, recht 2004, S. 114 ff.

— Rodondi Olivier, Le droit de réponse dans les médias, étude de droit suisse, Diss. Lausanne 1991.

— Schwaibold, Basler Kommentar zu Art. 28 ~ 28*l* ZGB.

— Schweizer Rainer J., Freie Medienordnung und Individualsphärenschutz: Erfahrungen mit dem Gegendarstellungsrecht, AJP 1994, S. 1091 ff.

— Zihler Florian, Tatsachenaussagen und Werturteile: Eine überholte Kategorisierung? Jusletter vom 15. August 2005.

法院判决：

1. BGE 117 II 115 ff.

通过法院行使反对陈述权：按照瑞民第 28*l* 条第 3 款的程序是个**争讼**程序，从而被告媒体企业必须获得听审。在反对陈述不满足法律的要求时，法院应将反对陈述的文本进行缩减、改变或补充。不过不能指望法院对文本进行本来属于编辑范畴的加工。另外，只有在内容上并没有超越媒体企业呈现之文本所包含的内容时，对反对陈述的调整才是被允许的。

2. BGE 119 II 104 ff.

反对陈述的文本必须包含涉及相关当事人人格之事实描述的内容。如果此点没有得到满足，那么法院并非应对文本进行调整，而是应将该反对陈述申请予以驳回。如果反对陈述虽然已经被媒体企业发表,但发表的方式违背了瑞民第 28k 条第 2 款的规定,那么法院应裁定重新发表。

3. BGE 130 Ⅲ 1. ff.

通过文字、图画、标题和故事的组合,那些本身没问题的事实主张可被普通读者认定出完全不同的意义。因此,文本必须在整体陈述的脉络中被解释。如果文本被允许的内容只构成被媒体企业所拒绝之反对陈述的附带方面〔别种的东西（Aliud）〕,那么法院被禁止对反对陈述进行缩减。对于如何划定界限,不能一般地抽象作出(在本案中被许可的部分稍多于整个文本的三分之一,缩减的可能在此被予以认定)。即便图画、表格等也可作为反对陈述的形式,只要其对反对陈述不可缺少,即适合且必要（在当前案件中此要件并未得到满足）。

4. BGE 120 Ⅱ 273 ff.

当媒体企业向直接被涉及的人提供机会,对被指责之整体事实描述在一个公开发表的访谈中表达意见,那么固守法院裁定的反对陈述**可能**会构成权利滥用。

（一）概述

988

1. 反对陈述权可能是1983 年瑞民修正案中最重要的革新。此权利允许被在定期出版媒体中的事实性叙述所直接涉及其人格的人,陈述自己对相关事件的观点,并免费通过同样的途径将之加以扩散。〔1〕其目标是,让媒体受众能够在较短时间内获取两方面的陈述,从而使得**相关当事人**和**媒体**拥有一定程度上的平等武器。相反,此举并不是要最终地表明谁的事实叙述为真实（不过参见瑞民第 28h 条第 2 款）。

自从反对陈述权被引入后,预防性措施便较少被请求了;〔2〕不过在定期出版之媒体的情形,预防性措施本来就只是在

---

〔1〕 Deschenaux/Steinauer, Nr. 680; Tercier, Nr. 1245.
〔2〕 Pedrazzini/Oberholzer, S. 161 f.

《民事程序法》第 266 条规定之较严格的条件下才被允许。

2. 反对陈述请求权首先存在于诉讼程序外（瑞民第 28 条第 1 款："……享有主张反对陈述的请求权……"）。因此，原则上其应在法院程序外被实现。[1] 但当媒体企业拒绝反对陈述、阻碍该权利的行使或没有正确地发表反对陈述时（瑞民第 281 条第 1 款），相关当事人也可诉诸法院。进而法院在一个较快速的程序中决定反对陈述请求权的要件是否得到满足，并在特定情况下对反对陈述作出裁决。

3. 自瑞民第 28g 条及以下条文被引入后，反对陈述权在实体层面上完全由联邦法调整。各州人格保护规范不许对反对陈述作出规定（《联邦宪法》第 49 条第 1 款）。[2]

相反，并不排除（瑞民第 6 条；参见边码 414 及以下）州规范为媒体企业设定义务，在特定条件下印刷或播放关于国家权力行使的错误陈述的官方纠正。[3] 不过，此处涉及的并非是对政府部门（或其成员）的人格保护，而是为了避免公众受到误导。[4]

(二) 要件

根据瑞民第 28g 条第 1 款，反对陈述请求权须满足如下要件：[5]

1. 须存在事实性叙述。[6] 反对陈述不得针对纯粹的价值判断（观点的表达）作出。[7] 如果某事实性的主张和价值判断相结合（所谓"**混合的价值判断**"），那么反对陈述请求权只是指向作为价

---

[1] Pedrazzini/Oberholzer, S. 162.
[2] BGE 112 Ia 398 ff. (404), E. 4c; Tercier, Nr. 1285 ff.; Deschenaux/Steinauer, Nr. 683.
[3] BGE 112 Ia 398 ff. (405 f.), E. 4d.
[4] Deschenaux/Steinauer, Nr. 683.
[5] Deschenaux/Steinauer, Nr. 684 ff.; Tercier, Nr. 1362 ff.
[6] Deschenaux/Steinauer, Nr. 684 ff.; Tercier, Nr. 1362 ff.
[7] Vgl. dazu BGE 130 Ⅲ 1 ff. (5), E. 2.2; Deschenaux/Steinauer, Nr. 689 ff.; Tercier, Nr. 1406 ff.; Kocian Elmaleh (边码 986 中引用的文献), S. 158 ff.; Bänninger (边码 986 中引用的文献), S: 107 ff.

值判断基础的事实描述。[1]

联邦法院在一个未公开的1993年5月26日作出的判决中确认:"事实为可由内部或外部感官获知并通过证据客观地对其真实性进行核查之事。因此,事实主张为对具体的、在时空中特定的、属于过去或现在的、外部世界或人类内部生活的事件或状态的陈述;其可被客观地探知,并且可基于事实标准加以测量。相反,观点的表达与个体的思想和感觉相应,建基于可被其他观点所反对的主观价值判断;其不可通过证据来客观地审查真实性。在完全认知了事实情况后还对某个陈述是否正确具有争论,那么此时存在的是观点的表达。对于某陈述属于事实主张抑或观点表达,其内容具有决定意义,而其内容则是相应读者群基于整体脉络而所能理解者。"[2]

因此,基于某**观点表达**(在其不包含事实描述的范围内)不能发生反对陈述请求权。[3]相关当事人只能求助于瑞民第28a条中规定的诉讼,当然是在其要件得到满足的条件下。[4]

相反,在(例如某报纸或杂志的)照片中,亦可能存在事实描述。[5]不过,此处的反对陈述请求权只能基于那些"大多数读者观察此照片时能获得的"事实而产生。[6]

2. 事实描述必须被展示于瑞民第28g条第1款意义上的定期出版媒体中,即在多多少少会定期间隔出版的媒体。[7]尤其是报章杂志、广播和电视。

---

[1] BGer 5C. 75/2002, E. 3.2(对两位律师的谴责,他们把公司"掏空"了)。对于混合的价值判断这个概念也可参见 BGE 127 III 481 ff. (491), E. 2c/cc(将某律师称为"盗猎者")。
[2] BGer in: Pra 87/1998, Nr. 119. S. 673 ff. (674), E. 2a = Medialex 1998, S. 156 ff.
[3] BGE 119 II 104 ff. (107), E. 3b.
[4] BGE 112 Ia 398 ff. (404), E. 4b in fine.
[5] BGE 112 II 465 ff. (468), E. 2a; 130 III 1 ff. (10 f.), E. 4.2.1.
[6] BGE 112 II 465 ff. (469), E. 2b.
[7] Bucher A., Nr. 665.

按照本书观点，属于报章杂志产品的不仅有报纸和杂志，甚至还有书报亭招贴。在电子媒体上，互联网网页可对事实描述进行扩散。[1]

3. 某人的人格必须被事实描述所直接涉及。对此解释如下：

— **被涉及性**尤其可在如下情形被认定，即通过被扩散的信息可辨识到其指涉某特定的人，且使该人负面地曝光于公众前（名誉）或以其他方式涉及其人格利益（尤其是私人生活、自我肖像权等）。[2]按照联邦法院的描述，事实主张必须发生于"某被保护的领域"，且可唤起对相关人的"负面印象"、"不利形象"，[3]并使之在"模棱两可"时加以出版。[4]

被涉及性只有在事实描述能使一般读者唤起对某人的不利印象时才可被认定，而并非限于只能在特定读者的有限圈子中导致负面印象时。[5]但按照本书的观点，在某人被"过分好地"对待，从而其沉默会被视为受之有愧的狂妄时，也可认定被涉及性。[6]

— **并不要求**存在人格侵犯、侵扰的违法性甚或过错，[7]直接的被涉及性即已足够。不过，在此背景下应确定如下几个方面：

其一，反对陈述请求权与媒体企业是否存在正当化事由无关；[8]

其二，媒体企业愿意印刷或播出反对陈述，并不意味着其认可了违法性的人格侵害；[9]

---

[1] Bänninger（边码 986 中引用的文献），S. 159 ff. 关于媒体的概念参见 BGE 113 II 369 ff.；Deschenaux/Steinauer, Nr. 666 ff.；Tercier, Nr. 1381 ff.

[2] Deschenaux/Steinauer, Nr. 685；Tercier, Nr. 1421 ff.；Bänninger zitiert in Nr. 986），S. 85 ff.

[3] BGE 119 II 104 ff.（107），E. 3c.

[4] BGer in: Pra 87/1998, Nr. 119, S. 673 ff.（674），E. 3a = Medialex 1998, S. 156 ff.

[5] BGer in: SJZ 93/1997, S. 417.

[6] Zutreffend Deschenaux/Steinauer, Nr. 688a；Tercier, Nr. 1427；Kocian Elmaleh（边码 986 中引用的文献），S. 165.

[7] BGE 135 III 385 ff.（387），E. 2. 2.

[8] BGE 119 II 104 ff.（107），E. 3c.

[9] Deschenaux/Steinauer, Nr. 680.

1000　　　其三，主张反对陈述，并不妨碍根据瑞民第 28a 条提起防御之诉或恢复之诉。[1]

　　　但在反对陈述请求权的要件得到满足时，被侵犯人被禁止通过预防性措施请求发布临时性的改正。[2]

1001　　4. 不得存在瑞民第28g条第2款规定之情形（关于某政府机构的公共磋商的报道）。[3]

　　　也就是，法律并没有赋予相关人士在相关政府组织外对争议事实进行讨论的可能性。[4]

　　（三）行使、程序与公布

1002　　1. 相关当事人首先在法院程序外针对媒体企业行使反对陈述请求权。对此，其必须起草反对陈述的文本，该文本按照瑞民第28h条应满足如下内容上的要求：

1003　　－　其应**以紧凑的形式限于针对被反对之描述**（瑞民第 28h 条第 1 款）。尤其是，该文本不得作为自我描述或侵犯第三人的手段；[5]尤其不允许进行价值判断、评论或论战性的谴责。[6]而是相关当事人享有机会以自己对相关事实情况的认识来对抗问题中的事实主张。[7]

　　　例外情形下，反对陈述也可以图片的形式作出，前提是被追求的权利保护只能如此被合理实现。例如此可发生于照片合成的情形（通过发布"真实的"照片进行反对陈述）。[8]

1004　　－　反对陈述**不得明显不正确，且不得违法或违背善良风俗**

---

[1] BGE 119 Ⅱ 97 ff. (99)，E. 2a；Deschenaux/Steinauer，Nr. 681.
[2] BGE 119 Ⅱ 369 ff. (372)，E. 4a；Deschenaux/Steinauer，Nr. 681a.
[3] Vgl. dazu Deschenaux/Steinauer，Nr. 692 f.；Tercier，Nr. 1429 ff.
[4] Pedrazzini/Oberholzer，S. 163.
[5] Pedrazzini/Oberholzer，S. 167.
[6] BGE 123 Ⅲ 145 ff. (150 f.)，E. 4b = Pra 86/1997，Nr. 141，S. 751 ff. (755). Vgl. auch BGE 130 Ⅲ 1 ff. (5)，E. 2. 2.
[7] BGE 119 Ⅱ 104 ff. (108)，E. 3d.
[8] BGE 130 Ⅲ 1 ff. (11 f.)，E. 4. 2. 2. 对此问题亦可参见 Deschenaux/Steinauer，Nr. 695a；Kocian Elmaleh（边码 986 中引用的文献），S. 162 f.

（瑞民第 28h 条第 2 款）。[1]

— 另外对此当然还存在权利滥用的禁止[2]（瑞民第 2 条第 2 款；一般的参见边码 286 及以下）。

1005

按照联邦司法实践，在"某人使用反对陈述纯粹出于广告目的，或意图在媒体中继续进行本应在其他地方进行的对某事的探讨时"，对反对陈述的申请构成明显的权利滥用，在"相关当事人已经获得了机会"来表达其对事物的观点时亦构成权利滥用。[3]

起草反对陈述的文本以相关当事人的确能够**知悉**涉及其人格的事实描述为前提；因此必要时其应享有先行的查询权［对此参见下文（边码 1013）对瑞民第 28l 第 1 款"对行使的阻碍"的评注］。[4]

1006

2. 瑞民第 28i 条对程序问题进行了规定：相关当事人应在规定的期限内将反对陈述文本发出（第 1 款）。媒体企业应不迟延地通知相关当事人，其在何时将反对陈述发表，或出于何种理由拒绝之（第 2 款）。

1007

按照联邦法院的表述，如果媒体企业默示地接受了申请，那么出于"礼俗上的要求"，媒体企业应向申请人递送一份样本；[5]换句话说，不存在针对递送的法律请求权（亦可参见边码 1019 结尾处）。如果媒体企业只是愿意将反对陈述文本作为读者来信发表，那么此行为应被认定为对发布反对陈述的拒绝。[6]

---

[1] BGE 117 Ⅱ 115 ff.（120），E. 3c. 关于明显的不正确参见 BGer in：Medialex 1998, S. 225 ff.（某协会反对陈述的请求明显与该协会公开文件中包含的被指控之事实性陈述相互矛盾；"瑞士雷尔运动"）；BGE 130 Ⅲ 1 ff.（8），E. 2. 2. 3.

[2] Bänninger（边码 986 中引用的文献），S. 162 ff.

[3] BGE 120 Ⅱ 273 ff.（274），E. 4a. Vgl. auch Deschenaux/Steinauer, Nr. 697a.

[4] Tercier, Nr. 1517 ff.；Deschenaux/Steinauer, Nr. 693 ff.

[5] BGE 135 Ⅲ 385 ff.（389），E. 2. 3.

[6] BGE 122 Ⅲ 209 ff.（211），E. 2a.

3. 关于公布反对陈述的方式，瑞民第28k条作出了如下规定：

— 反对陈述应**尽可能快**地被公布，而且公布的目标人群应与被控诉之事实描述所达及的人群相同（第1款）。公布的形态应在宽泛的个案自由裁量空间内顾及具体情事而决定之；被反对之描述越醒目，那么越可要求反对陈述的醒目。[1]

因此，针对某粗体印刷大字标题的反对陈述，不能被放置于不受人关注之处（如读者来信版块）。未经反对陈述之作者的同意，原则上媒体企业无权对被申请之反对陈述进行修订；不过，删除纯粹挑衅性的表述是可以的。[2]

— 反对陈述应**被标识为反对陈述**。只允许媒体企业添加声明，表明其是否固守自己先前之描述或该描述所依据的来源为何（第2款）。不过，"针对反对陈述的反对陈述"不被允许，即所谓的"编辑余论"。[3]相反，允许媒体企业"嗣后"（在反对陈述文本之外）对该事项进行重新讨论。[4]

— 反对陈述的发布为**免费**的（第3款）。

即便（由于原始事实主张发表的位置）反对陈述被发布于广告栏中，亦为免费；但免费并不（当然地）适用于当事人费用（Parteikosten）。原则上相关当事人应自己承担律师费；其只能通过法院程序（通过瑞民第28l条裁定反对陈述；损害赔偿之诉）推卸此等费用。[5]

（四）权利保护

1. 反对陈述权具有可诉性（瑞民第28l条第1款："……则相关当事人可诉诸法院……"）。此为一种（针对反对陈述的）独立的诉

---

[1] 基础性的判决见 BGE 123 Ⅲ 145 ff.（147 ff.），E. 2（= Pra 86/1997, Nr. 141, S. 751 ff.）.
[2] Vgl. BGE 123 Ⅲ 145 ff.（149 ff.），E. 3 und 4（= Pra 86/1997, Nr. 141, S. 751 ff.）.
[3] BGE 119 Ⅱ 104 ff.（108 f.），E. 5b.
[4] Pedrazzini/Oberholzer, S. 169.
[5] Deschenaux/Steinauer, Nr. 701a.

讼，其不受瑞民第28a条中规定的诉讼管辖。按照瑞民第281条第1款，在如下情形中，法院的权利保护为可能与必要：

- 行使反对陈述权**被阻碍**；

  这尤其发生于媒体企业不给相关当事人以机会了解相关事实描述的场合（例如媒体企业在相关当事人请求寄送印刷文本之复印件后拒绝之）。[1]

- 反对陈述**被拒绝**；或
- 反对陈述没有**被正确公布**。

  例如：由于媒体企业对第一次的自主性反对陈述添加了不被允许的"编辑余论"，法院裁定重新进行反对陈述。[2]

2. 法院只是基于当事人的起诉作出判决。判决不能表明媒体企业发表的叙述是真实还是虚假（边码988）。并不能从对诉求之认可中推出媒体企业做了某些不被允许之事。[3]

不过，当反对陈述的内容明显不正确时，可对其公布予以拒绝（瑞民第28h条第2款）。

在法院判决反对陈述时，应附带**警示**反对法院命令的**刑事后果**（《刑法典》第292条）（亦可参见《民事程序法》第343条第1款第a项）。[4]

媒体企业无义务向对方发出反对陈述的发表已被实行的通知。媒体企业亦无义务向其递送样本。[5]

3. 原则上，法院有职责对呈交之反对陈述文本遵循法律上的要求进行调整。但此修正在内容上不得超越向媒体企业提交之文本包含的内容；换句话说，被修正后的文本必须在内容上构成针对原始文

---

[1] Vgl. dazu Deschenaux/Steinauer, Nr. 693 f.；Tercier, Nr. 1517 ff.
[2] BGE 119 II 104 ff. (108 f.), E. 5b.
[3] BGE 135 III 385 ff. (387 f.), E. 2.2.
[4] BGE 119 II 104 ff. (109), E. 5b in fine；Deschenaux/Steinauer, Nr. 713.
[5] BGE 135 III 385 ff. (387), E. 2.3.

本的缩减版。也不能指望法官对文本进行全面的编辑加工。换句话说，原告必须向法院提交正确的文本，或简单修改后就会满足法律要求的文本。[1] 不过，仅仅是被媒体企业所拒绝之反对陈述的附带方面，并不能构成反对陈述的适格内容；在此情形无法对文本进行删减，因为此时存在的并非是一个缩减版，而是完全别种的东西了。[2]

1019 4. 尽管法律对起诉并没有规定（失权）期间，但联邦法院对此类推适用瑞民第 28i 条第 1 款：按照此规定，原则上诉讼（最迟）应于媒体企业拒绝后二十日内提起；之后进行诉讼，则推定对于法院裁定反对陈述，原告不享有值得保护的利益。[3]

一旦媒体企业向申请人表达了其对反对陈述的意见，该期间便开始计算（参见瑞民第 28i 条第 2 款）。这包括向申请人寄送一份样本或与申请人联系建议修改。[4]

1020 5. 法院管辖按照《民事程序法》第 20 条第 b 款加以决定（前文边码 958 及以下）。

1021 6.《民事程序法》对程序上的细节问题进行了规制，此保障了**程序的迅捷**。而程序迅捷对于实现此法律制度的目的必不可少：[5]

1022 - 反对陈述请求权适用简易程序（《民事程序法》第 249 条第 a 项第 1 子项）。原则上举证基于证书作出（《民事程序法》第 254 条第 1 款）。其他的证据只有在其不会实质地造成程序的迟延时，方被允许（《民事程序法》第 254 条第 2 款第 a 项）。

但该程序是对抗性的。也即是，根据《民事程序法》第 253 条规定的条件应赋予被告以提出意见的机会。

---

〔1〕 总体性的参见 BGE 117 II 1 ff. (3 ff.), E. 2b und c; 117 II 115 ff. (120 f.), E. 3c; 119 II 104 ff. (108), E. 3e; Pra 87/1998, Nr. 119, S. 673 ff. (676), E. 4a = Medialex 1998, S. 156 ff.; 130 III 1 ff. (8 f.), E. 3. 2. 如果原始稿件被修改，但在修改后却未提交给媒体企业，那么原告是否可向法院提交该修改后的稿件，对此问题，参见 BGE 122 III 209 ff. 对于诉讼费用的承担参见 BGer in: Pra 87/1998, Nr. 172. S. 920 ff.

〔2〕 BGE 130 III 1 ff. (9 f.), E. 3. 2 und 3. 3.

〔3〕 BGE 116 II 1 ff. (4 ff.), E. 3 und 4; 135 III 385 ff. (388 f.), E. 2. 3; Deschenaux/Steinauer, Nr. 711 ff., 各自都将观点弱化了些。

〔4〕 BGE 135 III 385 ff. (389), E. 2. 3.

〔5〕 BGE 117 II 115 ff. (116), E. 2a.

— 上诉不具有停止性效力(《民事程序法》第 315 条第 4 款第 a 项)。

如果在一审中反对陈述申请被不恰当地保护(并且被立即执行)了,则在上诉程序中在适当情况下只能对反对陈述请求权之不存在予以确定。不过,胜诉的媒体企业可以以适当方式将上诉判决予以公布。[1]

7. **民事程序中的抗告**(Beschwerde)可作为诉诸联邦法院的上诉程序(《联邦法院法》第 72 条第 1 款)。按照《联邦法院法》第 103 条第 1 款,此抗告"通常"也不具有停止性效力。不过,该条第 3 款规定了助理法官(Instruktionsrichter)可基于当事人的申请或基于职权对此作出不同的裁决;按照本书的观点,鉴于立法者在上诉的场合就作出了取消停止性效力的决定,在反对陈述场合助理法官不应作出不同裁决(亦可参见旧瑞民第 281 条第 4 款,该款一般性地规定上诉程序不具有停止性效力)。

就反对陈述而提起的诉讼为不具有财产属性的争议。[2]

六、姓名保护专论

教科书文献:

— Brückner, Personenrecht, Nr. 954 ff.
— Bucher A., Nr. 820 ff.
— Deschenaux/Steinauer, Nr. 745 ff.
— Hausheer/Aebi‑Müller, Nr. 16. 27 ff.
— Pedrazzini/Oberholzer, S. 188 ff.
— Riemer, Personenrecht, Nr. 235 ff.
— Tercier, Nr. 442 ff.
— Tuor/Schndyer/Schmid, § 11 N 56 ff.

特别文献(选列):

— Bühler, Basler Kommentar zu Art. 29 und 30 ZGB.

---

[1] Pedrazzini/Oberholzer, S. 171.
[2] BGer 5A_ 693/2008, E. 1. 1.

— Six Jann, Der privatrechtliche Namensschutz von und vor Domänennamen im Internet, Diss. Zürich 2000 (Zürcher Studien zum Privatrecht, Band 158).

法院判决：

1. BGE 117 Ⅱ 513 ff.

使用某可能导致混淆的名称侵犯人格，精确地说侵犯某协会享有的名称权。对协会名称可区分性的要求。

2. BGE 128 Ⅲ 353 ff.（"montana.ch"案），亦可参见 BGE 128 Ⅲ 401 ff.（"luzern.ch"案）

在互联网域名中使用之自己名称的一部分同时也是某市镇名称的，可构成瑞民第29条意义上的姓名冒用。对于是否存在混淆危险这个问题的回答，应不取决于相关网址的内容。当多个人拥有相同的名称从而对同一个域名主张权利时，应如何处理？

姓名权是一种人格权，并在此意义上被瑞民第28至281条所保护。[1]被违法侵害姓名权之人尤其可运用瑞民第28a条中的防御之诉和恢复之诉。[2]除此之外，瑞民第29条也针对"某人不正当地冒用姓名或否认正当权利人使用其姓名之权利的特别情形"[3]作出了特别保护。具体而言：

首先，事实构成层面要求存在对姓名权的违法侵犯，尤其是：

— 具有违法性地**对姓名使用进行争议**（第1款）；或者

— **姓名冒用**（第2款），即不正当地使用他人姓名，用以标识自己、某物或某企业。[4]权利人应受保护的利益必须因此被侵犯。在此，关键是要存在混淆的**危险**；而并不要求的确发生了混淆。[5]例如当冒用使得姓名权人被联想到"其拒绝及从理性角度看亦有权

---

〔1〕 基于宪法的视角见 BGE 124 Ⅰ 85 ff.（87），E. 2b.
〔2〕 BGE 120 Ⅲ 60 ff.（63），E. 3a；Deschenaux/Steinauer, Nr. 745 und 749c.
〔3〕 BGE 120 Ⅲ 60 ff.（63），E. 3a.
〔4〕 Deschenaux/Steinauer, Nr. 748.
〔5〕 BGE 116 Ⅱ 463 ff.（469），E. 3b；127 Ⅲ 33 ff.（40），E. 4；128 Ⅲ 353 ff.（358），E. 4；128 Ⅲ 401 ff.（404），E. 5.

拒绝的"、并不存在的关系中时,即存在侵害。[1]

受保护的并不仅仅是财产价值上的利益,也包括观念性的利益。[2]在人格和姓名保护领域,"某人的行动自由和他人的保护需求之间的界分不能按照机械的优先规则作出……因为按照一贯的司法实践,此处并不能只是依靠优先性来对各个权利空间进行界分,而是应进行全方位的利益衡量"。[3]

受保护的不仅是某人的官方姓名,也包括联合姓名和笔名。法人名称同样受到瑞民第 29 条的保护,尽管此保护只是辅助性的,因为首先应适用的是关于商号的规定(瑞债第 944 条及以下)。[4]

其次,被侵害人可运用下列诉讼:

- **防御之诉**:对潜在冒用姓名的不作为之诉(此在瑞民第 29 条中并没有被提及,但可基于对瑞民第 28a 条第 1 款第 1 项的类推得出)、消除之诉{瑞民第 29 条第 2 款德文文本称之为对冒用行为的不作为之诉;更精确一些的是罗马语系文本:"提起制止之诉 [intenter action pour la (= l'usurpation) faire cesser]"或"诉求判决停止侵害(chiedere in giudizio la cessazione dell'usurpazione stessa)"}、对姓名争议的确认之诉(瑞民第 29 条第 1 款)。

- **恢复之诉**:损害赔偿之诉(被提及于瑞民第 29 条第 2 款中,在此并非任何情况下都要求存在过错,而是存在结果责任的事由即已足够),[5]精神损害赔偿之诉(被提及于瑞民第 29 条第 2 款中,在此就瑞债第 49 条而言并非在任何情形都要求存在过错)、[6]获利

---

[1] BGE 112 II 369 ff. (371), E. 3b; vgl. auch BGE 128 III 353 ff. (359), E. 4; 128 III 401 ff. (403), E. 5.

[2] BGE 116 II 463 ff. (469), E. 3b; 128 III 353 ff. (358), E. 4.

[3] BGer in: sic! 1997, S. 493 ff. (494 f.), E. 3c («Anne Frank»); BGE 102 II 161 ff. (167), E. 4; 128 III 353 ff. (364), E. 4. 3. 2.

[4] Deschenaux/Steinauer, Nr. 747 ff.

[5] Deschenaux/Steinauer, Nr. 755 und 613.

[6] Deschenaux/Steinauer, Nr. 756. Vgl. dazu auch BGE 131 III 26 ff. (29), E. 12. 1.

返还之诉（在瑞民第 29 条中未被提及，但在瑞民第 28a 条第 3 款中存在对此的保留，并且可从瑞债第 423 条第 1 款中得出）。

易言之，在瑞民第 29 条中特别列出的确认权利之诉、不作为（消除）姓名冒用之诉、损害赔偿以及精神损害赔偿之诉，可被归入到瑞民第 28a 条中的一般防御之诉和恢复之诉。

1036 最后，由于瑞民第 29 条中的姓名保护只是瑞民第 28 条及以下条文中一般人格保护的特别形式，从而彼处的程序规定亦适用于侵犯姓名的程序，尤其是在涉及反对陈述权时（瑞民第 28g 至 28l 条；边码 985 及以下）。[1]

法院管辖应按照《民事程序法》第 20 条第 c 项（边码 958 及以下）。预防性措施被规制于《民事程序法》第 261 条及以下条文中（边码 964 及以下）。

七、数据处理中的保护问题专论

说明：在运用文献和司法判决时必须注意，《数据保护法》的大量修改曾于 2008 年 1 月 1 日生效。[2] 从而部分旧文献已经过时了。

1037 **教科书文献**：
- Brückner, Personenrecht, Nr. 502 ff.
- Bucher A., Nr. 461 ff.
- Deschenaux/Steinauer, Nr. 718 ff.
- Hausheer/Aebi-Müller, Nr. 13. 22 ff.
- Pedrazzini/Oberholzer, S. 138 ff.
- Riemer, Personenrecht, Nr. 350 ff.
- Tercier, Nr. 459 ff.
- Tuor/Schnyder/Schmid, § 11 N 18.

---

[1] Deschenaux/Steinauer, Nr. 751；Tercier, Nr. 444；Bucher A., Nr. 833 f.
[2] AS 2007, S. 4983 ff.

第三编 人法（瑞民第11至89^{bis}条）

特别文献（选列）：

— Berger Kurzen Brigitte, E – Health und Datenschutz, Diss. Zürich 2004.

— Brühwiler – Frésey Lukas S., Medizinischer Behandlungsvertrag und Datenrecht, Zürich 1996.

— Druey Jean Nicolas, Information als Gegenstand des Rechts, Zürich/Baden – Baden1995.

— Flueckiger Christian, La protection des données médicales des sportifs professionnels ..., Diss. Neuenburg 2008.

— Maurer – Lambrou Urs/Vogt Nedim Peter (Hrsg.), Basler Kommentar zum DSG.

— Monnier Gilles, Le droit d'accès aux données personnelles traitées par un média ..., Lausanner Diss., Bern 1999.

— Peter James Thomas, Das Datenschutzgesetz im Privatbereich (unter Berücksichtigung seiner motivationalen Grundlage), Diss. Zürich 1994.

— Riemer – Kafka Gabriela, Datenschutz zwischen Arbeitgeber und Versicherungsträgern, SJZ 96/2000, S. 285 ff.

— Riesselmann – saxer Rebekka, Datenschutz im privatrechtlichen Arbeitsverhältnis, Zürcher Diss., Bern 2002.

— Rosenthal David/Jöhri Yvonne, Handkommentar zum DSG.

— Sauter Regine Martina, Die institutionalisierte Kontrolle im Bundesgesetz über den Datenschutz vom 19. Juni 1992, St. Galler Diss., Zürich 1995.

— Schmid Jörg, Persönlichkeitsschutz bei der Bearbeitung von Personendaten durch Private, ZBJV 131/1995, S. 809 ff. (zitiert: Schmid, Bearbeitung von Personendaten).

— Derselbe, Das Recht auf Auskunft über Datenbearbeitung nach Art. 8 DSG – Privatrechtliche Fragen, FZR 1995, S. 3 ff. (zitiert: Schmid, Recht auf Auskunft).

— Derselbe, KMU und Datenschutz: Der heikle Umgang mit Per –

sonendaten, in: Girsberger Daniel/Schmid Jörg (Hrsg.), Rechtsfragen rund um die KUM ..., Zürich/Basel/Genf 2003, S. 151 ff. (zitiert: Schmid, KMU).

— Schweizer Rainer J. (Hrsg.), Das neue Datenschutzgesetz des Bundes, Referateder Tagungen der Hochschule St. Gallen vom 15. Oktober und 13. Novermber 1992, Zürich 1993.

— Strasser Othmar, Datenschutz und Bankgeschäft am Beispiel der Bonitätsprüfung bei Krediten, SJZ 93/1997, S. 449 ff.

— Walter Jean-Philippe, La protection de la personnalité lors du traitement de données à des fins statistiques (...), Diss. Freiburg 1988 (AISUF Band 81).

立法材料:

— Botschaft zum Bundesgesetz über den Datenschutz (DSG) vom 23. März 1988, BBl 1988 II, S. 413 ff. (引用为: Botschaft zum DSG).

— Botschaft betreffend den Beitritt zum übereinkommen des Europarats zum Schutz des Menschen bei der automatischen Verarbeitung personenbezogener Daten vom 13. November 1996, BBl 1997 I, S. 717 ff.

— Botschaft zur Änderung des Bundesgesetzes über den Datenschutz (DSG) und zum Bundesbeschluss betreffend den Beitritt der Schweiz zum Zusatzprotokoll vom 8, November 2001 zum übereinkommen zum Schutz des Menschen bei der automatischen Verarbeitung personenbezogener Daten bezüglich Aufsichtsbehörden und grenzüberschreitenden Datenübermittlung, BBl 2003, S. 2101 ff. (引用为: Botschaft zur Änderung des DSG).

法院判决:

1. BGE 120 II 118 ff.

基于瑞债第 328 条第 1 款，雇员享有查阅其人事档案的权利。但雇员基于此无权查阅与雇主就该雇员以某种形式参与之业务行为所进行的调查有关的所有文件。查阅权具有工具性的属性；其应使得相关当事人能够知悉在其人事档案中是否存在侵犯其人格权的陈述。只是出于满足好奇心的动机不得要求查阅档案；毋宁是，对此必须存在正当利益,此利益应与其他人拒绝该查阅之利益进行衡量。

在本案中,《数据保护法》尚未被适用;对于现在的法律状况参见瑞债第328b条和《数据保护法》第8条、第9条。

2. BGE 122 Ⅴ 267 ff.

雇主可对求职者提哪些问题?对问题不予回答何时构成失业保险法意义上的错误行为(《失业保险法》第30条第1款第c项)?

3. BGE 123 Ⅱ 534 ff. (亦可参见 BGE 125 Ⅱ 473 ff.)

某被保险人就其在事故保险中的个人信息的查询权;《数据保护法》第8条与《事故保险法》第98条的关系。

4. ZR 97/1998, Nr. 72, S. 181 ff. (苏黎世劳动法院)

允许通过前雇主来进行背景调查以及背景调查的内容。曾经之员工同意的必要性(此案中该同意经由指出证明人作出)。

5. VPB 69/2005, S. 1299 ff. (联邦数据保护委员会)

在数据保护法层面对垃圾邮件的判断。

6. VPB 68/2004, S. 861 ff. (联邦数据保护委员会)

不允许对学徒进行毒品测试,该毒品测试在学徒开始及每年两次被进行。

(一) 概述

1. 长期以来,关于某特定人的信息("个人信息")就被处理,即被收集、评估以及传递。这经常触及相关当事人的人格权,尤其是私人领域权和名誉权。以前的数据处理方法相对而言颇为麻烦和"费事",**但现代技术手段**(尤其是电子数据处理)允许对大量的个人信息进行快速的处理,即搜集、修改、传递等等。这极大地增加了"侵害人格的可能"。[1]

首先——由于对此缺少特别法上的处理——是人们诉诸**法院**以维护人格保护:法院通过进一步发展关于瑞民第28条及以下条文的司法实践,也履行了此任务。

值得提及的例如"Vogelsanger"案[2]以及苏黎世"债务人簿"

---

[1] Schmid, Bearbeitung von Presonendaten(边码1038中引用的文献), S. 810.
[2] BGE 25 Ⅱ 621 ff. ("背信人士清单")。

案。[1]之后联邦法院认可了宪法上个人对信息的自决权,将其作为个人自由的一部分。[2]

2. 在法院的这些零散的处理之后,**立法者**采取了行动。首先在州层面,然后在联邦层面。在联邦尤其要注意如下法律基础:

- 1992 年 6 月 1 日《**联邦数据保护法**》亦可参见瑞债第 328b 条和第 406g 条;[3]
- 1993 年 6 月 14 日《〈**联邦数据保护法**〉条例》;[4]

除此之外还有 1993 年 6 月 14 日《关于在预防性的国家保护领域中处理个人信息的条例》(《数据保护条例——国家保护》)[5]以及 1993 年 6 月 14 日《关于在医学研究领域公开职业秘密的条例》。[6]另外,一系列其他的具体规定在各个不同方面都照顾到了私法上的数据保护,例如 1997 年 4 月 30 日《通讯法》第 43 条[7]及以下条文或 1997 年 4 月 30 日《邮政法》第 13 条。[8]

- 2007 年 9 月 28 日《数据保护认证条例》。[9]

在宪法上还应注意《**联邦宪法**》**第 13 条第 2 款**("任何人都有权要求保护免于对其个人信息的滥用")[10]以及《欧洲人权公约》第 8 条第 1 款,该款亦涵盖个人信息问题[11]。

---

[1] ZR 88/1989, Nr. 33, S. 117 ff.
[2] BGE 113 Ia 257 ff. (263 ff.), E. 4c ~ e; vgl. dazu auch BGE 120 II 118 ff. (121), E. 3a, und 122 I 153 ff. (162), E. 6b/aa.
[3] SR 235.1, 1993 年 7 月 1 日生效。
[4] SR 235.11, 1993 年 7 月 1 日生效。
[5] SR 235.14.
[6] SR 235.154.
[7] SR 784.10.
[8] SR 783.0.
[9] SR 235.13, 2008 年 1 月 1 日生效。
[10] Vgl. dazu die Botschaft des Bundesrates über eine neue Bundesverfassung vom 20. Novermber 1996, in: BB1 1997 I, S. 1 ff. (153).
[11] BGE 122 I 360 ff. (362), E. 5a.

另外还可参见：①2000年3月24日《关于在联邦外交部对个人信息进行处理的联邦法》；[1]②1996年11月13日关于加入《欧洲委员会自动处理个人信息中对人之保护的公约》的公告[2]以及就瑞士加入附属备忘录（边码1039）的《修改〈数据保护法〉公告》[3]。2010年3月8日国民院成员依夫·尼德格尔（Yves Nidegger）提交的国会动议"在联邦宪法中更好保护私人领域"（第10.405号），意图在《联邦宪法》第13条中补充一个第3款。按照此款，对受私人领域保护之数据的传播和使用，构成违反公共秩序，除非相关当事人对此明示同意或瑞士法院对此进行了有效判决（该动议尚未在全体大会中被处理）。

3.《数据保护法》一方面援引了一般的人格权规范（瑞民第28条及以下），另一方面也对这些规定进行了细化和具体化，例如涉及一般的处理原则、人格侵犯、正当化事由和权利保护时。**三个支柱**应予提及：

1045

— 相关当事人关于其数据的自决权［《数据保护法》第12条第2款第b项（亦可参见《数据保护法》第4条第3款）］；

1046

任何人都有权禁止对（关于他的）数据进行处理——对此无条件上的要求，即不许证明特别利益。例如：申请被纳入"鲁滨孙名单[4]"，以防止违背意愿地接收广告。[5]

— 按照《数据保护法》第8条至第10条的**查询权**（边码1069及以下）；

1047

---

［1］ SR 235.2; in Kraft seit 1. September 2000.
［2］ BBl 1997 I, S. 717 ff. （公约文本见 S. 740 ff.）.
［3］ BBl 2003, S. 2101 ff.
［4］ 取鲁滨孙在孤岛上与世隔绝之意。——译者
［5］ Schmid, Bearbeitung von Personendaten（边码1038中引用的文献），S. 818; Rampini, Bakomm zum DSG, N 14 zu Art. 12 DSG.

正是此查询权使得相关当事人能够去审查数据保护的实质原则（边码 1055 及以下）是否被遵守，也使其能够在适当场合维护其他的权利，例如主张对不正确的信息予以纠正。[1]

1048 — 按照《数据保护法》第 12 条至第 15 条被具体化后的权利保护（边码 1080 及以下）。

1049 4.《数据保护法》在其第 2 条中规定了该法的适用范围。本书此处感兴趣的是**私人进行的数据处理**（《数据保护法》第 2 条第 2 款第 1 项）。

该法也适用于由联邦机构进行的数据处理（《数据保护法》第 2 条第 1 款第 b 项；对于在私法上如何对待联邦机构参见《数据保护法》第 23 条）。

《数据保护法》第 3 条第 e 项中对如何理解"处理"进行了定义。尤其是《数据保护法》并不限于通过电子数据进行的处理。

1050 从私法的角度看，还要尤其注意《数据保护法》第 2 条第 2 款 a 项、d 项。此规定将如下情形**排除**出该法的**适用范围**：[2]

— "自然人完全为个人使用而处理且不向外人公开的个人数据"（第 a 项）。

"个人使用"主要是指在狭窄的私人圈子（家庭圈、个人日程、内部职业笔记）里的使用。[3]

— "私法上交易的公共登记簿"（第 d 项）。属于此范围的有：土地登记簿、商事登记簿、飞行器登记簿、船舶登记簿、所有

---

[1] BGE 125 II 473 ff. (476), E. 4b.
[2] Deschenaux/Steinauer, Nr. 730 ff.
[3] Deschenaux/Steinauer, Nr. 730a; Maurer–Lambrou/Kunz, BaKomm zum DSG, N 23 zu Art. 2 DSG.

权保留登记簿、债务执行与破产法登记簿、专利登记簿。[1]

例如参见瑞民第970a条,关于各州对受让土地所有权进行公开予以规定的权利(理念:透明性和反土地投机)。

5.《数据保护法》第3条包含有重要的概念定义。值得特别指出的是对之进行处理可产生极大危害风险的两种数据类型,即:

— 特别应受保护的个人数据(《数据保护法》第3条第c项);

例如:私密领域、属于某宗教团体或某党派、艾滋病病毒阳性、[2]遭受自由刑的刑罚。[3]**不属于此数据类型的有关于应税收入和财产的信息。**[4]

— **人格档案**(《数据保护法》第3条第d项)。此为"可用以评判某自然人人格之实质方面的数据的集合"。例如:基于某人消费行为的人格形象。[5]

这两个类型都有特别规范保护之,[6]例如《数据保护法》第7a条、第11a条第3项、第12条第2款第c项以及第13条第2款第c项。

不过,须注意的是,就适用范围而言(《数据保护法》第2条第2款第a项除外),该法**适用于任何数据**;可被无条件地处理的"自由数据"这种类型,在《数据保护法》中并不存在。[7]

1051

1052

1053

1054

---

[1] Maurer – Lambrou/Kunz, BaKomm zum DSG, N 57 zu Art. 2 DSG.
[2] Belser, BaKomm zum DSG, N 10 ff. zu Art. 3 DSG.
[3] BGE 122 Ⅲ 449 ff. (456), E. 3a; vgl. auch BGE 124 I 34 ff. (36 f.), E. 3a.
[4] BGE 124 I 176 ff. (179). E. 5c/cc; Belser, BaKomm zum DSG, N 10 zu Art. 3 DSG.
[5] Belser, BaKomm zum DSG, N 21 zu Art. 3 DSG.
[6] 详见 Belser, BaKomm zum DSG, N 19 zu Art. 3 DSG.
[7] Maurer – Lambrou/Kunz, BaKomm zum DSG, N 5 zu Art. 2 DSG; Deschenaux/Steinauer, Nr. 735a.

（二）数据处理的一般原则

1. 原则。

1055　（1）《数据保护法》在其第 2 节（该法第 4 至 11a 条）中，在"一般性数据保护规定"这一标题下，对数据处理的一般原则作出了规定。这些一般原则实际上同时也构成了该法的"指导思想"；其既适用于私人的数据处理者，也适用于联邦机构。[1]

1056　该法规定了如下原则：[2]

1057　－ 合法处理原则（《数据保护法》第 4 条第 1 款；对于处理的概念参见该法第 3 条第 e 项）；

违法处理的**例如**：通过强迫某人家庭佣人来获取某人的信息。[3]

1058　－ 按照诚实信用进行处理的原则（《数据保护法》第 4 条第 2 款）；

处理者应如一个正直、正派之人那样对数据进行处理。例如某婚姻介绍机构为了赢得客户而发布虚构的婚姻广告，即属于违反此原则。[4]

1059　－ 合乎比例原则（《数据保护法》第 4 条第 2 款结尾）；

处理者获取和进一步加工的信息，必须是其的确需要且适合实现其所追求之目标的信息（对于劳动关系参见瑞债第 328b 条的特别规定）。按照本书的观点，在一定时间后将个人数据除去（或销毁）的要求，也隶属于此原则。[5]

---

[1] Maurer－Lambrou/Kunz, BaKomm zum DSG, Vorbem. zu Art. 4～11 DSG, N 1.

[2] Rosenthal, Handkomm zum DSG, Bemerkungen zu Art. 4 ff. DSG.

[3] Rosenthal, Handkomm zum DSG, N 7 zu Art. 4 DSG；对此参见旧《数据保护法》第 4 条第 1 款，此款只要求合法的"获取"信息，见 Deschenaux/Steinauer, Nr. 734a.

[4] Schmid, Bearbeitung von Personendaten（边码 1038 中引用的文献），S. 822.

[5] 宪法角度的讨论参见 BGE 133 I 77 ff.（83 ff.），E. 5（保管一百天内在公共场所和街道拍摄的监控录像的合比例性）。

第三编 人法（瑞民第 11 至 89bis 条）

出租人不得利用住房紧缺造成的优势地位对寻租人进行调查，而只能提出对于审查支付能力和住房使用具有直接实质意义的问题（家庭人数、宠物、转租的意图）。[1]某加工化学物质的企业在安全的名义下对所有的学徒进行毒品检测，由于其也检测那些从事的业务与安全方面毫无关系的人（如秘书），此行为即不具有合比例性。[2]

— 合目的性原则（《数据保护法》第 4 条第 3 款）；

1060

与此原则相符的是**对偏离目的的禁止**。婚姻介绍机构不得将其委托人的地址为未来"心愿单"的目的转交给某商场；信用卡机构不得为广告目的使用其客户地址或将客户地址泄露给他人。[3]

— 数据收集的可识别性原则（《数据保护法》第 4 条第 4 款）；

1061

此原则有助于透明化，并与个体拒绝数据处理的权利（《数据保护法》第 12 条第 2 款第 b 项；边码 1046）息息相关。[4]如果信息收集的"可识别性"并不存在，那么数据收集的主人应将信息收集以及其框架条件通知给相关当事人。[5]对于特别值得保护的个人信息和人格档案，存在更严格的信息反馈义务（《数据保护法》第 7a 条；边码 1065）。

— 对正确性进行审查的原则（《数据保护法》第 5 条）；

1062

按照《数据保护法》第 5 条第 1 款，处理个人信息者应

---

[1] Schmid, Bearbeitung von Personendaten（边码 1038 中引用的文献），S. 823；对此参见联邦数据保护专员于 1994 年 11 月 21 日的建议，见于 BB1 1994 V, S. 412 ff.；此建议被 1996 年 11 月 21 日联邦数据保护委员会的裁决所审查，参见 VPB 62/1998, Nr. 42, S. 350 ff.
[2] VPB 68/2004, S. 861 ff.（869 f.），E. 3b/aa（联邦数据保护委员会）。
[3] Schmid, Bearbeitung von Personendaten（边码 1038 中引用的文献），S. 822.
[4] Botschaft zur Änderung des DSG, S. 2126 unten.
[5] Botschaft zur Änderung des DSG, S. 2125 带有例证。

确定这些个人信息为正确。另外其必须"采取所有适当的措施，以将对于其数据收集或加工之目的属于不正确或不完整的信息，进行改正或销毁"。不完整的数据只具有"一半的正确性"，从而尤其可能对相关当事人的人格权造成侵犯。[1] 另外，在由于数据的敏感性（例如关于信用的数据），或由于数据处理时对相关当事人产生的风险确有必要时，还应对数据进行持续跟踪。[2]

对于改正请求权参见《数据保护法》第5条第2款。对于为对时效性和可靠性予以告知而公开的数据，参见《〈数据保护法〉条例》第12条。

1063　　　— 将数据向国外传布的克制原则（《数据保护法》第6条）；

2007年12月31日之前，将个人信息向国外传布者，有义务事先向联邦数据保护和公共领域专员报告。随着《数据保护法》第6条的修正，该义务被相关当事人的注意义务（并结合及时的信息反馈义务）所取代。[3]

1064　　　— 数据安全原则，即数据处理者负责数据安全的义务（《数据保护法》第7条；《〈数据保护法〉条例》第8条至第11条）；

如果是由第三人来处理数据，那么委托人应确保该第三人保障数据安全（《数据保护法》第10a条第2款）。《数据保护法》在其第11条中规定了一个特别的认证程序，以改善数据安全（亦可参见《〈数据保护法〉条例》[4]）。

1065　　　— 在收集特别值得保护之个人信息或人格档案时的信息反馈

---

[1] Schmid, Bearbeitung von Personendaten（边码1038中引用的文献），S. 824.
[2] Amtl. Bull. NR 2005, S. 1441 (Votum Huber); Rosenthal, Handkomm zum DSG, N 9 zu Art. 5 DSG. Vgl. Auch BGer 1A. 6/2001, E. 2c (在《数据保护法》第5条第1款第2句被引入前).
[3] Botschaft zur Änderung des DSG, S. 2128.
[4] Verordnung über die Datenschutzzertifizierungen; SR 235.13.

义务原则（《数据保护法》第7a条）；

数据收集的主人必须自己主动履行此信息反馈义务。[1]关于对此信息反馈义务的限制参见《数据保护法》第9条（边码1072及以下）。

- 答询义务原则（《数据保护法》第8条至第10条；《〈数据保护法〉条例》第1条至第2条），此义务为相关当事人查询权的对应物（边码1069及以下）；

1066

- 对特定信息收集的报告义务原则。此是向联邦数据保护和公共领域专员掌管之登记簿报告的义务（《数据保护法》第11a条第1款和第3款；《〈数据保护法〉条例》第3条至第4条）。此登记簿可通过互联网访问。[2]任何人都可查阅之。

1067

（2）《数据保护法》第4条、第5条第1款和第7条第1款中的原则，在涉及人格侵犯时（参见《数据保护法》第12条第2款第a项以及下文边码1080及以下）便应被注意到。不过对此亦存在**特别的正当化事由**：在存在正当化事由时，在相应情况下某上述原则可不被遵守。[3]

1068

2. 查询权专论。

基于《数据保护法》第8条至第10条的相关当事人查询权是数据保护法的支柱之一，[4]并构成信息上自决权的一部分。[5]任何人不能事先放弃此权利（《数据保护法》第8条第6款），在此意义上它具有**强行性**。对此，简短提及下述几点：[6]

1069

（1）查询权基于法律产生，从而为"无条件的"。对此，并不要

1070

---

[1] Botschaft zur Änderung des DSG, S. 2131.
[2] 可下载于http://www.datareg.admin.ch/WebDatareg.
[3] Maurer-Lambrou/Steiner, Bakomm zum DSG, N 17 zu Art. 4 DSG.
[4] 众多的文献中只需参见Gramigan/Maurer-Lambrou, BaKomm zum DSG, N 1 zu Art. 8 DSG.
[5] BGE 122 I 153 ff.（162），E. 6b/aa.
[6] 具体参见Deschenaux/Steinauer, Nr. 742 ff.；Peter（边码1038中引用的文献），S. 211 ff.；Schmid Recht auf Auskunft（边码1038中引用的文献），S. 3 ff.；Monnier（边码1038中引用的文献），S. 141 ff.

求申请者证明、使人相信甚至只是主张其人格权被侵犯或存在违法的行为。〔1〕不过对此当然存在禁止权利滥用这个一般性限制〔2〕（对于瑞民第 2 条第 2 款一般性的参见边码 286 及以下）。关于针对死人数据的查询申请参见《〈数据保护法〉条例》第 1 条第 7 款。〔3〕

1071　　（2）查询权针对信息收集之主人主张（《数据保护法》第 8 条第 1 款），即针对任何就信息收集的目的和内容作出决定的（私）人（《数据保护法》第 3 条第 g 和 i 项）。

即便在个人数据是通过第三人处理时，亦是此人承担进行答询的义务（《数据保护法》第 8 条第 4 款）。在存在多个数据收集之主人时的做法，参见《〈数据保护法〉条例》第 1 条第 5 款。

1072　　（3）只有在存在完全特定的理由时，数据收集之（私）主人才可对查询予以拒绝、限制或拖延（《数据保护法》第 9 条），尤其是：

1073　　－ 当由于压倒性的第三人利益而要求这样时（《数据保护法》第 9 条第 1 款第 b 项）；〔4〕

1074　　－ 当存在主人之压倒性的利益且该主人并没有将相关个人信息向第三人公开时（《数据保护法》第 9 条第 3 款）；〔5〕

1075　　－ 在数据收集完全是为了在定期出版媒体的编辑部分公开时，对查询权存在进一步的限制（《数据保护法》第 10 条）。

数据收集之主人必须论证，其基于何理由对查询予以拒绝、限制或拖延（《数据保护法》第 9 条第 4 款）。关于期限的规定见《〈数据保护法〉条例》第 1 条第 4 款。

1076　　（4）被查询人应答询的内容由《数据保护法》第 8 条第 2 款确

---

〔1〕　Schmid, Recht auf Auskunft（边码 1038 中引用的文献），S. 10.

〔2〕　BGE 123 Ⅱ 534 ff.（538），E. 2e；127 V 219 ff.（222），E. 1a/aa.

〔3〕　Vgl. dazu Schmid, Recht auf Auskunft（边码 1038 中引用的文献），S. 7.

〔4〕　BGE 125 Ⅱ 225 ff.（229），E. 4b［对于涉及某人在国外被绑架时外交部门处理方式的文件，存在压倒性的公共保密利益（"瑞士－萨拉热窝文化桥"事件）］.

〔5〕　Vgl. dazu Gramigna/Maurer - Rambrou, BaKomm zum DSG, N 29 ff. zu Art. 9 DSG.

定。[1]

按照《数据保护法》第 8 条第 2 款第 a 项，答询涵盖数据收集中存在的所有关于相关当事人的数据，无论其为事实判断抑或价值判断。[2]

(5) 答询的形式一般为书面的，打印或者是复印形式（《数据保护法》第 8 条第 5 款；《〈数据保护法〉条例》第 1 条第 2 款和第 3 款）。[3]

1077

有关健康的数据可由数据收集的主人通过相关当事人指定的医生通知相关当事人（《数据保护法》第 8 条第 3 款）。

(6) 通常答询为免费的（《数据保护法》第 8 条第 5 款；《〈数据保护法〉条例》第 2 条）。[4]

1078

(7) 此查询权具有可诉性（《数据保护法》第 15 条第 4 款；边码 1091）。关于刑法上的处罚参见《数据保护法》第 34 条。[5]

1079

(三) 人格侵犯与正当化事由

《数据保护法》在其第三节（该法第 12 条及以下）中针对由私人处理个人数据作出了特别规定。对此尤其要确定的是：

1080

1. 《数据保护法》第 12 条第 1 款确定了任何人不得在处理个人数据时违法地侵害相关当事人的人格。[6]

1081

按照《数据保护法》第 12 条，侵害尤其存在——对此存在正当化事由（边码 1083 及以下）——于如下情形中：[7]

1082

- 违反《数据保护法》第 4 条、第 5 条第 1 款和第 7 条第 1 款中的原则进行数据处理；

---

[1] Schmid, Recht auf Auskunft (zitiert in Nr. 1038), S. 8 ff.; Gramigna/Maurer-Rambrou, BaKomm zum DSG, N 21 ff. zu Art. 8 DSG.

[2] BGE 125 Ⅱ 473 ff. (475), E. 4b.

[3] Vgl. auch BGE 123 Ⅱ 534 ff. (539 ff.), E. 3 (Vorinstanz: VPB 62/1998. Nr. 41, S. 340 ff.). Und BGE 125 Ⅱ 321 ff. (323 f.), E. 3b.

[4] VPB 64/2000, Nr. 71 und 72, S. 791 ff. und 794 ff. （联邦数据保护委员会以及其主席）.

[5] Riklin, Bakomm zum DSG, N 8 ff. zu Art. 34 DSG.

[6] 此处本书原文引用了该条文的法语和意大利语版本，为避免重复，这里省略不译。——译者

[7] Deschenaux/Steinauer, Nr. 732 ff.; Maurer-Lambrou/Steiner, BaKomm zum DSG, N 17 zu Art. 4 DSG.

- 违反某人明示的意思的数据处理；[1]
- 将特别值得保护的个人信息或人格档案公布给第三人。

《数据保护法》第12条第3款进而确定了何时"通常"不存在人格侵害。学说将此理解为举证责任倒置。[2]

1083　　2. 《数据保护法》第13条第1款的页边标题为正当化事由，从而其处理的是**违法性**问题。与瑞民第28条第2款（边码892及以下）一致，当侵害没有被受害人同意、压倒性的公共利益或私人利益或法律所正当化时，即具有违法性。

1084　　- 就**同意**而言，按照比例原则，相关数据越棘手（heikel），**同意**就应越明确。[3]按照《数据保护法》第4条第5款，只有当同意是在掌握适当信息而自由地作出时，同意方为有效。这尤其是指，相关当事人必须了解如果其拒绝同意会导致哪些不良后果。[4]原则上同意不要求特定形式，但默示的同意应相对保守地被认定。[5]如果涉及对特别值得保护的个人信息或人格档案的处理，那么按照《数据保护法》第4条第5款，同意应明示作出。

在某少年申请学徒位置时同意在学徒开始及学徒期间都要接受毒品检测，此同意便属于并非基于自由意思。[6]对于在一般交易条件中所包含之同意声明的认可尤其要谨慎。[7]另外还要探究的是，作为营业经营者的合同和谈判对手，是否必须向同意者作出随时可撤回同意的提示。[8]

1085　　- 将数据公开正当化的**法律规定**，存在于例如债务执行法

---

[1] Vgl. etwa BGE 127 Ⅲ 481 ff. （494），E. 3b（"Minelli"案）.

[2] Deschenaux/Steinauer, Nr. 735 ff；Peter（边码1038中引用的文献），S. 169.

[3] Rampini, BaKomm zum DSG, N 3 zu Art. 13 DSG；Botschaft zur Änderung des DSG, S. 2128.

[4] Botschaft zur Änderung des DSG, S. 2127；联邦行政法院的判决 A-3908/2008, E. 4. 2.

[5] 联邦行政法院的判决 A-3144/2008, E. 12. 1.

[6] VPB 68/2004, S. 861 ff.（872 f.），E. 3b/cc（联邦数据保护委员会）.

[7] Schmid, Bearbeitung von Personendaten（边码1038中引用的文献），S. 827 f.，援引了德国联邦最高法院的判决，见于：NJW 1986, S. 46 ff.（"Schufa条款"）.

[8] Vgl. Schmid, Bearbeitung von Personendaten（zitiert in Nr. 1038），S. 828.

（《有关强制执行与破产的联邦法》第91条第4款和第5款）[1]以及税法[2]中。[3]

— 实践中具有特别意义的正当化事由是数据处理者的**压倒性利益**。法律对此的规定如下。[4]

3. 数据处理者的压倒性利益作为正当化事由，"尤其存在于"《数据保护法》第13条第2款规定的如下情形中：

— 数据处理与合同订立或履行有直接的联系（第a项）；
— 经济上的竞争（但不得将数据公开给第三人；第b项）；
— 对信用度进行审查（对此存在特别要件；第c项）；

此处的信息处理不得涉及特别值保护的个人信息或人格档案（不过在极端情形中允许例外），[5]且对将数据公布给第三人存在限制。具体的必要性（"需要"）这个要件涉及《数据保护法》第4条第2款中的比例原则；并且，具体的必要性这个要件排除了对关于信用度之信息的全部的、列表式的传递，以及排除了对一般性的、非基于特定动因的问题的回答。[6]

— 为了在定期出版媒体的编辑部分公布而进行的职业上的数据处理（第d项）；

例如在对读者来信作者的处理上，就缺少"职业上的"这个特征。[7]

— 为了不涉及个人的目的而进行数据处理（研究、计划、统计；第e项）；
— 对公共生活中之人的数据进行收集（就其在公共领域中的

---

[1] BGE 124 Ⅲ 170 ff.
[2] BGE 124 Ⅰ 176 ff. 针对1951年7月8日《苏黎世税法》（已失效）第83条。
[3] 进一步的例子见于 Rosenthal, Handkomm zum DSG, N 28 zu Art. 13 DSG.
[4] Deschenaux/Steinauer, Nr. 737 ff.
[5] Vgl. Schmid, Bearbeitung von Personendaten（边码1038中引用的文献）, S. 829.
[6] Schmid, Bearbeitung von Personendaten（zitiert in Nr. 1038）, S. 829.
[7] Rampini BaKomm zum DSG, N 39 zu Art. 13 DSG.

作用；第f项）。不明确的是，这里的"收集"的意思究竟为何。[1]

1088　　　　应予提示的是，对特定数据处理原则的违反，例如违反按照诚实信用进行数据处理的原则，也许不能被任何正当化事由所涵盖。[2]

关于通过第三人进行数据处理，参见《数据保护法》第10a条；按照该条第3款，该第三人可主张其委托人的正当化事由。

（四）法律请求权和程序

1089　　1. 对于诉讼，《数据保护法》第15条第1款援引了瑞民第28条、第28a条和第281条（对此参见边码909及以下）。原告的如下权利值得特别提及：

　　－ 主张**修正**或**销毁**个人数据或**阻止**将个人数据向第三人公布的权利（第1款第2句）；

　　　　在其他地方（《数据保护法》第5条第2款），已经存在要求对不正确数据进行修正的请求权（边码1062）。

　　－ 在不能阐明个人信息是否正确时，对之附加**存在争议的说明**（第2款）；

　　－ 对修正、销毁、阻止、存在争议说明或相关判决**通知**第三人或予以**公布**（第3款）。

1090　　尽管在《数据保护法》中并没有明文规定，但基于对瑞民第28条的援引，就防御之诉的积极适格而言，应对组织的诉权予以注意（参见边码919）。[3]

1091　　2. 对于执行查询权的诉讼，《数据保护法》第15条第4款将之指向了《民事程序法》第243条及以下条文中的简化程序（亦可参

---

[1] Rampini BaKomm zum DSG, N 46 zu Art. 13 DSG.

[2] Botschaft zum DSG, S. 460.

[3] Vgl. Rampini, Bakomm zum DSG, N 5 zu Art. 15 DSG；《联邦数据保护法》生效前的情况参见 Steinauer Paul-Henri, Le droit d'action des associations visant à défendre la personnalité de leurs membres, en particulier en matière de protection des données, in: FS Pedrazzini, Bern 1990, S. 495 ff.

见《民事程序法》第243条第2款第d项)。

3. 须补充的是,通过对瑞民第281条的援引,《数据保护法》第15条第1款也涵盖了关于反对陈述权的规定(瑞民第28g至28l条)。关于预防性措施则应遵循《民事程序法》第262条及以下的规定(亦可参见边码964及以下)。

按照学说,在主程序进行期间,作为预防性措施的可以附加存在争议的说明。[1]

4. 诉讼和申请的属地管辖,按照《数据保护法》第15条为当事人一方住所地法院(《民事程序法》第20条第d项)。

5. 这些私法上的权利保护被其他的手段所补充:

- 行政管理上的监督(《数据保护法》第29条)。

联邦数据保护和公共领域专员可进行调查(第1款与第2款),并基于此建议对数据处理进行修改或停止(第3款)。[2] 如果此种建议未被遵循或被拒绝,专员可将该事宜呈交联邦行政法院裁决。专员有权就此等判决向联邦法院提起公法事宜上的抗告程序(第4款)。[3]

- 刑法上的规范(《数据保护法》第34、35条)。

八、基于《男女平等法》之保护专论

特别文献(选列):

- Albrecht andreas C., Der Begriff der gleichwertigen Arbeit im Sinne des Lohngleichheitssatzes «Mann und Frau haben Anspruch auf gleichen Lohn für gleichwerige Arbeit» (Art. 4 Abs. 2 BV), Diss. Basel 1998.
- Besson Samantha, L'égalité horizontale: l'égalité de traitement

---

[1] Rampini BaKomm zum DSG, N 32 zu Art. 15 DSG.
[2] 专员的建议可下载于 http://www.edoeb.admin.ch/dokumentation.
[3] Vgl. dazu Rosenthal, Handkomm zum DSG, N 50 zu Art. 29 DSG. 只是在2008年1月1日后专员才享有提起抗告的权限;对于之前的法律状况见 BGE 123 Ⅱ 542 ff.

entre particuliers Des fondements théoriques au droit privé suisse, Diss. Freiburg 1999 (AISUF Band 183).

— Bigler – Eggenberger Margrith/Kaufmann Claudia (Hrsg.), Kommentar zum Gleichstellungsgesetz, 2. Auflage, Basel 2009 (zitiert: Bearbeiterin, BaKomm zum GlG, N ...zu Art.... GlG).

— Class EDI/Mössinger Rainer, Die Rechte der Frau im Arbeitsverhältnis ..., Zürich 1996.

— Freivogel Elisabeth, Lücken und Tücken in der Anwendung des Gleichstellungsgesetzes, AJP 2006, S. 1343 ff.

— Geiser Thomas, Die Regeln über die Anstellungsdiskriminierung und die Beförderungsdiskriminierung im Gleichstellungsgesetz, ZBJV 132/1996, S. 555 ff.

— Derselbe, Rechtsfragen der sexuellen Belästigung und des Mobbings, ZBJV 137/2001, S. 429 ff.

— Henneberger Fred/Souza – Poza Alfonso, Lohnunterschiede und Geschlechterdiskriminierung, ZBJV 134/1998, S. 712 ff.

— Klett Kathrin, Das Gleichstellungsgesetz, ZBl 98/1997, S. 49 ff.

— Schwander Ivo/Schaffhauser René (Hrsg.), Das Bundesgesetz über die Gleichstellung von Frau und Mann, St. Gallen 1996.

— Ueberschlag Jakob, Die Anstellungsdiskriminierung aufgrund des Geschlechts im privatrechtlichen Arbeitsverhältnis (Art. 3 Abs. 2 GlG) ..., Luzerner Diss., Zürich/Basel/Genf 2009 (LBR Band 44).

— Vögeli Nicole C., Sexuelle Belästigung am Arbeitsplatz im privatrechtlichen Arbeitsverhältnis, Zürcher Diss., Chur/Zürich 1996.

立法材料和其他文件：

— Botschaft zum Bundesgesetz über die Gleichstellung von Frau und Mann (Gleichstellungsgesetz) ...vom 24. Februar 1993, BBl 1993 I, S. 1248 ff. （引用为《〈男女平等法〉公告》）。

— Eidgenössisches Büro für die Geleichstellung von Frau – und Mann (Hrsg.), Gleichstellung im Erwerbsleben, Information zum Bundesgesetz über die Gleichstellung von Frau und Mann, Bern, 2005.

法院判决：

1. AIP 1997，S. 1423 ff.（措芬根劳动法院）

诉求劳动报酬平等；同等价值劳动的概念（《男女平等法》第5条、第6条）。

2. BGE 125 Ⅲ 368 ff.（亦可参见 BGE 127 Ⅲ 207 ff.；130 Ⅲ 145 ff.）

诉求劳动报酬平等；歧视的构成要件；按照《男女平等法》第6条的"使人相信"；法院查明事实的义务；"基于客观事由"的劳动报酬差异。

3. SJZ 95/1999，S. 122 f.（苏黎世劳动法院；亦可参见 BGer in：Semjud 121/1999 Ⅰ，S. 277 ff. 关于《男女平等法》生效前的法律状况）

工作场所的性骚扰；不正当的立即解雇；损害赔偿和精神损害赔偿。

4. BGE 126 Ⅲ 395 ff.（397 ff.），E. 7b［亦可参见 ZR 99/2000，Nr. 111，S. 257 ff.（苏黎世劳动法院）］

工作场所的性骚扰；雇主的审慎义务；按照《男女平等法》第5条第3款的赔偿。

（一）概论

1. 对于瑞民第28条是否包含私法关系中的一般性的歧视禁止，尚存在争议。按照传统观点，从一般人格权中并不能得出要求平等对待的一般权利。［1］即便对于是否以及如有可能在何范围内可从瑞民第28条中（在竞争立法领域外）得出经济上自由权，亦存在争议。［2］同样情形亦适用于与之相联系的问题，即从人格权中是否能够得出缔约义务。［3］未决的问题还有，是否新联邦宪法（《联邦宪法》第8条第2款）中的禁止歧视，在必要时结合关于基本权利实

---

〔1〕 Bucher A.，Nr. 433 in fine；对于德国法参见 Larenz/Wolf，§ 8 N 34.

〔2〕 Tercier，Nr. 493 ff. und 1782 ff.；Deschenaux/Steinauer，Nr. 567 f.；vgl. auch BGE 121 Ⅲ 168 ff.（171 und 173），E. 3a und 3b/aa；129 Ⅲ 35 ff.（42），E. 6. 2.

〔3〕 Gauch/Schluep/Schmid，Nr. 1111 ff.；Kramer，BeKomm，N 111 zu Art. 19 – 20 OR；Besson（边码1097中引用的文献），Nr. 1240 ff.

现的《联邦宪法》第 35 条，可在私法角度产生新的法律状况。[1]

1101   按照联邦法院的实践，就性别平等而言，《联邦宪法》第 8 条第 3 款第 1 句（"男女平等"）[2]不具有直接的第三人效力，也就是其不能直接适用于私主体之间的法律关系。[3]相反，按照司法实践和学说，《联邦宪法》第 8 条第 3 款第 3 句 "男人和女人享有同工同酬的权利" 具有直接的第三人效力。[4]基于此宪法规范，劳动报酬平等权属于瑞债第 341 条第 1 款意义上的不可排除的请求权。[5]

1102   2. 不过，在人格权上建立的私法主体间的歧视禁止，在法律有明文规定之时（无论如何）必须发生效力。按照本书的观点此——除了《刑法典》第 261bis 中的刑法规定——适用于性别上的平等，即基于 1996 年 7 月 1 日生效的《男女平等法》[6]。该法致力于促进男女之间事实上的平等（《男女平等法》第 1 条），即意图将《联邦宪法》第 8 条第 3 款第 2 句（旧《联邦宪法》第 4 条第 2 款）中的宪法委托加以实现，并且尤其是在职业生活中实现之。[7]该法的部分内容（《男女平等法》第 2 条至第 10 条）处理私法上的劳动关系（"按照债法的劳动关系"）。对于过渡性规定参见《男女平等法》第 17 条。[8]

> 对此加以说明的有《〈男女平等法〉公告》："不应忘记的是，职业生活中的平等和全方位的机会平等政策紧密相连：为了实现在职业生活中性别的真正平等，在家庭、税收、教育、社会保障领域的措施必不可少。而这些相关的措施应在

---

[1] Vgl. auch Besson（边码 1097 中引用的文献），Nr. 1257, 1362 ff. und（立法建议层面）1842.
[2] Vgl. dazu etwa BGE 126 I 1 ff.（2 f.），E. 2a und 2c.
[3] BGE 114 Ia 329 ff.（331），E. 2b;（zu Art. 4 Abs. 2 Satz 1 aBV）.
[4] BGE 125 III 368 ff.（370），E. 2; 118 Ia 35 ff.（37），E. 2b（jeweils zu Art. 4 Abs. 2 Satz 3 aBV）; Gauch/Schluep/Schmid, Nr. 680; Häfelin/Haller/Keller, Nr. 288 und 793 f.
[5] BGE 125 I 14 ff.（17），E. 3c; 124 II 436 ff.（451 f.），E. 10e.
[6] Bundesgesetz über die Gleichstellung von Frau und Mann vom 24. März 1995; SR 151.
[7] Botschaft zum GlG, S. 1292 f.
[8] Dazu BGE 130 III 145 ff.（157 f.），E. 2; 125 III 368 ff.（370），E. 2; 124 II 409 ff.（412 ff.），E. 1b ~ c.

修正相应特别法时予以规定。"[1]另外，可参见瑞士已经批准的1979年12月18日《消除各种形式妇女歧视公约》[2]以及1999年10月6日《〈消除各种形式妇女歧视公约〉任选备忘录》。[3]

《男女平等法》的规定部分地借鉴了欧盟法的规定，[4]并且被进一步的联邦法规范所补充（例如《公共采购法》第8条第1款第c项以及第2款[5]）。本书此处对该法的兴趣集中在该法涉及人格侵犯以及惩罚方面。

（二）人格侵犯

1.《男女平等法》第3条和第4条在职业生活中的特定歧视作出了禁止。按照联邦委员会的观点，这些歧视总是构成瑞民第28条及以下条文中的人格侵犯以及瑞债第41条及以下条文中的不法行为。[6]应予处罚的有：

— 由于性别而对雇员的直接或间接歧视，尤其基于其民事状态、家庭状况或（在女雇员场合）怀孕情况的歧视（《男女平等法》第3条第1款）；

按照《男女平等法》第3条第2款，歧视禁止"尤其适用在雇用、任务分派、工作条件的配置、工资待遇、教育与培训、升职与解雇方面"。

关于**直接或间接歧视的概念**，参见《〈男女平等法〉公告》："当歧视明确基于性别归属或基于只有两性之一能够满足的标准，并且此在事实上并不能被正当化时，便构成直接歧视。相反，当尽管使用的标准可适用于两个性别，但一种性别成员比另一种性别成员明显不具有优势，且此并没有在事实上

---

[1] Botschaft zum GlG, S. 1293.
[2] SR 0.108；在瑞士于1997年4月26日生效。
[3] SR 0.108.1；在瑞士于2008年12月29日生效。
[4] Botschaft zum GlG, S. 1286 ff., 1294 f. und passim.
[5] BG über das öffentliche Beschaffungswesen vom 16. Dezember 1994；SR 172.056.1.
[6] Botschaft zum GlG, S. 1300.

被正当化时，便构成间接的歧视。"〔1〕

1107　　　— 任何与性有关的骚扰行为或其他基于性别归属侵犯男人或女人尊严的行为（《男女平等法》第4条第1款）。

《〈男女平等法〉公告》列举了如下**性骚扰的形式**："带有许诺好处或不利威胁的性言论、暗示性的难堪评论、展示或运用淫秽材料、抚摸的企图，性侵扰或在极端情况下的强奸或身体暴力。"〔2〕

1108　　　关于雇主的义务亦可参见瑞债第328条。指责某人对他人进行了性骚扰，本身也可能构成人格侵犯，即当指责者的任何说明或证据在争议中都被拒绝时。〔3〕

1109　　　尚须补充的是：对于歧视概念（就像一般性地对于人格侵犯概念一样），雇主方是否具有歧视的故意并不具有意义。〔4〕

不过，在存在歧视时，雇主的过错可能对判定与计算赔偿请求权（《男女平等法》第5条第5款）发挥作用。

1110　　　2. 如果性别特征作为选择标准在事实上被正当化，便不存在歧视。〔5〕同样，（通常）如果劳动报酬上的区别建立在客观事由基础上，亦不存在歧视。〔6〕

属于客观事由的首先是那些本身能够影响工作价值的事由，例如教育水平、工龄、资质、经验、具体的任务领域、能力或风险；对于劳动报酬区别的正当事由，有时还要考虑其他

---

〔1〕 Botschaft zum GlG, S. 1295. 就此全部，参见 BGE 125 Ⅲ 368 ff. (371), E. 3; 125 Ⅱ 385 ff. (387), E. 3; 125 Ⅱ 530 ff. (532), E. 2; 125 Ⅱ 541 ff. (543), E. 2a; 125 Ⅰ 71 ff. (78 ff.), E. 2; 124 Ⅱ 409 ff. (424 ff.), E. 7~9; 124 Ⅱ 436 ff. (439 ff.), E. 6~7; SJZ 97/2001, S. 259 f. （索洛图恩高等法院）.

〔2〕 Botschaft zum GlG, S. 1304. 除了《男女平等法》第4条第2句，亦可参见 Vögeli（边码1097中引用的文献），S. 49 ff.; SJZ 95/1999, S. 122 ff., E. Ⅵ./1~2（苏黎世劳动法院）; BGE 126 Ⅲ 395 ff. (397), E. 7b/bb; BGer in: Semjud 121/1999 Ⅰ, S. 277 ff.（《男女平等法》修改之间的明显性骚扰）.

〔3〕 BGer 5C. 28/1993 vom 29. Oktober 1993 in: NZZ Nr. 17 vom 21. Januar 1994, S. 48.

〔4〕 Botschaft zum GlG, S. 1297; BGE 127 Ⅲ 207 ff. (216), E. 5b.

〔5〕 Botschaft zum GlG, S. 1297.

〔6〕 BGE 125 Ⅲ 368 ff. (373), E. 4; 130 Ⅲ 145 ff. (164 f.), E. 5. 2.

情况，例如家庭负担、年龄、社会考虑以及在特定条件下的经济形势。[1]相反，传统上对性别的角色分派并不构成不同待遇的事实根据。[2]

3. 另外，按照《男女平等法》第3条第3款，"为了实现事实上的平等而采取的适当措施……不构成歧视"。[3]

"促进事实上平等的必要性，要求采取措施，在并没有很多女性参与的职业或工作岗位，对女性进行照顾。"[4]

(三) 请求权与程序

1.《男女平等法》第 5 条规定了被（《男女平等法》第3条和第 4 条意义上的）歧视所涉及之相关当事人的法律请求权。这些请求权——至少部分地——模仿了瑞民第 28a 条中的人格权上的请求权。[5]具体如下：

— **防御之诉**（不作为、消除及确认之诉）在借鉴瑞民第28a条第 1 款的基础上由《男女平等法》第 5 条第 1 款第 a 项至第 c 项规定。[6]

除此之外，《男女平等法》第 5 条第 1 款第 d 项还规定，可主张支付所欠的劳动报酬；此规定顾及了劳动报酬歧视时

---

[1] BGE 125 Ⅲ 368 ff. (373), E. 4; 130 Ⅲ 145 ff. (164 f.), E. 5. 2.

[2] BGE 129 Ⅰ 265 ff. (269), E. 3. 3（如下规则的违宪：在都有收入的夫妻之间存在请求权竞合时，支付家庭/子女津贴的请求权由父亲享有）。

[3] Dazu etwa Besson（边码1097 中引用的文献），Nr. 1701 ff.; Freivogel, BaKomm zum GlG（边码1097 中引用的文献），N 154 ff. zu Art. 3 GlG.

[4] Botschaft zum GlG, S. 1298. 与此有关的公法问题参见 BGE 131 Ⅱ 361 ff. (373 ff.), E. 5（关于获得大学教师职位的女性比例）；BGE 123 Ⅰ 152 ff.（索洛图恩州"男女两性在州政府部门的同等比例——动议2001"的公民动议被宣布无效；旧《联邦宪法》第 4 条第 2 款第 2 句与第4条第 2 款第 1 句之间的关系），在如下判决中一定程度上更加精准：BGE 125 Ⅰ 21 ff. (29 ff.), E. 3d（"乌里州选举机会动议"），欧洲法院在"Kalanke"案中的判决（EuGRZ 1995, S. 546 ff.；在公务员中强制的女性比例与《欧盟平等对待指令》不符）以及在"Abrahamsson"案中（NJW 2000, S. 2653 ff.；对女性的自动优待与《欧盟平等对待指令》不符）。

[5] BGE 124 Ⅱ 409 ff. (416), E. ld/hh; Botschaft zum GlG, S. 1298 f.

[6] BGE 124 Ⅱ 409 ff. (416), E. ld/hh; Botschaft zum GlG, S. 1298 f.

的特别关系。[1]

1114　　　不过，具体的消除请求权并不能被真实地，而只能通过**赔偿**的方式被执行。[2] 按照《男女平等法》第5条第2款，这适用于在拒绝雇用或提前终止某债法上的劳动关系时的歧视（亦可参见《男女平等法》第5条第4款与第8条第2款）。

此赔偿不应被理解为损害赔偿，从而其也不以存在损害为要件；存在歧视性的不聘用或解雇便已足够。[3]

1115　　　— **恢复之诉**（损害赔偿请求权、精神损害赔偿请求权以及可能的其他合同请求权）在《男女平等法》第5条第5款中被作出了保留（类似于瑞民第28a条第3款和瑞债第336a条第2款）。

被歧视者可在反对歧视决定的诉讼程序中主张此请求；换句话说，不允许在向其他官方机构提起的程序中提出恢复之诉。[4]

1116　　　— 在**基于性骚扰的歧视**情形，法院按照《男女平等法》第5条第3款可向相关当事人"赋予以赔偿，只要雇主不能证明其已经采取了按照经验对防范性骚扰所必要且妥当的措施，且可合理地期待其采取此种措施"。[5]

此种防范措施例如全面的员工信息（从而也对员工具有了敏感度）、设立企业内部的咨询点、颁布指令或确定企业内

---

[1] Botschaft zum GlG, S. 1299. Vgl. als Beispiel etwa BGE 130 III 145 ff. (166 ff.), E. 6.

[2] Botschaft zum GlG, S. 1298.

[3] Botschaft zum GlG, S. 1299; BGE 131 II 361 ff. (368 f.), E. 4.4，该案涉及按照瑞债第336a条某上司滥用式地解雇以及性骚扰某女雇员的后果，参见 SJZ 95/1999, S. 122 ff. (124 ff.), E. VIII./1~2（苏黎世劳动法院）；BGer in: Semjud 121/1999 I, S. 277 ff. (280 ff.), E. 3 und 4（在《男女平等法》生效之前）。

[4] BGE 133 II 257 ff. (260 ff.), E. 5.

[5] 例如参见 SJZ 95/1999, S. 122 ff. (125 ff.), E. IX./1~6（苏黎世劳动法院）；BGE 126 III 395 ff. (397 ff.), E. 7b.

部的惩罚。[1]

2. 针对确定之诉，《男女平等法》第 7 条规定了特定条件下组织单位的适格性（组织的诉讼或抗告）。

3. 程序法上的特别规定有：

— 《男女平等法》第 6 条规定了**举证责任的分担**：在相关当事人能够使人相信的情况下，就任务分派、工作条件设置、劳动报酬、教育与培训、升职及解雇的歧视被推定存在；

"使人相信"是指法院虽然对歧视的存在并没有完全的确信，但有一定的可能性支持被主张的歧视存在（对此一般的论述见边码450）；如果此条件被满足，那么对方应对不同对待（例如报酬上的不同）系基于客观事由从而不具有性别歧视之效果的情况，进行举证。[2]由于该规则的存在，在上述情形中举证不成功的后果（从而通常会导致的败诉风险）便由雇主来承担。[3]按照联邦委员会的观点，此规则的理由在于，对于诉讼必要的证明工具通常在雇主手里掌握，只有通过上述风险才可激发雇主在举证程序中积极协助的兴趣。[4]

与目前有效的《男女平等法》第 6 条不同，联邦委员会的草案规定了一个一般性的举证责任减轻（参见该草案第 5 条）。[5]在国会咨询的过程中，对此规范的效力范围发生了激烈的争论；最后性骚扰和雇用过程中的歧视被从举证责任

---

[1] 类似的见 Riemer‑Kafka/Ueberschlag, BaKomm zum GlG（边码1097 中引用的文献），N 55 zu Art. 5 GlG.

[2] BGE 125 Ⅲ 368 ff.（373），E. 4；130 Ⅲ 145 ff.（162），E. 4. 2, und（164），E. 5. 2；关于证明问题亦可参见 BGE 125 Ⅱ 541 ff.（551），E. 6c.

[3] BGE 127 Ⅲ 207 ff.（212 f.），E. 3b.

[4] Botschaft zum GlG, S. 1300 f. Vgl. auch BGE 130 Ⅲ 145 ff.（161），E. 4. 2.

[5] BBl 1993 I, S. 1326.

减轻中排除出去了。[1]

1120 — 在《男女平等法》第 8 条至第 10 条对**歧视性的拒绝雇用及歧视性的提前终止时的程序**，进行了规定；

1121 — 在《民事程序法》中就如下**程序**存在规定：

1122 其一，只要原告没有单方放弃**调解程序**（《民事程序法》第 199 条第 2 款第 c 项），那么在判决程序之前便存在一个调解程序（《民事程序法》第 197 条及以下）。调解机构由一个主席以及雇主和雇员各自一个的同等代表以及公共领域和私人领域的同等代表组成；两个性别也必须都被代表（《民事程序法》第 200 条第 2 款）。调解机构可为双方当事人准备一个判决建议（《民事程序法》第 210 条第 1 款第 a 项）。调解程序为免费的（《民事程序法》第 113 条第 2 款第 a 项）。

调解机构也同时是法律咨询机构（《民事程序法》第 201 条第 2 款）；咨询也可不取决于任何一个具体的调解程序而进行。[2]

1123 其二，该程序为**简化的程序**（vereinfachtes Verfahren）（《民事程序法》第 243 条第 2 款第 a 项），对此不收取法院费用（《民事程序法》第 114 条第 a 项）。关于预防性措施参见《民事程序法》第 261 条及以下（边码 964）。

1124 其三，对于平等问题上的争议，司法实践直接从宪法中得出一个**最低限度的法院审查义务**，并对事实的发现设置了特定的联邦法上的要求。[3]

---

[1] Vgl. dazu Amtl. Bull. NR 1994, S. 272 ff. und 480 ff.; Amtl. Bull. StR 1994, S. 824 ff.; Amtl. Bull. NR 1995, S. 195 ff.; Amtl. Bull. StR 1995, S. 318 ff.; 总体性的亦可参见 Steiger‐Sack*mann*, BaKomm zum GlG（边码 1097 中引用的文献），N 101 ff. zu Art. 6 GlG.

[2] Botschaft zur ZPO, S. 7330.

[3] BGE 130 III 145 ff.（158 f.），E. 3.1.2；125 III 368 ff.（371 f.），E. 3；125 II 385 ff.（391），E. 5c；118 Ia 35 ff.（38 f.），E. 2d ~ e.

如果在一方当事人要求专家意见，以求证明在某企业里不同职能的同等价值时，法官对此要求予以拒绝，那么原则上法官便没有履行该审查义务。[1]

不过，基于职权对事实进行确定的义务也可从《民事程序法》第 247 条第 2 款第 a 项结合第 243 条第 2 款第 a 项中得出。

其四，关于**法院管辖**，应注意《民事程序法》第 34 条和第 35 条第 1 款第 d 项。

1125

---

[1] BGE 133 Ⅲ 545 ff. (551 f.), E.4（针对《民事程序法》生效前的旧《男女平等法》第 12 条第 2 款与旧《债法》第 343 条第 4 款）。

■ 第二分编 法人

第十九章
法人概述

1126　　**教科书文献：**
- Brückner, Personenrecht, Nr. 998 ff.
- Hausheer/Aebi – Müller, Nr. 17. 01 ff.
- Meier – Hayoz/Forstmoser, §2（针对社团式法人的一般性讨论）und § 21（针对州法中的私法社团式法人）。
- Pedrazzini/Oberholzer, S. 195 ff.
- Riemer, Personenrecht, Nr. 437 ff.
- Tuor/Schnyder/Schmid, § § 14 N 15.
- Weber, SPR Ⅱ/4, S. 1 ff.

1127　　**特别文献（选列）：**
- Arnold Martin, Die privatrechtlichen Allmendgenossenschaften und ähnlichen Körperschaften (Art. 59 Abs. 3 ZGB) nach dem Recht des Bundes und des Kantons Wallis, Diss. Freiburg 1987 (AISUF Band 73).
- Fögen Marie Theres, «Mehr Sein als Schein»? – Anmerkungen zur juristischen Person in Theorie und Praxis, SJZ 95/1999, S. 393 ff.
- Huguenin, Basler Kommentar zu Art. 52 ~ 59 ZGB.
- Kick Markus, Die verbotene juristische Person – Unter besonderer Berücksichtigung der Vermögensverwendung nach Art. 57 Abs. 3 ZGB,

Diss. Freiburg 1993（AISUF Band 123）.

— Pritzi Albert, Die privatrechtlichen Korporationen nach dem Recht des Kantons Graubünden, mit besonderer Berücksichtigung des Unterengadins, Diss. Zürich 1998.

— Raiser Thomas, Der Begriff der juristischen Person – Eine Neubesinnung, AcP 199/1999, S. 104 ff.

— Riemer, Berner Kommentar zu Art. 52~59 ZGB.

— Derselbe, Anfechtungs – und Nichtigkeitsklage im schweizerischen Gesellschaftsrecht（AG, GmbH, Genossenschaft, Verein, Stockwerkeigentümergemeinschaft） – Eine materiell – und prozessrechtliche Darstellung, Bern 1998.

— Rüegg Christoph, Die privatrechtlich organisierten Religionsgemeinschaften in der Schweiz …, Diss. Freiburg 2002（Freiburger Veröffentlichungen zum Religionsrecht, Band 12）.

— Spitz Philippe, Deliktische Eigenhaftung von Organ – und Hilfspersonen, SJZ 99/2003, S. 165 ff.

— Zobl Dieter, Probleme der organschaftlichen Vertretungsmacht, ZBJV 125/1989, S. 289 ff.

法院判决：

1. BGE 124 Ⅲ 418 ff.（= Pra 88/1999, Nr. 34, S. 207 ff.）

公法法人在私法上的行为及其代理（瑞民第55条与第59条第1款；瑞债第33条）。机关的概念、表见代理。

2. BGE 115 Ⅱ 401 ff.

对具有违法目的之法人的解散（瑞民第57条第3款）：某公司的目的并非只是取决于其章程，而是也应取决于其实际追求的目的。如果某公司实际被用来规避关于在国外之人受让土地的规范，那么此公司不仅是在追求其目的时使用了不被允许的手段，而且其目的本身便属违法。瑞民第57条第3款也适用于股份公司。在《在外国之人取得土地的联邦法》生效前直接基于一般的民法规范提出诉讼，诉求解散某法人并将其财产收归国有，只要违法状态一直持续，则此诉求便不罹于时效。

3. BGE 132 I 270 ff.

格劳宾登州某草场合作社法律性质的规定，对此，该州法律既允许公法上的也允许私法上的法律形式（在本案中：公法上的法律性质）。

4. ZWR 29/1995, S. 129 ff. （瓦莱州法院）

某乳酪合作社并非建立在其成员的土地所有权基础上，而只是以尽可能好的价格出售牛奶为目的，那么此合作社并不受瑞民第 59 条第 3 款规制。如其不在商事登记簿中登记则不具有法人格。

5. BGE 119 Ia 337 ff. （亦可参见 BGE 126 V 42 ff. ［47］，E. 4; 131 II 306 ff. ［326 f. ］，E. 5. 2）

原则上法人不享有主张免费法律援助的权利。

一、概述

1129　　如上文所述，法主体首先是自然人（人类；具体个人），其自生育和出生取得法人格（瑞民第 31 条；参见边码 731 及以下）。除此之外，法律也赋予了法人（组织体人）以法人格（瑞民第 52 条）。

人们可以对此基于传统上的原因（家族、旧法上的团体、行会）或经济上的考虑（单个人无法实现困难的任务、对参与者责任的限制、独立分出的责任基础、匿名性）[1]加以解释。

1130　　在 19 世纪，人们试图通过学说在教义学层面对法人进行更精确的理解。

论争的观点有：罗马法取向的**拟制说**（萨维尼），按照此学说，法人只是为了法律目的而拟制的法主体，其只具有限制的权利能力，且不具有不法行为能力；日耳曼法导向的**实在说**（或曰：组织说；基尔克），按照此学说，法人真实存

---

[1] Riemer, BeKomm, System. Teil (vor Art. 52 ZGB), N 7.

在，且具有权利能力和不法行为能力。[1]

瑞民在**实在说**的基础上解决了相关法律问题；从而，关于法人本质的争论便丧失了意义。[2]

瑞民对法人在实证法上的规制，在宪法结社自由（《联邦宪法》第 23 条）上亦具有其基础。

瑞民在第 52 条及以下条文中对法人进行了调整。瑞民第 52 条至第 59 条的标题为"一般规定"；从而这些规定可被理解为法人法的"总则"。[3]但在这些规范之外，也存在具有一般性意义的规范。例如有：

- 在法人（尚）未获得人格权（在社团法中：瑞民第 62 条；在股份法中亦可参见瑞债第 645 条）时，简单合伙[4]法（瑞债第 530 条及以下）的补充适用性；[5]

- 某未作出同意之成员的撤销权（在社团法中：瑞民第 75 条），在社团法之外亦适用；[6]

- 某合作社成员基于重大事由的退社权（在合作社法中：瑞债第 843 条第 2 款），在社团法中亦适用。[7]

时际法上，应注意瑞债尾编第 6b 条。

---

[1] 总体性的参见 Pedrazzini/Oberholzer, S. 197 ff. und 277 ff,; Meier – Hayoz/Forstmoser, § 2 N 10 ff.; Fögen（边码 1127 中引用的文献）, S. 395 ff.; Weber, SPR Ⅱ/4, S. 47 ff.; Larenz/Wolf, § 9 N 6 ff.; Ott Walter, Jenseits von Fiktions – und Realitätstheorie: Die juristische Person als institutionelle Tatsache ... in von der Crone Hans Caspar u. a.（Hrsg.）, Neuere Tendenzen im Gesellschaftsrecht, FS für Peter Forstmoser zum 60. Geburtstag, Zürich 2003, S. 3 ff.

[2] Tuor/Schnyder/Schmid, § 15 N 4 ff.; Riemer, BeKomm, System. Teil (vor Art. 52 ZGB), N 6; Weber, SPR Ⅱ/4, S. 49 f.

[3] Vgl. auch BGE 115 Ⅱ 401 ff.（407 ff.）.

[4] 简单合伙，德文为 Einfache Gesellschaft，相当于民商分立国家的民事合伙。——译者

[5] 例如：ZWR 29/1995, S. 129 ff.（瓦莱州法院；"雷金根乳品加工合作社"）.

[6] BGE 39 Ⅱ 479 ff.（483）.

[7] BGE 71 Ⅱ 194 ff.（196 f.）.

二、导言

（一）概览

1136　1. 可依据不同标准对法人进行分类；不过如此构成的类型之间相互存在重合。[1]

1137　按照法人的结构，可分为两大主要类型：[2]

1138　— 一方面是**社团性法人**（Körperschaft）：此为**人和人的相互联合**（人的联合）；

例如：社团（Verein）（瑞民第 60 条及以下）。

1139　— 另一方面是**机构性法人**（Anstalt）：其基础在于致力于特定目的**独立的财产**（目的性财产）。

例如：基金会（瑞民第 80 条及以下）。

1140　2. 除此之外，如下其他划分尤其具有意义：[3]

— **公法**法人与**私法**法人；

— **联邦法**法人与**州法**法人；

— **经济目的**法人与**观念性目的**法人；

— **宗教目的**法人与**世俗目的**法人。

1141　3. 下文主要感兴趣的是联邦私法上的法人。不过瑞民在其第 59 条第 1 款和第 3 款中就公法法人和教会法人以及公共合作社（Allmendgenossenschaft）和类似的社团性法人作出了保留。

（二）联邦私法中的法人

1142　1. 联邦私法（瑞民/瑞债）中存在六种不同的法人：

1143　— 瑞民调整了典型带有非经济目的的法人，即**社团**（第 60 条及以下）与**基金会**（第 80 条及以下）。

---

[1] Riemer, BeKomm, System. Teil (vor Art. 52 ZGB), N 56.

[2] Riemer, BeKomm, System. Teil (vor Art. 52 ZGB), N 66 ff.；Weber, SPR II/4, S. 52 ff.

[3] Vgl. auch Riemer, BeKomm, system. Teil (vor Art. 52 ZGB), N 58 ff.；Weber, SPR II/4, S. 61 ff.

— 瑞债调整了典型带有经济目的的法人，即**股份公司**（第620条及以下）、**两合公司**（第764条及以下）、**有限责任公司**（第772条及以下）以及**合作社**（第828条及以下）。

随着《集合投资法》[1]于2007年1月1日生效，又存在一种新的法律形式，即资本可变的投资公司（SICAV；《集合投资法》第36条及以下）。该形式虽然建立在股份公司法基础上，但却构成一种新的公司形式。[2]相反，同样在《集合投资法》中规定的资本固定的投资公司（SICAF；《集合投资法》第110条及以下）则属于瑞债第620条及以下条文意义上的股份公司。[3]

除以上这些以外，还存在一系列介于自然人和法人之间的法律构造体，它们虽然不具有完全的法人格，但却在特定方面可享有权利和承担义务（例如瑞民第62条、第539条第2款、第602条或第712l条；亦可参见边码569）。[4]

2. 基于未成文的强行法，对于联邦私法上的法人存在类型法定（**形式强制**），[5]也就是只能建立法律中明文规定的法人。[6]

另外还存在形式固定原则：与法定"类型"的偏离只是在有限的范围内被允许，且混合形式被排除（**对类型混合的禁止**）。[7]

类型法定和形式固定既有利于第三人，也有利于参与人（成员、受益人）；第三人和参与人可信赖某"类"的法人具有特定的特点，例如在代理权或责任承担上的特点。[8]

---

[1] BG über die kollektiven Kapitalanlagen vom 23. Juni 2006; SR 951.31.
[2] Meier–Hayoz/Forstmoser, § 22 N 115.
[3] Meier–Hayoz/Forstmoser, § 22 N 131.
[4] Deschenaux/Steinauer, Nr. 35; Riemer, BeKomm, System. Teil (vor Art. 52 ZGB), N 37 ff.
[5] BGE 104 Ia 440 ff. (445), E. 4c; 132 III 470 ff. (476), E. 3.3.
[6] Riemer, BeKomm, System. Teil (vor Art. 52 ZGB), N 12; Weber, SPR II/4, S. 80 ff.
[7] BGE 132 III 470 ff. (476), E. 3.3; Riemer, BeKomm, System. Teil (vor Art. 52 ZGB), N 14; Weber, SPR II/4, S. 83 ff.
[8] Riemer, BeKomm, System. Teil (vor Art. 52 ZGB), N 12.

（基于联邦法）这两个原则并**不**适用于公法法人以及州私法上的法人。[1]

1148　　3. 在法律事实角度上，应确认如下：[2]

1149　　－ 社团和基金会主要致力于**观念上的目的**。但在这两者经营商人性的企业时，它们在经济领域也发挥作用。除此之外，在经济领域，社团形式的职业或经济协会以及基金会形式的员工保障基金会以及企业基金会也具有意义。

1150　　－ 瑞士**经济**中的主要法律形式是股份公司；有限责任公司较少被使用，但基于股份法和有限责任公司法的各次修正，最近一些年有限责任公司的意义也有所加强。另外，合作社在大量的经济分支领域中也被使用（例如在农业、消费品交易以及住宅建设中）。两合公司在实践中不具有意义。

（三）公法法人和教会法人

1151　　1. 根据瑞民第59条第1款，公法法人及教会社团性法人与教会机构性法人被留给联邦和各州公法调整。[3]对于各州公法究竟何指，应适用瑞民第6条第1款（不真正保留；边码415）。

1152　　对于何者被定性为"公法的"，具有决定性的是**行为的主权性**：公法法人是公共权力的承担者，行使公法上的（或曰：主权性的）权力。[4]另外，如下也可作为认定公法法人的辅助标志：基于法律（而非法律行为）而被建立；被国家机关所认可；对法人法律性质的裁定。[5]

　　例如，属于公法法人的有：瑞士国家银行（特别法上的股份公司）；瑞士工伤保险机构（机构性法人）；[6]政治市镇[7]与学校市镇；大学（机构性或社团性法人）；（部分）

---

[1] Riemer, BeKomm, System. Teil (vor Art. 52 ZGB), N 23.
[2] Vgl. Riemer, BeKomm, System. Teil (vor Art. 52 ZGB), N 52 ff.
[3] Riemer, BeKomm, System. Teil (vor Art. 52 ZGB), N 58 ff. und 117 ff.
[4] Vgl. auch BGE 117 Ia 107 ff. (112 f.), E. 5c.
[5] Vgl. Pedrazzini/Oberholzer, S. 202; ZR 107/2008, Nr. 34, S. 126 ff. (苏黎世商事法院).
[6] Vgl. BGE 93 II 407 ff. (410), E. la.
[7] BGE 124 III 418 ff. (419), E. la.

州银行；卢塞恩主干道合作社；[1]卢塞恩州天主教地方教堂。[2]

如果某私法上的法主体转换成了公法性质的法主体，则其不再受私法而是受公法调整。[3]

2. 对此须作出如下补充：

— 联邦法院要求，设立公法社团性或机构性法人，必须在形式意义上的法律中存在相应基础。[4]在一些情况下习惯法上的基础亦可。[5]**在卢塞恩州例如**：公法合作社"在相关部门批准其章程后取得人格权"（瑞民施行法第17条第3款）。

— "公法上的人格本身包含了私法上的人格；只要某社团机构按照对其设立完全具有决定性的公法构成了公法上的法人，那么它便依法具有私法上的人格。"[6]尤其是，某按照公法设立的法人可主张瑞民第28条及以下条文中的私法上的人格保护。

— 特定私法规范也可适用于公法法人，只要该法人并没有从事主权上的行为，例如相邻权与设施所有人责任。[7]一般性地关于责任，参见瑞债第61条。

— 对于**教会**社团性法人与**教会**财团性法人的概念存有争议[8]（对于教会基金会亦可参见后文边码1376及以下）。

（四）公共合作社与类似的社团性法人

1. 按照**瑞民第59条第3款**，公共合作社和类似的社团性法人由

---

［1］ LGVE 1975 III Nr. 25, S. 36 ff.（卢塞恩政府委员会）；vgl. dazu auch LGVE 2008 II Nr. 11, S. 190 ff.（191 ff.），E. 2a und b（卢塞恩行政法院）.

［2］ BGE 134 I 75 ff.（78 f.），E. 5. 2. 对于某草场合作社的法律性质（私法抑或公法法人？），参见 BGE 132 I 270 ff.；ZBl 94/1993, S. 277 ff.（上瓦尔登州行政法院）.

［3］ BGE 134 I 23 ff.（33），E. 6.2.3 mit Hinweisen.

［4］ BGE 104 Ia 440 ff.（445），E. 4c.

［5］ Tuor/Schnyder/Schmid, § 14 N 4.

［6］ BGE 72 II 145 ff.（148），E. 1（"Surava"案）；Riemer, BeKomm, System. Teil（vor Art. 52 ZGB），N 126.

［7］ Riemer, BeKomm, System. Teil（vor Art. 52 ZGB），N 131；Tuor/Schnyder/Schmid, § 14 N 5.

［8］ Vgl. Tuor/Schnyder/Schmid, § 14 N 6 ff.；对于教会基金会参见 Riemer, BeKomm,（Stiftungen），System. Teil N 185 ff.

州法的相关规定规制。此款规定应被视为**有利于州私法的真正保留**（瑞民第 5 条第 1 款）[1]（一般性地对于真正保留参见边码 377 及以下）。不过，各州可自由决定，将此种社团性法人置于公法或私法下。[2]

如果某社团性法人被置于私法下，那么该法人与其成员之间的争议便由民事法院来裁决。[3]

1160　2. 须补充如下：

1161　　— 该规范适用于**长期以来存在的**并且**与土地经济（农业和林业）有直接关联**的合作社和类似的构造：森林合作社、牧场合作社、草场合作社、瓦莱水管合作社［"人工灌溉渠（bisses）"］、泉合作社、楼合作社等等。[4] 如果新设的此类组织和一直以来存在的同类合作社符合且与其有联系，则新设亦应被允许。[5]

1162　　— 瑞民第 28 条及以下条文中关于**人格保护**的规定以及关于**相邻权**和**设施所有人责任**的规范，亦可适用于州私法中的法人。[6]

1163　　— 公法上的草场合作社受瑞民第 59 条第 1 款（而非第 3 款）规制。[7]

三、产生与消灭；合并

（一）产生

1164　　联邦私法法人的产生等同于**取得法人格**。对此瑞民第 52 条确定

---

[1] 总体参见 Riemer, BeKomm, System. Teil（vor Art. 52 ZGB），N 133 ff.；Meier – Hayoz/Forstmoser, § 21 N 6；Jagmetti, SPR I, S. 265 f.；Arnold（边码 1127 中引用的文献），S. 21 f. und 30 ff.

[2] BGE 132 I 270 ff.（273），E. 4. 1 mit Hinweisen.

[3] LGVE 1991 Ⅲ Nr. 15, S. 362 ff.（365），E. 5（卢塞恩政府委员会）；Arnold（边码 1127 中引用的文献），S. 210.

[4] Riemer, BeKomm, System. Teil（vor Art. 52 ZGB），N 72；Meier – Hayoz/Forstmoser, § 21 N 10 f.；Huguenin, BaKomm, N21 f. zu Art. 59 ZGB；Weber, SPR Ⅱ/4, S. 74 f.；Brückner, Personenrecht, Nr. 1025 f.；BGE 132 I 270 ff.（272 f.），E. 4. 1；LGVE 1991 Ⅲ Nr. 15, S. 362 ff.（364），E. 4（卢塞恩政府委员会）.

[5] Riemer, BeKomm, System. Teil（vor Art. 52 ZGB），N 77.

[6] Riemer, BeKomm, System. Teil（vor Art. 52 ZGB），N 135. 对于某水管合作社的设施所有人责任参见 ZWR 33/1999, S. 287 ff.（瓦莱州法院）.

[7] Arnold（边码 1127 中引用的文献），S. 23.

如下：

1. 原则上，法人的产生要求商事登记簿中的登记。瑞民第 52 条第 1 款将此要求适用于"社团性地组织的人的联合和致力于特殊目的的独立机构"。[1]

在瑞民第 52 条第 1 款的框架下，法人格的取得适用**规范体制**[2]（Normativsystem，又称**登记制**）：创制法人的意思，必须登记在国家（公共）的登记簿中。[3]

瑞民第 52 条第 1 款被作为法人构成性登记原则的基础。其具有两个方面效力：

- **消极效力**：法人无登记（原则上）不能取得法人格（在股份法中：瑞债第 643 条第 1 款；在合作社法中：瑞债第 830 条与第 939 条第 1 款）。

- **积极效力**：登记后法人获得法人格，瑞民第 52 条第 3 款规定的保留除外；并且，即便在实体法方面欠缺法人产生的条件，原则上亦产生法人格。也就是，登记（原则上）补正了设立上的缺陷（股份法中：瑞债第 643 条第 2 款）。[4]

2. 例外时不要求登记，即按照瑞民第 52 条第 2 款这适用于：
- 不追求经济上目的的**社团**；

关于"经济上目的"，参见边码 1232 及以下。

- **教会基金会**；
- **家族基金会**；

---

〔1〕法语："les siciétés organisées corporativement, de même que les établissements ayant un but spécial et une existence propre"; 意大利语："le unioni di persone organizzate corporativemente e gli istituti autonomi e destinati ad un fine particolare".

〔2〕规范体制与法人设立的特许制相对，意味着对于设立法人无须国家特许，只要符合法律规定的条件即可设立的法人设立制度。——译者

〔3〕Pedrazzini/Oberholzer, S. 207; Riemer, BeKomm, System. Teil (vor Art. 52 ZGB), N 85; Weber, SPR Ⅱ/4, S. 91 ff.

〔4〕但对于基金会参见 BGE 96 Ⅱ 273 ff. (278 ff.), E. 2; 120 Ⅱ 374 ff. (379), E. 4a.

1173　　—　**公法上的社团性法人与机构性法人**。无论如何公法对其都要适用（参见瑞民第 59 条第 1 款和边码 1151 条及以下）。

1174　　另外，对于瑞民第 59 条第 3 款意义上的州私法上的法人并不——无论如何不会因为联邦法的原因——适用登记义务。其受州法的规制（边码 1159 及以下）；州法对于是否存在登记义务这个问题具有决定性。

在瑞民第 52 条第 2 款的框架下适用**自由构造制（设立自由制）**：法人无须国家的作用而取得法人格。[1]

1175　　3. 最后须注意的是，为了悖俗或违法目的的人之联合或机构，根本不能获得人格上的权利（瑞民第 52 条第 3 款；亦可参见瑞民第 57 条第 3 款与边码 1183）。[2]

（二）消灭

1176　　1. 在瑞民中，没有就消灭（被理解为**丧失法人格**）对所有法人进行一般性的规定。瑞民第57条、第58条只是包含关于财产使用和清算的规则。从而，具有决定意义的是对各种具体法人特别规定的消灭事由。一般有如下：[3]

1177　　—　**基于法律的终止**；

例如：社团陷于支付不能或董事会无法被符合章程地任命（瑞民第 77 条）；基金会的目的无法实现（瑞民第 88 条第 1 款）；就某股份公司开启破产程序（瑞债第 736 条第 3 项）。

1178　　—　基于**约定**的终止；

1179　　—　基于**法院判决**的终止。

例如：社团（瑞民第 78 条）、基金会（瑞民第 88 条第 2

---

〔1〕 Pedrazzini/Oberholzer, S. 206；Riemer, BeKomm, System. Teil（vor Art. 52 ZGB）, N 84；Weber, SPR Ⅱ/4, S. 90 und 94 ff.

〔2〕 Weber, SPR Ⅱ/4, S. 97 ff.

〔3〕 Pedrazzini/Oberholzer, S. 208 ff.

款和第89条)、股份公司(瑞债第736条第4项)、有限责任公司(瑞债第821条第4项)。

2. 终止使得法人进入清算阶段。不过,其依旧保持有法人格,直至在财产法上和第三人之间完全了结以及将剩余财产分配完毕(亦可参见瑞债第739条第1款)。按照瑞民第58条,对于**清算程序**适用关于合作社的规定[瑞债第913条;按照该条第1款,除该条第2条至第5款外,股份法的相关规定(瑞债第738条及以下)也可适用]。[1]

不过在破产的情形,应适用《有关强制执行与破产的联邦法》。

3. 瑞民第57条对法人终止时的财产运用进行了如下规定:

- 可能存在的财产剩余应按照章程或基金会证书予以分配。如果不存在相应规定且法律对此也未加调整,那么相关法人机关可就使用目的作出决定。如果此**自决权**并没有被行使,那么按照瑞民第57条第1款,财产归于该法人按其规定所属的政府;然后此财产必须尽可能地按照其之前的目的被使用(瑞民第57条第2款)。[2]

- 相反,在由于法人**追求悖俗或非法目的**而被**法院裁决**终止的场合,按照瑞民第57条第3款其财产被政府没收;从而,一方面法人关于清算剩余之使用的自决权被废止,另一方面政府亦无须遵守法人的曾经目的。[3]

联邦法院将此规定亦适用于那些一开始就追求悖俗或违法目的,从而由于瑞民第52条第3款而压根就不能取得人格(边码1175)的法人。[4]

关于法人的解散对通过法律行为授予之授权有何影响,参见瑞债第35条(尤其是第2款)。[5]

---

[1] 详见 Weber, SPR II/4, S. 203 ff.
[2] Riemer, BeKomm, N 12 ff. zu Art. 57/58 ZGB; Pedrazzini/Oberholzer, S. 210 f.
[3] Riemer, BeKomm, N 18 ff. zu Art. 57/58 ZGB; Kick (边码1127 中引用的文献), passim.
[4] Vgl. etwa BGE 115 II 401 ff.; Riemer, BeKomm, N 19 zu Art. 57/58 ZGB.
[5] Vgl. Zäch Roger, Berner Kommentar, Bern 1990, N 8 ff. zu Art. 35 OR.

（三）合并

特别文献（选列）：

– Amstutz Marc/Mabillard Ramon, Fusionsgesetz（FusG）：Kommentar zum Bundesgesetz über Fusion, Spaltung, Umwandlung und Vermögensübertragung vom 3. Oktober 2003, Basel 2008.

– Meier – Hayoz/Forstmoser, § 25.

– Peter Henry/Trigo Trindade Rita（Hrsg.）, Commentaire LFus …Genf/Zürich/Basel 2005.

– Riemer Hans Michael, Die Behandlung der Vereine und Stiftungen im Fusionsgesetz, SJZ 100/2004, S. 201 ff.

– Vischer Frank, Zürcher Kommentar zum Fusionsgesetz …, Zürich/Basel/Genf 2004.

– Von Der Crone Hans – Caspar/Gersbach Andreas/Kessler Franz J./Dietrich Martin/Berlinger Katja, Das Fusionsgesetz, Zürich/Basel/Genf 2004.

立法材料：

Botschaft zum Bundesgesetz über die Fusion, Spaltung, Umwandlung und Vermögensübertragung（Fusionsgesetz；FusG）vom 13. Juni 2000, BBl 2000, S. 4337 f.

1. 合并可一般性地被描述为法人之间的合而为一，也被理解为一种产生和消灭的事由。合并通常的方式为：

– 一个法人接受了一个（或多个）其他法人（**吸收**）；或

– 两个或多个法人结合成一个新组织（**结合**）。

2. 在2004年以前，对于合并法律并没有进行一般性的规定；不过在商法中存在具体的规则。司法实践亦允许社团和基金会的合并。[1]

3. 2004年7月1日《合并法》[2]生效。按照该法第1条第1

---

[1] Vgl. etwa BGE 53 II 1 ff.（4）, E. 3（协会）；115 II 415 ff.（基金会）.

[2] BG über Fusion, Spaltung, Umwandlung und Vermögensübertragung vom 3. Oktober 2003；SR 221. 301.

款，该法调整与**合并**、**分立**、**改组和财产移转**相联系的资合公司、集体公司、两合公司、合作社、社团、基金会和个体商号（Einzelfirmen）的法律结构调整。该法在其他内容之外对如下几方面作出了规定：

- 一般性的对合并的允许（《合并法》第3条及以下）；
- 对股东或成员权的保护（《合并法》第7条、第8条）；
- 合并协议、合并报告及其审查（《合并法》第12条及以下）；
- 合并决议和在商事登记簿中登记（《合并法》第18条及以下）；
- 对合并的撤销及责任承担（《合并法》第106条及以下）。

关于基金会存在特殊规定（《合并法》第78条及以下）。

四、住所

按照瑞民第56条，法人的住所为：
- 其章程决定的地点；

对于具有自己法人格的商事公司（股份公司、股份两合公司、有限责任公司）以及对于合作社，法律规定在章程中必须包括住所（瑞债第626条第1项对于股份公司、瑞债第776条第1项对于有限责任公司、瑞债第832条第1项对于合作社）。在社团的情形，其章程通常将某特定或可特定化之自然人或法人的住所确定为社团住所（所谓"流动"住所）。[1]

- 在缺少此种规定时，则为对其进行管理之地。

关于住所搬迁，参见《商事登记簿条例》第123条及以下。

---

〔1〕 Riemer, BeKomm（Vereine）, System. Teil, N 379g; RBOG 2008, Nr. 15, S. 126 ff.（128）, E. 3b（图尔高高等法院）.

对此应补充如下两点说明：

— **住所单一性**原则（对于自然人参见瑞民第 23 条第 2 款；对此见边码 678）亦适用于法人。[1]

— 住所是法人的"一般性的法律上的地址"，并构成了（被告方的）**一般法院管辖地**（《民事程序法》第 10 条第 1 款第 b 项）。[2] 不过对此在法人分支机构场合存在例外（《民事程序法》第 12 条）。

大量的特别法院管辖（例如《民事程序法》第 20 条、第 29 条第 2 款）也都和住所有关。

五、权利能力和行为能力

（一）引言

1. 由于法律只是对特定的人的联合和目的财产（社团性法人和机构性法人）承认了其权利能力，从而也就在很大程度上丧失了对权利能力和行为能力进行区分的必要。换句话说，如果承认某构造具有权利能力，那么它一定也具有行为能力。[3] 不过，毕竟瑞民对于权利能力和行为能力是在不同的条文中调整的（瑞民第 52 条、第 53 条对于权利能力；瑞民第 54 条、第 55 条对于行为能力）。

2. 就如同在自然人场合一样（边码 573 和 594），在法人的场合，权利能力和行为能力在程序法中也具有其对应物：

— 法人的权利能力导致其在诉讼程序中的**当事人能力**（参见《民事程序法》第 66 条）。

— 行为能力导致法人在民事程序中具有**诉讼程序能力**（参见《民事程序法》第 67 条第 1 款）。在《有关强制执行与破产的联邦法》中，（具有行为能力的）法人**具有执行能力**。[4]

---

[1] BGE 53 I 124 ff. (129 f.).
[2] 对于以前的法律状况参见 Guldener, S. 84；Weber, SPR Ⅱ/4, S. 145 ff.
[3] Pedrazzini/Oberholzer, S. 206.
[4] Riemer, BeKomm, System. Teil (vor Art. 52 ZGB), N 185.

（二）权利能力

1. 随着法人格的取得，法人获得权利能力（瑞民第52条第1款），也就是可以享有权利和承担义务。按照瑞民第53条，法人有能力具有"不以人之自然属性如性别、年龄或亲属关系为必要条件的"所有权利和义务。[1]

立法者通过选择此种表述，有意地将如下问题留给了实践，即"对此的进一步界分予以确定，尤其就名誉和人对疼痛和侮辱的感受……"[2]因此，实践有义务去填补此"法内漏洞"[3]（一般性的对此参见边码172及以下）。

2. 尤其下述权利可作为例子予以提及：姓名权、名誉权、信用权、财产权、私密领域或私人领域权、数据保护权。[4]

某法人（在本案中为一个社团）也可处于穷迫境况，从而也可作为瑞债第21条意义上的暴利的受害者。[5]

3. 相反，如下权利可作为反例被列举：[6]

— 一方面存在**从性质上**法人就不能享有的权利，例如成年、血亲、姻亲、订婚、婚姻、子女关系、家庭法上的扶助义务、基于血亲的法定继承顺位。[7]

对于这些权利要求瑞民第53条意义上的"人之自然属

---

〔1〕 法语："…qui ne sont pas inséparables des conditions naturelles de l'homme, telles que le sexe, l'age ou la parenté"；意大利语："…che non dipendono necessariamente dallo stato o dalla qualità della persona fisica, come il sesso, l'età e la parentela"。

〔2〕 Huber, Erläuterungen I, S. 80.

〔3〕 Riemer, BeKomm, N 8 zu Art. 53 ZGB.

〔4〕 详见 Riemer, BeKomm, N 11 ff. Zu Art. 53 ZGB; Derselbe, Personenrecht, Nr. 520 ff.; Weber, SPR II/4, S. 124 ff.; vgl. auch Deschenaux/Steinauer, Nr. 523 ff.; BGE 121 III 168 ff. (171), E. 3a; 128 III 401 ff. (402 f.), E. 5; 132 I 270 ff. (280), E. 6.

〔5〕 BGE 123 III 292 ff. (302), E. 5（某足球俱乐部由于缺少赛场而丧失许可证的危险）。

〔6〕 Vgl. Riemer, BeKomm, N 59 ff. zu Art. 53 ZGB; Hugenin, BaKomm, N 9 f. zu Art. 53 ZGB.

〔7〕 Vgl. Riemer, BeKomm, N 96 ff. zu Art. 53 ZGB.

性……作为必要条件"。

1203 —— 另一方面存在法人本来可享有的权利,但其享有**被法秩序所排除**。例如法人不可作为婚姻见证人或继承法上的证人、监护人、居住权人、雇员、经理或简单合伙的成员、联邦法院民事或刑事程序中的诉讼代理人(《联邦法院法》第40条第1款)。[1]

旧《联邦宪法》第4条以及《欧洲人权公约》都没有要求法人应和自然人一样被赋予免费的法律援助。[2]即便是现行联邦宪法,也没有对法人规定此种宪法上的权利(《联邦宪法》第8条和第29条第3款)。[3](在《民事程序法》生效之前)在相关程序涉及法人的唯一财产且除此财产外经济上享有者也不具备任何其他资源时,联邦法院例外地认可了此权利。[4]《民事程序法》在其第117条中包含有一个开放性的表述("人享有……的请求权"),以使个案中的正当解决方案成为可能。[5]法人(例如某保护被虐待妇女的社团)不享有按照《受害人援助法》[6]请求赔偿或精神损害赔偿的权利,因为其并非《受害人援助法》第1条第2款意义上的与受害人亲近之人。[7]

(三)行为能力

1. 要件。

1204 (1)法律在瑞民第54条中规定了行为能力的要件。按照此规定,在"根据法律或章程必不可少的机关被选任后",便开始具有行为能

---

[1] 总体参见 Riemer, BeKomm, N 98 ff. zu Art. 53 ZGB.
[2] BGE 119 Ia 337 ff. (338 ff.), E. 4 und 5.
[3] Botschaft des Bundesrates über eine neue Bundesverfassung vom 20. November 1996, in: BBl 1997 I, S. 1 ff. (187).
[4] BGE 119 Ia 337 ff. (340), E. 4c und e; 126 V 42 ff. (47), E. 4; 131 II 306 ff. (326 f.), E. 5. 2.
[5] Botschaft zur ZPO, S. 7301.
[6] BG über die Hilfe an Opfer von Straftaten vom 23. März 2007; SR 312. 5.
[7] Vgl. auch LGVE 1995 II Nr. 9, S. 135 f. (卢塞恩行政法院)zu Art. 2 Abs. 2 aOHG.

力。[1]相应地，对于行为能力应满足如下两点：[2]

— 一方面（按照法律或章程）**存在某个机制**，从其中可得出哪个机关应对外出现；

— 另一方面对该机关承担者进行**选任（选择、任命）**。

法人如果**不具有机关**，则其可能具有权利能力，但不具有行为能力。[3]在2008年1月1日有限责任公司法修正案[4]生效后，如果法人缺少必要机关，那么法院（或监督部门）有职责采取必要的措施；尤其存在任命事务管理人的可能（参见瑞民第69c条和第83d条、瑞债第731b条、第819条和第908条）。[5]另外，瑞民第17条至第19条中对自然人行为能力的分类（边码615、616），在此也不具有必要性。对于必要的机关消失后代理权的继续存在问题，参见瑞民第35条。[6]

（2）机关一方面是法律或章程在形式上称其为机关者（"**形式上的机关**"）。另一方面，如果某人有效地以决定性的方式参与团体意志的形成，即在法人实质的任务领域享有独立的决定权限，那么此人也为法人机关（"**事实上的机关**"）。[7]

具有说明意义的有BGE 117 Ⅱ 570 ff.（571），E. 3："作

---

[1] 法语："…dès qu'elles possèdent les organes que la loi et les statuts exigentà cet effet"；意大利语："…tosto che siano costituiti gli organi a ciò necessari conformemente alla legge ed agli statuti"。

[2] Riemer, BeKomm, N 4 zu Art. 54/55 ZGB.

[3] Riemer, BeKomm, N 9 zu Art. 54/55 ZGB.

[4] AS 2007, S. 4791 ff.

[5] 对此可参见 Bürge Stefan/Gut Nicolas, Richterliche Behebung von Organisationsmängeln der AG und der GmbH ... SJZ 105/2009, S. 157 ff.；Lorandi Franco, Organisationsmängel von Gesellschaften mit tückischen Folgen: Kleine Ursache mit grosser Wirkung, ST 83/2009, S. 89 ff. 关于之前的法律状况（根据旧瑞民第393条第4项任命顾问）参见 Etwa Riemer, BeKomm, N 14 zu Art. 54/55 ZGB.

[6] 对此见 Zäch Roger, Berner Kommentar, Bern 1990, N 21 ff. zu Art. 35 OR；BGer 4C. 399/2001, E. 2. 3.

[7] BGE 124 Ⅲ 418 ff.（420 f.），E. 1b；122 Ⅲ 225 ff.（227），E. 4b；121 Ⅲ 176 ff.（179 f.），E. 4a；Pedrazzini/Oberholzer, S. 216；Meier-Hayoz/Forstmoser, § 2 N 29 ff.；Weber, SPR Ⅱ/4, S. 154 ff.；对此所谓的"功能性的机关概念"又可参见 Riemer BeKomm, N 28 ff. zu Art. 54/55 ZGB；Huguenin, BaKomm, N 12 ff. zu Art. 54/55 ZGB.

为该条（瑞民第55条）意义上的机关的，不仅是按照法律、章程或从其中得出之规则被委任以履行公司任务的法人机构，或实际地且可查知地独立处理这些任务的法人机构（……）；按照司法实践，那些在法人最高管理机构的监督下负责真正的事务管理之人或其他在领导岗位行动者，也为机关（……）。"[1]

只是对于作出决定予以协助，并不足以使之被认定为实质机关。某总包商的银行如果只是维护其自己的债权人利益，例如要求企业治理措施或要求让与债权，这些对总包商管理的介入并没有达到被认定为实质机关的程度。[2]

1207 需说明的尚有：

1208 — 瑞民第53条意义上的"机关"为机关承担者，确切地说是对外（"在外"）行动者，即代理和执行职责的享有者。[3]

法人亦通过其机关行使其程序能力（行为能力在诉讼程序中的对应物；边码1198）。[4]

1209 — 对于作为机关的自然人，其具有判断能力即可；因此，即便具有判断能力之无行为能力人也可在法定代理人的同意下承担机关职责，并从而——对此不再取决于法定代理人的意思——履行此职责。[5]

在法人和机关承担者之间通常存在着（内部的）合同关系，例如简单的委托（瑞债第394条及以下）或劳动合同（瑞债第319条及以下）。[6]

2. 行为能力的运用。

1210 （1）瑞民第55条对法人行为能力的运用进行了规制。按照此

---

[1] Vgl. etwa auch BGE 128 III 29 ff. (30 f.), E. 3a; 128 III 92 ff. (93), E. 3a; 132 III 523 ff. (528 f.), E. 4.5; 136 III 14 ff. (21), E. 2.4.

[2] BGE 136 III 14 ff. (21 f.), E. 2.4.

[3] Riemer, BeKomm, N 18 zu Art. 54/55 ZGB; Huguenin, BaKomm, N 16 zu Art. 54/55 ZGB.

[4] ZWR 32/1998, S. 204 f. (204), E. 2a (瓦莱州法院).

[5] Riemer, BeKomm, N 12 zu Art. 54/55 ZGB.

[6] Vgl. BGE 128 III 129 ff. (131 ff.), E. la; Riemer, BeKomm, N 22 zu Art. 54/55 ZGB.

规定，法人机关"被委任表达法人的意思"（瑞民第 55 条第款）。机关的行为在法律上作为法人本身的行为，而非辅助人的行为。

具有说明意义的有 BGE 117 Ⅱ 570 ff. (572), E. 3: "一般性的机关责任建立在法人对外的化身及对外代理权的思想上。其首先服务于合乎代理权之行为的归责问题以及与辅助人责任之间的界定问题……"[1]

（2）因此，按照瑞民第 55 条第 2 款，机关通过如下方式使法人承担责任：

1211

— **通过从事法律行为**（尤其是订立合同）；

1212

机关所知悉者，原则上亦被归于法人所知悉。[2]

— "**通过其他行为**"，尤其是通过侵权行为或缔约过失，[3] 但也会通过其他导致瑞债第 62 条及以下条文和第 419 条及以下条文中的责任，以及通过其他具有法律相关性的行为。[4] 对此有如下补充：

1213

第一，相关行为必须**处于机关职责的一般框架内**。[5] 并不要求某机关的行为事实上服务于公司的目的，"只要相关行为可被其目的正当化，因此该行为并非属于彻底异类的行为，即已足够"。[6]

1214

---

〔1〕 Vgl. auch Riemer, BeKomm, N 20 zu Art. 54/55 ZGB, 尤其援引了 Eugen Huber, Erläuterungen I, S. 61.
〔2〕 BGer in: Semjud 123/2001, S. 186 ff. (188), E. 5a, 观点有所弱化；BGE 124 Ⅲ 418 ff. (420), E. lb; Riemer, BeKomm, N 47 zu Art. 54/55 ZGB ["知悉的归属（Wissensvertretung）"]; Weber, SPR Ⅱ/4, S. 174 ff.; Abegglen Sandro, Wissenszurechnung bei der juristischen Person und im Konzern, bei Banken und Versicherungen …, Habil. Bern 2004, S. 39 ff.; Chou Han-Lin, Wissen und Vergessen bei juristischen Personen, Diss. Basel 2002 (Basler Studien zur Rechtswissenschaft, Reihe A: Privatrecht, Band 59), Nr. 139 ff.; Walter Maria, Die Wissenszurechnung im schweizerischen Privatrecht, Zürcher Diss., Bern 2005 (ASR Heft 690), S. 190 ff.
〔3〕 例如 SJZ 96/2000, S. 450 ff. (451), E. b (圣加仑商事法院).
〔4〕 Riemer, BeKomm, N 56 ff. zu Art. 54/55 ZGB.
〔5〕 BGE 121 Ⅲ 176 ff. (180), E. 4a; BGer 2P. 224/2005, E. 3. 3; Pedrazzini/Oberholzer, S. 219 f.; Riemer, BeKomm, N 35 ff. zu Art. 54/55 ZGB, 指出了只是由于文字加工方面的理由删除的"在履行职务中"。
〔6〕 BGE 111 Ⅱ 284 ff. (289 f.), E. 3b (在对学说进行批判的意义上修改了 BGE 95 Ⅱ 442 ff. 中的司法实践); 对此亦可参见 Chaudet François, La responsabilité délictuelle de la personne morale: En particulier lors de l'abus du pouvoir de représentation par un orgame, SJZ 94/1998. S. 10 ff.

1215 　　第二，法人机关责任的**客观限制**是**其权利能力**：某股份公司的董事和一名员工发生了性关系，针对该股份公司提起父子关系诉讼不被允许。〔1〕

1216 　　第三，对于**股份法中的机关责任**，另外可参见瑞债第 722 条："公司为有权管理或代理公司之人在从事公司事务时所为的侵权行为负责。"〔2〕关于法人在刑法上的犯罪能力，参见《刑法典》第 102 条。〔3〕

1217 　　（3）法人机关责任和机关的个人负责之间的关系由**瑞民第 55 条第 3 款**调整：个人责任"还另外地"存在，即个人责任与机关责任并行。这导致机关和法人的连带责任。〔4〕按照该条德文（以及意大利文）文本，行为人个人"对其过错"负责。此种表述具有误导性，因为只有相关责任规范（例如瑞债第 41 条）的确要求存在过错时，过错要件才应被满足。在结果责任场合，机关即便无过错，其也应被追究责任（更精确的是法文版本："不当行为……"）。〔5〕

　　　　具有说明性的有 BGE 120 Ⅱ 58 ff.（64），E. 4b："按照瑞民第 55 条第 2 款……即便法人机关非法律行为上的行为也可被归责，从此规定中不能得出，作为机关行事的自然人可基于法人行为而主张其自己被免责。该归责只是单方面的。机关不能把自己躲在法人后面（……）。相应地，机关个人对其过错负责（瑞民第 55 条第 3 款）。"

---

〔1〕　Riemer, BeKomm, N 38 zu Art. 54/55 ZGB；但对于在此提及的工作场所性骚扰案件，现在可参见《男女平等法》第 5 条第 3 款以及边码 1107、1108 和 1116。

〔2〕　参见 BGE 121 Ⅲ 176 ff.（179 f.），E. 4a.

〔3〕　对此参见 Forster Matthias, Die strafrechtliche Verantwortlichkeit des Unternehmens nach Art. 102 StGBm St. Galler Diss., Bern 2006（ASR Heft 723）.

〔4〕　BGE 48 Ⅱ 145 ff.（157），E. 7; Pedrazzini/Oberholzer, S. 220; Riemer, BeKomm, N 68 zu Art. 54/55 ZGB. Zur praktischen Relevanz von Art. 55 Abs. 3 ZGB vgl. Spitz（边码 1127 中引用的文献），S. 166.

〔5〕　Riemer, BeKomm, N 64 zu Art. 54/55 ZGB; Huguenin, BaKomm, N 31 zu Art. 54/55 ZGB.

（4）另外，法人不仅可通过其机关行事，也可通过辅助人员行事。在此，适用于"约束效力"的是一般性规则，即瑞债第32条及以下（代理）、瑞债第55条（辅助人员为侵权行为时之事主责任）以及瑞债第101条（合同上的辅助人责任）。

法人**并非**按照瑞民第55条为辅助人负责。[1]

六、对法人的滥用（所谓的"刺破"问题）

特别文献（选列）：

— Dasser Felix, Der Durchgriff im Internationalen Privatrecht … in：Breitschmid Peter et al.（Hrsg.），Grundfragen der juristischen Person, FS für Hans Michael Riemer zum 65. Geburtstag, Bern 2007, S. 35 ff.

— Hrant Hovagemyan, Transparence et réalité économique des sociétés …Lausanne 1994（CEDIDAC, Band 30）.

— Kehl Dieter, Der sogenannte Durchgriff, Eine zivilistische Studie zur Natur der juristischen Person, Zürcher Habi., Dietikon 1991.

— Meier–Hayoz/Forstmoser, § 2 N 43 ff.

— Wick Markus, Der Durchgriff und das auf ihn anwendbare Recht gemöss IPRG, Basler Diss. 1994, Zürich 1996（Schweizer Schriften zum Handels – und Wirtschaftsrecht, Band 170）.

— Zuber Roger, Wirtschaftliche Betrachtungsweise und Durchgriff im Zivilprozess …Diss. Bern 2005（ASR Heft 702）.

法院判决：

1. BGE 121 Ⅲ 319 ff.（321），E. 5a

享有多数股权（92%）的不动产公司。双方当事人作为独立法主体行事抑或应刺破？

2. BGer in：Semjud 123/2001 I, S. 165 ff.

某银行可否将其针对经济上控制某法人之银行债务人的债权，

---

[1] Riemer, BeKomm, N 21 zu Art. 54/55 ZGB. 对于辅助人员和机关之间的界分参见 BGE 122 Ⅲ 225 ff.（227 f.），E. 4b. 对于辅助人员个人的侵权责任参见 Spitz（边码1127中引用的文献），S. 169 ff.

与针对该法人的债务进行抵销?"反向刺破"的可能性在本案中被否认。不得转而求助于基于权利外观责任或缔约过失责任的损害赔偿请求权。

3. BGer 5A_ 498/2007

反向刺破:某家族基金会的所有权在一个针对基金创办人的强制执行程序中被扣押,该发起人曾在特定时间内为该基金会享有单独签字权的主席,并在其辞职后与由其指定的基金会委员会成员们具有密切的个人和业务关系(刺破被准许)。

1221 首先,如果某法人——典型的为股份公司——按照瑞民第52条、第53条以及瑞债中的公司法规则在法律上有效成立,那么它具有自己(独立)的法人格,自己享有权利和承担义务。换句话说,法人在人身和财产层面与其"成员"相分离。[1]对于债权人,原则上只是由法人的财产而非由具体成员(例如股东或社团成员)的财产负责。[2]

> 原则上应顾及两个(形式上独立的)法律主体在法律上的分离性,并且即便此法律上的独立在一定程度上是"人工"制造的,并且相关法人和某他人具有紧密关系时,亦是如此。[3]

1222 其次,在特定情形中,主张法人在法律上的独立性构成权利滥用,因为法人背后之人(例如一人股东或对子公司绝对控制的母公司)只是以法人作为推托,以由此逃避法律上或法律行为上的义务。在此情形,作为推托之法人的债权人基于瑞民第2条可将法人刺破:债权人可"刺破法人面纱"对经济上的权利人"采取措施"。[4]

---

[1] Meier - Hayoz/Forstmoser, § 2 N 43. Vgl. auch BGE 132 Ⅲ 737 ff. (742), E. 2. 3.
[2] 对此参见 Pedrazzini/Oberholzer, S. 223.
[3] BGer in: Semjud 123/2001 I, S. 165 ff. (167), E. 2.
[4] 亦可参见 Pedrazzini/Oberholzer, S. 223 f.; Meier - Hayoz/Forstmoser, § 2 N 43 ff.; Riemer, BeKomm, System. Teil (vor Art. 52 ZGB), N 30; Weber, SPR Ⅱ/4, S. 102 ff.; Bucher, BeKomm, N 105 zu Art. 11 ZGB; ablehnend gegenüber dem Institut des Durchgriffs aber Kehl〔边码1219中引用的文献〕, S. 124 ff. und passim.

对此参见 BGE 81 Ⅱ 455 ff. (459), E. 1b:"在瑞士法的实践中一人公司被容忍。一人公司原则上保有其法人格,可作为权利和义务的承担者,并通过自己的资产和负债行为对其财产进行处分。但鉴于公司和一人或控股股东之间在经济上的同一性,此形式法上的关系对于第三人应被忽略掉,前提是在交往中按照诚实信用原则应忽略此形式法上的关系(……)。"[1]

相反,行使控制之人则不享有"刺破的权利",其必须固守在由其选择法人的形式独立性上。[2]

1223

最后,虽然在新近时间里越来越多的刺破被主张,但其依旧还属于例外。[3] 刺破在一些情况下被法律所直接规定,例如参见《在外国之人取得土地的联邦法》第 5 条第 c 项和《刑法典》第 29 条。[4]

1224

例如:①对某法人之兄弟公司的刺破被认可,该法人和该兄弟公司由同一人控制("横向刺破")。[5] ②相反例子:卖出某不动产股份公司的所有股份(在旧法下)原则上不构成优先购买权的适用情形。[6]

---

[1] 亦可参见 BGer in: Semjud 123/2001 I, S. 186 ff. (189), E. 5c; BGer in: Semjud 123/2001 I, S. 165 ff. (167 f.), E. 2; BGE 121 Ⅲ 319 ff. (321), E. 5a; 128 Ⅱ 329 ff. (333), E. 2.4; FZR 1999, S. 72 ff. (76), E. 3a (弗里堡州法院)。

[2] 对此参见 BGE 121 Ⅲ 319 ff. (321 f.), E. 5a; Riemer, BeKomm, System. Teil (vor Art. 52 ZGB), N 34 mit Hinweisen. 对于公司和股东经济上同一性的证明,参见 SJZ 93/1997, S. 377 f. (提契诺上诉法院)。对于所谓的反向刺破参见 BGer in: Semjud 123/2001 I, S. 165 ff.; BGer 5A_498/2007; Meier–Hayoz/Forstmoser, § 2 N 46, 援引了 ZR 90/1991, Nr. 85, S. 276 ff. (苏黎世高等法院与最高法院)。

[3] Meier–Hayoz/Forstmoser, § 2 N 43. Vgl. auch BGE 132 Ⅲ 489 ff. (493), E. 3.2; BGer4C. 381/2001, E. 3a.

[4] Meier–Hayoz/Forstmoser, § 2 N 48.

[5] BGE 113 Ⅱ 31 ff.

[6] BGE 92 Ⅱ 160 ff. 在新法下参见瑞债第 216c 条第 1 款的表述;总体亦可参见 BGE 126 Ⅲ 187 ff.

第二十章
社 团

说明：在使用文献和司法判决时必须注意，社团法尤其是随着 2005 年 12 月 16 日的债法修改（有限责任公司法以及在股份法、合作社法、商事登记簿法和商号法中的调整）[1]发生了很多变化。因此一部分旧文献已过时。

1225　教科书文献：

- Brückner, Personenrecht , Nr. 1132 ff.
- Hausheer/Aebi‑Müller, Nr. 18. 01 ff.
- Meier‑Hayoz/Forstmoser, §20.
- Pedrazzini/Oberholzer, S. 224 ff.
- Riemer, Personenrecht, Nr. 604 ff.
- Tuor/Schnyder/Schmid, §16.

1226　特别文献（选列）：

- Baddeley Margareta, L'association sportive face au droit, Les limites de son autonomie, Genfer Diss., Basel/Frankfurt am Main 1994.
- Badertscher beat, Der Ausschluss aus dem Verein nach schweizerischem Zivilgesetzbuch, Diss. Zürich 1980 (Zürcher Studien zum Privatrecht, Band 10).
- Beretta Piera, Wirtschaftliche Vereine in der Schweiz, Diss.

---

[1] AS 2007, S. 4791 (4840 f.); 2008 年 1 月 1 日生效。

Basel 2001（Basler Studien zur Rechtswissenschaft, Reihe A：Privatrecht, Band 56）.

— Besson Samantha, Liberté d'association et égalité de traitement：une dialectique difficile — Une comparaison des modèles théoriques américain et suisse, ZSR NF 120/2001 I, S. 43 ff.

— Cavegn Diego, Die Revision der Revision von Stiftungen und Vereinen, Diss Zürich 2008.

— Dias Raoul, Der Verein als herrschendes Unternehmen im Konzern, Unter besonderer Berücksichtigung der Sportvereine und Sportorganisationen in der Schweiz, Berner Diss. , Zürich/St. Gallen 2010（Schweizer Schriften zum Handels — und Wirtschaftsrecht, Band 289）.

— Fenners Henk, Der Ausschluss der staatlichen Gerichtsbarkeit im organisierten Sport, Freiburger Diss. , Zürich/Basel/Genf 2006（AISUF Band 249）.

— Fuchs Christoph, Rechtsfragen der Vereinsstrafe — Unter besonderer Berücksichtigung der Verhältnisse in Sportverbänden, Diss. Zürich 1999.

— Heini/Portmann, SPR II/5.

— Henin/Scherrer, Basler Kommentar zu Art. 60 ~ 79 ZGB.

— Jaggi Matthias, Unter welchen Voraussetzungen ist der Ausschluss eines Mitgliedes aus einer politischen Partei zulässig? ...Jusletter vom 30. Juni 2008.

— Jaquier Jérôme, La qualification juridique des règles autonomes des organisations sportives, Lausanner Diss. , Bern 2004.

— Keller Andreas, Die Ausschliessung aus dem Verein, Freiburger Diss. , Zürich 1979.

— Klaus Felix, Der Schutz des Vereinszweckes（Art. 74 ZGB）, Freiburger Diss. , Zürich 1977.

— Philipp Peter, Rechtliche Schranken der Vereinsautonomie und der Vertragsfreiheit im Einzelsport, Unter besonderer Berücksichtigung der Monopolstellung der Verbände, Diss. Zürich 2004.

— Riemer, Berner Kommentar: Die Vereine.

— Derselbe, Anfechtungs – und Nichtigkeitsklage im schweizerischen Gesellschaftsrecht (AG, GmgH, Genossenschaft, Verein, Stockwerkeigentümergemeinschaft) – Eine materiell – und prozessrechtliche Darstellung, Bern 1998.

— Derselbe, Die Rechtsstellung der Sektionen und der Sektionsmitglieder im Vereinsverband, in: Zäch Roger u. a. (Hrsg.), Individuum und Verband, Festgabe zum Schweizerischen Juristentag 2006, Zürich 2006, S. 151 ff. (zitiert: Riemer, Rechtsstellung).

— Rigozzi antonio, L'arbitrage international en matière de sport, Genfer Diss., Basel 2005.

— Rosenberg Berysz, Die zwingenden Schutzbestimmungen des Vereinsrechtes, Diss. Basel 1985.

— Scherrer Urs, Wie gründe und leite ich einen Verein? Vereine und Verbände im Schweizerischen Recht, 12. Auflage, Zürich 2009.

— Schmid – Tschirren Christina, Der Ausschluss aus privatrechtlichen Personenvereinigungen, insbesondere aus dem Verein und aus der Stockwerkeigentümergemeinschaft, recht 2006, S. 130 ff.

立法材料:

— Botschaft des Bundesrates zur Revision des Obligationenrechts (GmbH – Recht sowie Anpassungen im Aktien – Genossenschafts –, Handelsregister – und Firmenrecht) vom 19. Dezember 2001, BBl 2002, S. 3148 ff.

— Botschaft des Bundesrates zur Änderung des Obligationenrechts (Revisionspflicht im Gesellschaftsrecht) sowie zum Bundesgesetz über die Zulassung und Beaufsichtigung der Revisorinnen und Revisoren vom 23. Juni 2004, BBl 2004, S. 3969 ff.

— Botschaft des Bundesrates zur Änderung des Obligationenrechts (Aktienrecht und Rechnungslegungsrecht sowie Anpassungen im Recht der Kollektiv – und der Kommanditgesellschaft, im GmbH – Recht, Genossenschafts – Handelsregister – sowie Firmenrecht) vom 21. Dezember

2007，BBl 2008, S. 1589 ff.

法院判决：

1. BGE 133 Ⅲ 593 ff.

在其设立后追求违法目的之社团的解散（占领房屋；瑞民第78条）。未被回答的问题是，如果多个目的中的一个违法，是否可认定意思表示部分无效（瑞债第20条第2款）。

2. BGE 90 Ⅱ 333 ff.（亦可参见 BGE 126 Ⅲ 239 ff.［243］，E. 1d）

社团形式的卡特尔？只有当一个社团自己经营商人式营业时，才算其追求经济目的，导致排除其法人格的取得。

3. BGE 118 Ⅱ 12 ff.

废止某社团决议（瑞民第75条）：瑞民第75条规定的诉讼具有撤销发回的属性。只有有权社团机关才可作出新决议，但在作出新决议时应考虑到发回判决。在与比赛时报名条件相关的背景下，竞赛规则和法律规范之间的界定。瑞民第75条不仅涵盖成员大会的决议，也涵盖下级机关的决议。但只有在存在最终决议时，才可向法院求诉；也即是，相关当事人必须已经穷尽社团内部秩序所规定的处理方式。

4. BGE 123 Ⅲ 193 ff.［亦可参见 BGE 131 Ⅲ 97 ff.（102 ff.），E. 3］

在公众中、在面对国家机构及其成员的潜在客户等时，某社团作为相关职业或经济分支中决定性的组织出现，该社团不享有瑞民第72条第2款意义上的全面的开除自主权。基于其成员在经济上发展的人格权，只允许此种社团基于重大事由开除其成员。

5. BGE 126 Ⅲ 5 ff.（6 f.），E. 2.

成员大会。何谓之瑞民第67条第3款意义上的"适当的"列入日程？

6. BGE 132 Ⅲ 502 ff.

将被撤销之成员大会决议与之前作出的代表大会决议一并撤销（本案中被准许）。对于代表大会的书面多数决定，要求存在章程上的基础；被撤销之决议的无效性是违反此程序规则的法律后果。

一、概述

1229　第一，瑞民第60条至第79条对社团进行了规定（另外还有《商事登记簿条例》第90条及以下；时际法上亦可参见瑞民尾编第6b条）。另外，社团法上的规定由关于法人的一般规定（瑞民第52至59条）加以补充；尤其是关于机关责任的瑞民第55条具有可适用性。[1]

有时其他规范也对社团法规范进行援引，例如瑞民第712m条第2款对于公寓所有人大会。[2]

1230　第二，按照迈尔·哈尧茨和佛斯特摩泽尔（Meier–Hayoz/Forstmoser）的简短定义，社团是"**追求非经济目的、与人相关的社团性法人（Körperschaft），其也可以经营商人式的企业，并在章程秩序中无其他规定时完全由其财产对其债务负责**"。[3]对此尤其要确定如下几点：

1231　— 社团是社团性法人式（körperschaftlich）的人的联合（对此参见瑞民第60条的页边标题），法人亦可作为社团的成员。

关于成员的最低数量，学说说法不一。早期适用的规则是"三人方成团（Tres faciunt collegium）"，且这也可从瑞民第67条第2款中得出。不过现在两个成员亦可。[4]

1232　— 社团致力于非经济的任务，肯定形式的表述是"观念的"，即政治、宗教、学术、艺术、慈善或社会的任务（瑞民第60条第1款；亦可参见瑞民第52条第2款）。[5]

---

[1]　关于其他的法律渊源详见 Riemer, BeKomm, System. Teil（vor Art. 60 ZGB），N 42 ff.

[2]　Riemer, BeKomm, System. Teil（vor Art. 60 ZGB），N 106 ff. Vgl. auch BGE 134 Ⅲ 481 ff.

[3]　Meier–Hayoz/Forstmoser, § 20 N 2.

[4]　So Riemer, BeKomm, N 16 zu Art. 60 ZGB; BJM 1999, S. 311 ff.（312 f.），E. 2a ~ b（巴塞尔市民事法院）。

[5]　Vgl. auch BGE 127 Ⅲ 337 ff.（340），E. 2c.

换句话说，社团**不可为其成员追求金钱价值上的好处**。[1]
如果人的联合追求经济上的目的，则按照法律的预想，对此应运用公司或合作社形式（瑞民第59条第2款）。[2]

关于**社团目的**，应说明如下几点：

其一，社团虽然不可追求经济上的目的（获利目的），但为了筹措资金其一般**可参与经济交往**。按照瑞民第61条第2款第1项，为了其（观念上的）目的，社团可经营商人式的营业；但对此其有义务在商事登记簿上登记（对于"商人式的营业"这个概念，参见瑞债第934条第1款和《商事登记簿条例》第2条第b项）。[3] 例如：某慈善社团经营一个受保护的工厂，（无获利意图地）雇用残疾人；[4] 或经营第三世界商店（Drittweltladen）。

其二，按照联邦法院实践，**卡特尔组织、职业或经济联合**可采用社团形式，只要其自己不经营商人式的营业。[5] 该司法实践在学说中遭受批判。[6] 关于卡特尔，参见《卡特尔法》。[7]

其三，按照一般规则，社团目的**不得违法或悖俗**（瑞民第52条第3款；亦可参见瑞民第78条和第57条第3款）。[8]

其四，除此以外只要在法律限度内，**自治**居于主导地位：成员可自己决定社团目的（边码1238）。

第三，社团法中的大部分规定为任意法（瑞民第63条第1款），

---

[1] Pedrazzini/Oberholzer, S. 226; Meier – Hayoz/Forstmoser, § 20 N 13; Riemer, Personenrecht, Nr. 492 f. Und 607.

[2] 但根据 Riemer, BeKomm, System. Teil (vor Art. 52 ZGB), N 80, 该规范只是一种"原则性规定"，不具有有效的规范性意义。

[3] Vgl. auch Meier – Hayoz/Forstmoser, § 4 N 34 ff.

[4] Riemer, Personenrecht, Nr. 608.

[5] , BGE 88 Ⅱ 209 ff. 基于瑞民第60条第1款的文句以及立法者意志，曾经认定此种做法不应被允许；而 BGE 90 Ⅱ 333 ff. (345), E. 7 出于法的安定性的理由废止了 BGE 88 Ⅱ 209 ff. 的态度；亦可参见 BGE 126 Ⅲ 239 ff. (243), E. ld; 131 Ⅲ 97 ff. (103), E. 3. 1.

[6] Pedrazzini/Oberholzer, S. 226 ff.; Riemer, BeKomm, System. Teil (vor Art. 60 ZGB), N 197 ff. und（立法建议层面）N 362 sowie N 60 ff. zu Art. 60 ZGB; Meier – Hayoz/Forstmoser, § 4 N 24 ff. und § 20 N 20.

[7] BG über Kartelle und andere Wettbewerbsbeschränkungen vom 6. Oktober 1995; SR 251.

[8] 对于违法的目的参见 BGE 133 Ⅲ 593 ff.（占领房屋）。

也就是社团法让相关参与人确定成员的权利和义务。易言之，这里适用**社团自治原则**，适用私法上的社团自由（边码 57）。不过有时也存在强行规范（瑞民第 63 条第 2 款中的说明）。[1]

只存在相对较少的强行规范（换句话说瑞民中的社团法规定极为自由）。这可从其观念性目的中得到解释：按照立法者的预想，社团原则上不参与经济生活，从而使得有利于债权人和其他相关人的保护性规范变得多余。[2]

1239　在涉及对体育社团的法律处理时，遇到的问题是**在法律规则和竞技规则之间的界定**，因为原则上竞技规则不具有可诉性（即不能被法院进行审查）。[3]

不过，联邦法院在 BGE 120 Ⅱ 369 ff. 中确认，在涉及对人格权的侵害时，在竞技规则和法律规范之间进行界定不具有意义。

1240　第四，除了这些私法上的规范，还应指出基本法上的结社自由（《联邦宪法》第 23 条和《欧洲人权公约》第 11 条）。此涉及社团（或曰社团创建人）与国家之间的关系[4]（一般性的关于基本权利的第三人效力问题，参见边码 61）。

---

[1] 对此参见 BGE 134 Ⅲ 193 ff. (199)，E. 4. 3.

[2] 亦可参见 Riemer, BeKomm, System. Teil（vor Art. 60 ZGB），N 278.

[3] 对此参见 SJZ 84/1988，S. 85 ff.（伯尔尼第三法庭；"Sandra Gasser"案）；ZBJV 124/1988，S. 311 ff.（伯尔尼上诉法院；"Mändli 诉 Schweiz. Reit – und Fahrsportverband"案）；BGE 118 Ⅱ 12 ff.；119 Ⅱ 271 ff.；Baddeley Margareta, Une sentence d'un intérêt particulier, Bulletin ASA 15/1997, Nr. 1, S. 143 ff.；Jolidon Pierre, Ordre sportif et ordre juridique – A propos du pouvoir juridictionnel des tribunaux étatiques en matière sportive, ZBJV 127/1991, S. 213 ff.；Gérald Simon, Le conflit sportif：un conflit de normes？in：Piermarco Zen – Ruffinen（Hrsg.），Droit et sport …, Bern 1997, S. 103 ff.；Vouilloz François, Règle de droit et règle du jeu en droit du sport – L'exemple du dopage, AJP 1999, S. 161 ff.；Scherrer Urs, Spielregel und Rechtsregel – Bestandesaufnahme und Ausblick, CaS 2008, S. 181 ff.；Fenners（边码 1226 中引用的文献），Nr. 402 ff.

[4] BGE 124 Ⅰ 107 ff.（114 ff.），E. 4；vgl. auch BGE 133 Ⅲ 593. ff.（597 f.），E. 5；详见 Riemer, Bekomm, System. Teil（vor Art. 60 ZGB），N 218 ff. 在此尤其是 N 258 ff. 涉及第三人效力问题；Häfelin/Haller/Keller, Nr. 547 ff.

私法上的社团自由可被理解为基本法上的结社自由的一部分。

第五，社团在实践中的扩散极广。除了"业余时间社团"（例如体育俱乐部）外，还有大型社团和其他重要的团体：政治政党、瑞士承租人协会、职业协会（例如律师或法律人协会、瑞士工程师和建筑师协会）、雇主协会及工会、[1]消费者保护或环境保护协会、宗教联合体。[2]

第六，在过去数年内，社团法经历了多次修改。例如2005年12月16日的瑞债修正案（有限责任公司法以及在股份法、合作社法、商事登记簿法和商号法中的调整）[3]尤其引入了会计账簿义务以及（特定条件下的）审计义务。在目前正在进行的股份法和会计法修正中，也会对社团法进行进一步的修改。[4]

二、产生和消灭

（一）产生

1. 瑞民第60条以非常简单的方式对社团产生进行了调整："一旦其成为社团性法人的意志在章程中被体现出来"[5]（瑞民第60条第1款），社团即取得人格（权利能力）。此处使用"自由设立的体系"（与《德国民法典》第21条不同）。[6][对于社团的成立]，按照瑞士法所要求的只有（但不管怎样还是要求）如下条件：

- **成为社团性法人的意思**（体现为社团），以及

> 该意思在如下情形中被否认：如果尽管存在（对于某足球俱乐部之"捐赠人联合"的）章程，但从未举行创始人大会或其他社团法上的行为，并且所谓的社团主席"实际上的

---

[1] ZR 97/1998, Nr. 107, S. 274 ff. (277), 5 in fine（苏黎世最高法院）.

[2] 亦可参见 Meier – Hayoz/Forstmoser, § 20 N 86 ff.

[3] AS 2007, S. 4791 (4840 f.)；自2008年1月1日生效。

[4] BBl 2008, S. 1589 ff.（公告）und 1751 ff.（1812 f.；草案）。联邦院将此草案作为2009年冬季会议期间首要审议事项进行审议。

[5] 法语："…dès qu'elles expriment dans leurs status la volonté d'être organisées corporativement. "；意大利语："…tosto che la volontà di costruire una corporazione risulta dagli statuti"。

[6] Dazu Riemer, Bekomm, System. Teil (vor Art. 60 ZGB), N 572.

确追求其个人野心的实现"。[1]

1245 　　— 将此意思落实到**章程**中。按照瑞民第 60 条第 2 款，章程必须以书面形式作出，并就社团目的、其资源以及组织给出信息。按照本书的观点，章程必须经过创始人或董事会签署（瑞债第 12 条及以下结合瑞民第 7 条；亦可参见《商事登记簿条例》第 90 条第 1 款第 b 项）。[2]

　　正如欧根·胡贝尔所言："社团产生无须公示。"[3]对于章程的日期，亦可参见《商事登记簿条例》第 92 条第 e 项。

1246 　　就章程的解释而言，在学说中存在不同的观点。[4]例如，一部分观点按照是涉及社团创始人之间的关系还是涉及社团和之后成员或第三人之间的关系，进行区分。[5]其他的学说则主张对于所有的参与者应对章程进行统一的解释。[6]同样不清楚的是，按照何种规则对章程进行解释（意思原则、信赖原则抑或如法律那样解释）。联邦司法实践在此问题上亦不统一。[7]

1247 　　2. 社团取得人格并不要求在商事登记簿中登记，尽管瑞民第 61 条第 1 款规定了登记的权利，并且该条第 2 款规定了特定条件下的登记义务，即当某社团为其目的经营商人式的营业时或该社团负担被审计的义务时（瑞民第 52 条第 2 款；亦可参见瑞债第 934 条第 1 款和《商事登记簿条例》第 90 条及以下）。对于审计上的义务参见瑞民第 69b 条和后文边码 1284 及以下。

---

〔1〕 BJM 1999, S. 311 ff. (312 ff.), E. 2b（巴塞尔市民事法院）.

〔2〕 Ebenso Tuor/Schnyder/Schmid, § 16 N 8; ähnlich Riemer, Bekomm, N 82 zu Art. 60 ZGB, a. M. etwa Heini/Scherrer, Bakomm, N 40 zu Art. 60 ZGB.

〔3〕 Huber, Erläuterungen I, S. 85.

〔4〕 Ausführlich Riemer, Bekomm, System. Teil (vor Art. 60 ZGB), N 329 ff.

〔5〕 Vgl. etwa Riemer, Bekomm, System. Teil (vor Art. 60 ZGB), N 332 ff.; Steinauer. TDP Ⅱ/1, Nr. 518 f.

〔6〕 Vgl. etwa Heini/Scherrer, Bakomm, N 22 zu Art. 60 ZGB; Heini/Portmann/Seemann, Nr. 53.

〔7〕 Vgl. dazu die Hinweise bei Heini/Portmann/Seemann, Nr. 53.

即便是有登记义务的社团，其取得人格上的权利也是在商事登记簿登记之前（宣示性的登记），[1]也即是在成为社团性法人的意思在章程中被体现出时（瑞民第 60 条第 1 款）。但在登记簿中登记会带来实体法上（瑞债第 933 条）[2]以及强制执行法上的后果（尤其是《债务执行和破产法》第 39 条第 1 款第 1 项：具有可被破产执行性）。[3]

3. 对此应补充如下：
- 法律并没有要求社团具有**名称**和**设定住所**（对此见瑞民第 56 条，不过参见《商事登记簿条例》第 92 条第 a 项、第 b 项）。但社团可以具有名称，且其名称也受法律保护。[4]

但社团受姓名法而非商号法规制，因为其并不具有商号。[5]即便社团在商事登记簿中登记，也并不赋予其商号保护。[6]

- 如果瑞民第 60 条的要件没有被满足，那么社团（或其成员）**受简单合伙相关规定**的规制（瑞民第 62 条）。

这发生于例如缺少章程、章程形式不符或不具有绝对必须的内容等情形。[7]此亦适用于"前社团"，即设立中的社团。[8]

在极端关系中，被作为简单合伙对待，意味着各个合伙人承担无限的个人连带责任（瑞债第 544 条第 3 款）。[9]

---

[1] BGE 100 III 19 ff. (23), E. 2; 88 II 209 ff. (220 unten), E. I. /2b.
[2] Vgl. dazu Meier – Hayoz/Forstmoser, § 6 N 75 ff.
[3] 具体见 Riemer, Bekomm, System. Teil (vor Art. 60 ZGB), N 608 ff.
[4] 详见 Riemer, Bekomm, System. Teil (vor Art. 60 ZGB), N 380 ff. und 440 ff.
[5] BGE 117 II 513 ff. (517), E. 3a; 102 II 161 ff. (165), E. 2.
[6] Meier – Hayoz/Forstmoser, § 7 N 23; vgl. auch Riemer, Bekom, System. Teil (vor Art. 60 ZGB), N 393 ff.
[7] Pedrazzini/Oberholzer, S. 231.
[8] BGE 117 II 513 ff. (516 f.), E. 2c, 指出了名称保护问题。
[9] Riemer, Bekomm, N 32 zu Art. 62 ZGB; BGE 100 III 19 ff. (25), E. 3 in fine; vgl. auch RJJ 1996, S. 77 ff. (80 f.), E. 1~2 = BR/DC 1997, Nr. 322, S. 129（侏罗州法院）; BJM 1999, S. 311 ff. (315), E. 2b in fine（巴塞尔市民事法院）。对于成立后的社团作出的免责的债务承担，参见 RJN 1993, S. 61 ff.（纳沙泰尔州法院）。

1251　　　－社团亦享有**人格权**（瑞民第53条以及前文边码1199及以下）。[1]

（二）消灭

1252　　1. 瑞民第76条至第78条规定了三个社团消灭的事由：

1253　　　－基于**社团决议**而解散（瑞民第76条）。

只要章程对解散决议没有规定特别多数决，对此简单多数便足够。[2]

1254　　　－"当社团陷入支付不能或董事会不再能以符合章程的方式被选任"（瑞民第77条）时，**基于法律**而解散。

支付不能（以及因此的法人格消灭）尤其是在针对社团颁布了绝对损失证书（definitiver Verlustschein）时被推定成立。[3]在董事会不再能以符合章程的方式被选任时，尚存在通过修改章程来对抗解散的可能，即将董事会成员人数降低。[4]

1255　　　－"在社团目的违法或悖俗时"（瑞民第78条），**基于相关国家机关或相关参与人提出之诉讼所作的法院判决**而解散。

学说认为，瑞民第78条只是适用于其目的**嗣后**（即在取得人格后）变得违法或悖俗的社团，例如由于法律修改导致的违法或悖俗。[5]不过，联邦法院也将**自始**违法或悖俗涵摄到该条下[6]（亦可参见瑞民第52条第3款以及前文边码1175）。

---

[1] 对于社团的"私领域"与"名誉"的人格权参见Riemer, Bekomm, System. Teil (vor Art. 60 ZGB), N 458 ff.

[2] Pedrazzin/Oberholzer, S. 232; Riemer, Bekomm, N 7 zu Art. 76~79 ZGB.

[3] BGer 5A_ 589/2008. E. 3. 1（在本案中，基于特定情事支付不能能否被否定了）。

[4] Huber, Erläuterungen I, S. 91; Riemer, Bekomm, N 24 zu Art. 76~79 ZGB; Pedrazzini/Oberholzer, S. 232 f.，援引了Egger, ZüKomm, N 3 zu Art. 77 ZGB.

[5] 可参见Riemer, BeKomm, N 47 zu Art. 76~79 ZGB; Hein/Scherrer, BaKomm, N 1 zu Art. 78 ZGB.

[6] 可参见BGE 133 Ⅲ 593 ff.

2. 另外还存在其他的解散事由，例如**合并**（《合并法》第 3 条及以下）和**改组**（《合并法》第 53 条及以下）。

一般而言，只是对于在商事登记簿上登记的社团才允许上述过程（例如《合并法》第 4 条第 1 款第 d 项、第 3 款第 d 项以及第 54 条第 5 款）。但也应参见《合并法》第 4 条第 4 项。

3. 随着社团解散，社团进入清算阶段。其法人格（权利能力）保留至在财产法上与第三人之间的关系处理完毕，并且财产剩余分配完毕；但其行为只限于清算的执行。[1]按照瑞民第 58 条，对于清算合作社法具有决定性意义，但合作社法本身在瑞债第 913 条第 1 款中却辅助性地进一步转引了股份法（瑞债第 738 至 747 条）（参见边码 1180）。

无论社团是否在商事登记簿中登记，在进入清算阶段后，社团名称基于法律（参见瑞债第 739 条第 1 款）要附加上"清算中"（"in Liq."）字样。[2]对于纯粹宣示性登记簿登记的取消，参见瑞民第 79 条和《商事登记簿条例》第 93 条结合第 65 条。

三、组织

关于社团的组织，法律在瑞民第 64 至 69 b 条中规定如下：
- **社团大会**；
- **董事会**；
- **审计处**。

相反，瑞民既没有对财产（责任实体；对此参见边码 1332 及以下）也没有对仲裁机关、（"职业法庭"）进行规定。[3]但章程可以引入这些机关。

在法定和章程规定的机关之外，还存在**事实上的机关**，也就是在

---

〔1〕 Pedrazzini/Oberholzer, S. 233; Riemer, BeKomm, N 106 ff. zu Art. 76 ~ 79 ZGB. 对于法人格丧失的确切时点参见 Riemer, BeKomm, N 136 ff. zu Art. 76 ~ 79 ZGB.
〔2〕 Riemer, BeKomm, N 111 zu Art. 76 ~ 79 ZGB.
〔3〕 对此见 Riemer, BeKomm, Vorbem. zu Art. 64 ~ 69 ZGB; N 4 und 44 ff.

实现社团目的中有效地承担决定性的领导功能者。[1]按照瑞民第55条第2款，即便事实机关的行为也对社团发生约束（对此亦参见边码1206）。

缺少规定的机关，社团成员或债权人可按照瑞民第69c条第1款向法院申请，要求法院采取必要的措施。按照该条第2款，法院尤其可以对社团设定一个重新恢复合法状态的时限，且在需要时任命一个事务管理人（对此一般性的论述见边码1205）。

（一）社团大会

1261　瑞民第64至68条对社团大会（＝成员大会）进行了规制。按照瑞民第63条，这些规范部分是强行性规范（第2款；见下文第1点），部分是任意性规范（第1款；见下文第2点）。除此之外，必须顾及其他虽非法律确定但由学说所承认的规定（见下文第3点）。

1. 强行性规范。

1262　（1）按照瑞民第64条第1款，成员大会强行性地构成社团的最高机关。[2]从而原则上社团大会必须存在（但参见边码1263）。

因此，不允许章程的规定无替代地取消社团大会（亦可参见强行性的瑞民第64条第3款和第65条第3款；边码1264、1265）。除此之外，此也可从社团性法人的概念中得出。[3]

1263　不过按照司法，对于超大型社团（Massenverein）可存在**例外**；在此代表大会［或直接投票（Urabstimmung）］即足够。[4]

1264　（2）按照瑞民第64条第3款，五分之一的成员可要求召集召开

---

[1] Riemer, BeKomm, Vorbem. zu Art. 64~69 ZGB, N 51.
[2] Heini/Scherrer, BaKomm, N 16 zu Art. 64 ZGB; Perrin/Chappuis, S. 46; vgl. aber Riemer, BeKomm, N 13 zu Art. 64 ZGB.
[3] Riemer, BeKomm, Vorbem. zu Art. 64~69 ZGB, N 20 in fine.
[4] Pedrazzini/Oberholzer, S. 246; Riemer, BeKomm, Vorbem. zu Art. 64~69 ZGB, N 20, sowie N 33 ff. zu Art. 66 ZGB. 代表大会的例子见于BGE 132 Ⅲ 503 ff.

社团大会。章程可减小此比例，但不得扩大之。[1]

（3）瑞民第65条第3款规定，在存在重大事由时，社团大会可罢免社团机关。作为重大事由，按照法院的裁量（边码209及以下）"可为任何客观上的违反义务行为"，无论其基于过错（例如侵权）抑或不基于过错（例如疾病、缺乏经验）。[2]

（4）按照瑞民第67条第3款，关于未被恰当公布的事项，只在章程对此有明文规定时，才可作出决议。

> 某日程是否被"恰当地"公布，应按照个案中的具体情势判断；成员必须能够从日程表（以及章程）中明确知悉，将就哪些点进行讨论或特定情况下举行投票。[3]如果要修改章程，则至少要把将被修改之条文在日程中提及；如果要开除某社团成员，则至少需要指出其名字；[4]学说允许只是在开大会时公布具体的细节。[5]董事会无须将董事会建议在开会邀请中予以告知。[6]若要选举协会机关且此选举被公布在日程中，那么（在对此不存在相反的章程规定、社团决议或惯例时）可不把候选人的名字列在日程表中。[7]

（5）在关于社团作为一方和某社团成员、该成员配偶或直系亲属作为另一方的某法律行为或法律争议进行决议时，瑞民第68条排除该成员的投票权。

> 按照联邦法院的司法实践，社团董事会中的选举并非瑞民第68条意义上的法律行为，而是内部的管理行为。从而，

---

[1] 可参见 Tuor/Schnyder/Schmid, § 16 N 23.
[2] Vgl. Riemer, BeKomm, N 20 zu Art. 65 ZGB.
[3] BGE 126 Ⅲ 5 ff.（6 f.）, E. 2a；114 Ⅱ 193 ff.（197 f.）, E. 5b.
[4] BGE 114 Ⅱ 193 ff.（197 f.）, E. 5b.
[5] Pedrazzini/Oberholzer, S. 248.
[6] BGE 114 Ⅱ 193 ff.（198）, E. 5b.
[7] BGE 126 Ⅲ 5 ff.（6 f.）, E. 2. 总体详见 Riemer, BeKomm, N 73 ff. zu Art. 67 ZGB, 在 N 85 中指出了基于瑞债第701条（股份公司）、第805条第3款（有限责任公司）与第884条（合作社）的类推适用存在全体成员大会（*Universalversammlung*）的可能性。

作为被选举人的社团成员对此也享有投票权。[1]

1268　（6）最后，瑞民第75条针对违反法律或章程的决议向成员提供了保护（对此参见边码1319及以下）。关于对某合并或改组的撤销，亦可参见《合并法》第106条。

2. 任意性规范。

1269　任意性规则劣后于当事人约定（边码24），即此种规则适用于章程没有作出其他规定时。对此应注意下述（以关键词形式列出的）规范：

1270　（1）瑞民第64条第2款：由董事会召集社团大会。

1271　（2）瑞民第65条第1款和第66条：权限范围和决议作出。

瑞民第65条第1款（末尾）包含有利于社团大会的兜底职权：[2]社团大会对所有没转移给其他机关的事宜负责。按照股份法和会计法修正草案（边码1227与1242），应在法律中补充一个新的瑞民第65条第4款，按照此款，在章程无其他规定时社团大会决定给予董事会的补偿。[3]

1272　**社团决议**（通常）为多方法律行为；其构成社团意思形成与进行决定的手段。[4]如下方式可代替决议：

－按照瑞民第66条第2款通过所有社团成员对某申请的一致书面同意；

－在章程中存在相应根据时，通过书面的多数决［直接投票（Urabstimmung）］；[5]

按照主流学说，在不存在章程中的根据时（除全体一致同意的决议外，瑞民第66条第2款），书面多数决不成立（nichtig），

---

[1] BGE 134 III 481 ff. (486), E. 3. 5. 对此判决的批判态度见 Hürlimann – Kaup Bettina, Die sachenrechtliche Rechtsprechung des Bundesgerichts im Jahr 2008, ZBJV 146/2010, S. 295 ff. (306).

[2] Riemer, BeKomm, N 9 zu Art. 65 ZGB.

[3] BBl 2008, S. 1812.

[4] Riemer, BeKomm, N 5 zu Art. 66 ZGB.

[5] BGE 132 III 503 ff. (509 f.), E. 4. 1; Riemer, BeKomm, N 42 ff. zu Art. 66 ZGB.

因为此时根本不存在意思形成。[1]联邦法院对此问题未置可否，而只是认可了一个此种决议的无效（Ungültigkeit）。[2]

— 在超大型社团场合，通过代表（前文边码1263）决议。[3]

即便在代表大会场合，只要章程没有对传阅决议（Zirkularbeschlüsse）的多数决作出规定，传阅决议也需要全体代表的书面同意。[4]

（3）瑞民第67条第1款和第2款：所有成员的同等投票权以及出席成员多数决的决议作出。换句话说，与社团的涉人结构相符合，社团适用**人头决原则**。[5]

1273

对此允许设置不同规则，只要对于该不同的确存在客观事由。[6]
按照恰当的观点，章程不得赋予非成员以投票权。[7]

1274

3. 其他规则。

下述（未在法律中提及的）其他规则被学说所认可：

1275

（1）社团大会应——作为一般性的指导原则——以民主的意思形成原则和限制权利滥用为准则。[8]

1276

---

[1] Riemer, BeKomm, N 47 zu Art. 66 ZGB; Heini/Portmann/Seemann, Nr. 389.

[2] BGE 132 Ⅲ 503 ff.（514），E. 5. 7.

[3] Riemer, BeKomm, N 33 ff. zu Art. 66 ZGB.

[4] BGE 132 Ⅲ 503 ff.（510），E. 4. 2.

[5] Riemer, BeKomm, N 7 zu Art. 67 ZGB; Meier – Hayoz/Forstmoser, § 20 N 44; vgl. auch BGE 131 Ⅲ 459 ff.（461），E. 5. 2. 对于"出席"成员这个有争议的概念参见 Riemer, BeKomm, N 56 ff. zu Art. 67 ZGB. 该作者将以任何方式参与选举或投票的成员都视为"出席"，但不包括投无效票和弃权票者。可能的主流学说与此观点不同，参见 Heini/Scherrer, Bakomm, N 8 ff. zu Art. 67 ZGB; Meier – Hayoz/Forstmoser, § 20 N 22; Brückner, Personenrecht, Nr. 1189 ff.

[6] Riemer, BeKomm, N 9 zu Art. 67 ZGB, 该作者将此称为"相对的平等原则"；类似的见 Meier – Hayoz/Forstmoser, § 20 N 44 in fine.

[7] 相同观点见 Riemer, BeKomm, N 22 ff. zu Art. 67 ZGB（作出了区别处理）；Heini/Scherrer, BaKomm, N 2 zu Art. 67 ZGB. A. M. etwa Egger, ZüKomm. N 10 zu Art. 66/67 ZGB. 对于合作社场合的法律状况参见 BGE 128 Ⅲ 375 ff.（377 f.），E. 3. 2. 关于投票权约定（成员约束合同）问题参见 Riemer, Bekomm, N 31 f. zu Art. 67 ZGB.

[8] Riemer, BeKomm, N 28 zu Art. 65 ZGB.

1277　（2）有效产生的决议对社团（及对所有社团机关和成员）具有约束力，即便相关会员没有同意该决议或没有参加会员大会。[1]被法院成功撤销者例外（瑞民第75条；对此参见边码1319及以下）。

1278　（3）对社团大会中作出的决议应予以记录；只有这样，才能实现可能的法院撤销（瑞民第75条）时的明确性。[2]

1279　（4）基于瑞民第55条第2款，在社团大会对外代表了社团时，社团对社团大会的行为负责[3]（机关责任；一般性的对此参见边码1211及以下）。

（二）董事会

1280　1. 瑞民第69条和第69a条对董事会进行了规制。董事会的职权按照章程来决定。基于其职权，董事会处理社团内部事务并对外代表社团。另外董事会还负责关于社团收入和支出以及财产状态的账簿；如果社团在商事登记簿中登记，那么瑞债关于商人会计方面的规定（瑞债第957条及以下）予以适用（瑞民第69a条[4]）。

但并不强制要求社团必须要有董事会。虽然对执行功能的维持本身不可或缺，但此任务也可由社团大会完成。[5]按照股份法和会计法修正草案（边码1242），瑞民第69a条应具有如下新的文本："董事会制订社团的事务账簿。债法中关于商人账簿制订与会计的规定按其精神（sinngemäss）适用于此"。[6]联邦院对此修改提出了批判。[7]

1281　2. 按照法律中的任意性规定（瑞民第65条第1款），董事会由社团大会选任。

---

[1] Riemer, BeKomm, N 24 zu Art. 66 ZGB.
[2] Riemer, BeKomm, N 30 zu Art. 65 ZGB und N 24 zu Art. 66 ZGB; Pedrazzini/Oberholzer, S. 249.
[3] Vgl. Riemer, BeKomm, N 34 ff. zu Art. 65 ZGB.
[4] 瑞民第69a条自2008年1月1日生效；关于过渡的法律参见瑞民尾编第6c条。
[5] Riemer, Bekomm, Vorben. zu Art. 64–69 ZGB, N 21; Tuor/Schnyder/Schmid, § 16 N 17.
[6] BBl 2008, S. 1812.
[7] Amtl. Bull. StR 2009, S. 717.

只要章程不作其他规定，即便是非社团会员也可被选为董事。按照联邦法院的观点，瑞民第65条中的罢免权"提供了足够的手段，以在必要时阻止非社团成员的董事会成员违反社团利益行事"。[1]

如果董事会无法以符合章程的形式被选任，社团基于法律被解散（瑞民第77条以及边码1254）。

3. 董事会是瑞民第55条（对此见边码1206）意义上的（作为法人的）社团的机关。[2]

（三）审计处

1. 自2008年1月1日，基于瑞民第69b条，社团在特定条件下要设置一个审计处。具体而言：

- 按照瑞民第69b条第1款，只要在连续两个经营年度里，如下的两个指标被超过，就必须对社团进行**一般性的审计**：总资产一千万瑞士法郎；销售额两千万瑞士法郎；年平均50个全职职位。一般性的审计应适用瑞债中关于股份公司的规定（瑞民第69b条第3款结合瑞债第728条及以下）。

- 瑞民第69b条第2款对于如下情形规定了**有限的审计**：第1款虽然不适用，但某负个人责任或承担追加资本义务（后文边码1333、1334）的社团会员要求审计时。有限的审计被调整于瑞债第729条及以下（参见瑞民第69b条第3款）。

- 在其他情形，按照瑞民第69b条第4款，**社团可自由地**在章程中或通过社员大会决议，对是否以及（在相应情况下）如何进行审计作出决定。[3]

如果社团进行一般性的或限制的审计，那么审计处必须

---

[1] BGE 73 II 1 ff. (2).

[2] 对于社团和董事会之间的法律关系参见 Riemer, BeKomm，N 18 ff. zu Art. 69 ZGB. 对于董事会要求获得合格认可（Décharge‑Erteilung）的不成文的请求权，参见 Pedrazzini/Oberholzer, S. 252; Riemer, BeKomm, N 24 zu Art. 65 ZGB und N 131 zu Art. 69 ZGB.

[3] Botschaft des Bundesrates zur Änderung des Obligationenrechts（Revisionspflicht im Gesellschaftsrecht）sowie zum Bundesgesetz über die Zulassung und Beaufsichtigung der Revisiorinnen und Revisoren vom 23. Juni 2004, BBl 2004, S. 3969 ff.（4051）. 对于是否可以只是依据社团大会的决议（而在章程对之无规定的情况下）引入审计处，参见 Heini/Portmann/Seemann, Nr. 434.

在商事登记簿中登记(《商事登记簿条例》第92条第m项)。另外可参见《商事登记簿条例》第90条第1款第a项第3子项与第c项。对于过渡法参见瑞民尾编第6c条。

1288　2. 瑞债第691a条规定,如果与审计处相关的强行性规定被违反,那么由商事登记簿执行人向法院申请采取必要措施。

按照股份法和会计法修正草案(边码1242),应引进一个新的瑞民第69d条。按照此新条文,对于负担登记义务之社团,在陷入资不抵债与支付不能时,以及在开启与推延破产程序时的通知义务,股份法中的规定被相应适用(第1款);在尚未被支付的追加投资可被不迟延地支付进来,并且存在整顿的希望时,法院可基于董事会或某债权人的申请尤其对推延破产作出决定。[1]

1289　3. 审计处是瑞民第55条(对此见边码1206)意义上的(作为法人的)社团的机关。

四、成员

(一)作为"构造者"的成员

1290　1. 由于社团为社团式法人的人之联合(瑞民第60条),所以成员是其强制性的要件:成员构成此种类型法人的基础因素["构造者(constitutivum)"]。

> BGE 108 Ⅱ 6 ff. (10), E. 2精当地指出:"无成员的社团性法人……在概念上便无法想象。"

1291　2. "成员"的概念在瑞民中没有被定义,而是在瑞民第70条及以下条文中被默示地假定了。按照学说,成员为(大多在社团成立时)形成社团目的并且在此框架内决定社团生活的人(自然人或法人)。从而,成员尤其具有如下特征:

— 其为在法律上组合在一起的人群之一部分[社团性

---

[1] BBl 2008, S. 1812 f.

（Körperschaft）]。

— 其无论如何都至少享有些权利和义务（对此参见边码1307及以下）。

— 其为实现社团目的而共同发挥作用。

因此，"成员资格"（瑞民第70条第3款）为在作为法人之社团和其具体成员间存在的法律关系，涵括了成员的权利和义务。[1]

（二）成员资格的取得和丧失

1. 取得。

（1）取得成员资格，或者要通过参加创建并且对章程予以同意，或者基于加入的申请而被（嗣后）**吸纳**。[2] 瑞民对此只作出了些许规定：

— **瑞民第70条第1款**：随时加入的可能性（任意性规定）。

— **瑞民第65条第1款**：社团大会就吸纳作出决议（任意性规定）。

— **瑞民第70条第3款**：成员资格的不可转让性和不可继承性。按照通说，此条规范亦属于任意性规范。[3]

1292

（2）与公法不同，私法原则上不认可加入强制（所谓**私法的消极联合或组织自由**）。[4]

1293

（3）相应地，就申请人的成员资格而言，也不存在针对加入的法律请求权。社团关于是否吸纳某人作为成员的自由决定，是**社团自治**的重要适用情形。[5]

1294

不过，在非常特殊的情况下，拒绝吸纳会构成瑞民第28条第1款（边码841及以下）意义上的违法侵犯人格。此侵犯只能通过吸纳予以消除。[6]

1295

---

〔1〕 Pedrazzini/Oberholzer, S. 233 unten.
〔2〕 Pedrazzini/Oberholzer, S. 234.
〔3〕 Pedrazzini/Oberholzer, S. 234；Riemer, BeKomm, N 91 zu Art. 70 ZGB.
〔4〕 Vgl. dazu Riemer, BeKomm, N 74 ff. zu Art. 70 ZGB（对于例外参见 N 81 ff, zu Art. 70 ZGB）.
〔5〕 Riemer, BeKomm, N 56 ff. zu Art. 70 ZGB.
〔6〕 Vgl. dazu Riemer, BeKomm, N 67 ff. zu Art. 70 ZGB（进一步的例外见 N 58 ff. und 73 zu Art. 70 ZGB）；对于德国法参见 Larenz/Wolf, § 9 N 29；Medicus, Nr. 1114. 对于具有垄断地位的体育联合会是否有接纳新成员的义务参见 Baddeley（边码1226中引用的文献）, S. 81 ff.

2. 丧失。

1296　　成员资格可基于如下事由结束：[1]
- 社团的完全解散；
- 发生章程中规定的结束事由；
- （通常）社团成员的死亡；
- 基于成员和社团之间的契约性合意而离开；[2]

此种做法是基于合同自由，对此无须有章程中的根据。[3]

- 成员的退出；
- 社团开除成员。

关于被开除之成员的地位，参见瑞民第73条和边码1313。

（1）成员的退出。

1297　　第一，退出基于社团成员的单方意思表示。该意思表示为**须受领的意思表示**；其有效性不得取决于社团的同意或批准。[4]

1298　　第二，按照瑞民第70条第2款，允许基于法律的退出，但应提前半年通知，且退出于某日历年度末或——在存在管理年度时——在管理年度末生效。不过，在存在重大事由时，成员享有立即退出权。[5]

"重大事由"指任何情形，在其存在时，鉴于成员的人身关系，不能指望成员直到正常退出期限结束时保留在社团中。[6]只是有违反章程的社团决议被作出，这种情形（本身）尚不构成重大事由。[7]在两个社团合并时，社团成员可基于《合并法》第19条第1款在合并决议作出后两个月内自由地退出社团。

---

[1] Pedrazzini/Oberholzer, S. 243.
[2] BGE 134 Ⅲ 625 ff. (630 ff.), E. 3.
[3] BGE 134 Ⅲ 625 ff. (633 f.), E. 3. 5. 2.
[4] Pedrazzini/Oberholzer, S. 243.
[5] BGE 71 Ⅱ 194 ff. (197).
[6] BGE 71 Ⅱ 194 ff. (197); 118 V 264 ff. (271), E. 6a; Pedrazzini/Oberholzer, S. 243.
[7] BGE 71 Ⅱ 194 ff. (197). 对于瑞民第70条第2款与医疗保险法之间的关系参见 BGE 117 V 53 ff. (58 ff.), E. 3 und 4; 118 V 264 ff. (270 ff.), E. 5~7.

（2）社团作出的开除。

第一，瑞民第 72 条对社团开除会员作出了规制。如下三个开除可能性被予以规定，并且由于相关当事人享有的撤销可能（边码 1303 及以下）的不同，也应对其相互间予以区分： 1299

— 章程决定了开除事由（第 1 款前半句）。如果章程中列出的开除事由的表述非常不具体（例如"损害社团"、"违反章程"），从而不能被充分地决定，那么联邦法院将相关章程规范等同于允许不须给出理由就可开除成员（边码 1301）。[1] 1300

— 章程允许不须给出任何理由的开除（第 1 款后半句）。但也只有对于开除存在某个事由时，在此情形的开除才是允许的。[2] 1301

— 章程对此未作规定。此时开除只有通过社团决议或基于重大事由才被允许（第 3 款）。在例如损害社团目的时存在重大事由（对此一般性的论述见边码 209 及以下）。 1302

第二，开除——在下文描述的框架下——可通过法院被撤销。涉及瑞民第 72 条而被提起的撤销之诉原则上应按照瑞民第 75 条（边码 1319 及以下）进行，这尤其对于期限具有意义。[3]在瑞民第 72 条第 1 款和第 3 款中规定的不同开除情形，对于被开除者的**法律保护**也不同： 1303

— 在**第 72 条第 3 款**的情形，法院可审查重大事由是否存在。[4]另外，法院也可以从如下[5]视角进行审查（此对于瑞民第 72 条第 1 款也适用）。[6] 1304

— 按照瑞民第 72 条第 2 款，**瑞民第 72 条第 1 款**中规定的两种情形，"不允许……基于开除的事由来撤销开除"，[7]不过，联邦法院允许由于程序上的瑕疵（例如违反法定的听审规定）或由于权利 1305

---

[1] BGE 131 Ⅲ 97 ff. (100 f.), E. 2.1 und 2.2 mit Hinweisen; 对此的批判态度见 Riemer, BeKomm, N 27 zu Art. 72 ZGB.

[2] Riemer, BeKomm, N 29 zu Art. 72 ZGB.

[3] BGE 123 Ⅲ 193 ff. (196), E. 2c/aa.

[4] BGE 51 Ⅱ 237 ff. (241), E. 2; Riemer, BeKomm, N 92 f. zu Art. 72 ZGB.

[5] "如下"指边码 1305 中提及的"程序上的瑕疵"或"权利滥用"。——译者

[6] Riemer, BeKomm, N 93 zu Art. 72 ZGB.

[7] 亦可参见 BGE 90 Ⅱ 346 ff. (349), E. 3 in fine.

滥用而撤销。[1]不过，按照联邦法院的实践，被开除者不享有要求全面法律上听审（例如在民事程序中）的权利；毋宁是，只要相关当事人在被开除前有机会以任何形式来提出辩解，即已足够。[2]如果开除明显和社团目的不相吻合，从而显得是肆意而为的开除，则此开除属于权利滥用。[3]

1306　　除此之外，在 BGE 123 Ⅲ 193 ff. 中，联邦法院基于通说判决，在具有决定性的职业和专业组织或经济联合会的场合，瑞民第 72 条第 2 款中在开除方面的全面自治，会被其成员关于经济自由的人格权（瑞民第 28 条）所限制：由于相关社团的成员资格所具有的职业或经济上的意义，只有**出于重大事由**时开除才被允许；"否则就会使得相关成员（及其企业）在商业或职业上的信誉，以及进而其重要的经济局面，例如通过展览进入市场、市场信息等，在很大程度上处于协会的权力之下"。[4]

　　联邦法院通过此判决对瑞民第 72 条第 2 款的适用范围进行了限制（目的性限缩；参见边码 185 及以下），并限制了相关职业或经济联合会在开除上的自由，因为最高司法层面的判决——与立法者的意图不同——允许了此种组织采取社团形式，尽管它们一般都是追求经济上的目的的（前文边码 1235）。[5]

（三）成员的权利和义务

1307　　1. 成员的权利由法律、章程和社团决议决定。具体而言：
1308　　－ 基于法律的权利有：

---

〔1〕 BGE 123 Ⅲ 193 ff.（196），E. 2c/aa；90 Ⅱ 346 ff.（347 f.），E. 1 und 2；118 V 264 ff.（272），E. 6b/cc；131 Ⅲ 97 ff.（100），E. 2. 1；SJZ 95/1999, S. 250 f.（沃州法院）；Pedrazzini/Oholzer, S. 244；Riemer, BeKomm, N 40 ff. und 90 f. zu Art. 72 ZGB.

〔2〕 BGE 90 Ⅱ 346 ff.（348），E. 2.

〔3〕 BGE 90 Ⅱ 346 ff.（349），E. 4.

〔4〕 BGE 123 Ⅲ 193 ff.（198），E. 2c/cc；被确认于 BGE 131 Ⅲ 97 ff.（103 f.），E. 3. 1 und 3. 2；Loser Peter, Vereinsmitgliedschaft im Spannungsfeld von Ausschlussautonomie und Handels – und Gewerbefreiheit, recht 1998, S. 33 ff.；对于开除某体育联合会的某成员参见 Baddeley（zitiert in Nr. 1226），S. 95 ff.；Fuchs（边码 1226 中引用的文献），S. 52 f. und passim.

〔5〕 BGE 131 Ⅲ 97 ff.（102 f.），E. 3. 1.

第一，在社团大会中的**协作权**：瑞民第 64 条及以下。按照学说，协作权（协同管理权）具有高度人身性，从而不可转让或转移。[1]最重要的协作权是投票权（瑞民第 67 条）。对于投票权的排除，参见瑞民第 68 条（前文边码 1267）。

第二，按照瑞民第 74 条和第 75 条的**保护权**（对此参见边码 1314 及以下）。

— 按照章程通常还有**使用权**（使用社团场地或其他设施的权利）。[2]

1309

另外，章程可以规定不同的成员类型（例如积极或消极成员），并赋予其不同的法律地位；但类型的确定必须按照客观实际的标准进行。另外，任何成员必须都至少被赋予法律规定的权利。[3]

— 在不存在相反章程规定时，所有成员原则上**享有相同权利，承担相同义务**。[4]投票权上的平等基于法律而被确定（瑞民第 67 条第 1 款和边码 1273、1274）。

1310

2. 成员的义务同样也由法律、章程和社团决议决定。法律只是规定了一个义务即**会费义务**，条件是章程对此作出了规定（瑞民第 71 条；对此参见边码 1334、1335）。

1311

> 成员只是针对社团负担会费义务，从而社团债权人（原则上）只能向社团主张权利；成员对社团义务的个人责任以章程中明确存在的根据为要件（后文边码 1333）。对于刺破参见边码 1219 及以下。

另外，司法和学说还认可成员的（不成文的）**忠实义务**，此表现在成员不得与社团进行直接的竞争。[5]除此以外，社团也可以在社团目的的框架下为成员设定其他**个人给付义务**，此给付义务可以是积极的给付义务（例如协作义务），也可以是不作为义务（例如

1312

---

[1] Pedrazzini/Oberholzer, S. 235.
[2] Meier‐Hayoz/Forstmoser, § 20 N 41.
[3] 对此参见 Pedrazzini/Oberholzer, S. 235.
[4] 对此参见 Pedrazzini/Oberholzer, S. 235.
[5] Pedrazzini/Oberholzer, S. 242；Meier‐Hayoz/Forstmoser, § 20 N 40. Vgl. auch BGE 131 Ⅲ 97 ff. (101), E. 2. 2.

体育中不得使用兴奋剂）。[1]

原则上社团义务可在法律上被执行。[2]另外，社团可在章程中针对违反社团义务规定社团处罚，但此处罚必须具有合比例性。在施加此种处罚时应注意被一般地承认的妥当程序原则。[3]

1313　3. 瑞民第73条对已退出之成员的地位进行了规制：
— 其对社团财产不享有权利（第1款）。
— 其对于会费，按照其成员资格的时间负责（第2款），即负担按比例的会费给付。[4]

五、特别问题

（一）对社团目的的保护

1314　瑞民第74条对保护社团目的进行了规定。"不得强迫成员接受"社团目的的改变。学说上的说法是成员针对保留原始（即在其加入社团时有效的）社团目的的"确定取得的权利"。[5]"确定取得"指此权利不得违背成员的意志被剥夺。[6]

1315　1. 对于改变社团目的的事实构成，具有决定意义的是客观的视角：何者可被一个新加入社团者诚信地从章程中期待？

不过，目的改变（原则上）应具有实质性，也就是导致社团本质的改变（导致其与过去的"决裂"）。[7]例如某政治上中立的体育俱乐部决定，其和瑞士工人体育协会联合，也

---

[1] Riemer, BeKomm, N 185 ff. zu Art. 70 ZGB.
[2] Riemer, BeKomm, N 203 zu Art. 70 ZGB.
[3] 总体参见 Riemer, BeKomm, N 205 ff. zu Art. 70 ZGB; Heini/Scherrer, BaKomm, N 17 ff. zu Art. 70 ZGB; Fuchs（边码1226 中引用的文献）, S. 51 ff. und passim; Hausheer Heinz/Aebi – Müller Regina, Sanktionen gegen Sportler – Voraussetzungen und Rahmenbedingungen …, ZBJV 137/2001, S. 337 ff.
[4] Pedrazzini/Oberholzer, S. 245.
[5] Pedrazzini/Oberholzer, S. 237.
[6] Riemer, BeKomm, N 4 zu Art. 74 ZGB.
[7] Riemer, BeKomm, N 8 zu Art. 74 ZGB.

追求阶级斗争的目的。[1]

2. 可能的法律后果（此并不能从瑞民第74条中明确地看出）为：
– 成员无须遵守法律或章程中的期限的**退出权**；[2]
– 成员申请社团再回溯到其原始目的（即改变目的的决议溯及既往地被废止）的**诉讼权**（"撤销之诉"）。[3]

对此适用瑞民第75条中的除斥期间（对此见边码1319及以下）；如果在此期间内没有撤销之诉被提出，目的改变决议对所有成员具有约束力[4]（亦可参见前文边码1277）。[5]

具有争议的是，在改变目的情形，成员是否享有损害赔偿请求权。[6]

（二）对成员资格的保护

1. 瑞民第75条对保护成员资格作出了规定。在（同时）满足如下条件时，存在诉讼权（撤销诉讼）：
– 某决议违反了法律或章程；

在涉及违反法律时，瑞民第75条应被视为瑞债第20条的特别法，不过构成无效的情形例外（参见边码1329）。[7]

违法或违反章程必须对被主张撤销之决议有效地发生作用；当如果违反不发生则相关决议便会或可能会另样作出时，即可认定此点。[8]

---

[1] BGE 52 Ⅱ 175 ff.

[2] Pedrazzini/Oberholzer, S. 238; Riemer, BeKomm, N 35 zu Art. 74 ZGB.

[3] BGE 52 Ⅱ 175 ff.（179 ff.），E. 2; Riemer, BeKomm, N 33 ff. zu Art. 74 ZGB.

[4] Riemer, BeKomm, N 32 zu Art. 74 ZGB.

[5] 对于更明确地描述此诉讼的先前草案以及进一步的材料，参见 BGE 52 Ⅱ 175 ff. 以及 Riemer, BeKomm, N 27 zu Art. 74 ZGB.

[6] 否定的观点见 Riemer, BeKomm, N 37 ff. Zu Art. 74 ZGB，在该作者也指出了相反的观点。

[7] Riemer, BeKomm, N 29 zu Art. 75 ZGB; Heini/Scherrer, BaKomm, N 31 ff. zu Art. 75 ZGB. 由于违反瑞民第28条及以下而违法的例子参见 BGE 134 Ⅲ 193 ff.（199），E. 4. 7（赛马运动中服用兴奋剂）。

[8] Riemer, BeKomm, N 26 zu Art. 75 ZGB; 作为例子亦可参见 BGE 132 Ⅲ 503 ff.（511 ff.），E. 5. 对于程序上的错误参见 Riemer, BeKomm, N 59 zu Art. 75 ZGB.

1321　　　－ 相关成员对该决议没有同意；

原告必须在起诉时尚为社团成员，且其对相关决议没有表示过同意（否决、弃权、缺席）。[1]

1322　　　－ 以及（自知悉决议后的）一个月期间被遵守。

1323　首先，此期间为除斥期间；此期间未被利用地经过后，相关决议对于所有参与者（社团、成员、被开除的成员）都具有约束力。[2]

对于除斥期间，法院必须基于职权对期间的遵守进行审查。[3]诉讼的法律系属自提交调解申请即发生（《民事程序法》第62条第1款；亦可参见《民事程序法》第197条及以下）。如果由于调解程序不能产生合意从而诉讼许可被颁发，那么诉讼应在该一个月的期间内提起（《民事程序法》第209条第4款结合瑞民第75条）。[4]

1324　其次，按照司法实践，此一个月的期间始自原告对决议在完全意义上（亦包括知悉决议理由）的知悉；[5]其如何获得信息，是通过参加社团大会、通过董事会的通知抑或其他方式，则无关紧要。[6]

1325　2. 另外对于《民事程序法》第75条中的诉讼应注意如下几点：

1326　　　－ "此规定不仅赋予具体社团成员以反对团体的多数损害其成员资格的保护权，而且——在其页边标题和法律体系中的位置所体现的之外——还完全一般性地维护团体生活的合法性"。[7]因此，

---

[1] Vgl. Riemer, BeKomm, N 46 ff. zu Art. 75 ZGB.

[2] Riemer, BeKomm, N 62 zu Art. 75 ZGB.

[3] BGE 132 III 503 ff. (507 f.), E. 3. 2; Riemer, BeKomm, N 63 zu Art. 75 ZGB.

[4] 亦可参见 BGE 135 III 489 ff. (490 ff.), E. 3（涉及《民事程序法》生效前伯尔尼州的法律状况）。对《民事程序法》第209条第4款的批判态度见 Hofmann David/Lüscher Christian, Le Code de procédure civile, Bern 2009, S. 118.

[5] BGE 132 III 503 ff. (507), E. 3. 2.

[6] BGE 90 II 346 ff. (347), E. 1（涉及开除出社团）。对于期间的计算详见 Riemer, BeKomm, N 66 zu Art. 75 ZGB.

[7] BGE 108 II 15 ff. (18), E. 2. Vgl. auch BGE 132 III 503 ff. (506 f.), E. 3. 1.

司法和学说对法院审查利益的认可，不取决于原告的个人相关性或其特别的法律保护利益。[1]

— 可撤销的不仅是社团大会决议（作为社团最高机关的行为），也包括某下级机关在其权限内作出的决议。[2] 但只有在社团内部秩序确定的救济途径被用尽以后，才允许向民事法院提起撤销之诉。[3]

— 按照实践，此诉讼（以及原告胜诉的判决）只具有撤销的性质；它只能导致被撤销之决议的废止。紧接着相关社团机关（而非法院）应作出新的决议；在此，该机关应受法院之衡量的约束。[4]

— 除了单纯可撤销的决议外，还存在（缺陷巨大从而）**无效**的决议，相应地存在无效之诉。[5] 但在对于是无效或可撤销存有疑问时，应认定可撤销性。[6]

与（纯粹）"可撤销"的决议不同，在无效决议之场合，其法律瑕疵不必一定要在一个月内被主张。也即是，对于无效之诉不存在期限，当然其要受到禁止权利滥用的限制。[7] 另外，对于无效之诉不仅社团成员具有积极适格性，任何就无效之表示具有法律利益的人均具有积极适格性。[8]

— 对于建筑物区分所有人大会的决议，此法律规则亦辅助地适用（瑞民第712m条第2款）。

---

〔1〕可参见 BGE 132 Ⅲ 503 ff. (507), E. 3. 1; Hausheer/Aebi‐Müller, Nr. 18. 59.
〔2〕BGE 118 Ⅱ 12 ff. (17), E. 3a; BGE 108 Ⅱ 15 ff. (18 f.), E. 1. 对此进行了稍许限制。
〔3〕BGE 118 Ⅱ 12 ff. (17), E. 3b; 132 Ⅲ 503 ff. (508), E. 3. 2; Riemer, BeKomm, N 14, 17 und 62 in fine zu Art. 75 ZGB.
〔4〕BGE 118 Ⅱ 12 ff. (14), E. lc; Riemer, BeKomm, N 82 zu Art. 75 ZGB. 对此亦可参见 Handschin Lukas/Truniger Christof, Von der «kassatorischen Natur» der Anfechtungsklage nach Art. 75 ZGB, SJZ 99/2003, S. 142 ff. ; Zen‐Ruffinen Piermarco/Scherrer Urs, Zur Wirkung der Anfechtungsklage nach Art. 75 ZGB‐eine Entgegnung, SJZ 99/2003, S. 473 ff. 对于在主程序期间裁定预防性的措施参见 ZR 83/1984, Nr. 128, S. 313 ff. （苏黎世高等法院）。
〔5〕对此参见 Riemer, BeKomm, N 89 ff. zu Art. 75 ZGB.
〔6〕Riemer, BeKomm, N 92 zu Art. 75 ZGB.
〔7〕Riemer, BeKomm, N 91, 127 und 133 zu Art. 75 ZGB.
〔8〕Riemer, BeKomm, N 125 zu Art. 75 ZGB.

3. 在违反《合并法》之规定的场合，对合并或改组未作出同意的相关权利人的股东，可按照《合并法》第106条提起特别的撤销之诉。

（三）社团财产

法律对（作为责任实体的）财产没有进行强行的规定。但为能够实现社团目的以及清偿债务，社团需要财产，即社团也对收入来源有所倚赖。在此背景下法律调整了两个问题：

1. 瑞民第75a条对责任进行了调整：按照此规定，在章程没有其他规定的情况下，社团债务完全由社团财产负责。

章程可确定特定或所有社团成员的（有限或无限的）个人责任。此责任一般只是辅助性的，换句话说，只是在社团不支付时此责任才登场[1]（对于成员的个人责任，亦可参见瑞民第69b条第2款和前文边码1286以及《商事登记簿条例》第90条第1款第f项和第92条第i项）。

2. 瑞民第71条调整了成员的会费义务：只有在章程中存在关于会费的根据时，才可要求会费。

对于会员退出时会费义务在时间上的限制，亦可参见瑞民第73条第2款。如果章程规定了追加投资义务，则社团可向会员主张特别会费，以弥补已发生的亏损或预防可能发生的亏损[2]（亦可参见瑞民第69b条第2款和前文边码1286以及《商事登记簿条例》第90条第1款第f项和第92条第i项）。

瑞民第75a条自2005年6月1日始生效。[3]在此日期前，对于会员存在无限责任的风险。[4]

---

[1] 对此可参见 Heini/Portmann/Swwmann, Nr. 62.
[2] Heini/Portmann/Swwmann, Nr. 259.
[3] AS 2005, S. 2117 f.
[4] 对此参见本书前版边码1284及以下。关于时际过渡法参见 BGE 133 Ⅲ 105 ff.

(四) 社团联合体（带分部的社团）现象

1. 在实践中，有些特定社团的目的并非是通过其中央机关，而是被分散地（通过社团的分支结构）实现。具有此种分支结构的社团本身被称为联合体（Verband）（"顶层联合体"、"中心联合体"），而分支被称为分部（Sektion）（"地方组群"、"社团分支"、"下级社团"）。[1]

瑞民并没有在社团法中提及联合体和分部。从而对此应适用一般规定（瑞民第65条及以下）以及基于法律行为的个性规则（联合体章程、分部细则、特别合同）。[2]

相反，在合作社法中，在瑞债第921至925条中存在关于合作社联合体的规定。这些规定是否可类推适用到社团法中，联邦法院对此未置可否。[3]

2. 单个的联合会分部可以——此正是本书的兴趣所在——具有自己的法人格（权利能力），即其自己本身可构成社团（"独立的分部"）。[4]对此，联合会和分部都必须各自满足瑞民第60条中的产生条件，尤其是具有各自的章程。[5]就中心联合会的成员资格而言，存在两种典型的做法：[6]

- 做法一：中心联合会的成员（只）是诸**分部**，只有它们（即"下级社团"）才具有社团权利和义务。

不过，联合会的决定也对其各个分部的成员发生效力，尤其是联合会章程一般都不仅对联合会成员，也对分部成员具有约束力。为了避免不利的后果，司法实践也赋予分部的

---

[1] Riemer, BeKomm, System. Teil (vor Art. 60 ZGB), N 492.
[2] Riemer, BeKomm, System. Teil (vor Art. 60 ZGB), N 494.
[3] BGE 70 II 63 ff. (69), E. 2 in fine.
[4] Riemer, BeKomm, System. Teil (vor Art. 60 ZGB), N 495.
[5] Riemer, BeKomm, System. Teil (vor Art. 60 ZGB), N 508.
[6] Riemer, BeKomm, System. Teil (vor Art. 60 ZGB), N 510 ff.; Derselbe, Rechtsstellung（边码1226中引用的文献）, S. 153 f.; Jaggi（边码1226中引用的文献）, Rz. 11 ff.

成员针对联合会决议基于瑞民第75条的撤销权。[1]

1339　　—— **做法二**：中心联合会的成员（只）是**分部的成员**，从而成员们具有双重成员资格。[2]

在此，联合会和分部之间的联结是合同性质的（而非成员资格性质的）。

在此背景下尤其会提出的问题是联合会对分部的约束性、联合会对分部及其成员的影响以及刺破问题（边码1219及以下）。[3]

1340　　3. 社团联合会尤其在体育界具有重要意义。某个州领域内的体育社团往往会被纳入到全国或国际的结构中；[4]许多体育联合会具有事实上的**垄断地位**。

1341　　在某运动员——如通常情形那样——只是分部的成员而非联合会的直接成员时，在具体运动员和位于某分部之上的体育联合会之间亦存在特定的权利和义务关系。该运动员针对联合会尤其负有忠实义务。具有垄断地位的联合会则应针对运动员遵守一定的基本原则（例如：依据诚实信用行事）；从而，联合会不得在某比赛前夕，无充足理由地要求某个按照已设定标准有资格参加世界比赛的运动员，再进行一个额外的选拔赛。[5]

（五）联合会诉权与仲裁权

1342　　1. 立法者赋予私法上的组织体（尤其是社团）特定情形下独立的诉权（所谓的组织的诉权），例如涉及人格侵犯的《民事程序法》

---

[1] BGE 119 Ⅱ 271 ff. (276), E. 3b, mit Hinweis auf Riemer, BeKomm, System. Teil（vor Art. 60 ZGB）, N 511, 515 und 529; ferner derselbe, BeKomm, N 18 zu Art. 75 ZGB.

[2] 例如 BGE 70 Ⅱ 63 ff. (69), E. 2 in fine.

[3] 对此参见 Riemer, BeKomm, System. Teil（vor Art. 60 ZGB）, N 528 ff.（尤其是 N 535f.）; Derselbe, Rechtsstellung（边码1226 中引用的文献）, S. 154 ff.

[4] Vgl. dazu Baddeley（zitiert in 1226）, S. 6.

[5] BGE 121 Ⅲ 350 ff.（"Grossen"案），涉及信赖责任；对此一般性的参见边码281及以下。对于卡特尔法视角下体育用品供应商和垄断性体育联合会之间的约定被许可，参见 Scherrer Urs/Jenny Christian, Exklusivverträge mit Sportausrüstern bald tabu? Kartellabsprachen mit Verbänden beeinflussen Sportartikelmarkt, NZZ Nr. 141 vom 21./22. Juni 1997; Tercier Pierre, Le matériel sportif officiel et le sponsoring; aspects de droit de la concurrence, AJP 1998, S. 24 ff.

第89条（边码919），以及《男女平等法》第7条（边码1117）或《不正当竞争法》第10条第2款第a项、第b项。

按照联邦法院司法实践，如果社团被构造为法人，按照其章程，社团应该维护成员利益，并且多数或至少大量成员受到撤销法律法规颁布直接或可能的影响，那么私法社团享有为了维护其成员在宪法上受保护利益的抗诉权限。[1]

2. 大量的社团执掌着社团内部的仲裁权。此种审理机构一般并非真正的仲裁法院，因为其缺少必要的独立性；因此，此机构的认可尤其不构成《有关强制执行与破产的联邦法》第80条和第81条意义上的权利释放证书（Rechtsöffenungstitel）。[2]

尤其在体育法中，此仲裁权发挥重要作用。[3]按照联邦法院的司法，国际奥林匹克委员会的体育仲裁员（TAS）具有足够的独立性，从而其判决可作为类国家法院判决处理。[4]

---

[1] Vgl. etwa BGE 123 I 221 ff. (224 f.), E. 2; 130 I 290 ff. (292 f.), E. 1. 3（这两个判决都还是基于《联邦司法组织法》作出的）；对于《联邦法院法》参见该法第89条第1款以及 BGE 134 II 120 ff. (123), E. 2. 2.

[2] Riemer, BeKomm, Vorbem. Zu Art. 64~69 ZGB, N 46 mit zahlreichen Hinweisen.

[3] 对此可参见 Baddeley（边码1226中引用的文献），S. 255 ff.；Rochat Jean – Philippe, Le règlement des litiges en matière sportive, in: Zen – Ruffinen Piermarco (Hrsg.), Droit et sport ..., Bern 1997, S. 91 ff. (98 ff.)；Wyler Rémy, La convention d'arbitrage en droit du sport, ZSR NF 116/1997 I, S. 45 ff.；Rigozzi（边码1226中引用的文献），S. 243 ff.；Fenners（边码1226中引用的文献），Nr. 533.

[4] BGE 129 III 445 ff. (448 ff.), E. 3；对此也可参见 BGE 119 II 271 ff.

第二十一章
基金会

说明：在利用文献和司法判决时必须注意，基金会法尤其基于 2004 年 10 月 8 日的修正〔1〕以及 2005 年 12 月 16 日的瑞债修正（有限责任公司法以及在股份法、合作社法、商事登记簿法和商号法中的调整）〔2〕被修改了很多。从而一部分旧文献已过时。

教科书文献：

- Brückner, Personenrecht, Nr. 1292 ff.
- Hausheer/Aebi‑Müller, Nr. 19.01 ff.
- Meier‑Hayoz/Forstmoser, § 23（zur Unternehmensstiftung）.
- Pedrazzini/Oberholzer, S. 253 ff.
- Riemer, Personenrecht, Nr. 685 ff.
- Tuor /Schnyder/Schmid, § 17.

特别文献（选列）：

- Baumann Lorant Roman, Der Stiftungsrat, Das oberste Organ gewöhnlicher Stiftungen, Diss. Zürich 2009（Zürcher Studien zum Privatrecht, Band 214）.
- Egger Charles Albert, De la création d'une fondation ou comment faciliter à bon escient la création d'une fondation（au sens des art. 80CC）, SZS 41/1997（Sonderheft）, S. 167 ff.

---

〔1〕 AS 2005, S. 4545 ff.；自 2006 年 1 月 1 日生效。
〔2〕 AS 2007, S. 4791（4840 f.）；自 2008 年 1 月 1 日生效。

- Grüninger, Basler Kommentar zu Art. 80~89bis ZGB.
- Huber Eugen, Zehn Vorträge über ausgewählte Gebiete des neuen Rechts, Bern 1911 (Maschinenschrift), S. 51 ff.
- Lanter Marco, Die Verantwortlichkeit von Stiftungsorganen... Diss. Zürich 1984 (Zürcher Studien zum Privatrecht, Band 41).
- Riemer, Berner Kommentar: Die Stiftungen.
- Röllin Andrea G., Kirchliche Stiftungen, Im Besonderen die privatrechtlichen im Sinne von Art. 87 i. V. m. Art. 80 ff. ZGB... Freiburger Diss., Zürich 2010.
- Schmid Roger, Die Unternehmensstiftung im geltenden Recht, im Vorentwurf zur Revision des Stiftungsrechts und im Rechtsvergleich, Diss, Zürich 1997 (Schweizer Schriften zum Handels – und Wirtschaftsrecht, Band 181).
- Sprecher Thomas, Die Revision des schweizerischen Stiftungsrechts...Zürich/Basel/Genf 2006.
- Sprecher Thomas/von Salis – Lütolf Ulysses, Die schweizerische Stiftung – Ein Leitfaden, Zürich 1999.
- Vez Parisima, La fondation: lacunes et droit désirable, Une analyse critique et systématique des articles 80 à 89 CC, Freiburger Diss., Bern 2004 (ASR Heft 687) (zitiert: Vez, fondation).
- Dieselbe, Thesen zu einem neuen Stiftungsverständnis, ZBJV 143/2007, S. 229 ff. (zitiert: Vez, Thesen).
- Zeiter Alexandra, Die Erbstiftung (Art. 493 ZGB), Diss. Freiburg 2001 (AISUF Band 203).

立法材料：

- Bericht der Kommission für Wirtschaft und Abgabe des Ständerates zur palamentarischen Initiative Schiesser „Revision des Stiftungsrechts" vom 23. Oktober 2003, BBl 2003, S. 8153 ff., sowie die Stellungnamhe des Bundesrates vom 5. Dezember 2003, BBl 2003, S. 8191 ff.

— Botschaft des Bundesrates zur Revision des Obligationenrechts (GmbH – Recht sowie Anpassungen im Aktien – Genossenschafts – Handelsregister – und Firmenrecht) vom 19. Dezember 2001, BBl 2002, S. 3148 ff.

— Botschaft des Bundesrates zur Änderung des Obligationenrechts (Revisionspflicht im Gesellschaftsrecht) sowie zum Bundesgesetz über die Zulassung und Beaufsichtigung der Revisorinnen und Revisoren vom 23. Juni 2004, BBl 2004, S. 3969 ff.

— Botschaft des Bundesrates zur Änderung des Obligationenrechts (Aktienrecht und Rechnungslegungsrecht sowie Anpassungen im Recht der Kollektiv – und der Kommanditgesellschaft, im GmbH – Recht, Genossenschafts –, Handelsregister – sowie Firmenrecht) vom 21 Dezember 2007, BBl 2008, S. 1589 ff.

法院判决：

1. BGE 127 Ⅲ 337 ff.

基金会可追求经济目的；因此，企业基金会（企业主基金会或控股基金会）被允许。

2. BGE 120 Ⅱ 374 ff.

对于通常的基金会，负责监管它的政府部门应该按照基金会章程的目标和其在当地的作为领域来决定。通常的基金会的设立不需要政府审批，但在满足法定条件时必须在商事登记簿中登记。在设立阶段的国家参与，只是在很小的范围内被允许；国家参与遵循的原则是，按照基金会创办人的意思来维护基金会。

3. BGE 120 Ib 474 ff.

关于基金会法的时际问题；基金会的目的改变与解散。

4. BGE 133 Ⅲ 167 ff.

1922 年设立的家族基金会，其将结婚且改变姓氏的女人排除出受益人范围：基金会自由并没有被《联邦宪法》第 8 条（男女平等）所限制。排除条款既非悖俗又非违法。

5. ZBGR 73/1992, S. 73 ff. (74 f.), E. 2（阿尔高州政府委员会）教会基金会的条件。

6. BGE 124 Ⅲ 97 ff.

基金会监管；对基金会出资政策的审查。

一、概述

第一，基金会法在法律中的位置（sedes materiae）是瑞民第80至89^{bis}条。此外尤其还有商事登记法（特别是《商事登记簿条例》第94条及以下）。与基金会法有关的规定还有瑞民第52条至第59条（关于法人的一般规定）、瑞民第335条（家族基金会）、瑞民第408条、第493条和第539条第2款以及瑞民尾编第6b条和第6c条。基于瑞民第7条中的转引，瑞债中的规定亦应被考虑到[1]（对此一般性的参见边码353及以下）。[2]

1348

基于成年人保护修正案（边码556），瑞民第89^{bis}条变成了第89a条。[3]

另外，对基金会法具有意义的还有部分社会保险法，尤其是：

1349

- 《联邦宪法》[4]，例如第71条；
- 《自由退保法》[5]，例如第15条至第17条。

另外，联邦司法和警察部可在商事登记簿领域按照《商事登记簿条例》第5条第2款第a项，通过联邦商事登记簿办公室针对各州商事登记簿机关颁发指令。特定的**通告**也涉及基金会法。另外还有其他部门的通告。[6]

1350

---

〔1〕 Riemer, BeKomm, N 18 zu Art. 80 ZGB.

〔2〕 关于时际冲突法见 Mutzner Paul, Berner Kommentar, Schlusstitel, 2. Auflage, Bern 1926, N 9 ff. zu Art. 7 SchlT ZGB; Riemer, BeKomm, System. Teil（vor Art. 80 ZGB）, N 524 ff.；BGE 120 Ib 474 ff. (487 f.), E. 6.

〔3〕 BBl 2009, S. 173.

〔4〕 BG über die berufliche Alters-, Hinterlassenen- und Invalidenvorsorge vom 25. Juni 1982; SR 831.40.

〔5〕 BG über die Freizügigkeit in der beruflichen Alters-, Hinterlassenen- und Invalidenvorsorge vom 17. Dezember 1993; SR 831.42.

〔6〕 可参见 Das Kreisschreiben des Eidgenössischen Departementes des Innern vom 17. März 1921 an die Regierungen der Kantone betreffend die Ausführung des Art. 84 des ZGB mit Bezug auf die übernahme der Aufsicht über die Stiftungen und den Inhalt des daherigen Aufsichtsrechts; BBl 1921 Ⅱ, S. 309 ff.（= SJZ 17/1920~21, S. 350 ff.）.

这些通告不具有法律效力；其对于法院不具有约束力。[1]

1351　最后还要注意**各州**关于税法的规范（例如关于对基金会的公共性的定义）[2]以及关于基金会监管的组织（边码1463及以下）。

1352　第二，对于何为基金会，法律只是在瑞民第80条描述产生条件时，间接地进行了规定。基金会涉及的是将财产献于（Widmung）特定目的。[3]依此，其条件是：

1353　－ 某人**"捐献"某财产**，将该财产从自己的财产中剥离，并使之可被自由处分；[4]

基金会财产可由物权及对人权（现金、有价证券、土地、动产、债权）甚至针对基金会创办人的债权组成。[5]

1354　按照主流实践，在基金会财产的数量**和相关基金会目的之间应存在适当的关系**。如果基金会不满足此条件，那么其不能被有效设立；至少其在商事登记簿中登记会被拒绝。不过，当可严肃地预期存在足够数额的其他资助时，允许用较少初始资本设立基金会。[6]

1355　－ 此财产**被献于特定目的**[7]（对此亦可参见边码1361及以下）；以及最后

1356　－ 此财产应**被独立化**，以至于其构成了独立的法人（确切地说是瑞民第52条第1款意义上的"独立的机构"）。从而，基金会是被"人格化的目的财产"。[8]不过其要满足形式上的设立要件（对此下文边码1395及以下）。

---

[1] 关于其法律性质以及可改变性，参见 BGE 120 Ⅱ 137 ff. （涉及联邦商事登记局颁布的《1993年2月4日关于基金会理事会成员登记的指示》）。又可参见 BGE 120 Ⅱ 374 ff. （378），E. 4a.

[2] 关于与此有关的联邦法上的税法规定参见 Grüninger, BaKomm, Vorbem. zu Art. 80–89bis ZGB, N 31.

[3] 法语："l'affectation de biens en faveur d'un but spécial"；意大利语："…occorre che siano destinati dei beni al conseguimento di un fine particolare"。

[4] Pedrazzini/Oberholzer, S. 255.

[5] Riemer, BeKomm, N 24 ff. zu Art. 80 ZGB; Pedrazzini/Oberholzer, S. 255.

[6] ZBGR 77/1996, S. 277; vgl. auch Riemer, BeKomm, N 24 und 29 zu Art. 80 ZGB.

[7] BGE 127 Ⅲ 337 ff. （340），E. 2c.

[8] Riemer, BeKomm, System. Teil (vor Art. 80 ZGB), N 13 und passim.

第三编 人法（瑞民第 11 至 89bis 条）

第三，如上所述，基金会为一个机构性法人（Anstalt）（被理解为具有自己人格的目的财产），而非社团性法人。对此说明如下： 1357

— 基金会**缺少**社团性法人所特有的特征，即**自我决定权**。[1] 1358
— 另外其还**缺少（民主的）意思形成机关**。[2] 作为机构性的组织的主体，基金会**没有成员，而只有受益人**。基金会机关的任务只是按照基金会创办人的意思管理财产。[3] 1359

基金会的机构性组织属性的一个重要效果，是基金会不能**消灭自我**[4]（对此亦可参见边码 1428）。

由于瑞民中只规定了唯一的（私法上的）机构性法人，即基金会，从而"机构性法人"和"基金会"这两个概念经常被混用。[5] 1360

第四，对于基金会（以及尤其对于其目的）具有实质意义的是基**金会创办人的意思**。人们将此称为基金会自由（或"基金创办人自由"），即基金会创办人按照其自己意思构造基金会的自由。[6] 该原则将私人自治（边码 53 及以下）的理念在基金会领域加以贯彻，在填补法律漏洞时亦应对此予以注意。[7] 宪法意义上的平等原则（《联邦宪法》第 8 条）原则上并不对基金会自由发生限制。[8] 1361

一般来说，基金会追求的是**观念上的目的**，但在例外情况下，其也经营商人式的营业。[9] 但通常的基金会主要都追

---

[1] BGE 120 II 137 ff. (140 f.), E. 3c; Riemer, BeKomm, System. Teil (vor Art. 80 ZGB), N 18.
[2] Pedrazzini/Oberholzer, S. 253; Riemer, BeKomm, System. Teil (vor Art. 80 ZGB), N 19, sowie N 9 zu Art. 83 ZGB.
[3] BGE 120 II 137 ff. (141), E. 3c; Riemer, BeKomm, System. Teil (vor Art. 80 ZGB), N 16 ff.
[4] Riemer, BeKomm, System. Teil (vor Art. 80 ZGB), N 24, ferner N 4 zu Art. 88/89 ZGB.
[5] 亦可参见 Riemer, Personenrecht, Nr. 481 und 695; Derselbe, BeKomm, System. Teil (vor Art. 80 ZGB), N 13.
[6] Riemer, BeKomm, System. Teil (vor Art. 80 ZGB), N 55 ff.; BGE 120 II 374 ff. (377), E. 4a; 127 III 337 ff. (340), E. 2c.
[7] BGE 120 II 374 ff. (381), E. 4b; Riemer, BeKomm, System. Teil (vor Art. 80 ZGB), N 1.
[8] BGE 133 III 167 ff. (173), E. 4. 2, 援引了 Grüninger, BaKomm, N 13d zu Art. 335 ZGB.
[9] BGE 120 II 137 ff. (141), E. 3d; 127 III 337 ff. (339), E. 2a.

求慈善、公益、艺术或学术目的。[1]不过对于企业基金会参见边码1388及以下。

1362　不过对基金会还是存在如下**内容上的限制**：[2]

1363　— 瑞民第52条第3款：追求悖俗或违法目的之基金会不得取得人格上的权利（亦可参见瑞民第57条第3款和边码1175）。[3]关于基金会目的嗣后违法或悖俗，参见边码1431。

1364　— 瑞民第82条：有利于继承人（义务违反）和债权人［撤销诉权（paulianische Anfechtung）、《有关强制执行与破产的联邦法》第286与288条］的撤销（"等同于赠予"）。关于基金会自由的进一步限制参见瑞民第408条，对此见边码1407。

1365　第五，基金会的数量，尤其是基金会涉及的财产，颇为引人注目。2009年1月1日有18319个基金会在商事登记簿中注册。[4]

按照联邦基金金监管部门的统计，公益基金会的财产大约有400亿瑞士法郎；2005年在联邦监管下之基金会的财产大约为220亿瑞士法郎。[5]

1366　第六，近年间，基金会法经历了多次修改。例如，2004年10月8日的基金会法修正案[6]，尤其引入了审计和会计义务以及（在特定条件下的）基金会创办人申请改变基金会目的的可能性。这些新规范的一部分被2005年12月16日的瑞债修正（有限责任公司法以及在股份法、合作社法、商事登记簿法和商号法中的调整）[7]重新修改或废止。在正在进行的股份法和会计法修改中，基金会法亦

---

[1] Riemer, BeKomm, System. Teil（vor Art. 80 ZGB），N 44 ff.
[2] 亦可参见 BGE 133 Ⅲ 167 ff.（171），E. 4. 1.
[3] 至少可参见 Riemer, BeKomm, System. Teil（vor Art. 80 ZGB），N 70 mit weiteren Hinweisen.
[4] 参见 www. zefix. ch（2010年6月2日访问）。
[5] Von Schnurbein Georg, Schweizer Stiftungssektor im überblick, Daten, Tätigkeiten und Recht 2009, Basel 2009, S. 32.
[6] AS 2005, S. 4545 ff.；2006年1月1日生效。
[7] AS 2007, S. 4791（4840 f.）；2008年1月1日生效。

会被进一步修改。[1]

对于计划中涉及瑞民第 89bis 条的修改,参见边码 557 中的说明。对于联邦院成员维尔讷·吕根布于尔(Werner Luginbühl)于 2009 年 3 月 20 日提交的"提升瑞士作为基金会地点吸引力"的动议,联邦委员会在做了两项修改后予以接受。[2] 基金会法尤其要适应欧洲的新发展;另外还要提出的问题是,对基金会监管进行修正是否具有合目的性。

二、种类

瑞民的出发点是"通常的基金会"(或曰"传统的"基金会),其通过在商事登记簿中登记获得人格上的权利(边码 1395 及以下),受国家监管(边码 1451 及以下)并且对之不存在具体的特别立法。 1367

另外,法律对基金会的特别形式进行了规定,对此这里先加以阐述。作为私法中的基金会特别形式有:家族基金会、教会基金会以及员工保障基金会。另外法律中没有调整的企业基金会在经济中具有重要意义。最后阐述通常的基金会与其他种类基金会以及与信托的区别。 1368

对于独一无二地被创设的基金会在法律上的定性构成一个法律问题,此问题需基于基金会创办人的意思由相关基金会监管部门予以回答。[3]

(一)家族基金会

1. 家族基金会受瑞民第 335 条与第 87 条调整;另外,在这两个条文没有作出特别规定时,瑞民第 80 条至第 89 条亦对之适 1369

---

[1] BB1 2008, S. 1589 ff.(公告)und 1751 ff.(1813;草案)。联邦院将此草案作为 2009 年冬季会议期间首要审议事项进行审议。

[2] Amtl. Bull. NR 2009, S. 2286 ff.;Amtl. Bull. StR 2010, S. 13.

[3] Riemer, BeKomm, System. Teil (vor Art. 80 ZGB), N 100. 关于放弃传统的分类,而用公共(即公益)目的基金会和私人基金会这种分类取而代之的建议,参见 Vez, fondation(边码 1345 中引用的文献),Nr. 225 ff.

用。[1]瑞民第335条第1款确定，财产可与某个家族以如下方式结合在一起："为了给家族成员提供教育、婚嫁或支援上的费用或为了类似目的，可按照人法或继承法上的规则设立家族基金会。"[2]

1370　　2. 对于家族基金会的如下问题存在特别规则：

1371　　－ **产生**：按照瑞民第52条第2款，家族基金会的产生无须在商事登记簿中登记。其基于设立行为取得法人格；允许（具有宣示效力的）登记，但对此并无义务。[3]

如果某家族基金会经营商人式的企业，那么其有义务进行登记（参见瑞债第934条第1款）；但在此情形，该登记亦只具有宣示性效力。[4]家族基金会登记的内容参见《商事登记簿条例》第95条第2款。

1372　　－ **监管**：按照瑞民第87条第1款，（除公法中有其他规定外）[5]家族基金会不受监管机构监管。[6]

－ **审计处**：瑞民第87条第1^{bis}款豁免了家族基金会设立审计处的义务（参见瑞民第83b条和后文边码1438）。

1373　　－ **目的**：瑞民第335条第1款要求家族基金会必须追求特定的目的，即给家族成员提供教育、婚嫁或支援上的费用或为了类似目的；按照一直以来的联邦法院司法，此列举为排他性的。[7]相反，为了家族利益（无上述目的而是例如为了节税或对受益人请求权无条件限制）而将财产独立化不被允许。[8]尤其是所谓的生活

---

[1] BGE 133 III 167 ff. (171), E. 4 mit Hinweisen.
[2] 对此参见 Egger, ZüKomm, N 1 ff. zu Art. 335 ZGB；详细的讨论见 Riemer, BeKomm, System. Teil (vor Art. 80 ZGB), N 102 ff.
[3] Riemer, BeKomm, N 89 zu Art. 81 ZGB; Pedrazzini/Oberholzer, S. 259.
[4] Riemer, BeKomm, N 89 zu Art. 81 ZGB; DERSELBE, Personenrecht, Nr. 751.
[5] 此例外是源于编辑上的疏漏；BeKomm, System. Teil (vor Art. 80 ZGB), N 130.
[6] 关于与修改基金会证书有关的问题参见 Riemer, Personenrecht, Nr. 752.
[7] BGE 108 II 393 ff. (394), E. 6a; 135 III 614 ff. (619), E. 4.3.1.
[8] BGE 108 II 393 ff. (394 f.), E. 6a; 93 II 439 ff. (448 ff.), E. 4.

基金会或享益基金会（Unterhalts – oder Genussstiftungen）不被允许。[1]

3. 另外，瑞民第 335 条第 2 款还对——公开或秘密地——设立家族世袭财产（Familienfideikommissen）予以禁止：这里涉及的是陆续由一个家族成员（通常为首先出生者）无条件地享有的**无人格的特别财产**；[2]且权利人有义务接受该财产并且在其死亡时将该财产移交给家族中的权利承继者。[3]

> 1883 年的判决 BGE 9, S. 577 ff.（586），E. 4 具有说明意义："家族世袭财产……通过有效的私人处分不可转让地与某家族结合的、为了家族成员按照确定的承继顺序所享用的、特定的财产组合；通过家族世袭财产，家族整体意识得以在后来不停变换的家族成员中保留，并能增加家族荣誉。通过设立家族世袭财产，并没有创制出具有法人格的目的财产或曰基金会，而是相应的世袭财产保持为其权利人的财产……"[4]

立法者基于国家政治和经济上的理由禁止了家族世袭财产。[5] **旧法中的此种构造**却被允许并尤其存在于卢塞恩州。[6]

---

[1] BGE 108 II 393 ff.（394），E. 6a；93 II 439 ff.（449），E. 4；135 III 614 ff.（618 f.），E. 4. 3. 1；BGer 5C. 9/2001, E. 3b. Vgl. auch BGer in: FZR 1993, S. 287 ff.（家族基金会的伪装行为），对禁止生活基金会的批判性态度参见 Opel Andera, Hat die schweizerische Familienstiftung ausgedient? .... Jusletter vom 31. August 2009, Rz. 4 ff.；Künzle Hans Rainer, Familienstiftung – Quo vadis？in: Breitschmid Peter u. a.（Hrsg.）, Grundfragen der juristischen Person, FS für Hans Michael Riemer zum 65. Geburtstag, Bern 2007, S. 173 ff.（185）. 对于将某具有被禁止之目的的基金会转换为被允许的通常基金会参见 BGE 93 II 439 ff.（452 f.），E. 5 und 6；96 II 273 ff.（297 ff.），E. 9. Siehe § 140 BGB.

[2] BGE 135 III 614 ff.（618），E. 4. 3. 1.

[3] 关于家族基金会和家族世袭财产之间的区别参见 Riemer, BeKomm, System. Teil（vor Art. 80 ZGB）, N 133 ff.

[4] 类似的见 BGer 5C. 9/2001, E. 3a.

[5] 对此参见 Riemer, Personenrecht, Nr. 753. 对当今瑞士的状况持批判态度的参见 BGE 135 III 614 ff.（621 f.），E. 4. 3. 3.

[6] 参见 LGVE 1986 II Nr. 7, S. 133 ff.，1988 II Nr. 5, S. 181 ff.，und 1998 II Nr. 27, S. 243 ff.（卢塞恩行政法院）。对此亦可参见 Egger, ZüKomm, N 22 ff. zu Art. 335 ZGB；Pahudde Mortanges René, Gegenwartslösungen für ein historisches Rechtsinstitut: Das Familienfideikommiss, FS für Bernhard Schnyder, Freiburg 1995, S. 499 ff.；BGE 120 Ib 474 ff.（483 ff.），E. 5（否决了世袭财产；肯定了基于州法设立的基金会），对此见 Piotet Denis, Réflexions sur la distinction entre fondation de famille et fidéicommis de famille, ainsi que sur le droit transitoire de la personnalité morale à partir de l'arrêt RO 120 Ib 474, ZSR NF 116/1997 I, S. 477 ff.

瑞民第335条第2款并非《国际私法典》第18条意义上的"立即适用的法律",因此此规定并不排除按照《国际私法典》应予适用的外国法。[1]

(二)教会基金会

1376　　1. 瑞民第87条调整了教会基金会。[2] 按照司法和学说,其一方面在组织上和教堂结合,另一方面在其目的上也具有真正的教会性。[3] 具体而言:

1377　　－ 当基金会行为直接涉及对神的信仰时,例如通过礼拜、宗教祭礼或教会学说,则存在(真正)**教会上的目的**。相反,只是社会领域的行为(医院、养老院、救济院、经营学校或孤儿院等)并不足以构成教会上的目的。[4]

如果在基金会目的中,宗教的和社会的因素混在一起,且社会性的目的占主要方面,那么该基金会不能被认定为宗教性的基金会,从而其应受民政机关监管。[5]

1378　　－ 另外还要求其**与某宗教共同体具有组织上的结合**。[6]

此条件背后的考虑是,宗教内部的监管可省去国家的监管。[7] 因此,只有事实上的确存在内部的自治监管时,才可称得上是"组织上的结合"。[8]

---

[1] BGE 135 Ⅲ 614 ff.(621 f.),E. 4. 3. 3.

[2] 类似的见 Riemer, BeKomm, System. Teil (vor Art. 80 ZGB), N 185 ff.

[3] Riemer, BeKomm, System. Teil (vor Art. 80 ZGB), N 196 ff.; Hausheer/Aebi – Müller, Nr. 19. 73 ff.; Grüninger, BaKomm, N 5 zu Art. 87 ZGB; Brückner, Personenrecht, Nr. 1467 ff.; Röllin(边码1345 中引用的文献), S. 11 f.; BGE 106 Ⅱ 106 ff.(112), E. 3a; ZBGR 73/1992, S. 73 ff.(74 f.), E. 2(阿尔高政府委员会)。

[4] BGE 106 Ⅱ 106 ff.(112), E. 3a; 106 Ⅱ 114 ff.(116); Riemer, Personenrecht, Nr. 755. 关于基金会目的详细的讨论见 Röllin(边码1345 中引用的文献), S. 233 ff.

[5] BGE 106 Ⅱ 114 ff.(116);(颇有问题的)相反例子见 ZBGR 73/1992, S. 73 ff.(74 f.), E. 2(阿尔高政府委员会)。

[6] BGE 106 Ⅱ 106 ff.(112), E. 3a:"与宗教共同体具有组织上的结合"。

[7] Riemer, Personenrecht, Nr. 760.

[8] Riemer, BeKomm, System. Teil (vor Art. 80 ZGB), N 197; Hausheer/Aebi – Müller, Nr. 19. 74.

2. 对于教会基金会在如下几个方面存在特别规则： 1379

— **产生**：按照瑞民第52条第2款，其产生不需要在商事登记 1380
簿中登记。其基于设立行为获得法人格；允许进行（具有宣示性效
力的）登记，但对此无义务。[1]

如果教会基金会从事商人式的企业，其便有义务进行登
记，但此时的登记也只是具有宣示性的效力。[2]教会基金会
登记的内容参见《商事登记簿条例》第95条第2款。

— **监管**：根据瑞民第87条第1款，（除公法中的其他规定外） 1381
教会基金会不受监管机构监管。[3]

如果教会基金会是公法上的基金会，那么无论如何其都
受公法规制（瑞民第59条第1款；边码1151）。

— **审计处**：瑞民第87条第1^{bis}款豁免了教会基金会设立审计处 1382
的义务（参见瑞民第83b条和后文边码1438）。

（三）员工保障基金会

员工保障基金会主要在瑞民第89^{bis}条和瑞债第331条及以下条文 1383
中被规制。[4]其由私法上的雇主为其企业内员工的利益设立，并**服
务于员工保障（养老、遗属和残疾人保障；亦可参见《联邦宪法》
第111条及以下）**。[5]由于其数量[6]和管理的财产价值，员工保障
基金会具有巨大的意义。

---

〔1〕 Riemer, BeKomm, N 89 zu Art. 81 ZGB; Pedrazzini/Oberholzer, S. 259.
〔2〕 Riemer, BeKomm, N 89 zu Art. 81 ZGB; Derselbe, Personenrecht, Nr 759.
〔3〕 详细的讨论（尤其是关于宗教共同体对基金会的内部监管）参见 Röllin，边码1345中引用的文献），S. 364 ff.
〔4〕 Pedrazzini/Oberholzer, S. 273 ff.；详见 Riemer, BeKomm, System. Teil (vor Art. 80 ZGB), N 259 ff.
〔5〕 Riemer, BeKomm, System. Teil (vor Art. 80 ZGB), N 297 ff.
〔6〕 2006年尚存在超过7000个员工保障基金会，而在2008年其数量明显低于7000；参见 Grüninger Harold, Aktuelles aus dem Stiftungs - und Gemeinnützigkeitsbereich, successio 2007, S. 124, und 2009, S. 118.

按照《联邦职业养老、遗属和残疾人保障法》第48条第2款第1句，登记的保障机构（作为意图参加义务保险的机构；第1款）应采取基金会或合作社的法律形式，或作为公法上的机构。超过百分之九十九的私法上的员工保障机构采取了基金会形式。[1]

1384　　瑞民、瑞债和《联邦职业养老、遗属和残疾人保障法》对员工保障基金会作出了重要的特别规定。这里简述如下：

1385　　1. 瑞民第89^{bis}条作出了如下特别规定：
－　第2款：受益人的信息义务（亦可参见《刑法典》第326quater条）。
－　第3款：雇员的共同管理权。
－　第5款：私法上的诉权（在基金会法中的其他情形并不存在）。
－　第6款：在养老和遗属保障以及残疾人保障领域工作之人的员工保障基金会的特别规则。

关于计划中对第89^{bis}条第6款的修改，参见边码557。

1386　　2. 瑞债第331条至第331f条包含进一步的特别规则。尤其应注意的是：
－　瑞债第331b条：不允许对未来保障性给付进行让与或质押。
－　瑞债第331c条：出于健康上事由的例外（死亡或残疾的风险）。

另外参见瑞债第673条、第674条第3款、第862条和第863条第3款。

1387　　3. 最后，在《联邦职业养老、遗属和残疾人保障法》（以及其施行立法）中，也包含有特别规定；在存在瑞民/瑞债规定与这些特别规定的冲突时，这些特别规定优先（亦可参见瑞民第89^{bis}条第6款）。[2]如下关键词应予以提及：[3]

---

[1] Pedrazzini/Oberholzer, S. 254 und 274.
[2] Riemer, Personenrecht, Nr. 739.
[3] Vgl. Riemer, Personenrecht, Nr. 740. ff.

- 《联邦职业养老、遗属和残疾人保障法》第 51 条：对本条下的各个员工保障基金会完全同等的管理；

本条规定优先于瑞民第 89bis 条第 3 款。[1]

- 《联邦职业养老、遗属和残疾人保障法》第 52 条：所有受委托对保障机构进行管理、事务执行或控制之人的责任（边码 1446）；
- 《联邦职业养老、遗属和残疾人保障法》第 53 条：特别的控制机关；
- 《联邦职业养老、遗属和残疾人保障法》第 61 条：监管机构的中心化；住所州的关联性；
- 《联邦职业养老、遗属和残疾人保障法》第 62 条第 1 款：特别的监管手段；[2]
- 《联邦职业养老、遗属和残疾人保障法》第 62 条第 2 款：监管机构和改组机构的人事联合（Personalunion）；
- 《联邦职业养老、遗属和残疾人保障法》第 71 条：对于财产管理的特别规定（亦可参见《联邦职业养老、遗属和残疾人保障条例》第 49 条及以下[3]）；
- 《联邦职业养老、遗属和残疾人保障法》第 73 条、第 74 条：对法律救济的特别规定。

适用《联邦职业养老、遗属和残疾人保障法》第 73 条规定的管辖权的，除其他情形外，有关于雇员对保险机构之身份归属的争议或关于保障机构之给付的争议。[4]

（四）企业基金会
1. 法律中不存在企业基金会这个概念。此种特殊形式的基金会，

---

[1] Riemer, Personenrecht, Nr. 740.
[2] BGE 124 IV 211 ff. (217 f.), E. 2f～g; 124 Ⅱ 114 ff.
[3] V über die berufliche Alters-, Hinterlassenen- und Invalidenvorsorge; SR 831.441.1.
[4] BGE 113 Ib 188 ff.

涉及的是经营瑞债第934条意义上之商人式营业的基金会——对另一个经营商人式营业之法人的直接或间接的决定性参股。[1]

在第一种情形，人们将之称为**企业主基金会**（或曰直接承担者基金会），在第二种情形称之为**控股基金会**。司法实践明确允许企业基金会。[2]据估计目前存在1000家企业主基金会，但其并不发挥核心的经济作用；具有重大经济意义的是控股基金会。[3]

换言之，企业基金会是"献出的财产完全或主要地来自于某企业或对某企业的决定性参股的那种基金会"。[4]

2. 将某基金会定性为企业基金会并不导致特别的民法上效果；对其还是适用关于"通常的"基金会的规定。联邦法院司法实践允许基金会追求经济上的目的，[5]对此学说则观点不一。[6]

对基金会被允许的目的进行限制的努力，至今仍归于无果。[7]

（五）与其他种类基金会以及与信托的界分

与本书中论述的私法基金会相区别的是：

---

[1] Riemer, BeKomm, System. Teil（vor Art. 80 ZGB）, N 386 ff.；Pedrazzini/ Oberholzer, S. 276；Weber SPR Ⅱ/4, S. 65 ff.；Schmid（边码1345中引用的文献）, S. 5 ff.

[2] BGE 75 Ⅱ 81 ff.（88 ff.）, E. 3a；127 Ⅲ 337 ff.；BGer in: ZGRG 19/2000, S. 168 ff.（170）, E. 2b.

[3] BGE 127 Ⅲ 337 ff.（339）, E. 2a.

[4] Meier - Hayoz/Forstmoser, § 23 N 7 ff.（原文为斜体）；Hausheer/Aebi - Müller, Nr. 19. 94；对于经营商事营业的条件的分类讨论见Riemer, BeKomm, System. Teil（vor Art. 80 ZGB）, N 386 ff.

[5] BGE 127 Ⅲ 337 ff.

[6] 对此参见Eitle Paul, Die Stiftung als Instrument zur Perpetuierung von Aktiengesellschaften? in: Breitschmid Peter u. a.（Hrsg.）, Grundfragen der juristischen Person, FS für Hans Michael Riemer zum 65. Geburtstag, Bern 2007, S. 79 ff.（96 f.）；Schweizer Kurt C., Zulässigkeit der Stiftung mit wirtschaftlichem Zweck, Standortbestimmung und Bemerkungen zu BGE 127 Ⅲ 337 ff., in: Riemer Hans Michael/Schiltknecht Reto（Hrsg.）, Aktuelle Fragen zum Stiftungsrecht … Bern 2002, S. 59 ff.；Riemer Hans Michael, Rechtsprobleme der Unternehmensstiftung, ZBJV 116/1980, S. 489 ff.；Derselbe, System. Teil（vor Art. 80 ZGB）, N 392 ff.；Derselbe, Personenrecht, Nr. 762；DERSELBE, Stiftungen mit wirtschaftlichem Zweck verbieten?, SZW 67/1995, S. 11 ff.；Vez, fondation（边码1345中引用的文献）, Nr. 183 ff.

[7] 尤其参见《修改民法典的初步草案（基金会法与婚姻合同、继承合同的开启程序）》（Bern 1993）；此草案中部分地禁止企业基金会的要求，在征求意见阶段遭到激烈的批判；BGE 127 Ⅲ 337 ff.（341）, E. 2d. 关于此初步草案亦可参见Schmid（边码1345中引用的文献）, S. 101 ff.

1. **非独立基金会**，其不具有法人格。[1]

1392

经常会存在某些赠予、指定继承或遗赠，**要求**给予之财产只能为特定目的而使用（例如参见瑞民第482条和瑞债第245条）。[2] 在实践中，在赠予或继承法对某法律问题没有给出答案时，基金会法会部分地被类推适用，尤其是涉及目的改变的规则时。[3]

2. **公法基金会**，其按照瑞民第59条第1款由公法调整（前文边码1151）。[4]对此瑞民不发生效力。

1393

公法基金会（一般）都会基于一个单独的法律；其应受此种单独法律以及关于公法法人的一般行政法规范的规制。[5]

例如："Pro Helvetia"（基于1965年12月17日《关于"Pro Helvetia"基金会的联邦法》[6]的文化促进基金会[7]）；"瑞士国家公园"（《国家公园法》第2条）；"保障基金"（根据《联邦职业养老、遗属和残疾人保障法施行法》设立[8]）。

3. **信托**。在信托的情形，虽然也是某财产被独立化，且被致力于某特定目的，但其不具有法人格，也不具有财产能力。目的财产的所有权归于受托人，即管理信托财产以及为委托人指定的目的使用信托财产之人。[9]瑞士法对此法律制度并没有进行规定。随着1985年6月1日《关于适用于信托之法律以及对信托承认的海牙公

1394

---

[1] Pedrazzini/Oberholzer, S. 276; Riemer, BeKomm, System. Teil（vor Art. 80 ZGB），N 418 ff.
[2] 例如 BGE 100 Ib 233 ff. 中的案件事实。
[3] Riemer, Personenrecht, Nr. 768.
[4] Pedrazzini/Oberholzer, S. 276; Riemer, BeKomm, System. Teil（vor Art. 80 ZGB），N 464 ff.; Derselbe, Personenrecht, Nr 735 ff.
[5] Riemer, Personenrecht, Nr. 735.
[6] SR 447. 1.
[7] BG vom 19. Dezember 1980 über Den Schweizerischen Nationalpark im Kanton Graubünden; SR 454.
[8] V vom 22. Juni 1998 über den Sicherheitsfonds BVG; SR 831. 432. 1.
[9] Hausheer/Aebi – Müller, Nr. 19. 110.

约》[1]的生效以及瑞士在 2007 年 6 月 1 日对该公约的承认,按照外国法设立的信托在满足特定条件时也得到承认(尤其参见该公约第 11 条及以下)。[2]对于信托亦可参见《国际私法典》第 149a 条至第 149e 条。

三、产生、变更和消灭

(一) 产生

1. 在商事登记簿中登记。

1395　(1) 原则上（瑞民第 52 条第 2 款例外），随着在商事登记簿中登记（瑞民第 52 条第 1 款以及第 81 条第 2 款；《商事登记簿条例》第 94 条及以下），基金会取得人格上的权利。因此，登记除了具有公示效力外，还具有**构成性效力**。[3]按照瑞民第 81 条第 2 款，在商事登记簿中登记应如下作出：

1396　— 基于**基金会证书**（对此参见边码 1405 及以下）。要求要么是公证书要么是死因处分（瑞民第 81 条第 1 款；亦可参见瑞民第 493 条）。按此，死因基金会可基于遗嘱或继承合同被设立。[4]

1397　— **必要时要求存在监管机构的裁定**。

根据瑞民第 83d 条，在缺少相关的组织时，监管机构应采取必要措施。对于在违反强行规定时登记簿管理人的通知义务，参见瑞债第 941a 条第 2 款和《商事登记簿条例》第 154 条。

1398　— 另外登记还需要"**提供管理成员**"。此因素当然地存在于基金会证书或可能的监管机构裁定中，如瑞民第 81 条第 2 款的法文和意大利文本可明确得出的那样（"……显示管理成员的名字"；

---

[1] SR 0.221.371.

[2] 关于信托参见 Hausheer/Aebi – Müller, Nr. 19.106 ff. ；Vogt Nedim Peter, Trusts und schweizerisches Recht (das Haager Trust – übereinkommen und die neuen Art. 149a ~ e IPRG), Anwaltsrevue 2007, S. 199 ff.

[3] BGE 120 II 137 ff. (141), E. 3d; Riemer, BeKomm, N 89 und 105 zu Art. 81 ZGB.

[4] 在修正后瑞民第 81 条第 1 款于 2006 年 1 月 1 日生效前，联邦法院的司法实践不允许基于继承合同设立基金会；对此参见本书前版边码 1351。

第三编　人法（瑞民第 11 至 89bis 条）

"……告知管理成员的名字"）。《商事登记簿条例》第 95 条对此包含有详细规定。

按照《商事登记簿条例》第 95 条第 i 项和第 j 项，应登记基金会最高机关成员以及有权代理基金会之人。[1]

（2）另外，需确定如下几点：
- 在满足法定要件时，存在要求在商事登记簿中登记的请求权；基金会的设立既不需要官方批准，也不得将基金会设立取决于任何形式的许可审查。[2]

基金会必须在对其住所（瑞民第 56 条）有管辖权的商事登记簿中登记。[3]关于商事登记簿管理人的承认参见《商事登记簿条例》第 28 条；[4]关于抗告途径，参见《商事登记簿条例》第 4 条、第 5 条第 2 款第 e 项和第 165 条。

- 一般而言，商事登记簿上的登记对于基金会并**不具有补正性的效力**。[5]

关于由联邦商事登记簿局管理的、包含在各州主登记簿中登记之全部法律单位的中央登记簿，参见《商事登记簿条例》第 13 条；中央登记簿的公开信息可通过互联网数据库 Zefix（www.zefix.ch）由查询者免费获取（《商事登记簿条例》第 14 条第 1 款）。

---

〔1〕 与此相反的判例见 BGE 120 Ⅱ 137 ff.（142 f.），E. 3f～g（在《商事登记簿条例》生效前）；按照此判决，基于瑞民第 81 条第 2 款，只有对享有代理权的管理机关成员才强制登记。对强制登记适用于所有基金会理事会成员的批判性态度见 Grüninger, BaKomm, N 23 zu Art. 81 ZGB（尚针对的是 2006 年 1 月 1 日时有效的修正前《商事登记簿条例》第 102 条）。

〔2〕 BGE 120 Ⅱ 374 ff.（377 und 381），E. 4a und b；BGer in：Semjud 111/1989, S. 549；Riemer, BeKomm, N 98 zu Art. 81 ZGB.

〔3〕 Riemer, BeKomm, N 93 zu Art. 81 ZGB.

〔4〕 对此亦可参见 Riemer, BeKomm, N 96 zu Art. 81 ZGB.

〔5〕 BGE 120 Ⅱ 374 ff.（379），E. 4a；96 Ⅱ 273 ff.（280 f.），E. 2 in fine；区别对待的观点见 Riemer, BeKomm, N 117 ff. zu Art. 81 ZGB.

1402 ——按照《联邦债务执行和破产法》第 39 条第 1 款第 12 项，基金会可被**破产执行**。

1403 ——按照《商事登记簿条例》第 95 条第 1 款第 b 项，登记中亦包含基金会的**名称**。根据联邦法院的实践，基金会可主张名称保护（瑞民第 29 条；前文边码 1025 及以下），但不得主张商号保护。[1]

1404 ——在商事登记簿中登记之前，学说和司法有时将（有登记义务之）基金会做类似于胎儿（边码 735、736）的处理（**附条件的权利能力**——条件便是登记）。[2]

2. 基金会证书。

1405 （1）如上所述（边码 1396），在商事登记簿中登记须基于基金会证书。此证书中包含基金会行为，即基金会创办人作出的无须受领的单方意思表示。[3]

生前作出的基金会行为是负担行为抑或处分行为，对此存在争议。[4] 利莫尔（Riemer）认为，始终会存在负担行为，因为受让主体尚需要被创建。从而，基金会证书亦是（发生债之效力的）基础行为，基于此（在通常基金会以及在员工保障基金会的情形：在商事登记簿登记被作出后）"发生……被献出财产之上的物权、对人权或其他权利从基金会创始人向基金会的移转"。[5]

1406 基于瑞民第 80 条，只有基金会行为包含三个意思内容，才可能

---

[1] 亦可参见 Riemer, BeKomm, System. Teil (vor Art. 80 ZGB), N 501 ff., sowie N 112 zu Art. 81 ZGB; BGE 103 Ib 6 ff. (8 f.), E. 4; ZR 97/1998, Nr. 15, S. 45 ff. (48), E. III. /2b/bb (苏黎世商事法院)。关于基金会的名称可参见 BGer in: Pra 86/1997, Nr. 125, S. 674 ff. （从名称真实和清楚的视角来评判"pro CH 98 基金会"这个名称）。关于基金会的人格保护（尤其是名誉保护）可参见 Riemer, BeKomm, System. Teil (vor Art. 80 ZGB), N 22.

[2] Vgl. BGE 103 Ib 6 ff. (7 f.), E. 1; 99 II 246 ff. (265), E. 9g; Pedrazzini/Oberholzer, S. 259; 区别对待的观点见 Riemer, BeKomm, N 62 ff. und 77 zu Art. 81 ZGB.

[3] Riemer, BeKomm, N 4 zu Art. 80 ZGB（在本书 N 3 处涉及瑞民第 539 条第 2 款的特别情形）; Pedrazzini/Oberholzer, S. 255.

[4] 参见 Riemer, BeKomm, N 11 zu Art. 80 ZGB 中的线索。

[5] Riemer, BeKomm, N 25 zu Art. 81 ZGB, N. 12 ff. zu Art. 80 ZGB.

基于此行为设立基金会["**本质要点**（essentialia negotii）"]：首先是设立一个独立的基金会的意思；其次是标明被献出之初始财产的意思；最后是表明基金会目的的意思。[1]

属于对基金会目的的确定的，还有对受益人群体的划定。[2]

（2）对于生前基金会行为，具有"基金会能力"者只是具有行为能力之人。此亦适用于通过继承合同设立基金会（瑞民第468条）[3]相反，通过遗嘱来设立基金会也可由具有判断能力之禁治产人作出（瑞民第467条）。

关于被监护人亦可参见瑞民第408条，关于亲权下的儿童参见瑞民第304条第3款。[4]

基于成年人保护修正案（边码556），修正后瑞民第468条第1款对于继承合同只要求具有判断能力以及满18周岁；按照该条第2款，由于辅佐状态亦涵盖继承合同的签订，从而被辅佐之人对此需要其法定代理人的同意。瑞民第408条被修正后瑞民第412条所取代。关于亲权下的儿童，参见修正后瑞民第304条第3款。

（3）如上所述（边码1396），基金会证书需要有**特别的法定形式**：瑞民第81条第1款要求（生前基金会行为的）基金会证书采取公证书的形式或（死因基金会行为时的）死因处分。

关于死因基金会，瑞民第498条规定的三种遗嘱形式均可。[5]继承合同的有效则要求其采取公证遗嘱的形式（瑞民第512条结合第499条及以下）。

---

[1] Riemer, BeKomm, N 19 zu Art. 80 ZGB; Grüninger, BaKomm, N 5 zu Art. 80 ZGB.

[2] Riemer, BeKomm, N 37 zu Art. 80 ZGB. 关于如在瑞民第80条所要求的"特别"目的这个概念，参见 Riemer, BeKomm, N 43 ff. zu Art. 80 ZGB.

[3] 至少可参见 V Zeiter（zitiert in Nr. 1345），Nr. 264 ff. 中的例外。

[4] 对此见 Zeiger（zitiert in Nr. 1345），Nr. 255 ff. und 260.

[5] Riemer, BeKomm, N 30 zu Art. 81 ZGB.

1409　　　　（满足规定形式的）基金会证书本身必须包含有上文作为"本质要点"所列出的基金会的实质基础。[1]相反，其他（详细的）规定可在基金会规章中规制，对此只须简单的书面形式即可。[2]

　　　　　　基金会规章的优点是其可被基金会理事会修改（而基金会证书原则上不可修改）；但规章不可与基金会证书相冲突。[3]

1410　　　　（4）基金会证书不能按照信赖说去解释，而只能"如遗嘱那样按照作出者的意思"去解释。[4]按照联邦司法实践，"此意思必须以某种虽然或许并不完全的方式在证书中表达出来"。[5]对于探求多义规定的意义，"可凭借证书之外的事实，例如通过其他文件或证人证明的作出者的表示"。[6]

1411　　　　如果某基金会证书因其有漏洞而必须被**补充**，那么漏洞补充应基于基金会创办人的可能意思进行。[7]

　　　　问题便是：基金会创办人对于空缺之点本可能会如何理性地规制？附加的规制应和谐地契入到基金会创办人有效作出的规制中。

　　　3. 具体问题。

1412　　　　（1）对于基金会的行为能力，适用一般的原则：按照瑞民第54条，对于行为能力要存在根据法律和"章程"必不可少的基金会机关（边码1204及以下和1435及以下）。

　　　　如下文（边码1436及以下）所示，存在下面两个机关即可：执行管理与面对第三人进行代理的机关以及审计处。

1413　　　　缺少机关只是损害基金会的行为能力，原则上不损害其权利能力。在创设基金会时，若瑞民第83d条意义上的处分为必要，则此

---

〔1〕　Riemer, BeKomm, N 19 zu Art. 80 ZGB.
〔2〕　Pedrazzini/Oberholzer, S. 258.
〔3〕　Riemer, Personenrecht, Nr. 686 in fine.
〔4〕　BGE 108 II 393 ff. （396），E. 6c；93 II 439 ff. （444），E. 2；亦可参见 BGE 120 Ib 474 ff. （485），E. 5d；Riemer, BeKomm, System. Teil（vor Art. 80 ZGB），N 77 ff. （尤其在 N 86 处进行了区别性的处理）。
〔5〕　BGE 108 II 393 ff. （396），E. 6c；对此所谓"阐释说"的批判见 Gauch/Schluep/Schmid, Nr. 1245 ff.，在此该书尤其援引了 BGE 122 III 361 ff. （366），E. 4.（在另外一个脉络下）对此说的否定。
〔6〕　BGE 93 II 439 ff. （444），E. 2；亦可参见 BGE 120 II 182 ff. （184），E. 2a.
〔7〕　Riemer, BeKomm, System. Teil（vor Art. 80 ZGB），N 89.

情况会阻碍基金会在商事登记簿上的登记（前文边码1397），并因此损害其权利能力。[1]

（2）对于基金会行为的可撤回性，应明确如下几点：

1414

— 在通过**遗嘱**设立基金会时，基金会创办人在其死亡之前，都可以（按照继承法上的条件）撤回该行为。[2]

1415

— 规定基金会设立的**继承合**同，合同当事人可基于瑞民第513条第1款在任何时候通过书面协定废止之。[3]

1416

— 在**生前**基金会设立的情形，有争议的是，创办人是否可在基金会登记于商事登记簿之前撤销该设立。[4]

1417

被一般承认的是，家族基金会和教会基金会的设立在公证书完成之后，便不可再被撤回。[5]

（3）由于设立基金会会减少基金会创办人的财产，从而瑞民第82条赋予特定人（继承人、债权人）以撤销权。也就是，法律认为特定情形下这些人的利益重于基金会创办人的自由。根据婚姻财产法（瑞民第208条与220条），配偶基于类推享有撤销诉权。[6]

1418

但瑞民第82条中的撤销权只是存在于生前基金会设立场合；[7]而基于死因行为设立基金会的场合，继承人或受遗赠人已经按照继承法（按照瑞民第519条及以下的无效之诉；按照瑞民第522条及以下的减少之诉）享有撤销的可能。[8]

（二）变更

基金会受在基金会证书中确定的基金会创办人意思的统治。从而

1419

---

[1] Riemer, BeKomm, N 3 zu Art. 83 ZGB.
[2] BGE 73 Ⅱ 144 ff.；Riemer, BeKomm, N 59 f. zu Art. 81 ZGB.
[3] Grüninger, BaKomm, N 16 zu Art. 81 ZGB.
[4] 概览性的见 Riemer, BeKomm, N 68 zu Art. 81 ZGB；貌似默示地允许撤回的观点见 BGE 99 Ⅱ 246 ff. （264），E. 9e in fine.
[5] Riemer, BeKomm, N 68 zu Art. 81 ZGB.
[6] Tuor/Schnyder/Schmid, § 17 N 9.
[7] 例如：SJZ 36/1939~40, S. 240, Nr. 163（巴塞尔市上诉法院）。
[8] Riemer, BeKomm, N 5 (und 13) zu Art. 82 ZGB；Pedrazzini/Oberholzer, S. 260.

基金会具有相对的僵化性和不可变性。与社团不同，基金会的机关只有管理权限；管理机关不得改变基金会的本质。[1]但在一些情形中改变实属必要。瑞民第85条至第86b条（参见页边标题："基金会的变更"）对此问题进行了处理。法律在组织的变更（见下文第1点）和目的的变更（见下文第2点）之间，作出了区分。

1. 组织的变更。

1420　按照瑞民第85条，相关的联邦或州的机构可基于监管机构的申请，在听取基金会最高机关的意见后，改变基金会的组织，只要此改变为保持基金会财产或维护基金会目的所紧急需要。[2]**例如**：由于基金会财产严重减少，从而导致基金会无法再承受基金会证书中规定的复杂、昂贵的组织。[3]

2. 目的的变更。

1421　如上所述（边码1406），基金会目的被规定于基金会证书中；从而对其的变更原则上不可能。但法律在瑞民第86条至第86b条中规定了三种可以变更基金会目的的情形：

1422　（1）如果随着时间流逝，初始目的具有了与基金会创办人本来意图所不同的意义或效果，那么按照瑞民第86条，相关官方机构可**基于监管机构或基金会最高机关的申请**按照改变的情况调整基金会目的（该条的页边标题"目的变更"易引起误解）。[4]此时应以基金会创办人的假设意思为准。[5]**例如**：某基金会是为了使得孩子们可以免费上小学，则可将其目的变更为设立奖学金以资助大学学习。[6]

1423　按照瑞民第86条第2款，可将损害基金会目的的附注或条件，在同样的条件下予以废止或更改。

1424　（2）自2006年1月1日瑞民第86a条生效后，基金会创办人可

---

[1] Tuor/Schnyder/Schmid, § 17 N 24.
[2] 关于紧急性这个要件参见 Riemer, BeKomm, N 50 zu Art. 85/86 ZGB.
[3] Tuor/Schnyder/Schmid, § 17 N 25.
[4] BGE 133 Ⅲ 167 ff.（169 ff.），E. 3（在本案中改变的要件未被满足）。
[5] 总体性的参见 Riemer, BeKomm, N 6 ff. zu Art. 85/86 ZGB.
[6] Riemer, BeKomm, N 13 zu Art. 85/86 ZGB 带有进一步的例子。

在基金会证书中规定目的变更的保留。在此情形，**基于基金会创办人的申请或基于其死因处分**，相关官方机构可对基金会目的予以变更，条件是自基金会设立或自基金会创办人上一次要求变更目的已经过了10年（第1款）；在死因处分情形，办理死因处分的官方机构应通知相关基金会监管机构对变更基金会目的作出决定（第5款）。改变目的的权利不得继承亦不得移转；如果基金会创办人为法人，那么该权利最迟自基金会设立20年后失效（第3款）。如果多个人创办了基金会，那么该权利应被共同行使（第4款）。

对于追求公共或公益目的的基金会存在特殊规则（瑞民第86a条第2款）。瑞民第86a条不适用于家族基金会、员工保障基金会以及教会基金会。[1]

基金会创办人可在特定条件下致使基金会目的改变，这被部分学说批评为违反体系，因为这样一来"基金会相对于创办人的独立性原则就被打破了"。[2]确实，此新做法破坏了基金会作为不受基金会创办人干涉之法人的实质。

（3）监管机构可基于瑞民第86b条对基金会证书作出非实质的变更，条件是此变更基于客观存在的充足事由并且不损害第三人的权利；对此应提前听取基金会最高机关的意见。此规定于2006年1月1日生效，不过只是对之前实践中基于漏洞补充而实行的做法进行了明文确定。[3]**例如**：清算规定必须针对税法上的做法作出调整。[4]

（三）消灭

1. 基金会基于如下事由而被废止：

---

[1] Tuor/Schnyder/Schmid, § 17 N 30.

[2] Hausheer/Aebi – Müller, Nr. 19. 44. 对此亦可参见 Aebi – Müller Regina E., Die Zweckänderung bei der Stiftung nach der Stiftungsrechtsrevision vom 8. Oktober 2004 und nach In – Kraft – Treten des Fusionsgesetzes, ZBJV 141/2005, S. 721 ff.（733 ff.）；Riemer Hans Michael, Aktuelle Entwicklungen im schweizerischen Stiftungsrecht, in: Jahrbuch des Handelsregisters 2003, Bern 2005, S. 67 ff.（69 ff.）；仅仅就法人提出的批判性态度见 Vez, Thesen（边码1345 中引用的文献），S. 241 f.

[3] Tuor/Schnyder/Schmid, § 17 N 31.

[4] Grüninger, BaKomm, N 3 zu Art. 86b ZGB.

1428　　　－ 在基金会创办人作出相应规定的情况下（此很少发生），特定事实构成的出现或特定时间的经过；[1]

相反，自我解散从概念上便被排除（参见边码1359）。[2]

1429　　　－ 根据瑞民第88条在下列情形通过有权官方机构（第1款）或——在家族基金会和教会基金会的场合——通过法院（第2款）：

1430　　　（1）基金会目的无法被实现，以及通过改变组织或目的基金会亦无法被保持（第1项）；

在员工保障基金会场合，如果作为基金会创办人的公司停止经营并且导致不再存在受益人时，便构成基金会目的无法实现。"但作为基金会创办人的公司被清算，并不必然导致员工保障基金会的清算。在特定情形下，基金会可在更长的时间内履行其宗旨，例如为了已经享有请求权之受益人的利益或为了那些在其他公司找到职位之人的利益……也可能对基金会目的进行变更（第86条）。相对于对目的进行变更，由于无法实现目的而消灭基金会居于次位……此亦适用于员工保障基金会，从而应一直审查，是否在基金会创办人公司发生变更时可通过改变基金会目的而使基金会继续存续……"[3]

1431　　　（2）当基金会目的违法或悖俗时（第2项）。

在此情形，消灭基金会也相对于其他措施（尤其是目的变更）居于次位。[4]对于初始便违法或悖俗地对目的进行设置，参见前文边码1363。

1432　　　相关有权官方机构应基于申请或基于其职权直接采取行动（瑞

---

[1] 对此参见 Sprecher Thomas, Die Verbrauchsstiftung und andere Möglichkeiten der Stiftungsgestaltung, Jusletter vom 31. Mai 2010.

[2] Riemer, Personenrecht, Nr. 733.

[3] BGE 119 Ib 46 ff.（51），E. 3a. 亦可参见 BGE 133 Ⅲ 167 ff.（172）. E. 4. 1.

[4] BGE 133 Ⅲ 167 ff.（172），E. 4. 1.

民第 88 条第 1 款），而法院则只能基于诉讼采取行动（瑞民第 88 条第 2 款）。按照瑞民第 89 条第 1 款，任何利害关系人均有权提起消灭基金会的申请或诉讼；在此所指的尤其是受益人或基金会机关。[1]

关于向商事登记簿管理人作出解散的通知，参见《商事登记簿条例》第 89 条第 2 款和第 97 条。

2. 对于清算，依旧是瑞民第 58 条具有决定性（对此参见边码 1180）。[2] 对于财产的使用，参见瑞民第 57 条（前文边码 1181 及以下）。

1433

3.《合并法》允许基金会的合并，只要"对此具有客观存在的正当性并且有助于维护和实现基金会目的"。在此基金会受益人的利益应予保护。如果由于合并而要改变基金会目的，那么瑞民第 86 条予以适用（对此整体上参见《合并法》第 78 条第 2 款）。对于细节问题参见《合并法》第 78 条及以下以及《商事登记簿条例》第 140 条。[3] 对于保障机构的合并，参见《合并法》第 88 条及以下和《商事登记簿条例》第 142 条。[4]

1434

《合并法》也对家族基金会以及教会基金会的合并进行了规定（《合并法》第 79 条第 3 款和第 84 条；亦可参见《商事登记簿条例》第 140 条第 2 款）。基金会和其他种类法人合并不被允许（参见《合并法》第 78 条第 1 款）。《合并法》对基金会的变更并没有作出规定，在此点上与社团不同（边码 1256）。[5]

四、机关以及其他"参与者"

第一，虽然非基金会机关，但作为其他重要的参与者首先应提及的是基金会创办人，其**献出财产并确定了特定目的**（瑞民第 80 条）。在基金会创办上，创办人是（差不多是"全能的"）主要参与者，

1435

---

[1] Grüninger, BaKomm, N 8 zu Art. 88/89 ZGB.
[2] Pedrazzini/Oberholzer, S. 272.
[3] 关于《合并法》生效前的法律状况参见本书前版边码 1378 处的线索。
[4] 例如：Entscheid des Bundesverwaltungsgericht C-945/2008 vom 23. Juil 2009.
[5] 对此亦可参见 Riemer（边码 1184 中引用的文献），S. 203.

449

但并非基金会机关；在基金会设立后，创办人的影响通常相对很小（不过亦可参见瑞民第 86a 条以及前文边码 1424、1425）。

1436　　　第二，自 2004 年 10 月 8 日基金会法修正后，法律在瑞民第 83 条至第 83d 条中在页边标题"组织"下对基金会机关进行了规制（关于过渡期法律参见瑞民尾编第 6c 条）。按照瑞民第 83 条，基金会机关以及管理方式由**基金会证书**确定。原则上，依照法律，基金会必须至少具有如下机关：

1437　　　－ **管理机关**（基金会理事会；亦可被称为"基金会最高机关"）。基金会理事会负责业务管理、对外代理基金会以及按照瑞民第 83a 条的规定制作业务账簿。[1]如果有迹象表明基金会资不抵债或长期不能履行其债务，那么基金会理事会应制作期中资产负债表，并将之提交给审计处或——在不存在审计处时——提交给官方监管机构以求审查（瑞民第 84a 条第 1 款）；在必要时，其亦应采取相应措施（瑞民第 84a 条第 3 款）。

　　　基金会创办人可自由规定，特定人一定必须为基金会理事会成员。但创办人不能阻止理事会基于客观存在的事由罢免该人。[2]

　　　按照正在进行的股份法和会计法修正（边码 1366），在页边标题"报酬的公开"下引进一个新的瑞民第 84b 条，其条文表述为："基金会最高机关必须每年使官方监管机构知悉其获得的报酬。如存在经理，则其报酬亦应被知悉。"[3]

1438　　　－ **审计处**（瑞民第 83b 条），其由基金会理事会任命。根据不同情况，审计处进行普通的或有限的审计（瑞民第 83b 条第 3 款结合瑞债第 727 条及以下）。审计完成后，审计处应将审计报告的复印件以及所有针对基金会作出的重要通知，向官方监管机构提交（瑞民第 83c 条）。如果其基于由理事会按照瑞民第 84a 条第 1 款提交的

---

〔1〕 关于基金会理事会详见 Baumann Lorant（边码 1345 中引用的文献），S. 83 ff.
〔2〕 BGE 128 Ⅲ 209 ff. （210 f.），E. 4a.
〔3〕 BBl 2008, S. 1813.

中期资产负债表，确定了基金会的资不抵债或长期的支付不能，那么审计处应将中期资产负债表转交给官方监管机构（瑞民第84a条第2款）。

  关于审计义务的例外，参见瑞民第83b条第2款以及2005年8月24日的《关于基金会审计处的条例》第1条。[1]如果只存在对基金会进行有限的审计的义务，那么官方监管机构在特定条件下可要求进行普通审计（瑞民第83b条第4款）。

还应补充如下各点： 1439
- 基金会证书可规定**其他的机关**，例如监督机关。[2] 1440
- 对于**员工保障基金会**，瑞民第89^{bis}条第3款（雇员参与管理）和《联邦职业养老、遗属和残疾人保障法》第53条（控制机构）对其组织设置了特别规则。 1441
- 如果基金会机关由多人组成，那么其**意思形成**和决议作出按照基金会证书或基金会规章决定。缺少相关规定时，社团法应予以类推适用。[3] 1442
- 对于**基金会机关的责任**，应区分如下两种情形： 1443

情形一：对于基金会机关和受益人（以及其他第三人）之间的关系，瑞民第55条具有决定性。[4] 1444

  如果受益人（边码1448）被机关当事人的不法行为直接地（直接作用于受益人财产）侵害，那么受益人在瑞债第41条（以及瑞民第55条第3款）的条件下可针对该人行使损害赔偿请求权。如果只是间接的损害（由于基金会遭受损害，例如基金会财产的糟糕投资），那么对于受益人的诉权具有争议。[5]

---

[1] SR 211.121.3；2006年1月1日生效。
[2] BGE 120 II 137 ff. (141), E. 3c.
[3] BGE 129 III 641 ff. (644 f.), E. 3.4, 援引了 Riemer, BeKomm, N 32 zu Art. 83 ZGB. Vgl. auch BGE 128 III 209 ff. (211), E. 4c (mit Bezug auf Art. 68 ZGB); BGer 5A. 16/2004, E. 2.2.3 (涉及瑞民第72条)。
[4] Riemer, BeKomm, N 23 zu Art. 83 ZGB; Pedrazzini/Oberholzer, S. 262; Lanter（边码1345中引用的文献），S. 183 ff.
[5] Riemer, BeKomm, N 28 zu Art. 83 ZGB; Grüninger, BaKomm, N 26 zu Art. 83 ZGB.

情形二：基金会机关针对基金会应负的责任应按照它们之间的合同关系（通常为劳动关系或委托关系）决定。[1]

对于**员工保障基金会**，《联邦职业养老、遗属和残疾人保障法》第52条包含有特别规定（亦可参见瑞民第89^{bis}条第6款第6项）。按照此规定，所有被委托对保障机构（基金会）进行管理、业务经营或控制的人，都对其故意或过失造成的损害负责。[2]

- 对于组织的变更或官方监管机构的介入，参见瑞民第83d条以及第85条（页边标题）。

第三，受益人为（能够）自基金会获得——与基金会目的有关的——利益的任何人。其法律地位由基金会证书决定（例外时直接基于瑞民第89^{bis}条第5款）。在此存在两种情形：

- 或者基于基金会证书存在**受益人**要求某给付的**主观权利**。此时其享有自己的给付诉权。

 在员工保障基金会的特别情形，按照**瑞民第89^{bis}条第5款**的明文规定，在受益人向基金会缴纳了资金或当基金会规章对给付的请求权作出规定时，受益人享有直接诉权（从而亦存在要求基金会进行给付的主观权利）。

- 或者受益人不享有**此主观权利**。不过其还是能求助于官方监管机构（边码1451及以下）。

五、监管

（一）公共机关作为监管机构

1. 基金会是唯一（原则上）受公共机关监管的联邦私法上的法人（瑞民第84条第1款）。官方监管机构负责**促使基金会财产"的**

---

[1] BGE 133 V 488 ff.（492 f.），E. 4.4.3，援引了 Riemer, BeKomm, N 18 f. zu Art. 83 ZGB；Grüninger, BaKomm, N 17 zu Art. 83 ZGB；Lanter（边码1345中引用的文献），S. 50 ff. und passim. 亦可参见 ZR 95/1996, Nr. 32, S. 97 ff.（苏黎世高等法院）：根据瑞债第127条主张基金会理事会承担责任的请求权在十年内罹于时效；瑞债第760条不得适用。

[2] Brückner, Personenrecht, Nr. 1362 ff.；Lanter（边码1345中引用的文献）S. 175 ff. und passim.

使用符合其目的"[1]（瑞民第 84 条第 2 款）。[2]

具有说明性的如 BGE 108 Ⅱ 497 ff.（499），E. 5：官方监管机构"应监督基金会机关不要从事违反基金会证书、其规章或违法或悖俗的行为……在此框架下，官方监管机构有权向基金会机关作出有约束力的指示，并在其不遵守指示时加以处罚……"

2. 尽管基金会和官方监管机构之间的法律关系亦被调整于瑞民第 84 条中，但其属于**公法**范畴，因为在此国家从事了主权上的行为。

对于监管措施，尤其是比例原则应予适用。[3]

（二）监管机构的职权

1. 对于具体的监管手段，瑞民第 84 条保持了沉默。在其他地方也只是存在零散的联邦法上的规定（《联邦职业养老、遗属和残疾人保障法》）。因此，学说中有在立法论层面主张制定一部《联邦基金会监管条例》者。[4]

按照 1921 年 3 月 17 日《就瑞民第 84 条之实施、关于执掌对基金会的监管以及之后监管权的内容向各州政府作出的**联邦内政部通告**》第 2c 项，[5]各州有权就基金会监管颁布规定，但应获得联邦委员会批准。[6]大多数的州都使用了此权限。[7]需补充的是：

— 学说和司法区别**预先**（预防性）的和**压制性**（恢复性）的监管措施：[8]

1452

1453

1454

1455

---

[1] 法语："…à ce que les biens des fondations soient employés conformément à leur destination"；意大利语："…affinché i beni siano impiegati conformemente al fine della fondazione"。

[2] Huber, Erläuterungen I, S. 94；详见 Riemer, BeKomm, N 47 ff. zu Art. 84 ZGB；BGE 124 IV 211 ff.（216 f.），E. 2e.

[3] Riemer, Personenrecht, Nr. 709 und 717; Derselbe, BeKomm, N 37 und 88 zu Art. 84 ZGB.

[4] Riemer, BeKomm, N 36 zu Art. 84 ZGB.

[5] BBl 1921 Ⅱ, S. 309 ff.（312 ff.）= SJZ 17/1920~21, S. 350 ff.（351 f.）.

[6] 针对涉及瑞民第 84 条第 2 款的批准要求的批判性态度，见 Riemer, BeKomm, N 39 in fine zu Art. 84 ZGB.

[7] Riemer, BeKomm, N 38 ff. zu Art. 84 ZGB.

[8] Riemer, BeKomm, N 54 zu Art. 84 ZGB；BGE 105 Ⅱ 321 ff.（326），E. 5a；126 Ⅲ 499 ff.（501），E. 3a.

1456　　　　（1）属于**预防性措施**的尤其有基金会机关定期汇报（结合定期的控制），以及关于财产投资的规定。[1]基于此来预先避免基金会的损失。

　　　　　　对此参见 BGE 99 Ib 255 ff.（259），E.3："监管机构……有权监督基金会财产的投资，并在此方面对基金会机关发出指令……因为纯粹投机性或风险极大的投资会危害基金会财产以及对基金会目的的追求。"就其基本投资策略而言，基金会"一般应遵循安全性、收益性、流动性、风险分散性和维持实质部分原则"。[2]

1457　　　　（2）**压制性措施**致力于消除基金会机关错误行为的后果。这样的措施有催告、警告、指令、废止基金会机关决定、替代措施、施以罚款、刑事报案以及在严重情形对基金会机关予以解职。[3]

　　　　　　具有说明性的如 BGE 105 II 321 ff.（326），E.5a：作为最严重干涉的罢免基金会理事会"只能在基金会理事会的行为对于基金会的合法或合章程行为而言无法承受、损害或危及基金会财产的合目的使用，并且其他较缓和的措施不会产生相应效果时，才可采用。基金会理事会基于过错行事并非是将其罢免的要件……"如果监管机构对某个基金会理事会成员予以解职，那么监管机构有权在任命补充的理事会成员时进行协办。[4]

1458　　　　（3）另外，在任何时候都可以采取**临时性的**（预防）**措施**。[5]在采取所有这些措施（尤其是压制性措施）时，监管机关——如上

---

[1] Riemer, BeKomm, N 58 ff. und 68 ff. zu Art. 84 ZGB; BGE 124 IV 211 ff.（216 f.），E.2e; BGer 5A_274/2008, E.5.1.

[2] BGE 124 III 97 ff.（99），E.2a.

[3] Riemer, BeKomm, N 89 ff. zu Art. 84 ZGB; BGE 126 III 499 ff.（501），E.3a; BGer 5A_274/2008, E.5.1.

[4] BGE 129 III 641 ff.（645 f.），E.3.5.

[5] Riemer, BeKomm, N 106 ff. zu Art. 84 ZGB.

文提及的（边码 1452）——必须遵循**比例原则**。[1]

- 对于**员工保障基金会**，《联邦职业养老、遗属和残疾人保障法》第 62 条规定了监管机构的任务。[2] 亦可参见《刑法典》第 326quater 条。

1459

- 家族基金会和教会基金会**不受公共机关的监管**（瑞民第 87 条第 1 款）。公法对此有规定者例外。

1460

2. 除了负责促使合目的地使用基金会财产外，监管机构还享有如下其他职权：

1461

- 瑞民第 83d 条：当在基金会证书中规定的组织不足以行事时采取行动（一般性的，参见边码 1205）。

- 瑞民第 84a 条：在资不抵债与支付不能时的措施（亦可参见前文边码 1437、1438）。

- 瑞民第 85 条："当维持财产或维护基金会目的紧迫地要求改变时"（前文边码 1420），对组织予以变更。

- 瑞民第 86 条：申请"对目的进行变更"，以求促成实现被破坏的基金会创办人真正意思（表述上有些引人误解，对此参见边码 1422）。

- 瑞民第 86b 条：对基金会证书的非实质变更（边码 1426）。

《合并法》允许在商事登记簿中登记的基金会向其他权利承担者进行**财产移转**，只要《合并法》第 78 条第 2 款中的条件（边码 1434）得到满足（对此参见《合并法》第 86 条及以下）。财产移转必须得到移转方基金会的监管机构的批准（《合并法》第 87 条）。对于保障机构的财产移转参见《合并法》第 98 条。

1462

（三）管辖与法律措施

1. 监管机构的地域管辖权由基金会基于其规定而属于（瑞民第 84 条第 1 款；亦可参见《商事登记簿条例》第 95 条第 1 款第 k 项和

1463

---

[1] Riemer, BeKomm, N 37 und 88 zu Art. 84 ZGB; BGE 105 Ⅱ 321 ff.（326）, E. 5a, sowie BGer 5A_ 274/2008, E. 5. 1（涉及解职）; 124 Ⅲ 97 ff.（99）, E. 2a（涉及资本投资政策）。

[2] BGE 124 Ⅳ 221 ff.（217 f.）, E. 2f～g. 对于之前的法律状态参见 Das Kreisschreiben des Bundesrates an die Kantonsregierungen über die Beaufsichtigung von Personalfürsorgestiftungen vom 10. Oktober 1947; BBl 1947 Ⅲ S. 284 ff.（= ZBGR 29/1948, S. 162 ff.）.

第96条）的公共机关（联邦、州、乡镇）享有。原则上基金会的目的和其空间上的作用范围具有决定性。[1]对此的法律框架具有强行法属性；基金会创办人不能作出偏离的安排。[2]自2006年1月1日，各州可以将本州乡镇下监管的基金会，收归州的监管机构管辖（瑞民第84条第1bis款）。[3]

具有说明性的如BGE 120 Ⅱ 374 ff.（375 f.），E. 3："在普通基金会的情形，应基于基金会目的落入哪个公共机关的任务范围；不应取决于基金会创办人的意思或基金会住所……具有决定性的还有其基金会行为在空间上的范围……从相关官方机构的实践中也可确定其他的规则，尤其是地方——乡镇或州——与某机构的经营、某经济企业或特殊目的实现机构之间的结合关系。可能的还有以某种方式对地方性的关联发挥作用的特别关系与合目的性考虑……总而言之，对有管辖权之监管机构的确定，应取决于基金会的目的以及其空间上的作用范围。不应对（与瑞民第84条第1款的表述相符合的）瑞民第57条第1款中的表述做别样的理解……"对此亦可参见1921年3月17日《就瑞民第84条之实施、关于执掌对基金会的监管、之后监管权内容向各州政府作出的联邦内政部通告》第1项。[4]

1464 不过关于**员工保障基金会**存在**例外**：按照《联邦职业养老、遗属和残疾人保障法》第61条（亦可参见该法第49条第2款第14项），对于此种基金会的监管，其住所州具有管辖权（另外可参见

---

[1] BGE 120 Ⅱ 374 ff.（376），E. 3；Riemer, BeKomm, N 13 ff. zu Art. 84 ZGB.
[2] Riemer, BeKomm, N 5 zu Art. 84 ZGB.
[3] 对此见Grüninger, BaKomm, N 6a zu Art. 84 ZGB. 关于2004年4月19日《瑞士中部就职业照管和基金会监管的协定》参见http://www.zbsa.ch（2010年6月7日访问）。
[4] BBI 1921 Ⅱ, S. 309 ff.（= SJZ 17/1920-21, S. 350 ff.）；对此见Riemer, BeKomm, N 13 zu Art. 84 ZGB.

《保障机构监管和登记条例》第 1 条和第 3 条[1])。

对于作用范围在国外的瑞士基金会的监管,由联邦负责。[2]

2. 事务上的管辖权通常(在第一级)由行政机关享有:[3]乡镇委员会、州政府长官、州部长、联邦内政部[4]。**例如对于弗里堡州**:瑞民施行法第 31 条(对基金会和职业保障的监管职权)。[5]

3. 针对监管机构的处分或决定也存在可运用的法律措施。**例如对于弗里堡州**:瑞民施行法第 33a 条(向州法院进行抗告)。

针对各州最终的决定,可在联邦法院提起民事抗告(《联邦法院法》第 72 条第 2 款第 b 项第 4 子项),条件是争议价值达到标准或某法律问题具有基础性的意义(参见《联邦法院法》第 74 条);保障机构或自由退保保障机构例外,因为对其可运用公法上的抗告(《联邦职业养老、遗属和残疾人保障法》第 74 条第 1 款和《联邦法院法》第 82 条及以下)。[6]联邦监管机构的决定,可通过在联邦行政法院进行抗告而被撤销(《联邦行政法院法》第 31 条[7])。针对联邦行政法院的判决,则原则上又可启动民事抗告程序。[8]

---

[1] BBI 1921 II, S. 309 ff. (= SJZ 17/1920~21, S. 350 ff.);对此见 Riemer, BeKomm, N 13 zu Art. 84 ZGB.

[2] Riemer, Personenrecht, Nr. 706.

[3] Riemer, Personenrecht, Nr. 704.

[4] 参见 2000 年 6 月 28 日《联邦内政部组织条例》第 3 条第 2 款第 a 项 [(V – EDI);SR 172.212.1],秘书长作为基金会的联邦监管人。

[5] 对于其他州的施行规定参见 Riemer, BeKomm, N 2 ff. zu Art. 84 ZGB.

[6] Tuor/Schnyder/Schmid,§ 17 N 22.

[7] 2005 年 6 月 17 日《关于联邦行政法院的联邦法》(《联邦行政法院法》);SR 173.32.

[8] 可参见 BGer 5A_ 274/2008, E. 1.

参考文献

此处列举了瑞民及其相关领域中的基础性作品和材料。在本书中，作品的引用格式为作者姓名、页码（S.）或边码（Nr.）或评注（评注书中的 N.）以及——在必要时——加上标识性的关键词。另外，对于评注书均加上了缩写符号（例如 ZüKomm，BeKomm）。其他文献请参见正文和注解。

一、文献

Amonn Kurt/Walther Fridolin, Grundriss des Schuldbetreibungs - und Konkursrechts, 8. Auflage, Bern 2008.

Amstutz Marc u. a. (Hrsg.), Handkommentar zum Schweizer Privatrecht, Zürich 2007.

Baumann Max/Dürr David/Lieber Viktor/Marti Arnold/Schnyder Bernhard, Kommentar zum Schweizerischen Zivilgesetzbuch (Züricher Kommentar), Band I, Einleitung - Persoenrecht, Einleitung, 1. Teilband, Art. 1~7 ZGB, 3. Auflage, Zürich 1998.

Beck Emil, Kommentar zum Schweizerischen Zivilgesetzbuch (Berner Kommentar), Band V, Schlusstitel, Einführung - und übergangsbestimmungen, 2. Abschnitt, Art. 51~63, Bern 1932.

Broggini Gerardo, Intertemporales Privatrecht, in: Schweizerisches Privatrecht, Band I (Hrsg. Max Gutzwiller), Geschichte und Geltungsbereich, Basel/Stuttgart 1969, S. 353 ff. (zitiert: Broggini, SPR I).

Brückner Christian, Das Personenrecht des ZGB (ohne Beurkundung des Personenstandes), Zürich 2000 (zitiert: Brückner, Personenrecht).

Bucher Andreas, Natürliche Personen und Persönlichkeitsschutz, 4. Auflage, Basel/Genf/München 2009 (zitiert: Bucher A.).

Bucher Eugen, Kommentar zum Schweizerischen Zivilgesetzbuch (Berner Kommentar), Band I, Einleitung und Personenrecht, 2. Abteilung, Die natürlichen Personen,

- 1. Teilband, Kommentar zu den Art. 11~26 ZGB, 3. Auflage, Bern 1976?

– 2. Teilband, Kommentar zu Art ZGB, 3. Auflage, Bern 1993.

Derselbe, Schweizerisches Obligationenrecht, Allgemeiner Teil ohne Deliktsrecht, 2. Auflage, Zürich 1988 (zitiert: Bucher, OR AT)

Caroni Pio, Einleitungstitel des Zivilgesetzbuches, Basel 1996.

Deschenaux Henri, Der Einleitungstitel, in: Schweizerisches Privatrecht, Band II (Hrsg. Max Gutwiller), Einleitung und Personenrecht, Basel/Stuttgart 1967 (Nachdruck 1986), S. 1 ff. (zitiert: Deschenaux, SPR II).

Deschenaux Henri/Steinauer Paul – Henri, Personnes physiques et tutelle, 4. Auflage, Bern 2001.

Egger August, Kommentar zum Schweizerischen Zivilgesetzbuch (Zürcher Kommentar), Band I, Einleitung, Art. 1 ~ 10 ZGB, Das Personenrecht, Art. 11 ~ 89 ZGB, 2. Auflage, Zürich 1930 (Nachdruck Zürich 1978).

Forstmoser Peter/Ogorek Regina/Vogt Hans – Ueli, Juristische Arbeiten – Eine Anleitung für Studierende, 4. Auflage, Zürich 2008.

Forstmoser Peter/Ogorek Regina/Vogt Hans – Ueli, Einführung in das Recht, 4. Auflage, Bern 2008.

Frank Richard/Sträuli Hans/Messmer Georg, Kommentar zur zürcherischen Zivilprozessordnung..., 3. Auflage, Zürich 1997 (mit Ergänzungsband Zürich 2000).

Gauch Peter/Schluep Walter R./Schmid Jörg/Emmenegger Susan, Schweizerisches Obligationenrecht, Allgemeiner Teil ohne ausservertragliche Haftpflichtrecht, 2. Bände, 9. Auflage, Zürich 2008 (Band I zitiert: Gauch/Schluep/Schmid; Band II zitiert: Gauch/Schluep/Emmenegger).

Gmür Max/Hafter Ernst, Kommentar zum Schweizerischen Zivilgesetzbuch (Berner Kommentar), Band I, Einleitung erläutert von Max Gmür, Personenrecht erläutert von Ernst Hafter, 2. Auflage, Bern 1919.

Götz Ernst, Die Beurkundung des Personenstandes, in: Schweizerisches Privatrecht, Band II (Hrsg. Max Gutzwiller), Einleitung und Personenrecht, Basel – Stuttgart 1967 (Nachdruck 1986), S. 379 ff. (zitiert: Götz, SPR II).

Grosen Jacques Michel, Das Recht der Einzelpersonen, in: Schweizerisches Privatrecht, Band II (Hrsg. Max Gutzwiller), Einleitung und Personenrecht, Basel/Stuttgart 1967 (Nachdruck 1986), S. 285 ff. (zitiert: Grosse, SPR II).

Guldener Max, Schweizerisches Zivilprozessrecht, 3. Auflage, Zürich 1979.

Gutzwiller Max, Das Recht der Verbandspersonen, Grundsätzliches, und die Stiftungen in: Schweizerisches Privatrecht, Band II (Hrsg. Max Gutzwiller), Einleitung und Personenrecht Basel/Stuttgart 1967（Nachdruch 1986），S. 425 ff. und 571 ff. （zitiert: Gutzwiller, SPR Ⅱ）.

Häfelin Ulrich/Haller Walter/Keller Helen, Schweizerisches Bundesstaatsrecht, 7. Auflage, Zürich 2008.

Hausheer Heinz/Aebi – Müller Regina E. , Das Personenrecht des Schweizerischen Zivilgesetzbuches, 2. Auflage, Bern 2008.

Hausheer Heinz/Jaun Manuel, Die Einleitungsartikel des Schweizerischen Zivilgesetzbuches, Nachdruck unter Anpassung an die neue BV und die jüngsten Änderungen des ZGB, Bern 2001.

Dieselben, Die Einleitungsartikel des ZGB, Art. 1 ~ 10 ZGB, Stämpflis Handkommentar, Bern 2003（zitiert: Hausheer/Jaun, StHandkomm, N…zu Art…. ZGB）.

Heini Anton/Portmann Wolfgang, Das Schweizerisches Vereinrecht, in: Schweizerisches Privatrecht, Band Ⅱ/5（Neuauflage; Hrsg. Pierre Tercier）, Einleitung und Personenrecht, 3. Auflage, Basel 2005（zitiert: Heini/Portmann, SPR Ⅱ/5）.

Heini Anton/Portmann Wolfang/Seemann Matthias, Grundriss des Vereinsrechts, Basel 2009.

Honsell Heinrich/Vogt Nedim Peter/Geiser Thomas（Hrsg.）, Kommentar zum Schweizerischen Privatrecht,

– Schweizerisches Zivilgesetzbuch Ⅰ（Art. 1 ~ 456 ZGB）, 3. Auflage, Basel 2006；

– Schweizerisches Zivilgesetzbuch Ⅱ（Art. 457 ~ 988 ZGB und Art 1 ~ 61 SchlT ZGB）, 3. Auflage, Basel 2007（zitiert: Bearbeiter, BaKomm）.

Huber Eugen, Schweizerisches Zivilgesetzbuch, Erkäuterungen zum Vorentwurf des Eidgenössischen Justiz – und Polizeidepartements, 2. Auflage, Ⅰ. Band: Einleitung, Personen – , Familien – und Erbrecht, Bern 1914（zitiert: Huber, Erläuterungen Ⅰ）.

Jagmetti Marco, Vorbehaltens kantonales Recht, in: Schweizerisches Privatrecht, Band Ⅰ（Hrsg. Max Gutzwiller）, Geschichte und Geltungsbereich, Basel/Stuttgart 1969, S. 241 ff. （zitiert: Jagmetti, SPR Ⅰ）.

Kramer Ernst A. , Kommentar zum Schweizerischen Zivilgesetzbuch（Berner Kommentar）, Band Ⅵ, Das Obligationenrecht, 1. Abteilung, Allgemeine Bestimmungen, 2. Teilband/Unterteilband 1a, Inhalt des Vertrags, Kommentar zu Art. 19 ~ 22 OR, Bern 1991.

Larenz Karl Lehrbuch des Schuldrechts, Band Ⅰ: Allgemeiner Teil, 14. Auflage, München 1987.

Larenz Karl/Wolf Manfred, Allgemeiner Teil des Bürgerlichen Rechts, 9. Auflage, München 2004.

Liver Peter/Meier – Hayoz Arthur/Merz Hans/Jäggi Peter/Huber Hans/Friedrich Hans – Peter/Kummer Max, Kommentar zum Schweizerischen Zivilgesetzbuch（Berner Kommentar）, Band

I, Einleitung und Personenrecht, 1. Abteilung, Einleitung, Art. 1 ~ 10 ZGB, Bern 1966.

Maurer – Lambrou Urs/Vogt Nedim Peter, Schweizerisches Gesellschaftsrecht, 10. Auflage, Bern 2007.

Medicus Dieter, Allgemeiner Teil des BGB, 9. Auflage, Heidelberg 2006.

Meier – Hayoz Arthur/Ruoss Reto (Hrsg.), Einleitungsartikel des Schweizerischen Zivilgesetzbuches (Art. 1 ~ 10 ZGB), 3. Auflage, Zürich 1979.

Mutzner Paul, Kommentar zum Schweizerischen Zivilgesetzbuch (Berner Kommentar), Band V, Schlusstitel, Die Anwendung bisherigen und neuen Rechtes, 1. Abschnitt, Art. 1 ~ 50 SchlT, 2. Auflage, Bern 1926.

Nobel Peter, Entscheide zu den Einleitungsartikeln, Einführung zu Art. 1 ~ 10 ZGB anhand der neueren Zivilrechtspraxis, Bern 1977.

Pedrazzini Mario/Oberholzer Niklaus, Grundriss des Personenrechts 4. Auflage, Bern 1993.

Perrin Jean – François/Chappuis Christine, Droit de l'association, 3. Auflage, Gent/Zürich/Basel 2008.

Piotet Denis, Droit cantonal complémentaire; in: Traité de droit privé suisse, Volume I/2 (publié par pierre Tercier), Histoire et champs d'application, Bale/Francfort – sur – le – Main 1998 (zitert: Piotet, TDP I/2).

Riemer Hans Michael, Kommentar zum Schweizerischen Zivilgesetzbuch (Berner Kommentar), Band I, Einleitung und Personenrecht, 3. Abteilung, Die juristischen Personen,

– 1. Teilband, Allgemeine Bestimmungen, Systematischer Teil und Kommentar zu Art. 52 ~ 59 ZGB, 3. Auflage, Bern 1993;

– 2. Teilband, Die Vereine, Systematischer Teil und Kommentar zu Art. 60 ~ 79 ZGB, 3. Auflage, Bern 1990;

– 3. Teilband, Die Stiftungen, Systematischer Teil und Kommentar zu Art. 80 ~ 89bis ZGB, 3. Auflage, Bern 1975 (unveränderter Nachdruck 1981).

Derselbe, Personenrecht des ZGB, Studienbuch und Bundesgerichtspraxis, 2. Auflage, Bern 2002 (zitiert: Riemer, Personenrecht).

Derselbe, Einleitungsartikel des Schweizerischen Zivilgesetzbuches, Eine Einführung, 2. Auflage, Bern 2003 (zitiert: Riemer, Einleitungsartikel).

Derselbe, Grundriss des Vormundschaftsrechts, 2. Auflage, Bern 1997 (zitiert: Riemer, Vormundschaftsrecht).

Riemer Hans Michael/Däppen Robert/Eisenring Theo/Rieke Felix, übungen im Zivilgesetzbuch – 165 übungs – und Klausurfälle mit Lösungshinweisen und einer allgemeinen Einführung in die Probleme der Lösung von Fällen im ZGB, 4. Auflage, Zürich 2005.

Rosenthal David/Jöhri Yvonne, Handkommentar zum Datenschutzgesetz sowie weiteren ausgewählten Bestimmungen, Zürich/Basel/Genf 2008 (zitiert: Bearbeiter, Handkomm zum DSG).

Schmid Jörg/Hürlimann – Kaup Bettina, Sachenrecht, 3. Auflage, Zürich 2009 (zitiert: Schmid/Hürlimann – Kaup, Sachenrecht).

Schüpbach Heinri – Robert, Der Personenrecht, Erfassung und Beurkundung es Zivilstandes, in: Schweizerisches Privatrecht, Band Ⅱ/3 (Neuauflage; Hrsg. Pierre Tercier), Einleitung und Personenrecht, Basel/Frankfurt am Main 1996 (zitiert: Schüpbach, SPR Ⅱ/3).

Seiler Hansjörg, Einführung in das Recht, 3. Auflage, Zürich 2009.

Staehelin Adrian/Sutter Thomas, Zivilprozessrecht, nach den Gesetzen der Kantone Basel – Stadt und Basel – Landschaft unter Einbezug des Bundesrechts, Zürich 1992, S. 153 ff.

Steinauer Paul – Henri, Le Titre préliminaire du Code civil, in: Traité de droit privé suisse, Volume Ⅱ/1 (publié par Pierre Tercier), Le Titre préliminaire du Code civil, Bale 2009 (zitiert: Steinauer, TDP Ⅱ/1).

Tercier Pierre, Le nouveau droit de la personnalité, Zürich 1984.

Tuor Peter/Schnyder Bernhard/Schmid Jörg/Rumo – Jungo Alexandra, Das Schweizerische Zivilgesetzbuch, 13. Auflage, Zürich 2009 (zitiert: Tuor/Schnyder/Bearbeiter).

Vogel Oscar/Spühler Karl, Grundrisse des Zivilprozessrechts und des internationalen Zivilprozessrechts der Schweiz, 8. Auflage, Bern 2006.

Weber Rolf H., Juristische Personen, in: Schweizerisches Privatrecht, Band Ⅱ/4 (Neuauflage; Hrsg. Pierre Tercier), Einleitung und Personenrecht, Basel/Genf/München 1998 (zitert: Weber, SPR Ⅱ/4).

二、立法材料

Botschaft des Bundesrates an die Bundesversammlung, zu einem Gesetzesentwurf enthaltend das Schweizerische Zivilgesetzbuch, vom 28. Mai 1904, BBl 1904 Ⅳ (Nr. 24), S. 1 ff. (zitert: Botschaft 1904 zum ZGB).

Botschaft des Bundesrates über die Änderung des Schweizerischen Zivilgesetzbuches (Persönlichkeitsschutz: Art. 28 ZGB und 49 OR) vom 5. Mai 1982, BBl 1982 Ⅱ, S. 636 ff. ; Separatausgabe Nr. 82.036 (zitiert: Botschaft zum Persönlichkeitsschutz).

Botschaft zum Bundesgesetz über das internationale Privatrecht (IPR – Gesetz) vom 10. November 1982, BBl 1983 Ⅰ, S. 263 ff. ; Separatausgabe Nr. 82.072 (zitiert: Botschaft zum IPRG, Separatausgabe).

Botschaft zum Bundesgesetz über den Datenschutz (DSG) vom 23. März 1988, BBl 1988 II, S. 413 ff. (zitiert: Botschaft zum DSG).

Botschaft über die Änderung des Schweizerischen Zivilgesetzbuches (Herabsetzung des zivilrechtlichen Mündigkeits - und Ehefähigkeitsalters, Unterhaltspflicht der Eltern) vom 17. Februar 1993, BBl 1993 I, S. 1169 ff.

Botschaft zum Bundesgesetz über die Gleichstellung von Frau und Mann (Gleichstellungsgesetz) ...vom 24. Februar 1993, BBl 1993 I, S. 1248 ff. (zitiert: Botschaft zum GlG)

Botschaft über die Änderung des Schweizerischen Zivilgesetzbuches (Personenstand, Eheschliessung, Scheidung, Kindesrecht ...) vom 15. November 1995, BBl 1996 I, S. 1 ff.

Botschaft des Bundesrates über de Volksinitiative "zum Schutz des Menschen vor Manipulationen in der Fortpflanzungstechnologie (Initiative für menschenwürdige Fortpflanzung, FMF)" und zu einem Bundesgesetz über die medizinisch unterstützte Fortpflanzung (Fortpflanzungsmedizingesetz, FMedG) vom 26. Juni 1996 III, S. 205 ff.

Botschaft über eine neue Bundesverfassung vom 20. November 1996, BBl 1997 I, S. 1 ff.

Botschaft betreffend den Beitritt zum übereinkommen des Europarats zum Schutz des Menschen bei der automatischen Verarbeitung personenbezogener Daten vom 13. November 1996, BBl 1997 I, S. 717 ff.

Botschaft zu einer Verfassungsbestimmung über die Transplantationsmedizin vom 23. April 1997, BBl 1997 III, S. 653 ff.

Botschaft über die Schaffung und die Anpassung gesetzlicher Grundlagen für die Bearbeitung von Personendaten vom 25. August 1999, BBl 1999, S. 9005 ff.

Botschaft zum Bundesgesetz über Fusion, Spaltung, Umwandlung und Vermögensübertragung (Fusiongesetz; FusG) vom 13. Juni 2000, BBl 2000, S. 4337 ff.

Botschaft zur Revision des Bundesgesetzes über die berufliche Alters - Hinterlassenen - und Invalidenvorsorge (BVG; 1. BVG - Revision) vom 1. März 2000, BBl 2000, S. 2637 ff.

Botschaft zur Volksinitiative „Gleiche Rechte für Behinderte" und zum Entwurf eines Bundesgesetzes über die Beseitigung von Benachteiligungen behinderter Menschen vom 11. Dezember 2000, BBl 2001, S. 1715 ff.

Botschaft über die Änderung des Schweizerischen Zivilgesetzbuches (Elektronische Führung der Personenstandsregister) vom 14. Februar 2001, BBl 2001, S. 1639 ff.

Botschaft zum Bundesgesetz über die eingetragene Partnerschaft gleichgeschlechtlicher Paare vom 29. November 2002, BBl 2003, S. 1288 ff. (zitiert: Botschaft zum PartG).

Botschaft zur Änderung des Bundesgesetzes über den Datenschutz (DSG) und zum Bundesbeschluss betreffend den Beitritt der Schweiz zum Zusatzprotokoll vom 8. November 2001 zum übereinkommen zum Schutz des Menschen bei der automatischen Verarbeitung personenbezogener Daten bezüglich Aufsichtsbehörden und grenzüberschreitende Datenübermittlung, BBl 2003, S. 2101 ff. (zitiert: Botschaft zur Änderung des DSG).

Botschaft zur Änderung des Schweizerischen Zivilgesetzbuches (Erwachsenenschutz, Personenrecht und Kindesrecht) vom 28. Juni 2006, BBl 2006, S. 7001 ff. (zitiert: Botschaft zum Erwachsenenschutz).

Botschaft zur Schweizerischen Zivilprozessordnung (ZPO) vom 28. Juni 2006, BBl 2006, S. 7221 ff. (zitiert: Botschaft zur ZPO).

法律条文索引

Errol M. Küffer 为本书的第 1 版制作了法律条文索引,并为本书第 2 版继续加工了此索引。数字指向的是页边码。粗体数字指向的是相关条文所在的重点边码。

1999 年 4 月 18 日《联邦宪法》(BV)

条文	边码	条文	边码	条文	边码
3	364, 376, 407, 415	11 Abs. 2	612	35 Abs. 2	406
5 Abs. 2.	938	13	61, 869, 877	35 Abs. 3	61, 406
5 Abs. 3	268	13 Abs. 2	877, 1044	36 Abs. 3	938
8	61, 575, 700, 1203, 1347, 1361	14 ff. 23	61 1131, 1240	49 Abs. 1 70 Abs. 1	362, 371, 990 135
8 Abs. 2	1100	29	439	111 ff.	1383
8 Abs. 3	406, 268, 439, 578, 708 ff., 1101 f.	29 Abs. 3 30	306, 1203 439 f.	119 122 Abs. 1	741 35, 363, 370, 407,
10	61, 863	30 Abs. 2	692	411, 435 f.	
10 Abs. 2	755	35	1100	122 Abs. 2	436 f.
11 Abs. 1	61	35 Abs. 1	61, 406	191	114

1874 年 5 月 29 日《联邦宪法》(aBV)

条文	边码	条文	边码	条文	边码
4	268, 700, 1203	64	411	64 Abs. 2	35 f., 370
4 Abs. 2	708 ff., 1102	64 Abs. 1	34, 370	113 Abs. 3	708

465

1950年11月4日《保护人权和基本自由的公约》(《欧洲人权公约》;EMRK)

条文	边码	条文	边码	条文	边码
8	709, 712	11	1240	14	709, 712
8 Ziff. 1	755, 1044	12	664		

1970年12月10日《瑞士民法典》(ZGB)

条文	边码	条文	边码	条文	边码
1	88, **104 ff.**, 170	2 Abs. 1	257 ff., 264, 266, **271 ff.**, 327	5 Abs. 1	49, 370, 373, 375, **377 ff.**, 1159
1 Abs. 1	104, **108 ff.**, 118, 175	2 Abs. 2	257 ff., 265 f., **286 ff.**, 345, 1005	5 Abs. 2	**392 ff.**
1 Abs. 2	110, 122, 160, **169 ff.**, 180, **190 ff.**, **200 ff.**, 372	3	272, **316 ff.**	6	88, 359 f., 376, **403**, **414 ff.**, 990
		3 Abs. 1	319 f., **331 ff.**	6 Abs. 1	**415**, 423, 437, 1151
1 Abs. 3	122, 161, 194, 208, 217, **218 ff.**, **248 ff.**	3 Abs. 2	319, 326, 334 f., **336 ff.**	6 Abs. 2	**416**, 418
		4	88, 174 f., 205, 209 ff., 219, 243, 340, 720, 724	7	45, 94, **347 ff.**
2	66, 88, 184, **254 ff.**, 473, 525, 1222	5	88, 359 f., **365 ff.**, 388	8	88, 333, 449, 453, **463 ff.**, **466 ff.**, 688, 756
9	88, **484 ff.**, 490, 758, 779	28 ff.	64, 420, 844, **848 ff.**, 1028, 1104, 1156, 1162	31	1129
				31 Abs. 1	**728 ff.**, 747 ff.
9 Abs. 1	477, **485 ff.**			31 Abs. 2	**735 ff.**, 743 ff.
9 Abs. 2	490	28	847, 860 f., 878,	32 Abs. 1	756

10	483, 491 f.		890, 1089, 1100, 1306	32 Abs. 2	477, **757**
11 ff.	70, 11, 571			33	758
11	584 f., 729	28 Abs. 1	853, **858 ff.**, 861,	34	728, **759 ff.**, 762
11 Abs. 1	62, **566**, 571, 581		891, 918, 920,		799
11 Abs. 2	62, **565**, 575		1295	35 ff.	728, 760, 762 ff.
12	67, **589 ff.**, 600, **646 ff.**	28 Abs. 2	**892 ff.**, 967	35 Abs. 1	762
		28a	860, 993, 1000,	36	762
13	598, 613		1012, 1028, 1089	36 Abs. 1	762
14	**611 ff.**, 1407	28a Abs. 1	856, 859, 913,	37	762
16	601 ff.		**921 ff.**, 1034	38	763
17	599, 614	28a Abs. 2	856, 913, **933**	39 Abs. 1	772, 776
18	328, **617 ff.**	28a Abs. 3	354, 854, 914,	39 Abs. 2	768
19	**620 ff.**, 641		**946 ff.**, 1035	40	758
19 Abs. 1	622 f., 639, 856	28b	913, **916 ff.**, **936 ff.**	40 Abs. 1	782
19 Abs. 2	622, **631 ff.**, 811 ff.	28b Abs. 1	943	40 Abs. 2	782
	856, 898, 918	28b Abs. 2	941 f., 944	41	621, 780
19 Abs. 3	67, 621, 626	28b Abs. 3	944	42 f.	761, 786
20	**658 ff.**	28b Abs. 4	945	42 Abs. 1	**798 ff.**, 803
20 Abs. 1	660	28g ff.	64, 860, 915, 990,	42 Abs. 2	800
20 Abs. 2	660		1036, 1092	43 f.	621
21	657 f.	28g Abs. 1	844, 989, **991 ff.**	43	805
21 Abs. 1	662, 669	28g Abs. 2	1001	43a	781
21 Abs. 2	663, 669	28h	**1002 ff.**	44 Abs. 2	776

22 ff.	668 ff.	28h Abs. 1	1003	45	785, 789
22 Abs. 1	669	28h Abs. 2	1004, 1016	45 Abs. 3	785
22 Abs. 2	669	28i	1007	45a	772
22 Abs. 3	670	28i Abs. 1	1007, 1019	46	784, 791 ff.
23 ff.	667, 676 ff.	28i Abs. 2	1007, 1019	46 Abs. 1	784, 791 ff.
23 Abs. 1	680, 682 ff., 687	28k	1008 ff.	46 Abs. 2	796
23 Abs. 2	678, 1193	28k Abs. 2	987	46 Abs. 3	797
23 Abs. 3	678	28l	1089	48	559, 771, 776
24	677, 680	28l Abs. 1	989, 1006, 1012 ff.	48 Abs. 2	777, 785
24 Abs. 2	677, 689	28l Abs. 3	987	48 Abs. 3	776
25 Abs. 1	613, 667, 681	29	64, 724, 952, 1027 ff., 1403	48 Abs. 4	776, 787
25 Abs 2	681			49	560, 789
26	667, 682, 687	29 Abs. 1	1030, 1034	49 Abs. 1	789
27 ff.	64, 729, 814 ff., 827	29 Abs. 2	1031	49 Abs. 2	789
		30 Abs. 1	216, 692, 696, 719 ff.	49 Abs. 3	547, 789
27	525, 810, 814 ff., 828	30 Abs. 2	702, 706 ff., 720, 725	52 ff.	70, 1132, 1195, 1348
27 Abs. 1	582, 651, 807 ff.			52 f.	1221
27 Abs. 2	651, 810, 821 ff., 828 ff., 901	30 Abs. 3	696, 724, 860, 915, 963	52	1129, 1164 ff.
				52 Abs. 1	1165 ff., 1199, 1356, 1395
		31 ff.	567		
52 Abs. 2	1169 ff., 1232, 1247, 1371, 1395, 1380	66	1271 f.	83c	1438
		66 Abs. 2	1272	83d	1397, 1413, 1461
		67	1273 f., 1308	84	1451 ff.

52 Abs. 3	1168, 1174 f., 1236, 1255, 1363	67 Abs. 1		1273 f., 1310	84 Abs. 1		1451, 1463
		67 Abs. 2		1231, 1273	84 Abs. 1bis		1463
53	64, 568, 852, 1191 ff., 1251	67 Abs. 3		1228, 1266	84 Abs. 2		1451
		68		661, 1267, 1308	84a		1437 f., 1461
54	1204 ff., 1412 f.	69 f.		1280	84b		1437
55	1128, 1206, 1208 ff., 1229, 1283, 1289, 1444	69a		1280	85 ff.		1419 ff.
		69b		1247, 1284 ff.	85		1420, 1461
		69b Abs. 1		1285	86 ff.		1421 ff.
55 Abs. 1	1210	69b Abs. 2		1286, 1333	86		**1422 f.**, 1434, 1461
55 Abs. 2	1211 ff., 1260, 1279	69b Abs. 3		1285 f.			
		69b Abs. 4		1287	86 Abs. 2		1423
55 Abs. 3	1217, 1444	69c		1260	86a		1424 f., 1435
56	1189 ff., 1249	70 ff.		1291	86b		1426, 1461
57 f.	1176	70 Abs. 1		1292	87		1376 ff.
57	1181 ff., 1433	70 Abs. 2		824, 838, **1298**	87 Abs. 1		1372, 1381, 1460
57 Abs. 1	1463, 1182	70 Abs. 3		1291 f.	87 Abs. 1bis		1372, 1382
57 Abs. 2	1182	71		1311, **1334**	88		1429 ff.
57 Abs. 3	1128, 1175, 1236, 1363	72		**1299 ff.**	88 Abs. 1		1177, 1429, 1432
		72 Abs. 1		1300 f., 1304 f.	88 Abs. 2		1179, 1429 f.
58	1180, 1257, 1433	72 Abs. 2		847, 879, 1228,			1432
59 Abs. 1	113 ff., 1128, 1151 ff., 1163, 1381, 1393			1306	89		1179
		72 Abs. 3		1302 ff.	89 Abs. 1		1432
		73		1296, **1313**	89bis		1366, **1383 ff.**
59 Abs. 2	1232	73 Abs. 2		1334	89bis Abs. 2		1385
59 Abs. 3	384, 568, 1128, 1159 ff., 1174	74		1308, **1314 ff.**	89bis Abs. 3		1385, 1387, 1441
		75		1134, 1228,	89bis Abs. 5		1385, **1448 ff.**

60 ff.	**1229 ff.**, 1250, 1336 ff.		1268, 1277 f	89bis Abs. 6	1385, 1387, 1446
			1303, 1308, 1318,	90 Abs. 3	838
60	**1243 ff.**, 1290		**1319 ff.**, 1338	94 Abs. 1	577, 580, 612
60 Abs. 1	1232, **1243 f.**, 1247	75a	1333	94 Abs. 2	638
		76 ff.	1252 ff.	95 Abs. 1	660 f.
60 Abs. 2	1245 f.	76	1253	97 ff.	621, 788
61 Abs. 1	1247	77	1254, **1282**	98 Abs. 1	692
61 Abs. 2	1234	78	1228, 1236	105 Ziff. 2	618
62	1133, 1144, **1250**	79	1255, 1257	106 Abs. 1	692
63	57, 1261	80 ff.	56, **1348 ff.**	107 Ziff. 1	618
63 Abs. 1	24, **1238**, 1263	80 f.	81	109 Abs. 1	618
63 Abs. 2	24 f., 59, **1238**, 1263	80	**1352 ff.**, 1406	109 Abs. 2	718
			1435	119 Abs. 1	718
64 ff.	24, **1258 ff.**, 1308	81 Abs. 1	1396, **1408 ff.**	125	301
64 Abs. 1	1262	81 Abs. 2	1395 ff.	130 Abs. 1	301
64 Abs. 2	1270	82	1364, 1418	133	736
64 Abs. 3	1262, **1264**	83 ff.	1436 ff.	139 Abs. 2	458
65 Abs. 1	1271, 1281, 1292	83a	1437	159 Abs. 3	301
65 Abs. 3	1262, **1265**	83b	1372, 1382, 1438	160 f.	578
160	701 f., 706, 718	311 Abs. 3	737	511 Abs. 1	448
160 Abs. 1	701 f., 721	312 Ziff. 1	651, 819	513 Abs. 1	1416
160 Abs. 2	557, 702, 708 ff.	315 Abs. 2	690	519 ff.	1418
160 Abs. 3	703	315 Abs. 3	690	519 Abs. 1	618
161	667, 669, 675	321 f.	629	521	618
168 f.	647	323 Abs. 1	629	522 ff.	59, 1418
195a Abs. 2	489	328	661	538 Abs. 1	692
200 Abs. 2	477	331 Abs. 2	661, 664	539 Abs. 1	751
204 Abs. 1	751	333	621, 951	539 Abs. 2	1144, 1338

208	1418	335	1348, **1369 ff.**	542		751, 757	
220	1418	335 Abs. 1	1369, 1373	544 Abs. 1		736	
252	659	335 Abs. 2	1374 f.	545 Abs. 1		737	
252 Abs. 1	578	369	580, 614	546 ff.		763	
252 Abs. 2	578	372	651, 819	560 Abs. 1		751	
254 Ziff. 2	847, 865, 908	375	908	602		1144	
255 Abs. 1	477	376	692	611 Abs. 2		394	
259 Abs. 1	706, 718	376 Abs. 2	670 f.	638		354	
260 Abs. 2	638	377 Abs. 1	681	641 Abs. 1		58, 72	
260a Abs. 1	671	379 Abs. 1	613	641 Abs. 2		302, 357	
262 Abs. 1	480	380	661	661		329	
262 Abs. 3	480	385 Abs. 2	614	667 Abs. 1		261	
264a	577	393 ff.	646	671 ff.		329	
267	718	393 Ziff. 3	736	684 Abs. 2		394	
267 Abs. 1	659, 706	395	642 ff.	688		384	
267 Abs. 2	659	395 Abs. 1	643	697		951	
267 Abs. 3	715	395 Abs. 2	644	699		413	
267a	669	397a ff.	866, 908	712		569, 1144	
268 Abs. 2	728	397b Abs. 1	690	712m Abs. 2		1229, 1330	
270 f.	579	407 ff.	614, 624	714 Abs. 2		329, 341	
270	706	408	624, 1407	726 Abs. 3		354	
270 Abs. 1	701	410 f.	622 f., 643	727 Abs. 3		354	
270 Abs. 2	696	410 Abs. 1	625	728 Abs. 3		354	
271	667, 669, 675	410 Abs. 2	621, 626	736		280	
273 f.	870	411 Abs. 1	329, 626	737		280	
274a	661	411 Abs. 2	312	738 Abs. 2		329	
277	613	412	629	740		384	
283	450	414	629	763		489	
296 ff.	715	417 Abs. 1	646	779l		838	
296 Abs. 1	613	421 f.	624	788 Abs. 1		525, 838	

298a Abs. 1	715	467	612, 618, 624, 1407	795 Abs. 2	383
301 Abs. 4	715		1407	807	357
303 Abs. 2	827, 838	468	1407	836	421
303 Abs. 3	64, 577, 612	469 Abs. 3	448	843	383
304 f.	624	470 ff.	55, 59	865	618
304 Abs. 3	622, 624, 1407	480 Abs. 1	737	872	618
305 Abs. 1	622	482	1392	926	908
309 Abs. 1	736	503	661, 664	930	477
311 Abs. 1	580	510 Abs. 2	448	933 ff.	329, 341
970	908	2 Abs. 1 SchlT	527 f.	45 SchlT	528
970 Abs. 3	343, 482	1 Abs. 2 SchlT	528	46 SchlT	385
970a	1050	3 SchlT	523, **529 ff.**	48 SchlT	385
973 Abs. 1	618	4 SchlT	523, **533 ff.**	49 SchlT	534
975	357	5 ff. SchlT	552	50 SchlT	518, 528, 530
1 ff. SchlT	93, 100, **497 ff.**	6b SchlT	1135, 1229	51 SchlT	36, 48 f., 370, 373, **537 ff.**
1 SchlT	280, **514 ff.**, 530, 535	6c SchlT	1287, 1436		
		8 SchlT	532	52 Abs. 1 SchlT	387, **541**
1 Abs. 1 SchlT	501, **514 ff.**	8a SchlT	502, 702	52 Abs. 3 SchlT	547
1 Abs. 2 SchlT	501, **518**	10 ff. SchlT	502	52 Abs. 4 SchlT	547
1 Abs. 3 SchlT	519	17 Abs. 2 SchlT	532	53 Abs. 2 SchlT	383
2 SchlT	262, 521 f., **524 ff.**,	20 SchlT	528	54 SchlT	387, **542**
	815	22 ff. SchlT	385	55 SchlT	486, **543**

1911年3月30日/1936年12月18日《关于补充〈瑞士民法典〉的联邦法》
（第五编：《债法典》；OR）

条文	边码	条文	边码	条文	边码	条文	边码
1 Abs. 1	80 f., 83, 275	42 Abs. 2	448, 911	192 Abs. 3	311		
11	328	45 Abs. 3	736	199	24, 311		
11 Abs. 1	420, 492	46	736	205 Abs. 1	299		
11 Abs. 2	302	47	952	205 Abs. 2	299		
16	477	49	952, 1035	216 Abs. 1	302		
19 ff.	646	49 Abs. 2	933	216a	839		
19	821	52	908	241 Abs. 2	632		
19 Abs. 1	24, 54	52 Abs. 1	864 f.	245	1392		
19 Abs. 2	25, 59, 821	52 Abs. 3	865	245 Abs. 1	632		
20	821, **828 ff.**, 901, 1320	54	618	253	77		
		55	1218	256 Abs. 2	27		
20 Abs. 1	59	59	1141	269 ff.	311		
20 Abs. 2	810, 1228	60 ff.	1138, 1143	270 Abs. 2	383		
21	828, 1200	61	1157, 1247	271 Abs. 1	280		
25	261	61 Abs. 1	388	271a Abs. 1	296		
25 Abs. 1	280, 282, 311	62 ff.	77, 302, 306, 1213	300 Abs. 1	280		
25 Abs. 2	296	64	329	325	827, 839 f.		
26	312	66	306	328 ff.	853, 860		
32 ff.	641, 1218	74 Abs. 2	693	328	1108		
33	1128	74 Abs. 3	693	328 Abs. 1	867, 1040		
33 Abs. 3	329	80 ff.	1139, 1143	328b	1040		
34 Abs. 1	839	97 ff.	825, 951	331 ff.	1383 ff.		
34 Abs. 2	818, 839	97	299, 308	331b	1386		
34 Abs. 3	329	97 Abs. 1	478	331c	1386		
35	1205	97 Abs. 2	78	334 Abs. 3	827, 839		
36 Abs. 2	329	101	1218	336a Abs. 1	312		
41 ff.	67, 77, 951, 1104	112 Abs. 2	394	340a	827, 839		

条文	边码	条文	边码	条文	边码	条文	边码
41	308, 1444	115	632	341 Abs. 1	1101		
41 Abs. 1	21 f., 478, 860, 914	156	280, 306, 311, 482	361	27		
		184 Abs. 1	77	362	27		
368 Abs. 2	299	722	1216	913 Abs. 1	1257		
394 Abs. 3	394	727	1438	921 ff.	1336		
404	28, 839	730 Abs. 4	581	933	1247		
419 ff.	1213	738 ff.	1257	933 Abs. 1	343		
423	953, 1035	764 ff.	1144	934	1388 ff.		
494	647	772 ff.	1144	934 Abs. 1	1234, 1247, 1371		
530 ff.	1133	776 Ziff. 1	1190	935	678		
620 ff.	1144	828 ff.	1144	941a	1288		
626 Ziff. 1	1190	830	1167	941a Abs. 2	1397		
643 Abs. 1	1167	832 Ziff. 1	1190	944 ff.	699, 1032		
643 Abs. 2	1168	838 Abs. 1	1167	954	705		
645	1133	843 Abs. 2	1135	957 ff.	1280		
718 Abs. 4	581	898 Abs. 2	581				

2004年6月18日《有关已登记同性伴侣关系的联邦法》(《同性伴侣法》;PartG)

条文	边码	条文	边码	条文	边码	条文	边码
4 Abs. 1	661	5 ff.	788	14	647		

1995年3月24日《关于男女平等的联邦法》(《男女平等法》;GlG)

条文	边码	条文	边码	条文	边码	条文	边码
1	1102	3 Abs. 3	1111	5 Abs. 5	1109, 1115		
2 ff.	1102	4	867, 1107	6	450, 1099, 1119		
3 ff.	853	5	915, 1112 ff.	7	919, 1117, 1342		
3 f.	1104 ff.	5 Abs. 1	1113	8 ff.	1120		
3	1104 f.	5 Abs. 2	1114	8 Abs. 2	1114		
3 Abs. 1	1105 f.	5 Abs. 3	1099, 1116	17	1102		

条文	边码	条文	边码
3 Abs. 2	1105 f.	5 Abs. 4	1114

1992 年 6 月 19 日《联邦数据保护法》(DSG)

条文	边码	条文	边码	条文	边码	条文	边码
1 ff.	64	4 Abs. 2	1046, 1058 f.,	8 Abs. 2	1076		
2	1049 f.		1087	8 Abs. 3	1077		
2 Abs. 1	1049	4 Abs. 3	1060	8 Abs. 4	1071		
2 Abs. 2	1050, 1054	4 Abs. 4	1061	8 Abs. 5	1077, 1078		
3	1051 ff.	4 Abs. 5	1084	8 Abs. 6	1069		
3 lit. c	1052	5	1062	9	1065, **1072 ff.**		
3 lit. d	1053	5 Abs. 2	1089	9 Abs. 1	1073		
3 lit. e	1049, 1057	6	1063	9 Abs. 3	1074		
3 lit. g	1071	7	1064	9 Abs. 4	1075		
3 lit. i	1071	7a	1061, 1065	10	1075		
4 ff.	1055	8 ff.	1047, 1066, 1069	10a Abs. 2	1064		
4 Abs. 1	1057	8	634, 1040	10a Abs. 3	1088		
		8 Abs. 1	1071	11	1064		
11a	1067	13 Abs. 1	1083	15 Abs. 3	1089		
12 ff.	64, 1048, 1080	13 Abs. 2	884, 1087, 915, 934, 963, 1089, 1093	15 Abs. 4	1079, **1091**		
12 Abs. 1	1081	15		29	1095		
12 Abs. 2	1046, 1061, 1068, 1082			34	1079		
		15 Abs. 1	1089, 1092	34 f.	1036		
12 Abs. 3	1082	15 Abs. 2	1089				

2008 年 12 月 19 日《瑞士民事程序法》(《民事程序法》;ZPO)

条文	边码	条文	边码	条文	边码	条文	边码
2	959	57	443	222 Abs. 2	455a		
4 Abs. 1	436	59 Abs. 2	170	243 ff.	1091		
9 Abs. 1	961	62 Abs. 1	1323	243 Abs. 2	1123 f.		
10 Abs. 1	692, 1194	66	574, 1197	247 Abs. 2	1124		
11 Abs. 2	689	67 Abs. 1	594, 1198	249 lit. a	762, 803, 1022		

条文	边码	条文	边码	条文	边码	条文	边码
12	1194	88	931	254 Abs. 1		1022	
13	977	89	919, 1342	261 ff.		**964 ff.**, 1092	
15 Abs. 2	960, 962	113 Abs. 2	1122	261		450	
17	961	114 lit. a	1123	261 Abs. 1		973	
20 ff.	692, 1194	117	1203	261 Abs. 2		972	
20 lit. a	958	150	445 f., 452, 456 f.	262		972 ff.	
20 lit. b	963, 1020	151	459	263		972, 982	
20 lit. c	724, 963	152	464 f.	264		968 f., 979, 983	
20 lit. d	963, 1093	153	444, 458	265		978	
21	762	158	975	266		964, 971, 974	
22	803	179	490a	267		981	
34	1125	197 ff.	1122, 1323	268 ff.		451	
35 Abs. 1	1125	199 Abs. 2	1122	268		984	
35	818	200 Abs. 2	1122	315 Abs. 4		1023	
36	960	201 Abs. 1	1122	343 Abs. 1		1017	
52	268	201 Abs. 2	1122	361 Abs. 4		818	
55	444	209 Abs. 4	1323				
56	268	221 Abs. 1	454				

1889年4月11日/1949年9月28日《有关强制执行与破产的联邦法》(SchKG)

条文	边码	条文	边码	条文	边码	条文	边码
8a	908	68c Abs. 3	644	91 Abs. 4	1085
39 Abs. 1	1247, 1402	68d	630, 646	91 Abs. 5	1085
46 Abs. 1	667, 692	80 f.	1343	286	1364
68c ff.	594	82	450	288	1364
68c Abs. 1	624, 630	83 Abs. 2	471		

1987年12月18日《联邦国际私法典》(IPRG)

条文	边码	条文	边码	条文	边码	条文	边码
1 Abs. 2	100, 110	24 Abs. 3	673 f.	41		764	

16 Abs. 1	446	32	779, 785	129 ff.	849
17	815	33 ff.	574	129	959
18	1375	33 Abs. 2	849, 959	139	849
20	667	34 Abs. 1	574, 585	149a ff.	1394
20 Abs. 1	690	35 f.	652		

2004年4月28日《民事状态条例》(ZStV)

条文	边码	条文	边码	条文	边码
1 ff.	789	29 ff.	786	44 ff.	781
2 Abs. 2 lit. a	785	29	805	57	781, 789
4 Abs. 3 lit. c	776	30	805	60	781
5	776	30 Abs. 2	803	62 ff.	788
9 Abs. 1	734	33 Abs. 1	781	66	778
9 Abs. 2	733	34 ff.	758, 782	75a ff.	788
12 Abs. 1	710	35 Abs. 5	750	76 ff.	772
12 Abs. 2	557	37 Abs. 1	715	84 ff.	785, 789
16	778	37 Abs. 3	716	90	785
16 Abs. 6	785	38 Abs. 2	706, 715	91	758, 782
17	780	40 ff.	782		
23	785	43a	781		

2007年10月17日《商事登记簿条例》(HRegV)

条文	边码	条文	边码	条文	边码
2 lit. b	1234	90 Abs. 1	1287	95 Abs. 1	1403, 1463
4	1400	92 lit. a	1249	95 Abs. 2	1371, 1380
5 Abs. 2 lit. a	1350	92 lit. b	1249	96	1463
5 Abs. 2 lit. e	1400	92 lit. m	1287	123 ff.	1191
28	1400	93	1257	140 ff.	1434
65	1257	94 ff.	1348, 1395	154	1397
90 ff.	1229, 1247	95	1398	165	1400

关键词索引

Henk Fenners 为本书第1版制作了本索引,并在本书第2版中对之进行了编辑。数字指向的是本书边码。粗体数字是相关内容的主要所在地。

A

Absolute Person der Zeitgeschichte s. Person 绝对的当代公众人物

Achtung und Schurz der Person 60 ff. 对人的尊重和保护
- Schutz der Menschenwürde **61**, 742 对人的尊严的保护
- Rechtsfähigkeit s. dort 权利能力
- Schutz der Persönlichkeit s. Dort 对人格权的保护
- Pflicht zur solidarischen Rücksichtnahme 66 顾及相互团结的义务
- Grundsatz der Selbstverantwortung 67 自我负责原则

Adoption 659, 706, 715, 718, 807 收养

Aktiengesellschaft 1144, 1150, 1190 股份公司

Allianzname 199, **703**, 1032 联合姓名

Analogie(schluss) 类推(推理)
- als Logikgrundsatz 155 类推作为逻辑原则
- Bedeutung bei der Gesetzesauslegung 189a 类推在法律解释时的意义
- Bedeutung bei der richterlichen Rechtsfortbildung 207 ff. 类推在法官进行法律续造中的意义
- Unterscheidung von der teleologischen Extension 189 ff. 类推与目的性扩张的区别

Andenkenschutz 752, 871 追思保护

Annäherungsverbot 941 禁止接近

Anstalt 1139 机构性法人
- Stiftung als Beispiel einer 1356 ff. 基金会作为机构性法人的例子

Aufenthalt   居住（地）
- als subsidiärer Wohnsitz 689   居住地作为补充性的住所
- als Voraussetzung für Wohnsitz 683   居住作为住所的要件
- gewöhnlicher 690   通常居住地
- zu Sonderzwecken 687   为临时目的而居住

Auskunftsrecht   查询权
- bei der Gegendarstellung 1006   反对陈述情形的查询权
- beim Datenschutz 1047, **1069 ff.**   数据保护情形的查询权

Auslegung (des Gesetzes)   （法律的）解释
- Begriff 117 ff.   解释的概念
- Elemente s. Auslegungselemente   解释因素
- gegen den Wortlaut 159   与法律文句不同的解释
- Gleichwertigkeit der Amtssprachen 135   任何官方语言法律文句的同等效力
- Methode s. Auslegungsmethode   解释方法
- Methodenpluralismus **131**, 157   解释方法多元主义
- Kritik an der klassischen Auslegungslehre 163 ff.   对传统解释学说的批判
- Idee vom Vorverständnis 164   前理解的理念
- topischer Ansatz 165   论题学的进路
- Würdigung 167 f.   对解释学说的评价
- und Logik 155   解释与逻辑
- und Wertungen 161, 166, 167   解释与价值判断
- unter Berücksichtigung der Gesetzesentwürfe 144   解释与对法律草案的顾及
- unter Berücksichtigung der Materialien 148   解释与法律制定的材料
- verfassungskonforme – 143   合宪性解释
- Verhältnis zur Lückenfüllung **119**, 160, 175   解释与漏洞补充的关系
- völkerrechtskonforme – 143   解释与符合国际法
- von Rechtsgeschäften s. dort   法律行为的解释
- Wortlaut als Ausgangspunkt 132 ff.   法律文句作为解释的出发点
- Ziel (s. auch Auslegungsmethode) 123 ff.   解释的目标
- ferner 28   其他关于解释

Auslegungselemente 130 ff.   解释因素
- grammatisches **132 ff.**, 159   语法的解释因素

– historisches 147 ff.	历史的解释因素
– systematisches 140 ff.	体系的解释因素
– teleologisches **145 ff.**, 159	目的的解释因素
– realistisches（soziologisches）152	现实的（社会学的）解释因素
– Praktikabilität 153	可行性
– Rechtsvergleichung s. dort	比较法
– Zusammenspiel der – 156 ff.	各解释因素的相互作用

Auslegungsmethode 123 ff. — 解释方法

– objektive – **123 f.**, 126	客观的解释方法
– objektiv – geltungszeitliche – **128**, 156	客观 – 发生效力时代的解释方法
– objektiv – historische – 127	客观 – 历史的解释方法
– subjektiv – historische – 125	主观 – 历史的解释方法

B

Befruchtung, Künstlichte 738 ff. — 人工授精

Begleitbeistandschaft 649 — 陪同型辅佐状态

Behauptungslast 454 — 主张责任

Beiratschaft 642 — 受咨询状态

Beistandschaft 646 — 受辅佐状态

– umfassende 627 — 全面的辅佐

Belästigung, sexuelle 1107 f., 1116 — 性骚扰

Bereinigungsklage 785, 798 ff. — 纠正之诉

– zum Schutz der Persönlichkeit im Allgemeinen 925 ff. — 保护人格权的纠正之诉概述

– zum Namensschutz 1034 — 针对姓名保护的纠正之诉

– zum Schutz der Persönlichkeit bei Datenbearbeitung 1113 f. — 为保护数据加工场合之人格权的纠正之诉

Bestreitungslast 455a — 争执责任

Bestreitungsvermerk 1089 — 存在争议的说明

Betroffenheit, unmittelbare 995 ff. — 直接涉及

Beweis — 证明

– Begriff des Beweisens 448 — 证明的概念

– des Gegenteils 480 — 相反事实的证明

– kantonale Formvorschriften 491 f. — 州法上的形式规定

– Gegenbeweis 480	反证
– Gegenstand 452 ff.	证明的对象
– behauptete Tatsachen 454	被主张的事实
– relevante Tatsachen 456	具有相关性的事实
– streitige Tatsachen 457 ff.	争议事实
– Recht zum – （Beweisführungsanspruch）464 f.	证明的权利（举证权）
– und antizipierte Beweiswürdigung 465	预先证据认定
– von Leben und Tod 756 ff.	生存与死亡的证明

Beweisführung, vorsorgliche 975 　　　预防性的举证

Beweiskraft 　　　证明力

– besondere – öffentlicher Register und Urkunden 484 ff. , 779	公共登记簿和证书的特别证明力

Beweislast 460 ff. , 466 ff. 　　　举证责任

– objektive – 461 f.	客观的举证责任
– subjektive – 462	主观的举证责任
– für negative Tatsachen 473	对否定性事实的举证责任
– für rechtsbegründende Tatsachen 468	对权利产生的事实的举证责任
– für rechtshindernde Tatsachen 470	对阻碍权利的事实的举证责任
– für rechtsverhindernde Tatsachen 469	对权利消灭的事实的举证责任
– beim Wohnsitz 688	对住所的举证责任
– für Leben und Tod einer Person 756	对某人生存及死亡的举证责任
– bei Persönlichkeitsverletzungen 468, 893	在人格权被侵犯时的举证责任
– bei Diskriminierungen im Erwerbsleben 1119	对职业生涯中的歧视的举证责任

Beweismass 　　　证明度

– voller Beweis 448 f.	完全证明的证明度
– Glaubhaftmachung 450, 965 ff. , 1119	使人相信的证明度

Beweismittel 451, 758 　　　证明手段

Billigkeitsentscheid s. Entscheidung nach Recht und Billigkeit 　　　公平裁决

Billigkeitsentscheid s. Entscheidung nach Recht und Billigkeit 　　　公平裁决

Billigkeit

Bindung, übermässige 825 ff. , 835 　　　过度约束

Bingungsausschluss, absoluter 823 f., 834   绝对的约束排除

Bundesrecht   联邦法

- und kantonales Recht s. Verhältnis Bundesrecht – kantonales Recht   联邦法与州法的关系 / 联邦法 – 州法
- derogatorische Kraft s. dort   联邦法的破坏力
- und Zivilprozessrecht 425 ff.   联邦法与民事程序法

Bürgerrecht s. Heimat   公民权

C

Clausula rebus sic stantibus 279   情势不变规则

Culpa in contrahendo 278, 284, 1213   缔约过失

D

Datenschutz 1037 ff.   数据保护

- Rechtsgrundlagen (Bund) 1043 f.   数据保护在联邦法上的法律基础
- Allgemeine Grundsätze der Datenbearbeitung 1055 ff.   数据加工的一般原则
- Auskunftsrecht s. dort   查询权
- besonders schützenswerte Personendaten 1052, 1061, 1082, 1084, 1087   特别值得保护的个人数据
- Persönlichkeitsprofile 1053, 1061, 1082, 1084, 1087   人格档案
- Persönlichkeitsverletzungen infolge der Bearbeitung von Personendaten 1080 ff.   由于个人数据加工导致的人格权侵犯
- Widerrechtlichkeit als Grundsatz 1083   违法性作为原则
- Ausschluss der Widerrechtlichkeit bei Vorliegen eines Rechtfertigungsgrundes 1083ff.   在存在正当化事由时的违法性排除
- Rechtsansprüche und Verfahren 1089 ff.   法律请求权和程序

Delegiertenversammlung beim Verein 1263, 1272   社团中的代表大会

Deliktsfähigkeit 592, 615, 621   不法行为能力

Derogatorische Kraft des Bundesrechts 362, 371   联邦法的破坏力

Destinatäre 1359, 1406, 1444, **1448 ff.**   基金会的受益人

Diskriminierungsverbot s. Gleichstellung von Mann und Frau   禁止歧视

Doppelnormen 413   双重规范

Drittwirkung von Grundrechten 61, 1101, 1240   基本权利的第三人效力

Drohung 937   胁迫

Durchgriff   刺破

s. juristische Personen

E

Ehe 669, 718, 1202 — 婚姻

Ehescheidung 718, 736 — 离婚

Eigentumsfreiheit 58 — 所有权自由

Einheit des Bundesprivatrechts 347 ff. — 联邦私法的统一性

- Verhältnis ZGB – OR **43 ff.**, 350 f. — 瑞民和瑞债之间的关系

Einleitung 88, 95, **96 ff.** — 序编

Einleitungstitel s. Einleitung — 序编条款

Elementepluralismus 131 — 因素的多元主义

Entmündigte — 禁治产人

- urteilsfähige – **620 ff.**, 856 f., 898, 918, 1209, 1407 — 有判断能力的禁治产人

Entmündigung 614 — 禁治产人

Entscheidung nach Recht und Billigkeit 210 **ff.** — 依照公平正义裁决

- als Einzelfallgerechtigkeit 205, 210, **214 f.**, 243 — 依照公平正义裁决作为个案正义

- und Präjudizwirkung 215 — 依照公平正义裁决与先例效果

- bei der Namensänderung 720 — 姓名变更情形依照公平正义裁决

- bei der Feststellung der gebotenen Aufmerksamkeit nach Art. 3 Abs. 2 ZGB 340 — 根据瑞民第 3 条第 2 款确定应尽到的注意程度时依照公平正义裁决

- und Kognition des Bundesgerichts bei der Beschwerde in Zivilsachen 216a — 民事抗告程序中联邦法院的认识与依照公平正义裁决

Erbrecht 91, 95 — 继承法

Ermessentscheid — 裁量决定

s. Entscheidung nach Recht und Billigkeit

Erwachsenenschutzrecht（Revision） 556, 627 f., 630, 633, 640, 645, 648 ff. — 成年人保护法（修正案）

Expansive Kraft des kantonalen öffentlichen Rechts 417 ff. — 州公法的扩张力

- Grenzen 419 ff. — 州公法扩张力的界限

Extension, teleologische 188 f. — 目的性扩张

F

FaktischesOrgan 1206, 1260 — 事实上的机关

Familienfideikommiss 1374 f. — 家族世袭财产

Familienname s. Name — 姓氏

483

Familienrecht 90, 95	家庭法
Familienstand 770	家庭状态
Familienstiftung 1172, 1348, **1369 ff.**	家族基金会
– keine Aufsicht und keine Revisionsstelle 1372	家族基金会无监管和审计处
– Entstehung 1371	家族基金会的产生
– Zweck 1373	家族基金会的目的
Feststellungsklage	确认之诉
– zum Schutz der Persönlichkeit im Allgemeinen 928 ff.	保护人格权的确认之诉概述
– zum Namensschutz 1034	为保护姓名的确认之诉
– zum Schutz der Persönlichkeit bei Datenbearbeitung 1113	为保护数据加工中的人格权的确认之诉
Fiktion 481, 482, 689	拟制
Fiktionstheorie 1130	拟制说
Findelkind 706, 715	弃婴
Firmenschutz 1249, 1403	商号保护
Flüchtlinge 674	难民
Forderung (s. auch Schuld, Obligation)	债权
– Begriff 76	债权概念
– Entstehung 77	债权产生
– Gegenstand 77	债权客体
– Inhalt 78	债权内容
FormellesOrgan 1206	形式上的机关
Formenfixierung, Grundsatz der 1146 **f.**	形式固定原则
Freiheit in der wirtschaftlichen Betätigung 828, 1306	经济活动中的自由
Fusion s. juristische Personen	合并
G	
Geburt 731 **ff.**	出生
Gegendarstellungsrecht 860, 915, 935, 985 **ff.**	反对陈述权
– inhaltliche Anforderungen an den Gegendarstellungstext 1002 ff.	对反对陈述文本在内容上的要求
– Klagbarkeit 1012 ff.	可诉性
– Klagefrist 1019	反对陈述权的诉讼期间

– Gerichtsstand s. dort	反对陈述权的法院管辖地
– Verfahren 1021 ff.	反对陈述权的诉讼程序
– Voraussetzungen 991 ff.	反对陈述的条件
– Verfahren 1007	反对陈述的程序
– Veröffentlichung 1008 ff.	反对陈述的发表
– beim Datenschutz 1092	数据保护场合的反对陈述
– beim Namensschutz 1036	姓名保护场合的反对陈述
Geheimsphäre 881, 906, 1200	私密领域
Geisteskrankheit 606	精神疾病
Gemeinsphäre 883	公共领域
Genossenschaft 1144, 1150, 1190	合作社
Genugtuung (s. auch Klagen zum Schutz der Persönlichkeit)	精神损害赔偿
– bei Verletzungen durch Zivilstandsbeamte 795	民政机关公务员侵权时的精神损害赔偿
– von nahen Angehörigen bei Tötung einer Person 870	杀害某人时其近亲属的精神损害赔偿
Genussstiftung 1373	享益基金会
Gerechtigkeit	正义
– und Regelhaftigkeit 104a	正义与规律重复性
Gerichtsstand	法院管辖地
– für die Bereinigungsklage 803	纠正之诉的法院管辖地
– für die Klagen zum Schutz der Persönlichkeit 958 ff.	人格权保护诉讼的法院管辖地
– bei vorsorglichen Massnahmen 977	
– für die Klage auf Anordnung der Gegendarstellung 963, **1020**	诉求反对陈述命令的法院管辖地
– für die Klagen zum Schutz des Namens 963, **1036**	姓名保护诉讼的法院管辖地
– für die Klagen zum Schutz der Persönlichkeit infolge von Datenbearbeitung 963, **1093**	数据加工中人格权保护诉讼的法院管辖地
– bei Gleichstellungsstreitigkeiten 1125	平等地位纠纷中的法院管辖地
– bei juristischen Personen 1194	法人的法院管辖地
Gerichtsstandsvereinbarung 961	约定法院管辖地
Geschäftsfähigkeit 591, 622	法律行为能力
Gesellschaft mit beschränkter Haftung 1144, 1150, 1190	有限责任公司
Gesetz (im Sinn von Art. 1 ZGB) 111	（瑞民第 1 条意义上的）**法律**

Gesetzesauslegung s. Auslegung	法律解释
Gesetzesentwürfe s. Auslegung	法律草案
Gesetzesvorrang 110 ff.	法律的优先性
Gesetzgebungsverfahren 113	立法程序
Gewalt 937	暴力
Gewohnheitsrecht	习惯法
– als formelle Rechtsquelle 190	习惯法作为形式的法律渊源
– Begriff 191 ff.	习惯法的概念
– Beispiele von – 199, 703	习惯法的例子
– Lückenfüllung durch – 195	通过习惯法填补漏洞
– praktische Bedeutung 198 f.	习惯法在实践中的意义
– Verbot des gesetzesderogierenden – 196	禁止习惯法破坏法律
– Voraussetzungen für die Anwendung von – 195 ff.	适用习惯法的条件
– ferner 109 f., 160, 180, 201	其他关于习惯法
Gleichstellung von Mann und Frau 1097 ff.	男女平等
– allgemeines Diskriminierungsverbot 1100 f.	一般性的禁止歧视
– Verbot der Diskriminierung im Erwerbsleben 1102 ff.	在职业生涯中禁止歧视
– Benachteiligung von Arbeitnehmerinnen oder Arbeitnehmern auf Grund ihres Geschlechts 1105 ff.	基于性别而歧视男职工或女职工
– sexuelle Belöstigung 1107 f.	性骚扰
– Rechtsansprüche und Verfahren 1112 ff.	请求权与程序
– beim Bürgerrecht 675	公民权上的男女平等
– beim Namen 708 ff.	姓名上的男女平等
Globalzession 827, 840	概括让与
Grundbegriffe des Privatrechts 68 ff.	私法的基本概念
Grundprinzipien des Privatrechts 52 ff.	私法的基本原则
Guter Glaube 316 ff.	善意
– Begriff 320 ff.	善意的概念
– Schutz des guten Glaubens s. Gutglaubensschutz	对善意的保护
– und Fiktion 343	善意与拟制
– Vermutung des guten Glaubens 331 ff.	对善意的推定
Gutglaubensschutz	善意保护

– nur nach Sondervorschriften 328 ff.	只是基于特别规定的善意保护
– Beispiele 329	基于特别规定保护善意的例子
– Einschränkungen 336 ff.	善意保护的限制
– Nichtanwendung der gebotenen Aufmerksamkeit 336 ff.	未尽到应尽的注意
– Ausschluss der Unkenntnis eines Umstandes durch Gesetz (Fiktion) 343	法律（拟制）排除了对某种情形的不知悉

H

Handelsregistereintragung 1165 ff.	商事登记簿登记
– deklaratorischer Eintrag 1247	宣示性的登记
– konstitutiver Eintrag **1166 ff.**, 1350	构成性的登记
– heilende Wirkung 1168, 1401	补正性的登记
– des Vereins **1247**, 1257	社团在商事登记簿上的登记
– der Stiftung 1354, 1367, 1371, 1380, **1395 ff.**	基金会在商事登记簿上的登记
Handlungsfähigkeit 552	行为能力
– Begriff 589 ff.	行为能力的概念
– Unverzichtbarkeit 651 f., 818	行为能力的不可放弃性
– juristischer Personen 1195 ff., 1204 ff.	法人的行为能力
– Voraussetzungen **1204 ff.**	法人行为能力的条件
– natürlicher Personen 586ff.	自然人的行为能力
– beschränkte – 642 ff.	限制行为能力
– volle – 646 ff.	完全行为能力
– erweiterte – 629	扩大的行为能力
– Voraussetzungen 597 ff.	自然人行为能力的条件
Handlungsunfähigkeit	无行为能力
– Beschränkte – 620 ff.	限制无行为能力
– volle – 617 ff.	完全无行为能力
Heimat 669 ff.	籍贯
– bei mehrfachem Bürgerrecht 670	多重公民权情形的籍贯
Heirat 706, 718	结婚
Hilfsperson 1210, 1218	辅助人员
Holdingstiftung 1388	控股基金会
Informationsauftrag der Presse 906	媒体的信息任务

Institutsmissbrauch 296a	制度滥用
Integrität, körperliche 865, 894	身体完整性
Intimsphäre 881	隐私领域
Investmentgesellschaft mit festem Kapital 1144	资本固定的投资公司
Investmentgesellschaft mit variablem Kapital 1144	资本可变的投资公司
In – vitro – Fertilisation 739, 741	体外授精
Iura novit curia s. Rechtsanwendung, von Amtes wegen	法院通晓法律

J

Juristische Personen 1129 ff.	法人
– Allgemeiner Teil des Rechts der – 1129 ff., 1229, 1348	法人法总论
– Einteilungen (Übersicht) 1136 ff.	法人的分类
– Allmendgenossenschaften (undähnliche Körpersch aften) 1159 ff., 1174	（公共合作社与类似的社团性法人）
– bundesprivatrechtliche – 567, 1142 ff.	联邦私法上的法人
– kirchliche – 1151, 1158	教会法人
– öffentlich – rechtliche – 567, 1151 ff.	公法法人
– Durchgriff 1219 ff.	法人被刺破
– Entstehung (Erlangen der Rechtspersönlichkeit) 1164 ff.	法人的产生（法人格的获得）
– Fusion 1184 ff., 1256, 1434	法人的合并
– Handlungsfähigkeit s. dort	法人的行为能力
– Organe s. dort	法人的机关
– Rechtsfähigkeit s. dort	法人的权利能力
– Sitz s. dort	法人的住所
– Untergang (Verlust der Rechtspersönlichkeit) 1176 ff.	法人的消灭（法人格的丧失）
– Liquidation s. dort	法人的清算
– ferner 70, 89, 550, 1231	其他关于法人

K

Kartell 1235	卡特尔
Kausalhaftung 794, 983	结果责任
KernbereichderPersönlichkeit 823	人格的核心领域
Kind	子女

– empfangenes (noch ungeborenes) – s. Nasciturus	（未出生）的胎儿
– noch nicht empfangenes – 737	尚未受孕的未来子女

Kindeswohl 716 — 儿童福祉

Klagehäufung 962 — 诉讼合并

Klagen zum Schutz der Persönlichkeit 909 ff. — 保护人格权之诉

– Übersicht 912 ff.	概览
– Abwehrklagen 913, **916 ff.**, 936 ff., 960, 1000, 1034, 1113 f.	防御之诉
– Gerichtsstand s. dort	防御之诉的法院管辖地
– Legitimation **918 ff.**, 939, 1342	防御之诉的适格
– tatbestandsmässige Voraussetzungen 913	防御之诉在构成要件层面的条件
– Beseitigungsklage s. dort	消除之诉
– Feststellungsklage s. dort	确认之诉
– Unterlassungsklage s. dort	不作为之诉
– zum Schutz vor Gewalt, Drohungen und Nachstellungen 936 ff.	为防止暴力、胁迫和跟踪的防御之诉
– weitere Abwehrmittel 932 ff.	其他的防御措施
– Wiedergutmachungsklagen 914, **946 ff.**, 960, 1000, 1035, 1115	恢复之诉
– tatbestandsmässige Voraussetzungen 914	恢复之诉在构成要件层面的条件
– Schadenersatzklage 947, 1035, 1115	损害赔偿诉讼
– Genugtuungsklage 948, 1035, 1115	精神损害赔偿诉讼
– Gewinnherausgabeklage 949, 1035	获利返还诉讼

Kodifikation — 法典化

– Begriff 40, 369	法典化的概念
– ZGB/OR als schweizerische Privatrechtskodifikation 40, 50, 350, 370	瑞民与瑞债作为瑞士私法的法典化

Kollisionsrecht — 冲突法

– zeitliches – s. Recht. intertemporales	时际冲突法
– räumliches – 100	区际冲突法

Kommanditaktiengesellschaft 1144, 1150, 1190 — 股份两合公司

Kommorientenvermutung 757 — 同时死亡推定

Kompetenzabgrenzung Bund – Kantone — 联邦和州的权限划分

– im Privatrecht **32 ff.**, 363, 538	联邦和州在私法上的权限划分

- im öffentlichen Recht 364, 415　　　　　　联邦和州在公法上的权限划分

Kontaktverbot 943　　　　　　联系禁止

Kopfstimmprinzip 1273　　　　　　人头决原则

Kärperschaft 1138　　　　　　社团性法人

- Verein als Beispiel einer – 1230 f., **1290 f.**　　　　　　社团作为社团性法人的例子

Kriseninterventionsstelle 945　　　　　　危急中的干涉机构

L

Legalitätsprinzip 106, 110　　　　　　合法性原则

Leges fugitivae 142　　　　　　错放之法律

Lehre（Rechtswissenschaft）　　　　　　（法学）学说

- als Hilfsmittel 218, **231**　　　　　　学说作为辅助手段
- Aufgaben 223 ff.　　　　　　学说的任务
- Begriff 220 ff.　　　　　　学说的概念
- Bewährheit der – 228 f.　　　　　　学说的确证性
- richterliche Berücksichtigungspflicht 230 ff.　　　　　　法官对学说的顾及义务

Leistung 77　　　　　　给付

Liquidation juristischer Personen 1180　　　　　　法人的清算

- des Vereins 1257　　　　　　社团的清算
- der Stiftung 1433　　　　　　基金会的清算

Lücken（im Gesetz）　　　　　　（法律中的）漏洞

- Anerkennung durch Art. 1 Abs. 2 ZGB 169 f.　　　　　　根据瑞民第 1 条第 2 款对漏洞的承认
- intra legem 172 ff.　　　　　　法内漏洞
- Begriff **172**, 175 f.　　　　　　法内漏洞的概念
- bei Generalklauseln 173　　　　　　一般条款情形的法内漏洞
- bei gesetzlichen Verweisungen 173　　　　　　法律准用情形的法内漏洞
- bei Erkenntnislücken 173　　　　　　认识漏洞情形的法内漏洞
- keine Anwendung von Art. 1 Abs. 2 ZGB 205　　　　　　对于法内漏洞不得适用瑞民第 1 条第 2 款
- ferner 1199　　　　　　其他关于法内漏洞
- praeter legem 177 ff.　　　　　　法外漏洞
- echte – 171, **178 ff.**, 205, 187b　　　　　　真正的法外漏洞
- unechte（rechtspolitische）– **181 ff.**, 185, 187b, 202　　　　　　不真正（法政策上）的法外漏洞

关键词索引

- s. auch Extension, teleologische, und Reduktion, teleologische | 目的性扩张与目的性限缩

Lückenfüllung 160 | 漏洞补充
- durch Gewohnheitsrecht s. dort | 通过习惯法补充漏洞
- durch Richterrecht s. dort | 通过法官法补充漏洞
- Verhältnis zur Auslegung 119, 160, 175 | 漏洞补充与解释的关系

Luzider Intervall 607, 610 | 清醒的间歇

M

Massnahmen, vorsorgliche (beim Persönlichkeitsschutz) 964 ff. | （人格权保护情形的）预防措施
- Abänderung und Aufhebung 984 | 预防性措施的变更或废止
- Inhalt 973 ff. | 预防性措施的内容
- Rechtsgrundlage 964 | 预防性措施的法律基础
- Schadenersatzpflicht 968, 983 | 因预防性措施导致的损害赔偿义务
- superprovisorische Massnahmen 978 | 超级临时措施
- Verfahren 976 ff. | 预防性措施的程序
- Vollstreckung 980 ff. | 预防性措施的执行
- Voraussetzungen 965 ff. | 预防性措施的条件
- zum Schutz des Namens 1036 | 保护姓名的预防性措施
- zum Schutz des Persönlichkeit bei Datenbearbeitung 1092 | 数据加工场合保护人格权的预防性措施
- zum Schutz vor Diskriminierungen im Erwerbsleben 1123 | 防止职业生涯中的歧视的预防性措施

Materialien s. Auslegung | 材料

Medien, periodisch erscheinende 971, 994 | 定期出版的媒体

Methodenlehre 120 | 方法论

Mitwirkungsbeiratschaft 643 | 辅助型咨询状态

Mitwirkungsbeistandschaft 645 | 辅助型辅佐状态

Mündigkeit 611 ff., 1202 | 成年

N

Nachstellungen 937 | 跟踪

Name 694 ff. | 姓名
- Namensänderung 717 ff. | 姓名变更
- der Familie 700 ff. | 姓氏
- Vorname 714 ff. | 名字

Namensschutz 860, 915, **1025 ff.** 姓名保护
- Klagen zum Schutz des Namens 1033 ff. 针对保护姓名的诉讼
- Abwehrklagen 1034 防御之诉
- Wiedergutmachungsklagen 1035 恢复之诉
- Bestreitung der Namensführung 1030 对使用姓名的争议
- Namensanmassung 1031 姓名冒用
- Verfahren 1036 姓名保护的程序
- beim Verein 1249 社团的姓名保护
- bei der Stiftung 1403 基金会的姓名保护

Nasciturus 735 f., 1404 胎儿
- Gleichstellung noch nicht implantierter Embryonen mit dem – 743 ff. 将尚未植入身体的胚胎与胎儿同等对待

NatürlichePersonen 70, 550, **562 ff.**, 1129 自然人

Neidmauer 295 嫉妒围墙

NumerusClausus 1145, 1147 类型法定

O

Obiterdictum 241, 247 判决中的附带言及

Obligation 76 债

ÖffentlicheBeurkundung 543 公证

ÖffentlicheRegister 485, 490a 〔1〕 公共登记簿

ÖffentlicheUrkunden 486, 490a 〔2〕 公证书

Ordrepublic 262, **524 ff.**, 585, 815 公共秩序

OrganederjuristischenPerson 1204 ff. 法人的机关
- Begriff des Organs 1206 法人机关的概念
- Organhaftung **1213 ff.**, 1229, 1279 法人机关的责任
- und persönliche Verantwortlichkeit der Organe 1217 法人机关责任与机关的个人负责

Ortsgebrauch s. **Verkehrssitte** 当地习俗

Ortsverbot 942 地点禁止

P

Parteifähigkeit 诉讼当事人能力
- natürlicher Personen 573 自然人的诉讼当事人能力

---

〔1〕 译者注：原书中此处为"499a"，但原书正文中并无边码499a，似应为490a。

〔2〕 译者注：原书中此处为"499a"，但原书正文中并无边码499a，似应为490a。

关键词索引

- juristischer Personen 1197 — 法人的诉讼当事人能力

Partnerschaft, eingetragene — 登记之同性伴侣关系

- Einschränkung der Handlungsfähigkeit 647 — 对登记之同性伴侣行为能力的限制
- und Bürgerrecht 669 — 登记的同性伴侣关系与公民权
- und Name 713 — 登记的同性伴侣关系与姓名

Person (s. auch Persönlichkeit, Rechtssubjekt) — 人

- Begriff 68 f., 550 — 人的概念
- Arten 70 — 人的类型
- des öffentlichen Lebens 884 ff. — 公共生活中之人
- absolute – der Zeitgeschichte 885 — 绝对的当代公众人物
- relative – der Zeitgeschichte 886 — 相对的当代公众人物

Personalfürsorgestiftung s. Stiftung, Arten — 员工保障基金会

Personenrecht 89, 95 — 人法

- Rechtsquellen 555 ff. — 人法的法律渊源
- und allgemeiner Teil des ZGB 551, 653 — 人法与《瑞士民法典》总则

Personenstand 768 ff. — 人身状态

Personenstandsregister s. Zivilstandsregister — 人身状态登记簿

Persönlichkeit (s. auch Person, Rechtssubjekt) — 人格（权）

- Begriff **729**, 811, 851 — 人格（权）的概念
- Anfang und Ende 726 ff. — 人格的开始与终止

Persönlichkeitsrechte 852 ff., 1200, 1251 — 人格权

- Kennzeichen 852 ff. — 人格权的特征
- absolute Rechte **812**, 853, 892, 920 — 人格权作为绝对权
- höchstpersöliche Rechte **634 ff.**, 856 f. — 人格权作为高度个人化的权利
- nicht-vermögensrechtliche Rechte 854 — 人格权作为非财产权
- unveräusserliche Rechte 855 — 人格权作为不可让与的权利
- geschützte – 846 ff. — 受保护的人格权
- affektive (emotionale) Persönlichkeit 869 ff. — 情感（情绪）上的人格权
- physische Persönlichkeit 863 ff. — 物理上的人格权
- Soziale Persönlichkeit 873 ff. — 社会性人格权
- und Kontrahierungspflichten 1100 — 人格权与缔约义务

Persönlichkeitsschutz — 人格（权）保护

- Allgemeines 64, **814** 一般的人格（权）保护
- postmortaler – 748 死后的人格（权）保护
- externer s. Schutz der Persönlichkeit vor Verletzungen durch Dritte 外部的人格（权）保护
- interner s. Schutz der Persönlichkeit vor übermössiger Bindung 内部的人格（权）保护

Persönlichkeitsverlezung s. Schutz der Persönlichkeit vor Verletzungen durch Dritte 侵犯人格（权）

Pietätsgefühl 871 虔敬感

Praxisänderung 司法实践的改变
- Voraussetzungen 244 ff. 改变司法实践的条件

Privatautonomie 24 f., **53 ff.** 私人自治
- Grenzen der – 59 私人自治的界限

Privatrecht 2 ff. 私法
- Abgrenzung zum öffentlichen Recht 4 ff., **404 ff.** 私法与公法的划分
- Bedeutung 404 ff. 区分私法和公法的意义
- Abgrenzungstheorien 408 ff. 区分私法与公法的诸学说
- des Bundes **50**, 105, 111 联邦私法
- und kantonales Recht s. Verhältnis Bundesrecht – kantonales Recht 联邦私法与州法之间的关系
- Durchsetzung **8**, 29 私法的执行
- Grundbegriffe s. dort 私法的基本概念
- Grundprinzipien s. dort 私法的基本原则
- internationales – 100 国际私法
- kantonales – 49 f. 州私法
- Aufhebung 537 ff. 州私法的废止
- Rechtsquellen 47 ff. 州私法的法律渊源
- Zulässigkeit s. Vorbehalte, echte 允许的州私法
- und Bundesprivatrecht s. Verhältnis Bundesrecht – kantonales Recht 州私法与联邦私法
- materielles – 431 实体私法
- Rechtsquellen **38 ff.**, 50 私法的法律渊源

Privatsphäre 882, 906, 1200 私密领域

Protokollierungspflicht des Vereins 1278 社团的记录义务

Prozessfähigkeit	诉讼程序能力
– juristischer Personen 1198	法人的诉讼程序能力
– natürlicher Personen 594	自然人的诉讼程序能力
Pseudonym 704, 1032	笔名

Q

Qualifiziertes Schweigen 179	有意义的沉默

R

Ratio decidendi 240, 242	裁判性理由
Realitätstheorie 1130 f.	法人实在说
Recht	法/权利
– absolutes – 17, 19, 812	绝对权
– dispositives – 24, 30, 1238	任意法
– höchstpersönliches – 634 ff.	高度个人化的权利
– relativ – 636	相对高度个人化的权利
– absolut – 637	绝对高度个人化的权利
– intertemporales – (s. auch Schlusstitel) 100, **500 ff.**	时际法
– Grundsätze 507 ff.	时际法基本原则
– internationales – 107	国际法
– kantonales – 49 f.	州法
– und Bundesprivatrecht s. Verhöltnis Bundesrecht – kantonales Recht	州法与联邦法
– objektives – 3	客观法
– öffentliches –	公法
– Abgrenzung zum Privatrecht s. Privatrecht, Abgrenzung zum öffentlichen Recht	公法与私法之间的界分
– Durchsetzung 9, 29	公法的执行
– ferner 106, 113, 669	其他关于公法
– relatives (persönliches, obligatorisches) – 18, 19	相对权（对人权、债权）
– subjektives – 3	主观权利
– Beispiele 11 ff.	主观权利的例子
– und Billigkeit s. Entscheidung nach Recht und Billigkeit	公正与公平
– wohlerworbenes – 535 f.	确定取得的权利
– zwingendes – **25 f.**, 30, 584, 652, 1069, 1145, 1238, 1262 ff.	强行法

495

- absolut 27, 30　　　　　　　　　　　绝对强行法
- relativ 27, 30　　　　　　　　　　　相对强行法

Recht auf informationelle Selbstbestimmung 1042, 1069　　对信息的自决权

Recht auf Respektierung des Privatlebens 880 ff.　　尊重私生活权

Recht zum Beweis s. Beweis　　　　证明的权利

Rechtfertigungsgründe (bei Persönlichkeitsverletzung) s. Widerrechtlichkeit　　人格权侵犯场合的正当化事由

Rechtliches Gehör　　　　　　　　法定的听审权
- bim Gegendarstellungsrecht 978　　反对陈述场合的法定听审权
- beim Vereinsausschluss 1305　　　被开除出社团场合的法定听审权

Rechtsanwendung (s. auch Auslegung) 121 f.　　法律适用
- von Amtes wegen 314, 443　　　　基于职权适用法律

Rechtsfähigkeit　　　　　　　　　权利能力
- Begriff 565　　　　　　　　　　　权利能力的概念
- Unverzichtbarkeit 582 ff., 817　　权利能力的不可放弃性
- Inhaber 566 ff.　　　　　　　　　权利能力的享有者
- juristischer Personen 1195 ff., 1199 ff., 1205, 1215　　法人的权利能力
- natürlicher Personen 62, 562 ff.　　自然人的权利能力
- Gleichheit in der – 575　　　　　自然人权利能力的平等
- Schranken 576 ff.　　　　　　　　对自然人权利能力的限制
- des Kindes vor der Geburt (bedingte –) 735 f.　　未出生之胎儿（附条件的）权利能力

Rechtsfindung　　　　　　　　　　法律获取
- intra legem s. Lücken, intra legem　　法内的法律获取
- praeter legem s. Lücken, praeter legem　　法外的法律获取

Rechtsfolge 22, 23　　　　　　　　法律后果

Rechtsgeschäft　　　　　　　　　　法律行为
- Begriff 81　　　　　　　　　　　　法律行为的概念
- Auslegung von – 276　　　　　　　法律行为的解释
- Bedeutung der Verkehrssitte 394　　交往习惯的含义
- Ergänzung lückenhafter – 277　　补充有漏洞的法律行为
- hinkendes – 626　　　　　　　　　跛脚法律行为

Rechtsmissbrauchsverbot (s. auch Treu und Glauben) 286 ff.	禁止滥用权利
– Anwendungsbereich 267 ff.	禁止滥用权利的应用领域
gesamtes Bundesprivatrecht 267	在整个联邦私法中的应用
alle übrige Rechtsgebiete (allgemeiner Rechtsgrundsatz) 267 ff.	（作为一般的法律原则）在其他法律领域的应用
– Anwendungsbeispiele ausserhalb des Privatrechts 268	在私法领域外应用的具体例子
– Berichtigungsfunktion 265	禁止滥用权利改正功能
– Berücksichtigung von Amtes wegen 313 f.	基于职权主动加以适用滥用权利禁止
– Gemeinsamkeiten des – und der Pflicht zum Handeln nach Treu und Glauben 258 ff.	禁止滥用权利和依照诚信行动之义务之间的共同点
beide sind Instrumente des Vertrauensschutzes 259	两者均是信赖保护的工具
– Fallgruppen 273, 289, **293 ff.**	禁止权利滥用的案例群
unnütze oder zweckwidrige Rechtsausübung (Schikaneverbot) 294 ff.	无益的或违反目的的权利行使（禁止刁难）
krasses Missverhältnis der Interessen 298 ff.	利益间极度不成比例
widersprüchliches Verhalten (venire contra factum proprium) 300 f.	矛盾的行为
unzulässige Berufung auf die Formungültigkeit 302 ff.	不允许主张形式不符所导致的无效
unredlicher Rechtserwerb 305 ff.	恶意的权利取得
– Rechtsfolge 291 f., **307 ff.**	滥用权利的法律后果
Verweigerung von Rechtsschutz als allgemeine Rechtsfolge 307 ff.	不受法律保护作为一般性的法律后果
bei speziellen Gesetzesbestimmungen 311 ff.	按照特别法律规定产生的法律后果
– Tatbestand 287 ff.	权利滥用的构成要件
offenbarer Missbrauch eines Rechts als Generalklausel 273, 289, **293**	明显滥用权利作为一般条款
Fallgruppen als Konkretisierungshlife s. Rechtsmissbrauchsverbot, Fallgruppen	案例群作为对构成要件进行具体化的辅助手段
– Unterschiede zum Grundsatz von Treu und Glauben 263 ff.	与诚实信用原则的区别
– ferner 1005, 1222, 1276, 1305	其他关于权利滥用
Rechtsnormen 3, 20	**法律规范**
– zwingende – s. Recht, zwingendes	强行性法律规范

– dispositive – s. Recht, dispositives	任意性法律规范
Rechtsprechung	司法
– Aufgaben der Gerichte im Allgemeinen 237	法院的任务概说
– Grundsätze gerichtlicher im Tätigkeit	法院活动的基本原则
– Lösung der im Einzelfall streitigen Fragen 238 ff.	解决具体个案中的争议问题
– "stare decisis" und Voraussetzungen einer Praxisänderung 242 ff.	"遵循先例"与对司法实践做出改变的条件
Rechtsquellen	法律渊源
– des Personenrechts s. dort	人法的法律渊源
– des Privatrechts s. dort	私法的法律渊源
– des Zivilstandsrechts s. dort	民事状态法的法律渊源
– bei der Stiftung s. dort	基金会的法律渊源
– im formellen Sinn 104, 200, 231	形式意义上的法律渊源
– Rangordnung 104	法律渊源的先后顺序
– Vereinbarkeit mit höheren – 114	与上级法律渊源的符合性
Rechtssicherheit 104a, 210, 225, 229, 242, 246, 330	法的安定性
Rechtssubjekt (s. auch Person, Persönlichkeit) 68 f., 550	法律主体
Rechtsvergleichung	法比较
– als Auslegungselement 154	比较法作为解释因素
– als Erkenntnisquelle des geltenden Rechts 222	比较法作为认识现行法的源泉
Rechtsverhältnis 3, 84	法律关系
Rechtswissenschaft s. Lehre	法学
Redaktionsschwanz 1010	编辑余论
Reduktion, teleologische 171, 185 ff.	目的性限缩
Relative Person der Zeitgeschichte s. Person	相对的当代公众人物
Revision	审计
– eingeschränkte – 1286 f., 1438	有限的审计
– ordentliche – 1285, 1287, 1438	一般性的审计
Revisionsstelle	审计处
– beim Verein 1258, **1284 ff.**	社团的审计处
– bei der Stiftung 1372, 1382, 1412, **1438**	基金会的审计处
Richterrecht	法官法

- als formelle Rechtsquelle 200　　　　　　　法官法作为形式的法源
- Lückenfüllung durch – 200　　　　　　　　通过法官法填补漏洞
- methodisches Vorgehen bei der Bildung von 206　　构造法官法时的方法
- Voraussetzungen 201 f.　　　　　　　　　　法官法的条件
- Vorgehen "modo legislatoris"（Plicht zur Regelbildung）203 ff.　　　　　　　　"似立法者"的进路（构造规则的义务）
- ferner 109 f., 160, 180, 225　　　　　　　　其他关于法官法

Rückwirkung　　　　　　　　　　　　　　溯及力
- Regel der Nichtrückwirkung 514 ff.　　　　无溯及力原则
- als Ausnahme 521 ff.　　　　　　　　　　溯及力作为例外
- Ordre public s. dort　　　　　　　　　　　基于公共秩序的例外
- gesetzlicher Inhalt von Rechtsverhältnissen 529 ff.　　关于法律关系之法定内容的例外
- Behandlung nicht erworbener Rechte 533 ff.　　溯及力与对尚未取得之权利的处理
- Arten 521 ff.　　　　　　　　　　　　　　溯及力的类型
- echte – 522　　　　　　　　　　　　　　真正的溯及力
- unechte – 523　　　　　　　　　　　　　不真正的溯及力

S

Sache　　　　　　　　　　　　　　　　　物
- Begriff 72 f.　　　　　　　　　　　　　　物的概念
- Arten 74　　　　　　　　　　　　　　　物的种类
- bewegliche – 74　　　　　　　　　　　　动产
- unbewegliche – 74　　　　　　　　　　　不动产

Sachenrecht 92, 95　　　　　　　　　　　物权

Sachverhaltsermittlung 442 ff.　　　　　　探求事实

Schlusstitel 93, 95, 494 **ff.**　　　　　　　尾编
- Gliederung 497 ff., 507　　　　　　　　　尾编的目录
- Anwendungsbereich 503 ff.　　　　　　　尾编的适用范围

Schuld 76　　　　　　　　　　　　　　　债务

Schuldrecht 94　　　　　　　　　　　　　债法

Schuldvertrag 85　　　　　　　　　　　　债权合同

Schutz der Persönlichkeit vor übermässiger Bindung 808 ff.　　　　　　　　　　　　　保护人格不受过度约束
- Grenzen der Beschränkung der Freiheit 821 ff.　　限制自由的界限

- Fallgruppen 822 ff. 限制自由的案例群
- Unverzichtbarkeit der Recht- und Handlungsfähigkeit 816 ff. 权利能力和行为能力的不可放弃性
- Nichtigkeit als Rechtsfolge 829 ff. 无效作为限制自由的法律后果
- Totalnichtigkeit 830 f. 全部无效
- Teilnichtigkeit 832 部分无效
- Sondernormen 837 ff. 关于限制自由的特别规范

Schutz der Persönlichkeit vor Verletzungen durch Dritte 64, 841 ff. 保护人格（权）不受第三人侵犯
- Abgrenzungen 848 与其他人格（权）保护的区别
- Datenschutz s. dort 数据保护
- Gegendarstellungrecht s. dort 反对陈述权
- Gleichstellung von Mann und Frau s. dort 男女平等
- Klagen zum Schutz der Persönlichkeit s. dort 保护人格（权）之诉
- Namensschutz s. dort 姓名保护
- Persönlichkeitsverletzung 人格（权）侵犯
- Begriff **858 f.**, 891 概念
- Beweislast s. dort 举证责任
- Widerrechtlichkeit s. dort 违法性
- bei der Bearbeitung von Personendaten s. Datenschutz 加工个人数据场合的人格（权）侵犯
- bei Nichtaufnahme in einen Verein 1295 拒绝吸纳入社团场合的人格（权）侵犯
- beim Vereinsausschluss 1306 开除出社团场合的人格（权）侵犯
- vorsorgliche Massnahmen s. Massnahmen, vorsorgliche 人格（权）保护的预防性措施
- nach dem Tod des Trögers 748 人格承担者死后对其的人格（权）保护
- bei juristischen Personen des kantonalen privatrechts 1162 州私法法人的人格（权）保护

Schwägerschaft 662 ff., 1202 姻亲关系

Sektion (eines Vereins) s. Vereinsverband （社团的）分部

SICAF s. Investmentgesellschaft mit festem Kapital 资本固定的投资公司

SICAV s. Investmentgesellschaft mit variablem Kapital 资本可变的投资公司

Sicherheitsleisung 969 提供担保

Sitz (juristischer Personen) 1189 ff.	（法人的）**住所**
– Einheitlichkeit des – 1193	住所的单一性
Sorge, elterliche 715	亲权
Spaltung 1188	分立
Sphärentheorie 880 ff.	领域说
Sport	体育
– Abgrenzung Spielregel – Rechtsregel 1239	法律规则和竞技规则之间的界定
– Ausübung von Sport und Teilnahme an Wettkämpfen als Persönlichkeitsrecht 866	从事体育运动和参加体育竞技作为人格权
– Schiedsgerichtsbarkeit 1343	体育中的仲裁
– Verbände 900, **1340 f.**	体育界的社团联合会
Staatenlose 673	无国籍人
Staatshaftung 796	国家责任
Stalking 936 f.	跟踪
Statusklage 785, 806	身份状态之诉
Statusvertrag 85	团体设立合同
Sterbehilfe 754 f.	安乐死
Stifterwillen 1359, 1361	基金会创办人的意思
Stiftung 1344 ff.	基金会
– Abgrenzung der privatrechtlichen Stiftung von weiteren Stiftungsarten und vom Trust 1391 ff.	私法基金会和其他种类基金会以及信托的区别
– Anfechtung der Errichtung 1418	基金会设立的撤销
– Arten von privatrechtlichen Stiftungen 1367 ff.	私法基金会的类型
– Familienstiftung s. dort	家族基金会
– kirchliche – 1171, **1376 ff.**	教会基金会
– Personalfürsorgestiftung 1149, **1383 ff.**, 1441, 1446, 1449, 1459, 1464	员工保障基金会
– Unternehmensstiftung 1149, **1388 ff.**	企业基金会
– Aufsicht 1351, **1451 ff.**	基金会的监管
– Aufsichtsmittel 1453 ff.	监管手段
– durch das Gemeinwesen 1451 f., 1463 ff.	由公共机关监管
– Rechtsmittel gegen Entscheide der Aufsichtsbehörde 1466 f.	针对监管机构决定的法律措施

瑞士民法：基本原则与人法

- keine Aufsicht bei Familien – und kirchlichen Stiftung 1372, 1377, 1381, **1460**   对家族基金会和教会基金会不进行监管
- Begriff 1348 ff.   基金会的概念
- Entstehung 1395 ff.   基金会的产生
- Handelsregistereintragung s. dort   基金会在商事登记簿中登记
- Name 1403   基金会的名称
- Orange 1435 ff.   基金会机关
- Aufgabe 1359   基金会机关的任务
- oberstes (Stiftungsrat) 1437   基金会的最高机关（基金会理事会）
- Revisionsstelle s. dort   基金会审计处
- unentbehrliche 1412 f., **1437 f.**   基金会必不可少的机关
- Verantwortlichkeit 1443 ff.   基金会机关的责任
- Rechtsquellen 1348 ff.   基金会的法律渊源
- Umwandlung 1419 ff.   基金会的变更
- Änderung der Organisation 1420   组织的变更
- Änderung des Zwecks 1421 ff.   目的的变更
- Untergang (Aufhebung) 1427 ff.   基金会的消灭（废止）
- Zweck s. Stiftungszweck   基金会目的
- ferner 1143, 1149, 1177, 1179   其他关于基金会

Stiftungsfähigkeit 1407   基金会能力

Stiftungsfreiheit 56, 1361 ff.   基金会自由

- Schranken 1362 ff.   对基金会自由的限制

Stiftungsgeschäft 81, 1405   基金会行为

- widerruflichkeit 1414 ff.   基金会行为的可撤回性

Stiftungsurkunde 1405 ff., 1436   基金会证书

- Form 1396, **1408 f.**   基金会证书的形式
- Auslegung 1410   基金会证书的解释

Stiftungszweck 1355, 1361, 1406   基金会目的

- Änderung 1421 **ff.**, 1461   基金会目的的变更
- bei der Familienstiftung 1373   家族基金会的目的
- bei der kirchlichen Stiftung 1376 f.   教会基金会的目的
- bei der Unternehmensstiftung 1390   企业基金会的目的

关键词索引

Subjekttheorie 409	（公私法区分的）主体说
Subordinationstheorie 410	（公私法区分的）附属说
Substanzierungslast 455	举证中的具体化责任
SuperprovisorischeMassnahmen 978	超级临时措施

T

Tatbestand 21, 23	构成要件
Tatsachendarstellung 992 f.	事实性叙述
Teleologische Extension 188 f.	目的性扩张
Teleologische Reduktion 171, 185 ff., 1306	目的性限缩
Tod 747 ff., 1296	死亡
Traktandenliste (Vereinsversammlung) 1266	（社团大会的）日程表
Treuund Glauben (s. auch Rechtsmissbrauchsverbot) 254 ff.	诚实信用
– Anwendungsbereich 267 ff.	诚信原则的适用领域
– gesamates Bundesprivatrecht 267	适用于整个联邦私法
– alle übrigen Rechtsgebiete (allgemeiner Rechtsgrundsatz) 267 ff.	（作为一般法律原则）在其他法律领域的适用
– Anwendungsbeispiele ausserhalb des Privatrechts 268	在私法外的适用例子
– Ausprägungen von – im rechtsgeschäftlichen Bereich 274 ff.	诚实信用要求在法律行为领域的影响
– clausula rebus sic stantibus s. dort	情势不变规则
– culpa in contrahendo s. dort	缔约过失
– Gemeinsamkeiten des Grundsatzes von – und des Rechtsmissbrauchsverbots 258 ff.	诚实信用与禁止权利滥用的共同点
– beide sind Instrumente des Vertrauensschutzes 259	两者均是信赖保护的工具
– Grundgedanke 271 ff.	诚实信用原则的基本思想
– Sanktionen bei Verstössen gegen – 281 ff.	违反诚实信用的惩处
– Unterschiede zum Rechtsmissbrauchsverbot 263 ff.	诚实信用与禁止权利滥用的区别
– Anwendung des Grundsatzes von bei der Auslegung und Ergänzung privater Rechtsverhältnisse 124, 264	诚实信用原则的应用 在解释与补充私法关系时的区别
– Vertrauenshaftung s. dort	信赖责任

- Vertrauensprinzip s. dort 信赖原则
Trust 561, 1394 信托

U

Überlieferung 234 ff. 惯例
- als Rechtsprechung s. dort 司法实践作为惯例
- als Praxis nicht gerichtlicher Behörden 236 非法院的机关的实践作为惯例
- beschränkte richterliche Befolgungspflicht 249 ff. 法官对惯例的有限遵循义务
- die Bewährtheit der – 248 惯例的确证性

Übung s. Verkehrssitte 习惯

Umkehrschluss 155 反对推理

Umwandlung 变更
- der Stiftung s. Stiftung, Umwandlung 基金会的变更
- nach FusG 1188, 1256, 1434 按照《合并法》的变更

Unmündige 未成年人
- urteilsfähige – **620 ff.**, 856 f., 898, 918, 1209 具有判断能力的未成年人

Unterhaltsstiftung 1373 生活基金会

Unterlassungsklage 不作为之诉
- zum Schutz der Persönlichkeit im Allgemeinen 922 ff. 保护人格权的不作为之诉概述
- zum Namensschutz 1034 针对姓名保护的不作为之诉
- zum Schutz der Persönlichkeit bei Datenbearbeitung 1113 保护数据加工场合之人格权的不作为之诉

Unternehmensstiftung s. Stiftung, Arten 企业基金会

Unternehmensträgerstiftung 1388 企业主基金会

Urabstimmung beim Verein 1263, 1272 社团中的直接投票

Urteilsfähigkeit 601 **ff.**, 1209 判断能力
- Relativität der – 608 判断能力的相对性

Urteilsunfähigkeit 605 ff. 无判断能力
- Folge der – s. Handlungsunfähigkeit, volle 无判断能力的后果

V

Verband s. Vereinsverband 联合会

Verbandsklagerecht 919, 1090, 1117, 1342 组织的诉权

Verbandspersonen s. juristische Personen 组织体人

Verbot der Typenvermischung 1146	法人的形式固定原则
Verein 1225 ff.	社团
– Begriff 1230 ff.	社团的概念
– Betreiben eines kaufmännischen Gewerbes 1234	社团经营商事营业
– Entstehung 1243 ff.	社团的产生
– Handelsregistereintragung s. dort	社团在商事登记簿中的登记
– Mitgkiedschaft s. Vereinsmitgliedschaft	社团成员身份
– Name 1249	社团名字
– Organisation 1245, **1258 ff.**	社团组织
– Vereinsversammlung s. dort	社团大会
– Vereinsvorstand s. dort	社团董事会
– Revisionsstelle s. dort	社团审计处
– Statuten 25, **1245 f.**	社团章程
– Anwendung des Rechts der einfachen Gesellschaft bei mangelhaften Statuen 1250	在缺少章程情形关于简单合伙法律的适用
– Strafen des – 1312	社团的处罚
– Untergang (Auflösung) 1252 ff.	社团的消灭（解散）
– Vermögen s. Vereinsvermögen	社团财产
– Zweck **1232 ff.**, 1245, 1291	社团目的
– Schutz des Vereinszwecks 1314 ff.	对社团目的的保护
– ferner 1143, 1149, 1177, 1179	其他关于社团
Vereinigungsfreiheit 1240	社团自由
Vereinsautonomie 24, 1237, **1238**, 1294	社团自治
Vereinsbeschluss 1253, 1272, **1277 f.**, 1303 ff., 1318, 1319 ff.	社团决议
– Anfechtung 1134, 1268, 1277 f., 1303 ff., 1318, **1319 ff.**	社团决议的撤销
– Klagefrist 1322 ff.	撤销社团决议的诉讼期间
– Ausschöpfung des vereinsinternen Instanzenzugs 1327	社团内部救济途径用尽
– Nichtigkeit 1320, **1329**	社团决议的无效
Vereinsfreiheit s. Vereinsautonomie	社团自由
Vereinsmitgliedschaft 1231, 1273, **1290 ff.**	社团成员
– Begriff 1291	社团成员概念

– Erwerb 1292 ff.	社团成员身份的取得
– Verlust 1296 ff.	社团成员身份的丧失
– Austritt 838, **1297 f.**, 1317	社团成员退出
– Ausschliessung 879, **1299 ff.**	社团成员被开除
– Mitgliedschaftsrechte 1307 ff.	社团成员的权利
– Benutzungsrechte 1309	使用权
– Mitwirkungsrechte 1308	协作权
– Schutzrechte 1308	保护权
– Mitgliedschaftspflichten 1311 f.	社团成员的义务
– Beitragspflicht 1311, **1334**	会费义务
– Haftung für Verbindlichkeiten des Vereins 1333	社团成员对社团债务的责任
– Leistungspflicht 1312	给付义务
– Treuepflicht **1312**, 1295	忠诚义务
– Schutz der – s. Vereinsbeschluss, Anfechtung	对社团成员的保护
Vereinsverband (Verein mit Sektionen) 1335 ff.	协会联合会（带分部的协会）
Vereinsvermögen 1313, **1332 ff.**	社团财产
Vereinsversammlung 1261 ff.	社团大会
– Beschlussfassung 1271 f.	社团大会的决议作出
– Einberufung 1264, 1270	社团大会的召集
– Kompetenzen 1271	社团大会的权限范围
– Stimmrecht in der – 1273 f.	在社团大会中的投票权
– Ausschliessung vom – 1267	对社团大会中投票权的排除
Vereinsvorstand 1280 ff.	社团董事会
Verfügungsfreiheit 55	处分自由
Verfügungsvertrag 85	处分合同
Verhältnis Bundesrecht – kantonales Recht 359 ff.	联邦法与州法的关系
– derogatorische Kraft des Bundesrechts s. dort	州法的破坏力
– verfassungsrechtliche Kompetenzausscheidung	宪法上的分权
– umfassende Bundeskompetenz im Privatrecht 35, 363, 538	联邦在私法领域的全面权限
– nur punktuelle Bundeskompetenzen im öffentlichen Recht 364	联邦在公法领域零散的权限

关键词索引

- Bundesprivatrecht und kantonales Privatrecht 365 ff. 联邦私法与州私法
- Prinzip der Gesamtkodifikation auf Bundesebene 369 ff. 联邦层面全面法典化的原则
- Vorbehalte zu Gunsten des kantonalen Privatrechts s. Vorbehalt echter 有利于州私法的保留
- Bundesprivatrecht und kantonakes öffentliches Recht 400 ff. 联邦私法与州公法
- Vorbehalt zu Gunsten des kantonalen öffentliches Rechts s. Vorbehalt, unechter 有利于州公法的保留
- expansiv Kraft des kantonalen öffentliches Rechts s. dort 州公法的扩张力
- Pflicht zur Harmonisierung 423 联邦法和州法间和谐的义务

Verhältnis ZGB – OR s. Einheit des Bundesprivatrechts 瑞民和瑞债的关系

Verheiratete 已婚人士

- Einschränkung der Handlungsfähigkeit 647 对已婚人士行为能力的限制

Verkehrssitte 交往习惯

- Begriff 393 交往习惯的概念
- Bedeutung 394 交往习惯的意义
- Ermittlung 395 ff. 对交往习惯的探求
- bisheriges kantonales Recht als Ausdruck der – 396 f. 旧州法作为交往习惯的表现
- Festsetzung der – auf dem Weg der Gesetzgebung 398 通过立法来确定交往习惯

Verläbnis 1202 订婚

Vermögensübertragung 1188, 1462 财产移转

Vermutung 477 ff. 推定

- Arten 推定的类型
- gesetzliche – 477 f. 法律上的推定
- gerichtliche (natürliche) – 481 法院的推定（自然的推定）
- Begriff 477 推定的概念
- Entkräftung 480 对推定的推翻
- der Urteilsfähigkeit 609 判断能力的推定
- der Urteilsunfähigkeit 610 对无判断能力的推定
- des guten Glaubens 332 ff. 对善意的推定

- der Richtigkeit von Einträgen in öffentlichen Registern und Urkunden 487 ff.   对公共登记簿中的登记事项和证书之正确性的推定
- ferner 396 f., 687   其他关于推定

Verschollenerklärung 762 ff.   宣告失踪

Vertrag   合同
- Arten 85   合同的类型
- Schuldvertrag s. dort   债权合同
- Verfügungsvertrag s. dort   处分合同
- Statusvertrag s. dort   团体设立合同
- Begriff 81, **83 f.**   合同的概念
- Bindungswirkung 84   合同的拘束效力
- Gestaltungswirkung 84   合同的形成效力

Vertragsfreiheit 54   合同自由

Vertrauenshaftung 278, **284 f.**   信赖责任
- Voraussetzungen der – 285   信赖责任的条件

Vertrauensprinzip   信赖原则
- Herleitung aus dem Grundsatz von Treu und Glauben 274   从诚信原则中导出信赖原则
- Anwendungsbeispiele im rechtsgeschäftlichen Bereich 275 f., 1246   信赖原则在法律行为领域的应用

Vertretungsbeistandschaft 645, 650   代理型辅佐

Vertretungsbeistandschaft mit Vermögensverwaltung 630, 645   带有财产管理的代理型辅佐

Verwaltungsbeiratschaft 644   管理型咨询

Verwandtschaft 659 ff., 1202   血亲关系

Verwechslungsgefahr 1031   混淆的危险

Vorbehalt   保留
- echter – 377 ff.   真正保留
- als Voraussetzung für die Gültigkeit kantonalen Privatrechts 49 f., **375**, **377**, 539   真正保留作为州私法有效的条件
- Arten 382 ff.   真正保留的类型
- Bedeutung 389   真正保留的意义
- Gründe 379 ff.   真正保留的理由
- Quellen des vorbehaltenen kantonalen Privatrechts 390 f.   被保留之各州私法的法律渊源

– ferner 1159	其他关于真正保留
– unechter – 376, **415 ff.**, 1151	不真正保留
Vorname s. Name	名字
Vorsorgliche Massnahmen s. Massnahmen, vorsorgliche	预防性措施
Vorteile, unentgeltlich 631 ff.	无偿的利益
Vorverein 1250	前社团

W

Werturteil, gemischtes 992	混合的价值判断
Widerrechtlichkeit (bei Persönlichkeitsverletzung) 887 ff.	（侵犯人格场合的）**违法性**
– als Grundsatz **891 ff.**, 1083	违法性作为基本原则
– Ausschluss der – bei Vorliegen eines Rechtfertigungsgrundes **895 ff.**, 968, 971, 1083	存在正当化事由时排除违法性
– Einwilligung **896 ff.**, 1084	同意
– überwiegendes privates oder öffentliches Interesse **903 ff.**, 1086 ff.	压倒性的公共利益或私人利益
– Gesetz **908**, 1085	法律
Willenserklärung 80	意思表示
Wirtschaftsverband 1235, 1306	经济联合组织
Wohnsitz 676 ff.	住所
– Arten **679 ff.**	住所的类型
– Begriff **676**	住所的概念
– Einheit **678**	住所的单一性
– massgebende Kriterien **682 ff.**	住所的决定性标准
– Notwendigkeit **677**	住所的必要性
– Wirkungen **691 ff.**	住所的效力
Wohnungsausweisung 944	赶出住处

Z

Zivilprozessrecht	民事程序法
– Begriff **432**	民事程序法概念
– Funktion **433 f.**	民事程序法功能
– Kompetenzverteilung **435 ff.**	对民事程序立法的权限划分
– als öffentliches Recht **437**	民事程序法作为公法

509

- Schweizerische ZPO s. Gesetzesregister 《瑞士民事程序法》
Zivilstandsrecht 765 ff. 民事状态法
- Rechtsquellen 771 民事状态法的法律渊源
Zivilstandsregister 民事状态登记簿
- elektronische Führung 772 民事状态电子登记簿
- gesteigert Beweiskraft 779 民事状态登记簿加强的证明力
Zivilstandsurkunden 民事状态证书
- als Beweismittel für Geburt oder Tod einer Person 758 民事状态证书作为某人出生或死亡的证明手段
Zivilstandswesen 民政机关
- Beschwerde 785 对民政机关的抗告
- Haftung 784, **791 ff.** 民政机关的责任
- Organisation 774 ff. 民政机关的组织
- Aufsicht 784 **f.**, 789 对民政机关的监察
- durch den Bund 775 ff. 联邦对民政机关的监察
- durch die Kantone 789 州对民政机关的监察
- privatrechtliche Klagen 对民政机关的私法诉讼
- Schadenersatzklage 791 ff. 对民政机关的损害赔偿之诉
- Bereinigungsklage s. dort 对民政机关的纠正之诉

Zuständigkeit, örtliche s. Gerichtsstand 地点上的管辖权
Zustimmung des gesetzlichen Vertreters 623 ff., 638 f. 法定代理人的同意
Zweckänderungsvorbehalt bei der Stiftung 1424 基金会目的变更的保留

译后记

对于本书的翻译，译者尚有如下几点说明：

1. 本书德文书名为"Einleitungsartikel des ZGB und Personenrecht"，直译成汉语为"《瑞士民法典》序编条款与人法"。考虑到国内普通读者对于《瑞士民法典》"序编"中的内容为何，通常无法一见便知，尤其鉴于《瑞士民法典》序编主要涉及法律渊源、法律方法、诚实信用、禁止权利滥用等"原则"问题，本书中文书名意译为：《瑞士民法：基本原则与人法》。之所以没有意译为"瑞士民法总则"，是因为"民法总则"对于大多数国内读者，都意味着德国式的民法总则，而瑞士民法立法者在立法时有意放弃了德式民法总则的进路（参见本书边码99）。虽然学说中有人认为人法（包括民事主体与人格权）可算作瑞士民法的"总则"（参见本书边码551、571、653），但这样的"总则"，至少与我们中国通行民法总则教科书中的内容不同，即本书中不包括作为德式总则核心内容的"法律行为"。

2. 《瑞士民法典》存在德语、法语和意大利语三个官方版本。本书中某些地方在引用德语法律文本的同时，也将法语和意大利语版本加以引用。在此为避免重复，原则上对法语和意大利语的条文引用略去不译，除非作者明确强调了三个版本措辞的差别。

3. 有时为了语句的通顺，译者依据对上下文的理解，将原文中没有直接（而是间接）体现的意思，在中括号中进行了补充。

4. 注释和文献中，存在大量缩略语，欲进一步利用注释中的文献者，请参考本书缩略语表部分。

译者对诸多师友以及家人，心怀诚挚感激；挂一总会漏万，兹不一一列出。译事甘苦，译者自知，毋庸赘言。错漏之处，在所难免，欢迎读者诸君批评指正（jihailong@gmail.com）。

纪海龙
2014 年 12 月于上海